实践教学 行与思
（2022）

主 编／程碧英　陈熙隆

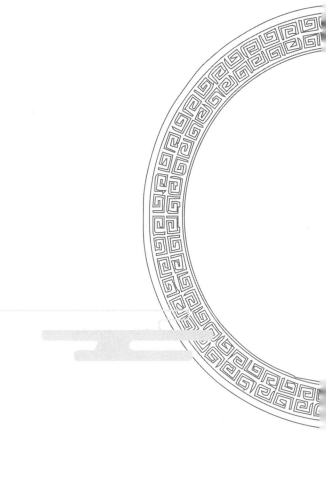

西南财经大学出版社

中国·成都

图书在版编目(CIP)数据

实践教学行与思.2022/程碧英,陈熙隆主编.—成都:西南财经大学出版社,2023.9
ISBN 978-7-5504-5918-2

Ⅰ.①实… Ⅱ.①程…②陈… Ⅲ.①高等学校—教学工作—研究
Ⅳ.①G642

中国国家版本馆 CIP 数据核字(2023)第 166252 号

实践教学行与思(2022)

SHIJIAN JIAOXUE XING YU SI(2022)

主编 程碧英 陈熙隆

责任编辑:王 利

责任校对:植 苗

封面设计:墨创文化

责任印制:朱曼丽

出版发行	西南财经大学出版社(四川省成都市光华村街 55 号)
网 址	http://cbs.swufe.edu.cn
电子邮件	bookcj@swufe.edu.cn
邮政编码	610074
电 话	028-87353785
照 排	四川胜翔数码印务设计有限公司
印 刷	四川五洲彩印有限责任公司
成品尺寸	185mm×260mm
印 张	33.5
字 数	648 千字
版 次	2023 年 9 月第 1 版
印 次	2023 年 9 月第 1 次印刷
书 号	ISBN 978-7-5504-5918-2
定 价	98.00 元

《实践教学行与思（2022）》编委会名单

主　编：程碧英　　陈熙隆

副主编：徐宝磊　　周　波

编　委：曾宪文　　孙　杰　　刘长江　　李雪梅
　　　　罗肖强　　杨成福　　傅忠贤　　刘承川
　　　　佘　涛　　彭洪斌　　彭时敏　　王赠怡
　　　　叶怀凡　　何凤先　　赖　川　　王运璇
　　　　陈　聪

序

实践教学是高校人才培养的重要组成部分，是全面贯彻落实党的教育方针与立德树人根本任务的重要途径，是学校培养"三心四能五复合"（"三心"即高度的责任心、持续的进取心、强烈的好奇心；"四能"即良好的表达能力、扎实的实践能力、突出的创新能力、基本的创业能力；"五复合"即社会担当与健全人格、职业操守与专业能力、人文情怀与科学精神、历史眼光与全球视野、创新精神与批判思维）人才的重要方式，是深化教育教学改革和提高人才培养质量的重要抓手。它有利于加强大学生社会责任感、实践能力和创新精神的培养，对提高学校人才培养质量至关重要。征集相关文章、出版《实践教学行与思（2022）》是学校全面贯彻落实党的二十大、全国教育大会、新时代全国高等学校本科教育工作会议、四川省第十二次党代会、全省教育大会精神的重要举措，是全面落实教育部《普通高等学校本科专业类教学质量国家标准》等文件精神的具体行动，是深入推进"知识结构模块化、理论实践融合化、教学服务信息化、考核评价常态化""四化一体"人才培养模式改革的具体体现。它凝结了一线教师、教学管理服务人员等对实践教学的思考，是对学校实践教学工作的系统总结，回答了"什么是实践教学""怎样开展实践教学""如何保障实践教学成效"三个关键问题。

长期以来，学校十分重视实践教学工作的系统总结和反思，注重实践教学工作的持续改进，已出版了六辑《实践教学行与思》，对引导和促进实践教学工作具有积极意义。《实践教学行与思》每两年出版一辑，具体由教务处牵头负责，各二级学院积极配合、广大教师积极参与，充分体现了学校对实践教学工作与实践教学研究成果的高度重视，充分体现了广大教师参与实践教学工作和研究的积极性与创造性。《实践教学行与思（2022）》文章的征集坚持了以下原则：一是坚持立德树人的根本导向。立德树人是教育的根本任务，是高校的立身之本。习近平总书记强调"要把立德树人的成效作为检验学校一切工作的根本标准，真正做到以文化人、以德育人"。在全国教育大会上，习近平总书记强调"要把立德树人融入思想道德教育、文化知识教育、社会实践教育各环节"。《实践教学行与思（2022）》是学校广大教师实践教学育人成果的凝练，是把立德树人融入实践教学环节的重要体现，是以文化人的具体行动和重要载体。我们自觉地把立德树人根本任务贯彻到本辑的征稿、审校、出版等全过程与各环节。二是坚持质量标准。实践教学作为落实学校人才培养目标的重要途径，其理论成果是总结实践教学工作的重要成果，其成果质量在一定程度上反映了实践教学的质量。《实践教学行与思（2022）》的征文严格遵循了"质量第一、宁缺毋滥"的原则，经过二级学院对文章进行征集汇总和初审、教务处审核、专家双向盲审等程序，只有符合质量要求的文章才会被录用；同时，教务处将盲审中评审专家提出的意见或发现的问题返回作者本人，促其进一步修改完善文章。严格完整的程序和较高的评审质量标准较好地保障了《实践教学行与思（2022）》的质量。三是坚持实践原则。《实践教学行与思（2022）》是教师对自身实践教学工作的所思、所想，是对自身实践教学工作的总结，也是二级学院对本院实践教学工作的总结和反思。同时，它又把改善实践教学、提高实践教学育人成效作为根本出发点和归宿。它来源于实践教学，又指导实践教学，具有鲜明的实践性。该辑在文章征集、评审、校对等环节始终坚持实践原则，使其彰显实践特性与成效。

《实践教学行与思（2022）》是学校探索建设中国式现代化高水平应用型高校的重要成果，其主要具有以下特点：一是聚焦实践教学问题解决。《实践教学行与思（2022）》不仅构建了实践教学管理体系，更是汇集了一线教师、教学管理人员解决实践教学问题的智慧，推动了实践教学工作的开展和高质量实践教学的发展。二是内容体系丰富。它是对学校实践教学工作过程中各环节、各因素、各问题的集中系统研究和反思，涉及实践教学工作的方方面面，具有体系完整、内容丰富的特点，主要包括了实践教学管理、师资建设、实验实训、实习见习、创新创业、学科竞赛、第二课堂、产学研合作等实践教学领域。三是具有一定的创新性。它主要立足于新时代实践教学的新要求、新特点和学校实践教学的新问题、新情况开展研究与探索，为实践教学适应新时代的新发展、新需求提供理论依据和理论指导。

《实践教学行与思（2022）》的编辑出版既是学校实践教学工作成果的总结，亦是传播实践教学育人希望的种子。希望通过该辑的出版助力学校实践教学工作高质量发展，提升实践教学育人质量，为学校早日建成特色鲜明、优势突出的中国式现代化高水平应用型大学添砖加瓦。

是为序。

2022 年 12 月 16 日

目 录

经验总结篇

课程建设篇

教学改革篇

综合实践篇

经验总结篇

基于文学与传播学应用型人才培养的实践教学探索

成 立 李川北 陈 桃①

文学与传播学院高度重视实践教学，把实践教学作为提升应用型人才培养质量的关键举措。结合学校作为应用型转型试点高校的现实情况，需要学院把学生培养成应用型人才放在更加重要的位置。应用型人才的培养绝不能停留于知识传授层面，还须上升到对学生应用能力的训练上。在具体的操作中，则要避免出现教学实践流于形式、监控机制缺失、考核标准缺乏科学性等一系列问题。学院根据当前实际情况，结合学科专业设置，围绕认证和申硕等目标，探索总结出一套适合学院长远发展的实践教学体系和模式。

一、以实践教学培养应用型人才现状分析

应用型人才培养是地方本科院校顺应时代发展和人才需求所做出的必然选择，各学科专业一方面要立足所在院校的办学定位，另一方面也要结合自身实际，在遵循基本发展规律的基础上，尽可能地加入一些实践和应用的成分。对于学院办学历史较为悠久的中文学科以及新兴艺术类学科而言，在探索求变的过程中，还存在一些有待思考和解决的问题。

首先，教学方式方法不能完全满足社会对人才的渴求。经过多年的高等教育扩招，加之学校办学规模扩大，学校师资力量不足的问题逐渐凸显出来，使得生师比不易达到认证和申硕的要求。教师在人才培养过程中，难以实现对学生的精细化指导和因材施教。多数教师因多年来接受的是学术型人才培养，往往相对重理论水平的积累，轻

---

① 成立，男，四川宣汉人，教授，研究方向：外国文学。
李川北，男，四川平昌人，助理研究员，研究方向：环境生态学。
陈桃，男，四川安岳人，助教，研究方向：中国现当代文学。

实践能力的提升，在教学方式方法上，固守传统，长于理论知识的传授，不太擅长或者不够重视技能的培养。加之近些年来，引进的高学历人才在不断增加，这些新加入的教师多在基础理论方面有深厚的功底，但也缺乏在所属行业里的锻炼，工作经验还显得不足。因此，在具体的教育教学工作中，教师自身的缺陷造成人才培养效果受到较大影响。

其次，教学保障机制还不够完善。在当今社会，用人单位都希望能用到动手能力强、实践经验丰富的毕业生，觉得这类学生上手快，适应能力好，潜质高。而对于学生而言，实践能力的强弱也在很大程度上决定了他们能否很好地适应所从事的工作。但实际上，高校里不少教师受传统教育方式影响颇深，且对实践技能培养认识不足，或者不能满足对这类教学的支撑力度要求，或者缺乏这方面的积累和经验，造成在教育教学工作中难以做到把实践教学落到实处，在教学内容和教学时间上也没有严格按照课程的目标执行，随意性较大。在管理者层面，通常是把实践教学作为教改项目、质量工程、特色课程来予以对待，没有能够形成有效的保障机制。

再次，教学质量监控还存在缺失。通常，理论课程的教育教学形式相对较为固定，方式相对较为简单，不管是教学过程还是考核方式，都能够较为容易地进行质量把控。但是实践教学往往方式方法多元，环节相对多样，内容较为复杂。它强调学生的实际动手能力和操作，独立地去发现问题、思考问题、探索问题、解决问题，旨在提升他们的应用能力和创新能力。这样的教学过程使得具体的教学质量监控难度增加，不容易找到有效的监控手段，实践教学也就难以收到理想的效果。在为数不多的实践课程中，除了专业性强的实训课、集中见习和实习、毕业论文或设计具有相对完善的质量监控外，其他如专业技能训练、综合性实践训练、创新创业探索、社会调查、实地考察等的监控和考核往往随意性较大。

最后，教学内容的安排还缺乏系统性和科学性。对于本科人才培养中的实践教学学分比例，教育部是给出了明确的要求的，即人文社会科学类专业实践教学的学分不低于专业总学分的20%。在各学校各专业人才培养方案中，见习、研习、实习、毕业论文（设计）、军训等课程在教学内容、方式方法、考核方式等方面比较规范，其他课程如学科竞赛、专业活动、综合素质训练、社会实践以及不少课程中的实践教学环节都具有较多的不确定性，造成教学中存在着比较随意的情况，甚至有些课程没有能够把实践内容付诸实施。这也就造成了实践教学过程缺乏系统性和科学性，不利于学生的全面发展和人才培养质量的提升。

二、文学与传播学院在应用型人才培养中对实践教学的探索

结合众多高等学校在实践教学中存在的普遍性问题，学院立足自身学科专业特点和实际建设情况，经过不断思考，反复调研论证，采取了一系列有针对性的措施和做法，以确保在应用型人才培养中做好实践教学环节。

（一）构建特色鲜明、优势突出、针对性强的实践教育教学平台

学院根据办学实际，针对文学与传播学两大优秀学科（即中文学科和新闻传播学科）的特点，立足学校办学定位，深入思考地方对人才培养的实际需求和认可标准，将课堂内与课堂外、学校内与学校外、理论知识与实践技能充分结合，逐渐形成了具有科学性和合理性的实践教育教学平台。在具体的实践过程中，学院设计和构建实践平台包含了多种，详述如下。

一是专业理论素养实践平台。该平台从专业理论课的总学时中划出一定学时进行专业理论的实践实训。其主要包括了撰写读书笔记、心得体会、话题论文、课堂讨论、情境对话、生生辩驳、师生答疑、即兴发言等。学生通过该平台，实现了理论知识转化为专业能力，从书本知识的获取走入社会实践的模拟。这些实践中取得的成果可以作为学生学习过程中取得成绩的组成部分，也是过程性考核的重要参考。

二是专业技能训练平台。该平台结合不同学科专业的特点，有目的和针对性地对学生进行专业技能方面的训练。有的属于对师范生职业能力的训练，如逻辑推理的训练、抽象思维的训练、微格教学的训练、"三字一话"（钢笔字、毛笔字、粉笔字、普通话）的训练、标准普通话的训练、演讲与口才的训练、应用文撰写的训练、创意写作的训练、审美阅读的训练等。有的属于对艺术生职业能力的训练，如主持人发声的训练、语言艺术的训练、非线性编辑的训练、艺术品鉴的训练等；有的属于对新闻人才培养的训练，如新闻采访、写作、编辑、播报、评析的训练。在日常训练之外，学院还将赛事活动纳入训练的环节之中，例如课本剧大赛、现场作文大赛、师范技能大赛、教学能力大赛、摄影摄像大赛、主持人大赛、书法大赛、主题演讲比赛、辩论赛、中华经典诵写讲演比赛、中华诗词竞赛、网络创作大赛等。另有一些是具有专业特色的活动，例如文化传媒节、迎新晚会、金穗文化节、文艺作品演播、专业汇报表演、主题班会活动等。各个专业的学生选择参加部分赛事，不仅很好地提升了其专业能力，还获得了相应学分。这些赛事活动通过项目式管理做好记录，指导教师依据记录给出成绩。

三是综合素质训练平台。该平台是为了提升学生综合素质，使他们能够很好地适

应未来社会和工作环境而设立的。其主要包括了军事训练、青年志愿者下乡、赴贫困地区支教、社会调查、公益活动、日常劳动、社团活动、见习、研习、实习、毕业论文（设计）、创作采风、作品设计等。该平台有利于提高学生的交往能力、组织能力、管理能力、策划能力、构思能力等。在这些活动中，像军事训练、毕业论文（设计）、见习、实习等活动已经有规范的管理流程和考核手段，实施时间也比较长了，运作相对成熟。而其他活动的开展还需要更加系统科学地进行，如果仅仅停留于组织和完成，这对学生的锻炼效果会相对有限，因此还需进一步研究和完善，使学生从中更好地受益。

四是创新创业训练平台。该平台旨在培养大学生创业意识和创新能力。其主要包括了大学生科研项目、创新创业项目、产业孵化项目、专业作品设计、专业作品发表等。学院一直都很重视这一平台的建设，不断加强与教务处、科技处、学生工作部、创新创业学院以及其他二级学院的联络、沟通与合作。通过奖励、认定学分等方式提升学生参与的积极性和主动性。这一平台也为学生顺利步入社会、实现从学生到职业人的转变起到了很好的桥梁作用。

（二）改进和完善具有高效、实效、成效的实践教学质量监控体系

近些年来，学院围绕如何加强实践教育教学，培养符合社会经济发展需要和能够服务于地方的优秀人才进行了长期的探索和研讨。在这个过程中，学院采取过一些有力的举措，也发现了实施举措过程中出现的一些问题。其主要在于实践教育教学保障机制还不够健全，例如在人才培养方案的制订和修订、教学大纲的修改、教案的合理设计、教学计划的安排、教学过程的督导、教学考核的科学化等环节均存在各种问题，特别是如何评价和考核实践教学的效果，操作起来难度颇大，缺乏有效的方法，导致实践教学难以落到实处。从学科专业本身的特点来看，无论是文学类、艺术类还是传播类，实践教学过程和结果考核多在无形中进行，包括口头表达能力、写作能力、技术性操作能力以及组织协调能力、交往沟通能力等，难以在教学过程中做到全程监控和精准考核。为了解决这一难点，学院从多个方面入手，对实践教学监控体系做进一步改进和完善，使其能够高效地运行，能够取得实效并获得成效。一是不断完善制度、组织保障体系。学院健全相关制度改进实施举措，严格规范执行学院、教研室、课程团队三级监控联动机制，并在财力上予以充分支持，使实践教学能顺利地开展起来。二是进一步明确专业人才培养目标和规格。在人才培养的实施中突出以能力培养为导向，使学生不仅获得知识，还能形成相应能力和素养。三是使评价标准更加科学化。学院各专业特别注重过程考核与结果考核相结合，尤其是不断增强对过程考核的重视程度，在评价标准上更加合理，使整个考核有规章制度可循。四是优化双向评价机制。

在把专家评价与自我评价相结合的同时，使专家评价和自我评价能够有效对接，形成可供参考的实质性评价内容。五是信息反馈更加及时且全面。通过教学反馈，推动实践教育教学管理良性发展，不论对于学生改善学习状态和效果，还是对于教师反思改进教学提升课堂质量，以及对于教育教学管理人员改进工作方式方法，都能发挥重要的积极的促进作用。

三、文学与传播学院在实践教学探索中存在的问题及改进举措

虽然目前学院围绕着应用型人才培养，对实践教学进行了不懈探索，积累了一些经验，取得了一些效果，也获得了一些成绩，但就人文社会科学而言，实践教学仍然是一个值得进一步探索的重点和难点，是一个永不过时的探究课题。因此，如何改进对应用型人才培养的实践教育教学，进一步加强组织和管理，很值得我们深入认真思考。

（一）强化机制保障，优化监控手段和体系

为了培养出合格的符合社会发展需要的应用型人才，使学生能够顺利胜任具体工作，需要学生在学习中具备较强的实践动手能力。而从任课教师到管理人员，对实践教育教学的认识还不够到位，重视程度还没有达到应有的高度，因此，学院还须进一步提高认识，强化保障机制，使教师能真正树立起实践育人的观念，实现从重知识传授到重能力培养的转变，并将其实施过程纳入对相关人员的考核和绩效分配中。同时，学院还要进一步优化质量监控手段和体系，要特别关注对专业能力训练、综合实践训练、社会调查调研、创新创业学习等的把控，使学生通过参加这些活动和实训获得收益和成长，进而从中打造精品，起好模范试点作用。

（二）加强师资队伍建设，提升实践育人质量

要让实践教学更好地实现应用型人才培养目标，还需要加大师资队伍的建设力度。一是让实践教学观念深入人心。只有任课教师真正意识到了实践教学具有的重要意义和所能起到的重要作用，才能有效地推动改进教师的育人方式，使他们真心投入到对应用型人才培养的思考和探索之中。二是加大对"双师型"教师的培养和引进力度。通过让教师到行业单位挂职、外出参加培训、考取职业资格证书等方式，建设出一批既具有扎实理论功底，又具备实践经验的教师队伍，使他们成为实践教学的骨干力量。三是加大校外实践导师的聘任力度。通过聘任众多企事业单位中具有丰富从业经验的职称高、技术精的一线人员担任指导教师，有效破解师资不足的难题，也有利于学生融入社会，适应职业发展。

（三）深化社会合作，完善协同育人模式

以实践教学培养应用型人才，离不开地方众多企事业单位的帮扶和支持。学院会进一步落实好校地合作协议，充分利用地方优势资源，助力学院学科专业良性发展。要完善与地方的长效合作育人机制，借助社会力量共同搭建起实践育人平台。师范专业要加大与地方基础教育单位的对接、交流与合作，通过见习、研习、实习活动以及校外导师制协议，使学院教师能够有更多机会深入基础教育教学一线学习，或者将基础教育一线师资请进来指导交流；艺术和传播专业可进一步拓展在地方新闻媒体机构、企业的实习实训点，加大联合培养新闻传媒人才的力度，通过双向互动，使学生在学习和实训中更好更快地适应行业工作，实现实习与择业的有效融合。

创新实践育人体系 提高人才培养质量

张　岚[①]

四川文理学院政法学院、知识产权学院始终遵循高等教育发展规律，坚持社会主义办学方向，以立德树人为根本任务，以"知政明德、崇实尚公"为院训，以"一知（知伦理礼仪）、二守（守纪守法）、三讲（讲学习、讲政治、讲正气）、四会（会想、会说、会写、会干）"为育人理念，致力于"三心四能五复合"高素质应用型、复合型人才培养。经过多年发展，学院已经初步形成具有专业特色的实践教育体系。现将学院近两年的实践教育工作情况总结如下。

一、成功经验和做法

（一）构建了较为完善的实践教学体系

学院在实践教育中严格执行人才培养方案中实践教学时间累计不少于一学期的规定，构建了涵盖专业技能训练、专业见习、专业实习、专业研习、第二课堂、毕业论文等内容完备的实践教学体系；积极建立实践教学基地，使之成为该专业的教学研究、专业技能培训以及毕业生就业的平台，为实现专业见习、专业实习、专业研习"三习"贯通提供支撑。

近两年来，学院各类专业竞赛成绩喜人。思想政治教育专业、历史学专业、行政管理专业、知识产权专业学生荣获省级以上奖励 10 余人次；各专业毕业生初次就业率保持在 92% 以上，部分学生进入四川大学、北京师范大学、西南政法大学等国内知名高校读研深造，部分学生进入省内外知名中学、政府机关、司法部门工作，用人单位对毕业生的实践能力认可度高。

（二）制定了较为完备的实践教学大纲

学校《2020 版本科人才培养方案》实施后，学院立即启动对应毕业要求的实践教

[①]　张岚，1989 年生，女，讲师，硕士研究生，主要从事基层社会治理研究。

学大纲制定工作。目前，学院各教研室制定了专业认知、专业见习、专业实习、毕业论文等实践课程教学大纲；同时，有关理论课程的教学大纲也有意识地增加了实践教学安排。教学大纲的制定和完善为实践教学工作的顺利开展提供了依据。

（三）搭建了"三位一体"协同培养机制

在师范类专业人才的培养方面，学院积极搭建高校、中学、教育主管部门"三位一体"协同育人模式，建立了以学生师范能力提升为核心的"三位一体"协同培养机制。学院现有达州市第一中学、通川区第八中学、达州市铁路中学、达州市铭仁园中学、达川区实验小学等 10 余个教师教育实践基地。

学院坚持"走出去"和"请进来"的策略，加强高校教师与优秀中学指导教师的业务指导和专业培训。"走出去"主要是让校内导师走出校园，参与到中学的教学过程之中，与中小学联动开展模拟教学、微格教学。学院每年安排教师近 10 人次走进中学课堂并常态化参与中学教学全过程。"请进来"主要包括邀请中学一线优秀教师来学院做专题讲座、进行教学经验分享、上示范课、担任兼职教师等。近两年来，学院共主办专题讲座 20 余场次，其中邀请中小学一线教师来院交流指导近 10 场次。

（四）规范了实践教学的实施过程

各教研室提前一学期制定好下一学期的实践教学计划并由学院统一提交给学校教务处，教务处审批同意后，各教研室按照计划向学院教科办提交具体的实践教学方案，并通过党政联席会议审定，然后将其报教务处、保卫处备案，作为检查、考核实践教学的依据。各教研室在组织学生进行见习、研习、实习等实践教学活动时，均先召集有关指导教师和学生开动员大会，详细讲解实践过程中的注意事项和具体要求，明确校内外指导教师职责。实践教学活动期间，主要通过了解学生评教系统数据、走访校内指导教师及检查教育专业实习工作日志等资料对校内指导教师进行定期考核；对中学指导教师主要通过基地学校走访、学生座谈等方式进行了解和评价。

二、工作创新与特色

（一）凸显专业特色，打造三大课堂联动的实践教学模式

各教研室分别结合专业特点，积极打造"课堂教学、学生竞赛和社团活动、实践基地"三大课堂联动的实践教学模式，落实以专业课堂教学为第一课堂，以中国特色社会主义理论研究会、四川省知识产权培训（四川文理学院）基地和学校大学生法律协会、论辩协会、兼葭汉服社、博闻历史茶社等学生社团为依托，以组织、开展各种形式的专业活动和各类专业学科竞赛为第二课堂，以社会实习实训等社会实践活动为

第三课堂的整体联动；充分激发学生在实践过程中的积极性，发挥学生主体作用，推动课堂理论知识、实践活动、专业实务互相促进、协同并进，着力培养学生的实践创新能力，不断优化实践教学环节和效果。

（二）深化实践教学改革，有效构建实践教学评价体系

学院依照学校制定的《实习管理办法》等管理制度和措施，加强对学生实践各环节的考核评价，做到评价主体多元、评价内容多维、评价方法多样。例如学院采用相关措施对师范类专业学生教育实践过程实施全程质量监控。一是成立师范生"教育见习—教育实习—教育研习"指导团队，由分管教学的副院长牵头，成员包括课程与教学理论专任教师、专业指导教师、辅导员、用人单位有关人员等。指导团队不仅负责对学生教育实践过程的指导，也负责对学生教育实践的考核评价。二是根据"专业见习—专业实习—专业研习"计划，明确规定"专业见习—专业实习—专业研习"的目的、内容、时间安排及要求等，并制定了"专业见习—专业实习—专业研习"成绩考核标准。三是采取过程评价与成果考核评价相结合的考核方式，对师范生的教育实践进行跟踪式的过程性评价和总结性的成果考核评价，相关成果要体现在实习生提交的专业见习报告、专业实习考核手册、专业研习报告和总结记录中。四是"专业见习—专业实习—专业研习"结束后，要求学生以小组为单位，制作总结PPT和相关材料，全方位汇报、总结与反思，并评选出优秀"专业见习—专业实习—专业研习"小组和优秀学生。

（三）加强疫情期间的实践教学管理，尽显人文关怀

近年虽受疫情影响，但学院坚持"一专业一方案"的指导理念，合理安排专业见习、专业实习、专业研习、专业毕业论文等各实践环节的时间、形式和考核方式，确保疫情防控期间实践教学任务按期完成，并达到线上线下实践教学同质等效。分管教学副院长、教科办主任、教研室主任、教学秘书等人员一对一地负责与在外实习学生保持联系，实时监控校外实习学生动态，及时解决学生实习中遇到的各种问题，做好学生的行程、健康监控及心理疏导等工作，加强疫情防控期间的人文关怀，全力保障学生身心健康；教育引导学生严格遵守实习地疫情防控要求，安全完成实习任务。

三、存在的问题

（一）常态、稳定的实践教学基地比较缺乏

行政管理、知识产权两个非师范类专业虽然与达州市人大常委、达州市人民政府、莲花湖管理委员会、达州市司法局、达州市通川区人民法院、达州市市场监督管理局

（达州市知识产权局）等单位积极展开合作，但与这些单位的合作与专业实践教学的要求有一定差距。一是学院和上述大多数单位的合作目前还没有正式挂牌和签约，这直接影响了实践教学活动的开展；二是这些单位的实践教学行为随机性较大，缺乏稳定性和长期性；三是直接进入这些单位参与实践教学的学生较少，难以满足广大学生的专业实践需求。例如，达州市人大常委会会议旁听名额每次只有3~5人，极大地限制了实践教学活动的开展。

（二）专业实训室缺乏，课程中实践教学难以开展

由于学院专业建设经费不足，专业实训室建设明显滞后。现有的实训室模拟法庭，基本能满足知识产权专业模拟法庭的实践。而思想政治教育专业、历史学专业没有能满足"三字一话"等师范技能训练的实训室，学校现有的微格教室很难满足师范类学生课后训练之需。行政管理专业开设的"行政管理学""公共管理学""公共政策学""公务员制度""社会调查研究与方法"等课程的实验教学所需要的"公共管理案例分析系统""SPSS社会统计分析软件"等系统和实训室也十分缺乏，导致课程中的实践教学内容只能局限于案例教学、课堂讨论等较低层次的教学。

（三）实践教学质量监控体系建设较为滞后，考核评价效果不够明显

虽然在学校《2020版本科人才培养方案》中，各专业按照有关要求加大了实践教学的比例，但事实上，除了学院统一安排的实习、见习等实践活动会常态化开展外，其他课程中的实践教学是否开展基本上由任课教师决定。此外，虽然各专业已在积极构建实践教学的评价体系，但因为缺乏相应的督导和激励机制，评价体系难以落实。另外，在学生参与的各种实践活动中，由于指导教师并不能完全实现跟踪，学生实践报告可能存在虚假成分，这些都影响了实践教学的实际效果。

四、改进措施

（一）开发、整合校内外优质资源，为各专业实践教学提供更加充足的平台

学校和学院要以市校全面合作为契机，开发、整合达州市优质实践教学资源，签订合作协议，为师生搭建更多、更优质的实践教学平台。同时也要注重对校内资源的开发和整合，比如校内行政部门和科研部门可适当接纳实习生，实现管理资源和教学资源的相互转化，让学生在校内也能接触优质的实践教学资源，让实践教学活动真正实现常态化、规范化、稳定化和实效化。

（二）加大经费投入力度，大力推进专业实训室建设

实训室的建设是实现专业培养目标、保证人才培养质量、提高学生实践能力的关

键。学校需要加大对专业教学平台建设的资金扶持力度，加强专业综合实训平台建设，把师范类专业"三字一话"实训室、行政管理专业实训室、知识产权实验室等建设纳入学校财政预算和学校发展规划。同时，学院各专业也要积极申请各类中央财政支持地方高校发展项目、国家或省专业综合改革项目等，实现以项目建设促进专业实训平台建设。

（三）完善实践教学质量监控体系建设，促使实践教学考核评价落到实处

在专业实践教学环节，除了积极探索良好有效的考评体系外，还应对实践各个环节进行良好的监督管理，因为实践教学质量监控体系是保证实践教学环节得以顺利开展和有效落实的重要保障。除了对学生实践环节的行为进行监管和评价外，也应该加强对教师实践教学行为的监督和评价。在专业建设中，学院将严格督促教师按照人才培养方案和教学大纲开展实践教学，也将大力改革教师培养和使用机制，以教学效果评价方式改革促进教师业务水平的提高，进而促进实践教学效果的提高。

今后，学院将在此次实践教育工作回顾和自评的基础上，继续深化专业实践教学改革，为提高专业人才培养质量，建成特色鲜明、优势突出的高水平应用型大学而努力奋斗！

守正创新勇担当　多措并举抓落实

——外国语学院应用型外语人才实践教育总结

刘彦仕[①]

《深化新时代教育评价改革总体方案》指出，深入贯彻落实习近平总书记关于教育的重要论述和全国教育大会精神，完善立德树人体制机制，探索建立应用型本科评价标准，突出培养相应专业能力和实践应用能力。引导高校加大对教育教学、基础研究的支持力度。近两年来，外国语学院坚持结合学校办学定位实际，聚焦应用型人才培养目标，在广泛调研市场需求、充分吸纳"对标"院校人才培养经验的基础上，严格执行2020版人才培养方案，转变教育教学理念，不断深化实践教学模式改革，加强实践教学内容的优化与整合，守正创新，夯实实践育人基础，构建"两合三化"（第一课堂与第二课堂相结合，语言学习与语言实践相结合；核心理论课与实践课一体化，实践课指导团队专业化，专业实践活动社团化）实践教学理念，保障应用型外语人才培养目标达成。

一、加大落实新设置课程建设力度，规范管理应用实践课程

学院不断夯实基层教学组织，强化教研室、教学团队、课程组的建设。树立课程建设新理念，推进课程改革创新。确立学生中心、产出导向、持续改进的理念，提升课程的高阶性，突出课程的创新性，增加课程的挑战度。合理利用教学平台，如科大讯飞口语训练和无纸化测试平台、超星泛雅、智慧树、批改网、词达人、WeLearn、Ismart等，布置课前、课中、课后的作业训练，提升了学生英语表达能力和语言运用实践能力，在增难度的同时提效率。对独立设置的应用实践专业课程，学院不断完善其认定要求和规范管理程序，充分发挥导师制和双导师制的作用，既强调实践的次数，更从质量上提升学生的体验收获。

---

① 刘彦仕，1972年生，男，教授，主要从事外语教育教学与翻译研究。

（一）对标竞进，强化英语课堂的实践学分认定

针对"一流专业"和"一流课程"建设要求，对比同类院校，狠抓内涵建设，探究高质量发展路径。在课程建设上把人才培养作为核心使命，以立德树人为根本，通过修订人才培养方案，探索将课程思政元素如学习《习近平谈治国理政》中英文版嵌入（融进）专业课程，以及把参与跨文化能力竞赛计入英语课程平时成绩等有效机制，助力培育具有家国情怀、国际视野的翻译与国际传播外语人才。秉持核心素养理念，从语言能力、文化意识、思维品质和学习能力方面，促进学生心智发展，提高综合人文素养。在全校开展了两届"讲好中国故事"英语演讲大赛和"词达人杯"英语词汇能力大赛，学生参与活动积极性高，受益面广，影响深远。

（二）教法为径，打造课堂教学与实践教育贯通体系

坚持课程建设在改进中加强、在创新中提高，及时更新教学内容、丰富教学手段，不断改善课堂教学状况。一方面，创新专业教学的理念和方法，注重世界观、认识论与方法论相结合，注重基础理论阐释与现实问题分析相结合，提升思政教育的思想性、理论性和针对性，引导学生在思考中深化学习，在思辨中提高认识；另一方面，高度重视实践育人的重要性，将课堂教育同社会热点和重大事件相结合，通过整合资源搭建学生实践锻炼平台。注重教学方法创新，努力打破专业教学和实践教学的壁垒，形成贯通式培养路径。

依托省级教学改革项目，外语类专业课程实践教学改革多维度听取了教师的意见和建议。从外语类专业课程实践教学的特点、当前存在的问题、改革的内容与路径等方面进行充分讨论，达成了按课程类别进行改革、形成具有学科特点及校本特色的实践教学过程材料、综合实践项目改革、搭建实践教学线上线下综合展示实践教学成果平台的共识。

二、推进实践教学基地建设，
集中实习得以保障，助推师范专业认证

学院坚持创新实践教学，强化实践育人，夯实实践教学环节。实践教学环节包括专业实践课程、专业实习、创新创业实践、社会实践、国际交流和毕业论文（设计）等。依据《外国语言文学类教学质量国家标准》《英语类专业教学指南》以及师范专业认证要求，结合学生毕业去向，开展毕业论文写作改革，探索其他符合应用型人才培养要求的论文写作形式，制定具体实施方案，严格全过程管理，夯实专业见习、实习，确保目标和要求明确、内容和步骤详细、指导和考查专业。

体系为要，构建与实践基地协作育人的长效机制。近两年英语、翻译、商务英语三个专业新增 8 个实习基地，英语专业实习基地已达 34 个。结合地方高校服务地方的办学宗旨，树立应用型人才培养的教育理念，深入开展人才市场调研，加强校地合作，合理定位人才培养目标，优化课程设置，邀请行业、高校专家参与修订人才培养方案，做好师范生培养的顶层设计。根据师范专业认证要求，筑牢教师教育课程目标，夯实"三字一话"等师范生技能训练，提升学生核心素养。聘请中小学一线教学骨干参与课程建设，构建校内外专兼结合的师资共同体，挖掘课程思政元素、改革教学模式和教学方法，打造外语教学理论与实践、课程标准与教材分析等特色课，紧密对接基础教育教师岗位需要，为应用型师范生培养奠定基础。在"请进来"的同时，学院也派教师到学校开设英语听说课，共同开展外语教育教学研讨，形成有效联动。

坚持认真落实毕业实习指导工作，以集中实习为主，按照学院安排，融入导师制，与每位学生保持联络沟通，引导学生通过实习明确就业方向。做好毕业论文撰写工作，53~55 名教师每人参与指导 5~6 名学生按时定稿并根据具体情况进行线上线下答辩，确保论文写作质量。受疫情影响，各专业积极做好线上线下课程教学及考试工作。围绕专业见习、专业实习，增强学生的教师职业认同，搭建师范生专业实习实训平台，狠抓师范生职业能力训练，不断巩固已建专业实习基地。具体情况见表 1。

表 1　近两年外国语学院各专业实习情况统计

专业	年级	学生人数/人	集中实习/人	占比/%	自主实习/人	占比/%
英语	2016 级	107	10	9.3	97	90.7
	2017 级	116	78	67.2	38	32.8
翻译	2016 级	72	15	20.8	57	79.2
	2017 级	68	12	17.6	56	82.4
商务英语	2016 级	60	7	11.7	53	88.3
	2017 级	68	11	16.2	57	83.8

受疫情影响，见习实训开展有难度。我们主动适应常态化疫情防控要求，积极调整实践教学方案，深挖实践教学资源潜力，抓好过程管理和质量监控，确保了实践教学活动内容有保证，效果不打折，切实降低了疫情对实践教学的影响。翻译和商务英语专业组织学生充分开展线上见习和实习。学院根据学校实习管理办法，强化专业见习，确保学生足额、真实参加实习（实训）。2018 级商务英语专业 76 名学生开展线上实训，企业导师全程指导，学生充分了解和掌握跨境电商运营的基础知识和实操技能。企业导师通过微信群发布每周实训任务，开展情境操演，让学生能熟悉知识点信息和

跨境操作流程步骤，并通过微信及时沟通交流、答疑解惑。2018 级翻译专业 78 名同学也开展了为期一个月的线上实习，订单式的训练，企业导师的讲授与实操让学生进一步了解了行业的流程。实践出真知，力行而后知之真。通过参加专业实训，学生提升了自己的实践能力，积累了经验，培养了严谨细致、专注负责的工作态度，淬炼了敬业、创新的职业精神。

三、创新实践教学模式，实践活动社团化，学科竞赛创佳绩

创新实践教学模式，除了原有的英语俱乐部等社团外，还将学习与科研相结合，新建了基础外语学社、明德翻译学社，进而组建了素质拓展部。学院围绕社团组织，把实践技能具体细分为翻译、写作、演讲、辩论四个专业方向，每个方向配备 4 位指导教师。其中，每个方向每年度通过笔试、面试选拔等方式，各选择不超过 20 名学生进行小规模的授课及培训。其宗旨是，选拔在语言学习的某个方向有兴趣、有潜力的人才，通过系统性及针对性的集体训练和赛前单独冲刺演练，培养语言实践应用能力突出、具备专业赛事竞争力的学员，以期让"外界听到外语人的声音"。

学院制作并发放了《学生学业手册》，把三个专业人才培养方案印发给每位学生。三个英语类专业将"工作坊"引入实践教学设计，纳入 2020 版教学大纲，作为学生实践学习和自主学习的创新模式探索，取得了不俗的成绩。在学院网站和新媒体平台发布"译观天下"20 多期学生翻译作品。2021 年中国翻译协会第十届全国口译大赛，6 名选手成功入围全国半决赛，学生苏芮获得全国总决赛交传组二等奖。2021 年"外研社·国才杯"四川省大学生英语挑战赛（演讲、写作和阅读三项），5 名学生参赛，喜摘两个二等奖、三个三等奖。

学院样板学生党支部成立翻译小组，完成了《习近平的七年知青岁月》《论中国共产党历史》《习近平书信选集（第一卷）》的英译，师生党员通过读原著、译原文，在思想上得到了进一步的升华，党性得到了进一步的增强，入党初心坚如磐石，为民情怀实实在在。活动得到了学校和省教育工委的肯定，先后被中国高校之窗等媒体报道。

四、完善本科生导师制，助推科研、
创新创业训练项目和毕业论文指导

学院自 2004 年首推导师制以来，不断创新形式，完善落实管理，有效整合资源，使得本科生导师制能够更有效实施。实施导师负责从大一到大四的全过程指导，包括

学生选课、课程学习、创新实践、职业规划、科学研究等。对低年级学生，以尽快适应大学生活为重心进行辅导，重点帮助学生"从考生心态转变到学生心态"；对高年级学生，重点则在学术和将来发展规划方面。学生参与导师的科研，导师支持学生参加各类学科竞赛以及考研并给予指导。完善导师考核评价与激励制度。导师普遍需要承担教学与科研双重任务，压力较大，指导本科生需要投入精力和时间，建立合理的导师考核评价和激励机制，将导师指导工作纳入考核指标，给予物质与精神奖励，肯定导师指导的价值。学院按学期编制《导师指导记录》等材料。

多种形式导师制可以更高效能地实现导师制顺利实施和可持续发展，为学生个性化发展提供良好的成长环境。为确保导师制取得实效，学院还实施了双导师制。根据专业特色，完善校外导师管理体系，完善导师遴选、评价、管理机制。从遴选方面来说，综合考虑导师专业知识、科研能力、师德师风以及工作责任强度。首选师德高尚，学术水平高，愿意花时间、花精力来带学生的教师来做导师。在具体指导过程中，导师的性格、教育理念、教育方法会对学生产生很大的影响。为让学生在校学习与企业用人实践更好地无缝衔接，在健全多主体多方位协同育人机制，开展科教融合、校企协同更深层次的双导师制育人方面，学院也在不断地探索和实践，以期借助企业事业单位的力量，共同提升人才培养质量。

五、存在的主要问题和建议

学院管理团队以及专任教师做了大量实质性工作，实践教学取得了一定的成效，但仍然存在一些问题和不足。就此，我们针对问题提出建议，以期进一步完善实践教学工作。

（一）问题

（1）集中实习与毕业去向存在一定的矛盾。学生参与集中实习积极性不够高，自主实习可以为学生就业提供更多方便和机会。部分英语专业学生对自身的职业定位不清，参加教育教学实习，投入的精力和时间还不够，工作时不够积极主动。翻译和商务英语专业学生对于办公软件、岗位职责等工作规范和要求，细节问题准备不够，抗挫折能力不强，抗压承受力较弱，人际交往能力还需要加强。不能完全转换角色，与企业的要求还有一定距离。

（2）分散实习难以监管，效果待验证。由于实习基地多数在四川省内且接纳实习人数有限，很多毕业生选择自主分散实习。对规范管理和实习的考核需要进一步加强，要鼓励、组织和支持学生到江浙、珠江三角洲等地企业进行实习，不断拓展就业渠道。

（3）实践教学团队的稳定性和学生参与的积极性存在不足。实践教学队伍不够稳定，教师的成长也需要更多的实践，深入企业的机会不多。带队教师参与到实习工作中，熟悉相关流程和要求，处理（解决）问题的能力显得不成熟。个别学生专业功底不够扎实，这不仅影响学生自身的积极性和自信心，也会给实习团队带来负面影响。此外，在导师制和双导师制的实施中也存在学生不主动的现象。

（二）建议

（1）改进和完善实习运行机制。充分考虑专业教学和实习单位工作实际，优化实习过程管理，强化实习导师职责，提升实习效果。加大对学生实习工作支持力度，鼓励为学生投保实习活动全过程责任保险，支持建设一批共享型实习基地。进一步强化实践育人意识，深化产教融合、校企合作。

（2）夯实专业基础，注重职业能力培养。优化课程设置，加大英语看听说训练强度，强化职业意识指导，着力培养职业技能。要根据英语核心素养内涵，解读中小学英语课程标准以及教材研习，增强学生的职业责任感和使命意识。

（3）加强对学生的学科过程指导，严格落实导师制，引导学生成长。改革专业培养模式，优化专业人才培养质量。量身定制实践教育教学计划，随时跟踪指导学生学习及实践活动，跟踪记录学生的成长过程。确保各专业学生的实践能力培养贯穿大学四年生活，实现"实践—认识—再实践—再认识"的认知循环，夯实学生的理论基础，培养学生的英语实践能力。

参考文献

［1］中共中央，国务院. 深化新时代教育评价改革总体方案［EB/OL］. https://www.gov.cn/gongbao/content/2020/content_5554488.htm.

［2］教育部. 关于一流本科课程建设的实施意见［EB/OL］. http://www.moe.gov.cn/srcsite/A08/s7056/201910/t20191031_406269.html.

［3］教育部高等学校教学指导委员会. 普通高等学校本科专业类教学质量国家标准·外国语言文学类［M］. 北京：高等教育出版社，2018.

［4］教育部高等学校外国语言文学类专业教学指导委员会. 普通高等学校本科外国语言文学类专业教学指南（上）英语类专业教学指南［M］. 北京：外语教学与研究出版社，2020.

［5］教育部. 关于深化本科教育教学改革　全面提高人才培养质量的意见［EB/OL］. http://www.moe.gov.cn/srcsite/A08/s7056/201910/t20191011_402759.html？eqid=9c3f02010000eb6700000003646448c.

［6］教育部. 普通高中英语课程标准［EB/OL］.http：//www.moe.gov.cn/srcsite/A26/s8001/202006/t20200603_462199.html.

［7］教育部. 义务教育英语课程标准［EB/OL］.http：//www.moe.gov.cn/srcsite/A26/s8001/202204/t20220420_619921.html.

落实应用型本科人才培养目标 构建实践教学"三全育人"体系

——数学学院实践教学工作总结

古传运①

数学学院牢牢抓住立德树人根本任务，践行社会主义核心价值观，坚持"秉德乐数，探渊索珠"的院训，坚持"重基础，强应用，抓技能，突创新"的办学理念，在抓好理论教学的同时，注重加强实践教学环节，重视构建实践教学"三全育人"体系。目前学院设有数学与应用数学、应用统计学、金融数学三个本科专业，既有办学经验丰富的老牌师范专业，又有不断创新发展的新型学科交叉专业。在办好传统专业的基础上，学院的专业建设突出学科间的交叉与融合发展，以全面培养"三心四能五复合"的高素质应用型人才为目标，努力推动实践教学"三全育人"体系构建。近两年，数学学院认真贯彻落实学校相关文件精神，不断加强实践教学与理论教学的有机结合，构建实践教学"三全育人"体系。

一、领导高度重视，牢固树立实践教学"三全育人"理念

数学学院党政领导班子经过充分思考、认真讨论和研究，达成共识，认为在抓好理论课教学的同时，必须加强实践教学环节，牢固树立实践教学"三全育人"理念，并把该理念贯穿于日常教学工作中，构建了符合本院人才培养特色的实践教学"三全育人"体系，落实高素质应用型本科人才培养目标。在学校领导和相关部门的支持下，结合本院数学与应用数学、应用统计学、金融数学三个本科专业的人才培养目标和特点，数学学院牢固树立实践教学"三全育人"理念，不断对实践教学工作做出一些新的尝试和改革，并制定了相应的质量保障文件。

---

① 古传运，1982年生，男，副教授，研究方向：应用泛函分析与微分方程。

二、针对各专业特色和师范专业认证的
最新要求，制定新版人才培养方案

人才培养方案是人才培养的重要基石，在人才培养过程中起着重要的指导作用，学院历来重视人才培养方案的制定工作。数学学院现有的三个本科专业办学特点和培养目标有所不同，针对不同的专业特色，我们在广泛调研和讨论的基础上，结合社会需求和学校办学定位，特制定了 2020 版数学与应用数学专业人才培养方案、2020 版应用统计学专业人才培养方案和 2020 版金融数学专业人才培养方案。目前，按照师范专业认证的新形势和新要求，同时结合学校相关要求，数学与应用数学专业 2020 版人才培养方案的修订工作正在完善中。在新版人才培养方案中，我们以高素质应用型人才培养为总目标，进一步加大了实践教学的比重，增设应用实践课程，增加某些课程的实践教学时数，将实践教学理念贯穿于整个人才培养过程中。

三、以人才培养方案为指导，
构建实践教学"三全育人"体系

（一）狠抓实践教学管理和师资队伍建设

实践教学能否按期进行，能否达到预期的成效，很大程度上取决于实践教学管理和实践教师队伍的综合实力如何。为提高实践教学成效，我们加大对实践教学工作的监督和管理力度，建立以"院长—分管教学副院长—教研室主任"构成的多级管理体系，制定学生信息反馈制，随时了解和掌握实践教学环节实施进度和效果；充分发挥教研室在实践教学方面的作用，明确教研室主任在实践教学中的工作职责和考核办法，要求每学期教研室至少开展实践教学专题教研活动一次，针对专业实践教学过程中出现的问题，教研室集体研讨，统一标准和要求，采取有效的办法和措施；狠抓实践教学师资队伍建设，为提高队伍整体素质，建立了青年教师指导教师制，年初有计划、年末有总结，采用这种校内"传、帮、带"及校外培训相结合的方法提高教师在实践教学方面的综合素质。我院青年教师在学校近几届青年教师优质课竞赛中均有人获得自然科学组一等奖。

（二）加强师范专业学生师范技能的培养

数学与应用数学专业是我校的老牌师范专业，我们在保持传统优势的基础上，开拓创新，不断加强学生师范技能的培养和提高。学院制定了《数学学院学生试讲指导

工作管理规范》《数学学院学生实习指导工作管理规范》等文件。在这些文件中，学院明确了指导教师的职责、学生的任务以及具体的工作要求和考核办法。如师范专业的试讲，规定包括说课、讲课、多媒体课件制作等内容，并对每项内容的考核都制定了详细的评分标准。教师不仅要对每个环节给予具体指导，还要严格考核，给出合理的成绩。院上考评时，不仅要看结果，而且更注重过程。根据试讲指导情况，遴选学生参加学院每年一届的教学能力大赛。我院每年举办教学能力大赛，竞赛程序规范，评判客观公正，参与面宽，受益面广，使学生在训练、选拔和竞赛中得到锻炼和提高。近几年，由我院推送参加校级教学能力大赛的学生共获得一、二、三等奖多项，代表学校参加四川省教学能力大赛的学生共获得一等奖一项、三等奖一项、优秀奖一项。

（三）注重毕业论文的写作指导

毕业论文写作是大学综合性的实践教学活动，学院高度重视毕业生毕业论文写作指导工作，成立了学院本科毕业论文写作与指导工作领导小组。按照教育部、省教育厅和学校关于本科毕业论文写作规范和抽检的最新要求，召开了毕业论文抽检专题学习会，制定了数学学院本科毕业论文写作与指导工作方案，确定了毕业论文的每一个完成时间节点。编写了《数学学院毕业论文选题指南》，制定了《数学学院毕业论文写作格式规范》《数学学院毕业论文指导工作规范》《数学学院毕业论文答辩工作规范》等文件，选派了具有讲师以上职称或具有硕士研究生学历的教师担任毕业论文的指导教师，为保证论文指导质量，规定每位教师指导的学生人数不超过 6 人。同时，加大对学生选题和开题的指导，由学院统一组织学生进行开题答辩，开题答辩通过者方能开题。在论文写作指导过程中，要求学生严格按照计划和安排向指导教师提交初稿、二稿、三稿和定稿。论文评阅时，除指导教师打分外，还对论文进行交叉评阅，坚持公平、公正原则。答辩时，把相近领域的论文分在一组，增强可比性，同时，按照答辩工作规范进行答辩，一次答辩未通过者进行二次答辩，二次答辩仍未通过者不得按期毕业授位。

（四）组织学生参加各类竞赛

为进一步培养学生对理论知识的应用能力，检验实践教学成效，我院积极组织学生参加全国大学生数学建模竞赛、全国大学生数学竞赛和全国大学生市场调查与分析大赛等各类竞赛。

每年都在全校范围组织学生参加数学建模校内选拔赛，为全国大学生数学建模竞赛选拔优秀学生。该赛既能加深学生对所学知识的理解，又能提高学生的实践能力，更能培养学生的创新精神，是启迪创新意识和创新思维、培养复合型、应用型人才的重要途径之一。近两年，我院组织学生参加全国大学生数学建模竞赛，共获得省一等奖 1 项、省二等奖 7 项、省三等奖 15 项。

学院每年都在全校范围组织学生参加数学竞赛选拔赛，同时选拔和组织学生参加全国大学生数学竞赛。参加全国大学生数学竞赛，展示了我院学子扎实的数学基本功和创新的数学思维，达到了"以赛促教、以赛促考、以赛促改、以赛促学"的目的。近两年，学院共获得省级一等奖 3 项、省级二等奖 8 项、省级三等奖 8 项。

学院每年都会组织学生参加全国大学生市场调查与分析大赛初赛，为接下来的省赛和国赛选拔学生。自 2020 年以来，我院积极参与全国大学生市场调查与分析大赛的宣传组织和课程培训等工作，3 年来竞赛规模不断扩大，参赛作品数量和质量均有显著提升。历经了"大赛动员启动会、调查分析专题讲座、个人知识赛、校赛、寒假集训课堂、团体实践省赛"大致 7 个月时间。近两年，我院共获得国家级三等奖 3 项、省级二等奖 2 项、省级三等奖 5 项。

（五）鼓励学生申报科研项目

为培养学生的初步研究能力和应用能力，我院积极鼓励学生申报各级各类科研项目，并遴选经验丰富、认真负责的教师进行实践指导。近两年，我院成功申报国家级大学生创新创业计划训练项目 4 项、省级大学生创新创业计划训练项目 16 项、校级大学生科研项目 16 项。同时，我们也鼓励教师吸纳学生参加自己的科研项目，鼓励教师带领学生开展研究性学习。近两年，已有多名学生参与教师的各类项目研究，通过这些实践教学培养学生的应用能力和研究能力。

（六）加强实习见习的有效结合

我院以专业人才培养方案为指导，通过加强实习、见习等各类实践教学活动的有效结合，逐步提升学生的实践应用能力。实习和见习是整个教学环节中的一个重要组成部分，属于实践性教学。其目的一是对学生在校期间的基础理论知识和技能的回顾、总结和运用，同时也为同学们提供了实践的社会环境。二是通过实习了解社会经济运行状况，了解企业、事业单位的实际经营管理工作，获得感性认识，在工作中得到实际能力的锻炼和理论知识的检验，提高分析问题和解决问题的能力。

针对数学与应用数学专业，除了在大四安排学生集中实习外，还进行了为期 18 周的集中与分散相结合的实习。同时，针对公费师范生，组织公费师范生先后赴通川区第八中学、达州巨全双语学校和通川区一小莲湖学校等进行了为期一至二周的专业见习。通过大一专业认知实习、大二大三专业见习、大四专业实习这样递进式培养和多类实践教学有效结合的方式，充分发挥实践教学在人才培养中的作用，提高应用型人才培养质量。此外，为响应国家教育扶贫号召，近两年来，我院还组织了 41 名学生先后赴凉山州金阳县、雷波县参与顶岗实习支教活动，在进行实践活动的同时，培养学生的爱国情怀和奉献精神。在见习、实习检查中，各实践单位对我院学生的实习情况反映良好。

针对应用统计学专业，毕业实习为期16周，共16个学分，实习单位为国家统计局达州调查队和达州市商务局，主要针对应届毕业班学生。专业见习为期1周，见习单位为国家统计局达州调查队，主要针对当年大二的学生。在见习和实习过程中，学生主要涉及以下三个方面的实践工作内容：①完成实习单位交给的基础数据的搜集与整理，利用统计软件分析统计数据，并对所得结果给出合理解释；②结合统计活动，分组完成调查问卷设计，并选用恰当的抽样方法抽取样本，根据问卷调查的结果，利用统计软件，完成各类数据的整理与分析；③在完成统计任务的条件下，顺利完成统计工作总结和调查报告等统计应用文的撰写。

针对金融数学专业，专业见习是培养学生把所学知识灵活运用到实践中去的一种重要形式和方法，是学生认识社会、了解社会、了解企业的必要环节和有效途径。金融数学专业学生赴达州市农村商业银行股份有限公司开展为期一周的专业见习。数学学院金融数学教研室根据专业人才培养的需要，并结合达州市农村商业银行股份有限公司的要求，将参加本次见习的学生分成12个小组，以小组为单位，分配到达州市农村商业银行城区内的12个网点开展见习活动。通过专业见习，培养了学生把所学的基础理论知识转化为实际操作和应用的能力，进一步培养了学生的独立工作能力和协作精神。通过见习，一方面，学生可以深刻认知到专业理论知识的学习和实践能力培养的重要性；另一方面，可以让学生提前了解和适应相关工作环境。

（七）积极开展实践教学基地建设，借助地方资源开展实践教育活动

作为地方应用型高校，要充分利用地方资源开展实践教学活动，培养学生服务地方的意识。2020年7月4日，数学学院与达州市统计局签署战略合作框架协议，对发挥高校资源优势、融入服务地方发展意义重大，同时也为进一步拓展应用统计学专业实践应用教学环节和创新科学研究能力奠定基础，真正实现统计学专业人才共育、科研共振、资源共享的优质人才培养模式。2020年11月7日，数学学院与巴中市巴中中学联合开展教研活动并建立数学实践教学基地。2021年5月20日，数学学院党总支与达州市教育局机关党委签署党建结对框架协议，在党建、教育教学、人才培养、科学研究等方面，建立起共建、共享、共同进步的合作关系。2021年5月26日，数学学院与国家统计局达州调查队签署战略合作框架协议，重点在共同做好人才培养、合作开展科学研究、做优做好创新发展等方面加强深度合作。2022年1月11日，数学学院和达州市商务局成功签署共建合作框架协议。本次签约立足优势互补、长期合作、共同发展的原则，围绕"共建科研基地""联合科学研究""开展咨询服务和干部培训"三

大板块进行合作交流。特别是围绕达州市现代服务业和商贸企业发展需求、培优做强市场主体方面，针对关键性难点堵点问题，共同联合攻关，积极将高校智力转化成为实际生产力，与地方产业发展充分对接融合，推动科研成果产业化，促进达州市服务业暨商贸经济高质量发展。

四、总结工作经验，明确今后努力方向

近两年，虽然我们在实践教学工作方面取得了较好的成效，但还有需要继续努力和改进的地方。学院总结工作经验，明确了以下努力方向。

（一）进一步规范实践教学管理

实践教学工作的规范管理是提高实践教学成效的切实保障，在今后的工作中，应进一步加强实践教学过程的管理和监督，加强与实践教学基地、实习学生等多方面的沟通与交流。特别是针对实习管理经验不足的应用统计学和金融数学专业，应借鉴其他高校经验，并结合自身实际，制定合理的实习、见习管理制度，进一步规范实践教学管理。

（二）大力引进和培养实践教学师资

师资保障是顺利开展实践教学工作的前提，针对目前实践教学师资有所欠缺的情况，一方面借助学校的相关优惠政策大力引进具有相关企事业单位工作经验的"双师双能型"教师，比如我们新引进了一位具有银行从业经历的金融数学专任教师，不断充实实践教学师资队伍；另一方面加强内部培养，鼓励教师考取相关从业资格证，或者到教学实践基地调研实习或挂职锻炼，大力培养既具有讲授理论课能力又具备指导实践实训能力的"双师型"一体化教师。

（三）进一步拓宽新专业实习见习基地建设和学科竞赛筹备工作

首先，针对应用统计学和金融数学等新专业，学院将继续寻求与企事业单位合作的机会，与它们签订学生实习、见习的相关框架协议，来增加学生专业实践教学内容。其次，可以多参加一些与统计学和金融数学等专业息息相关的学科竞赛，如全国统计建模大赛、商业分析竞赛等，以增强和检验学生的综合实践能力，增强团队协作的意识和凝聚力。

（四）继续加强实践教育教学实验室的申报和建设

学院根据专业需求，将继续积极组织各教研室申报实践教育教学实验室，特别是金融数学专业迫切需要金融数据分析实验室，以满足日常的实践教学和专业建设需要。

多措并举，提高实践教学质量

刘笃晋①

近年来，国家非常重视高等学校的实践教育工作，党中央和国务院多次提出"大众创业、万众创新"的号召，强调我国要以创新驱动力为发展战略，要把我国建设成为创新型国家，要将技术创新作为我国社会经济发展的核心驱动力。

高校作为培养高等人才的重要基地，不仅要适应新时代社会经济发展的需求大力开展创新创业教育，更要将创新创业教育作为深化教育教学改革的重要举措。实践教学是创新创业教育的关键环节，加强实践教育是巩固理论知识、加深理论认识的有效途径。实践课程是大学生人才培养方案的重要组成部分，通过其独特的功能最大限度地开发学生的潜能，为学生顺利进入社会创造了必要的条件。近年来，在学校党委和行政的领导下，智能制造学院的实践教育工作取得了明显成效，现将情况总结如下。

一、学院实践教学建设总体情况

智能制造学院各专业之间的相关性不同，主要分为三大类：

第一大类是计算机及信息处理类，包括计算机科学与技术、物联网工程、数字媒体技术、电子科学与技术、人工智能及数据科学与大数据技术6个专业。其中，计算机科学与技术、物联网工程、数字媒体技术、人工智能及数据科学与大数据技术这5个专业属于计算机大类，而电子科学与技术这1个专业是应用计算机等现代化技术进行电子信息控制和信息处理的学科，与计算机类专业有着密切的关系，因此在实际的教学教育工作中，这6个专业在实践手段及方法上均密切相关且有一定相似性，在校企合作时选择的企业性质也比较接近。计算机及信息处理类的校企合作单位包括成都邦飞科技有限公司、成都易腾创想智能科技有限公司、成都千峰教育等十多家企业。

第二大类是机械类，包括机械工程、机械电子工程这两个专业。机械工程是一级

---

① 刘笃晋，1971年生，男，副教授，博士，研究方向：教学管理、教学研究与改革、人工智能、大数据。

学科，机械电子工程是机械工程下属的二级学科，因此这两个专业无论在校内的实践教学上还是在校外的校企合作中，都联系非常紧密。校企合作的单位包括重庆隆鑫集团、重庆宗申集团、新达泵业有限责任公司、（达州）四川兆纪光电科技有限公司等十多家企业。

第三大类是物理学专业。物理学专业是师范类专业，因此本专业的实践教学均围绕师范教育开展，校企合作的单位一般是中学，大多选择本地有特色的初级中学或高级中学，包括达州中学、通川区八中、达川中学、通川区七中等学校。

大力建设实习、实训基地是各专业良性发展的重要保障。两年来，学院领导班子和教研室主任及相关教师为实习、实训基地建设做了大量工作，在有侧重地进行实习、实训基地建设的过程中，建立了以成都、重庆这两个城市为重点的智能制造产业方向的实训实习基地，其中借助成都的 IT 行业技术优势建立了以成都为中心的计算机软硬件方向的实训实习基地，每年实训实习的学生在 500 人左右，目前四川华迪信息技术有限公司已被学校评为示范性基地。借助重庆机械工程方面的技术优势，建立了以重庆为中心的机械类实践实习基地，每年实训实习的学生大约在 150 人左右。师范类的物理学专业以本地化为中心建立了实训实习基地，每年实训实习的学生大约在 40 人左右，目前达州中学已被学校评为示范性基地。

二、实践教学建设基本原则

学院各个专业通过自身探索、与兄弟学校交流、与企业方实际合作等方式，积累了一些成功的做法与经验。

（一）推行校企合作的实践教育模式

各专业在制订人才培养方案时，要求工科学生综合实训不得少于 2 个月，实习期限不少于 4 个月，针对某些实践性较强的专业还要延长至 6 个月，以强化学生理论联系实际、在实践中锻炼职业能力和职业素养的目标。通过第二课堂学分的认定，组织多种实践教学活动，如模拟创立企业过程为学生提供实践的机会，积极帮助学生进入大学生俱乐部创业，引导有独立创业能力的学生开办公司。目前学院有 3 名学生创办了自己的公司，这些学生办企业也吸收了一部分学生到他们所创立的企业去锻炼。

（二）积极培养一支实践能力强的师资队伍

学院积极组织教师参加以提高教师实践能力和水平为目标的实践培训，组织教师参与实际企业项目的实践活动，使教师在真正的企业项目中得到实践锻炼。学院要求无论教学科研岗还是专职科研岗教师都必须既教书又育人，既要有丰富的专业知识，又要有较强的企业实践经验。学院规定学生毕业设计要以学校的专任教师和企业的工程师共同作为指导教师，这种灵活的方式提高了学生理解、接受和运用知识的能力，充分保证了学生对创新创业知识的掌握和实践能力的提高。

（三）改革教学方法，培养学生能力

学生以小组为单位组成项目团队，采用任务驱动，通过完成具体任务或项目的工作过程训练，使学生获得普适性的工作经验，实现学生思维过程的完整训练，养成可持续发展能力，以应对职业新环境对从业者提出的新要求。

三、工作创新与特色经验

（一）充分认识实践教学的重要性

近年来，实践教学对于以应用型为主的院校来说，其比例和条件已经成为评价和考核一个学校的重要指标。纯粹的理论教学会让学生觉得单调乏味，产生厌学心理，难以产生对专业价值的认同感。缺少动手能力，会让学生在学习过程中缺乏统摄的思考能力，对重要知识点缺乏认识，丢了西瓜捡芝麻，学一点忘一点。即使学生记住了，那也只是纸上谈兵，缺少动手体悟和内化过程，缺少岗位操作等必要知识。学生如果能够在实践中真正地完成操作，才能发现工作过程中可能存在的问题，才能够真正去面对和解决问题，避免日后在工作岗位上出现一些不必要的过失，真正达到在学校"学"的目的。

（二）注重多层次、多角度结合

结合主要体现在教师类型的混合、理论教学和实践教学的混合、教室与实验室的混合等方面，淡化理论教学与实践教学、专业教师与实践指导教师、教室与实验室的界限，打破原来按学科设置实验室的传统布局，对实践教学设施进行重新整合，形成一体化混合实践教学模式。

专业教师与实践指导教师的分类并不是将知识进行分割，而是各司其长，互相促进，引导学生对知识进行多方位的思考。教室、实验室的教学地点变化淡化场景影响，促进学生思维专注力，激发活力，不再按照学科设置使用实验室可以优化资源利用，拓宽学生学术视野。

（三）以竞赛带动实践教学

在理工科学科教育中，培养学生主动探索、主动学习的能力尤为重要。参加专业竞赛给学生提供了内化及统筹所学知识的机会，易于调动学生学习的主观能动性，培养他们的学习兴趣和创造性思维能力。学院构建了开放式实验室，全天候开放各类实验室，并设立创客孵化中心，为学生提供场地资源，吸引了一大批学生在各个开放式实验室进行实验、实训操作、技能训练等。在近两年的计算机类和电子信息类的学科竞赛中，学院获得国家级学科竞赛一等奖1项、二等奖20多项、三等奖20多项，省级一等奖20多项、二等奖20多项、三等奖30多项。

（四）加强实验室建设

高校实验室是进行实践教学、科学研究、科技开发的重要基地，是办好高等学校的基本条件之一，也是培养应用型人才的硬件条件之一。2021年，学院加大实验室建设的力度，共投入实验室建设经费约180万元。2022年，在学校的大力支持下，投入实验室建设经费430万元，在保证完成基础和设计型、综合性实验教学的前提下，除了配置一些基础实验室必备的常规仪器外，还将建设和投入的重点放在一些科技含量高、有创新、有特色的实验室上。

四、存在的问题和建议

学院领导班子及教师做了大量工作，教学水平和教学效果不断提高。同时，仍存在着一些问题和不足，主要表现在以下几个方面：

第一，高校实验室建设投入不足，实践环节薄弱。在地方高校发展初期，专业结构上主要以投入较少的人文、社科和经管类等应用型专业为主。长期以来，人们普遍认为文科类专业不需要实验室，致使地方高校的实践教学和实验室建设较为薄弱，加之地方高校教师的科研氛围不浓，导致地方高校实践教学环节薄弱。

第二，地方高校的学生，受限于学习基础、学习习惯、家庭条件等，普遍表现出纯理论学习的能力不足，且对实验的重视程度不够，但在实践能力方面表现出较好的潜能，应作为优势进行培养。

第三，传统的课程教学与实验教学脱节。出于机制上的原因，理论课教师难免对实验环境、实验设施甚至实验技术缺乏全面的了解，对学生进行实验的实际情况也缺乏切身的体会，造成了课程教学与实践教学目标脱节；另外，实验内容由实验课教师自行设计，由于其缺乏对课程教学目标和内容的全面了解，尤其是对课程内容和技术更新缺乏深入了解，实验体系往往多年不变，造成实践教学与课程教学内容脱节。

为此，我们建议各二级学院成立专门的实践教育办公室，在全校范围内推进实践教育教学。该实践教育办公室并不只是负责管理，还要联合毕业的校友和社会各界成立专项基金，每年在学院内进行选拔，对那些优秀的创新创业实践成果进行转化，为师生建立公司或企业提供资金保障。

对学生进行实践教育的目的是培养学生适应社会竞争的能力。一个学生要具有创新创业的能力，要求学生掌握多专业的知识。目前，有些高校还停留在单一开设一些大学生创新创业的基础课程，使创新创业教育实践教学不能与专业融合，更不能形成跨学科或跨院系的学习机制。学校虽然以修满学分的形式，为学生设置了实践教育环节，但没有形成多专业、多院系共同参与完成的创新创业教育实践教学体系，无法真正促进创新创业教育与多个学科专业融合。

总之，对大学生的实践教育不是盲目跟风，应积极正确地面对当前学生的实践教育特别是创新创业实践教育中的不足与问题，虚心借鉴其他高校甚至国外著名高校的成功经验，努力清除实践教育前进发展道路上的制度及政策制约，真正做到政、产、学、研、用全面统筹发展。

化工专业实践教学面临的问题与改进措施

——化学化工学院实践教学工作思考①

徐竞帆　乔昌兵②

《国家中长期教育改革和发展规划纲要》提出，高校应更加重视自身的特色发展，重视人才培养，提高科学研究和社会服务水平。当前，在新经济背景下，化工专业人才的供给与需求关系发生了深刻的变化，这要求学生除了掌握基本的化工理论知识外，还应具有一定的实际操作和实践创新能力。因此，在传统实践教学基础上，高校化工专业应进行更深入的教学改革，以提升学生的专业知识水平和实践创新能力，满足当前社会对应用型本科高校人才的基本需求。

一、化工专业实践教学的重要性

实践教学是工科院校提高学生创新能力、实践能力和整体素质的重要环节，其对推动高校本科教学发展，提高教学质量有着巨大的作用。而化工专业受本身理工科专业的限制，其专业知识复杂抽象，各二级学科之间联系紧密，同时还要求一定的实践工程经验，这使得学生在学习时普遍感到困难。例如学习"化工原理"课程时，部分学生只知道死记硬背各种理论知识，对于现场的单元操作设备感到茫然，各种阀门、设备、管件无法与化工原理书本知识对应起来。学"反应工程"时，其理论知识抽象复杂，学生无法理解化学反应过程的内在规律，只知道通过做实验的方式确定反应的结果。对于专业后期的化工设计等课程，更要求学生掌握一定的实际操作经验，这使得在教学体系的设置上，必须加入实践教学课程以提高学生的学习效率。经过多年的

---

① 基金项目：2018 年四川文理学院校级研究项目"超临界水氧化处理技术在聚苯硫醚生产废水处理中的应用研究"（2018SCL008Y）。

② 徐竞帆，1995 年生，男，助教，硕士，主要从事能源化工领域研究。
乔昌兵，1976 年生，男，高级工程师，硕士，主要从事化工新材料领域研究。

发展，化工专业已经形成了一套基本完备的实践教学体系，可以初步满足对学生基础能力和专业能力的培养。

二、化工专业实践教学体系

以四川文理学院为例，作为一所应用型本科高校，学校与大多数本科院校类似，采用的是经过多年摸索，已经比较成熟的一套化工专业实践教学体系。该体系主要由三个板块构成，具体见图1。

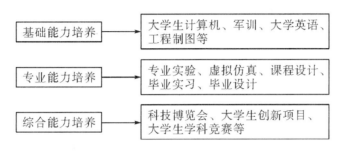

图1　化工专业实践教学体系

其中，三个板块指的是基础能力、专业能力和综合能力的培养。基础能力培养板块主要通过大学生计算机、军训、大学英语、工程制图等课程来实现对学生基本素质的提升。专业能力培养板块主要是专业实验、虚拟仿真、课程设计、毕业实习和毕业设计课程，其目的是使学生在学习理论知识的基础上，通过专业实验和工程实践，提升学生的实际操作能力。综合能力培养板块主要通过科技博览会、大学生创新项目、大学生学科竞赛等活动来提升学生的创新能力以及综合能力。四川文理学院当前的实践教学体系设计基本可以满足对学生化工专业能力的培养要求，但在新经济背景下，化工行业对化工专业的学生提出了更高的要求。当前化工厂生产更加注重化工与互联网、智能机械各个专业相互结合，要求学生在具备一定化学工程知识和经验的前提下，能够融合各个专业的技术优势，进行综合实践和技术创新，以解决化工厂在新形势下所面临的各种问题。因此，传统的实践教学体系已不能满足当前社会对化工人才的基本需求，有必要进行进一步的改革以提升学生的创新思维和综合实践能力。

三、化工专业实践教学存在的问题

目前，高校化工类专业实践教学普遍存在以下问题：

（一）实践教学内容陈旧

当前的实践教学内容主要包括专业实验、生产实习实训、毕业设计（论文）、各类社会实践活动等环节，实践教学内容的设计基本与本专业人才培养方案所指向的目标一致。值得注意的是，虽然各个高校化工专业人才培养目标有所区别，并且人才培养方案也在逐年修订，但在实践教学的内容上基本没有变化。例如在化工原理实验课程中，各个高校的教学内容基本都是"流体力学实验""吸收塔实验""精馏塔实验"等，教师只需要围绕一本教材进行讲解即可，甚至有些学校还在沿用十几年前的授课教材。这些课程内容虽然可以较好地帮助学生理解化工原理相关的理论知识，但无法与当前化工厂或企业的实际生产相结合，更缺乏一些学科前沿性知识。

（二）实践教师团队建设不足

当前，大多数本科院校仍然存在实践教师能力不足，教学资源匮乏的问题。一方面，由于缺乏专职的实践课教师，化工实践课程会由部分理论课教师兼任，这使其无法形成较为专业的实践教师团队。在各类实践课程中，也无法针对学生存在的问题进行成体系的课程设计与改进，并且实践教学设备也没有专门的教师维护，常常导致设备老化较快，甚至无法维持正常的教学工作。另一方面，实践课教师缺乏"双师双能型"人才的实战经验，在授课过程中缺乏对学生工程经验思维的引导，往往重理论而轻实践运用，一堂实践课多数时间都在讲理论知识，学生没有足够的时间进行实际操作，降低了教学质量。

（三）实践教学方法和评价体系过于单一

当前，在实践教学课程中，教师的教学手段还是沿用传统的黑板或者多媒体教学方式，没有很好地借助其他教学手段来丰富实践课堂。受课程学时、实验设备和场地等因素局限，多数时候学生以小组的形式进行学习，每个学生真正动手进行实际操作的时间较短。并且由于教学内容缺乏创新性，学生的学习积极性较差，实践教学的效率较低。

除此之外，实践教学评价体系也存在过于单一的问题。例如化工原理的课程设计，由于需要设计的内容和时间较长，并且主要以小组为单位进行设计，教师无法实时对学生的设计情况进行掌握，多数时候只能靠一本设计报告来打分，而没有对各个学生的设计能力进行一个综合的客观的评价。这导致学生设计和学习的积极性较差，并且部分设计论文还存在抄袭的现象。

（四）实践教学缺乏创新能力的培养

在实践教学体系中，主要依靠创新项目、科技活动、学科竞赛等方式来提高学生的实践创新能力。但部分本科高校对学生的宣传和引导不够，学生积极性调动不足，多数学生没有参加到学科竞赛或者创新项目中，错失了提升自己专业能力的机会。同时，教师在指导各类创新项目和学科竞赛时也缺乏创新性的思维引导，多数时候学生只是按照教师的要求按部就班地进行项目设计或实验，没有发挥出学生自身的想象力和创新能力，这使得大多数学生在学科竞赛或者创新项目中没有得到很好的锻炼。

四、化工专业实践教学的改进方法

（一）优化实践教学课程体系

在实践教学体系中存在各类实践课程，这些实践课程既与理论课程相互联系，同时实践课程之间也存在紧密联系。因此，在课程设置上，应注意理论课程与实践课程之间的连贯性，通过适当的课程优化将实践课和理论课有机地结合起来。例如，在化工原理、反应工程的理论课中，可以设置一部分课时让学生进行独立的设计计算。在设计计算的过程中，首先让学生以小组的形式进行设备的设计计算，以加强学生对各个化工单元设备的了解，设计完成后，采用虚拟仿真软件和专业实验相结合的方式，在电脑或者设备中模拟学生的计算结果，并以此指出学生计算过程中所存在的问题。这样的课程设计，实际上是将虚拟仿真、化工专业实验与化工原理课程有机地结合到一起，可以让学生对自己的设计结果进行实验室模拟和仿真模拟，能较好地调动学生的学习积极性，避免了实践教学内容陈旧、缺乏趣味性的问题，有效地增强学生对本专业的学习兴趣和对专业知识的掌握。

（二）完善实践教学保障体系

对于高校实践教师团队建设不足的问题，应从校内和校外两个方向来完善实践教学保障体系。一方面，校内应该完善实践教学的管理制度，强化对教师的专业培训，并且加大对实践教学的经费投入，明确实践教学负责人和各位教师的基本责任，加大对实践教学课程的奖惩力度，尽量保障实践教学设备条件；另一方面，学校应该充分发挥自己的专业特色和地域优势，积极寻求校外的企业或研发部门的合作，通过合作共建工程技术中心或者校外实践、科研基地的方式，推动产学研深度融合。这既为实践教学提供了平台以及资金支持，还可以从企业中直接聘任有经验的员工进行兼职授课，增强教师团队实践教学水平。

（三）引入信息化的教学手段

在化工专业的实践教学中，应更多地引入信息化的教学手段，避免教学手段的单一化和教学质量评价方法的单一化。例如，在教学中应该沿用理论教学、实践操作、虚拟仿真的一体化教学思路，更多地结合虚拟仿真等信息化手段来强化理论教学和实践操作。在虚拟仿真软件中还可以通过"云平台"等方式实时监控学生的学习进度及能力水平。同样，在课程设计和毕业设计中，可以通过引入中国知网的论文监控系统，对各个学生的设计过程进行实时监控，导师可以根据学生设计情况及时地进行指导，以保证实践教学的质量。

（四）注重使用化工模拟软件

在当前化工行业背景下，实际的化工厂生产更多的要求学生对化工模拟软件进行掌握。因此，教师在教学过程中应注重引入化工模拟软件，尽量使学生能掌握软件的计算原理并熟练地进行操作。在课程设计、毕业设计中教师可以要求学生使用 Auspen、Hysis、SW6、Pdms 等化工模拟软件进行设计，通过软件进行设计的过程可以使学生对于化工热力学、化工原理、分离工程、化工过程分析与合成等专业知识有着更为熟练的掌握，还可以使得学生对于行业前沿内容有一定的了解，与化工厂、设计院等用人单位的结合也更加紧密。

（五）注重各类学生创新项目和学科竞赛

在创新项目和学科竞赛方面，学校应更加注重对学生的宣传和引导，例如让化工专业的学生积极参加"互联网+创新"训练项目、"全国大学生化工设计大赛"等高级别的比赛。一方面，参加这类比赛可以很好地提升学校的知名度，在比赛中可以与其他高校进行交流学习，从而发现和弥补本身专业的不足；另一方面，这一类比赛时效性较强，基本都是围绕着当前形势下行业的主体需求而设置的，学生在参加比赛或者项目的过程中可以很好地掌握行业前沿情况，增强对整个化工行业的了解，这也可以为学生以后的工作打下坚实的基础。

五、结语

本文讨论了化工专业实践教学的重要性、实践教学体系建设、实践教学存在的问题以及一些具体的改进措施的建议。通过对实践教学体系的改进，可以不断丰富及完善实践教学的内容和形式，切实培养大学生的专业知识和实践创新能力，满足当前社会对化工人才更高层次的要求。

参考文献

［1］顾明远.国家中长期教育改革和发展规划纲要解读［M］.北京：北京师范大学出版社，2010.

［2］曾臻.应用型本科高校实践教学体系研究：以四川轻化工大学为例［D］.昆

明：云南师范大学，2020.

　[3] 何练，孟凡欣，娄雅芳. 应用型本科院校实践教学体系的构建与完善：以吉林大学珠海学院为例 [J]. 亚太教育，2016（6）：202-203.

　[4] 刘宝生，黄军左，付文. 高校化工类专业实验教学一体化、三层次改革的思考 [J]. 中国电力教育，2011（6）：127-129.

　[5] 杜玉朋，王一飞，田晖，等. Aspen Plus 在化工类专业本科毕业设计中的应用与思考 [J]. 山东化工，2020（49）：131-132.

厚植教育情怀　夯实教学功底

——音乐与演艺学院实践教学总结

张静秋[①]

培养合格的中小学音乐教师是高等师范音乐教育专业的重要目标之一，音乐教育专业实习是高等师范音乐教育专业教学计划的重要组成部分，是高等师范音乐教育专业学生学习、运用音乐教育理论与技能的一种实践活动，也是对实习生专业知识、教育理论、教师素质的综合检验，是每一位音乐教育专业师范生的必修课，在高等师范音乐教育专业中占有重要地位。

2004 年底，教育部颁布了《全国普通高等学校音乐学（教师教育）本科专业课程指导方案》，规定教育专业实习为 10～12 周，其中见习 1～2 周，实习 8～10 周。2007 年，教育部又下达了《教育部关于大力推进师范生实习支教工作的意见》，强调教育专业实习是中小学教师培养的必备环节，并指出要"完善师范生教育实习制度，强化教育专业教学实践，完善师范生在校期间到中小学实习半年制度"。

2021 年 9 月，音乐与演艺学院 2018 级全体学生以集中实习与自主实习两种方式参与了音乐教育教学实践实习，集中实习主要在达州市区的实验小学、西罡学校等五所基地学校展开，自主实习的同学结合自身需求选择学校或者其他单位实习，历时 2 个多月，通过实地听课、调研座谈、师生交流等方式，让师生得到了锻炼。

一、提高了实习生的教师职业道德修养

实习生到实习学校，就进入了一个现实的开放的教育环境中，开始全面系统地体验中小学教师职业道德规范。实习单位的领导、教师要求学生遵守国家法律法规、传

---

① 张静秋，1973 年生，女，四川文理学院音乐与演艺学院副教授，四川音乐家协会会员，主要从事音乐教育学研究。

统道德和实习学校的校纪校规，首先对学生言行仪表等方面提出严格的要求，比如在着装方面，要求自然大方，不浓妆艳抹、奇装异服；在行为准则上，要求用语文明，自觉遵守学校的校规，严格考勤制度等。大部分实习生在实习过程中能暂时放弃自己具有艺术生个性的装扮追求，以朴素大方、自然自信的形象出现在学生面前。

在课堂教学过程中，实习生通过与学生的交流互动，在教育学生的同时，能及时发现、检查自己的职业道德修养状况，更能深刻地认识到"为人师表、严以律己、以身作则、率先垂范"的重要性，实习生在课中与学生愉悦交流，课后与学生打成一片，点点滴滴的生活画面使他们真切地感受到作为教师的幸福与美好、使命与担当，让他们真正意义上体验并了解了教师这个崇高的职业，从思想上对教师职业的深刻内涵有了一个更高的认识，坚定了对职业生涯的不悔选择，在课堂教学实践中不断提高自己的职业道德水平。

实习指导教师的一言一行对实习生提高职业素养也起到了积极的模范示范作用。在学生实习的过程中，实习基地指导老师的热忱与关爱，温暖和照亮了实习生的整个实习历程，无论是观摩指导教师的优质课、实习班主任工作和教学工作，还是在午餐时为学生分餐，在疫情期间协助疫情防控等，指导教师带领学生共同感受着作为教师的高度责任感和崇高的职业感，这使得绝大部分实习生能够看到作为教师的荣誉感和自豪感，为即将步入社会的准教师们树立了良好的信心。

二、实践教学实现了知行合一，提高了实习生的专业素养

自党的十八大以来，习近平总书记多次在讲话中强调"知行合一"。他说："培育和践行社会主义核心价值观，贵在坚持知行合一、坚持行胜于言。"在进行实践教学之前，学生对音乐学科教学的了解仅停留于理论层面，未能达到社会、学校、学院的人才能力培养目标。能力不是纸上谈兵，提升能力的关键是融入学校教育，让实习生在现实的教育环境中提升自己的实践能力。进入实习学校后，大部分同学能快速融入校园文化生活，按照实习学校的工作安排，在实习指导教师的帮助下，积极参与到班主任实习工作、音乐课堂教育教学工作、第二课堂教学、办公室工作、少先队工作、学生团委工作等多种不同性质的工作之中，实习生的从教能力在教学设计、教学实施、班级管理与教育教学科研活动、教育教学评价等过程中得到了极大的提升。实习生观摩优秀教师的优质教育教学范例，通过听、看、想，发现自己理论与实际脱节之处，在获得直接经验的过程中学会模仿、学习、探究、反思，并逐渐形成自己的教学风格，逐步由以自我为中心的教学观念转变为关注学生的重要地位，并结合音乐课程基本理

念致力于课堂教学的各项内容。他们学会了根据课标要求选择合适的教学内容，并有意识地创设一个良好的课堂教学氛围，以培养学生自主学习、探究学习以及创造性思维与想象能力；在遇到课堂的突发情况时，会学习、吸收、运用指导教师在面对突发情况时的经验、智慧、处理技巧等，不断在实践教学中印证所学的教育教学理论，了解教育教学实际。实习生逐步从开始的手足无措过渡到能较好地运用教学策略、使用令学生信服的方式，冷静处理音乐教学课堂突发情况，熟练运用现代教学技术等，并在实践教学与不断反思的过程中，将教学与科研相结合，展开自评他评，提高发现问题和解决问题的能力，实现知行合一。

在从教过程中，实习生能够了解作为一名中小学音乐教师所应当具备的专业素养，发现自己的不足之处，加强音乐教育专业理论与专业技能的强化学习，树立终身学习的理念，不断提高自身的专业素养。音乐教育专业学生在实习过程中遇到的问题主要在于专业方面的综合能力不强，能弹的不会唱，能唱的不能弹，能将两者较好结合的同学较少，有一些学生由于在音乐理论知识方面掌握不够全面或者准确，在试讲的过程中甚至出现错误的知识点问题等。新时代背景下艺术课程标准的再次修订、新三科的加入，对提高中小学生音乐核心素养进行了完善，这也要求艺术教师们应该有更高的专业素养。作为新时代背景下的中小学音乐教师，音乐教育专业能力应该是突出而多样的。到学校进行教育专业实习，能让准教师们及时找出自己存在的问题，发现自己专业能力的欠缺之处，时时警醒自己保持进取心，终身学习，不断提高自身专业素养，为成为一名在音乐课堂上游刃有余的"好老师"做好充足的准备。

三、实习生综合素养得到提升

实习生从大学校园进入实习学校，在不同的情境中实现了角色的转换。他们在实习过程中掌握教育教学活动的规律和途径，从多方面了解教育的主题，学会尊重学生、尊重同事、尊重朋友、尊重生命、尊重人的全面发展。在课堂教学实践和班主任工作中，实习生逐渐能与指导教师、学生进行良好的沟通交流和相处，学会因时制宜地处理各种矛盾，语言表达能力有所增强，实践能力得到提升，社会适应能力与生存能力得到提高；在科研活动中以谦虚的心态俯下身、弯下腰，认真向指导教师学习，发现自己的不足而修正，使自身了解实践、研究问题的科学研究能力和教学业务水平、理论水平不断提升，自身综合素养得到强化。

四、存在的问题

基地实习指导教师是实习生步入社会教育领域的第一引导者，其一言一行对实习生影响深远。指导教师在实习生中树立的良好形象和威信，首先体现在热爱自己的工作岗位，热爱本职工作，尊重职业、精通职业、献身职业方面。2019级同学在基地实习指导教师的精心指导下，逐步掌握音乐教学的一般规律，能较好地完成音乐教学任务。当然也有极少部分实习指导教师有职业怠倦，在指导实习生的过程中随意敷衍，不认真，和相关要求有距离等。这些实际情况极大地挫伤了实习生的积极性，也让实习生对教师职业产生了疑惑和迷茫。

实习时间不能得到充分的保障。在实习学校，见习时间通常是1~2周，但是也有个别学校担心实习生不能上好课，影响学校的教学质量，所以给予实习生的实践时间非常短暂，再加上近几年疫情的影响，造成部分学生实践教学机会很少，有的学生实习期间只能上4~6节课，不能很好地将课堂上所学的音乐教学理论知识与实践相融合。这种参与程度不高的实习不利于发现学生在教育实习中的问题并及时纠正，实习效果不是很理想，也很难达到预期目标。

实习指导工作是繁琐而复杂的，需要更多的教师参与其中，仅靠个人力量，很多实习工作确实难以落实，实习效果欠佳。

五、结语

宋代理学家朱熹强调"格物穷理""格物致知"，其理论为中国文化注入了理性主义的光辉，为科学地进行实践活动指明了正确的方向。音乐教学实践实习是培养高素质应用型人才的有效途径，"三思而后行""思行致远""思行并进"，在思与行结合的教学实践中提升学生音乐教学专业能力与综合素养。

参考文献

［1］庞庆超. 高等师范院校音乐学专业教育实习基地建设新探索［J］. 黄河之声，2019（23）：72-73.

［2］肖艳平，尹清堃. 高师院校音乐专业教育实习的现状、问题与策略［J］. 赣南师范大学学报，2022，43（4）：84-88.

［3］丁亮. 基于教育教学改革背景下的音乐学专业实习成绩评定［J］. 艺术评鉴，

2022（1）：28-115.

　　［4］丁亮. 简论音乐学专业实习评定与人才培养导向［J］. 时代报告（奔流），2022（2）：43-44.

　　［5］李淑芬. 实习支教促进农村中小学音乐课堂有效教学的实证研究：以江西省赣州市为例［J］. 赣南师范大学学报，2022（4）：36-37.

以产教融合为导向　拓宽实践教学路径

王勃凯[①]

实践教学是高校美术专业教学中的重要组成部分，是全面落实党的教育方针，培养社会经济发展所需的应用型、复合型人才的重要环节。应高度重视实践教学在人才培养中的重要地位，完善美术实践教学体系，提高实践教学质量。美术学院紧紧围绕学校着力培养"三心四能五复合"应用型复合型人才，紧抓万达开川渝统筹发展示范区建设的良好机遇，完善实习实践教学体系，加强美术专业技能，激发创新精神，更新教育理念，深化教育改革，提升我院实践创新综合能力。

一、美术学院实践教学工作现状

（一）实践教学基础设施建设

我院拥有中央财政支持地方高校项目——艺术与设计实验教学中心，建设资金投入 400 余万元。美术学院不断加强实验室、实训室的软硬件设施建设，完善实验教学体系。目前有木工、服装服饰、针织刺绣、雕塑、陶艺、版画、硬质材料、视觉传达、新建师范生技能实训室等九类十四间工作室。为推进美术学师范认证、硕士点申报，积极筹建导师制场地和工作室等基础设施；美术馆、图书资料室等实践平台对学生理论与实践教学起到了保障作用。

我院积极开展政、产、学、研、用融合工作，推进落实校企合作、产教融合，遴选优秀企业入驻，持续深入合作。学校联合 515 艺术创富等校外教学实践基地、艺术研创基地、美育实践基地，加强落实应用型复合型人才培养目标。学院积极融入乡村振兴文化建设、文化帮扶等活动，增强城乡审美韵味，提升产品设计，助推区域经济发展。以美为媒、开阔视野，我院鼓励和支持师生进修学习，提升学历，主动参与国

---

① 王勃凯，1982 年生，男，四川文理学院美术学院副院长，副教授，四川美术家协会会员。主要研究方向：美术学。

际交流活动，与意大利等国家深度开展人才共育，逐步形成了课堂教学、理论研究、成果展示、社会合作的办学特色。

（二）实践教学育人机制建设

1. 党建引领教学

美术学院将"以展促教，助推五美育人"的美育新思路贯穿实践教学各环节，将"立德树人"根本任务融入美育，发扬和彰显学生主体创造力，探讨自觉整体意识。学生课程实践探索、艺术采风、艺术创新与课程思政紧密联系，以主题展览形式扎根时代生活、弘扬传统革命精神，传承巴渠红色基因，铸就红色品行，润育师生成长成才，以红色美育绘写品行之美；开展"红色体验"，举办"红色展赛"，促进"专业建设"，完善"专业评价"，鼓励师生深挖地方红色艺术资源，以红色力量绘写专业之美；开展深入社区艺术帮扶、学生志愿服务和社会实践等活动，协办地方美展、弘扬红色美育提升地方美育水平，以红色情怀绘写形象之美；将巴渠红色文化和民俗文化纳入写生采风教学活动之中，以红色文化绘写环境之美。

2. 常态化实践教学

（1）专业实习、专业见习、专业研习。在学校教务处和学院主管院长统筹领导下，美术学院学生实习由学院毕业实习管理部门按人才培养方案和教学计划负责具体实施，制定详细的专业实习、专业见习、专业研习计划，明确各阶段实习目的、实习意义，使实习工作做到统一部署、统一执行。美术学院根据自身专业特点，面对这两年国内特殊疫情，积极与达州市周边学校建立实习合作平台，在原有的实践教学基地基础上，新增达州市第一中学、通川区第八中学、达州市高级中学培文学校等实习实践基地，为学生提供丰富的见习实习机会，为学生校外实践教学提供有力保障。学院强调实习管理制度，加大力度，指派经验丰富的教师带队做好"三习"（实习、见习、研习）组织协调、指导和成绩考核等相关工作。学院邀请各实训基地领导及指导教师代表参加实习总结大会，对实习期间表现优秀的学员和教师进行表彰。

（2）艺术考察和毕业创作（论文）。美术学院与村上有景文化传播公司、湘西景森文化公司、宣汉巴山大峡谷、渠县万花谷等地建立采风写生实践育人平台，为校外实践教学提供服务与保障。

毕业创作（论文）是学生本科阶段综合运用知识和技能、理论联系实践、独立分析和解决问题能力的体现。学院依据师范专业认证要求修订了本科人才培养方案、毕业创作（论文）实施细则等文件。

3. 校企合作，人才共育

学院联合达州各区县美协、教学写生基地、教学实习基地、各中小学等资源，加强艺术及学术交流，服务地方艺术公共审美需要，积极对外宣传，凸显地域艺术品质。五家入驻企业共接纳美术学院在校艺术设计专业学生校内实习实训约 120 人次；组织校外参观实践约 200 人次；经分公司介绍安排毕业生到相关合作单位就业 12 人。企业入驻实现了学生足不出校就能参加实习实训，提高了实习期的安全性和实习的效率。学生不仅在实习期间可以到校内企业实习，而且在平时还可以通过企业临时招聘的形式利用课余时间参与到实际项目中，有利于学生在毕业前就了解到本专业的行业规则和就业前景，感受职场氛围，大大加深学生对自己专业的认知与理解，提前适应未来的就业环境，增强学生岗位实践能力和社会适应能力。特别是在实习实训的过程中，部分优秀的实习生通过双向选择，逐渐转化为入驻企业的兼职员工，个别优秀且愿意留在本地的学生在毕业时就直接进入入驻企业成为正式员工，达到毕业即就业的效果。

4. 课内实践教学与课外实验实训相融合

学院专业特色是理论教学与实践教学相结合，课内实践与课外实践着重打造产、学、研合作项目，通过体验式、感悟式、理解式的实践，进行创造式、实现式、个性化的实践；与社会企业对接，培养学生适应职业生涯的社会化实践能力。从对抽象的理论与概念的把握，到实现自我思想的亲身体验，再到实践能力的培养锻炼，以多层面组合激发学生的创作热情，拓展学生的创新思维。

二、美术学院实践教学工作创新与特色

（一）提升理论，指导实践

学院以学风建设为抓手，夯实思想政治教育成果。加强第二课堂综合项目开发和成果建设，提升学生综合素质。加强第二课堂课程化、体系化、规范化建设，构建第二课堂思想教育、校园文化、素质教育、应用能力、社会实践、创新创业六大育人体系，发挥第二课堂在人才培养、素质发展、能力提升方面的综合作用；加强第二课堂内涵建设，重构集专业知识、应用能力、综合素质于一体的育人体系。

（二）搭建平台，多元教学

创新实践教学形式，开展多样化对外合作。美术学院以培养高质量应用型人才为教学目标，以解决美术教学现存问题为根本途径，改善实践教学方法，促进学生在能力和素质上大力提升。以大学生艺术节为一级实践平台，把增强实践能力作为主要内容。丰富多彩的讲座、竞赛、论坛、沙龙极大地提升了学生的创新创业能力。以各类画展、设计大赛、师范生教学技能大赛、数字媒体艺术大赛，"互联网+"大学生创新创业大赛等为二级平台，鼓励和支持学生积极参与此类实践活动，让学生在参赛过程

中增强实践动手能力。结合美术学院实验实训中心现有资源，开发和完善各类文化产品和文化市场，大力推广本地文化艺术，服务学校向"高水平""应用型"大学高质量快速发展。积极筹备并举行"四川文理学院艺术作品双年展"，联合全国及国际艺术资源，进一步提升"双年展"品牌效益，增强展览学术性、实验性，树立地方性高校艺术展览活动标杆性品牌。

（三）产教融合，特色育人

深化产教融合、校企合作，是党对高校新时代教育工作提出的明确要求，对于普通本科高校深化教育教学改革、提高人才培养质量具有重要而深远的意义，同时也是应用型本科高校转型发展的必由之路。美术学院非常重视校企合作，积极引进企业参与美术学院课程建设，其中四位企业负责人、数十位设计师参与了"企业小课堂"课程实践教学活动，极大地丰富了美术学院的教学手段和实践途径。美术学院主要以培养应用型复合型人才为教育理念，整合美术学院公司化运营模式，以"项目化教学"的新型办学思路，促进教师自身专业水平与实践能力提升，实现产、学、研一体的特色育人模式。

（四）抢抓机遇，打造金课

美术学院现有四川省高等学校人文社会科学重点研究基地——巴渝民间艺术研究中心；有美术学省级应用型示范专业建设项目和美术学省级一流本科专业建设项目；有版画、油画、包装设计和广告设计4门省级应用型示范课程，创新创业课程和一流本科课程；有校级精品课程建设项目4项，校级课程思政建设项目4项，校级一流课程建设项目6项，在学校优质课堂大赛中，美术学院有5名同志荣获一等奖。

（五）振兴乡村，服务地方

学院积极联合本地艺术资源，通过沟通交流，促进人才培养支持当地文化艺术的发展，开展理论研究与达州地区"515艺术创窟"、巴文化、革命老区等地域特色相结合的学习，塑造地域文化艺术形象，"打造全市巴文化高地"，增强社会责任感和在服务奉献中锻炼成才的意识。学院成功举办首届"九木堂杯"艺术博览会，通过设立与学生专业相关的艺术品展位，让学生自主动手建立展馆、设计产品、自主交易，丰富校园文化建设，加强学生的创新创业教育，培养其创新创业意识。每年在达州市通川区二马路社区、龙泉社区举办"送文化进社区"暑期社会实践活动，在莲湖校区开展"情系贫困山区"爱心募捐系列活动，在美术高考（达州考点）联考期间进行爱心回收募捐旧画材活动，到达州市特殊教育学校开展"关爱听障儿童、温暖无声世界"等志愿服务，受到广大市民认可和肯定，学院连续两年被评为学校"志愿服务先进集体"。

三、美术学院实践教学中存在的问题和建议

（一）管理制度有待完善

实践教学是一个系统性工程，需要自上而下的联动机制。目前应完善管理制度，提高实训室运作效率，稳定管理人员队伍，提高实验技术人员素质。秉承巴文化传统，形成具有地方特色的优质实训教学资源聚集地，构建艺术与设计实践、科研与社会产业转型升级的对接和实验教学服务平台。在现有的实验实训中心基础上，争取成功建成市级、省级实验教学示范中心。

（二）奖励机制有待健全

围绕全面提升师生实践能力设立奖惩激励机制，充分遵循实践教学规律和当代大学生成长特性，发挥激励作用。在奖励机制上，可以是物质奖励、荣誉奖励和其他奖励。如在各级各类活动竞赛中积极参与、善于创新并取得好成绩，可以在评优评先上优先考虑。针对可以直观体现的实践教学活动，进行全面总结、等级评定、颁发证书等。体现"以人为本，促进发展"的考核理念，提升教师的实践教学能力、学生的实践能力，增强学院组织协调度以及实践基地配合度，不断激发师生的参与意识、创作热情和探索精神，提升教学质量。

（三）实训室专职实验员不足

我院教师主要负责专业教学，技术性、高危高速运转设备缺少专职实验员管理操作，存在一定程度的安全隐患。此类设备使用率较低，会造成国有资产效能不能最大化等，同时"双师双能"型教师较少。结合专业建设发展规划目标，我们应采取"引进来+走出去"方式，对教师进行实践培训，提高专业能力，获取更丰富的教学成果。

我们要着眼未来，锐意改革创新，努力探索艺术实践的方式方法。美术专业实践教学体系一定会逐步完善，培养出越来越多的高素质复合型人才。

毕业实习"三结合"模式探索

——康养产业学院毕业实习工作总结[①]

张俊浦[②]

毕业实习是大学教育的重要组成部分，是促进大学生将理论应用于社会实践、提升知识应用价值的重要环节。康养产业学院自 2017 年建院以来，健康服务与管理、物业管理两个本科专业及老年服务与管理专科专业开展了毕业实习活动。我院三个专业的实践性都很强，必须把毕业实习作为重要的教学环节予以强化才能适应未来岗位需要，培养"三心四能五复合"的应用型人才。

一、毕业实习目的：毕业实习与就业工作相结合

毕业实习作为康养类专业教学的必备环节，是提升专业核心竞争力的重要手段，通过毕业实习提升学生分析问题与解决问题的能力，增强学生的工作技能，有利于我院培养竞争能力强的应用型人才。开展实践教学与实习、实训等是促进学生就业的必备措施，通过毕业实习进入职场的真实场景，能够促使学生更快适应企业的实际岗位要求，提前与单位形成良好互动，提升就业质量。在此背景下，我院开始以就业为导向的毕业实习探索，尝试进行毕业实习与就业工作的一体化探索。

为了达到提高技能水平与提升就业率的双重目标，康养产业学院在毕业实习管理办法制定之初就确立了毕业实习与就业相结合的实习目的，通过毕业实习实现高质量就业。根据专业人才培养计划，本科专业学生和专科专业学生分别在第六学期末和第四学期末根据自己的兴趣与规划选择学院提供的实习单位，也可以根据自己的家庭资源和意愿选择符合要求的实习单位。本科专业学生和专科专业学生分别在第七学期初

---

① 本文系四川文理学院校级教改项目"创新性健康服务与管理专业人才培养模式探索"（2020JZ033）的研究成果。

② 张俊浦，1982 年生，男，山东菏泽人，副教授，硕士，主要从事社会政策与健康政策研究。

和第五学期初，就要进入实习单位开展为期一年的毕业实习。在毕业实习过程中，学生与实习单位进行双向选择，根据意愿与实习单位签订三方就业协议或者由实习单位开具就业证明。提前让学生进入企业实习，经过将近一年的培训和业务操练，毕业之后学生就可以直接在该实习企业工作，这对于培养学生理论和实践相结合以及创新能力具有重要作用。毕业实习与就业结合，一方面提升了我院专业人才培养质量，另一方面确保了我院毕业生就业率基本保持在95%以上，实现了高质量就业。

二、毕业实习内容：毕业实习与毕业论文相结合

根据我院专业人才培养方案，毕业论文撰写是人才培养的重要过程。为了加强毕业论文的实践性，在毕业论文选题阶段，就要求我院学生的毕业实习与毕业论文相结合。原来我院毕业论文选题主要由教师给出题目，学生自己搜集资料完成毕业论文。这样的选题方式造成毕业论文选题单一、重复，与企业发展实际情况不吻合，作为应用型专业难以体现行业发展趋势。同时毕业实习和毕业论文写作期间又穿插着就业工作，学生忙于寻找工作，造成很多本科毕业论文质量较差，没有起到培养学生综合能力的作用。

为了实现毕业论文与毕业实习内容相结合，我院在毕业论文与毕业实习方面进行了一些探索。一方面尽量把我院的毕业论文开题与毕业实习开始时间协调一致，或者把毕业实习单位的选择提前到毕业论文的选题之前，在学生确定了毕业实习单位之后再根据单位的实际情况或者实习内容确定毕业论文研究选题，毕业论文选题尽可能来源于毕业实习，解决毕业实习中遇到问题。另一方面根据毕业论文内容和毕业实习领域，在校内指导教师的基础上选任实习单位带教教师作为毕业论文的第二导师，第二导师在指导毕业实习的基础上指导学生毕业论文，切实提高毕业论文的应用价值。毕业实习与毕业论文的结合，能够利用毕业论文的相关研究解决毕业实习中的相关问题，一定程度上提升了毕业实习的专业性，同时毕业论文来源于企业实践，增强了毕业论文的应用价值与现实指导意义，提升了毕业论文质量。

三、毕业实习管理：实习企业与学院相结合

作为人才培养方案的重要组成部分，毕业实习管理是教学管理的重要内容，缺乏对毕业实习的管理将不能保障毕业实习质量，从而影响人才培养质量。为进一步提升我院学生毕业实习环节对学生成长、成才的促进效果，我院不断探索学院与毕业实习

企业相结合的管理模式，努力提升毕业实习管理效果，保障人才培养质量。

实习管理要贯彻到整个毕业实习过程中，将过程管理和效果管理渗透到毕业实习的各个过程。第一，在第六学期末结合实习单位情况，与实习单位交流沟通，合理规划毕业实习过程，从学生实习的具体岗位到学生的考核方式与指标等都要详细论证。第二，在实习过程中，每个学生都要接受两名教师的指导。一个是学院的教师，主要从专业实习内容、实习表现、心理改变及更好地适应社会等方面进行引导，确保每个专业指导教师都要时刻关注学生思想动向及现实表现，尽早发现问题解决问题。另一个是企业的带教教师，从岗位引导、日常考核、实习工作岗位教育、岗位问题解决等方面加强指导。学院教师与企业带教教师要保持密切沟通，加强对学生的过程管理。第三，在毕业实习考核阶段，校外带教教师根据学生实习表现对学生进行考核；校内指导教师根据学生平时工作汇报及实习考核手册记录情况进行综合考核；最后在毕业实习推优时再结合班主任评价，结合三方教师的共同评价确定优秀名单，从整体上对学生的毕业实习状况进行考核。

四、毕业实习"三结合"模式反思

作为应用型专业，康养产业学院毕业实习"三结合"模式是我院毕业实习工作的有益尝试。"三结合"模式实施以来，促进了我院毕业实习工作稳定开展，毕业实习质量稳步提高。但是在实施过程中也存在着一定的问题，需要在今后的毕业实习工作中进一步完善。由于我院专业设置大多数都是近些年新办专业，就业业态不太明确，实习合作单位少且合作单位每年用人计划不确定，难以满足学生毕业实习需求，需要对毕业实习工作做进一步探索。

首先，毕业实习工作必须提前谋划。由于毕业实习涉及的企业、内容、部门等比较多，必须要提前谋划毕业实习相关工作。一般需要在第六学期末就要开始与相关企业进行沟通联系，签订相关实习协议，确保毕业实习工作顺利进行。针对分散实习的学生，要做好审核监督，需要学生提供实习单位接收函、父母的知情同意书等相关证明材料，确保分散实习学生的实习单位的真实性与专业性。其次，毕业实习开始后，学院的指导教师及领导要深入企业一线。学生从学校进入企业会有一段适应的过程，如果不能顺利度过会严重影响毕业实习效果。毕业实习指导教师一方面要深入企业的相关岗位，了解岗位要求，另一方面也要加强与学生的沟通，了解学生在实习过程中的心理状态，及时加强对学生进行引导，确保学生能够实现从"学生"到"员工"身份的转变。最后，在毕业实习结束后，一定要在实习单位进行毕业实习总结。毕业实习总结从学生视角到教师视角、从校内指导教师视角到校外指导教师视角、从学校管理视角到企业用人视角等进行多视角的综合效果质量评价。通过毕业实习总结，让学生认识到实习工作中的缺点与不足，明确后续实习工作的工作目标与方向，进一步提升人才培养质量。

参考文献

［1］郑纪芳，薛兴利. 农林经济管理专业多元化毕业实习模式的构建［J］. 中国农业教育，2012（2）：60.

［2］张起祥，李祖欣. 毕业设计、毕业实习与就业一体化改革模式探析［J］. 黑龙江高教研究，2011（9）：163-165.

［3］周庆云，包文姝. 应用型本科专业毕业实习、毕业设计和就业工作一体化模式的构建［J］. 湖南医科大学学报（社会科学版），2010，12（2）：229-230.

体育学院教育教学工作的实践总结与思考

佘　涛　孙亮亮　樊永强　李文华　张岩松　马思远　周恩明①

在学校的正确领导下，经过体育学院全体教职工的共同努力，2021年学院实践教育教学取得了一定成效：充分发挥教研室作用，夯实实践教育教学基础；建立校外实践基地，拓宽了实践教育教学资源；方法与手段逐步改进，推进了实践教育教学创新；狠抓学生创新创业培养，创新创业项目再上新台阶；校内外教学实习有机结合，保障了实践教育教学工作有序展开；校外实践推进，实践教育教学不断深入。当然，在取得以上成绩的同时，我们也在思考存在的不足及一些问题，通过反思为下一步工作的开展提供新的思路与方法。

一、体育学院实践教育教学工作取得的成效

（一）充分发挥教研室作用，夯实实践教育教学基础

2021年度，体育学院克服疫情形势多变的种种不利影响，在教育与科研工作中坚持"学生主体、教师主导、环境育人、社会合作"的办学思路，全力做好教育教学工作，落实立德树人根本任务。在人才培养过程中充分发挥教研室作用，开展的主要工作如下：

（1）做好各教研小组的建设，根据学院教学研究发展的需要，提出以专项划分教研小组的总体思路，并于2021年9月推进实施，同时，教研室积极指导各专项教研小组定期开展特色教研活动。

---

① 佘涛，1968年生，男，教授，研究方向：体育教学与训练；

孙亮亮，1982年生，男，教授，研究方向：体育教学；

樊永强，1978年生，男，教授，研究方向：民族传统体育；

李文华，1967年生，男，副教授，研究方向：体育教学；

张岩松，1991年生，男，讲师，研究方向：民族传统体育；

马思远，1990年生，男，讲师，研究方向：体育人文社会学；

周恩明，1994年生，女，讲师，研究方向：体育经济学。

（2）根据整改巡视"回头看"提出的意见，积极落实并加强兼课教师和顶岗教师教学教研管理，把外聘兼课教师也纳入各个教研活动小组，督促其参与教研活动。

（3）在新学期，各教研活动小组围绕学院要求，积极制订与本专项有关的具有特色的教研活动计划。各教研活动小组围绕提升人才培养质量，讨论、修改、完善教学进度计划，发现教学过程当中切实存在的各种困难，并想办法克服或化解，落实课堂教学成效。

（二）建立校外实践基地，拓宽实践教育教学资源

为进一步落实体育学院校外实践基地，提高实践教学质量和应用型人才培养质量，体育学院与成都每时健康管理有限公司进行了实践教学合作，拓展了我院社会体育专业健身指导与管理专业学生的社会实践领域。在此次实践基地的授牌过程中，双方也在体育专业学生实践工作开展、健身教练员培训等方面达成了共识。此次我院校外实践基地的合作，对学院更好地加强专业建设、开展实践教学、培养应用型体育人才起到了重要的推动作用。

2021 年 10 月份，学院教学管理团队前往达州市达川区实验小学杨柳校区，实地考察四川文理学院实践教学基地建设情况，参观了达川区实验小学的消防教育以及传统文化养成教育基地，考察了达川区实验小学校园文化建设情况。学院教学管理团队与达川区实验小学主要负责人进行座谈，对达川区实验小学的发展表示关注，并就达川区实验小学教学实践基地建设问题提出了建设性意见，取得了良好的预期成果。

（三）方法与手段逐步改进，推进实践教育教学创新

为了提高师范专业学生技能，夯实学生的专业基础，2021 年 11 月 26 日下午，体育学院第十一届学生说讲课大赛在体育馆成功举办。2021 年 12 月 22 日，体育学院在体育馆顺利举办了"首届健美操专项技能大赛"。

近年来，为了努力提升教学质量，体育学院坚持"一课一展""一课一赛"，以赛促学，以赛促教，认真落实"教会、勤练、常赛"，已初步取得实效。学院紧扣课程改革，从建立健全"一专业一竞赛"机制，"以赛促练"等效能，形成"以美育人、以美化人"的育人特色三方面出发，本着培养和发展学生的体育核心素养，切实提高体育教育专业学生的专项能力和综合素质为基础目标，坚持以科研促教学、教学带科研，教师教法与学生学法互相促进。2021 年，体育学院积极进行教学改革，不断探索创新教学手段与方法，提高教学质量。为了提高教师教学方法运用能力，体育学院鼓励教师进行多媒体课件的制作和数字化课程的建设，取得了显著成效。

（四）狠抓学生创新创业和大学生科研项目，争取再上新台阶

体育学院全体教职工高度重视大学生创新创业和科研项目工作，在学校"四年递

进式创新创业培养计划"及"三心四能五复合"高素质人才培养目标指导下，体育学院全体教职工积极帮助学生夯实理论基础，不断提高创新创业与科研能力。

2021 年，立项省级大学生创新创业训练项目 9 项。项目涉及全民健身训练室的建立、互联网智慧体育平台建设、乡村振兴中的体育问题、健康体适能小程序开发、体育特色小镇打造、体育赛事视频教学制作、啦啦操训练基地建设等各个方面，在很大程度上拓宽了学生的创业思维。

2021 年，学院立项大学生科研项目 7 项。研究内容涉及体育特色小镇、啦啦操的创编、体育教师的发展状况、体育器材的共享、居家锻炼实践、体育人才培养等各个领域，在很大程度上拓宽了学生的学术研究视野。

（五）积极动员实习，保障实践教育教学工作有序开展

为进一步做好 2022 届毕业生实习和毕业论文撰写工作，引导学生做好实习前的各项准备，推进实习工作的顺利开展，体育学院于 2021 年 6 月 30 日在博文楼 114 教室召开了"体育学院 2018 级本科学生实习动员大会"。

动员大会对毕业生实习提出了相应要求，要求学生不怕吃苦，勇于担当，服从实习单位的管理，认真完成实习任务，并重点介绍了毕业实习手册的撰写规范。学生在实习单位的表现直接关系到体育学院的声誉，在实习过程中须进一步提高自身的师范能力和教学基本功。这在很大程度上使毕业生进一步明确了实习的安排、要求以及方向，加深了同学们对专业实习的认识，有利于增强其专业技能，同时也树立了大家高质量完成毕业实习任务的信心，为毕业实习工作的顺利开展奠定了基础。

在学生实习前，学院召开实习动员大会，强调集中实习的重要性，提升学生对实习的认识；在实习过程中，体育学院领导定期到实习基地检查实习工作，并与实习单位领导共同探讨、研究加强实践教学的改革措施及考核办法，积极解决实习学生和教师遇到的困难和问题，确保实习工作圆满、顺利完成。在实习结束后，组织学生进行实习总结，找出实习中存在的问题和不足，在后期的学习过程中有针对性地提升能力。

（六）校外实践推进，实践教育教学不断深入

2021 年 9 月，体育学院 2018 级开展了校外教育教学实习工作。为了确保学生校外实习工作的顺利完成，学院选派了 16 名指导教师全程关注实习进展，并进行了详细指导。在学院指导教师和实习基地指导教师"双导师"的联合指导下，2018 级学生实习工作初显成效。近年来，体育学院全面贯彻"四化一体"的人才培养模式，围绕"三心四能五复合"的人才培养目标，学生由此展现出的扎实专业技能和认真负责的工作态度，受到实习单位的认可。

二、实践教育教学中存在的问题

（一）思想认识方面

目前，学院对实践教育教学的思想认识须进一步提升。一是实践教育教学的内涵较为丰富，而很多教师将实践教育教学等同于体育技术课的教学、等同于学生的校外实习，未能将实践教育教学摆到应有的位置上。二是学生在理论支撑实践方面还做得不够，学生理论支撑实践教学的能力还须进一步提升。只有把教育教学理论做好了才可以更好地实现教育实践，因为教育实践是教育理论系统性的体现，把教育理论的条条框框都想到，教育实践也会进行得科学合理。

（二）队伍建设方面

首先，实践教育教学的指导队伍建设还不够完善。由于学院专任教师相对较少，并且承担了学校大学体育课程、体质监测工作、课外体育活动指导等方面的工作，致使其在实践教育教学指导方面存在不足。特别是在实行实践教学双导师制的情况下，明显暴露出实践指导教师不足的问题。其次，与校外企事业单位合作建设实践教育教学队伍的工作落实还存在不足。在学校还未出台相关政策的背景下，体育学院也在尝试性地进行校外实践教学指导队伍的合作建设，还未能有效实现校外实践教育教学队伍管理的科学化、合理化。

（三）实践保障方面

近年来，学院努力构建实践教育教学保障体系，在教研小组建设的尝试性改革、校外实践基地的拓展、实践教学的形式创新、大学生创新创业实践等方面取得了一定成效。但是，学院相关的制度建设、实施路径、评价标准等还有待进一步完善，创新性实践教学经验还须进一步积累。

三、体育学院实践教育教学工作思考

（一）进一步提升对实践教育教学重要性的认识

首先，体育学院全体师生应进一步更新思想观念，强化对实践教学重要性的认识。"教学改革是核心，思想观念是先导"，加强实践教学工作必须首先从思想上提高对该项工作的认识。其次，应引导学生重视理论学习，通过理论知识回归实践的运用，指导实践教育教学工作有效开展，实现理论与实践教学贯穿于整个教育过程之中。在实践教学中培养学生的动手能力、知识理解能力，最终提升学生的综合素质。

（二）进一步加强师资队伍建设

师资队伍建设包含三方面的内容。第一，应增加第二学院专任教师的数量，通过人才引进的形式弥补学院实践教育指导教师人员的不足。第二，应着力提升师资队伍的内涵式发展能力，通过学历提升、送培学习、合作交流等方式提升实践指导教师的综合能力。目前，学院已有10余名教师进行了博士研究生学历学位提升。第三，应加强与校外企事业单位导师的合作交流，以学校实践教育教学工作精神为指导，着力打造并形成一批优质的校外实践指导教师团队。

（三）进一步落实实践教学保障体系

着力完善学院的实践教学保障体系建设。首先，加强经费与基地建设保障。以学校经费使用规章及基地建设要求为导向，加强学院的经费与基地建设保障。其次，加强实践教学人力资源保障。通过双导师制的不断成熟运作，努力打造一支优秀的人力资源保障系统。最后，不断提升软件保障水平。通过理念的不断提升与创新、组织考核体系的不断完善，努力实现实践教学软件保障水平的提升。

合作机制·整体联动·强化应用

——教师教育学院实践教学工作总结

刘　箭[①]

一、举措及成效

在国家师范专业认证和学校转型发展的背景下，教师教育学院高度重视实践教学工作，成立实践教学领导小组，成员由院长、教学副院长、教研室主任以及学生工作办公室主任构成，全面负责小学教育、学前教育、特殊教育、应用心理学等专业的实践教学的组织实施。构建实践教学课程体系，改善实践教学条件，提高教师的实践创新能力，培养学生的实践操作能力，在实验实训教学、见习研习实习、毕业论文、学生科研、创新创业、学科竞赛以及社会实践等方面取得了较为丰硕的成果。近两年来，我院学生立项校级大学生科研项目30项；国家级大学生创新创业计划训练项目6项、省级大学生创新创业计划训练项目16项；获得四川省师范生教学能力大赛二等奖1项、三等奖3项；获得四川省大学生艺术节一等奖2项。

2021年6月，我院省级应用型师范专业（小学教育）建设项目组成员陈立、纪瑞祥、王冬梅、张腊梅老师到宣汉县土家族巴文化民俗博物馆等地调研，对馆内土家族的生活器具、服饰图案、祭祀面具、兵器图案、原始图腾符号等进行观摩考察。通过调研，项目组成员尝试将本土巴文化资源引入课程资源和项目建设中。2021年12月20日，我院组织2022届师范生教育专业实习试讲联合指导活动，来自达州市政府机关幼儿园、达州市特殊教育学校、达州市通川区七小等基础教育学校的24位外聘教师参加指导活动。本次试讲共分为24个小组，每个小组安排3位指导教师，其中1位为来自

---

① 刘箭，1966年生，男，教授，教师教育学院副院长，教师教学发展中心副主任，主要从事教育教学的理论和运用研究。

上述基础教育学校的教师。这种联合指导活动对学生有切实帮助，深受学生好评。2022 年 3 月 17 日，我院特殊教育教研室与通川区启点教育学校开展联合教研活动，陈立、靳少举、蒲云欢、赵蕴楠老师应邀观摩该校教师的特殊儿童集体教学和个别化康复训练活动。在联合教研中，我院教师宣讲了国家特殊教育的最新政策，并探讨了科研项目申报等深化合作的相关事宜。2022 年 5 月 10 日，我院学前教育教研室邀请达川区第二幼儿园园长冯庆萍给学生上示范课《会讲故事的儿歌》，冯园长的课深受学生好评。她还与学前教育专业学生分享了教育教学管理方面的宝贵经验。

2021 年 5 月 25 日，学校第 17 届 "5·25" 大学生心理健康与发展活动周在莲湖校区举行，14 个二级学院开展了面向全体学生的心理体验活动。我院组织开展了 "正话反说" "步步为营" "蒙眼走直线" 等趣味心理体验活动，同时还组织了面向本院学生的户外游戏、心理展板、心理电影赏析、"三行情书" 等系列心理体验活动。上述心理健康活动的开展，营造了重视心理健康的氛围，增强了广大师生重视心理健康的意识。2021 年 6 月 2 日，我院党总支和教育学教研室举办庆祝建党百年剪纸作品展。这次活动展出了 2019 级学生剪纸作品 50 余幅。作品通过风景建筑、人物形象、吉祥物语等表现了雷锋精神、红船精神、井冈山精神等红色文化。2022 年 3 月 28 日，我院举办 "点亮生涯" 大学生职业生涯规划大赛决赛。比赛分为职业生涯规划书展示和才艺技能展示两个环节，选手从自我认知、职业认知、环境分析等方面进行展示演讲。本次活动对学生树立职业生涯规划理念，找准职业发展定位具有一定的促进作用。2022 年 4 月 2 日，为引导我校学生对孤独症及孤独症患者的认识和理解，营造一个尊重、理解、包容与接纳的校园环境，我院特殊教育专业师生与民革四川文理学院支部、通川区残联、达州市康复中心等共同组织开展了 "让爱来，让碍走" 的 "世界孤独症关注日" 宣传活动。在活动中，我院师生派发 "蓝色行动" 宣传手册，为部分师生佩戴蓝丝带，紧扣 2022 年 "世界孤独症关注日" 的主题开展活动。2022 年 4 月 11 日，我院举行师范生技能展示活动，展出了部分学生的钢笔字、毛笔字、粉笔字。这次 "一课一展" 技能展示活动是落实学校 "一专业一竞赛" 和第二课堂学分制的要求，是课堂教学的有效延伸，是同学们相互借鉴，提高自身素质，展现专业技能的重要平台，受到了学校领导和师生们的好评。

二、存在的主要问题

我院各专业教师数量能满足实践教学的基本需要，但由于近年来招生规模的扩大，尤其是专升本学生人数急剧增长，专业教师数量明显不足，难以实现对学生实验实训教学、见习实习研习、毕业论文等环节的精细化指导，特别是在毕业论文指导工作中，教师人手严重缺乏，每个指导教师需要指导 10 个左右的学生，难以保证毕业论文的研究和写作质量。在专业教师中，"双师型"教师比例低，也影响了主要实践教学环节的质量和效果。青年教师学历层次较高，理论知识较强，但实践应用能力薄弱，普遍缺乏行业和职业的工作经验和技能。大多数教师教学、科研、行政任务繁重，家庭负担重，职业压力大，在实践教学的时间和精力的投入上严重不足。

实践教学基地是开展实践教学的重要条件，基地的数量和质量直接影响实践教学组织实施的效果。我院各专业虽然建立了一定数量的稳定的实践教学基地，但按照本科教学基本状况数据填报和师范专业一级认证的相关要求，还存在缺口，需要按照基地数与学生人数 1∶20 的比例配齐各专业实践教学基地数量。到目前为止，我院还未建成一个省级大学生校外实践教学基地，小学教育、学前教育、特殊教育专业开设有大量的音乐、美术、舞蹈课程，实训场地仅有舞蹈练功房 1 间、琴房 6 间，艺术类课程的实训场地和设施缺乏，制约了这类技能课程的教学质量。应用心理学专业实验室由于建成时间较早，大部分实验仪器设备老化，急需维修或升级换代。供小学教育等师范专业学生试讲和实习用的小学语文和小学数学等教科书尚未配足、配齐。

完善的考核评价制度是实践教学顺利开展的重要保证，只有完善的考核评价机制才能有效地保障实践教学的效果和质量。实践教学的考核评价具有与理论课程教学的考核评价相区别的特点。实践教学的环节多，内容庞杂，考核指标体系和权重不易确定，其质量监控存在着诸多盲点。由于学校和学院制订了完善的教学管理文件和考核评价办法，考核标准客观并易于操作，各专业学生的毕业论文、毕业实习等实践教学环节考核评价质量能够得到保障。但在各专业实验实训课程考核、实习见习研习考评以及部分课内实践考核等方面还存在一些问题。受各种主客观条件的制约，我院各专业实践教学各环节的考核评价仍存在不少问题，尚有许多可以优化和改进的地方。

三、今后的工作思路

根据师范专业认证要求，我院将构建地方教育行政管理部门、基础教育学校、教师教育学院三方协同的合作育人机制，邀请地方教育行政管理部门、基础教育学校、毕业生代表、在校生代表参与我院小学教育、学前教育、特殊教育专业的人才培养方案、课程教学、实践教学、教育咨询与评价等本科专业人才培养工作。组织开展教育局局长讲座、教研人员讲座等教育局组织的活动；组织开展校园长讲座、优秀班主任经验交流、优秀教师公开课等基础教育学校组织的活动；组织开展国内外知名专家学术报告、优秀教师示范课、优秀学生汇报课、联合教研活动、课程合作教学、毕业生试讲等学院组织的活动；组织开展优秀校友经验交流、校友联谊活动等校友组织的活动。以活动为载体，将三方合作机制具体化、常态化。

学院将立足于学校应用型本科办学定位，根据各专业具体情况，明确学生素质要求，系统规划，细化项目，将课内课外、校内校外相结合，形成科学合理的实践教学课程体系。针对我院实验实训兼职教师的劳务补贴问题，学院将从绩效分配和发展经费中划拨一部分作为劳务补贴，同时建议教务处从教学运行经费中划拨部分经费作为劳务补贴。我院"双师型"教师数量严重不足，大多数教师缺乏实践经验，导致指导教师在实习见习研习中指导力度不够，学生缺乏系统深层次的训练。为此，学院将定期开展指导教师培训，轮流选派教师到基础教育学校挂职锻炼。在实践教学中，我们深刻体会到基地单位的积极性对我们工作的巨大影响，目前双方的合作还集中于学生的见习实习方面，更多的时候是基地单位为我们提供服务。所以，在今后的工作中，我们还需要切实地深化合作，共同研发出能够互利互惠的合作项目。

开放协同共育赋能
着力提升应用型人才培养质量

——财经管理学院实践教学工作总结[①]

刘小艺　傅忠贤　程子彪　杨　波　苟聪聪　彭志琼　何孟臻[②]

实践教学是培养具有创新意识、应用型人才的重要环节，是理论联系实际、培养学生掌握科学方法和提高动手能力的重要平台。本文针对近两年财经管理学院实践教学工作的开展情况，提出开放协同共育赋能是学院培养高素质应用型专业人才的有效途径，对学院在实践教学工作中取得的成绩、特色成果进行了总结，并对学院在实践教学工作中存在的问题提出了相应对策。

一、实践教学取得的成效

（一）开展"一专业一赛事"活动，提高学生实践操作能力

深入开展"一专业一赛事"活动。专业大赛是对学生技能水平与就业能力的考量，专业技能大赛可以开阔学生视野、检验学生实践能力、促进学生实践能力和水平的提升。我院 2020 年有 32 支代表队、2021 年有 25 支代表队参与各项大赛并获奖，其中获全国一等奖 1 项、全国二等奖 2 项、省级一等奖 5 项，其他奖项若干，获奖成果丰硕

①　本文系四川文理学院 2020—2022 年度校级教育教学与改革项目（2020JZ032，2020JY106）；四川文理学院 2020 年度一流课程项目（2020KCC002）的研究成果。

②　刘小艺，1984 年生，女，四川开江人，副教授，硕士研究生，研究方向：人力资源管理与开发、农村经济。

傅忠贤，1965 年生，男，四川平昌人，教授，本科，研究方向：政治经济学、区域经济学。

程子彪，1982 年生，男，四川自贡人，副教授，硕士研究生，研究方向：旅游管理、旅游经济。

杨波，1982 年生，女，四川达州人，副教授，硕士研究生，研究方向：计算机网络和软件工程。

苟聪聪，1982 年生，男，四川平昌人，副教授，研究方向：财务与审计研究。

彭志琼，1972 年生，女，四川大邑人，副研究员，研究方向：汉语言文学。

何孟臻，1995 年生，女，四川达州人，助教，研究方向：财务与会计研究。

（具体见表1）。

财务管理专业学生参加全国产教融合创新创业大赛——第一届"金蝶杯"智能财务云大赛，突出重围，进入全国总决赛，获全国一等奖；2020年、2021年人力资源管理专业学生参加四川省大学生第一届、第二届人力资源管理知识技能竞赛，我校4支参赛队伍均以优异成绩荣获四川省一等奖三项、二等奖一项，李健和张红芳两位指导教师也获评"优秀指导教师"；物流管理专业学生参加2020"链战风云"全国智慧供应链创新创业挑战赛总决赛，获全国二等奖；审计学专业学生参加2020"新道杯"四川高校数智化人才邀请赛企业经营模拟沙盘网赛，获省级二等奖。每项比赛均以教研室为依托，指派不同专业教师分组指导，带队参加比赛，提高了教师实践教学的参与性，强化了实践教学，促进了学生专业能力的提高。

表1　四川文理学院财经管理学院2020—2021年学科竞赛获奖汇总表（部分获奖成果）

序号	姓名	赛事名称	获奖等级	指导教师
1	刘艳琳、李思源、张誉怀	全国产教融合创新创业大赛——第一届"金蝶杯"智能财务云大赛全国总决赛	全国一等奖	赵娜
2	高丽、唐娟、韩啸源、刘静	2020年第五届"科云杯"全国大学生本科组财会职业能力大赛	全国二等奖	王娟、冉燕丽
3	李雪、谢坤、敬涛、潘涛	2020"链战风云"全国智慧供应链创新创业挑战赛总决赛	全国二等奖	王情香、孙洪运
4	曹烽、沈圣又、彭安妮	"学创杯"2020全国大学生创业综合模拟大赛省赛	省级一等奖	杨波、万大卫
5	朱兵、李思源、杜海	"学创杯"2021全国大学生创业综合模拟大赛省赛	省级二等奖	杨波、万大卫
6	唐永川、王智铱、母天军、杨思祖	第六届全国大学生人力资源管理知识技能竞赛第三赛区	省级一等奖	李健
7	张余、贾丽君、唐永川、王智铱	第一届四川省大学生人力资源管理知识技能竞赛	省级一等奖	李健
8	杨文萍、钟欣月、陈世勇、李佳炜	第一届四川省大学生人力资源管理知识技能竞赛	省级二等奖	张红芳
9	唐永川、王智铱、母天军、杨思祖	第二届四川省大学生人力资源管理知识技能竞赛	省级一等奖	李健、张红芳
10	陈世勇、吴东玲、雷林、王思琦	第二届四川省大学生人力资源管理知识技能竞赛	省级一等奖	张红芳、李健
11	李江、李倩、高丽、刘静	2020"新道杯"四川高校数智化人才邀请赛之管理会计网赛	省级二等奖	王娟、冉燕丽
12	孙维、肖真、徐佳	2020"新道杯"四川高校数智化人才邀请赛新零售—数字营销沙盘网赛	省级二等奖	李爱民、赵秋平

表1(续)

序号	姓名	赛事名称	获奖等级	指导教师
13	罗琳、古燕、李静玲、邓世杰	2020"新道杯"四川高校数智化人才邀请赛企业经营模拟沙盘网赛	省级二等奖	苟聪聪、刘会
14	徐娜、龚明翠、杨杉、彭安妮、胥海	2020"新道杯"四川高校数智化人才邀请赛企业经营模拟沙盘网赛	省级三等奖	张越楠、赵娜
15	达瓦、程冬梅、矿琴、沙优素	2020"新道杯"四川高校数智化人才邀请赛新零售—数字营销沙盘网赛	省级二等奖	吴泽余
16	李玲妍、陈芊伥、刘雾诗	西部地区"互联网+"智能税审职业联赛总决赛	省级二等奖	周娅纳、匡彩云
17	吉木伍呷、杨天玺	四川省第四届营销策划大赛	省级二等奖	吴泽余
18	韩啸源、谢薇、陈茜	2020年"注协杯"四川省大学生会计技能大赛	省级二等奖	王娟
19	刘静、徐慧蓉、韩雨露	2021年"注协杯"四川省大学生会计技能大赛	省级二等奖	冉燕丽
20	陈鑫、孙维、周碟	2021年四川省大学生企业管理挑战赛	省级三等奖	孙洪运、顾玉林
21	胡昌燕、陈曦、刘文静	2022年四川省大学生企业管理挑战赛	省级三等奖	周娅纳、苟聪聪

(二) 加强专业实验室建设,提升学生实践创新能力

校内建有川东北电商物流实验室、财务决策实验室、模拟银行实验室、审计学专业实验室、现代审计仿真实验室、会计信息化实验室、会计手工模拟实验室/财务技能模拟实验室、ERP 模拟实验室,购买了网中网、用友新道、踏瑞等公司提供的全套实验实训软件,能满足各专业校内实验实训需要。

(三) 积极开展校企合作,提升学生实践就业能力

学院与达州市财政局、达州市税务局、达州公路物流港、成都京东世纪贸易有限公司、中国人民银行达州市中心支行、中国工商银行达州分行、达州市人力资源公司、通川区一小莲湖学校等单位建立了稳定的实践教学基地。其中达州市税务局是首批校级示范性实践教学基地。

学院在 2021 年 6 月 16 日与中国人民银行达州市中心支行、中国工商银行达州分行、达州农村商业银行签署三方合作协议,合作共建"诚信文化教育基地"。中国工商银行达州分行作为首届主办银行,每年向财经管理学院提供专项资金支持,以推进诚信文化教育基地建设、培养本地急需的财经管理类专业人才。"诚信文化教育基地"已经成为财经管理学院叩开达州市金融系统合作大门的钥匙,成为合作办学、合作育人的重要切入点,双方(三方)已经商定继续构建合作办学协同育人的长效机制。达州

市金融系统成为财经管理学院毕业生将来重要的就业渠道，对于财经管理学院在将来条件成熟时申报"信用管理本科专业"和"金融管理本科专业"、举办人力资源和社会保障部认可的"信用管理师"职业任职资格培训、合作共建校园模拟银行等实训平台等都具有很好的推动作用。

（四）毕业论文答辩有序推进，提升学生实践综合素质

毕业论文是检验学生在校学习成果的重要措施，也是提高教学质量的重要环节，其目的是培养学生综合运用所学知识和技能，理论联系实际，独立分析、解决实际问题的能力，是学生综合实践能力的重要检验手段，也是财经学院实践育人的重点环节。因此，学院特别重视毕业论文撰写工作。学院制定了《财经管理学院本科毕业论文（设计）工作实施细则》与《财经管理学院本科毕业论文（设计）撰写规范》。学院毕业论文在 2021 年省教育抽检中全部合格，但没有"优秀"和"良好"等级的论文，还有成长和改进的空间。学院对 2020 届、2021 届毕业论文进行了专项检查，对毕业论文指导中容易出现的问题进行了通报，要求教学督导小组在检查毕业论文时，严格按照学校及省上要求，认真检查，对出现问题的毕业论文及时进行整改。

2021 年 9 月 25 日，我院在四川文理学院成都产教融合基地举行了 2022 届本科毕业论文开题答辩会。2022 年 4 月 15 日—16 日，应疫情防控政策要求，我院 2022 届毕业论文答辩工作由线下方式变更为线上方式开展，采用各答辩小组负责制，分批次、分时段开展 2022 届本科毕业生论文答辩工作，党总支书记李兴贵、院长傅忠贤、副院长杨波、副院长程子彪以及各专业教师担任答辩评委。

二、工作创新与特色

（一）依托教改项目，提升教师实践育人质量

一直以来，学院高度重视教学改革与质量工程建设，在教学改革与质量工程建设过程中始终以学生为主体，邀请教学督导专家成良臣教授深入指导教学改革与质量工程建设，适时召开教改、教材建设工作推进会，2017—2019 年、2020—2022 年共有 15 项"校级教育教学研究与改革项目"获准立项，部分项目已经结题。2018—2022 年校级教育教学研究与改革项目立项名单见表 2。

表2　2018—2022年校级教育教学研究与改革项目立项名单

项目编号	项目名称	主持人	项目类别
1	转型发展协同育人背景下高校财经类人才培养综合改革实践研究	傅忠贤	已结题
2	新建本科院校应用型人才培养的实践教学路径探析——以财经管理学院为例	孟秋菊	已结题
3	"四圆同心"办学思路下基于智能手机的高校翻转课堂教学研究——以四川文理学院为例	程子彪	已结题
4	经济学教学团队建设研究	孟秋菊	已结题
5	财经管理专业群实践教育基地建设管理与运行机制研究	傅忠贤	重点
6	"双一流"建设背景下的高校教育管理人才队伍建设研究	程子彪	重点
7	"互联网+"时代高校教师教学困境与突破策略研究	刘小艺	重点
8	应用型高校云财务的实践教学	李爱民	一般
9	应用型本科高校资源优化配置视角下的实验室管理模式研究——以四川文理学院为例	杨波	一般
10	"课程思政"融入工商管理类本科专业课程的教学改革探索与实践	李健	一般
11	案例式、启发式、探究式等教学方法的探索与实践——以"金融学"为试点	周娅娜	一般
12	校企合作模式下财务管理专业实践课程体系的构建	王娟	一般
13	应用型本科院校物流管理示范专业建设研究——以四川文理学院为例	李海燕	一般
14	高校物流管理专业"金课"建设研究——以混合式教学为例	王情香	一般
15	以立德树人为核心的"课程思政"在财经类人才培养中的研究与探索——以四川文理学院财经类专业为例	苟聪聪	一般

（二）举办特色教研活动，提升教师实践教学能力

为提升学院教师教学能力，推动学院教学工作高质量发展，学院四个专业联合举办特色教研活动。本次教研活动的主题为如何提升青年教师教学能力。此次活动共分为三个环节。

1. 课程思政专业建设+教学

2022年3月25日下午，学院组织青年教师及骨干教师参加了第一届青年教师教学能力提升培训会。会上，教师们观看了智慧树平台上《高校教师信息化教学能力提升》视频；院长傅忠贤结合申报的校级一流课程"政治经济学"，以《课程思政建设思考》为主题，与参训教师交流如何在教学中融入"课程思政"元素；骨干教师王娟以《省

级一流本科课程建设思考》为主题，与参训教师交流如何申报省级一流课程；财务管理教研室主任冉燕丽以《应用型示范专业建设思考》为主题，与参训教研室主任及教师交流如何申报与建设应用型示范专业。

2. 示范课程+教学

2022 年 3 月 31 日下午，各教研室组织教师学习四川文理学院第五届青年教师优质课竞赛自然科学组一等奖获得者刘小艺老师讲解示范课程"统计学"，4 月 1 日上午学习第六届青年教师优质课竞赛一等奖获得者苟聪聪老师讲解"中级财务会计"，通过深入课堂，集中学习优秀教师的授课理念、方式、技巧等，提升学院教师的教学水平。

3. 竞技+教学

2022 年 4 月 6 日下午 14：30，在博文楼 307 室，财经管理学院开展第一届青年教师优质课竞赛，各教研室共 8 名青年教师参加比赛，学院全体教师观摩学习，学校督导专家成良臣教授、院长傅忠贤、教务处副处长周波、副院长杨波、党政办主任苟聪聪、王娟教授和顾玉林教授全程指导竞赛活动。

本次竞赛由教学设计、课堂教学和教学反思三部分构成，8 名优秀青年教师分别从会计学、品牌定位、消费者选择、指数体系和因素分析、借贷记账法的内容、认识现金流量表和所有者权益变动表、制订招聘计划、运输问题—生产与存储等知识点进行讲授。在比赛过程中，参赛者思路清晰，自然放松，声情并茂；在教学中，理论与实践相结合，课程思政与一流课程元素相结合，有深度、有广度、有挑战，充分落实了立德树人的教育根本任务，充分体现了学校"三心四能五复合"高素质应用型复合型人才培养目标。

在本次培训中，各教研室协作顺畅，效果良好，为青年教师提供了一个相互交流学习的开放平台，推动了学院教学工作的高质量发展。会后选送郑姣姣、刘会两位教师参加学校第十届青年教师优质课竞赛，分别获文科一组、文科二组一等奖。

三、存在的问题及建议

（一）存在的问题

（1）学科未被纳入硕士学位授权培育，对学院进一步凝练学科特色，强化内涵建设，凸显特色，走高质量发展道路有一定的影响。

（2）高层次高水平人才引进较困难，吸引高层次人才缺乏核心竞争力，人才引进的方式和渠道不够多样化，"双师双能"型教师偏少，政策不够灵活。

（3）高级别专业技能竞赛获奖较少，学生在学科专业竞赛中的获奖 80% 以上是省级奖项，在全国性比赛中获奖较少。

（4）2018级学生在成都产教融合基地，开展实践教学工作相对困难。

（二）今后工作建议

（1）制定和实施财经管理学院"十四五"规划和2035年远景目标。

（2）着力引进和培养高层次人才，进一步加强师资队伍建设。

（3）加强实践教学管理，继续深化特色教研活动，加强实践教学质量保障体系。

（4）加强辅导员队伍建设，加强学生管理，加强学风建设。

（5）组织推动学科专业技能大赛，力争在全国奖项上再接再厉，争创辉煌。

学以致用 知行合一

——建筑工程学院实践教学行与思

熊勇权①

城镇化率也叫城市化率，是指城镇常住人口占总人口的比重，是国家现代化的重要标志之一。根据《国家发改委印发〈2022 年新型城镇化和城乡融合发展重点任务〉——提高新型城镇化建设质量》，我国 2021 年中国常住人口城镇化率达 64.72%，与发达国家 80% 的平均水平相比，仍有一定差距，这说明我国城镇化已处于快速发展的中后期，正在转向全面提升质量的新阶段。在未来的若干年内，我国还有大量农业人口在城镇安家落户，也表明建筑行业仍然具有很大的发展机遇，而高等学校建筑类专业作为培养工程建设人才的主要场所，自然应该努力提高人才培养质量，为国家现代化建设添砖加瓦。

一、建筑类专业的培养目标与特点

建筑类专业是一门实践性很强的工程学科，也是一门与每个人息息相关的学科。人要生存，离不开建筑，从人类社会早期的茅草屋、木屋、砖石砌体房屋，到当今的钢筋混凝土结构和钢结构房屋，建筑工程伴随着人类文明的发展而逐渐发展。它既是一门古老的学科，也是一门生机勃勃的学科。建筑产品的质量不仅关系到人的居住体验，直接影响人的幸福感，而且还关系到人的生命与财产安全，其重要性不言而喻。建筑类专业的学生如果仅仅只掌握理论知识，而不懂得如何正确、灵活地运用这些知识去解决实际问题，也难以创造出优秀的建筑工程产品。

应用型高等院校本科生、专科生毕业后大部分直接进入职场，不仅需要具备扎实的专业理论知识，还需要具备快速适应工作岗位的能力，因此，在校期间的实习实践

---

① 熊勇权，1979 年生，男，副教授，主要从事土木工程和工程造价研究。

必不可少。从提高建筑学专业学生实践能力出发，应用型高等院校应以职业能力为导向培养建筑人才，学生应具备在工程一线从事勘察、设计、施工、造价、项目管理等工作的能力。由此可见，应用型高等院校建筑类专业人才培养具有鲜明的职业性特点，学校办学活动应围绕"为建筑行业培养出高水平的技术型、应用型人才"这一目标展开。

二、建筑类专业实践教学中存在的问题

一方面，高校教师大多没有设计或施工单位的工作经历，缺乏实践教学能力。这也导致高校教学大纲在编制时经常出现"重理论，轻实践"的现象，一些实践性很强的课程甚至没有实践教学环节，学生动手能力得不到锻炼，"学以致用"自然也就无从谈起。由于毕业生实践能力难以满足建筑行业用人单位的需要，建筑类专业毕业生往往需要经过企业的二次培训才能逐渐适应工作岗位，无形中增加了企业的用人成本。

另一方面，很多高校也缺乏专门的实践教学场所。虽然很多高校与建筑企业存在合作关系，企业可以提供部分建筑工地作为实践教学场所，但学生在建筑工地的实践时间往往较短，很难做到对建设工程项目的全面深入了解。

三、建筑工程专业实践教学改革

（一）加强"双师型"教师队伍建设

一支优秀的教师队伍是高校实现高质量实践教学的根本保证。高校一方面应加大教育资金投入，拓宽人才引进渠道，吸进具有丰富实践经验的优秀企业界人才进校，以专职或兼职形式参与学校实践教学；另一方面，还应加强对非"双师型"教师的实践培训，通过校企合作培养等手段，帮助非"双师型"教师提高实践教学能力，成为既能胜任理论教学，又能指导学生实践的复合型教师。2019年，建筑工程学院与广联达科技股份有限公司合作开展了"土木工程类双师型教师'三位一体'协同培养模式"师资培训项目，广联达科技股份有限公司派遣专业技术人员对我院教师就广联达系列软件的使用方法进行了专门培训，增强了我院教师的工程造价实践能力以及对工程造价行业发展新动态的了解，获得了教师们的一致好评。这类校企合作项目既可以增强教师的实践教学能力，也有助于企业自身产品的推广，可以帮助企业培养潜在客户，提高其产品的市场占有率。因此，该项目能够充分调动企业积极性，实现校企双赢，是我院"双师型"教师校企合作培养的一次成功实践。

（二）制定科学合理的教学大纲及专业培养方案

由于应用型人才培养更加重视实践性环节和专业技能训练，所以高校在课程安排上应重视课程实践环节。以《建筑工程学院土木工程专业本科人才培养方案》（2020 版）为例，该培养方案中大部分必修专业核心课程都包含了实践环节，实践环节学分总数为 22，占总学分比例达 13%，"土木工程测量""土木工程施工技术与组织""混凝土结构基本原理"等专业核心课程都规定了相应的实践学时，实践方式主要为课程设计和实验。实践环节既是对学生专业知识和技能的训练，也是对课堂学习成果的检验。另外，人才培养方案中还规定了必修的应用实践课程，如"土木工程测量实习""施工组织设计""基础工程设计""单层厂房结构设计"等，学分总数为 33，占总学分比例达 20%。应用实践课程主要以工程实例为对象开展实训，实践性比专业核心课程的实践环节更强，能够进一步提高学生的实践水平，做到理论联系实际，有助于学生尽早融入未来的工作，提高其就业竞争力。

（三）加强实训基地建设

实训基地是建筑技能培训的重要场所，其质量直接影响到实践教学的效果，对应用型人才培养起着举足轻重的作用。为了建设高质量的实训基地，高校应该充分利用校内外资源。

在人才培养质量提升和新工科建设背景下，建立大学生校外实践教学基地非常有必要。校外实训基地可以本着互惠互利的原则，依托企业进行建设，既可以为企业提供高质量建设人才，又可以为学校提供高水平实践场所，有利于实现校企深度合作，实现定制教育、订单教育，共同培养行业应用型人才。2020 年，学校与绿地集团西南区域管理总部达州公司共建了实践教育基地。两年来，建筑工程学院与绿地集团西南区域管理总部达州公司在合作育人方面取得了良好的成效。

在建设校外实训基地的同时，也不应忽略校内的实践和实训条件的改善。以"四川文理学院建筑工程工法研究训练中心和人工智能基础应用平台建设项目"为例，该项目建筑实体模型楼为 1∶1 等比例实体模型，包含一层、二层、三层及屋面，层高不小于 2.8 米，总建筑面积不少于 700 平方米，为土木工程、工程造价、工程管理三个本科专业的实践教学服务。模型骨架主要包括 2 大体系、6 种结构。2 大体系指安全受力体系和构造展示体系；6 种结构指框架结构、砖混结构、剪力墙结构、钢结构、装配式结构、木结构。建筑教学模型骨架将教学需要的框架结构、砖混结构、剪力墙结构、钢结构、装配式结构、木结构 6 种结构类型按从基础到主体、屋面、装修、水电、消防等分部分项工程进行全方位展示。例如，一层基础工程展示区域展示了砌体结构等高式砖大放脚基础、砌体结构不等高式砖大放脚基础、无梁条形基础、有梁条形基础、锥形独立基础、阶梯形独立基础、十字交叉基础、伸缩缝双柱基础、沉降缝双柱基础、楼梯柱基础、筏板基础、箱形基础、剪力墙基础、钢柱基础等十余种常见基础类型，克服了单个校外实训基地能够展示的结构类型单一问题，使学生在校内就能够对工程常用结构的类型和特点进行直观的学习。另外，为了方便学生在参观过程中随时学习，模型楼内还配套设置了以 VE 虚拟教育行走课堂软件为载体的 328 个模型知识节点，通过手机或平板扫描二维码，便可实现对实体模型节点内容在移动端平台上进行相关知识点的教与学，在线教学系统资源库资源具有图文（节点详图）、视频、试题、文档、模型等形式在线资源，既能够满足日常实践教学的需要，还能随时进行在线测试，便于教师及时掌握实践教学效果。这种软硬件配套的教学方式，充分利用了移动信息技术快捷、方便的特点，能够最大限度地将每个知识点的相关信息全方位地展示出来。

四、总结

综上所述，实践教学是高校建筑类专业不可或缺的组成部分，科学合理的实践教学模式可以培养出能够快速适应实际建筑工作的技术型、应用型人才。高校应通过加强"双师型"教师队伍建设、制定科学合理的教学大纲及专业培养方案、加强建筑工程技术专业实训基地建设等多种途径，构建高效、科学、合理的实践教学体系，真正做到学以致用、知行合一，为我国建筑业培养出更多符合新时代要求的高素质人才。

参考文献

[1] 顾朝林. 中国城镇化 [M]. 北京：科学出版社，2021：4-6.

[2] 国家发改委印发《2022 年新型城镇化和城乡融合发展重点任务》——提高新型城镇化建设质量 [EB/OL]. http://www.gov.cn/zhengce/2022 - 03/22/content_5680376.htm.

[3] 顾阳. 用好新型城镇化这个战略引擎 [N]. 经济日报，2022-03（005）.

[4] 瞿萧羽，庄敬宜，刘子恒. 以职业能力为导向的建筑学专业实践教学改革研究 [J]. 黑龙江科学，2021，12（7）：78-79.

[5] 吴洪艳，王润涛. 大学生校外实践教学基地建设探索 [J]. 科技风，2022（9）：25-27.

开新局·凝特色·重实践·育人才

——中华传统文化学院实践教学总结报告

张　桢　郭　岩　石亮亮[①]

进一步加强实践育人工作，是全面贯彻党的教育方针，落实立德树人根本任务的内在要求。在实践教学活动中，我院坚持以学生为中心的育人导向，充分激发学生的学习潜能。学院党政领导高度重视实践教学工作，除书法学专业见习、实习外还注重拓展课堂外的实践教学，我院打造的传统文化"微考堂""大讲堂""传统文化活动周"等特色项目，已经在校内外聚集起一大批传统文化爱好者。我院在实践教学中，围绕专业人才培养目标，不断探索实践教学新模式，以高质量就业为导向，提高专业人才培养质量。

一、探索书法学专业实践教学，提升人才培养质量

（一）构建"临摹—创作"进阶型教学模式

书法学专业是 2019 年新开设专业，按照学校要求，结合专业特色，我院在 2020 版人才培养方案中，以培养高素质应用型人才为目标，将实践教学贯穿整个专业培养环节全过程。在传统教育教学的基础上，结合当代书法教学模式，书法学专业形成了"临摹—创作"进阶型教学模式和实践课程（含实验室课程）。首先应系统学习书法临摹基础知识，能够比较熟练地掌握中国书法诸种字体的临摹规范，包括五种字体临摹、篆刻临摹。进而系统学习书法创作基础知识，掌握书法创作的基本方法与原理，包括五体临摹与创作、篆刻创作课程。通过实践教学活动，培养学生的上手能力、创新思维，提高创作水平，形成以个人的鲜活感受和独特视角获取书法艺术创作灵感和素材

---

① 张桢，1981 年生，男，讲师，主要从事融媒体视听传播、传统文化的现代传播、纪录片研究。
郭岩，1995 年生，男，讲师，主要从事书法创作、书法教育、书法史等方面教学和研究。
石亮亮，1992 年生，男，助理研究员，主要从事人类学、民俗学研究。

的能力。课程考核也主要是检验学生临摹、创作作品的学习效果和实践能力。

（二）采用项目化教学

为进一步培养学生对基础理论知识和基本技能知识的应用能力，书法学专业以2020版本科人才培养方案为指导，在复合培养课组开设了专业提升课组和创业实践系列课程，主要涵盖"书法国展赏析与评价""碑帖书法比较研究""书画装裱与修复""文创产品开发"等多门项目化实践教学课程。在完成书法学各书体临摹与创作课程教学后，形成以科研项目、展览竞赛、就业创业需求为引导，以强调项目化团队合作实践的重要性为前提，以掌握专业的实用性为目的，以满足社会需求为出发点的应用型人才培养课程。除此之外，专业课教师还鼓励和引导学生参加各类专业实践活动，突出实践活动的专业内涵，通过社会实践提升学生的专业操作能力，让学生对专业知识有更深刻的理解和感悟。如专业课教师指导学生参加大学生创新创业大赛，利用网络平台进行文创产品开发、书法教学等，在创业的过程中提高自己的创业能力与创新意识，加深对书法学专业的认知。

（三）组织师生参加各级各类书法学科展赛

书法学课内教学时间有限，为了培养学生的书法实践能力，提高学生的自主学习兴趣，应当构建良好的专业文化氛围。书法学专业教师通过定期开展学生个展或学生联展、书法学学科竞赛等活动，让学生积极参与到书法学的实践教学中，培养学生的自主学习能力，激发学生的创作能力。如：承办并组织参加了2020年第九届四川省大学生艺术展演活动书法篆刻组，学生游风、肖天明书法作品获得一等奖。2022年，书法教研室组织本专业师生参与了《守正·拓新——四川省首届高校师生书法篆刻作品展》《首届四川省高校书法学专业教学成果展》两项重要的教学成果展，师生人人参与。其中《守正·拓新——四川省首届高校师生书法篆刻作品展》提交书法作品63幅，尹义桐老师的篆刻作品获得优秀奖，肖翔云、陈东明、罗晓晓等学生作品入选；《首届四川省高校书法学专业教学成果展》提交书法作品10幅、教师代表性科研成果10项。学生通过参赛实践，了解到对书法学专业学生的专业要求，在实践中发现了自身的不足之处，并且在接下来的学习中找到了努力的方向。

（四）加强实践教学基地建设

构建多元互动的校外实践教学模式。书法学专业校外实践教学模式是指学生走出课堂、走出校园，到社会上进行考察和实践，通过考察和实践更好地了解专业知识，提升学生的专业实践能力和综合素养。在外出实践教学模式下，学生的实践活动种类丰富，撰写了《教育实习》《教育见习》《艺术采风》《艺术专业考察》实践教学大纲，制订详细的计划，明确见习、实习、采风、考察的目的与意义。首先组织学生对经典书法遗迹、书法材料进行考察，让学生通过考察了解经典作品背后的历史和文化特征，反思书法的技法特点，了解书法工具与材料的性质特点。其次构建多种形式的校校合作模式，如书法学专业已经联系了达州市开办书法课程的相关中小学开展合作，让书法学专业学生定期到中小学进行研习、见习、实习，深入了解中小学书法教学特点。除此之外，还开展校展合作（学校和展览馆）、校协合作（学校与书法协会）、校馆合作（学校与博物馆）、校"社"合作（学校和社区）等各种形式的校企合作，开阔学生的视野，丰富学生的实践经验，激发学生的学习兴趣，提升学生对书法学的认知和理解。通过建立校外实践教学基地，让学生通过实践提升能力，拓宽就业渠道，实现高质量就业。

（五）注重师范基础技能训练

完备的训练体系是师范生教学技能养成的重要环节。基于教育部《中国学生发展核心素养》《教师教育课程标准》《义务教育课程方案和课程标准》《高等师范学校学生的教师职业技能训练大纲（试行）》及学校层面的文件等文件精神，在培养书法学专业人才的同时，注重书法学专业师范基础技能训练。通过有目的、有计划地对师范生进行较为系统的施教基本技能训练，引导学生掌握教学技能，形成教育和教学能力。书法学专业开设的职业技能课程主要由讲普通话和口语表达技能、书写规范汉字和书面表达技能、教学工作技能、班主任工作技能四个部分构成。结合师范生的专业和发展特点，制订了课程的教学大纲、见习计划，进一步细化满足教师职业规范要求的基本技能标准，明确技能训练的主要内容和基本要求，初步形成统一要求。积极创设条件，营造氛围，引导学生实现自主训练，将训练自觉渗透于日常的学习与生活中。在注重自主训练的同时，组织一定的教学观摩活动，或聘请有经验的一线教师进行示范指导。在训练中崇尚合作，互相帮助，共同进步。

二、凝聚课堂外实践教育特色，推广普及传统文化

在探索书法学专业实践教学的基础上，我院自成立以来还在课堂外实践教学方面形成了几点工作特色，总结如下。

（一）发布传统文化"微考堂"，激发学生兴趣

中华传统文化学院自成立之初便坚持以开展中华优秀传统文化教学、研究、普及、传播和服务为基本职能，在全校范围内，向广大师生进行传统文化的普及。为营造我校浓厚的传统文化学习氛围，经学院党政领导研究决定，从2021年4月起，每周利用"问卷星"推出一期传统文化"微考堂"，起初分为大学生版和社会版，面向不同的群

体发放，之后合并为"微考堂"，每期 10 道考题，包含丰富的传统文化知识，对答题满分者及连续答题满分者给予一定的奖品鼓励，使人们在答题的过程中感受和了解我国浓厚的传统文化。截至 2021 年底，共发布传统文化"微考堂"37 期，共计 15 000人次参与，获奖师生约 800 人。"微考堂"在发布考题的同时积极征集新考题，实现传统文化"微考堂"的长久运行。传统文化"微考堂"自发布以来便受到学校广大师生的追捧，在 2021 年学校目标考核中被评选为"特色项目"。

（二）举办"传统文化大讲堂"，拓展学生素质

我院不断创新教学模式，精心策划了"传统文化大讲堂"活动，并以"传统文化大讲堂"为抓手，有效开展中华优秀传统文化教育教学工作。"传统文化大讲堂"每两周举办一期，主讲嘉宾不仅有全国著名高校的专家学者、地方文化艺术界名人，也有本校学有所长的教授和普通教师，同时还邀请有真才实学的在校青年学生登上主讲台。每期主讲嘉宾一改往日"一讲到底"的方式，代之以互动式、讨论式方式，师生互问互答，真正把"讲堂"变"学堂"。学生本着自愿报名听讲的原则，自开讲以来人气逐期走高，已形成一大批忠实的粉丝，截至 2021 年底共举办 13 期传统文化讲堂。2022年受疫情防控政策的影响，暂未继续开展此活动。

（三）设立传统文化活动周，丰富学生实践

我院与校团委联合举办的中华传统文化活动周暨社团文化节，得到学校各级各部门领导的高度重视，学校全体师生全力参与，校内 70 余个社团积极推广、普及传统文化知识。我院书法学专业教师亲临现场普及、推广硬笔、软笔、篆刻等书法知识，学生通过书法学习陶冶情操，加深对中国哲学、美学的理解。我院通过联合学校设立中华传统文化活动周的形式，努力打造和培育我院的精品文化项目，在校内外聚集了一大批传统文化爱好者，共同传承和保护中华优秀传统文化。

三、我院书法学实践教学工作存在的不足

（一）专业实践教学基地数量不足

书法学专业是我院新办专业，2019 年专业申报获教育部批准，2020 年开始首届招生，目前学生还处于学习专业基础课程和专业核心课程阶段。我院已面向社会开展前期的人才需求调研，但仅联系到 3 所达州市开设书法课程的中小学作为下一步开展见习、实习课程的实践教学基地，实践基地尚不能容纳所有学生的实践教学活动，实践教学基地的数量有待增加，质量有待提高。

（二）实践教学场地紧缺

随着书法专业学生招生人数的增加，现有的书法专业教室不能满足专业教学的需

要，完整的书法专业教室包括专业课教室、公共课教室和专业实验室，建议学校加快相关教学场地建设。

（三）实践教学模式尚在探索

书法学专业实践教学模式不够成熟、完善，系统性不强，仍在探索中，许多实践教学环节尚未实施、还未得到检验，后续还需要具体落地、完善书法专业的实践教学模式。

四、下一步实践教学工作的构想

（一）加强书法学专业实践教学基地建设

针对书法学实践教学基地不足的问题，我院党政领导及书法学教研室正在努力对接省内外的中小学，不断丰富和拓展可以承担书法学生实习、见习的学校数量，完善校外实习基地，尽力为学生提供数量足够、质量上乘的见习、实习岗位。

（二）加快建设和改善实践教学场地

针对我院书法专业教室紧缺的问题，建议学校在原有教室条件的基础上，加大投入，加快建设，更新换代教室设施设备，从而改善校内实践教学环境，提高实践教学质量，为培养高质量人才打好坚实基础。

（三）凝练我院实践教学模式

由于我院书法学专业设置时间较短，后续将持续探讨、完善书法学专业的实践教学体系，探索符合我院实际的新型实践教学模式，形成系统、成熟的实践教学体系。

实践教学是高等教育的重要组成部分，是提高大学生综合素质的关键。我院通过形式多样的实践教学活动，巩固学生所学基本理论知识，强化学生的专业实践能力，磨炼学生的坚强品格和毅力。虽然目前我院在实践教学过程中仍存在一定的不足，相信未来在学校各职能部门领导的关怀下，在学院全体师生的共同努力下，我院的实践育人工作会不断提升水平，迈上更高台阶，为社会各行各业培养出更多应用型复合型人才。

课程建设篇

新时期汉语国际教育 本科专业实践教学体系的建构①

郑岚心②

为进一步加强高校实践育人工作，教育部及相关部门先后出台了一系列文件。2005 年，中宣部、中央文明办、教育部、共青团中央联合印发《关于进一步加强和改进大学生社会实践的意见》；2007 年，教育部、财政部发布《教育部 财政部关于实施高等学校本科教学质量与教学改革工程的意见》；2012 年，教育部联合七部门发布《关于进一步加强高校实践育人工作的若干意见》；2018 年，教育部印发《教育部关于加快建设高水平本科教育 全面提高人才培养能力的意见》等。这些文件就高校实践育人工作提出了指导性意见和可行性建议，为高校实践育人工作提供了依据，指明了方向。随着全球"汉语热"的持续升温，我们国家也在加快中文的国际传播。如何建设中文传播平台，提升中华文化影响力？国际中文教育是重要途径之一。汉语的国际社会地位和应用价值不断提升，这为汉语国际教育专业的发展带来了良好的契机③。但近年来，汉语国际教育专业盲目扩招，人才培养质量普遍不高，专业胜任能力和专业对口就业率较低。如何培养满足国际社会需求的汉语教师、中华文化传播人才、中外文化交流人才，成为汉语国际教育专业建设亟待解决的问题。围绕人才培养目标，实践教学体系的建构也成为该专业建设的一项重要任务。

---

① 本文是 2020—2022 年校级教育教学研究与改革项目"以就业为导向的汉语国际教育专业应用型人才培养模式的研究与实践"（2020JZ022）的研究成果。

② 郑岚心，1985 年生，女，副教授，博士，主要从事国际中文教育研究。

③ 2012 年，教育部将"对外汉语"这一本科专业更名为"汉语国际教育"。随着"2019 年国际中文教育大会"的召开，"国际中文教育"出现在公众视野中。2020 年 6 月，"中国国际中文教育基金会"宣告成立，学界更多地采用"国际中文教育"这一名称。但作为本科专业名称，"汉语国际教育"仍沿用至今。

一、新时期汉语国际教育本科专业实践教学面临的新挑战

（一）新文科建设要求学科交叉融合

我国"新文科"概念的提出源于 2018 年 8 月中共中央要求"高等教育要努力发展新工科、新医科、新农科、新文科"。教育部于 2018 年下半年启动新文科建设，2019年 4 月设立专家工作组。2020 年 11 月 3 日，新文科建设工作会议在山东大学举行，发布《新文科建设宣言》，对新文科建设做出全面部署。会上，教育部高等教育司司长吴岩做了题为《积势蓄势谋势 识变应变求变 全面推进新文科建设》的主题报告。报告指出，"新文科"就是文科教育的创新发展，要培养知中国、爱中国、堪当民族复兴大任的新时代文科人才。汉语国际教育是一个交叉学科。吴应辉（2021）指出，国际中文教育是教育学、中国语言文学、心理学、外国语言文学、新闻传播学、计算机科学与技术、社会学等的交叉学科。因此，汉语国际教育专业也应顺应新文科建设的需要，促进学科交叉融合，专业实践教学体系的建构也应充分考虑到其跨学科特点和新文科建设的要求。

（二）线上教学成为国际中文教育教学的新常态

大数据、人工智能、虚拟现实等技术的更新迭代和教育应用，改变了国际中文教育的教学生态，形成了线上线下教学模式的交融式变革。疫情作为偶然性推手，更是加速催生了线上线下教学交融这一教学新常态，线上教学已成为今后国际中文教育的新平台。汉语国际教育专业的实践教学也需要充分利用各类线上实践教学资源，挖掘语言学习与新技术整合的优势，主动思考世界各国中文学习者自主学习、智能化学习、个性化学习的需求，积极融入线上学习、混合学习、智慧课堂、虚拟仿真等应用场景，开展丰富多样的实践教学。

二、汉语国际教育本科专业实践教学的现状及问题

在应用型大学建设大背景下，大多数地方本科院校也将应用型人才培养纳入人才培养的总目标，要求各专业根据地区经济与社会发展的需要，相应调整专业结构，修订人才培养方案，培养各专业的应用型人才。具体到国际汉语教学师资的培养，国家

汉办①也分别于 2007 年和 2012 年两次发布了《国际汉语教师标准》。自 2006 年 10 月起，中国国家汉语国际推广领导小组办公室先后组织海内外近百名专家学者研制了《国际汉语教师标准》，其标准主要由语言知识与技能、文化与交际、第二语言习得理论与学习策略、教学方法和综合素质 5 大模块组成。为进一步适应国际汉语教学的实际需要，提高国际汉语教师的能力和水平，国家汉办于 2012 年又发布了《国际汉语教师标准》（2012 年版）。这一新标准是在 2007 年《国际汉语教师标准》的基础上，历时 3 年修订完善而成的，新标准包括汉语教学基础、汉语教学方法、教学组织与课题管理、中华文化与跨文化交际、职业道德与专业发展五部分。目前，基于《国际汉语教师标准》，各高校根据自身不同的办学层次和办学条件，在汉语国际教育本科专业采用了不同的人才培养模式，如以北京语言大学为代表的复合型培养模式、以上海外国语大学为代表的实用型培养模式、以华东师范大学为代表的直通车型人才培养模式，还有以南京大学、广西民族大学、云南民族大学等为代表的"X+X"型培养模式（李宗宏，2016），等等。本文接下来以四川文理学院汉语国际教育专业的人才培养为例，分析其实践教学中存在的问题。

（一）2016 版与 2020 版人才培养方案中实践教学的比较分析

经教育部批准，四川文理学院于 2014 年开始正式招收汉语国际教育专业本科生。按照学校"四圆同心"的办学思路、"四化一体"的人才培养模式、"三心四能五复合"的人才培养总体要求，我院汉语国际教育专业坚持"重基础、厚文化、强技能、宽口径"的人才培养思路，采用"双平台模块化"的人才培养模式，培养具有"三双三型一化"的汉语国际教育专业人才。其中"双平台模块化"具体是指校内+海外的两个实践平台、知识结构模块化；"三双"即双语、双文化、双能力（汉语教学能力和跨文化交际能力）；"三型一化"即应用型、复合型、创新型和国际化。作为高等学校专业建设的重要指导性文件，《普通高等学校本科专业目录和专业介绍（2012）》（以下简称《目录》）明确规定了汉语国际教育专业的主要实践性教学环节，包括对外汉语教学实习、中华才艺训练、汉语语言现象以及对外汉语教学热点问题的研讨等。按照《目录》的标准和要求，四川文理学院汉语国际教育本科专业人才培养方案自 2014年制定后分别于 2016 年和 2020 年进行了修订，其课程体系中的实践教学体系包括实践课程和课程实践两大部分。除了专业课程的课堂实践环节外，人才培养方案中还开设了一系列实践课程。本文以 2016 版和 2020 版人才培养方案为例，具体分析如下：

---

① 国家汉办成立于 1987 年，是原中国国家汉语国际推广领导小组办公室的简称，现更名为"中外语言交流合作中心"（简称"语言合作中心"，英文名 Center for Language Education and Cooperation，CLEC），隶属于教育部，是发展国际中文教育事业的专业公益性教育机构。

2016 版人才培养方案的课程体系包括 7 大模块，即通识核心课程、通识实践课程、学科基础课程、专业基础课程、专业核心课程、集中实践环节和复合培养模块。除专业课程的实践环节外，实践课程主要包括通识实践课程中的入学教育与安全教育、军事理论与训练、大学体育、形势与政策、就业指导、学术活动、竞赛活动和社会实践活动，还有集中实践环节中的认知实习、毕业实习和毕业论文，共 40 学分，占总学分的 23.5%。

2020 版人才培养方案的课程体系包括 5 大模块，即通识核心课程、专业基础课程、专业核心课程、应用实践课程和复合培养模块。除专业课程的实践环节外，实践课程主要包括劳动、第二课堂、思想政治理论课实践、毕业实习、毕业论文、师范技能训练、专业认知见习、第二语言实践教学、专业研习 9 门应用实践课程，共 27 学分；入学教育与安全教育、军事、大学体育、形势与政策、大学生职业生涯规划与就业指导五门课程被纳入通识核心课程，共 14 学分；两项共计 41 学分，占总学分的 26.3%。

2020 版人才培养方案中的实践课程较 2016 版学分占比略有提高，并开设了第二语言实践教学和专业研习课程，对部分实践课程开设时间也进行了微调，整体上更为科学合理。但从 2016 版和 2020 版人才培养方案的运行情况来看，汉语国际教育专业实践教学体系仍然存在一些亟待解决的问题。

（二）汉语国际教育本科专业实践教学中存在的问题

1. 实践教学体系缺乏整体性设计

实践教学体系的整体性设计需要立足人才培养目标，体现系统性、全程性、连贯性及递进性特征。2016 版和 2020 版人才培养方案的实践教学体系的整体性设计还有待加强。这主要表现在以下三个方面：一是实践教学尚未贯穿整个四年的人才培养，实践教学主要集中在大一、大二和大四，大三没有相应的实践课程，实践教学体系缺乏连贯性。二是实践教学环节的分阶段衔接不到位。实践能力的培养不仅应体现在育人全过程中，还应细化分解各阶段的实践能力要求，明确各阶段实践教学的目标，加强实践教学环节的分阶段衔接。三是实践教学的递进性不明显。实践教学环节在"三全育人"思想的指导下，除了做到全过程全方位分阶段实践育人，还应注意各阶段各实践环节间的层次性，从低年级阶段到高年级阶段的实践能力培养应呈现出递进性特征，即实践能力呈现出从少到多、从低到高的增长状态。

2. 课程实践教学缩水

受课堂讲授时间的限制，尽管教学大纲明确了课程实践学时，但大部分专业课程更多关注知识讲授，忽视了课堂实践环节。部分汉语言文学专业也开设了同类专业课程，如现代汉语、古代汉语、语言学概论、中国文化概论等，师范类课程如现代教育技术、书法、普通话等，通识类课程如大学英语、大学体育等。这些课程在知识讲授过程中，缺乏专业区分度，更谈不上与汉语国际教育专业的实践教学目标有机结合，在课程讲授中展开实践教学环节。课程实践教学缩水，这在很大程度上导致了学生"所学知识与实践脱节""学而不能用""知其然不知其所以然"（何建，2014）等现象。

3. 实践教学轻过程管理和过程性评价

实践教学轻过程管理主要表现在绝大多数实践课程，如师范技能训练、专业认知见习、第二语言实践教学、毕业实习、专业研习等，教师在指导过程中更多地关注对学生实践前的指导和实践后的结果性评价，在实践过程中缺少过程管理和过程性评价，实践教学效果往往不太理想。以汉语国际教育专业历届学生海（境）外实习为例，通常情况下指导教师会对学生做赴任前的培训指导，让学生明确实习的任务清单，如安全注意事项、教案撰写、教学管理、教学视频录制、实习手册填写、实习报告撰写等。但学生在海（境）外任教，生活与工作中随时可能遇到各种问题，如跨文化交际、汉语教学等，如何处理问题、处理问题的方法是否得当、效果如何，等等，国内指导教师并未直接参与其过程管理，更没有跟踪指导学生的教学实践过程，因此都不能进行评价。实习评价大多仅对实习后提供的反馈材料做出结果性评价，缺少过程性评价标准及评价机制。

4. 实习基地建设较为薄弱

目前汉语国际教育专业的海（境）外实习平台主要由孔子学院提供，但国家汉办外派多以公派教师和研究生为主，能够提供给本科生参与的实践机会相当少。对一些尚未建立孔子学院的高校来说，这一海（境）外实习的渠道并未打通，本科生几乎没有参与机会。四川文理学院作为地方性院校，地处达州，受地缘因素影响，学校对外开放办学的水平和条件、教育资源的投入等都无法与地处中心城市的部属高校相比。学校缺少留学生资源，没有建立孔子学院，专业实践教学没有稳定的海（境）外见习和实习基地。但"接触留学生、走进留学生课堂，观摩专业教师授课或亲自为留学生授课是汉语国际教育专业学生获得对本专业的感性认识，提高语言教学能力的关键"（孙文杰，2021），因而学校也在积极搭建实践平台。目前学校的海（境）外实习项目主要是由国际交流合作处面向全校学生发布的赴泰汉语教学项目。据统计，汉语国际教育专业2014级、2015级和2016级分别有近40%的学生通过参加这一项目进行海（境）外实习。由于疫情原因，2021年，国内的学生出不去，国外的学生进不来，汉语国际教育专业的实践教学受到了严重影响。目前，2017级和2018级学生的毕业实习主要以中小学语文教学实习和自主实习为主，均无学生参加海（境）外汉语教学实习，出现与汉语言文学专业学生的毕业实习趋同的趋势。海（境）外实习渠道单一、实习基地建设薄弱，这在很大程度上影响了汉语国际教育专业见习实习的效果。

三、汉语国际教育本科专业实践教学体系的建构

2007 年 1 月 22 日，教育部、财政部发布《教育部 财政部关于实施高等学校本科教学质量与教学改革工程的意见》（以下简称《意见》），将"实践教学与人才培养模式改革创新"列为六大建设内容之一。《意见》还要求大力加强实践教学改革，开展基于企业的大学生实践基地建设试点，拓宽学生的校外实践渠道，推进高等学校在教学内容、课程体系、实践环节等方面进行人才培养模式的综合改革。针对上述要求，接下来我们进一步探索汉语国际教育本科专业实践教学体系的建构。

（一）汉语国际教育本科专业实践教学体系建构的基本原则

1. 系统性原则

专业实践教学体系要服务于汉语国际教育专业人才培养目标。《国际汉语教师标准》构建了国际汉语教师的知识、能力和素质的基本框架，形成了较为完整、科学的教师标准体系，为汉语国际教育专业人才培养方案的制订提供了参考，为汉语国际教育专业实践教学体系的建构提供了依据。此外，陆俭明、马真（2016）在《汉语教师应有的素质与基本功》一文中，从汉语教师应有的认识与理念，汉语教师应有的知识结构、能力结构和思想心理素质，汉语教师应有的研究意识与研究能力，汉语教师应掌握的语言学理论等几个方面谈了汉语教师应有的素质与基本功，这也为汉语国际教育专业实践教学体系的建构提供了指南。汉语国际教育专业实践教学体系的建构应秉持系统观，按照《目录》的标准和要求，参考《国际汉语教师标准》《汉语教师应有的素质与基本功》等做系统性思考和整体性设计，实现实践教学在课内课外、校内校外、国内国外、线上线下的有机结合。

2. 全程递进性原则

全程性指的是实践教学体系的建构应贯穿人才培养的全过程，实现实践能力培养的全覆盖。也就是说，在大学四年的每个阶段都应设置相应的专业实践活动，将实践教学贯穿全程。递进性指的是实践教学体系的建构在全过程培养的基础上还应实现实践能力线性、承接性、递进式增长。也就是说，在四年的人才培养中，实践教学应分阶段分层次，各个实践教学环节有序衔接。简而言之，全程递进性原则就是要求汉语国际教育专业实践教学体系的建构不仅要覆盖大一到大四的各个阶段，而且各阶段的实践教学有序衔接，实现学生实践应用能力从少到多、从低到高的递进性增长。

3. 关联性原则

关联性原则指的是在构建实践教学体系时应注意理论课程与实践课程的关联、课堂讲授与课外实践的关联、实践教学各环节之间的关联、各实践课程之间的关联，等等。作为整体中的部分，人才培养方案中的各门课程和实践教学的各环节都应服务于人才培养目标，体现其内在的逻辑性和关联性。

4. 与时俱进原则

与时俱进原则指的是实践教学体系的建构应顺应新时代人才培养的新变化和新要求，主动思变、科学应变、积极求变，对接时代要求和社会需求，培养学生的实践应用能力。在新时代，汉语国际教育专业应顺应新文科建设的要求和线上教学生态的需求，在专业实践教学体系的建构尤其是课程设置上应充分考虑学科的交叉融合，适当增加传播学、数字媒体技术、视频制作等课程，借助新媒体平台开拓实践教学新领域。

（二）汉语国际教育本科专业实践教学体系建构的具体路径

汉语国际教育作为"一个职业素养要求较高的行业，既要有扎实的理论基础，又要有熟练的教学技能，还要有较强的跨文化交流能力"（吴应辉，2015），"也要通过严格的训练，培养实际操作能力"（白建华，2009）。可见，汉语国际教育专业实践教学体系的建构是实现汉语国际教育本科专业人才培养的重要途径。接下来，我们就汉语国际教育本科专业实践教学体系建构的具体路径展开分析。

1. 明确培养目标，培养应用型专业人才

《普通高等学校本科专业目录和专业介绍（2012）》明确指出，汉语国际教育专业的主要目标是培养"能在国内外各类学校从事汉语教学，在各职能部门、外贸机构、新闻出版单位及企事业单位从事与语言文化传播交流相关工作的中国语言文学学科应用型专门人才"。基于《目录》的标准和要求，我校汉语国际教育专业2020版人才培养方案中培养目标为"能在国内外各类学校从事汉语教学，在各职能部门、外贸机构、新闻出版单位从事汉语语言文化传播和交流相关工作，成为具备历史眼光和全球视野的适应社会发展需要的应用型人才"。从人才培养目标来看，汉语国际教育专业是要培养应用型人才。这一学科定位，凸显了汉语国际教育专业对学生实践应用能力的要求。因此，汉语国际教育专业实践教学体系的建构应在人才培养过程中贯穿对学生实践应用能力的培养，实现应用型人才的培养目标。

2. 优化课程设置，构建模块化实践课程体系

课程体系是实现人才培养目标的重要载体，因而建构汉语国际教育专业实践教学体系需要对其实践课程体系进行充分论证、优化升级。实践课程体系主要包括课程实践和实践课程两大部分。在实践课程体系建设方面，浙江外国语学院"砍掉一批、优

化一批、调整一批、新增一批"的思路值得借鉴。其具体做法是：砍掉一批与汉语国际教育专业关系不大的课程；优化一批学科基础课程；调整一批史论性质课程，强化其实践性；新增一批有助于提升学生对外汉语教学能力的课程（应学凤，2020）。我院2016 版和 2020 版汉语国际教育专业人才培养方案的课程设置也有待优化。应对照《目录》的标准和要求，参考《国际汉语教师标准》《汉语教师应有的素质与基本功》等，兼顾国际汉语教师的汉语教学基础、汉语教学方法、教学组织与课题管理、中华文化与跨文化交际、职业道德与专业发展等五大知识模块，设计相应的实践课程和课程实践环节，构建模块化实践课程体系。就目前开设的课程来看，还可以适当增加一些实践应用类课程，如对外汉语课堂教学观摩、汉语微课堂教学、数字媒体技术、中华文化传播等，在学科竞赛与社团活动中可以增加国际中文教育微课比赛、多媒体制作大赛、中华才艺与国学体验活动，以及国际中文教育技能风采展示活动，等等。

3. 改革教学方法，构建多维立体型实践教学模式

随着教学理念的革新和教育技术的更新，改革教学方法成为当务之急。在全球受疫情影响的情况下，汉语国际教育专业教学方法改革尤为迫切。我们将围绕学生的实践能力培养，借鉴国外二语教学理论与经验做法，改变传统的课堂讲授方式，构建课内课外、线上线下相结合的实践教学模式。一是改革专业课程授课方式。尤其是语言教学类课程的教学设计应主动融入国际主流教育理念，采用多种教学模式，如任务型教学法、案例教学法、全身反应法、支架式教学法等，将混合式教学、翻转式教学、"互联网+"手段引入课堂教学，纳入实践教学，激励和引导学生参与教学模式、教学手段改革，实现课内实践和课外实践有机结合。二是有机结合线上线下教学模式。全球受疫情影响，线上教学成为中文国际教育的新常态。因此，除了传统上课内与课外的有机结合外，汉语国际教育专业的实践教学模式还应关注线上与线下教学模式的有机结合，在授课中根据课程类型、课程需求和平台建设实际，有意识地尝试使用智慧树、雨课堂、腾讯课堂、超星学习通等形式开展直播教学，并充分整合线上教学资源，如 MOOC、中文联盟等，实现虚拟课堂与线下课堂的有机融合。鼓励和引导学生参与线上自主学习和讨论，熟练掌握线上教学模式。

4. 拓宽实践平台，构建多元化实践教学渠道

除了前面讲到的课堂实践平台和第二课堂实践平台外，还应拓宽汉语国际教育专业实践课程的实践平台，打开见习、研习和实习的实践通道，构建实践教学的多元渠道。一是校内实践平台。我校自 2014 年开始正式招收留学生。绝大多数留学生没有汉语基础，需要通过一年的汉语学习才能进入专业学习。这些留学生资源可为汉语国际教育专业的学生提供校内实践平台。具体的实践活动形式多样，如和留学生一对一或

多对多结对进行汉语辅导、留学生课堂观摩见习、留学生课堂讲课演习、留学生汉语学习相关调查研究、留学生班级管理等。二是海（境）外实践平台。目前我校尚未建立孔子学院，没有稳定的海（境）外实习基地。今后我们可与国外高校、外事机构或语言培训机构加强交流合作，建设海（境）外实习基地，以带薪实习、语言文化交流团、汉语夏令营等形式，开展海（境）外实践教学活动。三是线上实践平台。受疫情影响，国外的学生来不了，国内的学生出不去，线下专业实践教学活动难以开展。我们应该打破传统的专业实习模式，积极搭建线上实践平台。比如与国外高校、外事机构或语言培训机构签订线上教学实习项目；也可以充分利用网络资源和多媒体技术，在 MOOC、中文联盟等网络教学平台上甄选优秀的示范课进行教学观摩、研讨、反思，开展国际中文教学的见习研习活动；还可以利用网络新媒体技术，搭建新媒体教育实践平台，如建立汉语网络学习免费网站、开发汉语学习 App、开通汉语学习公众号，利用视频、直播等方式开拓新媒体实践教学渠道。

5. 强化过程管理，构建科学合理的实践教学评价体系

实践教学轻过程管理和过程性评价等问题会严重影响实践教学的效果。为实现实践育人目标，需要强化过程管理，构建科学合理的实践教学评价体系。具体来说，一是将结果性评价和过程性评价有机结合。尤其是课程实践环节，由于教师更多地关注知识讲授，往往会忽视专业课程实践教学环节及其评价。很多课程实践环节流于形式，没有制定相应的评价标准，缺少过程性指导和过程性评价或评价过于简单、随意。二是全程参与、全程跟踪、全程管理相结合。在实践教学中，不仅要求学生全程参与，而且要求指导教师也应全程参与、全程跟踪、全程管理。尤其是实践课程中的见习、研习、实习活动，需要继续落实指导教师与学生的双向联系及考核制度。一方面要求指导教师加强指导，强化过程管理；另一方面需要对指导教师的实践教学工作进行量化考核。此外，海（境）外实习的过程管理，还需利用网络平台、QQ、微信等方式全程参与跟踪，发现问题及时指导和疏导，强化过程管理，保证实践教学质量。健全海（境）外实习评价机制，要"综合考虑学生自评、指导教师评价、外方学校对实习学生的评价、实习学生对外方学校的评价、被教育者的评价等"（沈玲，2016），构建科学合理的实践教学评价体系。

参考文献

［1］白建华. 有关汉语教师培训的思考［J］. 世界汉语教学学会通讯，2009（3）：13-14.

［2］李宗宏. 面向东盟的汉语国际教育本科专业实践路径改革探讨［J］. 高教论

坛，2016（6）：56-58.

　　［3］何建. 贯穿全程的"汉语国际教育"专业实践模式探究［J］. 教育教学论坛，2014（10）：95-98.

　　［4］孙文杰. 地方高校汉语国际教育专业实践教学改革研究［J］. 德州学院学报，2021（5）：22-5.

　　［5］陆俭明，马真. 汉语教师应有的素质与基本功［M］. 北京：外语教学与研究出版社，2016.

　　［6］吴应辉. 汉语国际传播事业新常态特征及发展思考［J］. 语言文字应用，2015（4）：27-34.

　　［7］应学凤. 地方本科院校汉语国际教育专业实践教学研究［J］. 北部湾大学学报，2020（7）：59-64.

　　［8］沈玲，李步军，袁燕，等. 汉语国际教育专业学生海外实习教育管理体系的实践与探索［J］. 云南师范大学学报（对外汉语教学与研究版），2016（2）：24-31.

微传播时代新兴本科院校现代汉语系列课程探析

——以四川文理学院中文类专业为例①

陈　阵②

一、引言

自 2010 年起，随着微博、微信、移动客户端等传播媒介的出现，中国迅速进入"微传播时代"，由此，年轻一代更为依赖电子产品，更容易接收"碎片化、去中心化"的知识。这在对高校课程教学带来挑战的同时，也提供了不少机遇，新兴本科院校自然概莫能外。

新兴本科院校的前身为地方专科院校，在 21 世纪初先后升级成为本科院校，目前多处于快速发展期，其中部分院校已经拥有硕士点，部分正在积极争取之中，如四川文理学院。在本科阶段，中文类专业主要指传统的汉语言文学和新兴的汉语国际教育（前身为对外汉语），而现代汉语则是上述专业的主干课程，其重要性不言而喻。作为主干课程的现代汉语，后续还有部分专业选修课程与之配合，如现代汉语词汇专题与语法专题。以上主干课程与选修课程，组成了现代汉语系列课程。

下面，笔者以四川文理学院为例，从师生情况与课程特点出发，结合该校中文类专业的现实需求，谈谈微传播时代背景下现代汉语系列课程的现状与对策。

---

① 四川文理学院教改项目"微传播背景下中文类专业现代汉语系列课程的教学实践与研究"（2020JY091）；四川文理学院"秦巴区域语言文化创新团队"（〔2018〕122 号）的研究成果。
② 陈阵，1992 年生，男，讲师，硕士，主要从事汉语言文化的教学与研究。

二、微传播时代新兴本科院校中文类专业
现代汉语系列课程存在的问题

四川文理学院是一所典型的新兴本科院校，目前以本科教育为主，积极发展留学生教育，积极准备专业学位研究生教育，强调理论联系实际，积极为地方输送人才。四川文理学院中文专业办学历史悠久，成果丰硕，其中以谭力、田雁宁为代表的巴山作家群，以季水河为代表的教师群体更是声名远播。目前，学校中文类专业均为师范类，其中汉语言文学为该校的老牌特色专业，汉语国际教育则为近年来新办专业，两个专业的必修课现代汉语均在大一上下学期开设。

汉语言文学专业的现代汉语任课教师紧扣该主干课程与师范专业的特点，开展了课前口语表达训练，结合拼音方案与方（言）普（通话）差异，汉字结构与演变，词汇构成与意义，词类、短语、单复句的构成与分析等主干内容，获得了学生的好评。汉语国际教育专业的现代汉语课稍有不同。考虑到二语教学中同义词辨析的重要性，教师推荐了《对外汉语教学语法释疑201例》教材，为后续专题课程打好基础。考虑到该专业学生考研情况多与该课程直接相关，且各地院校现代汉语版本有所差异，教师教学中对此有所涉及，并就重点内容布置了教材对比的小作业，效果良好。汉语国际教育专业的现代汉语课"以汉语作为第二语言教学为导向，培养学生使用现代汉语知识进行对外汉语教学的能力"。显然，仅靠每周3节的主干课现代汉语难以达成上述目标。为此，本专业先后开设过四门现代汉语专题选修课：大二开设现代汉语词汇专题、现代汉语语法专题；大三开设对外汉语词汇专题、对外汉语语法专题。每门课均为每周2节，共18周。这些课程巩固并拓展了现代汉语相应部分的内容，锻炼了学生同义词辨析与词性判断的能力，提升了学生二语词汇与语法教学的能力，取得了一定成效。在肯定成绩的同时，我们也应看到，微传播时代学校中文类专业的现代汉语系列课程还存在如下问题：

（一）汉语言文学专业现代汉语课程课时紧张，后续选修课程尚待落实

在微传播时代，各类短视频普及，学生面临的诱惑随之增多，考取各类资格证书也压缩了学生的课余时间。加之2020新版人才培养方案变化，汉语言文学专业的现代汉语课时缩减为一周2节，这对主干课程现代汉语来说更是雪上加霜，内容一删再删，无法完成原有教学任务，更无法满足学生的深造需要。2016版该专业现代汉语相关的选修课虽列入了人才培养方案，但未落到实处。按照最新版2020人才培养方案，与现代汉语相关联的选修课急需在下一年度将后续选修课落到实处，以弥补主干课课时减

少带来的影响。

（二）汉语国际教育专业现代汉语系列课程的统筹不够充分，教学效率偏低

乐山师范学院教授赖先刚曾谈到，"从培养目标看，基础课立足于培养实用型人才的需要，旨在提高学生的语言运用分析能力；后续选修课立足于培养研究型人才的需要，旨在提高学生的语言研究能力"。目前，由于现代汉语课时被压缩，新兴本科院校后续的相关选修课程便兼具巩固现代汉语基础和培养分析语言现象的双重任务。从教学实践与反馈来看，汉语国际教育专业现代汉语选修课程在取得一定成效的同时，也暴露出任课教师沟通不足、重复内容偏多的问题。为此，2020版人才培养方案将现代汉语词汇与词汇教学、现代汉语语法与语法教学调整到大三，每周3节，共18周。目前，这两门课程尚待开设，如何把本体理论与教学更好地结合至关重要。

（三）中文类专业现代汉语系列课程的资源库尚未真正建立，考评不够科学

中文类专业的教研活动时有召开，教师在活动之余对现代汉语系列课程也时有探讨。但我们仍应看到，目前该系列课程的教学资源库还未真正建立。教师之间的交流较为零碎，教学经验与资源的共享尚不成体系。在微传播时代，学生阅读更为碎片化与杂乱化，书面语言语感不理想，急需整理并扩充专业网络资源供学生课余时间充电。目前，教研室系统的现代汉语资源库尚未建立，教师们布置的平时作业、命制的期末试题各行其是，呈现散乱局面，不利于该系列课程教学效率的提高。

三、微传播时代新兴本科院校中文类专业现代汉语系列课程的发展建议

（一）落实汉语言文学专业相关选修课程

在新版人才培养方案中专业，主干课程现代汉语课时被压缩，教学容量难以保障。同时，考虑到该专业不少学生考研会选择汉语国际教育、语言学与应用语言学等方向，加之考研初试选用语言文学大综合方案的院校与日俱增，建议学院将现代汉语专题选修课落到实处。杜道流说："中学语文教学中遇到的一些语言学问题主要由语文教师自己研究解决。由于专业水平的限制，他们的研究不可能有重大的突破。作为师范院校现代汉语专业的教师，理应承担起自己的责任。"上述情况当下同样普遍存在。目前，学校正在积极申报学科语文硕士点，借此机会，不妨利用大三后续选修课程，利用学生实习实践的机会，布置小任务，关注微传播时代中文语文教学中的现代汉语问题，并形成教学科研论文与课题，有助于提升师生的专业能力，有助于学院硕士点的申报。

（二）统筹汉语国际教育专业现代汉语系列课程，提高教学效率

在2020版人才培养方案中，汉语国际教育专业的现代汉语系列选修课程尚待下学

期开设。借此时机，教研室不妨组织教研活动，相关任课教师可针对现代汉语教学情况与课程教学大纲，结合其他院校的宝贵经验，就本体理论与教学展开深入交流。根据我们的观察，学生对理论学习兴趣不足，但要想成为一名合格的汉语二语教师，理论学习不可或缺。诚如陆俭明所言，"汉语教学的最直接的目的，是要让国外汉语学习者学习、掌握好汉语。学科的性质决定汉语教学需要语言学理论的指导"。针对学生阅读碎片化与纷乱化的特点，针对教学重点，通过搜集中外学生的平时作业、疑问，教师可以推荐相关原典给学生，要求学生课余时间完成相关笔记，作为平时成绩，以扩充其专业阅读量。受疫情影响，学生的汉语教学实践受到冲击，针对已安排的线上实习，教师们可以展开探讨。大家齐心协力，进一步优化该系列课程，促进师生专业能力的提升。

（三）完善中文类专业现代汉语系列课程学习资源，考评更为科学

在微传播时代，新兴地方院校课程教学的挑战与机遇并存。在感受到学生问题的同时，我们可以利用微信、微博、抖音等新媒体的及时性与互动性，建立课程学习资源，督促学生课余时间完成相应的任务。学习资源大致应该涵盖教学大纲与教案、教学视频、参考资料、试题库四大部分。其中，除了学校系列课程的教学大纲与教案外，我们还可以搜集国家精品课程的相关资源，供师生参考。教学视频部分可以给出重点课程的视频链接，如沈阳的《现代汉语》、陆俭明的《现代汉语语法研究》等，也可以由教师自行录制答疑视频并上传。参考资料提供拓展阅读书目、相关期刊与语料库的链接，阅读书目应涵盖教材、原典、专题和教学四大类别。现代汉语课"要来自生活、关注现实"，"用例的使用要做到恰到好处，准确有效，具有代表性、趣味性和新鲜感"。现代汉语的发展十分迅速，除了利用北京大学 CCL 语料库、北京语言大学 BCC 汉语语料库、HSK 动态作文语料库、东南亚华裔留学生作文语料库等资源外，还应及时搜集新鲜语料，在增强理论课程趣味性的同时，促进教师们开展相关的科研工作。在试题库部分，除了扩充题量外，不妨多方搜集中外学生的常见错误，并进行归纳总结。教师们可借助各级课程建设的相关课题，集思广益，与学生分头合作，利用丰富的网络资源，如 B 站、慕课、微信公众号。当然，我们也应看到，"网络课程资源较多，质量参差不齐，需要教研室老师分工筛选"，并保持更新。其中，学生承担的工作可作为平时成绩折合计入总评成绩。这样，便于师生开辟第二课堂，便于汉语言文学、汉语国际教育以及其他专业之间共享资源，为传统课程的教学注入新鲜血液。同时，课程资源库的建立与完善，也有助于促进课堂提问、平时作业与期末考试等考评方式更加科学。

参考文献

［1］中国共产党第十九届中央委员会第四次全体会议. 中共中央关于坚持和完善中国特色社会主义制度 推进国家治理体系和治理能力现代化若干重大问题的决定［EB/OL］. https：//www. gov. cn/zhengce/2019 - 11/05/content _ 5449023. htm？ ivk _ sa = 1024320u&wd = &eqid = ed31c82e0012a6ec0000000364560335.

［2］朱怀. 汉语教育国际化背景下的现代汉语教学思考［J］. 重庆师范大学学报（哲学社会科学版），2017（2）：92.

［3］赖先刚，任志萍. 语言素质能力与现代汉语系列课程建设——削减基础课课时后课程改革的思考［J］. 乐山师范学院学报，2009（11）：91.

［4］杜道流. 高等师范院校" 现代汉语"课程建设与中学语文课程改革［J］. 课程·教材·教法，2005（11）：81.

［5］陆俭明. 当代语言学理论与汉语教学［J］. 世界汉语教学，2009（3）：391.

［6］沈阳. 关于高等学校《现代汉语》教材和"现代汉语"教学［J］. 中国大学教学，2016（3）：24.

［7］麻彩霞. 用例在"现代汉语"课程教学中的应用［J］. 中国大学教学，2017（7）：76.

［8］陈阵，程碧英. 应用型本科院校古代汉语课程资料库探索［J］. 文学教育，2020（4）：63.

重视经典阅读法
在专业课程教学中的作用

——以西方政治思想史课程教学为例①

肖　旭　吴泉兴②

一、经典阅读法解析

（一）经典阅读法

经典阅读法是指在课程教学过程中，纳入课程涉及的经典著作文献，通过学生轮流朗读经典文献的方式启发学生思考，开展师生之间、学生之间的有效互动，旨在实现课堂内容学习、学生能力培养和思想价值引领目标"三位一体"格局的一种教学方式。经典阅读法遵循"将课堂还给学生"的理念，在课程讲授中，将大部分时间用于师生、生生之间的交流与互动，能有效提高学生课堂参与度，真正做到以学生为主体。经典阅读法可操作性强、师生互动性强、学生参与度高，但相对来讲比较耗时，不适合人数规模过大的班级开展。经典阅读法大致可分为"教师精选学习材料—学生朗读原著内容—师生共同交流讨论—教师总结升华主题"四个环节。教师根据课堂主题，随机指定学生依次朗读事先准备好的文献材料，将课堂责任落实到每位学生，有效地提高了学生专注力。通过朗读，学生对于学习内容的把握和理解更加深入，学习效果更佳。经典阅读法致力于实现教学内容与教学形式相统一，提升课堂育人实效。

（二）实施经典阅读法的必要性

从课程性质出发，专业课程是实现知识传播和培养学生能力素质的主要方式。一

① 2022 年四川革命老区发展研究中心自筹项目"川陕革命老区红色文化资源融入高校思想政治教育研究与实践"（SLQ2022SD-08）的研究成果。

② 肖旭，1994 年生，女，助教，主要从事思想政治教育研究。
吴泉兴，1995 年生，男，助教，主要从事思想政治教育研究。

些专业课程理论性较强，实践性较弱，缺乏可操作性，如果仍采取传统的"满堂灌""一言堂"教学模式，学生将缺乏参与此类课堂学习的动力和兴趣。从大环境来看，随着智能手机的普及，各类娱乐 App 泛滥，学生的大部分注意力被智能手机和一些娱乐 App 吸引。据个人观察，相比于中学时期，多数大学生对于课堂学习的参与度较低。从学生自身角度分析，学生将大部分课余时间用于浏览网页、短视频、推文等，学习的内容多为碎片化知识，较少有时间真正静下心来阅读一本专业书籍或一篇经典文献，缺乏系统性学习与思考。这种状况直接导致的结果就是学生阅读量小，前期积累不足，对于课程内容往往是知其然而不知其所以然，难以真正对课程内容感兴趣。经典阅读法将课堂责任落实到每位学生，鼓励学生阅读与思考，或将是一个解决上述问题的可行路径。

（三）经典阅读法推进教学返璞归真

事实上，经典阅读法并非新兴的教学方法。相对于当前新兴的教学方法来讲，它更像是一种返璞归真的教学方式，不需要强大的信息技术支撑，也不耗费高昂成本，取得的效果却十分显著。首先，经典阅读法能够有效提高学生课堂专注力。一方面，通过预先向学生介绍所授课程学习计划和学习方法，让学生意识到自己随时有可能做公众交流发言，如此将责任无形中下放至每一位学生，改变传统的教师主要负责制。这样一来，学生在课程学习中基本能随时保持专注状态，有效地抑制了学生看手机、开小差的现象，提高了课堂抬头率和参与度。另一方面，通过在课堂上随机抽点学生朗读经典文献，朗读完毕后漫谈感想的方式，实现了个体知识学习"输入"和"输出"的统一，有利于加深学生对所学内容的理解与掌握。其次，经典阅读法能够激发师生有效互动，真正实现教学相长。通过师生互动交流讨论环节，教师引导学生畅所欲言，学生在阐述自己看法的同时不断丰富和发展自身各项能力，这一环节往往是课堂氛围的最高潮。通过师生之间、学生之间的思想碰撞，教师往往能受到诸多启发，不仅有助于进一步调整教学策略，也有助于教师个人成长。最后，经典阅读法有利于推进课程思政建设，实现协同育人目标。通过聆听学生对所探讨主题的见解与看法，教师可以更深入地了解学生，精准把握学生思想动态。一旦发现学生思想认识有偏差，可及时发现、及时纠正。此过程起到了很好的导向作用，有助于引导学生树立正确的思想观念，实现知识传播与价值塑造相统一，高质量推进课程思政建设，实现协同育人目标。

二、经典阅读法与西方政治思想史课程教学实践

（一）教师精选学习内容

教师精选学习内容是指在每学期课程开始之前，立足于课程教学内容，选取与该门课程高度相关的经典书籍或文献，装订成册，分发给学生，作为课程讲授中的主要学习材料。以西方政治思想史课程教学为例，在第一章"古希腊时期的政治思想"教学过程中，所选材料为古希腊政治思想家亚里士多德《政治学》卷一中对"人是天生的政治动物""城邦是至高而广涵的善业"的阐释，以及《政治学》卷三至卷六中的政体思想，结合国际国内政治学顶级刊物对此主题进行研究的期刊文献，将其作为理解亚里士多德自然政治观和政体思想的阅读材料。其他章节均采用相同的方法，将所选材料按课程讲授顺序装订成册，印发给学生以备后续使用。这一环节对教师的知识储备要求较高，教师须对专业知识有深入全面的掌握，须具备一定的专业书籍阅读量，才能在众多文献资料中选取最适合学生阅读学习的文献材料。这一环节可以发动学生参与查找资料的过程，有利于培养学生学习如何查找资料和利用资料。

（二）学生朗读原著内容

学生朗读原著内容是在第一个环节的基础上，立足于课程讲授的内容和主题，采取随机点名的方式，要求学生公开朗读前期所准备好的文献材料，每位同学仅限朗读2个自然段落，基本做到每节课每位同学都有朗读机会。不论是对于学生还是对于教师来讲，这一过程的操作难度均较小。对于学生来讲，只需清晰朗读相关材料内容即可，对于知识储备的要求不高。实践证明，绝大部分学生愿意承担这一任务。对于教师来讲，调动学生积极性的难度也较低，学生参与这一环节的积极性较高。教师通过限制每位学生阅读的篇幅，将任务分割至最小单元，但课程总时长不变，这就意味着每位学生每节课都将发言。由于朗读者的产生方式是随机的，也就意味着每个人被抽中承担朗读任务的概率是相同的，但学生不知何时将抽到自己朗读。同时，通过向全班同学大声朗读原著选段，能够调整朗读者的课堂状态，激发学生课堂活力。因此，绝大部分学生在此环节均保持高度注意力。通过阅读原著和经典文献，学生对于政治思想的认识将更加直观，与传统的教师"一言堂"讲授法相比，学生对于知识的吸收效果更佳。

（三）师生共同讨论交流

在被指定的学生朗读完毕之后，授课教师围绕该节课所探讨的主题进行发问，启发学生思考，进行深入的交流讨论，鼓励思想碰撞。如针对"民主"这一政治学领域

的重要概念，在指定学生朗读不同学者对民主概念的探讨后，授课教师开始递进式发问，启发学生思考。首先，鼓励2~3名学生对前期朗读内容进行总结，这一环节有利于学生对于所学内容的整体把握。其次，提出任务——结合西方社会发展的现实状况，分析民主的利与弊，给2分钟思考和小组讨论时间，然后随机抽取2~3名学生做交流发言。最后，结合我国政治实际，探讨我国的民主形式与制度优势。此阶段允许学生使用手机上网查阅资料，时间2分钟，在小组交流讨论达成一致意见的基础上，选取2~3位小组代表发言。如此层层递进，引导学生深入分析，深度学习。教师根据每一位学生的发言内容，结合高等教育培养目标，纠正学生的一些不当认知，纠正观念偏差，进行思想引导。该过程既激发了学生的学习积极性，提高了课堂参与率，也加深了学生对所学知识的理解。有效的、有实际内容的师生互动交流，也增强了师生情感联系，更加有利于调动学生课堂学习积极性，也便于后续课程的开展。在此环节中，师生双方均需保持高度的注意力，以达成有效沟通。此环节对于教师的个人素质要求较高，既要有教学热情，能够调动学生学习积极性，又要有扎实学识，能够与学生发生思想碰撞并对学生进行思想引领。

（四）教师总结升华主题

教师总结升华主题为经典阅读法的最后一个环节，这一环节由教师独立完成，学生做适当辅助。教师根据课堂学习内容进行全面总结，将学生所发表的见解与本次课程讨论的主题相结合，结合国际国内政治现实，紧扣课程思政建设目标，提炼升华主题，做总结性发言，实现价值引领。发言完毕后，如学生有困惑，再进行针对性解答。此环节基本已接近一堂课的尾声，是至关重要的一环，也是最考验教师综合素质的一环。在这一环节，教师需旁征博引，引经据典，实现育人效果最大化。

三、经典阅读法在实施过程中须注意的问题

（一）对教师个人素质要求较高

经典阅读法虽简便易行，但对任课教师的个人素质要求较高。不论是前期的学习材料选择，还是启发学生思考、引导学生交流讨论的环节，均需要任课教师具备较高的素质。首先，任课教师须对课程教学有热情。只有热爱教学工作，才能孜孜不倦地钻研教学方法，提高教学效果。只有热爱教学工作，才能激发、带动学生的学习热情和积极性。其次，任课教师须具备除本专业之外的其他多项专业知识，尤其是管理学和心理学相关知识。只有对这些专业知识有一定掌握，才能更好地把握学生的内心世界，有利于深入开展学情分析，从而更好地激励学生，带动课堂氛围。最后，任课教

师须有扎实的专业学识。任课教师须有较大的阅读量，尤其是针对所讲授课程所涉及的全部经典文献的阅读，才能在卷帙浩繁的文献中寻找到合适的内容供学生学习。任课教师也须有深度分析能力和思辨能力，高屋建瓴，迅速把握学习重点及学生发表的观点，进行客观合理的评价，进行正确的引导。此外，任课教师还须有较强的逻辑思维能力和语言表达能力，分清主次，善抓重点，条理清晰，并能够以学生乐于接受的方式，将所思所想充分表达出来，实现育人价值最大化。

（二）适合小班制教学

经典阅读法适合小班制教学，最优人数在 30 人以内。一方面，经典阅读法遵循"将课堂还给学生"的理念，学生是课堂的主体，每一位学生在每一节课上基本都须发言。因此，此方法按完整的流程实施下来，所需时间较长。人数超过 30 人的班级，一是无法确保绝大多数学生的发言机会，二是因时间压缩导致实施过程仓促，无法实现深度的、充分的交流讨论，不利于引导学生深入思考。其次，人数超过 30 人，任课教师组织教学管理就会有困难，一是不容易调动学生积极性，二是无法确保与每位学生互动，导致教学效果不显著。

（三）须与其他教学方法结合使用

经典阅读法通过责任分割，有利于提高学生课堂专注力，激发学生学习兴趣，加强师生互动交流，推进课程思政建设，实现协同育人目标。但在具体实施过程中，经典阅读法需与其他教学方法结合进行。若仅采用此一种教学方法，学生每节课都保持高度紧张状态，容易感到疲劳，从而产生学习后劲不足的问题。因此，经典阅读法需与讲授法、展示法等教学方法结合使用。

四、结语

新时代高等教育的总体目标要求高校深入推进课程思政建设，实现知识传播与价值塑造相统一，达到协同育人总目标。课程思政建设要求课程内容学习与思想价值引领并重，为高校课程建设提供了新的思路。高校应积极革新教学理念，创新教学方法。经典阅读法适用于人文社科领域几乎所有理论性较强的课程教学，以小班制教学为最佳。与其说它是一种教学方法的创新，不如说是一种教学方法的回归，即对课程教学本质的回归。本文均来自笔者平时行课的经验观察，没有具体调查数据支撑，学理性不强。未来，对经典阅读法的分析与应用，应在学理层面加强研究，以期形成一套使用范围更广泛、更加系统完备的教学方法。

参考文献

［1］胡术恒. 论课程思政中知识传授与价值引领的融合：基于罗素教育目的观的分析［J］. 思想政治教育研究，2020，36（2）：117-122.

［2］高斌，朱穗京，吴晶玲. 大学生手机成瘾与学习投入的关系：自我控制的中介作用和核心自我评价的调节作用［J］. 心理发展与教育，2021，37（3）：400-406.

［3］陈中，王蕊. 专业课教师课程思政育人实效生成的四重维度［J］. 教育理论与实践，2022，42（12）：28-31.

［4］亚里士多德. 政治学［M］. 吴寿彭，译. 北京：商务印书馆，1956：2-8.

"四主"融合："毛泽东思想和中国特色社会主义理论体系概论"课程专题教学探索

文茂群[①]

重视思想政治教育是中国特色社会主义高等教育的重要特点和优点。着眼于中华民族伟大复兴战略全局和世界百年未有之大变局，2018 年 3 月 18 日，习近平总书记在学校思想政治工作会议上的讲话中指出，高校思想政治理论课就是要开展马克思主义理论教育，用新时代中国特色社会主义思想铸魂育人，引导学生增强中国特色社会主义道路自信、理论自信、制度自信、文化自信，厚植爱国主义情怀，把爱国情、强国志、报国行自觉融入坚持和发展中国特色社会主义、建设社会主义现代化国家、实现中华民族伟大复兴的奋斗之中。习近平总书记的讲话明确提出了高校思想政治教育的目标任务。相比较而言，"毛泽东思想和中国特色社会主义理论体系概论"（后文简称"概论"）课程的政治理论色彩最为突出，它的教学效果决定着高校培养的人才的政治思想素质，而通过专题教学实现"概论"由教材体系向教学体系转化，则是优化"概论"课程教学效果的有效途径。对于"概论"课程专题教学设计，不同的教师有不同的认识。基于多年"概论"课程教学实践经验，笔者认为鉴于"概论"课程自身的特殊性及受众特点，专题教学设计应该围绕"四主"有机融合而展开。

一、"四主"融合的内涵

所谓"四主"融合，是指在教学过程中实现"概论"课程的主题、主线、主导、主体四个方面有机融合。马克思主义中国化是贯穿"概论"教材的主线。与 2018 年版"概论"教材相比较，2021 年版更加突出了中华民族伟大复兴这个恢宏的主题。可以说，2021 版"概论"教材体系就是围绕中国共产党推进中华民族伟大复兴这个主题和

[①] 文茂群，女，副教授，博士，主要从事马克思主义中国化和党史党建研究。

马克思主义中国化这条主线建构起来的，支撑教材体系的就是这"二主"。同时，思想政治理论课教师是把"概论"教材与学生联系起来的中介和桥梁，教材与学生连接效果怎样、教材重要知识是否准确传递给了学生、学生是否达到了教学目标要求，教师这个桥梁作用非常关键。无论高校思想政治理论课教学方式怎样花样翻新，教师的主导地位都不能动摇。教师主导什么呢？那就是主导课堂的政治方向和教学节奏。学生是课堂的主体，专题教学设计要围绕主体实际情况展开。"四主"融合就是要把教材主题和主线、教师主导和学生主体进行综合考虑。

吃透教材是实现教材体系向教学体系转化的前提，也是科学设计教学专题的关键。2021版"概论"教材内容就是围绕"一个主题""一条主线"建构的，教材主要内容实质上就是中国共产党在马克思主义指导下为追求中华民族伟大复兴而展开的艰苦卓绝奋斗史的逻辑表达。对于处在历史低谷期的近代中华民族而言，要实现民族复兴的任务，绝非一朝一夕所能完成的，它需要一系列条件并必然经历各个不同发展阶段。马克思主义中国化正是在创造这些条件、完成不同阶段目标任务的过程中实现的。在民族复兴的不同阶段，马克思主义在中国所要解决的主要问题不同，所产生的中国化理论成果的具体内容也不完全一样。

党的十九届六中全会审议通过的《中共中央关于党的百年奋斗重大成就和历史经验的决议》（以下简称《决议》）对于我们更加准确理解"一个主题"和"一条主线"之间的关系意义重大。《决议》把中华民族伟大复兴的实现大致分为四步，马克思主义在中国的发展也大致经历了四个不同阶段。在近代中国，民族复兴的第一步就是完成反对帝国主义、封建主义和官僚资本主义的历史任务，实现民族独立和人民解放，为中华民族伟大复兴创造根本政治前提。在这个过程中产生了马克思主义中国化的第一个理论成果——毛泽东思想。实现民族独立后，中国面临着选择一个什么样的根本制度，为实现中华民族伟大复兴奠定根本制度基础的现实问题。在这一阶段，党继续在马克思主义指导下完成社会主义革命并进行了社会主义建设初步探索，推进毛泽东思想继续发展，形成了独具中国特色的社会主义革命理论。在改革开放后，中国面临如何在一个有利的国际环境下探索出一条加速完成社会主义建设的道路，为实现中华民族伟大复兴提供充满活力的体制保证和快速发展的物质基础。在这个阶段，邓小平坚持把马克思主义关于社会主义本质的理论与中国实际相结合，开创了马克思主义中国化第二次飞跃的理论成果——中国特色社会主义理论。此后，以江泽民和胡锦涛为主要代表的中国共产党人继续推动中国特色社会主义事业不断发展和完善，使中国特色社会主义理论形成了一个完整的体系，推进中国特色社会主义各项事业持续向前发展，使中华民族迎来了从"站起来"到"富起来"的伟大飞跃，为民族复兴打下了坚实的物质基础，破除了近代以来缠绕在中国身上的"贫穷落后"的魔咒，使中华民族大踏步赶上了时代。党的十八大以来，中国特色社会主义进入新时代，中国面临坚持和发展什么样的中国特色社会主义、怎样坚持和发展中国特色社会主义，建设什么样的社会主义现代化国家、怎样建设社会主义现代化国家，建设什么样的长期执政的马克思主义政党、怎样建设长期执政的马克思主义政党等重大时代课题。在解决这些重大问题的过程中，创立了习近平新时代中国特色社会主义思想这个马克思主义时代化中国化的最新理论成果。从教材的角度来看，对于"一个主题""一条主线"的把握就可以粗略地分为这五大板块，教师可以根据自己的研究专长和学生的实际，把每一板块再划分成若干专题。

需要强调的是，"概论"教材集知识性、政治性和理论性于一身，对学生的基本素质要求比较高。由于自身阅历有限，部分大学生先入为主地对政治和理论兴趣不浓，教学过程中也常常出现与此相关的两种非此即彼的教学现象。一种是借口学生不感兴趣，基本不考虑学生实际情况，只为完成教学任务的"照本宣科"现象；另一种是罔顾课程目标要求，一味讨好学生的"哗众取宠"现象。无疑，这两种现象都忽略了学生主体地位，也让"概论"课程的教学实效大打折扣。那么，在专题教学设计过程中，学生主体地位怎么贯彻？根据笔者经验，"备学生"是专题设计的重要一环。所谓"备学生"，就是教师一定要在备课前尽可能地了解学生的专业特点及文史基础、学生对"概论"课程先入为主的态度及原因、学生对这门课的疑惑和期待等。在备课过程中，教师利用自己的研究专长，把课程目标和主要内容尽量"烹饪"成符合学生"胃口"的知识"营养餐"，从而实现"四主"有机融合。

二、"概论"课程专题教学探索

教材、教师、学生是教学过程中的三个核心要素，教学实践活动实际上是三者互动的过程。"概论"课程与其他四门高校思想政治理论课一样，使用的都是全国统编教材，全国的大学生无论何种层次和专业，都必须使用同一本教材。"概论"课程专题教学要求教师在遵循教材教学目标和教学大纲基本要求的前提下，在了解学生基础和专业特点及偏好的基础上，对教材内容经过消化取舍之后，从有利于学生接受和学习的角度进行教学内容的重构。

（一）吃透教材

教材是教学活动得以有序展开的基本遵循。专题教学作为一种教学模式，它必须围绕特定的教材展开，特别是对当代大学生进行马克思主义理论素养教育、培养学生中国特色社会主义"四个自信"的课程,更是必须有全国各高校通用的教材才能保证思想统一。吃透教材是"概论"课程进行专题教学的首要任务。唯有如此,才可以既根据学生实际情况灵活地安排教学内容,又能高效率达到教学目标,完成教学大纲规定的任务。对于"概论"课程而言,教师要从三个方面吃透教材的内容:

首先,吃透课程目标。这是教学内容设计的灵魂。"概论"课程的教学目标主要有四个:第一要求学生准确把握马克思主义中国化理论成果,第二对中国共产党为实现中华民族伟大复兴砥砺奋斗的历史有正确认识,第三对党的基本理论、路线、方针、政策有透彻的理解,第四提高学生用马克思主义立场、观点和方法认识问题和解决问题的能力。达到这四个教学目标是学生政治思想素质养成的现实路径,也是学生思想政治素质达标的具体体现,教师的所有教学活动都应该围绕这四个目标展开。

其次,把握教材主线。"概论"课程主要内容涉及时间跨度长,马克思主义中国化实践内容相当丰富,理论内容庞杂,只有分清主次,才能避免用历史的枝节问题冲淡马克思主义中国化的主线。马克思主义中国化首先是一个实践问题,就是"化"在解决不同时代主要问题的实践之中。为此,必须精准掌握不同历史时期中国社会面临的主要矛盾和中国共产党在马克思主义指导下要解决的主要问题,才能抓住马克思主义中国化理论的主线,而不会被各种"噪音"和"杂音"模糊了视线。

最后,要全面掌握教材本身的内容和结构安排。教师只有对教材内容和结构烂熟于心,才能根据学生的实际情况对之进行灵活自如的重组和调整。

(二)吃透"学情"

学生是教学活动的主体,吃透"学情"是坚持学生主体地位的必要前提。所谓吃透"学情",是指教师不仅要了解大学生的一般认知特点,还要了自己解所教班级学生的专业特点和基本知识积累,以及他们对"概论"课程先入为主的态度和思想上的疑惑。对"学情"的了解通常应发生在教学过程之前。在开课前的假期中,教师可以通过对即将要上课的班级发放调查问卷,或者要求每个学生就这门课程提出至少一个迫切想要搞清楚的问题。通过整理这些问卷和问题,教师对学生学习该门课程的基础、态度和期待就会心里有数,备课时就会有的放矢,这也是尊重学生主体地位的重要体现。教师只有首先尊重学生的主体地位,才可能获得学生对授课过程的积极回应。尊重学生主体地位,不仅要求教师在授课过程中要随时观察学生的学习情绪,鼓励学生积极参与授课过程,更关键的是教师要根据"学情"设计专题教学的内容、案例、展开方式等,使课程目标的达成以学生最易于接受和理解的方式进行。

(三)重构教材

既熟悉教材,又掌握了"学情",教师就可以发挥主观能动性,根据自己的专业背景和研究专长，重构教材，架起从教材通向学生的桥梁。所谓重构教材，就是教师立足"学情"，在坚持教材主体、主线的前提下，以有利于学生接受的方式，重新调整组装教材内容和框架结构。围绕学生的疑惑和问题，把教材主要内容改装成若干板块和教学专题，每一个板块和专题落实一个或几个课程目标，根据学生既有的文史知识基础设计教学案例和讲授内容。为了避免"填鸭式"理论灌输，老师可以根据"概论"课程理论性和政治性强以及与实践紧密结合的特点，在进行专题备课时给学生分配适当的任务。专题教学内容中属于史实或实践的部分，可以分配给学生来讲授，教师引导学生运用马克思主义立场、观点和方法从这些实践经验中得出与教材基本一致的理论性结论，从而达到掌握知识和提高能力有机结合的教学目标。

三、"概论"课程专题教学设计探索

"概论"教材由毛泽东思想和中国特色社会主义理论体系概论两大部分组成，从遵循逻辑结构和有利于学生理解掌握相结合的角度出发，可以将其分为四大板块 15 个专题。

（一）第一大板块：如何理解马克思主义中国化

这一板块对应"概论"教材前言部分，对本门课程进行解题和总体性概述，可以自成一个专题，由什么是马克思主义、马克思主义为什么要中国化、马克思主义怎么中国化、马克思主义中国化有哪些主要成果四个子问题构成。对这四个问题的系统回答，基本可以建构起本门课程的大致理论框架和主要线索。

（二）第二大板块：毛泽东思想

毛泽东思想是马克思主义中国化第一次飞跃的理论成果，在马克思主义中国化历史上具有开创性地位。毛泽东思想跨越了新民主主义革命、社会主义革命和社会主义建设三个历史阶段，时间跨度超过了半个世纪，内容非常丰富。教材逻辑安排采取的是总分原则，即以毛泽东思想总论开始，后面再分别展开各分论的讲述，这样的安排有利于学生首先对毛泽东思想进行总体把握。这样的安排在理论逻辑上非常合理，实际上则因为过于抽象而不利于学生掌握。"实践是理论之源"，毛泽东思想由三大理论部分组成，而各个理论又是对解决不同主要问题的实践经验的理论抽象。在学生对革命实践过程还不了解的情况下，无论教师讲得多么生动，那些理论对他们而言就是抽象的形而上学，理解起来有相当大的难度。笔者认为，在实现教材体系向教学体系转化的过程中，可以依据分总原则，将毛泽东思想这个板块依次分成新民主主义革命理论、社会主义改造理论、社会主义实践探索、毛泽东思想及其历史地位四个专题。这样，在首先完成对三个分理论的学习之后，学生可以较为容易地建构起毛泽东思想的整个体系，对毛泽东思想的主要内容和历史地位也更容易理解和掌握。教师在备课这个板块时，可以进行适度的师生分工，涉及史实性的部分可以交给学生来完成。教师可以将每个教学班分成若干学习小组，给每个小组分配不同的收集和讲授史实的任务，教师再对学生的讲述进行评价，并引导学生从马克思主义立场、观点出发，从史实中得出与教材基本一致的结论。

（三）第三大板块：中国特色社会主义理论体系概论

这个板块是中国人民在中国特色社会主义道路上大踏步追赶时代潮流的阶段，经过 30 多年的不懈奋斗，中华民族迎来了从"站起来"到"富起来"的伟大跨越。在马克思主义基本原理与中国特色社会主义建设实践相结合的基础上，实现了马克思主义中国化的第二次历史性飞跃，产生了邓小平理论、"三个代表"重要思想、科学发展观三个重要理论成果。这部分可以按总分结构，分成三个专题。第一个专题是邓小平理论，由邓小平理论形成的时代背景、基本问题、主要内容、历史地位四部分支撑，其中的时代背景和主要内容教师可以布置给学生自学和准备，邓小平理论基本问题由教师重讲，但必须根据学生的专业特点和文史基础适度控制理论深度，历史地位可以由教师启发引导学生来总结提炼。第二个专题是"三个代表"重要思想，它是以江泽民同志为核心的党中央在继续推进中国特色社会主义建设过程中，对在改革开放和社会主义市场经济条件下的治党治国重要经验的总结。学生可以自己去了解那一时段世界背景和国情发生了哪些明显变化，以及这些变化给党和国家带来了哪些机遇和挑战。教师引导学生立足于当时的世情、国情和党情，自然就容易引出在复杂的社会历史条件下加强党自身建设的特殊意义，从而理解在那个特殊的时段，为什么"建设什么样的党"和"怎样建设党"会成为马克思主义在中国要解决的首要问题。"三个代表"重要思想就是以江泽民同志为核心的党中央在新的时代条件下加强党自身建设和继续推进中国特色社会主义建设事业伟大实践的理论经验总结。第三个专题是科学发展观。教师可以布置学生完成对 21 世纪第一个十年期间我国社会经济发展状况的自主研学，再引导学生对我国经济与社会发展相关问题进行理性思考，从而掌握科学发展观的科学内涵和主要内容。这三个专题紧密相关：邓小平理论是中国特色社会主义理论体系的开篇之作，内在地涉及新的历史条件下治党、治国及经济与社会发展相关问题；"三个代表"重要思想实际上是对这三个问题的继续回应，是对邓小平理论和中国特色社会主义理论体系的补充和完善；科学发展观是关于经济、政治、文化、社会、生态等各方面发展的思考，是在总结改革开放以来我国几十年发展经验和教训基础上的进一步理性思考，从而构成了中国特色社会主义理论体系概论。

（四）第四大板块：习近平新时代中国特色社会主义思想

与改革开放初期相比较，进入新时代后，我国国情、世情、党情已经发生了显著变化。党必须科学回答在新的时代条件下坚持和发展什么样的中国特色社会主义、怎样坚持和发展中国特色社会主义，建设什么样的社会主义现代化国家、怎样建设社会主义现代化国家，建设什么样的长期执政的马克思主义政党、怎样建设长期执政的马克思主义政党这三个重大时代课题。习近平新时代中国特色社会主义思想就是从理论和实践两个层面上对这三个重大时代课题的科学回答。为此，这一板块的教学可以大致安排如下几个专题：

第一个专题，中国特色社会主义进入新时代。新时代既是习近平新时代中国特色社会主义思想产生的现实国情，也是中华民族伟大复兴事业所处的新的时空环境。准确理解新时代的科学内涵是准确把握习近平新时代中国特色社会主义思想的前提，也是理解实现中华民族伟大复兴战略全局顶层设计的关键。新时代正是我们当下的现实，是学生可以直观感知的世界，教师可以先要求学生从自己的生活体验和专业角度对新时代特点进行信息收集整理，再引导学生运用马克思主义立场、观点、方法，从新时代的世情、国情和党情中探寻新时代面临的主要社会问题，从而导出习近平新时代中国特色社会主义思想的必然性和合理性。

第二个专题，习近平新时代中国特色社会主义思想及其历史地位。这一部分教材内容主要根据党的十九大报告，将习近平新时代中国特色社会主义思想概括为"八个明确"和"十四个坚持"。党的十九届六中全会坚持十九大关于习近平新时代中国特色社会主义思想的主要内容表述，并把"八个明确"调整、拓展为"十个明确"，党的二十大又增加了新时代党和国家事业取得的"十三个方面成就"。因为这一部分内容主要是理论阐释，教师可根据解决新时代党面临的三大主要问题的需要，先透彻详细地讲清楚"十个明确"的理论部分，再以师生互动的形式完成实践层面的"十四个坚持"的必然性和经验总结层面的"十三个方面成就"。学生收集准备感性资料，教师引导学生用马克思主义立场和方法得出正确的结论。这样既完成了教学目标，又发挥了学生的能动性，同时培养了学生用马克思主义立场、观点、方法分析问题的能力。同时，教师要讲清楚习近平新时代中国特色社会主义思想对于中华民族实现伟大复兴的重要意义，提高学生对习近平新时代中国特色社会主义理论的认同感和接受度，从而在为实现中华民族伟大复兴的历史任务而奋斗中升华自己的人生理想。

第三个专题，坚持和发展中国特色社会主义思想总任务。进入新时代的中国特色社会主义的总任务是实现中华民族伟大复兴和建成社会主义现代化国家。这个总任务实际上是统一过程的两个不同方面。这一专题是给学生进行正确历史观教育的好机会，教师可以安排学生简单回顾近代中国落后挨打的屈辱历史,对比新时代中国特色社会主义建设取得的巨大成就和所处的国际地位,引导学生自然而然地得出中国历史和中国人民选择马克思主义和中国共产党是"对的"结论。

第四个专题,"五位一体"总体布局,这是实现中华民族伟大复兴的顶层设计。总体布局从经济、政治、文化、社会、生态五个方面对民族复兴进行了整体规划,其中的经济思想和生态文明思想属于习近平总书记原创,一定要给学生讲透。这个专题内容全面,事实性的内容教师仍然可以布置给学生去收集和整理,理论性的部分教师可以结合学生的专业特点和需求进行讲授。

第五个专题,"四个全面"战略布局。这是党的十八大以来以习近平同志为核心的党中央对实现中华民族伟大复兴所做的战略安排,也就是实现中华民族伟大复兴的抓手。学生不太容易搞清楚"五位一体"总体布局和"四个全面"战略布局之间的关系,教师有必要向学生讲清楚:前者是实现中华民族伟大复兴的顶层设计,后者是实现中华民族伟大复兴的战略安排。全面建设社会主义现代化国家是实现民族复兴的载体,全面深化改革是建设社会主义现代化国家的动力,全面依法治国是社会主义现代化国家的治理方式,全面从严治党是建设社会主义现代化国家的必然要求。

第六个专题,实现中华民族伟大复兴的重要保障。国家安全是实现中华民族伟大复兴的重要基石,加强国防和军队现代化建设是国家安全的支柱;祖国统一是实现中华民族伟大复兴的前提条件;和平的国际环境是实现中华民族伟大复兴的外部条件。习近平强军思想和外交思想是本专题的两个重点内容。教师要给学生讲透国防和军队现代化对于国家安全的重要意义,顺利引出习近平强军思想产生的必然逻辑。习近平外交思想为中华民族伟大复兴打造和平的国际环境,人类命运共同体构想是新时代中国共产党为实现人类和平发展提供的中国方案,这是具有原创性的世界和平构想。

第七个专题,实现中华民族伟大复兴的关键。党的领导是中国特色社会主义最本质的特征,是中国特色社会主义的最大优势,也是实现中华民族伟大复兴的关键所在。这一专题的授课依然可以通过教师和学生分工合作完成。教师可以提前要求学生对中国共产党100年来对中国人民和中华民族做出的伟大贡献进行事实梳理,教师可以从理论上讲清楚实现中华民族伟大复兴为什么必须坚持党的领导。

总之,"概论"课程"四主"融合的专题教学模式,就是在忠实于教材教学目标和主题主线的前提下,根据学生实际,发扬教师和学生两个主体积极性,打造师生共同参与授课过程的尝试,希望能够在一定程度上医治高校思想政治理论课教学针对性不强、学生参与度低的"顽疾"。

行政管理专业助推区域
社会发展的路径分析

——以四川文理学院为例①

张　岚②

进入中国特色社会主义新时代，高等教育在改革中越来越强调要提升其对社会发展的服务能力。在新的历史阶段，高等教育应该紧跟时代潮流，培养能适应社会发展需求的人才，这就需要在专业建设过程中主动加强与社会发展的互动，把握社会对专业人才的要求，积极推进专业人才培养模式的改革和创新。

自 20 世纪 80 年代行政管理学专业在我国恢复重建以来，一直承担着为党政机关、企事业单位、社会组织等机构培养行政管理人才的重任。随着党的执政理念和工作方式的深刻变革，我国逐渐实现了从"社会管理"走向"社会治理"的转变。高校行政管理专业的人才培养应紧跟时代潮流，回应社会发展需要，为社会治理培养骨干力量。

基于以上要求，本文以四川文理学院为例，分析行政管理专业发展中取得的成效，发现行政管理专业建设中的不足，并探索地方高校行政管理专业建设助推区域社会发展的路径，以真正使专业建设服务于地方的社会发展。

一、行政管理专业建设要回应新时代社会发展对人才的需求

1887 年，美国学者威尔逊在其著作《行政学研究》中将"政治"与"行政"分开，行政管理学科的应用性得到进一步明确。近年来，我国大多数普通本科院校和大专高职院校根据教育部《普通高等学校本科专业目录（2020 年版）》的有关要求，将

---

① 四川文理学院 2020—2022 年度教育教学研究与改革项目"行政管理专业建设与区域社会发展的互动研究——以四川文理学院为例"（2020JY0099）的研究成果。

② 张岚，1989 年生，女，讲师，硕士研究生，主要从事基层社会治理研究。

行政管理专业的人才培养定位为培育基础知识牢、实践能力强，主要面向政府部门、企事业单位以及社会组织等部门从事行政管理工作的"应用型人才"。在达成培养"应用型人才"目标的过程中，行政管理专业建设就必须回应社会发展对人才的需求问题。

（一）培养社会治理人才的需求

党的十八届三中全会提出了"国家治理体系和治理能力现代化"这一时代命题，强调"全面深化改革的总目标，就是完善和发展中国特色社会主义制度、推进国家治理体系和治理能力现代化"。2019 年，党的十九届四中全会通过的《中共中央关于坚持和完善中国特色社会主义制度 推进国家治理体系和治理能力现代化若干重大问题的决定》中强调：社会治理是国家治理的重要方面。提高社会治理水平，既离不开国家社会治理制度和政策的完善，也离不开社会治理人才的支撑。培养社会治理人才，既是实现社会治理和国家治理现代化的必然要求，也是服务国家发展的重大需求，为党政机关、企事业单位、社会组织和基层社区输送人才的行政管理专业重要性不言而喻。

从"社会管理"升级到"社会治理"，不仅是党执政理念的变化，更是工作方针的变化。社会治理人才的培养不再只是高校的职责，也离不开社会治理部门甚至是社会各界的共同参与。在培养社会治理人才的过程中，行政管理专业要改变传统学院式的人才培养模式，加强高校与社会的合作交流，积极吸纳构建各类社会治理资源的协同育人体系。

（二）培养廉洁人才的需求

党的十八大以来，以习近平同志为核心的党中央将反腐倡廉提到了前所未有的高度，从中央到地方，从严从实推动全面从严治党工作，持续不断推进廉洁政府建设并取得了明显的成效。但一些工作人员公共服务意识淡薄，社会责任感不强，经常利用职务之便非法取得利益。面对新时代建设社会主义现代化国家的新要求，推动廉洁政府建设仍需持续用力。

行政管理专业是培养公共服务部门人才的主力军，其在培养目标中应加强对学生的服务意识、责任意识和廉洁意识的培养。因此，在行政管理专业建设中，要加强行政管理专业学生纯洁的公共服务动机培育，深入推进廉洁政府、廉洁社会建设。

（三）培养应用复合型人才的需求

行政管理专业在 20 世纪 80 年代获得重建之初，各大高校偏向于对西方政治学、西方行政学方面的理论"补课"。传统的行政管理人才培养模式更偏向于对学生理论知识的培养，忽视了对学生专业技能的培养。当前社会更需要具有创新能力和实践能力的应用型复合型人才，行政管理专业在人才培养的模式上也必须要与时俱进，由过去传统的学术理论型向应用复合型转变，以适应当前社会发展的需求。

现代社会已经进入信息化时代，互联网和大数据的快速发展迅速地将社会治理卷入智能化的浪潮中。近两年的疫情防控实践证明，通过运用大数据、人工智能等技术手段，能够有效推进社区治理科学化、智能化、精细化管理。因此，行政管理在为社会提供社会治理人才的时候，不能停留在理论知识的掌握和升级上，还应培养学生治理能力和水平的"一性两化"，即创造性、现代化和智能化。

二、四川文理学院行政管理专业发展中取得的成效

四川文理学院行政管理专业现隶属于政法学院。该专业最早可追溯到1988年政法学院的前身达县师范高等专科学校政史系（后改名为"社科系"）同当时达县地区自考办联合举办的"行政管理专业专科自学考试辅导班"。2010年，经教育部批准，四川文理学院在社科系设置行政管理专业并于同年开始独立招生。经过十余年的发展，该专业在专业建设、人才培养、社会服务等方面取得了较为显著的成效。

（一）创新教育理念，科学定位人才培养目标

行政管理专业按照教育部颁发的《普通高等学校本科专业目录（2020年版）》中有关"行政管理专业旨在培养具备行政学、管理学、政治学、法学等方面知识，能在党政机关、企事业单位、社会团体从事管理工作及科研工作的专门人才"的指导性意见，广泛调研，结合社会对行政管理专业人才的需求，经过有关专家的充分论证，在四川文理学院2020版本科人才培养方案中，将专业人才培养目标确定为：紧紧围绕学校"三心四能五复合"高素质应用型复合型人才培养目标，秉承学院"一知二守三讲四会"的育人理念，立足川东北、辐射全川、面向全国，适应国家治理体系和治理能力现代化要求，培养德智体美劳全面发展，掌握行政管理专业的基本理论、基础知识和基本技能，具有创新精神、创业意识和创新创业能力，适应社会发展要求，能在党政机关、企事业单位、非政府组织、基层社区从事行政管理、人力资源管理、突发公共事件管理、社会服务等实际工作的高素质应用型复合型人才。这一人才目标回应了现代社会对行政管理专业人才在专业理论、实践技能、创新能力教育上的复合型培养需求，也回应了区域地方发展需要，具有鲜明的育人特色。

（二）大力实施教学改革，强化实践教学

为了进一步促进专业应用型人才的培养，提升学生的实践能力，近年来行政管理专业加大了对教学的改革和探索力度。在教学内容上，不再单一重视对理论知识的教学，几乎所有行政管理专业课程都相应安排了实践教学环节，教师要结合社会现实和热点问题，指导学生进行实践。根据2020版行政管理人才培养方案，超过1/3的课程

其实践学时超过1/4的学时。在教学方法上，也从传统的教师授课"满堂灌"向案例教学、专题式讨论教学多样化发展。在课程实践教学中，更是开拓了情境式模拟教学，如"市政管理学""当代中国政府与政治"等课程模拟市人大常委会听证会议，还大胆地将课堂转入实地进行现场教学，如"社会调查研究与方法"课程有4次组织学生走出课堂，进入实地展开调研，将课堂理论知识运用到实际工作中。在教学手段上，教师充分利用现代网络技术，充分挖掘网络共享资源，实现教育手段的现代化。在考核评价上，注重对学生课程学习的过程性考核，注重考查学生在课程实践学习过程中知识运用与能力的考查。因此，行政管理专业的实践不只是存在于专业见习、专业实习等集中性实践环节中，而是形成了"课程中实践教学+集中性实践教学"的模式。

（三）发挥专业优势，积极服务地方社会发展

行政管理专业师生依托教师教学科研成果、大学生社团活动和大学生志愿者服务、大学生"三下乡"暑期社会实践等活动积极服务地方社会发展。近年来，行政管理专业教师团队受邀为达州市基层单位做"基层治理能力提升"讲座或培训十余次，与达州市委组织部、达州市公安局、达州市民政局多个部门进行过多次合作研究。由行政管理专业同学举办和负责的中国特色社会主义理论协会多次进入达州城乡社区开展党的十九大精神、乡村振兴等国家发展战略宣传，行政管理专业大学生志愿者也多次进入社区进行社区志愿服务活动。

三、四川文理学院行政管理专业发展中存在的问题

（一）专业课程设置不太合理，专业特色不够明显

目前，在行政管理专业的课程设置上，囊括了通识核心课程、专业基础课程、专业核心课程、应用实践课程、复合培养课程五大模块，体系构建相对完善。但就目前课程体系中的设置情况来看，一是存在着"面太广、量过大"的问题，即课程涉及管理学、政治学、经济学、社会学、法学、逻辑学、历史学等多个学科，看似知识覆盖内容丰富，实际上却大大挤占了专业核心课程。学生在第一学年基本都是学习"管理学原理""政治学原理""社会学概论""逻辑学"等专业基础课程，而教师在教授这些课程的时候又没有有效联系其和行政管理专业之间的关系，以至于学生上了一年的课，还不知道行政管理是什么。二是存在着"重理论、轻实践"的问题。在行政管理专业课程结构中，概论和原理等理论性课程开设得比较多，应用实践课程仅占18.12%。现有的应用实践课程以专业认知考察、专业见习、模拟活动、调研等课外形式开展，而像电子政务、办公自动化等与时代发展紧密结合的实践课程还没有开设。

虽然教研室要求行政管理专业课程开展实践教学环节，但因实践教学质量监控体系建设较为滞后，大多数教师在授课时没有按要求完成有关课程实践的环节。

四川文理学院行政管理专业发展时间不长，还属于一个比较年轻的专业，在其发展过程中，专业特色不太明显，这也大大降低了该专业在服务区域社会发展中的竞争力。

（二）实践教学条件有限，学生实践能力发展受限

一方面，行政管理专业稳定的常态化实践教学基地比较缺乏。目前虽与达州市人大常委、达州市人民政府、莲花湖管理委员会等单位积极展开合作，但与这些单位的合作与专业实践教学的要求有差距。一是学院目前和上述大多数单位的合作还没有正式挂牌和签约，这直接影响了实践教学活动的开展；二是这些单位的实践教学行为随机性较大，缺乏稳定性和长期性；三是直接进入这些单位参与实践教学的学生较少，难以满足广大学生的专业实践需求。

另一方面，行政管理专业开设的"行政管理学""公共管理学""公共政策学""公务员制度""SPSS 统计分析"等课程的实践教学所需要的"公共管理案例分析系统""SPSS 社会统计分析软件"等系统和实训室缺乏，导致课程中的实践教学局限于案例教学、课堂讨论等较低层次的教学方法。

（三）师资力量较为缺乏，制约了专业发展

随着行政管理专业教师的正常退休和工作调离，师资队伍出现了青黄不接的问题。目前行政管理专业专任教师仅 4 人，且均为年轻的讲师或助教。有 2 位教师有过从事行政管理工作的经历，在贯彻落实实践教学方面压力极大。行政管理专业课程建设、科学研究和社会服务方面师资力量缺乏，导致近年成果较少，难有突破。

就目前而言，大多数专业课程都是聘请其他院系或部门的教师兼职上课。但兼职上课的教师对行政管理专业人才培养目标和规格以及行政管理专业学生学情没有系统的认知和了解，导致他们在授课时授课内容和行政管理专业本身结合不够紧密。

（四）培养的人才"外流"严重

近几年，受疫情影响，大学生就业形势整体不乐观。近三年，行政管理专业毕业生就业率都稳定在90%以上。四川文理学院行政管理专业学生毕业后，主要有以下三种出路：一是考研深造。这部分同学不多。近两年行政管理专业学生的考研成功率有所提升，但近八成的考研同学在考研中选择了跨专业考到马克思主义理论、思想政治教育、企业管理等专业，继续在行政管理专业学习的学生较少。二是考编，即参加政府部门、事业单位以及大学生"村官"等考试，但是目前社会上此类考试报名人数很多，竞争异常激烈，他们在此类考试中并不占优势，最后成功的人也只是少数。三是

进企业。这是绝大多数毕业生的出路，他们中仅少部分人在企业中继续从事和行政管理相关的工作。也有少部分学生通过考取教师资格证转型走上教师职业道路，还有极少部分学生会尝试自主创业。

据统计，在近三年毕业的 148 名行政管理专业毕业生中，留在达州工作的仅占 2.7%（4 人），在四川其他地市工作和学习的占 57.4%（85 人），在省外工作和学习的占 39.9%（59 人）。

（五）行政管理专业立足地方的科学研究不足

近十年，行政管理专业教师申报立项省部级科研项目 2 项、市厅级科研项目 5 项，学生申报立项省级创新创业项目 2 项，在达州市哲学社会科学优秀成果评奖中获奖 8 次。目前行政管理科研团队的研究方向偏窄，主要聚焦在基层治理现代化方面，研究的广度和深度不够，缺乏优势和特色。例如行政管理专业教师团队受邀为达州市基层单位做"基层治理能力提升"讲座或培训十余次，与达州市委组织部、达州市公安局、达州市民政局等多个部门进行过多次合作研究，但合作仅限于社会调研和研究报告的撰写，并未参与到成果转化和应用的环节中。真正有实效的工作开展得还很不够，不能有效地与地方社会发展要求相适应。

四、行政管理专业建设助推区域社会发展的路径探索

地方本科院校的行政管理专业想要保持长久发展和竞争优势，只有主动融入地方社会发展，以社会发展对行政管理的人才需求为导向，建立起与区域社会发展互动的学科专业发展机制，才能形成鲜明的学科专业特色，向地方输送合格的应用型复合型人才，从而提升学校、专业的核心竞争力，促进地方经济与社会发展。

（一）立足区域社会发展，培育专业特色

当前国内部分高校在建设过程中着重突出专业优势，打造专业特色品牌。四川文理学院行政管理专业在建设和发展过程中，也应树立品牌意识，充分挖掘和整合自身专业建设和所处区域的资源优势，立足区域社会发展，合理定位专业建设和人才培养目标，并在以此为方向的学术研究和课程设置上予以突出，彰显自己的办学特色，打破目前行政管理专业中千篇一律的人才培养目标，顺应区域社会发展的需求。例如，现有行政管理专业课程体系中具有地方特色的一门课程是复合培养模块中的选修课"川陕苏区历史十二讲"，但因为选修课的性质，事实上这门课程并没有在行政管理专业学习中开设出来。需要注意的是，在追求打造特色品牌课程的时候，不能为了刻意追求特色而违背了行政管理专业基本的发展要求和方向，挤占专业核心课程的讲授时间。

（二）优化课程设置和内容安排，完善知识结构

目前，行政管理专业新版的人才培养方案已有较大的完善，但仍需保持敏锐的眼光，不断审视区域社会发展对应用型人才的需要。既要能把握行政管理专业的发展动向，能及时补充那些反映学科发展方向的前沿性课程，形成视野宽阔的、前瞻性强的理论课程体系，又要与时俱进地对专业课程进行完善，加强对社会治理人才、廉洁人才和应用型人才的培养，在现有课程基础上，还可增设诸如办公自动化等能有效提升信息化时代所需专业技能的实践课程体系。

（三）强化实践教学，培养学生的应用能力

行政管理专业在建设和发展中，在加强理论知识教学的同时，更要加强专业实践教学的组织和开展。只有在实践教学的过程中，学生的专业技能、实操能力才能得到切实提升。对于四川文理学院来讲，一是要丰富实践教学的形式，积极探索以学生为主体、以实践能力培养和提升为导向的教学方法，提高学生对专业的兴趣和认同。二是要加大对行政管理专业建设的资金扶持力度，加强专业综合实训平台的建设，让实践教学活动真正实现常态化、规范化、稳定化和实效化。三是要加强专业实践基地的建设，同时也要加强校内专业实训室的建设，为学生提供更多的实践机会，保证实践教学的开展和质量，有效提升学生的专业应用能力。

（四）加强师资队伍建设，优化师资结构

师资队伍建设是落实专业人才培养目标的重要环节，要积极引进行政管理专业及相近专业的教师，尤其是有一定知名度、科研成果显著的人才。在充实教师队伍的同时，也要不断提升现有师资的业务能力和水平，鼓励教师参加线上线下学术会议或培训、攻读博士学位，开阔视野，对接学科发展前沿。另外，也要加强和地方党政机关或企事业单位的联系与合作，聘请行政管理第一线的工作人员担任兼职教师，派遣教师外出参加挂职锻炼，提升"双师型"教师的占比，努力构建专业的专兼职相结合的数量充足、结构优化的师资队伍。

（五）深化科学研究，以科学研究服务区域社会发展

行政管理专业要积极创建"基层治理研究中心"，搭建学科科研平台，继续保持在基层治理现代化研究方向上的优势，拓宽行政管理科学研究方向，加强在政府绩效评估、公共政策分析、地方政府治理体系和治理能力现代化等方向的研究，拓宽和政府、企事业单位等部门的科研合作渠道，从而更好地将科学研究服务成果落实到服务区域社会发展的过程中。

正如当前社会治理中的协同理念一样，对专业人才的培养不是高校一家的事，还需要政府、企事业单位和其他社会团体整合资源，共同参与到人才的培养中。除此之

外，地方政府还要进一步强化政策支持，打造良好的留才环境，当好"店小二"，为行政管理专业人才来达州留达州提供优质、高效、便捷的服务。

参考文献

［1］中国共产党第十九届中央委员会第四次全体会议. 中共中央关于坚持和完善中国特色社会主义制度 推进国家治理体系和治理能力现代化若干重大问题的决定［EB/OL］. https：//www.gov.cn/zhengce/2019-11/05/content_5449023.htm？ivk_sa＝1024 320u&wd＝&eqid＝ed31c82e0012a6ec0000000364560335.

［2］杨宗科，张永林. 社会治理及其专门人才培养［J］. 法学教育研究，2020（3）：3-23.

［3］杨钊. 西部地方院校行政管理专业应用型人才培养路径研究［J］. 豫章师范学院学报，2020（6）：62-66.

［4］罗大蒙，闾耀辉. 行政管理专业实践教学建设研究［J］. 四川文理学院学报，2014（5）：128-132.

［5］赵宏斌，周伟. 高校行政管理专业实践教学模式的探索：问题、思路与启示［J］. 内蒙古农业大学学报（社会科学版），2007（5）：274-276.

川东北红色文化教育
校本网络资源平台建设探索①

马建堂②

川东北地区包括达州、南充、广安、巴中、广元五市，红色文化资源丰富。为此，在红色文化教育中，有必要加强红色文化资源平台建设，提升红色文化教育效果。目前，学界多从红色旅游发展的角度探讨红色文化传承与弘扬，侧重于红色旅游的规划，缺乏从红色文化资源平台建设角度进行研究，尤其是依托于高校的区域性红色文化资源中心建设还极少探讨。本文针对四川文理学院加强校本红色文化网络资源平台建设进行论述，以期推动川东北红色文化的有效教育与传承和弘扬。

一、红色文化资源建设的意义

红色文化是在中国近现代革命战争时期，由中国共产党人、先进分子和广大人民群众共同创造的具有中国特色的先进文化。近年来，学术界对红色文化的关注度不断提升，红色文化已经成为马克思主义中国化、思想政治教育、中国近现代史基本问题研究等二级学科的重要研究内容，同时也成为中国史及近现代史研究的热点论题。

红色文化作为一种宝贵的文化资源，其作用的发挥在于世代传承和弘扬，开展科学的、创新的、大众的、多样的红色文化教育是十分有必要的。一是传承红色历史文化要尊重历史事实，深挖广采，聚集资源，取其精华，大力继承、传播。二是要科学认识红色历史文化在社会发展中的作用，发挥其熏陶、教育的功能，促进广大人民历史责任感、尊严感、自豪感、耻辱感的形成，不断从红色文化的内涵中汲取中华民族

① 2020—2022 年四川文理学院校级教学改革项目："大思政"视野下川东红色历史文化教育校本网络资源平台建设探索（2020JY076）的研究成果。

② 马建堂，1985 年生，男，副研究员，硕士，主要从事中国近现代史研究、"中国近现代史纲要"课程教学研究。

前进的力量，坚定广大青年的理想信念。三是要紧跟时代的步伐、社会的潮流，站在全民族文化传承的高度，让红色文化在继承的基础上不断创新弘扬，体现时代精神和元素，坚持不断拓展红色文化教育的广度和深度。

川东北地区是四川乃至中国红色革命的重要区域之一，红色文化资源较为丰富，是很好的思想政治教育资源，其开发价值巨大。

二、川东北红色文化教育存在的问题

（一）红色文化育人水平有待提高

川东北红色文化区域形成于第一次国内革命战争时期，红四方面军从鄂豫皖苏区转移至川陕边界，建立了川陕苏区，在当时是全国第二大苏区，"面积达 42 000 平方千米，覆盖人口 500 多万，建立了 23 个县和 1 个市的苏维埃政权"，是中国革命战略转移的桥梁之一，对中国革命进程有着深远的影响。同时，川东北地区为欠发达地区，其北部临近陕甘地区，为秦巴山区连片贫困地区，经济、文化、教育、交通等相对落后。受地理环境、社会经济发展水平等因素的影响，其红色文化教育水平有待提高，与井冈山、赣南、陕北、西柏坡等地红色文化教育在全国的重要影响还有较大差距。

（二）红色文化资源难以整合

川东北红色文化资源较为丰富，但不集中，整合开发难度较大。犹如一棵大树，每到一地可见其枝叶，但始终难窥其全貌，造成省外甚至省内人民对红色文化印象不深，进而影响红色文化教育的开展。对外宣传也面临困难，缺乏统一的标志性宣传语。川东北居民对本地红色文化资源认知度较低，相关红色景区也不为人们熟知，甚至有的完全不知道，影响了红色文化传承的广度和深度。笔者将川东北革命老区和陕北革命老区进行初步比较，陕北革命老区红色文化资源极为丰富，且大多能以延安市为载体，文化资源相对集中，如延安市有宝塔山、杨家岭、枣园、延安革命纪念馆等众多的重要革命遗迹。而川东北革命老区缺乏一个承载较多红色文化资源的城市。川东北区域广泛，仅地级市就有达州、巴中、广元、广安、南充 5 个，革命遗迹相对分散，且路程较长，致使红色资源难以整合，红色旅游线路规划难度大，影响了红色文化传播效果。

（三）红色文化教育模式单一

红色文化作为一种近百年来产生的特殊文化，是近代中国社会转型的见证，是中华民族精神的体现，是中华文明演进的重大创新。红色文化传承方式应该是多种多样的，包括学术交流、通俗文本、影视作品、音频资料、大型图片、舞台表演、巡回展示等众多形式。但是目前川东北红色文化的传承主要依靠红色旅游景点内的图片、文字、实物以及解说等，形式较为单一。这是被动的文化传承，主动输出不足。

（四）红色文化网络教育平台缺乏

作为川东北革命老区唯一的本科学校，四川文理学院承担了红色文化教育的重任，四川文理学院师生精心编排的舞蹈《雨润巴山》和《魂铸巴山》等演出成功，获得较大反响，还组织编写了《红色巴山》等爱国主义读本，开办了"川陕苏区历史"系列选修课程，红色文化教育取得了一定成果。虽然也建立了"川陕苏区红色文化网上展馆"专题网站，但目前来看，利用度较低，运行维护不足。故而，还缺乏面向全体大学生的红色文化网络教育平台，还未能充分将红色资源优势转化为思政育人优势。现有的思政教育模式以课堂讲授为主，红色文化教育渗透在各门思政课程中，缺乏系统性。

三、川东北红色文化教育校本网络资源平台建设路径

（一）充分挖掘红色文化资源，加强红色历史研究

充分挖掘红色文化资料，不断丰富红色文化资源。重视文史研究，从源头上保证红色文化的严肃性、真实性，不断促进红色文化资源的丰富化。要注重对革命时期社会文化真实样态的还原与解读，要加强对川陕苏区及其他四川革命老区的政治、经济、文化、社会、军事等的研究，深化现有的认识，详细了解苏区的政治形态、经济发展、文化传播、社会秩序、人民生活等信息，促进红色文化立体感的形成。如依托四川文理学院成立的四川革命老区发展研究中心，作为重要的学术研究平台，持续促进老区研究上水平、上台阶，已出现一大批代表性学术成果。

（二）推动红色文献信息化，建立网络文献中心

依托四川文理学院图书馆川陕苏区特色文献中心，积极建立川东北红色文化网络文献中心。

要有针对性地搜集文献资料。一是搜集地方红色方志文献，包括各地的苏维埃志、红色人物志、军事志、文化志等涉及红色文化的志书。二是搜集各地内部刊行的红色书籍。这些文献成书较早，种类较多但印量较少，多为一版一印，其流传范围有限，影响了资料的共享共用。如党史研究室编研的内部资料，仅在广元地区就有《红军在旺苍》（第一、二、三辑）等多本内部资料。三是搜集档案资料。川东北地区各县档案资料丰富，保存较为完善，对红色文化有一定涉及，尤其是保存了大量的国民党统治区域文献。从历史的角度来看，川陕苏区建设与治理的成就与国民党统治区形成鲜明

对比，这有助于今天的人们更深刻地认识川陕苏区革命的艰巨性、复杂性和川陕苏区军民的巨大牺牲与付出。

要充分借助信息数据平台，创建网络数据库，包括川东北红色文化的基础文献资料、研究著作、学术论文、通俗文本等，还要建立红色文化资源数据库，提升川东北红色文化的全国影响力。对于达州市的红色文化资源库建设，有学者提出，"使用数字媒体、大数据、数据挖掘、人工智能、云服务、互网络、软件开发等信息技术来构建达州红色印记数智资源库"，提升红色文化的数据支撑、服务水平和红色文化的传播水平。

(三) 建立红色文化专题网站，创建川东北红色文化教育中心

目前学校红色文化教育以课堂讲述为主，教学方式单一，野外考察环节较少，影响了教育效果。通过专题网站辅助思想政治教育极为必要，可为全校大学生红色文化学习及"中国近现代史纲要"课程学习服务。红色文化专题网站设置的主要栏目应有："红色川东"，介绍川东北革命历史概貌；"红色人物"，介绍从川东北走出去或在川东北战斗过的徐向前、李先念、张爱萍、许世友、罗瑞卿、陈伯钧、毕占云等一大批将帅英杰；"红军故事"，突出川东北红色图片、红色影片、学习视频库，充分再现川东北游击队、红四方面军在川东北浴血奋战的伟大历程。注重展示川东北红色文化的标志性史实，如1920年5月王维舟加入旅华朝鲜共产主义组织，成为少数在中国共产党成立前就加入了共产主义组织的革命家。同时，可依托红色网站创建川东北红色文化教育中心，开展学校师生党员教育培训和达州市基层干部教育。

在专题网站建设中，针对不同专业培养需要，还可以将红色文化教育和专业教育结合起来，如历史思政类专业可以充分开展学术研究，并进行川东北历史普及读物的编写；美术类专业可以开展红军故事绘本、简笔画、版画等红色美术创作；音乐类专业可以重新编排川陕苏区时期的歌谣，如《我郎参加苏维埃》《剪了毛辫当红军》《当兵要当女红军》《我要上山当红军》《我送情哥当红军》《革命成功才团圆》《十劝郎当红军》等，都可以在当今重新进行演绎，如此可使普通民众对红色文化乐于了解、主动了解，将感知红色文化融入日常生活中。

(四) 建立VR虚拟展馆，增强红色文化体验

红色文化内涵丰富，每一个历史事件、红色人物都有独特的历史场景，都值得后代学习和传承。然而传统的书籍、报纸、杂志、展板等传播知识过于抽象，缺少历史感、现场感，自然也就无法产生好的学习效果。相比较而言，VR虚拟则能重现历史场景、还原真实历史，具有震撼感、代入感、吸引力和趣味性。随着当今信息媒体科技的快速发展，VR虚拟现实技术日益成熟，并已经大量运用，利用VR虚拟现实技术的

高度沉浸感和体验感学习川东北红色文化，极有必要。

以达州市为例，目前达州市 VR 场馆建设已有初步成效，2020 年 8 月，"红色达州网上展示馆"第一期项目正式建成，包括序厅和中共达州历史厅等 4 个虚拟厅，达州红军文化陈列馆、张爱萍故居、石桥列宁街、万源保卫战战史陈列馆、王维舟纪念馆及红三十三军纪念馆现实场馆 VR（虚拟现实技术）等 5 个实体全景体验厅。展示馆全面展示达州党史事件、红色文化和革命文物，是运用现代网络技术开展红色文化教育的崭新形式，发挥了红色文化教育作用，是各级各类学校学习党史和开展思想政治教育的重要阵地。

从运行来看，展示馆体验效果还须深度优化。大竹县杨通乡大庙寨革命遗址纪念馆、开江县红军文化陈列馆等遗迹还有待加速开发。四川文理学院可以依托高校人才优势，充分整合信息网络技术、大数据、播音与主持、视觉传达等专业人才，开发具有更多影响力的 VR 资源。如针对川陕苏区时期的重大事件进行开发，将发生在川东北地区的重大事件或战争场景展示出来，如红军解放通南巴、仪南战役、营渠战役、宣达战役、万源保卫战、西渡嘉陵江战役等气势恢宏的革命场景等。川东北地区是四川红色文化的核心地区之一，VR 技术应充分覆盖川东北地区主要的红色文化遗迹和革命历史事件，展示出苏区革命进程的完整性。

（五）建立红色文化实践基地，知行合一育人才

红色文化的精髓，是激励人们开拓进取、矢志不渝的强大精神支柱，实现中华民族的伟大复兴需要弘扬这些红色精神。红色文化有着鲜明的时代特征，是在中国人民的历史选择过程中探索、积累、沉淀、创新中逐步产生的，红色文化是中国优秀历史文化的重要组成部分。建立红色文化实践基地意义重大，可以作为网络思政教育的延伸。川东北红色文化教育基地建设可分为两类：第一，川陕苏区相关遗迹展馆。如达州市的万源战史陈列馆、石桥镇列宁街、宣汉王维舟纪念馆，广元市的旺苍红军城、苍溪县红军渡、红军血战剑门关遗迹，巴中市的通江川陕苏区指挥部、红军纪念园、红军烈士陵园、空山坝的革命遗址、南江巴山游击队纪念馆、平昌刘伯坚纪念馆景区、巴州南龛石窟红色文化区、恩阳区的红色古镇，另有广安华蓥山游击队景区等。第二，川东北革命家故里。如广安邓小平故里、南充仪陇朱德故里、达州张爱萍故居神剑园。

（六）建立微信平台，提升红色文化传播效能

如今在各个行业领域，官方微信平台已经得到广泛使用，学校可以开发红色文化官方微信公众号平台，可暂命名为"红色巴山"或"巴山红军"。依托此平台可开展网络课堂，并延伸学习、考试、会议、直播等功能，提升红色文化传播的即时性和多样性。在网络课堂中，发挥学校研究特色，整合师资资源，设置特色红色文化课程，

如"川陕苏区史""川陕苏区社会治理""川东革命人物""川东党史""巴山红军故事""巴山女红军"等，充分运用网络平台开展红色文化教育。

四、结语

历史无言，精神不朽。红色历史是革命先贤的斗争历程，红色文化更是中国文化的精髓之一。据许世友将军回忆，红四方面军在忍受饥寒翻越大巴山时，他问大家新中国建立后如何对待大巴山。有红军战士说"炸平"，最终大家一致的回答却是"把它留着，叫子孙后代都来爬一爬，让他们晓得好日子不是从天上掉下来的"！今天身处和平年代的我们，不能忘记革命前辈所付出的巨大牺牲和用鲜血铸就的革命精神，我们必须大力开展红色文化教育，铭记国耻家恨、铭记革命先辈壮举、铭记先烈为建立新中国所付出的牺牲，让革命的光辉代代相传。在大数据时代，要紧紧围绕学校新时代大思政育人体系的实施，充分利用川东北地区红色文化资源优势，以红色文化教育网络平台建设创新高校思想政治教育模式，实现思想政治教育的信息化、智能化、交互性、体验性、时代感，实现红色文化与现代文化融合，以红色文化教育增强思政教育实效。

参考文献

[1] 林卓虹，高福进. 新世纪以来红色文化发展及趋势研究评析 [J]. 红色文化学刊，2022（2）：14-21，109.

[2] 中共达县地委党史工作委员会. 川陕革命根据地斗争史 [M]. 北京：华夏出版社，1989：1.

[3] 梁弼，倪思源，姚先敏. 达州红色印记数智资源库构建研究 [J]. 四川文理学院学报，2021（1）：28-31.

[4] 中共旺苍县委党史工作委员会办公室. 旺苍党史资料：红军在旺苍（第三辑）[M]. 内部发行，1986：148-161.

[5] 朱宏扬. 红色达州网上展示馆正式上线 [N]. 达州日报，2020-08-29（2）.

[6] 许世友. 我的红军十年 [M]. 北京：战士出版社，1983：204.

基于"课程思政"的化学教学论课程改革设计研究

李　颖　朱朝菊[①]

化学教学论是研究化学教学理论及其应用的一门教育学科，其根本任务是使学生形成先进的化学教育教学思想和观念，认识化学教学的基本特征和规律。在本课程的教学中，应当注重以实践性为根基，以师范性为核心和以思想性为先导，把化学教学论基础知识和基本技能的教学与这"三性"相融合，以培养师范生的师范技能。而"课程思政"要求课程充分挖掘和运用化学教学论课程中蕴含的思想政治教育元素，创新专业课程话语体系，延伸思想政治教育的相关设计，使课程与思想政治理论课同向同行，形成协同效应；"课程思政"要求化学教学论课程教学内容政治方向正确，价值引领突出，充分体现习近平新时代中国特色社会主义思想、社会主义核心价值观、家国情怀、社会责任、文化自信、工匠精神等相关思想政治教育元素；"课程思政"要求课程教学设计要具有科学性、规范性，与不同专业人才培养方向和专业能力水平要求相符合，并且能有机融入思想政治教育元素，科学安排思想政治教育内容；"课程思政"还要求在课程实施中广泛灵活应用多种教学方式和教学方法，比如探究式教学法、谈话讨论法等，并能够充分运用现代信息技术提升课堂教学效果。

一、"课程思政"视域下化学教学论课程建设的教学目标

化学教学论是研究化学学科教学规律及其应用的一门学科。根据化学教学论本身的课程性质再结合"课程思政"的建设目标，确定以下教学目标：

（1）知识与技能目标。认识化学教学的基本特征和规律，掌握进行化学教学设计

---

① 李颖，1992 年生，女，助教，硕士，主要从事化学教学论研究。
朱朝菊，1964 年生，副教授，主要从事化学高等教育研究。

和组织化学教学活动的基本程序和方法并从中渗透学习辩证唯物主义与历史唯物主义观，并在文、案、史交叉渗透之中体现人文精神。

（2）过程与方法目标。坚持理论联系实际，初步形成处理教学内容、选择教学方法和组织教学的能力，从中培养工匠精神，成为比较有择业竞争能力、有持续发展潜质的优秀化学教师，同时培养爱国敬业诚信友善的社会主义核心价值观。

（3）情感态度与价值观目标：①使学生形成先进的化学教育教学思想和观念，并与坚持解放思想、实事求是、与时俱进的中国特色社会主义思想相结合。②培养学生的创新精神，使其具有严谨求实的科学态度，并发现化学之美，欣赏化学对社会发展的重大贡献；同时具有可持续发展意识和绿色发展观念，能关心与化学有关的社会热点问题，加强社会责任意识。

二、"课程思政"建设思路与课程设计

通过对化学教学论教材的研读，笔者这里选取其中六个章节，并简要阐述每个章节大致的"课程思政"建设思路和课程设计。

（1）导论（安排3课时）。本章主要学习化学和化学教育的产生和发展，以及提升学生对化学教师职业的认识。在学习化学和化学教育的产生和发展时，可采用翻转课堂模式，先让学生们课前收集相关资料，然后在课上进行交流发言。提供教学素材让学生深入了解化学和化学教育的历史发展并渗透学习辩证唯物主义与历史唯物主义观。重点学习中国化学与化学教育，树立文化自信。同时分组讨论对教师职业的认识，引导学生正确看待教师这份职业，激发学生工匠精神，为做一名好教师而不懈奋斗，从中培养爱国敬业诚信友善的社会主义核心价值观。

（2）化学课程（安排6课时）。本章主要了解化学课程的设置；理解中学化学课程标准的重要作用；掌握中学化学课程标准设置的教学目标；了解国内外中学化学课程改革动态，以及熟悉化学教材编排，并能熟练利用课程资源。本章主要先采用讲授法向学生陈述理论知识，并利用问题驱动的方式让学生学会理论联系实际，掌握最新课程改革动态以及理解并分析最新课程标准，从而渗透学习解放思想、实事求是、与时俱进的习近平新时代中国特色社会主义思想。

（3）化学教学（安排6课时）。本章主要理解中学化学教学的基本特征和理论基础，掌握中学化学教学的一般原则，掌握中学化学教学常用的教学方法。以教师为主导、学生为主体，本章主要采用分组讨论的形式，先利用导学案让学生自主理解化学教学的理论基础以及教学方法的基本概念，并能提供案例形成解释。在分组讨论的过

程中，培养学生同享同荣的合作意识，同时在案例分析中引领学生渗透学习实践创新观念、绿色发展理念。同时进行实践创新，让学生利用教学方法理论知识进行课堂片段展示。

（4）化学教学设计（安排6课时）。本章主要了解现代教学设计的原理和策略，掌握教学设计的主要环节，并能够自主地进行化学课堂教学设计。先以讲授法的形式让学生了解教学设计的基础理论知识，然后提供案例示范巩固学生认识。最后布置任务，让学生自行设计教案，并展示点评。在设计过程中，鼓励学生发挥创新精神，将新兴的教学模式和教学资源充分利用到教学设计中，要实现理论创新、实践创新。同时让学生在设计化学教学的过程中也同样进行"课程思政"，同时穿插化学史素材，在文、案、史交叉渗透之中体现人文精神。

（5）化学教学技能（安排6课时）。本章主要让学生初步掌握创设教学情境的技能、呈现教学信息与交流的技能、组织指导学习活动的技能、初步体会化学调控技能。主要采用翻转课堂的教学模式，同时为学生提供微课视频。在创设教学情境的过程中，指导学生将化学与社会、人文相结合，培养学生的社会责任和人文情怀。

（6）化学实验与化学实验教学（安排3课时）。本章主要让学生了解中学化学实验在化学教学中的地位和作用，认识传统化学实验存在的问题，了解化学实验改革的发展趋势，掌握化学实验教学的主要内容和主要模式。采用探究式教学模式，利用任务驱动教学，提供实验实践示范从而培养学生创新精神，使其具有严谨求实的科学态度。并从实验中发现化学之美，具有可持续发展意识和绿色发展观念。

三、案例设计

笔者选取化学教学论课程其中一课时的内容进行案例设计。

（一）教材分析

本课程选自科学出版社出版的《化学教学论》第五章第一节创设教学情境的技能第二课时情境导入的类型。本节课系统学习了如何从"故事吸引"的途径入手创造情境导入。本节课是对前面创设情境内容的拓展，也是联系有关认识和教学能力的桥梁，能影响后面教学活动的开展，为后续化学教学实践的学习打下坚实的基础。

（二）学情分析

化学专业三年级学生在前面的学习中已经掌握了大部分的化学教学理论知识，熟悉化学教学方法，能自主地进行化学课堂教学设计，并且具有扎实的中学化学基础知识和较好的语言表达能力，对中学生的心理结构和知识结构也有了一定的了解。但他们对化学教学技能概念比较陌生，无法熟练地将教学技能理论应用于教学实践中。

（三）教学目标

（1）知识与技能目标：

①掌握以"故事吸引"的途径进行情境导入的要点。

②学会绘声绘色的教学语言。

（2）过程与方法目标：

①通过自主预习、收集资料，培养学生的自学能力和信息搜索整理能力。

②通过案例分析推理，掌握情境导入的要点，从而培养学生知识应用与逻辑推理能力以及归纳总结能力。

③通过自行设计情境导入案例，培养学生理论联系实际的能力。

（3）情感态度与价值观目标：

①培养学生为科学奋斗的工匠精神，深刻认识作为中学教师的使命感和责任感。

②培养学生严谨求实的科学态度，让其感受化学教学的艺术之美。

（四）教学重难点

重点：自主创设以"故事吸引"的方式进行情境导入。

难点：自主创设以"故事吸引"的方式进行情境导入。

（五）教学方法

本堂课采用了讲授法、启发式教学法、小组讨论法。

（六）教学过程

教学过程如表1所示。

表1　教学过程

教师行为	学生行为	设计意图
［课堂导入］ 设置"课中课"的形式，带学生进入中学课堂，扮演中学生角色。以"故事吸引"的方式设计一个屠呦呦与青蒿素的故事，作为中学课堂情境导入，并提问了解了听了故事后的感受。然后让学生分组讨论屠呦呦研究提炼青蒿素的化学方法和探究思路，以此方式创设本堂课的"境中境"	认真聆听、回答、思考。	1. 以"课中课"的形式创设情境，激发学生学习兴趣 2. 以屠呦呦与青蒿素的故事作为故事选材，从中渗透出爱国精神、文化自信、工匠精神、社会责任等思政元素，从而潜移默化地培养学生科学态度与社会责任以及科学探究与创新意识的化学核心素养 3. 以此沉浸式进行课堂导入更能使学生领会情境导入的方式方法

表1（续）

教师行为	学生行为	设计意图
［新课讲解］ 1. 理解情境导入的概念 引导学生通过"课中课"的体验理解故事型导入的概念，掌握故事型导入的特点和方法。 2. 学会设计情境导入 布置任务让学生通过小组讨论的方式进行交流分析，并让小组成员共同设计一个故事型情境导入，并且故事素材中需含有思政元素，最后进行交流发言	思考推理，聆听。带着教师提出的问题，同学之间进行讨论，发表见解	1. 以小组讨论的形式提高学生学习能动性，培养学生小组合作能力 2. 让学生转换身份，以教师的角度来设计情境导入案例，使学生深刻认识到作为中学教师的使命感和责任感 3. 要求学生设计的故事素材中含有思政元素，让学生更能深刻体会"课程思政"的内涵与价值，从而树立立德树人的教学理念
［课堂小结］ 记忆理解情境导入的特点	学生通过跟随老师的总结，进一步梳理本堂课知识点	回顾本课知识点，使之条理化，进一步加深印象

四、教学评价情况

在每堂课末都进行总结与评价，采用自评、师生互评、生生互评等方式了解学生对本节内容的把握程度以及与"课程思政"的结合深度。大部分同学都能掌握化学教学知识，同时也对思想政治理论理解得更为深透，并且感受到思想政治理论与化学教学是不可分割的整体，从而更有内驱力、有方法、有成效地学习化学教学知识。在实践环节中也采用自评、师生互评、生生互评的方式，以达到大部分学生能够使用化学教学技能和方法进行完整教学，并且学以致用地在自己的教学片段展示中渗透思想政治教育元素。这样的方式，使他们不仅具有从事教学和教学研究的初步能力，并且增强师范生的文明素养、社会责任意识、实践本领，努力成为德智体美劳全面发展的社会主义建设者和接班人。

五、总结

将化学教学论知识与思想政治教育渗透结合，实现了化学教学纵横交叉、立体化的呈现方式，同时也是注重科学发展观培养及教师整体素质养成的结构性体现，使得化学教学论课程内容更具有包容性和时代性。通过这种方式，可以增强师范生的德育意识以及新时代教师的使命意识，为进一步培养能担当民族复兴大任的新时代中学教师做好准备。并且为师范生提供示范，让他们也在自己的中学化学教学设计中渗透思想政治元素，进而提高未来中学生的政治素养。这同时也可以为化学教学论这门课程理论的横向发展提供示范，为化学教学领域的研究方向开辟了新的道路。

参考文献

［1］王丽丽，韩福芹，陈春霞，等. 传统文化在大学化学教学中的应用与实践［J］. 教育教学论坛，2019（27）：148-149.

［2］单鑫. 新时代高校思想政治教育话语建构研究［D］. 上海：上海外国语大学，2020.

［3］刘洪博，李青云，周瑜芳，等. "化工原理"课程思政改革的探索与实践［J］. 广东化工，2021，48（22）：254-255，266.

［4］王晓军，王后雄，刘树信，等. 新师范化学教学论课程思政构建与实践［J］. 绵阳师范学院学报，2021，40（5）：45-50.

［5］蒋爱军，宋微. 社会主义核心价值体系引领高校人才培养的对策研究［J］. 教育教学论坛，2014（37）：260-262.

［6］常悦. 以化学学科为基础的科学启蒙教学策略研究［D］. 哈尔滨：哈尔滨师范大学，2019.

美术与设计类创新实训平台的建设与探索

——以四川文理学院美术学院为例

吴　涛①

近年来，美术学院实训平台始终服务于美术与设计类课程实践的需要，以培养大学生实践创新能力和终身学习能力为目标，依托中央财政支持建设的实训平台资源，优化实训管理制度，完善实训室功能，加大平台建设力度，拓展实践实训模式，以省级校级应用型示范专业、课程建设为契机，进一步推进实践创新平台建设和积累运行经验，取得了显著成效。

一、创新实训平台建设的背景及必要性

2018 年 2 月，教育部印发了《关于加快建设高水平本科教育　全面提高人才培养能力的意见》，强调建设能够满足实践教学需要的实验实习实训平台，加强校内实验教学资源建设，构建功能节约、资源共享、开放充分、运作高效的实验教学平台。在此背景下，美术学院实验实训中心立足于当下应用型学科专业发展和课程建设需要，构建前瞻性的实践教学育人平台，其目的是为美术设计类专业相关课程的实践教学提供集健全、高效、系统于一体的现代化综合性实训平台。美术学院实验实训中心成立于 2014 年，由中央财政支持建设，总投入资金 460 余万元，现有针织刺绣实训室、服装与服饰设计实训室、硬质材料实训室、雕塑实训室、陶艺实训室、木工实训室、木版画实训室、视觉传达设计实训室、环境设计实训室、师范生教学技能实训室等 10 类 14 间，使用面积近 1 500 平方米。实验实训中心全职人员 2 名、兼职人员 2 名。总体而言，呈现出师资结构合理、基础设施完善、实训门类齐全的特点，但也存在管理机制

---

① 吴涛，1985 年生，男，湖北黄石人，讲师，四川文理学院美术学院实验实训中心主任，主要从事艺术与设计领域相关研究。

不健全、对接行业的需求不足、信息化建设有待提升、实训平台建设路径单一、实践实训教学成果不多等问题。创新实验实训平台建设，旨在优化运行机制、充分利用资源，借助入驻企业平台，拓展实践实训模式，倡导参与式教学，加快运用信息技术升级改造，提高实践教学水平。此举有利于促进专业及课程建设，提升实践教师队伍水平，提高美术与设计类专业学生实践创新能力，为学校培养高素质、应用型、复合型人才奠定基础。

二、创新实训平台的建设成效

（一）形成了"三新四性"运作机制

创新实训平台建设的"创新"，首先是制度与运行机制的创新，具体可以概括为"三新四性"。"三新"即机制保障创新、制度保障创新、组织保障创新。机制保障创新是指美术学院实验实训中心在规划、管理、运行过程中，在设备仪器、配套软件、实训环境、人员培训等方面建立了健全的保障；制度保障创新是指实训平台根据美术与设计专业及课程的性质与特色，针对示范演示、观摩过程、创作表现、衍变衍生的实践实训特征，制定了相匹配的安全管理与运行制度；组织保障创新是指实验实训中心平台建立健全机构，实施主管领导负责、分管领导管理、中心主任执行、实训教师专业指导的机制，将职能责任落实到人，实行目标责任制，保证实训室管理与教学运行的科学性和合理性。"四性"即规范性、针对性、灵活性、专业性。规范性是指实验实训中心根据课程的标准以及操作的规范而制定的行为准则，体现在设备展位的规范、实训教师示范的规范、学生操作的规范等方面；针对性是指实验实训中心依据各类课程的类型及实践特点进行分级、分类培训与实操，同时，将设备划分不同等级而进行有选择的使用；灵活性是指实验实训中心多元化的实践教学方式，利用图片、语音、短视频、动画等信息化手段促进实验实训教学和实操规范引导；专业性是指美术学院在职实训指导教师专业对口，实训教学经验丰富，具备规范性的专业指导技能。

（二）创建了"多措并举"实训教学模式

"多措并举"是根据美术与设计类课程的需要，深化课程内涵，拓展实践教学环节和途径，开展形式多样的实践实训活动，通过"引进来、走出去、重参与"的方式，丰富实践教学的模式。其一是"引进来"。"引进来"是引进赛事活动，健全实训室实践教学功能，拓展实践实训平台的影响力。举办相关赛事是提升实验实训平台使用效率，检验实践教学效果的路径，同时也是获取实践成果的途径。如由四川省教育厅主办的"四川省首届高等学校美术教育类专业大学生基本功展示活动"在我校举办，动员了全院教师以课程实践教学为主体，以参赛为契机，以实践创作为途径，在限定时间内，通过制定教学目标，优化实践教学过程，注重实训演练技能，达到提升美术类学生专业能力的作用。其二是"走出去"。美术学院以实验实训中心为平台，主动对接市场，参与社会行业的互动与交流，优化创新实验实训平台建设。实践教学的目的在于提升美术与设计类人才实践操作能力，拓宽视野，积累行业经验。如视觉传达设计专业的"印刷工艺"课程，通过由内向外延伸，实验实训中心与校外出版印刷企业建立合作关系，通过引进行业专家来实验实训中心授课，传授实训操作真知，指导中心设备优化与维护，同时，选派实训教师赴企业锻炼、学生赴工厂观摩学习，探索实践实训教学模式，提升实践教学质量；其三是"重参与"。"重参与"是指参与行业的设计实践项目，优化实验实验中心设备的功能，拓展校外资源平台，探索实践实训教学的标准。如服装与服饰专业拓展服务布局，主动参与解决地方企业发展需要，开展巴山大峡谷风景旅游度假区工作人员服装设计项目，通过参观、调研、设计预案、制作实施等环节，借助服装与服饰实训平台和利用校外加工企业实训平台，完成项目化实践教学。

（三）拓展了"入驻企业"实训平台资源

学院充分利用资源，成立博大公共艺术分公司，邀请五家设计公司和雕塑创作工作室入驻美术学院，实现公司化运营。积极推动校企合作，深度参与产教融合，进一步推进项目化教学的实施。校企双方以"育人"为初衷，共同制定科学合理的培养方案，以项目化教学的方式植入课程实践实训环节，通过学生参与、教师主导、设计师引领等方式开展设计实践教学的融合，从而树立校本"入驻企业"产教融合的新典范，彰显美术学院推进协同育人的创举。同时，入驻企业校外的实践平台和资源也为美术与设计类课程提供了实践空间，将言传身教的授课模式转变为观摩实践操作的新模式。例如环境设计专业的"商业居住空间设计"课程，入驻企业通过项目资源，将校外实景商业住宅楼盘作为实践实景教学的场地，以实际的经验传授课程经验。此外，入驻企业的校外材料展示中心、照明展示中心作为企业方核心的实验展示场所，美术学院亲自授牌，建立实验实训中心的校外实践基地与实训平台。美术学院通过校地双方合作，建构了实践实训教学创新模式。

（四）树立了"微格实训"创新教学典范

美术学院师范生教学技能实训室是进行学科专业教育教学技能训练的场所，承担美术学师范专业的微格教学任务。通过微格教学，提高师范生基本教学技能，提升学生课堂教学水平，观摩优秀教师示范教学过程。其主要用于师范生技能培训、美术教学法、师生赛课与试讲、精品课程建设以及中小学教师继续教育培训等项目和赛事。

师生在微格教室进行教学活动后，回放教学录像，通过自评、小组评议和指导教师综合评价，及时反馈授课人教学技能训练中的情况，进一步改进教学方式，以促进学生或进修生教学技能的提高。微格实训室支持美术学师范生或进修生在学科教育课程中进行相应的微格教学和职业技能训练。通过微格教学使学生掌握课堂导入、教学语言、教学组织、教学媒体、教学板书、教学评价等多项教学技能，从而为美术类师范生教学能力的提升提供了平台保障，进一步树立了"微格实训"创新教学的典范。

三、创新实训平台建设的远期规划

（一）优化配置，提升实训协同效能

美术学院实验实训中心最重要的职能是为课程的实践实训教学提供保障，具有支撑性和建构性作用。随着学科专业的发展、培养方案的更新、实操课程的设置、课程实践环节的优化、项目化实践教学的实施，这些因素都对实验实训中心各实训室的功能配置与建设环境提出了更高的要求。因此，美术学院实验实训中心将与时俱进，对应发展需要，合理布局，进一步加强实验实训中心基础建设和环境改造，完善实验实训中心功能架构，提升实验实训中心示范与协同水平。美术学院结合专业建设发展规划目标，根据学校计划投资配比，将重点建设一流本科示范专业美术学的相关教学配套实训室——油画实训室，进一步优化雕塑与陶艺实训室条件，完成服装与服饰设计专业的实训室改造及扩建，补充和完善木版画实训室建设的相关工作。美术学院实验实训中心将建立公共艺术创作实践实训平台，从而为美术与设计类专业的创新实践打下良好的平台基础。

（二）依托平台，建立特色实训教学资源平台

秉承巴文化传统，形成具有地方特色的优质实训教学资源聚集地，构建艺术与设计实践、科研与社会产业转型升级的对接和实验教学服务平台。美术学院实验实训中心将依托四川省教育厅人文社科重点研究基地巴渝民间艺术研究中心平台，建立巴渝民间艺术创作实践工作坊，促进民间艺术的项目化实践与转化；在现有实验实训平台的基础上，优化实践教学内容，对接行业经济需求，提高实践教学成果产出，立项高级别横向课题，争取建设成为省级实验教学示范中心；继续推进实验实训中心信息化建设，加大资金投入，配备功能先进、安全高效、省内领先的设备设施，建立实训教学和实训室管理网络信息平台，打造网络共享资源丰富的实训教学环境；进一步构建匹配美术与设计学科专业动态发展、促进创新人才培养的领先实践实训教学体系，做好实训成果展示等工作。

（三）立足地方，共建区域示范集训竞赛基地

达州地处川东北腹地，制造产业基础薄弱，技能人才匮乏，产业经济的创新力与制造力有限。美术学院贯彻学校发展要"立足地方，反哺地方"的宗旨，紧密对接地方经济与社会发展需求，搭建区域协同创新平台。美术学院依托现有实验实训平台资源，以现代化木工实训室为载体，优化设备资源配置，进一步升级木工实验实训场所，共建标准化实训工位场地，完成达州精细木工省级技能大赛培训基地的建设任务，形成达州技能人才培训的新高地，从而为达州输出更多具有专业技能和工匠情怀的应用型人才。美术学院致力于拓展美术学院实验实训平台的影响力，延伸实训平台与社会行业的合作与衔接，实现实训平台资源的共享与互鉴，共建区域示范集训竞赛基地，构建学校、政府、企业三位一体的共赢局面。美术学院建立省级实验教学示范中心，竭力具备申报国家级示范实验实训中心的条件。美术学院以建设省内一流应用型高水平大学为目标，建立艺术与现代技术跨学科的实践联盟，实现省内开放城市艺术实训教学的示范性窗口；构筑中外艺术融合的前沿阵地，为努力把学校建成特色鲜明、优势突出的高水平应用型大学贡献力量。

线上线下混合式一流课程建设的探索与实践①

程　曦②

线上线下混合式一流课程建设需要具备创新性、科学性以及时代性等特征，这也是提高教学质量的核心内容。对此，教师要与时俱进，紧跟时代发展的脚步，丰富教学内容，创新教学模式，制定符合学生发展需要的教学目标，构建多元化的教学评价体系，促进学生的进一步发展。

一、线上线下混合式一流课程建设原则与需具备的要素

（一）线上线下混合式一流课程建设原则

线上线下混合式一流课程建设原则中明确提出要以学生为中心，改变以往的教学模式，加强课程的科学有效性，提高课程的难度。首先，在人才培养过程中，需要制定培养目标和培养内容。针对这一问题，教师要改变传统教学理念和方式，将专业知识、操作技能、综合素养进行有效融合，将目标作为根本，建设与之相符的指导课程。所传授知识应当具备一定的创新性和挑战性，而能力和素质则是解决问题的渠道，比如深入分析、仔细探究、大胆猜测、敢于创新等，这些知识和能力理应在教学过程中得到发展和创新。对此，教学方法需要将先进性、有效性以及互动性体现出来，使学生能够主动进行个性化学习和探究。其次，课程设计的趣味性、综合性以及研究性。想要创新教学内容，则需要结合当前时代发展的变化，比如科技发展成果、思想政治教育内容、学术探究等。这在线上线下混合式一流课程建设中也是十分重要的内容之一。教师可以利用丰富有趣的互动式教学模式，突出多媒体等设备的优势，将探究作

---

① 四川文理学院一流课程建设项目"物业管理信息系统开发"（2021KCC006）的研究成果。
② 程曦，1980年生，女，四川达州人，讲师，硕士，主要从事计算机应用技术研究。

为基础，把学生作为中心，开展探究式教学模式，以此来提高教学质量和效率，同时培养学生的综合能力和创新思维。

（二）线上线下混合式一流课程建设需要具备的要素

线上线下混合式一流课程建设需要具备三个要素，即现代化的教学理念、多样化的教学方式、多元化的教学评价。首先，现代化的教学理念。在线上线下混合式一流课程建设过程中，教师需要改变以往的教学理念，将学生作为中心，从讲授者转向引导者，与学生建立良好的合作关系，帮助学生成为课堂真正的主人，进而调动学生的学习主动性，从各个方面培养学生的专业技能，树立正确的三观认知。其次，多样化的教学方式。线上线下混合式一流课程建设要求教师要采取科学合理的教学方式，将以往的"填鸭式"教学模式变成自主探究、共同探讨的教学模式，从教师一个人的舞台变成与学生相互交流、有效互动。通过小组合作模式引导学生主动探究和思考，进而挖掘学生的内在潜力和创新思维，以此来提升学生的综合素养。最后，多元化的教学评价。线上线下混合式一流课程建设要求改变以往以成绩定所有的考核方式，需要从学生的日常表现、课堂情况等各个方面进行评价，同时评价标准也要多元化，考核方式可以采取线上线下相结合的模式，使学生能够更好地了解自身的不足之处并加以改正。

二、线上线下混合式一流课程的优势

（一）有利于丰富教学内容

在线上线下混合式一流课程建设中，教师应当主动搜集当前比较热门的案例和理论，并将其融入日常教学中。这样不仅能够避免学生所学知识与现实不符的情况，也能将新旧知识衔接起来，正所谓"老酒散新香"。让学生站在历史的角度学习更多的知识，才能真正理解新知识是如何和老知识相结合的，也才能知道什么是"新发展、新趋势"。每个时代需要培养什么样的人才，如何培养，这些问题都是所有教育工作者需要回答的首要问题。

（二）有利于创新教学模式

线上线下混合式一流教学模式并非完全新的一种教学模式。在信息技术快速发展的今天，该模式受到了各界社会人士、教育专业人士等的重视和关注，网络环境下的混合式一流课程建设更是将"互联网+"的优势发挥得淋漓尽致，对已经存在的教学模式进行二次重塑。它不再是所谓的"新瓶装旧酒"，而是一种具有现代化含义的教学模式，是能够在原有基础上进一步完善和创新的教学模式，更是可以有效提高学生学习成绩和专业水平的教学模式。

（三）有利于体现教师的主导性和交互性

在传统教学中，教师和学生的关系并不是那么的和谐，教师往往以主导者的身份与学生相处，导致大多数学生对教师的印象没有那么好。而在如今素质教育背景下，教师也慢慢改变了观念，将学生作为课堂的主体，自己转向了引导者的角色。比如，在线上线下混合式一流课程建设中，教师需要把自身、学生和多媒体设备等结合在一起，以此来提高教学质量，同时让学生能够主动参与到教学活动中，从而实现师生之间的有效互动。在线上线下混合式一流课程建设中，线上教学主要是给学生提供实践操作机会，让学生能够通过概念地图、思维导图等工具实现信息共享，以丰富有趣的教学模式，让学生可以和同学、教师进行交流和沟通，进而实现概念交互、友好互动的目的。

三、我院线上线下混合式一流课程建设的具体探索与实践

（一）确定课程教学目标

在线上线下混合式一流课程建设过程中，首先需要选择科学合理的教学内容，同时还要结合学校的立校定位和专业人才培养目标来确定课程教学内容，借助改革、优化等方式将教学内容中的知识、专业素养、能力进行有效融合，以此来提高课程的创新性，加强课程的挑战性，从而培养学生分析问题、解决问题的能力。其次还需要将课程教学目标和学生的专业知识、技能操作、行业要求相结合，满足当代学生对学习的需求以及社会对人才的要求。最后要做到课程教学目标描述精准、具体、真实，既要符合学生的发展规律，也要和学校的实际情况相吻合，这样才能保障教学目标的顺利实现，同时也便于学校、社会对学生进行考核和评价。另外，教师在日常教学中，要根据教学内容深入挖掘其中蕴含的思政元素，将立德树人作为根本，以现代化教学理念、多样化的教学模式，给社会培养出高质量、全能型人才。

（二）教学理念与教学设计相融合

学校需要将教学理念和教学设计相融合，制定科学合理的教学方案、教学方式以及评价标准，在此基础上结合教学目标搜集相应的教学内容。在线上线下混合式一流课程建设过程中，教师可以巧妙运用"互联网+"等现代化技术来活跃教学氛围，提高教学质量，创新多样化教学模式，让学生主动参与到教学活动中。充分了解学生的实际情况，根据不同的教学目标、任务，以专题的方式设计与之相符的教学内容，借助教学大纲、相关材料展开丰富有趣的教学活动，以此来提高教学质量。

（三）科学挖掘教学内容

课程教学内容的挖掘需要符合当前的教育形势和要求，也要具备相应的课程思政元素，确保课程思政能够被有效融入其中。在线上线下混合式一流课程建设中，应将专业知识和课程思政内容相结合，并找到合适的机会将学科的时代性展现出来，同时凸显专业、时代发展的成果，将塑造性、知识讲解、专业能力培养合为一体，从而为社会培养出优秀的创新型人才。教师可以将多个学科交叉在一起，比如理论知识、专业技能、实践操作等，选择科学有效的在线课程资源教学模式，其中包含国家精品在线开放课程等。这样一来，不仅能够吸引学生的注意力，也能丰富教学环境，提高教学效率。课程教学内容需要体现科学性、前沿性、时代性以及先进性，拓宽学生的视野，培养学生成为眼界开阔的人才。

（四）优化教学模式

在线上线下混合式一流课程建设中，线上教学时间最少要占据20%。但是线下的课堂教学切不可像以往那般以教师为主，而应当以学生为本，以教和学为中心，采取因材施教的方式，提高教学效果。除此之外，教师还应当不断地充实自我、提升自我，学习专业知识，创新教学模式，借助多媒体等教学设备展开线上线下混合式一流教学，拉近师生之间的距离，与学生做朋友，营造舒适和谐的教学氛围，以此来加强学生分析问题、解决问题的能力。应努力丰富教学模式，比如小组合作模式，让学生们能够在小组合作中，取长补短，形成相互协助、互帮互助的意识。

（五）多元化的教学评价模式

线上线下混合式一流课程建设教学评价模式需要具有针对性，比如线上评价至少要占据20%。需要根据学校对于人才培养的要求、任务、目标等来采取多元化、科学合理的评价方式，以公平、公开、公正的形式完成教学评价。教师需要结合教学目标制定教学任务和教学要求，其中需要明确课程教学过程，并对其进行管理、评价，以线上线下相结合、分组讨论、小组合作等形式评价学生的学习成果，以此来确保评价的合理性。

（六）运用多媒体等手段进行教学

教师在日常教学中可以采取多媒体等现代化手段来进行教学，这样不仅能够减轻教师的负担，节省教学时间，也能有效提高教学质量，同时还能激发学生的学习热情和主动性，使学生能够尽快了解本节课的重难点。改革课程体系，需要学生、学校、教师等多方面的努力，才能有所收获。在这个过程中，教师要想方设法提高学生的参与度，并通过丰富有趣的教学模式，让学生产生荣誉感和满足感，进而才会肯定教师的教学。比如，线上线下混合式一流课程建设，便可借助多媒体等现代化手段了解学生在上课过程中的疑难杂症，并根据这些问题进行深入研究和反思，从而不断完善、调整教学设计和教学模式。还需要制定监管制度。学校可以针对这方面制定监管制度，帮助教师提升自我，同时促进线上线下混合式一流课程的构建和发展。

（七）线上教学和线下教学有机融合

在线上线下混合式一流课程建设过程中，一般学生会选择20%左右的时间来进行线上学习，剩余的便是线下学习时间。针对这一情况，教师应当有意识地引导学生将线上教学和线下教学有机融合，而非简单地"拼接"。在进行线上线下教学时，教师可以让学生先通过线上平台简单学习下节课知识点，然后再布置任务，帮助学生巩固知识、加深理解。之后在线下课堂教学中，教师要以项目式等方式让学生主动参与到多样化的教学活动中，以此来提高教学质量。但一些教师并未合理安排学生的线上自主学习时间，对提升教学质量和学生的学习兴趣造成了一定的影响。比如，第一周以线下方式讲解了第一章节的内容，第二周使用线上教学方式讲解接下来的内容，以线上线下交叉的形式讲解；又如，同一个内容，前部分线上教学，后部分线下教学。这种教学方式完全就是将这两者生硬"拼接"，根本不是真正的线上线下混合式一流教学模式。

四、结束语

总而言之，线上线下混合式一流课程的构建需要巧妙运用线上有效资源，创新教学模式，丰富教学内容，采取多元化的评价方式，以此来提高教学质量。对此，在日后的教学中，教师还需要对其进行深入研究和分析，找出更多适合当代学生实际需求的学习模式，凸显教学的实用性和多样性。这样才能吸引学生的注意力，让学生主动参与到教学活动中，从而提高学生的综合能力和专业水平。

参考文献

［1］罗自强，冯丹丹，向阳，等. 生理学国家级线上线下混合式一流课程建设的实践［J］. 基础医学教育，2021，23（4）：265-269.

［2］李慧，施珺，陈艳艳，等. 线上线下混合式一流课程建设的探索与实践［J］. 计算机教育，2021（7）：183-187.

［3］韩克新，王静，陈雪蛟，等. 思政课线上线下混合式一流课程建设的几点思考：以"思想道德修养与法律基础"课程为例［J］. 科教导刊，2021（14）：166-168.

［4］杨晓宏，郑新，田春雨. 线上线下混合式一流本科课程的内涵、建设目标与建

设策略［J］. 现代教育技术，2021，31（9）：104-111.

［5］黄蓉. 线上线下混合式课程建设及其质量评价：以广东省外语艺术职业学院为例［J］. 河北职业教育，2021，5（5）：104-108.

［6］贺孝梅，宁芳，曹曼. 线上线下混合式一流课程建设探析：以设计材料与工艺课程为例［J］. 中国现代教育装备，2020（15）：63-65.

［7］王改花. 大学生学习者特征对线上线下混合式学习效果的影响研究［D］. 西安：陕西师范大学，2020.

［8］李雅欣，王雯. 一流本科课程建设背景下高校音乐学专业学生线上线下混合式学习模式创新研究［J］. 文化产业，2022（4）：25-27.

［9］张要军，吕梦倩. 一流学科建设背景下线上线下混合式金课建设的探索与思考［J］. 教育现代化，2020，7（53）：125-127，135.

文化传承背景下地方高校特色体育校本课程的建设研究

——以四川文理学院为例[①]

张岩松[②]

近年来，在习近平总书记的引领与指示下，优秀传统文化的传承与保护成为家庭教育、学校教育、社会教育的新使命与新方向。其中，学校体育作为学校教育的重要构成部分，分担与肩负着学校体育文化特别是民族体育文化传承、发展的重任。2017年1月25日，中共中央办公厅、国务院办公厅颁发了《关于实施中华优秀传统文化传承发展工程的意见》，要求按照一体化、分学段、有序推进的原则，把中华优秀传统文化全方位融入思想道德教育、艺术体育教育等各环节，推动高校开设中华优秀传统文化必修课，在相关学科专业和课程中增加中华优秀传统文化的内容，推进传统体育等进校园。该意见奠定了高校特色体育校本课程开发的理论基础，明确了实施中华优秀传统文化传承发展工程的具体要求。之后，为进一步落实习近平总书记关于教育、体育的重要论述与指示精神，突出学校体育工作的重要性与典范性，2020年10月，中共中央办公厅、国务院办公厅出台《关于全面加强和改进新时代学校体育工作的意见》，要求加强体育课程和教材体系建设，注重高等教育阶段体育课程与创新人才培养相结合，学校体育教材体系建设要扎根中国、融通中外，充分体现思想性、教育性、创新性、实践性，根据学生年龄特点和身心发展规律，围绕课程目标和运动项目特点，精选教学素材，丰富教学资源。显然，当前学校体育的发展、改革，离不开对民族传统体育文化资源的挖掘、整理，尤其是特色体育校本课程的开发与创编。

四川文理学院作为一所省属本科院校，坐落于巴人故里达州，深受巴人文化的熏

---

① 本文系2020—2022年四川文理学院教育教学研究与改革项目"基于文化传承背景下地方高校特色体育校本课程的建设研究——以四川文理学院为例"（2020JY104）的研究成果。

② 张岩松，1991年生，男，讲师，硕士，主要研究方向：民族传统体育。

陶与感染，在涉及传统巴人文化的研究方面，具有得天独厚的地域优势、资源优势和人才优势。四川文理学院凭借其特有的教育定位、地理位置成为巴人故里中最为璀璨耀眼的明珠，同样也肩负着传承巴人文化精髓、塑造巴人文化品牌的重担与使命。巧借巴人文化元素，构建特色校本课程，传承民族文化，成为四川文理学院特色办学的重要突破和历史使命。对于体育文化而言，近些年来，西方竞技体育思想逐渐侵蚀、影响着当代青少年的价值观和人生观，一方面，严重干扰我国民族传统体育文化的传播；另一方面，极为不利于我国青少年思想的健康发展，对国家未来发展构成潜在危害。时下的学校体育活动中，已然很难发现民族传统体育的身影。显然，民族传统体育的学校传承发展要求，已经到了极为迫切的地步。本文以特色体育校本课程的建设为线索，探索发展学校体育、保护民族传统体育文化的有效路径。

一、校本课程的概念与对体育校本课程的认识

（一）校本课程的概念

"校本课程"一词源自 20 世纪中后期的西方发达国家。目前，学术界对于"校本课程"的概念界定与理解，存在众多不同的表述方式与论述，总体来说，可以认为校本课程是以学校、教师、学生实际情况为基础而开发的特色课程。它区别于国家课程教学的统一化、标准化，而突出学校"校本课程"教学的自主化、个性化、特殊化。通常来说，"校本课程"可以是在国家课程或者地方课程基础上，结合学校实际情况，进行改编，即改良版的国家课程、地方课程；也可以是纯粹的学校新编课程，即在遵循国家教育方针、政策的前提下，学校自主开发、创编的课程。

（二）对体育校本课程的认识

自"校本课程"的思想、观点被提出以后，便在世界范围内引起了教育者的关注与重视，人们仿佛发现了能够促使课程竭力发挥功能的新途径。我国在"三级课程体系"的构建、改革实践中发现，"校本课程"就是在国家标准指导下，以学校为本位，自我开发、自我确定教学内容的课程。目前来说，国内的"体育校本课程"普遍都是各学校教师自主开发出来的。尤其是在一些少数民族地区，学校教育工作者就地取材，利用地方特色体育文化资源，开发出既能彰显地方民族文化特色，又能培养学生民族文化情怀的特色校本课程，真正意义上实现了教材内容的多样性、差异性和独特性，使课程更能体现"以人为本"的理念，甚至于突破教学资源分布不均衡的桎梏。从另外一个角度来看，"校本课程"开发的初衷便是以学生、学校为中心，实事求是，尊重学生的个性化差异、学校的实际情况，彰显学生的个性、学校的特性。事实上，"体育

校本课程"开发的盛行，亦是我国作为一个多民族国家国情的体现。

二、特色体育校本课程模式及开发原则分析

（一）特色体育校本课程模式

在国家标准与学校 2020 版人才培养方案的指导下，遵循专业培养的目标要求和就业特点，结合学校的实际情况与办学特色，进行分类别、分标准的课程设计，融入文化育人的理念，注重学生体育运动兴趣、锻炼习惯的培养与养成，制定出合理的课程体系，进而构建出学校体育、民族体育相统一的课程教学模式。根据四川文理学院 2020 版人才培养方案课程类别的划分标准，四川文理学院特色体育校本课程主要分为以下三个模式：复合培养课程（选修）、专业核心课程（必修）、通识核心课程（选修）；除此之外，沿用 2016 版人才培养方案的部分学生，还有专业见习部分。

对于体育学院的学生而言，其在学校所学习的所有运动项目，除了武术以外普遍是西方体育项目，如篮球、足球、排球、网球、羽毛球、田径、乒乓球等，而对于自己国家的民族传统体育项目则知之甚少。这是一个令人细思极恐的现象：体育学院的学生在未来走向工作岗位的时候，体育教育专业的学生主要从事中小学的体育教学，而社会体育指导与管理专业的学生主要面向社会各类群体进行相关教学。然而，在他们掌握的整个知识、技能体系中，几乎全是现代西方竞技体育的项目，几乎没有民族传统体育知识、技能的积累，这也就意味着他们在未来的体育教学过程中，无一例外的都是西方竞技体育项目的推广与传播内容，而鲜有民族传统体育的身影，这对于民族文化的传承和发展、对于建立民族文化自信都是极为不利的存在。因此，在其复合培养课程中，单独设置一个民族传统体育的课程模块，进行常见的民族传统体育游戏、活动教学；在专业核心课程中，改变以往的武术套路教学，更改为在达州市流传 300 余年的法门武术教学，更符合学校传承优秀传统文化的要求。

对于非体育专业的学生而言，通过开设民族传统体育通识核心课程（选修课）的形式，向学生展示常见的民族传统体育项目，如射箭、转陀螺、踩高跷等，以此开阔学生的视野，让学生沉浸式体验传统体育文化的魅力，进而增强民族文化自信心，提升民族文化认同感，培养出满足国家发展、民族振兴需要的合格人才。

（二）特色体育校本课程开发原则

1. 兴趣原则

"校本课程"的开发，本着"以人为本"的理念，充分考虑学生的实际情况，尤其是学生的兴趣度。特色体育校本课程的制定更是如此，从学生的兴趣出发，充分调

动学生的积极性，激发学生对于参加体育运动的兴趣与热情，吸引学生参与到体育锻炼、学习中，并逐渐培养学生对于体育运动的情怀，养成参加体育运动、锻炼的习惯，进而保障体育校本课程的趣味和魅力。

2. 优势互补原则

体育校本课程区别于国家课程或者地方课程。在某种层面上，国家课程或者地方课程的特点是标准化、规范化、基础化，而体育校本课程则是对于国家课程或者地方课程的补充与创新。体育校本课程的开发，可以进一步丰富体育课程的素材，优化或者推动体育课程的全面发展，促使学生更加有效地完成或者达成学校体育教学的目标，实现学校体育教育的价值。

3. 特色理念原则

相对于国家课程的统一性，体育校本课程的理念更能够反映出学校、学生的实际诉求。如在民族传统体育校本课程的开发过程中，结合学校开展民族传统体育活动的实际情况，制定出特色发展项目和理念。不仅仅是追求传统体育课程的健身、技能学习功能，更是包括传承民族文化，提升民族文化认同感，树立民族文化自信心的针对性特色理念。

4. 科学指导原则

体育校本课程的开发，并不等同于体育教育内容随意搭配与选择，而是依据党中央、国务院出台的相关教育文件，结合国家课程标准，融合课程开发的理念、要求，立足于本校的现实情况，在满足"三级课程体系"的要求下，根据本校的体育课程建设标准，自行选择设计、组织改编、实施整改、评价指标、考核办法适应本校教学的体育校本课程建设工程。在总体要求下，本着体育校本课程科学性指导体育教学工作全面开展，不断完善，不断提高。

三、高校特色体育校本课程的开发价值

（一）有助于学生综合素质的提高

学校教育的根本任务在于人才的培养（立德树人），学校体育作为学校教育的重要组成部分，亦是人才培养的重要部分。高校通过构建特色体育校本课程，可以更有针对性地落实人才培养目标。同时，可以结合学校的实际情况，进行深入的教学改革与创新，确保人才培养有效开展。尤其是在当下社会发展过程中，民族文化自信、文化认同显得极为重要，现阶段通过各高校加强特色体育校本课程建设，围绕保护和传承民族文化，增强民族自信心、自豪感的出发点，进行特色校本课程的构建，既能体现课程教学内容的多样性和针对性，又能实现人才培养目标的同一性，最大限度地满足学生的发展要求。

（二）有助于体育学科的整体发展

在近代学校教育的发展历程中，受到西方先进教育思想与理念的影响，中国的学校教育存在着明显的西式发展趋势。以学校体育为例，不论是中小学体育教育，还是大学体育教育，抑或是体育专业学生的专业教育，都普遍涉及现代西方竞技体育项目，极少涉及民族传统体育项目。在某种程度上，可以认为现代西方竞技体育代表了整个学校体育的发展方向。这样的一种教育理念，严重影响了学生对于体育学科的认识，容易忽略民族传统体育精神，而在思维意识层面受西方竞技体育思想影响。因此，通过建设高校特色体育校本课程，可以改变旧的课程观念，继而建立新的课程理念，优化学科建设工作，搭建与社会经济发展相匹配的专业性人才。同时，体育校本课程的建设可以培养更加全面的体育专业人才，尤其是地区特色体育人才。

（三）有助于教师专业水平的提高

高校特色体育校本课程的建设，有助于提高体育专业教师的专业业务能力，提升体育教师传承民族文化的时代使命感，引导体育教师形成时代发展历史责任感，潜心研究适应本校学生特点的教学内容、方法，从而改变体育教师以往被动、存在感不足的现象，将激发学生体育运动兴趣和自主学习动力作为该学科改革的宗旨。

四、结语

近年，不论是中小学基础教育阶段，还是高校高等教育阶段，在体育课程改革上取得的成就十分亮眼。学校体育作为学校教育的重要组成部分，在国家标准的指导下，积极结合学校的实际情况、地域特色，构建满足且适合自身发展需要的校本课程成为学校体育发展的趋势。积极开展高校特色校本课程研究，探索校本课程运行模式，对于学校体育发展具有重要作用。

参考文献

［1］王德慧，李丽慧，龚坚，等. 基于核心素养导向的体育校本课程开发研究［J］. 西南师范大学学报（自然科学版），2020，45（12）：171-178.

［2］冯发金. 新时代民族地区特色体育校本课程开发的实证研究：以卡蒲毛南族"斗地牯牛"为例［J］. 西南师范大学学报（自然科学版），2018，43（10）：179-184.

［3］肖前鑫. 新课改背景下绵阳市主城区高中体育校本课程建设状况及发展路径

研究［D］. 成都：成都体育学院，2016.

［4］陈晓春，于海浩. 高校体育校本课程开发的可行性研究［J］. 当代体育科技，2016，6（20）：69-71.

［5］康彪，刘金霞. 民族传统体育文化保护与传承研究［J］. 体育世界，2019（10）：67-69.

对应用型高校学前教育本科专业实践教学课程实施的思考[①]

王冬梅[②]

一、问题的提出

国务院 2010 年颁布的《国家中长期教育改革和发展规划纲要（2010—2020）》提出，高等教育要"重点扩大应用型、复合型、技能型人才培养规模"。教育部 2015 年印发的《关于引导部分地方普通本科高校向应用型转变的指导意见》中要求高校转型过程中应"加强实验、实训、实习环节"。这些政策强调了应用型高校在人才培养模式上应充分体现创新、应用的精神内涵，突出了实践教学在人才培养过程中的重要作用。

实践教学是整个教学体系的重要组成部分，是理论教学的有效支撑，是应用型人才培养的重要途径。其中，实践教学课程起到了非常重要的作用，它是实现实践教学目标培养的重要保障。学前教育本科层次的人才培养，也应该以需求为导向，注重学生的实践能力和创新能力的培养，在新的人才观的引领下反思现有的人才培养方案和课程体系，突出实践教学课程在整个课程体系改革中的重要作用。

二、研究方法

（一）个案的选择

四川文理学院是四川东北部唯一的一所省属应用型本科高校。该学院学前教育专业本科在 2010 年开办，2013 年获批四川省"专业综合改革试点"项目。2020 年，学

---

① 本文系四川文理学院一流课程建设资助项目（2020KCD002）；四川文理学院学前教育校级应用型示范专业（2021 年 24 号）；四川省学前教育一流本科专业建设（高教厅函 2022 年 14 号）的阶段性成果。
② 王冬梅，1980 年生，女，汉族，四川省达州市人，讲师，教育学硕士，主要从事学前教育研究。

前教育专业入选四川文理学院校级应用型师范专业项目。2022 年，学前教育专业获批四川省一流专业。经过 12 年的发展，学前教育专业积累了较为丰富的本科层次人才培养经验，探索出一些学生实践能力培养的有益做法。该学院通过实践教学课程体系、管理体系、评价体系等实践教学体系的改革、实践、反思的积极循环，不断探索学前教育本科人才培养的新思路和新经验；学前教育专业的发展规模不断扩大，并为地方经济和教育的发展输送了一大批高质量人才。

（二）研究方法

访谈法：自编访谈提纲，从实践教学课程理念、实践教学课程的内容设计与实施、实践教学课程的评价与反思三个维度，对该专业管理者、教师、毕业生、在校生和幼儿园园长进行了访谈，以便深入了解该专业实践教学课程设计与实施的现状。具体的访谈对象包括该专业管理者 2 人、教师 4 人、学生 10 人（包括在校生、毕业生各 5 人）、3 名实习基地幼儿园园长，总共 19 名访谈对象，每位访谈时间约 30 分钟。

三、四川文理学院学前教育本科
实践教学课程的现状调查结果与分析

（一）"应用型人才观""反思实践性"课程理念突出，"全学程"理念不足

课程理念是实践教学课程设计和实施的灵魂和方向。通过对人才培养方案中人才培养目标的分析，能有效解读出实践教学课程理念的相关信息。四川文理学院该专业的人才培养目标是：学前教育专业以学校"三心四能五复合"人才培养目标为导向，培养具有坚定的政治方向、高尚的道德品质，具备良好的科学人文素养和实践创新能力，热爱学前教育事业，尊重幼儿人格及幼儿权益，工作细心、耐心，具有扎实的学前教育理论知识和较强的教育教学和科学研究能力，能够胜任幼儿园、学前教育相关机构教学和管理以及家庭教育指导师、育婴师等工作，能适应区域社会经济发展和基础教育改革需要的高素质应用型复合型人才。

从上述表述可以看出，"高素质、应用型、复合型"等课程设计的理念在该专业人才培养目标中体现得较为充分。为了进一步了解该专业的实践教学课程理念，笔者访谈了 2 位管理者、4 位专业教师，结果发现，100%的管理者较为强调专业实践教学课程的复合性、实践性、应用性等课程理念，并认为应用型高校的人才培养在理论和实践上寻求有机结合，强化学生的保育能力、教育能力、科研能力、艺术能力、复合能力等方面的培养。100%的教师强调学生实践能力的培养，并在课程中通过作业、课堂模拟教学等方式渗透对学生的能力培养。这体现出了"反思性实践"教育理念，强调

实践者需要"行动中反思"，在"行动—反思—行动"的循环中思考学生实践能力培养的有效方式。但是，在具体的实践教学课程设计过程中，较少涉及"全学程"课程理念，有75%的教师把实践教学课程看成专业课程中的实践操作环节。虽然受访者在认知上未涉及"全学程"，但是在实际的实践教学课程的设计和实施中部分地体现出了这个理念，如一位管理者提到"大一到大四的专业见习内容安排，结合学生课程学习的顺序和课程要求，进行了不同的规划"，这体现出了实践教学课程的时间应涵盖大学期间整个学习学程的"全学程"理念。

（二）实践教学课程的内容体系较为完整，专业研习得到初步探索

实践教学课程体系的构建，是实践教学课程的重点环节，是实现人才培养目标的重要途径。四川文理学院学前教育专业实践课程体系主要体现在该专业的人才培养方案中。从内容设计来看，该专业的实践教学课程体系包括四大类：通识核心课程、应用实践课程（"三习"、劳动等）、复合培养课程以及专业课程中涉及的实践环节等。从实践教学课程体系的内容构建上看，贯通了校内和校外的实践环节，连接了各类课程中的实践因素，涵盖了学生学习的整个过程，内容体系较为完整和全面。

从实践教学课程的具体实施情况看，针对问题"你认为哪些实践课程对你实践能力培养的影响较大？"，对10位学生的访谈数据显示，80%的受访学生提到"实习、见习"；30%的学生提到部分专业课程中的实践环节，如研究方法的使用、案例的分析等；20%的学生提到大四学期集中安排复合培养课程（学前社会实践活动、科研实践活动、职业技能训练、艺术技能训练）中对论文写作能力的训练、社会调研的经验积累方面的价值。100%的受访学生表示幼儿园保教活动较多，缺少其他内容，如人才培养方案中涉及的早教机构、培训机构等学前教育相关机构。从以上访谈结果可以看出，实践教学课程体系的各类课程在具体实施中受重视程度不同，实施的效果也存在着差异，特别是专业研习环节，并未在学生访谈中提及，尚处于探索阶段。通过对管理者的访谈得知，现有专业研习的环节主要渗透在第一至第六学期专业见习中，多以教学反思日记、调研结果等方式呈现，形式单一，未形成完整的专业研习内容体系。

对学生在实习见习过程中的满意度调查，发现60%的学生满意度一般，30%的学生表示较不满意，10%的学生满意度较高。通过进一步访谈得知，学生不满意的主要原因是学生在见习实习过程中活动组织的机会较少，保育工作较为繁重。这与学生对学前教育的理解和实习见习的理解较为片面有关，认为课程见习不应该做琐碎的保育工作、环境创设、幼儿管理等日常工作。这需要我们在平时的教学育人中强调正确的实习见习观念的形成和加强对学生专业情感的培养。

四川文理学院学前教育本科专业实践教学内容较完整，模块构成上较为均衡，但

专业研习探索尚处于起步阶段，缺乏相应的管理和实施文件；专业实践教学的实施，学生在实习见习中得到组织实施活动机会一般，学生满意度一般。在下一步工作中，应给学生提供更多的不同类型的专业实践基地，体现出复合型人才培养的目标要求。

（三）实践教学课程评价主体多元，评价指标体系需优化

课程评价是依据相关的课程理念和课程评价标准，针对课程的各组成要素，收集相关信息，对它的价值、适宜性、效益做出判断的过程。从评价客体来看，课程方案、实施过程、课程效果都是专业实践教学课程评价的内容；从评价主体来看，管理人员、幼儿园园长、教师、学生、幼儿与家长等，都是专业实践教学课程评价的主体。《教育部关于加强师范生教育实践的意见》要求：举办教师教育的院校（实践教学）要以指导教师评价为主，兼顾同伴评价、自我评价、学生评价和实践基地评价。通过对19位不同角色的访谈对象的访谈得知，四川文理学院学前教育专业实践教学课程评价多为指导教师评价和实践基地评价，其次为同行互评、自我评价。自我评价为质性评价，不计入实践课程的成绩。总体来说，四川文理学院的实践教学课程评价主体较为多元，与国家政策的导向基本一致，具体的评价标准的设计和评价权重的分配，可以在后续的探索中进行细化和完善。

从评价客体上看，不同课程模块的评价方式应该体现出多元化的特征。从已有的做法来看，四川文理学院学前教育本科实践教学课程分为通识核心课、应用实践课、复合培养课及专业课程中的实践部分。访谈了解到，实践教学课程评价多集中在专业见习、专业实习中，而对于其他课程模块中的实践部分较少关注。实践课程评价主要集中在对实施过程和课程效果的评价上，较少有课程方案的评价。

四、讨论

（一）全面渗透"全学程""反思实践"等课程理念

调查发现，"全学程""反思实践"等课程理念虽然在已有的实践教学课程体系中有所体现，然而在课程实施环节的体现不足。"全学程"要求实践教学在时间上贯通大一到大四整个全程，空间上联通校内和校外所有实践教学资源，内容上整合学前教育各类课程中的所有实践环节。"反思实践"要求实践教学中培养学生的行动研究能力和反思能力，建立理论知识和实践知识的有效联结。实践教学课程实施中如何渗透这些理念，是每个管理者和教师应该思考的问题，也体现在每一位教师具体的教学行为中。例如走出课堂教学的空间局限，走出知识传授的教学模式，最大限度地整合身边的有利实践教学资源，都是一些有益的探索思路。

（二）注重实践教学课程内容和评价标准的有效性

实践教学的内容非常多，分布范围非常广。四川文理学院学前教育专业已有较为完善的实践教学课程体系，但是在具体内容的选择和顺序的安排上，对于不同类型的实践教学课程，应根据课程性质，精选对学生应用能力、复合能力等培养有效的内容，选择适当的实践教学课程的教学方式。如四川文理学院学前教育专业在探索复合培养模块时，科研实践活动等课程的设计与大四毕业论文设计活动密切相关，并具有较强的支撑度；社会实践活动课程的设计，帮助学生学会人际沟通与合作，学会社会调查的思路和方法，学会了解职业的多元性，形成积极融入社会的态度；艺术技能训练和职业技能训练课程，弥补了课程体系中技能训练时间不足的问题，强化学生的专业技能训练。具体到如何精选活动内容，教师可以从社会需求分析、学生需求分析等出发，形成本门课程较为系统的实践内容和方法体系。

（三）创设多元化的实践教学条件，培养复合型学前教育人才

四川文理学院学前教育专业开设了十多年，为地方学前教育事业输送了许多优秀的师资。从已毕业的学生就业区域来看，成都地区及各市县是学前专业学生的主要就业地，而且用人单位对四川文理学院毕业生的评价良好，学生工作适应能力较强。这与该学院的理论教学和实践教学体系的不断完善有很大关系。

实践教学条件是实践教学的保障，服从于教学内容体系，涉及教师队伍、实验实训设施、场地和环境诸多方面。创设多元化的实践教学条件，具体做法有：第一，强化专业教师的实践能力。专业教师不接触幼儿园和幼儿，就无法了解幼儿园教育和幼儿身心发展实际，理论知识的教学缺乏活力和应用价值。学前教育专业教师到一线幼儿园挂职锻炼，或者每周半天下园实践，这些方式都可以让教师亲近实践，通过实践反思理论教学。第二，充分利用现有实验实训的各种设施，改善校内实践教学条件。微格教室、行为观察室、模拟幼儿园活动室等实验室的建立，对于学前教育专业学生技能训练有着重要价值。第三，优化学前教育校外实践教学基地建设。现有的学前教育实践基地，类型较为单一，主要是幼儿园，缺少其他类型学前教育机构；主要分布在通川区、达川区等离学校较近的区域，农村幼儿园较少。应增加不同类型、不同层次、不同地区的实践教学基地，尽可能增加四川文理学院学前教育专业的区域辐射面。

我们到底培养什么样的学生？这要看学前教育专业本身的特点和社会的需求，也要与学生的发展需要密切联系在一起。复合型人才的培养是四川文理学院人才培养目标中重要的培养定位，如何突出其复合性？从现有的实践教学课程设置来看，复合性体现为理论研究和学前教育教学能力、艺术能力的复合，体现为"专才"和"通才"的复合，也体现为融合教育背景下学前教师融合教育能力的培养。只有在复合性上面

下功夫，找到学前教育专业应用型人才培养的特色，才能发挥学前教师队伍的优势，促进专业的良性发展。

参考文献

［1］教育部，国家发展改革委，财政部. 关于引导部分地方普通本科高校向应用型转变的指导意见［EB/OL］. http：//www.moe.gov.cn/srcsite/A03/moe_1892/moe_630/201511/t20151113_218942.html.

［2］秦金亮."全实践"理念下高师学前教育专业实践整合课程探索［J］. 学前教育研究，2006（1）：47-51.

［3］教育部. 关于加强师范生教育实践的意见［EB/OL］. http：//www.moe.gov.cn/srcsite/A10/s7011/201604/t20160407_237042.html.

［4］王晓曼."全实践"理念下应用型高校学前教育专业实践教学探索［J］. 新课程研究，2021（21）：77-78.

［5］杨秋. 应用型高校学前教育本科专业实践教学及运行机制现状研究：以湖北省J学院为例［D］. 重庆：重庆师范大学，2018：20-26.

对基于"教育场"的小学教育专业普通心理学课程改革的思考与探索[①]

文秀娟[②]

一、问题的提出

普通心理学的教学目标是要向学生传授心理学的"一般"（general）知识和"基础"（basic）知识，使学生了解心理学的基本事实、基本概念和基本理论，初步掌握心理学的基本研究方法，了解心理学发展的一般趋势，激发学生的学习兴趣和热情。基于该目标，不难看出该课程不仅是心理学及其相关专业的一门"入门课"，也是一门重要的专业基础课。对课程目标进行分解，可以体现为三个层次：一是给学生打下坚实的心理学专业基础知识，包括基本概念、基本理论、基本事实、基本知识框架和心理学研究一般方法论；二是激发学生学习心理科学的兴趣和热情；三是引导学生树立科学的世界观，形成对心理科学的正确认识和基本感悟。以四川文理学院为例，该校2020 版本科人才培养方案中应用心理学专业和小学教育专业均开设了普通心理学课程，开设时间是大学一年级第一学期，足以体现该课程的基础性和重要性。尽管如此，在实际的教育教学实践中仍然存在课程定位不准确，与心理学专业普通心理学课程混为一谈的现象，教学过于强调传授基础知识及其知识的准确性和完整性，忽略不同环境下人的整体性和差异性，缺乏统一考核标准和评价方式单一等问题。为此，针对小学教育专业普通心理学课程的教学及效果的研究和改革就尤为重要。

---

① 校级教育教学研究与改革重点项目"小学教育专业普通心理学课程教育教学综合改革"（2020JZ038）的阶段性研究成果。

② 文秀娟，1979 年生，女，讲师，硕士，主要从事高等教育管理研究。

二、基于"教育场"的小学教育专业普通心理学课程定位

"场"最早出现在物理学中，被认为是"物质存在的一种基本形式，具有能量、动量和质量，能共时性传递实物（包括信息）间的相互作用，……没有共时性的有序的相互作用就不可能形成场"。该概念被引入教育学后，更多的是指一种教育环境。然而"教育场"并不仅仅指教育活动存在的具体空间，更多的是指人际关系及相应的心态环境，所以是具体空间与抽象空间的有机统一，强调多种教育环境、教育因素的结合，以形成全方位的立体教育环境。这说明"教育场"是有别于"心理场"的独特的教育环境，不能将两者混为一谈。作为小学教育专业最基础心理学类课程的普通心理学，对课程的定位要摒弃传统的心理学学科取向和系统心理学理论知识导向，应立足于小学教育教学实践需求，以小学儿童为本位，关注如何切实促进小学教师"理解儿童"这一专业能力的成长。课程定位集中体现两个方面的特点，第一是典型的"教育场"情境，第二是实用性特点。

（一）普通心理学课程的教学原则是心理学与教育学相结合

彭聃龄教授对国内外 60 名著名心理学家有关"21 世纪心理学走向和人才培养"的调查结果显示，"普通心理学"被认为是心理学各个专业的首位基础课。该课程有两个突出的特点：一般的和基础的，因此对于该课程的教学要注重心理学的基本事实、基本概念和基本理论。对小学教育专业学生而言，是基于"教育场"而非"心理场"来学习心理学课程和知识，它既要为学生提供心理学最一般的知识，进行心理学的入门教育，又不能照搬照用心理学专业的课程及教材，也不能按心理学专业要求定位小学教育专业的心理学素养。在小学教师职前教育课程体系中，心理学素养课程开设的目的在于帮助未来小学教师在基于对儿童心理发展特性与规律的深刻认识与理解的基础上，更加理解和尊重学生，能更好地处理教学中的问题，同时促进小学教师自身的专业发展。显然，小学教育专业学生的心理学素养是有其专业性和特殊性的。在特定的"教育场"情境下，它不仅包含教学双方、完整的教学内容、明确的教学目标、规范的教学程式，还包括整合以上各要素的真实的"教育场"情境。"教学场"情境与学习者面临的现实问题有关，并环绕着"人—问题"系统而产生。我们一直在强调"教育场"情境，而情境的内核是问题。在实际的教育教学活动中，让心理学内容生活化、问题化，围绕真实有效的教育问题，进行心理学与教育学的互动与融合。这说明该课程的教学原则是心理学与教育学相结合。

（二）普通心理学课程的教学目标是强调理论联系实际

普通心理学是研究心理现象最一般的规律，它为学生提供了心理学最一般的知识，

又为学习其他分支学科奠定了基础。首先，通过对课程目标的分解，可以发现该课程教学最基本的目标是基础性知识的传授与普及，它既要打破传统心理学课程中唯繁、唯专、抽象的原则，还要将基础性知识放到"教育场"情境中加以融合。其次，小学教育专业学生并非心理学专业学生，在专业选择上很难体现出对心理科学的兴趣与热情，同时在毫无心理学相关知识基础前提下进行专业学习，学生的学习难度可想而知，因此要想激发学生的兴趣与热情，唯有以问题为核心，以学生的好奇心为突破口，在真实的教育教学情境中，立足于将心理学知识与教育教学问题相联系。最后，普通心理学不仅仅是一门心理学的基础学科，可以以此为基础学习分支学科，还在于作为准教师的专业素养指导未来的工作和个人的专业成长。因此，从课程目标的三个层次出发，都应强调教学的实用性，强调理论联系实际。

三、基于"教育场"的普通心理学课程教学改革探索

在本校 2020 版人才培养方案中，普通心理学课程是小学教育专业的专业基础课，开设在大学一年级第一学期，学分 3 个，使用的参考教材是由北京大学出版社出版、彭聃龄主编的《普通心理学（第五版）》。该课程在师范专业认证过程中归属到小学职前教师教育课程下的教育类课程，并强调课程要引导未来教师理解小学生成长的特点与差异，学会创设富有支持性和挑战性的学习环境，满足他们的表现欲和求知欲。这一要求充分展现了"教育场"对该专业课程教学的重要性，也为本课程教学改革指明了方向。

（一）以教师教育课程标准为依据改革教学内容

本校小学教育专业和应用心理学专业普通心理学课程选定的参考教材均是彭聃龄主编的《普通心理学（第五版）》，该教材是北京市高等教育精品教材，是面向 21 世纪课程教材，并荣获全国优秀教材二等奖，教材的专业性毋庸置疑。使用优秀教材是课程建设的基本内容之一。虽然教材相同，但由于专业的不同特点，在课程难度和课程范围上应体现小学教育专业特点，在现有教学大纲的基础之上体现教师教育课程标准的要求。首先，课程难度不能与应用心理学专业同步，而应侧重于基础心理学知识的普及，掌握基本概念，激发学习兴趣，为后续相关课程的学习打下坚实的基础。对心理学经典实验的掌握要求也有所不同，只需要学生知道是什么、为什么，而不需要学生掌握怎么操作和怎么设计。其次，在课程范围的选择上要有主次之分，不需要一味强调脑科学、神经科学的最新成果和心理学发展的学术前沿，主要用通俗易懂的方式普及最基本的心理学知识。一些较为繁琐的概念和抽象的内容，例如神经生理机制

部分则可以弱化，一些心理学分支学科的内容，例如第十三章学习与教育心理学内容重合，第十四章人生全程发展与发展心理学重合，这些内容则可以归属到相应的分支学科中进行学习或融合起来形成相应的学习版块。

（二）以问题和应用为导向的模块化教学思考

小学教师职前教育心理学类课程的开设目的在于帮助未来小学教师在基于对儿童心理发展特性与规律的深刻认知与理解的基础上，更加理解和尊重学生，能更好地处理教育教学中的问题，同时促进小学教师自身的专业发展。这一要求体现出了小学教育专业心理学类课程的特殊性，即"教育化"的心理学。首先，以问题为导向改革课程教学。笔者在与大量小学教育专业学生的访谈中发现，学生们在学习和实践中最大的困惑并非教育教学的技能和技巧，而是如何将所学的教育学、心理学相关理论和方法转化为具体从师任教的职业行为方式。很多看似明显的教育教学问题，背后却隐藏着深刻的心理根源。这不仅是准教师们面临的现实问题，也是课程教学改革的重点方向。其次，以应用为导向改革课程教学。小学教育专业学生学习心理学类课程的意义在于为未来工作服务、为自身发展服务。这一切活动都发生在真实的生活和教育教学场景中，与问题相结合。因此对于教学内容的改革，可以不拘泥于心理学学科课程名称和学科知识结构，而应立足于小学教育教学实践，以小学儿童为本位，展开模块化教学设计，形成模块化教学设计方案，同时，学生的见习、实习不仅是产生真实问题的场所，也是反哺教学、检验模块化教学设计的有效阵地。

（三）综合运用多种教学手段

在传统的教学过程中存在过分依赖教师和多媒体技术的问题，这使得教学活动往往成为一种固定化的刻板模式，既不利于调动学生学习的积极性，也不利于培养学生的问题意识和解决问题的能力。在"教育场"情境下，问题是内核，围绕问题可以尝试多种教学方式和教学手段。首先，可以从教材入手，利用教材中每章前的"导读"和"知识之窗"展开课前预习和课外自学，激发学生的学习兴趣和学习热情；利用教材中的"探究活动"组织课堂小组讨论和课堂展示，培养学生的问题意识和解决问题的能力。其次，以问题和应用为导向，可以结合实验分析和案例教学。再次，可以充分利用各种网络平台和网络资源，例如慕课、智慧树等。最后，我们不仅可以采取不同的教学方式，也可以把不同的教学方式进行整合。国外有学者将基于有效样例的教学和基于问题的教学有效结合在一起，在问题解决教学的不同阶段使用不同的教学方式，结果发现，这种整合教学方式比单纯运用一种教学方式的教学效果更好。

四、基于"教育场"的课程考核与评价

我校小学教育专业学生人数较多，普通心理学课程同时有几位不同教师授课。虽然有统一的教学大纲，但是不同教师的教育理念、教学思路、教学风格、教学方式存在差异，其考核标准也不统一。原有的考核方式是分别由各自任课教师单独出题分别进行考核，由于缺乏统一的考核标准，很难对学生的学习水平进行横向比较，同时也难以通过学生层面的反馈来反思教师的教学工作，不利于教学的改进和教师的专业成长。为此，课题组组织相关专业教师多次开展教研活动和课程研讨会，明确小学教育专业特殊的"教育场"情境，理清该课程考察的重点、难点、侧重点和难度水平，确定多元化的考试题型和题量，从而建立一套统一的考核方式和考核标准。以此为标准，课题组成员分别按章节和题型整理试题，共同建立一个普通心理学课程试题库，专门针对小学教育专业学生进行课程考核。课程考核仅作为学生课程评价的一部分，统一的课程考核标准还要结合多元的评价体系。学生的总成绩包括两个部分，即分别在期末和整个学期学习过程中进行考核。期末从题库中随机组合一套试题进行考核，考核分数占70%，多元考核的平时成绩占30%。平时需要进行多次考核，考核形式多样并贯穿整个教学过程，既有课前预习和课外自学的成绩，也有课堂讨论和小组展示的成绩，还有对网络平台和网络资源使用情况的考查。这样，既考查学生课程学习的效果，也考查学生动态的学习过程和对相关知识的运用能力。

普通心理学作为心理学及其相关专业的入门课，其基础性和重要性不言而喻，而对于小学教育专业学生又体现出课程的特殊性。为了能更好地为未来教师打好心理学基础，我们从课程定位、教学改革和教学评价方面进行了思考和探索。由于研究者本身的能力有限，课程改革还存在很多不足，期待在以后的教学和研究中进行完善。

参考文献

［1］彭聃龄. 普通心理学（修订版）［M］. 北京：北京师范大学出版社，2004：1.

［2］陈宏. 普通心理学课程改革方向及目标分解的理性思考［J］. 克山师专学报，2003（2）：54-56.

［3］陶同. 大智慧：思场流控制学［M］. 北京：知识出版社，1991：14-15.

［4］曾茂林. 教育场概念的回顾与思考［J］. 四川师范大学学报（社会科学版），2003，30（5）：49-54.

［5］李玉华，俞劼，王丹. 高师院校小学教育专业心理学类课程设置该走向何

方?：基于中美比较研究视角［J］．课程·教材·教法，2016，36（2）：113-118.

［6］高立群，彭聃龄. 21 世纪心理学走向和人才培养的调查［J］．北京师范大学学报（社会科学版），1999（5）：49-56.

［7］郭思乐．思维与数学教学［M］．北京：人民教育出版社，1991：66.

［8］朱德全．试论教学场情境的生成策略［J］．高等教育研究，2004，25（6）：71-75.

［9］韩建涛，李曙光．基于多维平台与多元评价的普通心理学课程教学改革探索［J］．巢湖学院学报，2016，8（2）：127-132.

［10］SALDEN R J，ALEVEN V，SCHWONKE R，et al. The expertise reversal effect and worked examples in tutored problemsolving［J］．Instructional Science，2010（3）：289-307.

数字经济时代新商科专业建设的实践与思考

——以四川文理学院财经管理专业群建设为例[①]

傅忠贤 程子彪 杨 波 苟聪聪 刘小艺 胡 丹[②]

近年来，以大数据、云计算、区块链等为代表的数字技术变革促进了数字经济的深入发展，极大地改变了商科专业的外部环境和商科人才的社会需求，新商科建设被推到重要风口。自2018年教育部提出"四新"（新工科、新农科、新文科、新医科）学科专业建设以来，在"新文科"大环境下新商科已经成为理论研究层面和实践应用层面的热点和重点问题。"新商科"是对传统商科进行学科交叉重组，将新技术融入商科人才培养方案，用新理念、新模式、新方法为学生提供综合性跨专业的学科教育。四川文理学院为推进建设高水平应用型大学，出台了支持八大学科专业群建设的相关文件和顶层设计方案，财经管理专业群被纳入学校积极支持发展的八大学科专业群。财经管理专业群涵盖人力资源管理、财务管理、物流管理、审计学、商务英语、应用统计学、金融数学7个本科专业和会计学1个专科专业。在教育教学改革实践中，我们采用"人才培养目标重塑、人才培养方案重构、课程体系重建、课程团队重组、实践育人体系重设"五环并进的操作措施，积极推动商科专业的改革和发展。

---

① 四川省地方普通本科高校第二批应用型示范课程"现代征信学"（线下）支持项目（川教函〔2020〕374号）；2018年四川文理学院优质课程（企业课程）"现代征信学"支持项目（川文理〔2018〕71号）；2020年四川文理学院"课程思政"示范课程"现代征信学"（线下）（2020KCSZ011）；四川文理学院一流课程建设"政治经济学"支持项目（2020KCB001）。

② 傅忠贤，1965年生，四川平昌人，教授，财经管理学院院长，研究方向：区域经济。
程子彪，1982年生，男，四川自贡人，副教授，研究方向为旅游管理、教育管理。
杨波，1982年生，女，四川达州人，副教授，硕士研究生，研究方向：计算机网络和软件工程。
苟聪聪，1982年生，男，四川平昌人，副教授，研究方向：财务与审计研究。
刘小艺，1984年生，女，四川开江人，副教授，硕士研究生，研究方向：人力资源管理与开发、农村经济。
胡丹，1986年生，女，四川开江人，讲师，研究方向：信用管理。

一、坚持人才培养目标重塑：
数字经济时代新商科专业建设的指挥棒

据《中国互联网发展报告 2021》披露，2020 年，我国数字经济规模已达到 39.2 万亿元，占 GDP 的 38.6%，年均增速 11.3%，从工业经济时代快速演进到数字经济时代。数字经济推动原有商业模式快速向数字产业化和产业数字化转变，商业模式的变革给企业管理者带来严峻考验，呼唤重塑商科人才培养目标，应用数字经济思维引领新商科人才培养目标已经成为新商科发展的必然走向。

四川文理学院人才培养总目标是"三心四能五复合"，让"三心"即高度的责任心、持续的进取心、强烈的好奇心伴随学生终身；让"四能"即良好的表达能力、扎实的实践能力、突出的创新能力、基本的创业能力成为学生成功腾飞的坚强翅膀；让每一个学生终生追求"五复合"即社会担当与健全人格、职业操守与专业能力、人文情怀与科学精神、历史眼光与全球视野、创新精神与批判思维。财经管理专业群面向市场经济主战场培养人才，我们在实践中提出"信（诚信）济（济世）敏（敏学）能（尚能）"的具体目标，既对接学校目标，又结合财经管理实际情况，突出和彰显财经管理专业特色。"信"是从"德"的角度对财经管理专业人才提出的希望；"济"是从"情"的角度对财经管理专业人才提出的要求；"敏"是从"智"的角度对财经管理专业人才的期盼；"能"是从"行"的角度对财经管理专业人才发出的呼唤。"诚信"与"社会担当与健全人格、职业操守与专业能力"的总体要求一致，"济世"能体现出"人文情怀与科学精神、历史眼光与全球视野、创新精神与批判思维"兼备的宗旨精神，"高度的责任心、持续的进取心、强烈的好奇心"是实现"敏学"的前提和基础，"较强的表达能力、实践能力、创新能力与创业能力"是"尚能"最重要、最核心的内容和组成部分。新技术嵌入、数字经济思维引领、文科理科融合、打通大经管平台、着力培养应用型复合型创新型人才是我们重塑人才培养方案的基本思维逻辑。

二、坚持人才培养方案重构：
数字经济时代新商科专业建设的施工图

人才培养方案是落实人才培养目标的顶层设计和战略规划，是新商科专业建设的施工图。四川文理学院的总体目标是建设高水平应用型大学，财经管理专业群涵盖管理学、经济学两大学科，涉及人力资源管理、财务管理、物流管理、审计学、应用统计学、商务英语、金融数学、大数据与会计等多个本专科专业，归属财经管理学院、数学学院、外国语学院等多个二级学院。财经管理专业群都属于应用型专业，如何将"信济敏能"的人才培养目标对接学校"三心四能五复合"人才培养目标，如何将数字经济时代大数据、互联网、云计算、人工智能等新技术、新方法、新思维、新手段跨界融入传统的商科专业建设之中，如何将专业知识传承、综合素质培养和实践创新能力训练有机结合起来，都要通过具体的人才培养方案来体现、实施和贯彻。重构人才培养方案已经成为推动数字经济时代新商科专业建设的紧迫课题。

在财经管理专业群建设中，在编制 2020 版人才培养方案时坚持五大原则，重构新商科人才培养方案。一是坚持跨界交叉融合原则。注重经济学、管理学、计算机科学、数据科学、思维科学等多学科知识融合，注重文科、理科知识融合，注重数字经济新学科知识与传统商科知识融合，注重新技术、新方法、新工具、新手段融合。二是坚持知识、素质、能力三位一体原则。将知识区分为人文社会科学知识、学科工具性知识、基础专业知识三个维度；将素质区分为人文科学素质、专业素质、身心素质三个维度；将能力区分为持续学习能力、灵活运用能力、创新思维能力、团队合作能力四个维度。三是坚持理论与实践相结合原则。处理好理论学习与实践训练之间的辩证关系，理论教学占总学时的 70%~75%，实践实训占总学时的 25%~30%；实践实训采用独立开设实践性课程、理论课教学中设置实践性环节、举办第二课堂和第三课堂独立实践实训活动三种形式，构建四年递进式实践教学体系。四是坚持"四化"同步原则。①注重特色化，充分体现四川工业"5+1"、农业"10+3"、服务业"4+6"现代产业体系和达州市"3+3+N"重点产业发展规划以及四川周边省市重点行业对财经类专业人才的岗位需求；②注重实践化，通过案例、沙盘、模拟、实训、实习加强实践训练，突出真实情境的模拟仿真；③注重互动化，加强政产学研用融合互动，加强校企、校地、校校合作互动，加强与实践教育基地合作互动；④注重集成化，整合校内外资源，打通大经管沟通链接的平台，提高教育资源利用效率。五是坚持重点推进和整体优化并进的原则。做强财务管理专业和金融数学专业、做优物流管理专业和商务英语专业、做精审计学专业和人力资源管理专业、做亮应用统计学专业和大数据会计专业。在 2021 年增设大数据会计（专科）专业基础上，2022 年积极申报数字经济本科专业（授予经济学学士学位），进一步完善专业设置。

三、坚持课程体系重建：
数字经济时代新商科专业建设的突破口

课程体系是推动专业建设、实现人才培养目标的重要载体。课程体系重建是新商科专业建设的现实需要。数字经济对新商科人才的知识结构、综合能力、创新精神、综合素养提出了更高的要求。传统商科教育专业众多，各专业课程设置口径不一，缺乏系统性；商科专业分属不同的二级学院，课程设置的侧重点各不相同，课程资源缺乏整合性。这种状况既影响学生专业知识架构的合理衔接，也影响专业群建设整体效能的有效提升。为适应新技术新商业对创新型、复合型人才的需求，必须重建新商科专业课程体系。

在财经管理专业群建设中，在重建课程体系时做了以下思考和尝试：一是实行"平台+模块"的课程体系建构模式。按"公共共享平台课程+专业模块课程"构建课程体系，将课程设置为通识核心课程、专业基础课程、专业核心课程、应用实践课程、复合培养课程5个模块；按照"公共基础平台课程+学科基础平台课程+专业基础平台课程"建设公共平台课程，将数学类课程、新技术类课程、通识核心课程、专业基础课程按照公共平台课程进行建设。"平台+模块"的课程体系建构模式有效避免了专业建设中各自为政导致的教学资源分割，实现了专业群内课程资源的共享共用。二是重视数学类课程和新技术类课程。数学被誉为数字经济人才的"芯片"，新技术是数字经济人才的"敲门砖"。我们开设了高等数学（上、下）、线性代数、概率论与数理统计、统计学、大学计算机基础、EXCEL应用、现代信息查询与利用、PYTHON语言等课程。三是遵循产教融合理念，将"学、赛、训、创"深度嵌入课程体系。产教融合是检验学生是否适应新的商业环境的有效方法。在"学"的环节，将理论课程按总学时25%~30%设置为实践教学环节，同时单独开设实践课程，例如财务管理专业、审计学专业开设EXCEL运用、ERP企业经营沙盘模拟实训、财务决策实训、审计模拟实训、证券投资模拟实训、财务会计实训课程，人力资源管理和物流管理专业开设人力资源管理沙盘模拟实训、企业经营沙盘模拟实训、ERP沙盘模拟实训、供应链管理模拟实训、SPSS统计分析与运用、物流方案设计与操作、物流营销与调查分析等课程；在"赛"的环节，按照"一专业一赛事"思路构建专业技能大赛体系；在"训"的环节，把校内专业实训和校外实践教学基地实训结合起来；在"创"的环节，植入科学思维与方法、创新创业计划与训练等课程，鼓励全员、全程参与"互联网+"创新创业大赛和创新计划训练项目，逐步形成"能力导向+分类培养"的创新创业课程体系。

四、坚持课程团队重组：
数字经济时代新商科专业建设的关键点

如果说课程建设是专业建设的重要依托，那么课程团队建设就是推动专业建设的重要抓手和有效切入点。以课程为依托、以课程教学为纽带、以课程建设和课程改革发展为目标重组课程教学团队,既是高校教学团队建设的创新性发展,也是数字经济时代新商科专业建设的必然要求。课程教学团队相对于传统的专业教学团队的最大优势在于能够有效突破专业限制、打破专业边界、突破资源边界,打破商科知识壁垒,促进跨专业、跨院系、跨学校、跨部门的整合与交融,更有利于团队成员交流合作与成长,更契合培养复合型人才对教学团队的现实需求。

在财经管理专业群建设中,注重从四个方面推进课程团队重组。一是整合资源,构建跨专业、跨行业、跨部门的课程教学团队,有效弥补教学资源之不足。例如组建专业基础平台课程"现代征信学"课程团队,我们把物流管理专业、人力资源管理专业、财务管理专业、审计学专业的相关教师整合进课程团队,同时依托与达州市金融系统合作创建的"诚信文化教育基地"平台,聘请实践经验丰富、专业基础扎实、行业工作能力突出的金融系统业务骨干作为兼职教师,整合进课程团队,初步建立了一支银校合作、专兼结合、数量充足、结构合理、素质优良的课程团队。二是以"课程思政"和"一流课程"建设为抓手培育课程团队。以学科带头人、专业带头人、高学历高职称教师、优秀教学科研骨干教师为龙头,以申报立项建设"课程思政"和"一流课程"项目为契机,组建课程团队。2020年、2021年共立项12项(见表1)课程建设项目。三是立足教学改革,依托教学质量工程项目推动课程团队建设。教学改革对于转变教学观念、改进教学方法、提高教学质量、推动课程建设具有重要的推动作用。依托教学质量工程项目促进教学改革,既能推动教师队伍快速成长,也能为课程团队建设奠定坚实的基础。在财经管理专业群建设中,2020—2021年,教学课改、教学质量工程项目建设取得了明显进展,共立项11个项目(见表2)。四是依托课程竞赛促进课程团队成长。通过高职称教师的"示范课"、骨干教师的"观摩课"、青年教师的"优质课",课程团队成员之间"传""帮""带"的作用得到彰显,也推动了课程团队成员之间的交流合作与共同提高。近年来,在财经管理专业群建设中,大批中青年教师脱颖而出,有效支撑和壮大了课程团队建设(见表3)。

表1　2020—2021年度"课程思政"与"一流课程"示范课程团队项目

序号	负责人	项目名称	项目性质	项目级别
1	傅忠贤	现代征信学	专业教育类线下思政课程	省级
2	冉燕丽	政府审计	专业教育类线下思政课程	校级
3	张越楠	西方经济学	专业教育类线下思政课程	校级
4	傅忠贤	政治经济学	线下一流课程	校级
5	程子彪	管理学原理	线上线下混合式一流课程	校级

表1（续）

序号	负责人	项目名称	项目性质	项目级别
6	刘小艺	统计学	线上线下混合式一流课程	校级
7	王娟	财务管理	线上线下混合式一流课程	校级
8	王情香	物流学	线上线下混合式一流课程	校级
9	苟聪聪	内部审计	线上线下混合式一流课程	校级
10	李爱民	成本与管理会计	线下一流课程	校级
11	陈入嘉	基础会计	线下一流课程	校级
12	王娟	ERP 企业经营沙盘模拟	社会实践一流课程	省级

表 2 2020—2022 年校级质量工程项目

序号	负责人	项目名称	项目性质	项目级别
1	傅忠贤	财经管理专业群实践教育基地建设管理与运行机制研究	教育教学研究与改革项目	校级
2	程子彪	"双一流"建设背景下的高校教育管理人才队伍建设研究	教育教学研究与改革项目	校级
3	刘小艺	"互联网＋"时代高校教师教学困境与突破策略研究	教育教学研究与改革项目	校级
4	李爱民	应用型高校云财务的实践教学	教育教学研究与改革项目	校级
5	杨波	应用型本科高校资源优化配置视角下的实验室管理模式研究——以四川文理学院为例	教育教学研究与改革项目	校级
6	李健	"课程思政"融入工商管理类本科专业课程的教学改革探索与实践	教育教学研究与改革项目	校级
7	周娅纳	案例式、启发式、探究式等教学方法的探索与实践——以"金融学"为试点	教育教学研究与改革项目	校级
8	王娟	校企合作模式下财务管理专业实践课程体系的构建	教育教学研究与改革项目	校级
9	李海燕	应用型本科院校物流管理示范专业建设研究——以四川文理学院为例	教育教学研究与改革项目	校级
10	王情香	高校物流管理专业"金课"建设研究——以混合式教学为例	教育教学研究与改革项目	校级
11	苟聪聪	以立德树人为核心的"课程思政"在财经类人才培养中的研究与探索——以四川文理学院财经类专业为例	教育教学研究与改革项目	校级

表3 青年教师优质课竞赛获奖统计

序号	项 目	获奖级别	获奖人
1	第四届青年优质课竞赛（2016年）	一等奖	程子彪
2		三等奖	李 健
3	第五届青年优质课竞赛（2017年）	一等奖	刘小艺
4		二等奖	张 源
5	第六届青年优质课竞赛（2018年）	一等奖	苟聪聪
6		三等奖	张越楠
7	第七届青年优质课竞赛（2019年）	二等奖	陈入嘉
8		优秀奖	王 君
9	第八届青年优质课竞赛（2020年）	三等奖	孙洪运
10		优秀奖	郑姣姣
11	第九届青年优质课竞赛（2021年）	二等奖	胡 丹
12		优秀奖	李亚男
13	第十届青年优质课竞赛（2022年）	一等奖	郑姣姣
14		一等奖	刘 会

五、坚持实践育人体系重设：
数字经济时代新商科专业建设的压舱石

在数字经济时代，新文科建设引领的新商科专业发展是专业发展的转型升级，需要对接产业、业态、模式变革以及国家、行业、社会需求，需要产学研一体化，需要大力提升学生的综合素质和实践能力，需要把学生培养成创新型、复合型专业人才。财经管理专业群建设必须把重设实践育人体系提升到战略高度。

在财经管理专业群建设中，重设实践育人体系时重点关注了以下几个关键环节：一是注重"融合思维""创新思维""数字经济思维"的引领和统帅，把"融合思维""创新思维""数字经济思维"贯穿到人才培养目标、人才培养方案、课程体系建设、课程团队建设、实践育人体系建设各方面、全过程，使"知识融合、能力融合、技术融合、资源融合、教研融合"成为实践育人体系的显著特色。二是构建"四位一体"实践育人体系：实践性课程（包括理论课程的实践性环节和独立开设的实践性课程）是实践育人的基础，培养学生基本实践能力；专业见习实习（依托实践教育基地）是实践育人的关键，培养学生专业实践能力；专业技能大赛（依托专业技能大赛平台）

是实践育人的载体，提升学生专业实践能力的水平和层次；毕业实习和毕业论文（设计）是实践育人的重点，培养学生综合实践能力。三是打造"四支团队"，构建实践育人保障体系。着力培育和塑造"双师"型教学团队、创新型研究团队、"双带头"型管理团队、协同型实践指导团队。四是推动校内实训实验室向情境化、仿真化方向发展。现初步建立 ERP 沙盘模拟实训室、模拟银行实训室、物流仿真实训室、手工会计实训室、财务决策实训室、人力资源仿真实训室、会计信息系统实训室、智慧财务实训室、审计虚拟仿真实训室。实验实训室占地约 500 平方米，设施设备总值 1 300 余万元。

新商科专业建设任重道远，我们的实践和探索刚刚取得了初步经验，我们的改革与发展始终在路上。我们坚信财经管理专业群建设的明天会更加美好。

参考文献

［1］何桂立. 中国互联网发展报告 2021［N］. 通信信息报，2021-07-14（1）.

［2］李训，林川，董竞飞. 数字经济背景下新商科专业建设的思考与实践：以四川外国语大学国际商学院为例［J］. 高校学刊，2021（10）：86-89.

［3］马丽莹，李兆华，俞慕寒，等. 新文科建设背景下商科教育改革的路径研究［J］. 现代审计与会计，2020（12）：11-13.

［4］董浩平. 新商科教育如何吸取实践营养［N］. 中国教育报，2022-01-20（5）.

［5］张燕妮，姜启波，杨琴. 创新实验教学体系 推动"新商科"建设［N］. 中国教育报，2021-05-24（6）.

管理学课程线上线下混合式教学满意度调查研究

——以四川文理学院为例①

程子彪　杜　海　傅忠贤　杨　波　刘小艺　王　娟　张　源　王　跃②

一、研究样本与方法

（一）研究样本

根据四川文理学院 2020 版本科人才培养方案，四川文理学院文学与传播学院、政法学院、康养产业学院、财经管理学院、生态旅游学院 5 个二级学院的文化产业管理、行政管理、物业管理、健康服务与管理、财务管理、人力资源管理、审计学、物流管理、酒店管理共计 9 个专业的专业基础课程中有管理学课程。此次管理学课程线上线下混合式教学满意度调查以以上 9 个专业已授管理学课程的班级为调查研究对象。

（二）研究方法

满意度测评模型主要有四分图模型、层次分析法模型、客户满意度指数模型、服务质量模型、卡诺模型 5 种。管理学课程线上线下混合式教学满意度研究，最主要的是了解

① 2020—2022 年度四川文理学院教育教学研究与改革项目资助（2020JZ025、2020JZ002、2020JY043、2020JZ032、2020JY090）；四川省一流本科课程项目资助（ERP 企业经营沙盘模拟）；四川文理学院 2020 年度、2021 年度一流课程项目资助（2020KCC001，2021KCE001）；四川文理学院"课程思政"示范课程项目资助（2020KCSZ014）；新建院校改革与发展研究中心 2016 年度项目资助（XJXY2016C01）。

② 程子彪，1982 年生，男，四川自贡人，副教授，研究方向为旅游管理、教育管理。
杜海，2001 年生，男，四川南充人，四川文理学院财经管理学院人力资源管理专业学生。
傅忠贤，1965 年生，男，四川平昌人，教授，本科，研究方向：政治经济学、区域经济学。
杨波，1982 年生，女，四川达州人，副教授，硕士研究生，研究方向：计算机网络和软件工程。
刘小艺，1984 年生，女，四川开江人，副教授，硕士研究生，研究方向：人力资源管理与开发、农村经济。
王娟，1973 年生，女，副教授，硕士，主要从事财务与会计研究。
张源，1985 年生，女，四川达州人，研究方向：财务管理、教育管理。
王跃，1982 年生，男，四川巴中人，研究方向：企业管理、教育管理。

学生对课程指标的关注重点，归类影响因素，提出对策，提升课程满意度。四分图模型如图1所示，其核心优势是对每个指标设重要性和满意度两个属性，将影响满意度的各因素归进四个象限内，针对归类结果进行分类处理，此方法较符合此次研究思路。

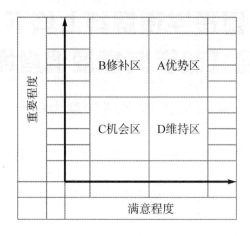

图1　四分图模型

二、满意度测评设计

（一）指标体系的建立

根据管理学课程特性和实际授课情况，从管理学课程、授课教师、线上授课平台、课程环境、学生学习5个维度进行指标体系构建，共33个评价指标，具体见表1。

表1　管理学课程线上线下混合式教学满意度测评指标

衡量维度	评价指标
管理学课程	①课程内容与思政元素；②教材选用；③学时学分安排；④教学内容前沿性与丰富性；⑤教学内容专业性；⑥教学内容适应性；⑦课程挑战度；⑧作业安排；⑨课程考核
授课教师	⑩总体印象；⑪授课备课；⑫教学与思政融合；⑬语言表达；⑭授课方法；⑮课堂组织；⑯互动性；⑰思维拓展与启发；⑱教学时间
线上授课平台	⑲平台选择；⑳平台美观性；㉑平台操作性；㉒平台互动性；㉓平台功能性
课程环境	㉔教学风气；㉕班级氛围；㉖课堂出勤率；㉗教学基础设施；㉘师生关系
学生学习	㉙学习积极性；㉚学习难度；㉛课堂融入；㉜作业完成；㉝努力与回报匹配度

（二）测评数据的来源

2022 年 4 月 28 日至 5 月 10 日，我们通过问卷星官方网站对各指标的满意度[①]、重要性[②]展开问卷调查，问卷发放对象为已完成管理学课程授课的班级，问卷发放期间共收回 530 份问卷，其中有效问卷 521 份，有效率为 98%。

（三）测评指标的量化

我们使用李克特量表对测评指标进行量化处理，将各个测评指标的满意度分为"非常不满意""不满意""一般""满意""非常满意"5 个等级，对应赋值为 1、2、3、4、5。我们将各个测评指标的重要性分为"非常不重要""不重要""一般重要""重要""非常重要"5 个等级，对应赋值为 1、2、3、4、5。最终进行量化分析得出结论。

（四）测评方法及步骤

本研究根据实际情况将测评量化分析归纳为 3 个步骤。

第一步：计算学生对各指标的满意度。计算公式：$S_i = \sum X_j Y_{ij}$（$i = 1, 2, 3, \cdots, n$，$j = 1, 2, 3, \cdots, k$）。

第二步：计算学生心中各指标重要性。计算公式：$i = \sum k_j R_{ij}$（$i = 1, 2, 3, \cdots, n$，$j = 1, 2, 3, \cdots, m$）。

第三步：计算学生对线上线下混合式教学的总体满意度。我们运用 SPSS.20 进行计算。

三、测评结果与分析

（一）信度与效度检验

本研究采用最常用的克朗巴哈（Cronbach）的一致性系数 α 系数来进行信度分析。指标满意度 α 系数为 0.978，指标重要性 α 系数为 0.974，总体 α 系数为 0.976。一般来说 α 系数高于 0.8 则说明信度高，该研究数据均高于 0.8，说明问卷可靠性较强，可进行进一步分析。对数据进行 KMO 和巴特利特（Bartlett）球形度检验，结果如表 2 所示，KMO 值为 0.992>0.8，研究数据非常适合提取信息（从侧面反映出效度很好）。同时 Bartlett 球形度检验 p 值概率为 0.000，小于 0.05，说明数据集中度尚可，有较好的相关性。

---

① https://www.wjx.cn/vj/hkYnNC2.aspx.

② https://www.wjx.cn/vj/Ot5GTWi.aspx.

表 2　KMO 和 Bartlett 球形度检验

KMO 值		0.992
Bartlett 球形度检验	近似卡方	24 586.420
	df	528
	p 值	0.000

（二）总体满意度分析

我们通过 SPSS. 20 得出总体满意度为 3.77，处于相对满意水平，各指标满意度与重要性得分与均值如表 3 所示。

表 3　管理学混合式教学二级指标满意度与重要性得分及均值

因素	指标	满意度得分	满意度均值	重要性得分	重要性均值
1	课程内容与思政元素	72.201	3.718	72.647	4
2	教材选用	71.303	3.651	69.515	4.04
3	学时学分安排	72.049	3.701	70.323	4.12
4	教学内容前沿性与丰富性	70.776	3.653	69.998	4.2
5	教学内容专业性	72.607	3.733	70.968	4.3
6	教学内容适应性	70.934	3.649	70.481	4.28
7	课程挑战度	71.778	3.689	70.591	4.02
8	作业安排	71.098	3.668	69.166	3.78
9	课程考核	72.496	3.722	70.579	4.04
10	对教师总体印象	72.088	3.72	74.011	4.12
11	授课备课	70.875	3.653	73.858	4.3
12	教学与思政融合	72.172	3.722	73.145	4.14
13	语言表达	72.568	3.727	73.236	4.16
14	授课方法	70.33	3.63	72.359	4.24
15	课堂组织	70.039	3.62	72.114	4.16
16	互动性	71.439	3.683	71.524	4.18
17	思维拓展与启发	70.577	3.649	73.435	4.34
18	教学时间	71.514	3.681	72.959	4.26
19	平台选择	69.811	3.603	72.646	4.08
20	平台美观性	68.659	3.547	71.974	3.94
21	平台操作性	69.673	3.607	73.261	4.16

表3(续)

因素	指标	满意度得分	满意度均值	重要性得分	重要性均值
22	平台互动性	70.443	3.628	72.587	4.18
23	平台功能性	70.177	3.618	73.297	4.24
24	教学风气	72.073	3.712	75.214	4.26
25	班级氛围	69.902	3.601	75.089	4.28
26	课堂出勤率	71.131	3.668	76.094	4.36
27	教学基础设施	69.225	3.58	74.998	4.14
28	师生关系	71.037	3.672	75.602	4.36
29	学习积极性	71.562	3.685	73.131	4.24
30	学习难度	70.024	3.595	72.4	3.98
31	融入课堂	71.635	3.679	73.955	4.24
32	作业完成	71.763	3.695	73.777	4.28
33	努力与回报匹配度	71.004	3.651	71.921	4.16

我们依据表3分析进行四分图分析，如图2所示。

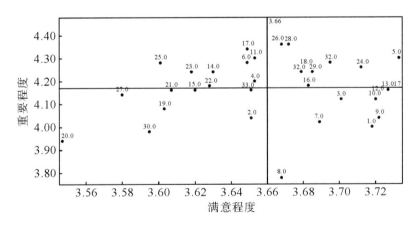

图2　管理学线上线下混合式教学四分图模型

我们根据图2输出的四分图模型结果可得出以下结论及思考：

（1）修补区，待改进指标，即满意度低和重要性高的区域。对位于修补区域的指标应当进行重点改进，该区域指标是影响学生满意度的重要因素，应当格外注意。从统计结果来看，学生非常关注教学内容前沿性与丰富性、教学内容适应性、授课方法、课堂组织、思维拓展与启发、授课备课、平台操作性、平台互动性、平台功能性、班级氛围、努力与回报匹配度等指标因素。目前学生对这些指标满意度较低，说明现实教学中存在一些问题，需着重改进。

（2）机会区，待观察指标，即满意度和重要性都低的区域。位于机会区域的指标是目前学生认为既不重要也不满意的指标，属于目前并不急需解决的问题。从统计结果来看，位于机会区的有教材选用、平台选择、平台美观性、教学基础设施、学习难度等指标因素。虽然这些指标满意度与重要性得分相对较低，但也仍需注意着力改善，努力向优势区与维持区转换，提升管理学课程满意度。

（3）维持区，如虎添翼指标，即满意度高和重要性低的区域。位于维持区域的指标应当继续维持现状，维持当前满意度评价。从结果上看，位于维持区的有课程内容与思政元素、学时学分安排、课程挑战度、作业安排、课程考核、总体印象、教学与思政融合、语言表达等指标因素。除维持现状外，教师也应当转移精力，将精力与关注重点转移至修补区，集中资源，打造优势区域。

（4）优势区，核心优势指标，即满意度和重要性都高的区域。位于优势区的指标是管理学课程教学的核心竞争力，应当成为管理学课程教学的招牌性竞争因素。从统计结果来看，位于优势区的有教学内容专业性、互动性、思维拓展与启发、教学时间、教学风气、课堂出勤率、师生关系、学习积极性、融入课堂、作业完成等指标因素。需要注意的是，课堂出勤率指标接近于优势区与修补区交界线，应当着重整改。

四、管理学课程线上线下混合式教学满意度提升策略

对管理学线上线下混合式教学满意度的调查研究表明，从整体来看，学生对管理学课堂教学状况较为满意，但也存在诸多问题，这些问题主要集中于教学内容、授课状况、平台运用、学习难度和努力与回报匹配度等方面。

（一）优化课程教学内容

教学内容前沿性、丰富性与适应性是学生关注的重点，同时也是满意度得分较低的因素。在进行课程教学内容设计时，要充分考虑教学内容的时代性、前沿性、实践性。

（1）确保教学内容具有时代性。应该选用最新版的马克思主义理论研究和建设工程教材，将课程思政元素融入教学内容中，确保能服务国家发展、时代发展。

（2）确保教学内容具有前沿性。通过关注管理学科相关学术泰斗的研究、中国管理科学学会动态等，将管理学科前沿、热点理论研究内容设计到授课内容中。

（3）确保教学内容具有实践性。通过深入企业进行管理实践，掌握并将目前最新、最具体的案例融入管理学课程内容中。依托校内企业沙盘模拟实训资源，设计管理沙盘模拟内容，提升管理实践能力，激发学生学习管理的激情。

（二）提升线上平台使用率

平台选择、平台美观性、平台操作性、平台互动性、平台功能性同样是满意度较低的因素。目前常见的教学平台有智慧树、学习通、慕课网、MOOC、雨课堂等，被用于管理学教学的平台主要以学习通、智慧树为主，但使用率较低。管理学课程教师应从全面开启线上平台、用好用透线上平台、线上线下有效融合三个方面提升线上平台使用效率。

（1）全面开启线上平台。5个学院9个专业的管理学课程教师应形成合力，共同建设管理学课程线上授课平台。

（2）用好用透线上平台。充分挖掘线上平台的独特功能优势，运用点名、抢答、头脑风暴等功能实现积极的课堂互动；运用学情管理、学生管理等大数据，全面掌握学生学习情况，进行因材施教；运用试题库、自动批改作业等功能引导学生完成课前、课中、课后的智慧化学习。

（3）线上线下有效融合。坚持线上理论教学为主、线下案例分析为主，实现线上与线下、理论与实践的有效融合。

（三）培育高水平教学团队

授课方法、授课备课是制约管理学混合式教学满意度提升的重要因素，培育高水平教学团队是有效的解决路径。

（1）建设教学管理团队。整合管理学课程授课教师，组建管理学教学管理团队，建立团队有效的沟通交流机制。

（2）联合开展教研活动。定期联合开展管理学课程教研活动，讨论交流管理学课程授课经验，联合开展教学质量工程项目申报。

（3）凝练共同科研方向。科研方向上以公共管理为大方向，形成行政管理、公共卫生服务管理、产业管理、工商管理等互补的小方向，以科研促进管理学课程教学，支撑学校MPA硕士点的申报。

（四）建立多样化考核体系

努力与回报匹配度、学习难度等因素满意度较低，体现了学生对管理学混合式教学的考核不满意。

为此，我们要采取的措施是：

（1）强化课程过程性考核。提升过程性考核所占比例，重视课堂表现、平时作业、阶段性测验、团队作业、实践活动等考核成绩。

（2）线上与线下考核结合。线上设置预习作业、课中测验、课后复习作业，引导学生主动预习、复习巩固管理学知识；线下开展讨论、回答问题等，激发学生运用相关知识能力。

（3）增强考核评价全面性。将课程学习态度、进步情况、价值观等立德树人因素充分纳入考核体系，注重全面考核评价。

五、结语

我们运用四分图模型，分析出了影响管理学课程线上线下混合式教学满意度的各指标因素重要性排序，寻找到了急需改进和解决的指标因素，有侧重地提出了提升满意度策略。然而，四分图模型对指标外的因素难以把控，各指标打分的主观性较强，相关评价并不能完全反映出实际情况。要想提升管理学课程线上线下混合式教学满意度，还需持续进行深入研究。

参考文献

［1］王欣欣，谭诤. 基于四分图模型的高校课堂教学学生满意度研究：以江西省部分高校为例［J］. 现代教育科学，2016（1）：20-26，43.

［2］江文. 基于四分图模型的直录播线上教学学生满意度研究［J］. 职教通讯，2021（4）：111-117.

［3］邢爱晶，杜桂荣，张丹丹. 基于四分图模型的深圳市地铁服务研究［J］. 城市轨道交通研究，2013，16（4）：82-85.

［4］钱煜昊，夏凡，朱天淳. 南京市地铁服务研究：基于四分图模型的服务质量测评［J］. 经济研究导刊，2014（26）：131-133.

［5］王泰鹏. 特色高水平应用型大学建设背景下的师资队伍建设对策研究［J］. 吉林医药学院学报，2022，43（1）：78-79.

［6］卢剑忧."互联网+教育"背景下网络教学平台使用现状调查与分析［J］. 现代职业教育，2022（1）：79-81.

"市场营销学"课程思政元素挖掘与教学实施研究[①]

宋志金　王情香[②]

2016 年 12 月，习近平总书记在全国高校思想政治工作会议上提出，要利用思想政治课和其他专业课程协同开展思想政治教育，随后各高校开始了课程思政相关改革探索。2020 年 5 月，教育部印发了《高等学校课程思政建设指导纲要》，要求高校专业课教师要结合专业特点分类推进课程思政建设。深入挖掘专业课程思政元素并在教学中融入实施成为高校教师开展教学的一项重要且必要的工作。

一、"市场营销学"课程思政元素挖掘与教学实施的必要性

（一）深化高校课程改革的需要

在当前高校大思政教学背景下，开展课程思政教学改革是大趋势。积极挖掘专业课程思政元素并在教学过程中实施符合当前高校课程改革的大趋势，能够有效地促进课程改革沿着正确的方向前进，符合高校、教师、学生多方面发展的需要。

（二）立德树人、全面育人的需要

学生素质是多维的，既包括知识技能素质，也包括思想品德素质。教育不仅仅是让学生掌握知识技能，还应该提升学生的思想品德。只有在提高学生思想品德的基础上提升学生知识技能，教育的真正目的才能达成，才能实现全面育人的教学目标。通过挖掘"市场营销学"课程思政元素并在教学过程中贯彻实施可以提升学生思想品德水平和综合素质，从而达到立德树人、全面育人的教学目标。

---

① 四川文理学院校级企业课程（2020KCC004）；线上线下混合一流课程"物流学"教改项目（2020JY102）的研究成果。

② 宋志金，1982 年生，男，四川威远人，讲师，硕士，主要从事市场营销研究。

王情香，1984 年生，女，湖南常德人，副教授，硕士，主要从事区域经济研究。

（三）提高课程质量、提升学生满意度的需要

通过挖掘"市场营销学"课程思政元素与教学实施，可以提升课程品位，从原有的基本知识点传输提升到思想品德塑造，从而使得课程质量得到有效提高。在此基础上，学生上课也不仅仅注重知识的获得，还能够提升学生的思想品德修养。教师在教学过程中不仅仅是向学生传授知识，还可以与学生进行精神沟通，产生精神共鸣，从而极大程度提升学生对于课程的满意度。

二、"市场营销学"课程思政元素挖掘

笔者通过对"市场营销学"课程的全面把握，对各章节涉及的思政元素进行详细提炼与充分挖掘，如表1所示。

表1 "市场营销学"课程思政元素挖掘

教学内容	对应的知识点	思政元素
市场营销观念	社会营销观念	社会责任感、环保意识
市场营销环境	营销活动与营销环境的关系、政治法律环境	拼搏精神、"四个自信"、遵纪守法意识
消费者行为	消费观念、参照群体	树立正确的消费观念、正确的偶像观
市场营销调研	调研现场实施	诚实守信的品质、职业精神与素养
市场定位	市场定位的概念	个人职业定位
产品策略	新产品开发	创新精神
品牌策略	品牌外延	个人品牌塑造
定价策略	差别定价策略	平等待人的思想品格、尊重个人隐私
促销策略	虚假促销、虚假广告	诚实守信
营销道德	营销道德建立	个人道德品质提升

三、"市场营销学"课程思政元素教学实施

（一）市场营销观念

从20世纪70年代起，社会问题日益突出，企业开展营销不能仅仅考虑满足顾客需求和企业利润，还要考虑社会利益，企业应该追求企业利润、顾客需求以及社会利益的最佳结合，即要求企业要具有社会责任感。例如，可口可乐基于自身业务优势，从社会需求出发，将企业价值最大限度地贡献于社会价值，做好社会的企业公民。麦当

劳近年来致力于绿色包装与回收、儿童营养与福利、节能减排以及年轻人就业等方面的社会可持续发展愿景及社会行动。市场营销观念就好比企业的思想理念，好的思想理念就能正确引导行为。作为一名新时代的大学生，也要具备好的思想理念，做一个有社会责任感的公民，塑造绿色发展观，树立环保意识。

（二）市场营销环境

营销环境是企业营销活动的制约因素，但企业营销活动又不能完全被动地接受环境的影响，需要积极主动地适应环境，发挥最大的主观能动性。企业如此，个人也是如此。当面临客观环境时，教育学生不能完全被动接受，要具有拼搏精神，发挥自己的主观能动性。市场营销环境分为宏观环境与微观环境，其中政治法律环境是宏观环境因素之一。教师在讲解这部分内容时，可以介绍我国国内政治环境与形势，树立"四个自信"：道路自信、理论自信、制度自信、文化自信。另外，教师在讲解法律环境时，国家或地方政府制定了各项法律、法规，企业的营销活动必须在法律框架下运作，在此可以向学生强调遵纪守法的意识，不能逾越法律法规而妄自行动。

（三）消费者行为

消费者有求新、求实、攀比等消费心理，大学生需要养成正确的消费观念，按照自身的经济条件适度消费。这里教师可以通过举一些例子来说明不正确的消费观念的危害性，比如炫富消费、网贷消费等消费行为。教师在讲解参照群体对消费行为的影响时，参照群体分为崇拜群体和厌恶群体，大学生应该树立正确的偶像观，向正能量先进人物学习，拒绝负面群体的影响。

（四）市场营销调研

在进行市场营销调研时，最重要的是亲自深入一线获得客观的实际资料，这样才能据此制定科学合理的营销策略并指导企业开展营销活动。诚实守信是调查人员最重要的品质。作为调查人员，要遵守调查人员的规范，积极提升个人职业素养，不能在调查过程中弄虚作假，比如伪造数据、自己填写调查问卷或随意找人填写调查问卷等。教师在讲解市场营销调研时，可以从数据获取的真实性方面融入诚信元素、职业精神与素养元素。

（五）市场定位

市场定位是塑造产品形象从而在目标市场上占据强有力的竞争位置。企业可以为销售产品而在消费者心目中树立良好的形象。个人也需要进行职业定位。教师在讲解市场定位这部分内容时，可以引导学生做好自身的职业生涯规划与个人职业定位，以便让学生更好地规划大学生活，更好地利用好大学四年的时间，有针对性地提升个人职业技能，以便在将来的职场生活中获得更好的发展。

（六）产品策略

顾客的需求是不断变化的。企业为了更好地满足顾客需求以及应付竞争，需要积极开发有竞争力的新产品。要开发有竞争力的新产品，前提是有好的新产品创意，因此企业需要具有创新精神。教师在讲解这部分内容时，可引导学生积极进取，开发自己的创造潜力，发挥创新创业精神。

（七）品牌策略

好的品牌对于企业是很重要的：好的品牌能够提高企业的竞争力，增强企业的获利能力，提升顾客的忠诚度。教师在讲解这个部分时，可以引导学生进行思考，树立打造个人品牌的意识。教师要提示学生进行个人职业规划，有针对性地提升自己的职业技能，塑造良好的个人品牌。

（八）定价策略

企业在进行定价时可以采用差别定价策略。企业在差别定价时不能搞价格歧视，对不同顾客应该同等对待，比如博物馆对学生和儿童实行免费或低价策略，对其他成人顾客实行一般价格，这种形式是可以接受的，但不能因为顾客其他特征而实行不同的价格。这里教师可以向学生介绍平等待人的思想。现在有一些互联网平台利用大数据收集顾客信息，从而对一些顾客进行"杀熟"，即对老顾客实行高价、对新顾客实行低价。教师在讲解这部分内容时，可以向学生介绍如何利用合法的渠道收集顾客信息从而开展正常的营销活动，不能通过大数据收集顾客信息从而对老顾客进行"杀熟"。这里还可以向学生强调尊重个人隐私，不能利用他人隐私开展不正常的牟利活动。

（九）促销策略

促销是重要的营销策略之一，企业开展经营活动离不开促销。"王婆卖瓜，自卖自夸"，企业开展促销肯定是要对自己的产品优点进行介绍和宣传。但企业开展促销必须坚持真实性的原则，企业在开展促销过程中宣传产品的优点不能脱离实际而进行虚假宣传，即企业要进行诚信经营。教师在讲解这部分内容的过程中，可以向学生强调个人也需要养成诚实守信的品质。

（十）营销道德

营销道德是指调整企业与所有利益相关者之间关系的行为规范的总和。企业的经营行为要符合营销道德规范，为此企业需要确立符合社会需求的价值观和道德责任感，树立并重视消费者感知价值最大化、增进社会福利、企业与利益相关者可持续发展的社会营销观念。企业营销目标必须服从于国家和社会发展的大局，树立为国为民、服务社会的思想，把仁爱之德施于大众，真诚、友好地对待竞争者和顾客，坚持"多赢"原则。教师在对这部分内容进行教学的过程中，可以强调企业作为社会的一分子，需要坚守道德规范，那么学生作为社会的一分子，同样也要坚守道德原则。

四、结语

对"市场营销学"课程的思政元素进行挖掘并在教学过程中融入实施，提升了该课程的教学质量和思想档次，使学生在学习专业课程的过程中也能得到思想熏陶，能够更好地完成立德树人、全面育人的教学目的。本文的局限和不足可能在于挖掘思政元素还不够全面，还有一些可能的思政元素点没有挖掘出来，教学实施还不够精细，在教学实施中只是点到为止，没有进行精细的设计。

参考文献

[1] 宋利利，刘贵容. 新商科背景下大数据与市场营销课程思政教学探索 [J]. 现代商贸工业，2022（7）：169.

[2] 蔡建国，王燕辉，蒋伽丹. 市场营销学课程思政回归教育本源研究的路径探索 [J]. 大学，2021（40）：58.

[3] 李丽. 市场营销学课程思政元素的挖掘与系统融入 [C] //劳动保障研究会议论文集（十五）. 成都：四川劳动保障杂志出版有限公司，2022.

[4] 吴健安，聂元昆. 市场营销学 [M]. 北京：高等教育出版社，2014：405-411.

对课程思政建设的探索与实践

——以"政府审计"课程为例①

冉燕丽　周娅纳　匡彩云②

一、引言

2016 年 12 月，习近平总书记在全国高校思想政治工作会议上指出，思想政治工作要贯穿教育教学全过程，专业课程需要"守好一段渠""种好责任田"，与思想政治理论课程同向同行，形成协同效应。在 2018 年 9 月召开的全国教育大会和 2019 年 3 月召开的学校思想政治理论课教师座谈会上，习近平总书记又对课程思政做了进一步阐述。2020 年 5 月，教育部印发《高等学校课程思政建设指导纲要》，全面推进高校课程思政建设，提高高校人才培养质量。"课程思政"成为近年来教育热点话题，各高校都十分重视课程思政建设，学者关于课程思政的研究文章也如雨后春笋般涌现出来。但是，关于课程思政的相关文献，以理论探索偏多，实践应用较少，而且还存在认识不统一、不全面等问题。课程思政建设到底如何做，仍是值得探究的话题。本文在把握课程思政的内涵与关键环节的基础上，重点从教师、课堂教学两个层面进行课程思政的建设探索，并以政府审计课程思政教学设计举例，以期为应用型本科高校尤其是审计专业相关课程的课程思政建设提供借鉴。

---

① 四川文理学院 2020 年度课程思政示范课程"政府审计"（2020KCSZ012）；四川文理学院 2020 年度一流课程"财务管理"（2020KCC003）；四川文理学院 2021 年度社会实践一流课程 ERP 企业经营沙盘模拟（2021KCE001）的研究成果。

② 冉燕丽，1986 年生，女，讲师，硕士，主要从事财务审计研究。
周娅纳，1989 年生，女，讲师，硕士，主要从事金融审计研究。
匡彩云，1986 年生，女，讲师，硕士，主要从事财务审计研究。

二、课程思政的内涵与关键环节

理解课程思政的内涵是进行课程思政建设的基础。专业课教师如果不能理解和实现课程思政，高等教育的课程思政要求就无法落到实处。目前对课程思政的认识，被认同的主要是两种观点：一种认为课程思政是一种教学理念，即以构建"全员、全过程、全方位"育人格局的形式，将各类课程与思想政治理论课同向同行，形成协同效应，把立德树人作为教育的根本任务的一种综合教育理念。另一种认为课程思政是一种教学方法，它把思政元素融入课程中，实现育人效果。总体来说，课程思政实际上是课程的建设，属于教学改革的内容。做好课程思政，需要抓住关键环节，即思政元素的挖掘和融入。挖掘和融入思政元素必须以对思政元素有正确的认识为前提。有很多人可能会很狭隘地理解思政元素，仅仅认为思政元素只包括爱国、诚信等社会主义核心价值观的传递等，从而导致一些教师在进行课程思政建设时思路打不开。实际上思政元素的内涵是十分丰富的，可以包括政治认同、家国情怀、法治意识、社会责任、道德修养、人文素养、文化素养、工匠精神等。我们认为，只要能实现立德树人根本任务，就是好的思政元素，就是一堂好的课程思政课。

在正确认识思政元素的基础上，我们再来结合课程对思政元素进行挖掘。每门课程都有自己的授课对象和课程特点，这就决定了课程思政建设不能照搬照抄，不能生拉硬扯，应挖掘专业课程里边丰富的思想政治教育元素。比如对于政府审计课程来说，审计是国家监督的重要手段，审计人员被严格要求，需要依法审计，保持正直坦诚、客观公正、勤勉尽责、保守保密等职业道德。在挖掘其思政元素时，可以着重强调这些方面。在结合课程挖掘出思政元素后，还要对思政元素进行提炼，即将思政元素和专业知识、前沿知识、基本的专业原理有机结合起来，在具体传授知识时，融入相关的思政元素进行价值塑造。为了提高思政元素的融入性，还要对思政元素的有机融入进行打磨、加工。首先应以人为本，了解学生的知识结构、背景、认知水平、需求等。其次在了解的基础上，进行问题引导，即给学生进行什么样的认知，来考虑进行顶层设计，比如课程大纲、课程内容安排。最后融合创新，采用一些新的教学方法、技术等，提高课堂成效。思政元素有没有与课程有机融合，标准在于看学生是否能自然地接受和认同对他们的价值塑造，是否能引起学生的情感共鸣，是否能走进学生的心里去。只有这样，才能真正发挥出课程思政的效果。只有把握住课程思政建设的关键环节，才能解决实施课程思政教学时出现的思政元素与专业课程内容脱节的"两张皮"现象。

三、课程思政建设具体措施

虽然课程思政已在很多高校开展，但很多教师对于如何进行课程思政建设仍然感到比较模糊，因为没有可以参照的标准。一些教师在进行课程思政建设时，简单地认为把一些思政元素比如爱国、敬业、诚信等加入课堂就可以了。这与构建全员、全过程、全方位育人格局，发挥高校立德树人根本任务，提高高校人才培养质量目标相差甚远。课程思政的建设方法、形式可能是多种多样的，但本文主要从教师、课堂教学两个方面来重点讨论如何进行课程思政建设。

（一）教师层面

全面推进课程思政建设，教师是关键。要提高专业课程思政效果，教师可以从以下几个方面来加强：

1. 提升教师课程思政建设的意识和能力

目前在教师中，对课程思政还存在一些错误观点和认识不准确、不完整的现象。有些教师认为，专业课的教学内容本来就多，没时间去开展课程思政，而教师自己事情也多，没工夫开展课程思政。也有教师认为课程和思政应该各司其职，专业课程主要进行知识传授和技能提升。还有教师认为课程思政就是在课堂上进行思政教育，进行一些简单的道理讲解。也有些教师在"课程思政"概念提出以前，就已经在课堂上对学生进行做人做事道理的教育，但具有偶然性、随意性、站位高度不够等问题。所以，需要提升教师的课程思政建设意识和能力，让教师主动且积极用心地开展课程思政教育。具体可从学校引领、二级学院重视、教研室具体开展课程思政活动、全部教师参与四个层面来抓。

2. 教师正确的言行，是最直接的课程思政示范

在笔者所做的一项关于"政府审计"课程思政的专项调查问卷中，有超过65%的同学认为教师自身理想信念、道德情操、扎实学识、仁爱之心等方面素养对学生道德品质的影响较大。所以教师要做好示范带头作用，保持积极乐观心态，传递正能量，注意教风，认真对待课程，主动开展教学研究等。尤其是在一些平常小细节上，必须做好引领作用。比如教师是否有提前到教室、是否认真备课、是否尊重每一位学生、是否言行一致等，都可能会对学生行为带来重大影响。

3. 了解学生需求

学生作为被授课的对象，在进行课程思政建设时，教师应站在学生角度进行思考，才能发挥课程思政的最大效果。在进行课程思政建设时，有些教师首先会担心，学生

愿不愿意在专业课程教学时接受教师对他们进行课程思政教育。笔者通过问卷调查回答了这一问题。对于"结合课程内容，和同学们聊一聊做人做事的道理，您的感受是？"一问，有 73.49% 的同学非常乐意倾听。对于"您认为任课教师挖掘出来的课程内容背后的故事、规律以及体现出来的精神对您有用吗？"一问，有 81.93% 的同学认为有用，能给予积极的思想指导，能学会正确待人处事。对于"您认为政府审计课程思政可以发挥什么样的作用？"一问，认为有助于提升职业道德和职业素养、有助于形成正确的三观、有助于增强职业信心认为所占的比例分别为 89.16%、83.13%、77.11%，这说明绝大多数同学愿意接受课程思政教育，对他们进行价值塑造。

学生虽然愿意接受课程思政教育，但还要考虑学生们想要以什么样的方式接受哪些方面的课程思政教育。在调查问卷中，学生们反馈希望以视频、动画、图片、案例讨论等形式开展课程思政教育，并通过加强实践教学环节，理论联系实际，解答同学们内心关注的重点、难点、热点问题，提升综合素质，采用先进教学手段和方法等提高课程思政效果。对于"希望在政府审计课程中融入哪些思政教育内容？"一问，爱国主义及其时代要求、专业自信、法律意识、职业素养排在最前面。对于"你认为政府审计课程教学中是否需要讲授以下内容？"一问，家国情怀、文化素养、政治认同被同学选择最多。所以在进行课程思政建设时，需满足学生成长发展需求和期待，尽可能提升思想政治教育的亲和力和针对性。

（二）课堂教学层面

通过调查问卷，我们发现有 62.65% 的同学认为思政元素融入专业教育生硬、牵强，不能感同身受；有 59.04% 的同学认为教学方式单一，不能激发学生兴趣。所以，要提高课程思政效果，就必须抓好课堂教学这一"主渠道"，让专业课程与思政元素有机融入，做到润物细无声。具体可以从以下三个方面思考：

1. 建立课程思政的目标

应立足于高校思想政治教育目标和专业人才培养目标，结合专业课程的课程属性及知识特点，通过多个途径和手段，将思政教育融入专业课程教学的全过程中，全面落实立德树人的理念，实现高校人才培养目标（章德玉，2020）。以政府审计课程为例，课程思政目标可以确定为培养学生职业道德和素养，增强社会责任感和使命感，弘扬社会主义核心价值观，将政府审计知识与育人紧密融合，树立正确的人生观和价值观，以及培养学生团结协作和有效沟通的能力等。

2. 重构课程体系内容

进行课程思政建设，需要重新优化课程教学内容。课程载体的质量会直接影响课程思政的效果。课程教学内容取舍越严谨科学、越有价值和含金量，课程的思想政治教育元素就越丰富，课程便越有活力和影响力，课程思政就越有厚度和力度。所以，课程思政教师重新对教学内容进行科学梳理、拓展提炼，使重构后的教学内容能恰到好处地满足教书育人的需要（洪早清 等，2022）。

3. 改革教学方法

随着优质教育资源变得不再稀缺，移动互联网的发展为学生提供了便利渠道，改变以知识传授为主要形式的传统课堂教学方式势在必行。教师须主动开展教育教学改革，一方面，教师可以在课堂上广泛应用启发式、讨论式、翻转课堂等新型教学方式，教学方法灵活，充分运用现代信息技术提升课堂教学效果；另一方面，教师可以充分利用优质在线学习资源，开展混合式教学，在课上和课后与学生加强互动，及时发现学生的学习瓶颈，分享学生的学习感悟，解决学生的学习困惑，让学生变被动为主动，重新找回对课程和课堂的关注，同时节约时间进行价值塑造和课程思政教育。

四、政府审计课程思政教学设计举例

下面以政府绩效审计内容为例，按照教学目标、教学策略、教学方式、教学过程、考核评价五个方面分别进行教学设计。

（一）教学目标

每堂课需要先确定教学目标，教学设计以教学目标实现为目的，该堂课的教学目标具体见表1。

表1　教学目标

目标	内容
知识目标	（1）熟练掌握绩效审计的目标和内容 （2）掌握绩效审计的发展现状 （3）理解政府绩效评价体系的构建原则及方法
能力目标	（1）培养学生的语言表达能力 （2）培养学生善于动脑、勤于思考、及时发现问题的学习习惯 （3）培养学生的宏观思维，以及将宏观思维与微观概念结合，共同处理实际事务的能力
价值目标	（1）培养学生的责任感、团队合作与创新精神 （2）了解国情，培养理想信念和国家大局观

（二）教学策略和教学方式

该堂课主要采用任务驱动法、问题探究法、讲授法的教学策略和翻转教学的教学方式（王如燕，2020）。学生带着任务去学习，并对教师给出的问题积极主动思考，再在课堂上展示对知识的掌握程度和存在的问题。教师再根据学生情况有针对性地进行讲解，可以有的放矢，提高课堂效果。

（三）教学过程

该次课将学生分成 6 个小组，每小组分别负责一部分具体任务，共同完成关于"构建××市住房公积金审计评价体系"的讨论。整体实施流程见图1。

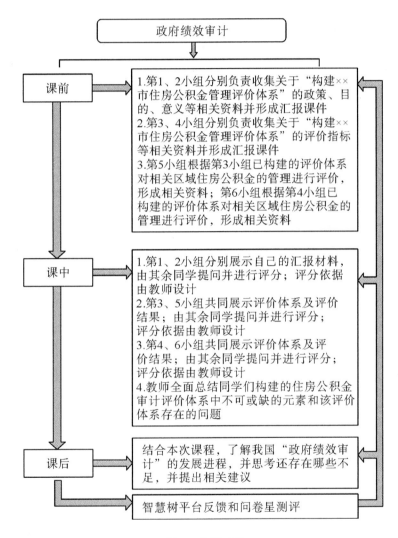

图 1　教学过程

（四）考核评价

该次课主要采用过程考评方式，根据每小组收集资料的完整性和与主题的相关性打分，并对课堂展示表现打分，引入学生自主评价方式，学生之间相互评价。本次作业最终成绩为学生评价和教师评价各占 50%。

上面的教学设计既可以符合审计专业同学人才培养特点和专业能力素质要求，又将思想政治教育元素有机融入课程中。课堂采用问题式、讨论式、翻转课堂等新型教学方式，并且体现了以学生为主，教学反馈及时，可以达到较好的教学效果。

五、结语

课程思政建设正在如火如荼地进行，到底如何进行课程思政建设是每位教师都应思考的问题。在进行课程思政建设的过程中，一定要充分考虑学生群体的实际情况，尊重学生、满足学生需求，不断提高自身的教学能力。相信每位教师只要用心用情去做，一定能做好课程思政，从而提高课堂教学效果、育人效果，提高人才培养质量。

参考文献

[1] 习近平. 把思想政治工作贯穿教育教学全过程 [EB/OL]. http://www.xinhuanet.com//politics/2016-12/08/c_1120082577. htm.

[2] 教育部. 高等学校课程思政建设指导纲要 [EB/OL]. http://www. gov. cn/zhengce/zhengceku/2020-06/06/content_5517606. htm.

[3] 章德玉. 思政教育融入专业课程的教改路径与对策研究 [J]. 教育教学论坛，2020（21）：74-75.

[4] 洪早清，袁声莉. 基于课程思政建设的高校课程改革取向与教学质量提升 [J]. 高校教育管理，2022（1）：38-45.

[5] 王如燕. 政府审计学"课程思政"设计与实践 [J]. 国际商务财会，2020（6）：72-74.

新文科建设背景下的审计学课程思政

毛　丹[①]

一、引言

　　一直以来，党的教育方针在不同时期不同形势下做出的调整均围绕着德育为先的原则，高校承担着"为党育才、为国育人"的历史重任，应以"立德树人"为根本任务。2020 年，国家发布了《新文科建设宣言》，提出在当前这个信息时代中国高等教育要走内涵式发展道路，培养社会主义新时代的建设者，把"立德树人"作为新文科建设的内在价值取向。这一背景下的审计学专业人才培养就是要抓好课程思政建设，把价值观引领寓于知识的传授与能力的培养之中，解决长期以来专业教育与思政教育"两张皮"问题，构建"三全育人"新格局。

　　审计是党和国家监督体系的重要组成部分，是维护国家经济安全的"经济警察、经济卫士"，是国家经济发展过程中的"总医师"，在国家治理中发挥着越来越重要的作用。习近平总书记强调"要以审计精神立身、以创新规范立业、以自身建设立信"，这为审计专业人才培养提供了根本遵循。从中华民族优秀传统文化入手，培养社会主义核心价值观，立足于中国特色社会主义审计制度的历史文化基因，实现文化自信，构建具有中国特色的审计话语体系。因此，我国的审计人才培养离不开课程思政。

二、新文科建设背景下审计学课程思政的意义

（一）审计的职业特点

　　审计是一种经济监督，是维护国家经济安全的"经济卫士"，从事审计职业的人既要具备足够系统的专业知识、协作能力和推理能力，还要吃得了苦、抗得了压，敢于

---

① 毛丹，1969 年生，女，副教授，主要从事审计学教学与研究。

挑战负面问题，敢于向所有违规违纪者说"不"。当经济发展到一定阶段，当改革步入深水区，政策执行可能会面临"肠梗阻"，财政资金可能会面临被截留，更需要审计人员勇于碰硬，敢于揭露以权谋私、失职渎职、贪污受贿、内幕交易等违法违规事实，维护国家经济秩序，保障国家经济安全，促进国民经济又稳又好高质量发展。

随着审计全覆盖的不断深入推进，审计在社会经济发展中的重要地位日益凸显，新时代对审计从业人员提出了更高要求。国家反复强调审计工作的政治性、政策性和专业性，强调政治引领，在提升专业胜任能力的同时还要强化勤奋务实、廉洁自律，要将社会主义核心价值观深植于心，并落实于行动之中，我国市场经济的这种现实需求也对审计队伍的专业化培养提出了新要求。

（二）用人先观德，审计从业的职业素养

随着信息时代的到来，大数据、区块链、云计算、人工智能等各种现代信息技术风起云涌，深刻改变着社会生产模式和经济形态。面对变幻莫测的经济领域，审计工作纷繁复杂，审计线索的采集、审计内容的拓展、审计方式的运用、审计数据的分析和审计成果的运用等无不对审计人员的素质提出了挑战。审计用人单位挑人不仅仅看专业技能，更看重审计人的社会适应能力、团队合作能力、人际沟通能力等非技术层面的职业素养。因此，拥有正确的价值观和职业观关乎其未来的职业生涯，拥有赤诚奉献廉洁奉公的审计情怀、打破专业壁垒融通文理工的复合型人才才是这个时代最需要的审计人员。观照时代需求，回应行业所需，以德为先，高校的审计人才培养应高度重视思政课程，加强审计专业人才的职业道德教育、传统文化教育和现代信息技能培养，文理工融合，涵养公正无私、担当奉献和忠诚守信的审计精神，培养胸怀祖国、有国际视野、符合社会发展需求的高素质复合型审计人才。

（三）育人先育德，对审计专业学生进行思政教育的必要性

一直以来，不少地方高校存在着一种误区，认为只有思政课才是思想政治理论课的主战场，在向学生传授通识知识、专业知识的过程中常常忽略了思政元素，把教学重点放在通识知识、专业知识的讲授与专业技能的提升上面，从而不可避免地陷入了思政理论课程与通识课程、专业课程各自为政的怪圈，严重影响了高校教书育人、立德树人的效果。进入信息时代，随着信息获取便捷度的提高，海量信息蜂拥而来，信息中混杂的可能影响学生世界观、人生观、价值观的因子层出不穷，给高校的思政教育工作带来了巨大挑战。将课程思政融入专业课程的教学中，通过提炼专业课知识模块中所蕴含的思政要素，组织安排有效的教学活动去培育和塑造学生的职业道德观和正确的价值观，逐渐成为近年高校教育教学改革的重要课题之一。

"课程思政"是我们党的治国方略之一，是强化高校思想政治教育工作所进行的课

程改革，育人先育德。高校要牢记"为党育人、为国育才"的光荣使命，将传道授业解惑与育人育才有机融合，充分利用各类学科的教学资源与思政课协同育人，为实现中华民族伟大复兴中国梦、为建设中国特色社会主义国家培养新一代接班人。审计学课程思政就是要充分挖掘、提炼审计学专业知识中蕴含的思政元素，借助专业课程体系内容，融德育教育于专业课程教育之中，潜移默化地将正确的人生观、价值观、职业道德观融入专业课堂、融入学生心中，因势利导、由浅入深地引导学生，增添教学活动的趣味性、实用性和感染力，促进学生自主学习、自觉提升思政素养，实现"德技双馨"的人才培养目标。

三、教学实践中审计学课程思政的现实困境

（一）专业课教师的思政教育意识薄弱

在专业课教师的传统观念里，总存在着学校的思政工作有辅导员、有党委书记、有组织员，学生已经能很好地接受品德教育进而完善人格，根本不需要通过专业课教学去重复说教的潜意识。即使部分审计学教师能够意识到课程思政的重要性，并在教学中尽可能融入课程思政元素，但现实中总存在着专业教学与思政教育"两张皮"现象，要么审计学教师的德育能力欠佳，不太会对学生进行思想品德教育，要么就是审计学课程中所蕴含的思政元素未被充分发掘出来，同行教学中可借鉴的也不多。

（二）专业课教学中学生对思政学习认知度不高

步入信息时代，随着互联网新技术的不断普及，学生获取海量信息的方式方法更加便捷丰富，但来自网络的信息可信度难以辨识，而青年学生正处于三观不太稳定的阶段，易于受到冲击。这时再在课堂上强调主流思潮，极易引起学生的抵触情绪，要破除其所处年龄段的逆反心理对专业课教师来讲是难上加难。

（三）专业课教师的思政功底欠佳

思政教育需要运用系统的理论知识体系，而专业课教师在这方面的知识一欠丰富，二欠积累，三欠专注。专业课教师的工作精力主要用在专业理论知识的讲授和学生实训技能的提升上，若要有效挖掘专业课程中的思政元素，有时会让专业课教师感到力不从心，无法达到预期的思政效果。

（四）课程思政教学形式单一、教学效果不理想

当前专业课教师在专业课程上的思政教育所体现的思政课程内容与学生成长的环境存在着相当大的差异，学生对于专业的认知多半还停留在理论上，对于专业实践知识的认知尚不足，还在期待专业课教师能够教授更多的专业技能知识，因此这时的课

程思政难以深入学生内心，且教学形式单一，课程思政与专业课程学习脱节，不但没有通过课程思政发挥出隐性育人的作用，反而让学生失去学习兴趣，甚至产生反感，严重降低了育人效果。

四、新文科建设背景下审计学课程思政育人教学的路径探讨

审计学课程思政不是增设一项教学活动，而是将高校思政教育工作融入审计学专业的课程教学与改革的各个环节、各个方面，贯穿于教育教学的全过程，贴合经济与社会发展的现实需要，激活传统审计文化中的优秀部分，把审计行业精神的培育融入教学活动，实现专业知识讲授、专业技能培育与价值引领的有机统一，真正实现"三全育人"目标。

（一）抢先机，转变审计专业课教师的育人观念

课程思政的关键在教师，教师是课堂教学实施的主体，而专业课教学、公共课教学是德育的先机，专业课教学中所使用的活生生的教学案例可以帮助学生对经济领域中的不当行为有更为直观的认识。所以，审计学课程思政需要每位教师共同参与，转变多年来形成的教学观念和教学习惯，充分意识到思政教育的重要性，把课程思政融入整个教学生涯，系统地、全方位地进行德育教育，通过教师团队的核心力量，将立德树人这一观念贯穿教学的全过程。

（二）抓根本，加强审计专业课教师思政能力培训

审计专业课教师的思政素质与审计专业课程思政息息相关，提高其思政能力有助于将课程思政落到实处。首先，需要学校从制度层面给予保障，将课程思政纳入学校"大思政"工作格局，把课程思政师资队伍建设纳入思政教育队伍，让专业课教师成为拓展思政教育的载体，挖掘专业课程中的思政元素，积累思政教育资源，有机融入专业课堂和实训环节，把握德育先机，培养优秀职业审计人。其次，业务层面通过马克思学院的思政教师与审计专业课教师开展集体备课，引领专业课教师去发掘专业课程和实训课程中的思政元素，充实专业课程思政教育资源，并在专业课堂教学和实训环节中融入思政教育。最后，审计学教师可充分利用自己的专业优势或依托行业资源优势，以培养优秀审计从业人员为目标，创新思政教育方法，以本专业课程为切入点，在审计文化、审计职业道德、审计精神、审计专业发展史等思政资源中挖掘思政教育内容，提高思政教育实效。

（三）创新局，提高专业课教师的思政育人水平

1. 立足审计的历史文化基因，弘扬审计文化

当今世界全球互联，审计工作需要国际趋同，一些技术方法在一定程度上学习借鉴了西方国家的先进经验。西方势力借机运用文化力量推销其所谓的普世价值，实现其文化渗透的战略目标，成为影响我国青年学子文化自信、制度自信的重要因素。回溯中国历史，许多宝贵的审计文化源远流长。从西周的宰夫，到春秋战国时期的上计制度，再到清代的六法考吏，从实地稽查审计，到经济责任监督，再到监审合一的权力监督机制，审计的技术方法、审计监督制度等几千年积攒的审计制度文化已深深渗入血脉，中国审计人拥有足够的制度自信和文化自信的底子。审计课程思政须立足于我国审计体制的历史文化基因，向学生传授中国特色审计制度文化，通过古今中外的制度对比，深入浅出地解析各种审计体制的历史文化传承和现实制度选择，提高青年学生的文化安全意识和比较鉴别能力，自觉抵御和防范西方意识形态的渗透和影响，在知行合一中逐步形成正确的世界观、人生观和价值观。如当前对领导干部开展的经济责任审计，就是秉承了中华民族传统法治文化中的"严治官、宽养民"的政治逻辑，与韩非子的"明主治吏不治民"理论一脉相承。

2. 围绕审计的"经济卫士"职能，厚植审计精神

审计具有经济鉴证的法定职能，是维护国家经济安全、促进社会主义市场经济良性发展的"经济卫士"。当前审计环境日益复杂，社会经济中的新情况、新问题层出不穷，审计人只有不断加强自身政治素养，传承克己奉公、廉洁自律、依法求实、勇于创新的审计精神，关注审计风险，保持职业审慎，增强解决综合问题的能力，才能进一步提升审计监督的专业能力。审计人才的培养要贴合经济与社会发展的需要、审计行业的现实需要，把行业精神的培育融入专业教学，突出课程教学内容的思政功能，培养符合社会需要的具有综合素质的复合型审计人才。审计行业的"诚信、独立、客观、公正"与社会主义核心价值观高度契合，教师备课时需要充分挖掘蕴含在相关专业知识中的思政教育因子，关注社会与经济热点问题，吸收当前社会中的正能量，适时引入审计服务国家治理的典型案例，激发学生爱党爱国情怀，帮助青年学生牢固树立正确的世界观、人生观和价值观，将思政教育贯穿于审计学教学的各个环节，把专业课的知识目标、技能目标与学生个人理想、社会担当有机结合，使专业课、公共课同向同行，形成协同效应，合力塑造学生正确的职业观。

3. 聚焦审计的立德树人任务，改进审计教学

要提高审计德育效果，需要持续改进教学手段、教学方法以及教学内容，不断改进课程思政育人模式，提升审计学课程思政教学效果。对学生思想上的引导不可能一

蹴而就，需要在课程思政的过程中不断总结、评价，持续改进。如在课堂教学中，要对应每一个专业知识点，详细分解课程思政育人目标，在潜移默化中将审计职业分析与爱国主义真谛植入学生心中，促进学生的职业成长；审计从业对于实践能力的要求较高，在实训课程的教学中也需要专业教师广泛开展教学创新，将思政教育融入专业实践教学活动的全过程，培养学生能查、能写、能说的能力；在实际操作方面，强调文理交融，能够运用现代信息技术开展审计工作、撰写审计报告；在分析洞察方面，强调好奇心，能够运用逆向思维寻找审计线索；在协调沟通方面，强调团结友善，能够创造良好的工作氛围，确保审计活动的顺利开展；在防范风险方面，强调职业怀疑，能够知法懂法用法，始终保持职业审慎廉洁自律。

五、结语

审计学课程思政的目的是建设审计学师资队伍，挖掘审计学课程的思政资源，利用课堂教学主渠道，结合审计实践实训活动把知识传授、能力培养、价值引领融入课程教学全过程，注重立德树人、注重学科交融，弘扬审计文化，厚植审计精神，真正实现"三全育人"目标，与新文科建设所倡导的培养知中国、爱中国、能够担负起中华民族复兴大任的新时代人才的使命不谋而合。当前，用新文科理念审视审计学课程思政教学实践，还存在着一些现实问题，需要抓住新文科建设契机，主动应变革新，观照时代需求，回应行业所需，以德为先，培养学生公正无私、担当奉献的家国情怀，致力于维护国家经济安全，保护人民群众的公共利益。

参考文献

［1］教育部. 新文科建设工作会在山东大学召开［EB/OL］.http://www.moe.gov.cn/jyb_xwfb/gzdt_gzdt/s5987/202011/t20201103_498067. html.

［2］李丽霞，李海霞，梁小甜，等. 审计全覆盖背景下信息化审计人才培养研究与实践［J］. 高教学刊，2021（11）：164-168.

［3］王爱国. 中国审计文化的反思与重构［J］. 会计研究，2011（3）：89-93.

［4］吴岩. 积势蓄势谋势 识变应变求变：全面推进新文科建设［J］. 新文科教育研究，2021（1）：5-11，141.

教学改革篇

实践育人视角下高校学生社会实践规范化建设探析

——以四川文理学院红色文化社会实践为例[①]

张俊峰[②]

实践是检验真理的唯一标准。实践在人才培养和锤炼中起着突出的作用，越来越引起社会各界的高度重视。习近平总书记十分重视和关注青年在基层实践中锻炼成长，指出"青年要成长为国家栋梁之材，既要读万卷书，又要行万里路，既多读有字之书，也多读无字之书，注重学习人生经验和社会知识。坚持知行合一，在实践中学真知、悟真谛，加强磨炼、增长本领"。团中央、教育部发文号召开展高校第二课堂以来，社会实践已经成为高校第二课堂以及高校人才培养方案的重要组成部分。当前，高校第二课堂实践存在着师生认识不够高、组织开展不专业、育人效果不突出、评价反馈不科学等问题。这些问题严重影响了社会实践育人的成效，需要我们认真反思和总结，深入推进社会实践的规范化建设，对提高第二课堂育人的成效和科学化水平具有积极价值。

一、明确社会实践的核心目标

（1）价值目标。任何课程都有其价值目标，社会实践也不例外。一般来说，社会实践的价值目标主要是引导实践者通过现场的观察、体验等深入了解、认识国情、社情，确立对国家、社会的责任感；通过对比课本理论与现实实践的差距，增强实践者的求真意识和科学精神。

① 四川革命老区发展研究中心项目"川陕苏区的红军后勤保障研究"（SLQ2022SB-11）；四川文理学院2020—2022教改项目"应用型人才培养目标下'学分制第二课堂成绩单'项目课程体系建设研究"（2020JY105）的研究成果。

② 张俊峰，1986年生，男，助理研究员，主要从事历史文化、教育管理研究。

（2）能力目标。习近平总书记强调，新时代的青年要做到有理想、有本领、有担当。有本领意味着必须有能力。对青年而言，基本的能力包括沟通能力、研究问题能力、解决问题能力等。在高校，社会实践已经成为锻炼学生、提高本领的主要途径。我们应该有意识地精心安排，让学生尝试去独立思考、策划和实施实践项目，以此提高他们的各项能力，增强本领和担当。

（3）成效目标。高校每年都会开展志愿服务、红色考察、"三下乡"等社会实践活动。这些实践活动，领导重视，参与人数多，投入的物力和财力都非常多。同时，有些社会实践，比如志愿服务、"三下乡"等，实践对象都是社会弱势群体。因此，对于社会实践的领导者、参与者及实践对象而言，都必须考虑实践的成效，否则这些社会实践就没有价值，也将不能持续开展下去。

二、重视社会实践的科学准备

（1）设计项目实施方案。项目方案是社会实践成功开展的必要条件。一般来说，完备的项目方案包括：目标与意义、团队成员与分工、物资准备、实践内容、进度安排、安全事项、项目预算、应急方案等。项目方案一般由团队成员讨论、研究后撰写，不宜太长，但关键的实施进度应详细筹划。

（2）联系实践对象。社会实践的顺利开展离不开实践对象的配合。因此，实践团队在策划的同时应该联系实践对象进行有效的沟通。沟通的内容包括实践拟开展的时间、内容、方式等，还有双方需要的证件材料、参与人员、物资准备等。与实践对象有效沟通也是实践顺利开展的重要步骤，一般来说，需要2~3次沟通。

（3）筹措实践经费。在社会实践开展过程中，物资的购买、乘车、住宿、餐饮、保险等都需要开支。一个15人的团队外出实践5天，经费支出至少需1.5万元，对广大高校学生来说，也是一笔不小的开支。所以，实践团队应该积极向学校或学院对应部门或有科研课题的教师争取经费支持，并本着节约的原则用好项目经费。

（4）出发前的准备。社会实践的顺利开展离不开对各项事宜的充分准备。首先是实践物资、车票、保险等的购买。在购买这些物资时，注意学校的财务支出原则，使用公务卡并保管好正规票据。其次是实践技能的培训，主要是对实践所需的知识、技能等的进一步学习和准备。最后是实践期间的安全教育等。安全是成功开展实践最基本的要求，要始终予以高度重视。

三、多维呈现社会实践的效果

（1）召开社会实践交流总结会。社会实践虽然可以按照前期拟订的方案开展，但在实际开展的过程中，由于队员的差异性和实践的复杂性，团队在实践过程中应及时开展内部的交流与讨论，以便更好地继续开展余下的实践任务。当实践即将圆满结束时，应趁热打铁，开展整个实践的总结会。会上大家充分交流、讨论本次实践的利与弊，总结经验，弥补不足，为开展好下次社会实践奠定基础。

（2）撰写社会实践报告。经过一段时间的社会实践，实践效果如何应通过正式的实践报告来呈现。一般来说，实践团队可以整体提交一份正式的社会实践报告。社会实践报告文字要精炼，不宜太长，内容主要包括项目完成情况、经验总结、发现的问题及解决思路等。除团队整体的实践报告外，团队个人也应提交个人总结，并进行互评，以提高全体队员的实践获得感。

（3）撰写实践通讯。实践育人已经成为我国教育育人体系的重要组成部分。各级新闻媒体也注重对高校学生实践活动的宣传。因此，实践团队应重视团队实践的宣传工作，安排专人负责写稿、拍照、拍视频，及时编写图文并茂的通讯稿件向国家级大报（如《人民日报》《光明日报》《中国青年报》）等各级媒体和新媒体平台投稿，宣传实践事迹，交流实践经验，增强团队成员精神动力。如四川文理学院"追忆知青岁月 传承红色基因"党史学习实践团在延安、巴中等地实践过程中，组织成员认真撰写新闻稿件，先后在中国青年网、今日大学生网发表通讯稿件10余篇，有力地增强了团队的宣传度，增强了团队成员的学习成效。

（4）申请国家级优秀实践团队。近些年，团中央高度重视对大学生社会实践的激励、表彰工作，每年暑假前，在发布实践项目的同时，也会发布国家级优秀实践项目、实践团队、实践指导教师、实践个人的评选表彰文件。因此，各实践团队在工作之余，应当总结完善自己的实践项目，打造精品，积极申报国家级优秀社会实践团队。经过努力准备申报后，一旦获得相关表彰，将极大地鼓舞团队士气和自信心。如四川文理学院智能制造学院"锋行直通车"志愿服务队，2019年以来先后2次深入四川省万源市柏树坝村，2次到四川省小金县达维镇，2次到通川区金华社区、南坝社区等开展科技志愿服务，累计参与师生300余人次，累计服务时长200余小时，为师生群众义务维修小家电1 000余件，为师生群众节约资金近3万元，其先进事迹被中国青年网宣传2次，团队2次获得共青团中央表彰的先进示范团队。特别突出的团队，还可以大胆地向国家领导人写信，汇报团队的实践事迹。这些都是团队实践成果的高质量、高水平体现。

（5）开展实践分享会。对高校而言，考虑社会实践的各项支出，有组织的社会实践毕竟太少，有相当一部分学生没有机会参加有组织的社会实践。因此，学校团委可以组织优秀的实践团队开展实践分享会，与没有实践机会的学生面对面交流，既可以锻炼参与实践同学的表达能力、宣传能力，也可以拓宽其他同学的视野及学习能力，最大化呈现社会实践的成果。

四、构建社会实践的规范性评价

开展社会实践的规范性评价是增强社会实践建设实效和科学化水平的关键环节。就社会实践评价来说，主要包括实践个人评价和实践团队评价。我们可以根据社会实践规范性建设的目标，合理分类设置评价内容及所占分值。经过多次参与社会实践的师生和管理部门的领导联合研究，并征求了部分专家的意见，我们拟订了社会实践团队表现评分表（表1）和社会实践队员表现综合评分表（表2）。

表 1　社会实践团队表现评分表

类别	评价内容	分值	评价分
团队自评（20%）	实践安全	5	
	实践准备及策划	5	
	实践成效	10	
实践对象评价（30%）	沟通水平	10	
	服务质量	10	
	满意度	10	
学校评价（50%）	团队安全	10	
	团队协作	10	
	团队服务质量	10	
	突出表现（创新、新闻宣传、国家级参评等）	20	
总分			

表 2　社会实践队员表现综合评分表

类别	评价内容	分值	评价分
个人自评（10%）	是否积极参加实践团队的各项工作	5	
	对社会实践的满意度或获得感	5	

表2(续)

类别	评价内容	分值	评价分
队员互评（20%）	对实践的态度和参与度	10	
	对完成团队任务的贡献度	10	
服务对象评价（30%）	对实践对象的态度	10	
	与实践对象的沟通	10	
	对实践对象服务的效果	10	
指导教师评价（40%）	工作态度	5	
	团队协作水平	5	
	实践期间承担团队任务的工作量	10	
	突出表现（品德、能力、成果等）	20	
总分			

注：此综合评分表可用于对实践团队成员的考核。除第一项个人自评外，其余三项应由实践活动指导教师组织完成。

以社会实践团队表现评分表为例，团队自评占20%，实践对象评价占30%，学校评价占50%，既体现了团队的主体自觉性，也突出了实践对象的反馈和学校在整个实践活动中的管理主导性。同时，社会实践团队表现评分表具体评价内容设置也对应了明确社会实践的核心目标要求，如：团队自评中的"实践准备及策划"；实践对象评价中的"沟通水平""服务质量"；学校评价中的"团队协作"等就是考察实践团队及团队成员分析问题及解决问题的能力、沟通能力、团队协作能力，均回应了明确社会实践核心目标中的"能力目标"。社会实践团队表现评分表和社会实践队员表现综合评分表通过量化评价的方式呈现实践团队或团队成员综合性实践成果，可为社会实践管理部门科学化管理提供有益参考，不断提升社会实践育人的科学化水平。

参考文献

［1］习近平新时代青年思想［EB/OL］.http://theory.people.com.cn/n1/2018/0516/c40531-29993969.html.

［2］王坤庆.教育基本理论研究［M］.合肥：安徽教育出版社，2008：12.

［3］骆郁廷.思想政治教育引论［M］.北京：中国人民大学出版社，2018：120.

［4］殷志伟.大学生社会实践课程化探究［J］.开封教育学院学报，2013（4）：17.

融媒体时代地方高校广电传媒实训资源整合发展路径研究①

——以四川文理学院文化与传播实验中心为例

陈海平②

随着数字传播技术的飞速发展，媒体融合进程驶入"快车道"，广电传媒行业面对新时代下 5G、物联网、大数据、云计算、人工智能等新技术、新应用的赋能加持，对行业所需人才提出了更新、更高的要求。作为广电传媒行业输送人才的源头之一，地方高校广电传媒专业人才培养应与行业社会人才要求"同向同标"，积极应对这个多层级时代带来的人才培养理念的大变革。同时，还应该积极响应国家对广电传媒行业转型升级的号召，始终牢记所肩负的"为国育才"历史使命，积极推动广电传媒高等教育的可持续健康发展，为广电传媒业态的良性发展奠定人才基础。本文结合四川文理学院文化与传播实验中心建设经验，并围绕中心与地方广电传媒专业实训资源整合工作实践经验，分析地方高校广电传媒专业实训资源整合过程中遇到的瓶颈及解决思路，以供其他地方高校相关专业建设参考。

一、实训资源整合的重要性

按照实训资源整合的原则，我们可以将实训资源性质分为三大类，一是有形资源，二是无形资源，三是人力资源。其中有形资源包括了实训场地、实训所需的设备仪器、

---

① 四川文理学院 2019 年度学科专业群发展研究专项"融媒体时代地方高校广电传媒专业资源整合创新研究"（2019XKQ007Y）；四川文理学院 2020—2022 年校级教学研究与改革项目"融媒体时代主持人思维课程组实践教学改革研究"（2020JY002）；2021 年省级课程思政示范课程"电视纪录片创作"；2020 年四川文理学院课程思政示范课程"新闻纪录片创作"；2020 年校级教改项目"课程思政背景下新闻传播学课程实践教学体系建设研究"（2020JY054）的研究成果。
② 陈海平，1985 年生，男，讲师，硕士，主要从事传媒高等教育研究。

还包括校内外实训平台的搭建与利用；而实训中的培养理念、管理理念、建设发展理念等都是无形资源；人力资源主要包括了专业实践教学实训教师、实训技术保障人员和相关管理人员等。

广电传媒专业实践教学实训环节重在对技能的应用性训练，是对学生广电传媒技能的培养，其实训的设计性、综合性占比最大。与其他学科不同的是，广电传媒专业所培养学生的思维层面偏重于创造性思维和形象逻辑性思维，在实训的设计及实训操作过程中，实训资源的质量对于扩展学生知识面和了解传承优秀中华传统文化方面也具有独特的作用。整合实训资源主要包括时代、行业、教学改革三层特殊背景。

（一）融媒体时代背景

习近平总书记在中央全面深化改革领导小组第四次会议上指出，"推动传统媒体和新兴媒体融合发展，坚持传统媒体和新兴媒体优势互补、一体发展，推动传媒媒体和新兴媒体在内容、渠道、平台、经营、管理等方面深度融合"。在融媒体时代背景下，地方高校广电传媒专业实训资源的整合与利用对人才培养质量起着至关重要的作用。"理论引导实践"是目前大多数地方高校广电传媒专业的主要人才培养模式，然而就效果而言，这使得学生主动动手能力意识比较薄弱，实践操作能力较差。而如今提倡培养"应用型人才"，即培养具有专业技能和实践应用能力的专门人才。广电传媒专业人才的培养重在"应用"，而落在教学环节就是实践的培养。

（二）广电传媒行业人才需求背景

在媒介融合发展背景下，数字媒体信息技术迅速发展，无论是传统媒体还是新媒体都对复合型广电传媒人才的需求更加迫切，这使得地方高校广电传媒专业对实训资源的依赖程度更加提高。根据《2021年中国传媒产业发展报告》相关资料，受到疫情影响，传媒产业发展增速有所下降，传媒细分领域呈两极化发展态势，报刊、图书、电影等传统领域业务受疫情影响，收入有所下降，但网络视听、网络广告、网络游戏等互联网业务却呈超常发展态势。发展报告同时提及：当前，各级媒体对5G、AI、AR/VR等技术利用越来越多，适用的场景也越来越广泛，且技术越用越熟练。互联网与新媒体技术的快速革新，使得越来越多的地方高校的广电传媒学科建设开始结合互联网等新兴技术的融合应用，搭建融合实训教学平台，学校的人才培养模式也紧扣地方经济与社会发展需要，确立全媒体复合型广电传媒人才培养目标。

（三）推动教育改革背景

地方高校广电传媒专业教学改革都是以适应行业发展需求为抓手，教育理念也一直是与行业同向对标。而这落实在广电传媒专业具体实践教学中，则完全依靠基于与行业密切联系的优质实训资源的支撑，才能让学生"行得更稳、站得更高、看得更远"。"纸上得来终觉浅，绝知此事要躬行"，地方高校广电传媒专业实践教学体系不断改革，同时也要求相关的实训资源配置要跟得上，这在很大程度上也直接影响着学生未来在行业发展的"生存空间"。

二、融媒体时代地方高校广电传媒专业实训资源整合遇到的问题

地方高校广电传媒专业实训资源的整合与利用同时也为相关专业实训教师教学改革研究提供了保障。如 2020—2022 年四川文理学院文学与传播学院依托四川文理学院文化与传播实验中心的课题就有 20 项（如表 1）。但通过 CNKI 网上数据库查找，我们发现从 2007 年至今，以"高校实训资源整合"为主题公开发表的学术论文仅有 67 篇，全国以"实训资源整合"为主要内容的基金课题共有 17 项，但这其中鲜有针对广电传媒实训资源整合的相关课题研究。

表 1

序号	项目名称（2020—2022 年四川文理学院教改课题）	项目类型
1	广电艺术类专业示范性实践教学基地建设的研究与实践	重点
2	应用型本科院校语言学课程教学改革研究——以巴山作家作品融入为例	重点
3	基于产出导向的应用型本科高校实践教学模式研究与实践	重点
4	教育信息化背景下对外汉语教学中口语课的教学改革	重点
5	以就业为导向的汉语国际教育专业应用型人才培养模式的研究与实践	重点
6	四川文理学院教学名师的教育实践与育人理论口述史研究	重点
7	虚拟演播室综合实训项目的设计与开发	重点
8	融媒体时代主持人思维课程组实践教学改革研究	一般
9	新媒体时代"影视配音"课程教学改革与探索	一般
10	诗歌实践教学方法研究	一般
11	基于应用型人才培养目标的电视画面编辑课程教学改革研究	一般
12	"互联网+"视域下高校课堂教学改革的探索与实践——以广播电视学专业为例	一般
13	传媒艺术专业舞台表演类课程群教学改革研究	一般
14	"互联网"背景下高校诵读教学研究与实践	一般
15	教师教育一体化视域下教师教育实践教学体系的构建与改革	一般
16	转型发展背景下我校"演讲与口才"课程教学模式改革探索	一般
17	课程思政背景下新闻传播学课程实践教学体系建设研究	一般

表1(续)

序号	项目名称（2020—2022年四川文理学院教改课题）	项目类型
18	应用型高校实践类课程《摄影》教材建设初探	一般
19	文化产业管理专业课程体系改革研究——以四川文理院为例	一般
20	微传播背景下中文类专业"现代汉语"系列课程的教学实践与研究	一般

随着融媒体时代不断向纵深发展，地方高校广电传媒专业为适应新时代对人才的需求，不断进行着实践教学的改革，越来越多的专业实践教学内容变得多样化、多元化、教学创新日新月异。这些都离不开地方高校对实训资源整合工作的稳步推进。在此过程中，实训资源整合与利用也遇到了诸多问题，主要体现在人才培养过程难以支撑培养目标、校内实训资源整合力度不够、实训平台资源整合后继乏力等方面。这些问题直接影响着实训资源整合利用质量，进而影响着广电传媒专业的人才培养质量。

（一）人才培养过程难以支撑培养目标

新中国广播电视发展已经过了73年的历程。到2018年底，全国有681所本科高校开设了广电传媒类专业。美国密苏里大学作为世界上第一所开设新闻学院的大学，其教育理念是"学习新闻最好的方式是动手实践"，强调广电传媒专业人才培养过程中的核心是其实践能力的培养。在新媒体的不断冲击下，媒体融合不断深化，但目前还有相当一部分的地方高校广电传媒教育依然还是简单的采、编、播一体化的传统人才培养模式，已然跟不上当今时代的发展。随着一部分新建地方本科高校应用发展转型，要求其学校广电传媒专业的同学在掌握传统"采、编、播、写、评"基本技能的同时，还要具备摄影、包装、新媒体运营、互联网技术等技能，成为一体化的应用型复合型人才。这样的培养目标，不仅需要学校制定科学性、系统性、专业性课程（实验实训）体系，建设比较完备的专业实训场所，还要不断进行美育、人才培养模式创新改革探索，使育人与技能培养贯穿学生的整个大学时期。这样才能锻炼出技能过硬，适应行业、社会发展需要的人才。同时，我们通过文献调查研究发现，部分地方高校广电传媒专业人才培养目标设置虚高，仅靠大学本科4年的实践，较难实现其预定目标。

（二）校内实训资源整合问题

1. 实训设备购置相关问题

目前，地方高校往往比较重视实训设备资产的整合，这样的做法，见效快、可操作性强，但会出现整合之后的实践教学水平没有显著提升等问题。如今，多数地方高校都以实训财产分割管理为主，实训设备购置主要依托于各教学二级学院提出申请，经学校报批后，统一进行政府采购招标。在实训仪器设备、易耗品配件等采购中难免存在以学科教学的名义采购教师科研所需仪器设备和易耗品配件的情况，这种情况容易导致实训仪器设备"遗失""损坏""账务不对"等情况出现，而实际上，这些仪器设备却已经被纳入了教师个人科研活动之中，无法将学校有限的实训设备购置经费真正用于学科实践教学。

2. 实训设备及场地建设建管脱离

当前，大多数地方高校的广电传媒专业实训设备及场地都归二级教学单位集中管理，虽"智慧校园"建设如火如荼，但受条件限制，还是有相当部分的地方高校依旧还在沿用传统的分散式实训场地建设方式。每次申报实训场地的规划与建设时，大都是由学院专业教师特别是所属专业教研室领头参与设计与申报，学院领导也坚持专业实训场地建设是教研室与实验室的"分内事务"。但随着实训场地整合工作的推进，从实训场地本身、国有资产管理员、实验室管理员以及每年实验室的年终考核等角度来看，实训场地"公有共用"的属性日趋强烈，直接导致实训场地"主人翁"意识变淡，实训场地的建设与管理水平也随之降低。

3. 实训技术人才队伍匮乏

我们这里指的实训技术人才队伍主要包括实训师资队伍、实训技术保障人才队伍，这也是作为实训资源整合过程中最核心的要素之一。目前四川文理学院文学与传播学院下属的播音与主持艺术、广播电视编导、广播电视学、网络与新媒体专业，根据当前学科分类属于戏剧影视学和新闻传播学的范畴。专业偏重于学生职业技能的培养，注重学生技能的应用性，而这些能力的培养，需要有"双师双能型"教师的引领，这部分老师不仅有理论的框架，更重要的是他们具有宝贵的实际工作经验，而这些经验正是学生们所欠缺的。同时，实训场地及设备的运行与维护也需要专业实训技术保障团队，需要学校精准调配及引进相关专业技术人员进入实训技术人才队伍之中，方可实现实训资源整合效益最大化。目前，不少地方高校对于实训技术人才队伍的建设重视不够。

（三）实训平台资源整合后继乏力

实训平台是广电传媒专业教学成果转化最重要的一环。实训平台的搭建不仅反映地方高校专业办学条件、办学水平和专业特色，更是专业可持续发展能力的重要衡量指标之一。

校内实训平台一般是指学校内部搭建的学生实践训练平台，是模拟与现实接轨最真实化的实训平台，如实训中心、校园融媒体中心、网络电视台、校园广播站、创新创业孵化园等。搭建校内实训平台不仅需要人、财、物的持续投入与整合，还需要更多以项目任务为目标，以生产制作运营内容为驱动，以服务学校、服务地方社会、研究最新行业问题为考核目标的系统性、"真实行业"的运作机制，进而促进地方高校学科"产学研用"综合能力提升，也为学生提供一个真实的行业运行环境。

校外实训平台是高校校内专业实验实训中心的校外延伸，主要是指学生直接参与到行业工作中，进行生产实习，锻炼自身能力，积累一线工作经验，适应行业内部发展要求，以实现专业教学实习、技能实训、岗位体验、就业实践的主要平台。只有完成校外实训平台的搭建与合作机制的落实落地，方可形成可持续合作育人的多方共赢局面。然而，不少地方高校往往只重视"建立"合作育人基地，后续合作机制设置不完善，很多时候呈现被动推进的现象，极容易造成"徒有其名""名不符实"的现象。这样搭建的校外实训平台未能真正服务广电传媒专业人才培养。

三、广电传媒专业实训资源整合路径

在融媒体时代，无论是广电新闻还是影视传媒专业，实践教学的成效在当下行业用人需求的大背景下显得尤为重要。广电新闻和影视传媒专业所建立的实训资源不仅要满足专业实践教学的需要，更应该是学生实战演练与创作出成果的重要阵地。

（一）加强校内实训环境资源的整合与建设

随媒体融合进入深水区，目前行业已经形成了"智能+媒体"的大融合格局。在地方高校实训资源建设方面，特别是场地建设应该考虑紧贴行业发展的趋势，本着资源共享与新技术引用的原则，科学谋划、合理布局购置实践教学设备，并对原有资源加以整合与利用。目前四川文理学院各个学院都有属于自己的专业实验实训室。其中，四川文理学院文化与传播实验教学中心（以下简称"中心"）是 2016 年经四川省教育厅批准建设的省级实验示范教学中心。目前，中心建有"传统广播电视台"环境中的实验室，如播音语音实训室、电台模拟直播间、虚拟与实景演播室、非线性编辑实验室、导播与摄像实训室以及存放摄影摄像等器材的 ENG 设备管理室等实训场所，也建有"新媒体"环境中的实验室，如网络与新媒体实验室、微电影工作室、新媒体节目制作室等。学校部分其他二级学院也有一些装有 PS、AE、Pr、3Dmax、EDIUS/大洋等非编软件的专业机房、演艺厅、录音棚等专业实训场地。地方高校每年用于实训设备、场地打造的经费有限。不同学院的相关专业可能开设了相似的课程，在申报建设方面，难免会遇到"重复建设"的情况，极易造成资源浪费的情况。如全校实训资源打通壁垒，实现有机整合，公共实训教学平台便可以实现全校共享，使地方高校实训资源利用价值最大化。加之每年高校相关行政部门，如宣传部、团委、互联网思政部和学生处等，每年也需要相应的实训资源配合开展如歌会、迎新的直播、拍摄、宣传片制作等工作。如将校内相关实训资源整合为一个全校统一开放性管理的平台，将大大提升校内实训资源的利用效能。

（二）多方面强化实训技术人才队伍

在融媒体时代背景下，新旧媒体不仅在内容生产、组织结构上"融合"，而且还涉及技术知识等层面融合问题。广电传媒专业在融媒体时代加速裂变背景下，不但要求学科上互相融合，而且还是多学科融合的过程，如新闻传播、艺术、美学、计算机、管理、文学、音乐等学科。正因为专业实践要求极强的特殊性，这就需要在广电传媒人才培养过程中，能融入更多有较强行业背景的师资力量。不仅要有编导、策划、创作、制作、运营等方向的师资，还需要结合专业人才培养所需的其他相关专业教师对学生进行授课，并在实训过程中参与指导。这就要求学校不断推动"双师双能型"教师队伍的打造和引进。目前国内已经有地方高校走在了高端师资人才培养的前列，如中国传媒大学2021年推出的破"五唯"立"多维"的人才工作改革举措，设立"教学青年拔尖人才培育项目"，多方面整合资源，合力培养更多校内优秀教师人才。

实训技术保障人才也需要同时跟进。在前期设备、场地资源整合基础上，实验管理人员可以通过共享、调配、引进等方式，取消二级学院安排，采用学校统一管理的方式进行安排，使得原本就稀缺的实训技术保障人才资源，更有灵活调配的空间，也让这部分人才发挥更大的作用，省去了各二级学院对人才的"争夺"，也能避免各学院重复引进"同属性"人才，更有利于实训资源的合理利用，确保全校专业实训教学的正常开展。

（三）不断推动实训平台的建设与合作机制落实

地方高校广电传媒专业现有传统实训资源配置与实践教学方式已远远不能与各大媒介平台发展需要相匹配，地方高校可根据学校实际情况，仿造搭建传统媒体采编播发联动平台，有效整合校内相关资源，提升实训设备利用率，丰富学生课后实践教学方式。如：四川文理学院依托省级实验教学示范中心打造平台（文化与传播实验教学中心）成立校园网络电视台，按照传统广播电视台机构设置建立采编写播发联动平台，目前已经完成了4年23期《文理视讯》、6期《文理微课》、4期《文理教师讲党史》以及16个校园文化短视频等内容生产。

广电传媒类各专业具有非常独特的属性，即理论性、艺术性、系统性、应用性、实践性结合十分紧密。地方高校广电传媒专业的发展必须依托地域优势，在开展广电传媒类专业实践教学工作过程中加强校地、校企、校媒资源的联动育人，共同搭建校内外实训平台，增强实践教学效果，促进实现全员育人目标，综合提升人才培养质量。同时，对已建立合作育人基地的地方宣传机构、媒体及企业，应该真正落实合作，形成长效机制，为人才培养和师生的产学研成果转化提供良好的环境。如2019年云南大学新闻学院与昆明广播电视台共建智慧融媒产学研教学实习基地，双方在融媒领域开展产学研的深度合作，搭建新闻传播教育和实践的互动平台，促进融媒创新型项目及产品的研发，推动双方在新闻传播人才的培养、项目合作等方面的互惠共赢。中国传媒大学作为国内广电传媒专业发展的排头兵，历来重视学生的实践能力锻炼。2011 年，中央电视台新闻中心新闻播音部正式成为中国传媒大学播音主持艺术学院的实践教学基地，中央电视台由播音员成立实践导师组，播音学院组织教师成立教学导师组，形成"双导师"制，对学生的新闻播音业务进行辅导，不仅有助于提升学生专业综合技能，而且还可锻炼学生思维、开阔眼界，增强学生的社会竞争力。

四、小结

在媒介不断深化融合的时代背景下，广电传媒专业高等教育面临着重构课程体系、创新人才培养模式等深层次、系列性变革，而实训资源的整合与利用是其中非常关键的一环。地方高校应根据社会对广电传媒专业人才的需求变化而不断调整教学"重心"方向。数字技术的发展日新月异，广电传媒实训设备购置价格较昂贵，多数地方高校投入实训资源建设的资金有限，高校应多渠道加强实训资源的整合与利用，构建共用、共享、共赢的实训教学平台，以发挥实训资源的最大利用价值；多层次整合实训师资资源，通过"外聘内培"的方式整合学校与广电传媒类专业相关的实训师资及管理人员；关注新技术发展，特别是虚拟仿真、5G 等新技术，使学生能了解到更多行业前沿技术；充分挖掘社会、行业实践教学资源，积极搭建实训平台，促成长效合作机制，力争实现多赢。

参考文献

［1］张煜洪. 广电媒体与新媒体融合的困境与突破［J］. 新闻前哨，2021（11）：38-39.

［2］庹震. 坚持传统媒体和新兴媒体优势互补一体发展［EB/OL］. http://media.people.com.cn/n/2015/0819/c192362-27486734. html.

［3］教育部. 教育部发展规划司负责人就部分本科高校转型发展问题答记者问［EB/OL］. https://www.csdp.edu.cn/article/844. html.2015-11-17/2022-05-13.

［4］张苏秋，王夏歌. 国内近 20 年媒介融合研究热点及展望：基于 Ucinet 的知识图谱分析［J］. 图书情报导刊，2021，6（1）：43-50.

［5］丁梅，闫月英. "密苏里方法"的本土化与应用型新闻人才培养模式的创新

［J］．新闻知识，2013（3）：82-83.

［6］武志勇，李由．密苏里大学新闻学院的教育理念与教学模式［J］．新闻大学，2009（4）：12-21.

［7］高冬萌．融媒体时代艺术管理专业实训平台的建设研究［J］．中国商论，2022（9）：152-155.

［8］武晓峰，高晓杰．高校实验室建设发展报告（2014）［M］．北京：清华大学出版社，2014.

［9］李卫，熊旭．中国传媒大学重视学生实践 三大电台成为实践基地［EB/OL］．http://edu.people.com.cn/n/2013/0522/c1053-21573623.html.

［10］袁晓帅，洪何苗．媒体融合语境下应用型本科高校传媒实验资源的整合与利用［J］．成都工业学院学报，2021，24（1）：94-99.

汉语国际教育专业课堂教学技能提升探究①

刘　玙②

一、研究背景和方法

教学能力是教师的核心竞争力，对汉语国际教育专业学生来说，汉语课堂教学技能的重要性不言而喻。与语文师范专业和英语师范专业相比，汉语国际教育专业的发展历史还比较短，理论和培养体系还不够完善，学生在课堂教学训练中问题频出，甚至很多学生在经历四年专业学习后仍不能掌握汉语课堂教学技能。

作为汉语国际教育专业专任教师，笔者自 2017 年至今多次承担对外汉语教学法（大二下）、对外汉语课堂活动设计（大三下）两门课程的教学任务。这两门课程实践性强，很大程度上影响着课堂教学技能的培养，因此在课内给予了学生较多操练机会。这些实操训练，既有个人形式，也有小组分工、团队合作的形式，对教学环节、教学内容的覆盖比较全面。在这一过程中，笔者认真观察记录，收集了学生在课堂教学训练中的诸多问题，通过整理所收集的信息，总结出常见的问题类型，再分析其成因，最后提出针对性建议，从而促进本专业人才培养状况的改善，提升学生的课堂教学技能。

---

① 四川文理学院校级教改项目"以就业为导向的汉语国际教育专业应用型人才培养模式的研究与实践"（2020JZ022）的研究成果。

② 刘玙，1990 年生，男，助教，主要从事语言学和对外汉语教学研究。

二、课堂教学训练中的问题与原因分析

（一）存在的问题

1. 大量使用英语讲授

该现象集中在课堂教学训练的前期，主要表现为两种形式：

一是多数话语只用英语表达。常见的情况是"指令语和过渡语用英语，讲解用汉语"。比如，有的学生一上讲台就说："Good morning class, today, we are going to learn about colors." 也有部分学生在课堂讲解部分也用英语，比如学到"苹果"时，说"苹果 means apple, read after me"。这样的话语分配会导致英语在教师输出话语中占比过高，学生不能获得足够的汉语输入，进而阻碍目的语水平的提高。

二是英汉并行，"先英后汉"。比如在教关于水果的问句时，说"what fruits do you like，你喜欢什么水果？"这样的话语顺序会让学生对前半句的英语形成路径依赖，养成"不听后半句汉语"的习惯，使得教师输出的汉语不能转化为学生的输入。

究其原因，在于学生过往英语学习经历的负迁移。留学生汉语教学属于第二语言教学，而中国学生最熟悉的第二语言教学就是小初高的英语教学，其中多数经历的都是语法翻译法的教学形式。在这样的英语课堂中，教师或是多数话语只用汉语表达，或是"先汉后英"，使得学生误认为"第二语言教学的教学媒介语主要是母语"，进而将其迁移到留学生汉语教学中。

2. 不了解语法体系

该现象集中在课堂教学训练的中后期，可概括为两种类型：

一是知其然不知其所以然，不了解微观层面的语法体系，即某个具体语法点的意义、功能、使用条件、句型。靠着母语者的语感，本专业学生能运用语法说出正确的句子，能准确判断留学生回答的对错，却无法将语感转化为系统、具体的内容，因而不知道如何教留学生正确运用语法点。比如，学生们能判断出"楼下是一辆自行车"是错误的，"楼下是一个停车场"是正确的，却说不出"是"字句的使用条件。

二是不熟悉宏观层面的语法体系，不了解语法点的教学先后顺序。具体表现为"讲授简单语法点时，媒介语中出现了难度高、教学顺序靠后的语法点"，比如，在讲授"很+adj"结构时，大量使用动态助词"了"和"把"字句。这样的教学媒介语违背了人类学习的认知规律，超出了学生的理解能力，不符合"以学生为中心"的定位。

（二）原因分析

这类现象的形成主要有两点原因：

一是现行课程设置和留学生汉语教材更偏向于理论语法，忽视了教学语法。邓守信（2010）将理论语法和教学语法的区别概括为"规范性、涵盖面、任务面"三个方面，并强调"教学语法服务于学习者，是令语言学习者的语言使用现象正常、健康的语法"。理论语法则往往包含大量专业术语，留学生难以理解，不能直接服务于教学，语法教学中最难的就是"用浅显易懂的语言讲出来，并用适当的方法让他们理解"。

目前的汉语国际教育专业课程中，与语法相关的有现代汉语、语言学概论等，但这些课程讲授的主要是理论语法。为了了解留学生汉语学习的内容，少部分同学会去阅读留学生汉语教材，然而留学生汉语教材中对于语法点的解释也是高度理论化的。比如《汉语教程》中对于"有"字句的解释是"表示某处存在某人或某物"，既有术语"存在"，又有意义模糊的"某"。这样的课程内容设置和教材编排，导致学生完全不了解教学语法，并形成"理论语法可以直接运用于汉语教学"的错误认识。

二是对留学生教材阅读太少，不了解语法点的编排体系。虽然教师在教学中会向学生推荐一些具有代表性的留学生教材，但课后主动阅读的很少，因此学生对语法点的编排顺序不熟悉，不能在语法讲解时对输出话语进行有效监控。

（三）教学媒介语冗长、难懂

教学媒介语是指教师进行课堂教学所使用的语言，是外语教学法的一个重要因素。在本专业的课堂教学训练中，教学媒介语最常见的问题就是太长、太难，这一问题贯穿教学训练的始终，可总结为三种类型：

一是与学生语言互动少，输出话语过多，提问方式不当，挤占学生练习和思考的机会。这一现象主要出现在课堂教学训练前期，部分教师在教学训练时只顾自说自话，与台下极少问答互动，在练习时或是直接说出答案让学生跟读，或是给出大半个句子让学生简单替换。比如讲解"把"字句时，先做"拿起粉笔盒，再放在桌子上"的动作，然后提问"老师把粉笔盒放在哪儿了？"。这样的练习和提问方式只训练了替换和跟读能力，剥夺了学习者"通过自主思考输出语言"的机会，"过于注重形式，远离交际实际"，不能帮助学习者习得汉语。

二是指令语、过渡语冗长，大量使用长句难句。这一现象主要出现在课堂环节过渡转换、发出练习指令、解释练习规则三种情形下，例如"要求学生跟读"时，说"请大家一起跟老师读两遍，然后老师再抽人读"，显得冗长啰唆，不如"跟我读""你（配合'请'的手势）"简洁利落。这样的教学媒介语，既占用课堂时间，拖慢教学节奏，也消磨了学生的耐性，还提供了过多信息，导致学生难以把握教师话语的重点。

三是脱离学习者词汇水平，以难释易。这个问题最为普遍，也贯穿了教学训练的始终，主要出现在"解释词义"的情境中，比如用"未来/将来"解释"以后"，把"阿姨"解释为"比自己高一辈、没有血亲关系的女性"，解释"农历"时大谈"月相变化、闰月、二十四节气"。这种解释没有做到"根据词汇难度选取与学习阶段相适应的教学词汇"，违背了"由易到难、循序渐进"的原则，将简单内容复杂化，更不能实现解释的目的——让对象明白。

这类现象的产生主要有两点原因：

一是教学技能训练少，教学经验不足。由于理论课程占到了专业课程的多半，加之实践课教师讲解也会占用一定课时，导致课内训练机会少。考虑到多数人自律能力不强，愿意在课后观摩教学片段、进行技能训练的只有一小部分，且由于缺少教师的及时反馈，操练效果也大打折扣。因此，很多本专业学生对汉语教学的认识停留在理论层面，未能通过实践内化理解，也就出现了"语言互动少，指令语冗长"等刚接触教学时的常见问题。

二是语言使用习惯和母语者思维的影响。

一方面，多年的成长经历使本专业学生已经养成了比较稳定的语言使用习惯，即对于某个特定的目标意义，已经形成了思维定势，有了比较固定的词汇和句式选择，在面对留学生时便习惯性地采用了自己习惯的形式，但其实这些词汇和句式已超出了留学生的理解能力。

另一方面，作为汉语母语者，本专业大学生在汉语上都具备了足够大的词汇量和较高的表达水平，更习惯于使用较难的词汇、语法和较复杂的句式，于是在教学实践中受此影响，输出大量长句难句。此外，受语感的影响，母语者对于词汇和语法错误非常敏感，潜意识里不能接受"不符合语言习惯的词汇和语法使用现象"，更看重语意表达的准确性，而表意准确的形式往往超出了留学生的理解水平，也就造成了"长句难句多，以难释易"的情况。

三、建议与对策

（一）优化课程设置，细化教学实践课程

首先，增加教学实践课程的门数或学分。现有培养方案只有 2 门课程与教学技能训练相关，均为每周 2 课时，除去教师讲授时间，只剩下少量时间能用于学生技能训练。因此，可增设一门相关课程，或将现有的两门课程由 2 学分改为 3 学分，增加每周课时，从而留出更多课内时间供学生做技能训练。

其次，在教学实践课上减少理论性的内容，以"具体教学方法和技巧"为重点。

即便是教学实践课的教材，前几章也往往是回顾历史，详述相关理论基础，但这些内容其实在一些相关理论课程，如"对外汉语教学概论"中已经讲授过，重复教学既消耗学生兴趣，又占用了宝贵的课内时间。所以，教学实践课程应采用短平快路线，已学过的发展史、理论基础等内容可以跳过，直接进入"课堂技能训练相关内容"，详细讲授"课堂教学步骤、方法、技巧、注意事项"等执行层面内容。

最后，对教学实践课程做细化切分。比如可以切分出"语音教学""词汇教学""语法教学""课文教学""教学媒介语""教学管理"等小模块，将两三个模块组合到一起成为一门2学分的课程，既避免一个模块撑不起一学期的课时量，也避免一门课程覆盖模块太多、教学时间过于紧张。在课程分配上，可以让多位教师各负责一个模块，从而让学生学到更多教学经验、接触不同教学理念。在教学形式上，可以参照师范专业的微格教学课，采用小班教学的形式，给每位同学更多的训练机会。

（二）增加教学语法的相关内容

首先，可以专设一门"对外汉语教学语法"课程，讲授教学语法的特点、汉语教学语法体系的相关知识。这些知识的内容量不算太大，可以给该课程赋1学分，每周安排2学时，共8周，以避免学时浪费。

其次，要求本专业学生阅读一套主流的留学生综合课教材，例如《汉语教程》《博雅汉语》《尔雅中文》等，由学生自主选择其中一套。要求在阅读时记笔记，每个月检查一次，还要通过课堂提问考察其理解状况，比如，给出一个例句并提问"这是哪个语法点，句型是什么"。将课堂答问和笔记都纳入学生平时成绩体系，以鼓励学生认真阅读和记录。

最后，在其他课程中做语法点举例时，不仅要从理论语法角度讲解，也要发动学生集思广益，将其转化为教学语法。这一过程既能让学生熟悉汉语语法体系，也能强化"教学语法"的意识。

（三）增加课内外教学观摩、技能训练的机会

首先，每结束一个章节模块，就在课内组织观摩相关教学片段。比如学完"语音教学"，就安排语音教学片段的观摩，要求学生结合所学知识点评价其优缺点。观摩时对片段要有所取舍，相同类别的教学内容只需展示其中一个，比如在语音教学片段中，展示一个单韵母的教学情况即可。

其次，每结束一个章节模块，还要安排课内的个人教学技能训练。教学内容由教师划定，且要覆盖不同的难度层级。比如词汇教学实践选定"红、检查、其实"为教学内容，就覆盖了初级阶段的前、中、后三个时期。

而在学期教学任务完成后，可在最后几周安排团体教学。将一个班分为多个小组，

以留学生综合课教材为教学内容，每组负责一课，小组内部每人负责一个教学环节。这既能培养团队合作能力，又是对一学期所学内容的综合考察。

最后，课后分组进行教学技能训练，提供线下课堂观摩机会。课后以小组为单位，到空教室进行教学技能训练，轮流上台操练，其余同学在台下扮演学生，并在操练结束后做点评、提意见。此外，在合适的时间，还可安排本专业学生轮流观摩留学生汉语课堂。

四、结语

本文以笔者对学生课堂教学技能训练五年的观察记录为基础，通过分析收集到的问题，总结出了"大量使用英语、不了解语法体系、媒介语冗长难懂"三类常见问题，归纳出"英语学习经历负迁移、课程设置和教材编排偏向于理论语法、语言习惯和母语者思维影响"五点成因，并有针对性地提出了"细化教学实践课程、增加教学语法内容、增加教学观摩和技能训练"的建议。希望这些建议能对改善本专业人才培养方式、提升学生课堂教学技能起到一定作用。

参考文献

[1] 邓守信. 对外汉语教学语法［M］. 北京：北京语言大学出版社，2010：19.

[2] 齐沪扬. 对外汉语教学语法［M］. 上海：复旦大学出版社，2019：27.

[3] 陈昌来. 对外汉语教学概论［M］. 上海：复旦大学出版社，2021：97.

[4] 周小兵. 对外汉语教学入门［M］. 3 版. 广州：中山大学出版社，2004：267.

问题解决·实践育人·思政意识

——电视画面编辑课程教学改革策略①

王为维②

一、引言

2020 年 11 月，教育部新文科建设工作组主办了新文科建设工作会议。会议指出，在新时代新使命要求下，文科教育必须加快创新发展。文科教育的着力点在于课程建设。会议发布的《新文科建设宣言》强调课程是新文科建设最基础最关键的要素。2021 年 11 月，教育部公布了 1 011 个新文科研究与改革实践项目，聚焦人才培养，推进教育教学改革真改、实改、新改、深改。

电视画面编辑作为广播电视编导专业核心课程，致力于提高学生的画面编辑意识，使学生能够熟练使用各种剪辑编辑技巧进行影视节目创作。在传统教学过程中，通过教师的细致讲解，大多数学生可以直接掌握大量知识。但是这种教学模式具有明显的滞后性。在新文科建设背景下，课程建设要紧跟新时代哲学社会科学发展的新要求。电视画面编辑课程的教学理念、教学模式、教学环节等都要紧跟社会发展和时代潮流的变化。由此，改变传统"填鸭式"教学方式，激发学生学习的主动性，提高学生的实践能力、合作意识和创新能力成为该课程教学改革的核心目标。

广播电视编导专业注重影视艺术技术人才的培养，是一个典型的应用型专业。经过一系列课程学习，学生需具备从事广播电视采、写、编、播、运营等相关工作的业务能力；需具备较强的语言表达能力、沟通能力、组织能力、协调能力、管理能力。那么如何进行课程教学改革，从而使学生具备上述能力呢？为了促进本专业复合型、

---

① 2020 年四川文理学院教改项目"基于应用型人才培养目标的电视画面编辑课程教学改革研究"（2020JY019）的研究成果。

② 王为维，1986 年生，女，讲师，硕士研究生，主要从事影视文化研究。

应用型人才培养目标的达成，电视画面编辑课程在教学过程中逐渐摸索出一条以问题的解决（项目实践过程中如何解决面临的一个个问题）为核心，以团队合作为根基，以思政意识为底蕴，以传播地方文化、主流文化为脉络的教学改革之路。"新文科建设背景下的影视教育，将文科作为一种生产力。因此，问题解决式课程成为课程改革的一种趋势。"在解决问题的过程中，激发学生的学习主动性和合作意识，在实践过程中做到知行合一，最终促进应用型人才培养目标的实现。

二、教学设计策略：项目式教学

在当前课程设置背景下，如何提升学生的影视作品创作水平、提高学生的影视作品制作能力是教师进行教学反思的关键点。为了提高学生的专业技能水平，在课程教学方面，除了进行基本理论知识、技法技巧的讲授外，增加实践教学的比重是必不可少的选择。基于建构主义教学理论下的项目式教学很好地契合了影视相关专业的实践教学要求，通过创立实践任务，让学生更快提升专业技能。

建构主义思潮兴起于 20 世纪 80 年代。瑞士著名心理学家皮亚杰研究了儿童的认知发展规律，认为儿童在与环境相互作用下建构起关于外部世界的知识。"知识不可能被动接受，只可能被主体创造。"苏联心理学家维果茨基提出，儿童的认知发展并不完全取决于儿童的自主探索，社会文化提供的符号系统对儿童的认知有重要影响。在电视画面编辑课程中，实践教学的场景就是社会文化提供的一整套符号系统，实践教学的整个过程也是学生与真实场景的互动过程。在实操现场，学生动手操作设备，自主探索知识进而提高专业技能。常见的实践教学方式是：布置一个视频制作任务，然后提交视频作品。其实这种方式过于粗放，教师对学生实践过程的把控性不足，侧重于对学生实践成果的点评。但是仅仅通过作品点评提升学生的实践水平效率过低。笔者认为建构主义教学理论下的项目式教学可以有效解决这个问题。

项目式教学是以项目任务为依托，以学生为主体，以在真实的工作情境中完成一个个项目为中心而展开的教学活动。"项目教学主要由内容、活动、情境和结果四大要素构成。"电视画面编辑课程项目教学的主要内容是：完成一个个影视项目。具体而言，教师确定项目主题，学生确定项目目标。围绕主题和目标，师生共同展开一系列活动。如以巴蜀文化为主题进行影视作品编辑与创作。主题确定后，围绕主题，各个学生团队需要明确选题，然后把此次实践教学的目标明确化。由于每个团队的能力水平不一，各个团队制定的目标略有差别。项目教学的活动是指为了实现项目目标，学生采用各种技能方式进行的一系列探究行动。如为了完成一个以"非物质文化遗产"

为主题的短片，学生需要亲自开展实地调研，需要拿摄像机等设备拍摄，需要完成沟通、采访、剪辑等工作。项目式教学的情境是真实情境。心理学取向的情境理论研究重点是"真实的学习活动的情境化内容，中心问题就是创建实习场，在这个实习场中，学生遇到的问题和进行的实践与今后校外所遇到的是一致的"。具体到电视画面编辑课程中，其实践教学严格按照影视行业的规范流程进行，从前期策划到成片，学生经历的一系列活动，与毕业入职后的视频创作活动是一致的，这样才可以培养出以市场需求为导向、符合用人单位需要的人才。在真实环境下，学生面临新颖的信息、新鲜的场地，需要充分调动自身的潜力，主动将理论知识转化为实践技能。项目式教学的结果是项目教学活动结束后学生取得的成果，包括看得见的具体视频作品，也包括个人综合素质（如团队合作能力、创新能力等）的提升。

三、实施路径和方法

（一）调研依据：基于学生背景设计课程内容体系

"高质量、回应学生需求的教学需要考虑学习者的背景。"广播电视编导专业电视画面编辑课程开设于大二下学期。对于大二的学生来讲，他们已经学习过基本的影视知识（如"中外电影史""视听语言""摄像""非线性编辑"等）。根据笔者的课程调研，57%的同学创作过5分钟以上的影视短视频，但是79%的学生认为其编辑能力与创作水平一般，还不足以创作出良好的影视作品。由此，电视画面编辑课程的目标就是通过编辑教学大幅度提升学生的影视作品创作水平，使学生的影视创作能力实现质的飞跃。

大二学生已有一定的团队合作经验，但是这种合作方式自发性不足，是在教师要求下不得已而为之的。根据笔者调研，39%的同学并没有真正理解什么是团队合作，也没有真正发挥团队合作的凝聚力，甚至有的团队内部矛盾重重，各自为政。一旦完成作品，团队立即解散。少部分团队能够团结协作，但是团队的重任往往落在1~2位同学身上，其他同学成为配角，没有充分发挥每个人的力量。

在此情况下，根据行业中影视节目制作的整个流程，结合学生的学习背景，笔者将电视画面编辑课程提炼出项目式教学的三大流程：计划、管理、评估（如图1所示）。三大流程清晰、合理，学生可以轻松理解每个流程的具体内容，评估环节的设置也能摆脱常规实践"囿于个人视角、缺乏客观审视"的缺点。

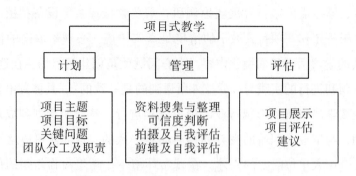

图 1　项目式教学三大流程及具体内容

（1）"计划"环节。开始教学前，教师制定出项目主题，以明确教学方向；制定出教学标准，让学生知晓要做到的内容。学生则自发组成团队，明确本团队的项目目标，厘清各自职责，围绕项目主题，开展学习探究活动。

（2）"管理"环节。学生是项目的主导，教师协作完成项目，并适时给予指导。学生需要通过搜集资料解决问题或者拍摄制作出影视短片。在此期间，学生需要不断思考"我要从这个项目中学到什么""我将如何完成这个任务""我能为团队做什么"，以此激发学生的主动学习能力和团队合作能力。

（3）"评估"环节。项目完成后，需要将项目成果展示出来并予以评价。这可以通过"PPT+演说"、视频短片、微信公众号推文、研讨会等方式呈现。评估分为自我评估与专业评估。自我评估是在项目完成后学生自己进行的反思，专业评估是教师从专业角度对项目成果进行的评价。

本课程将按照"理论→技能技巧→实践"的逻辑路线进行知识传授。如知识点"蒙太奇""影视时空"是学习电视画面编辑的理论基础，务必在开课的前几次课内讲授完毕。而"剪辑点的选择""主体动作的组接方法"等知识点是具体的剪辑技能技巧方法，它们位于所有知识点的中间部分，也是最重要的部分。此部分承前启后，循序渐进，通过案例分析及实践让学生一步步提升编辑剪辑技巧。在所有知识点讲授完毕后，就需要进行实践教学。此处的实践教学依照影视创作的整体流程进行，以"学生为主、教师为辅"的项目式教学方式展开，进一步锻炼提升学生的编辑实践能力以及整体创作能力。

（二）问题的解决：在真实情境中自主建构知识

项目是在真实情境下完成的。在真实情境中，学生会遇到一个又一个的问题。如何解决问题考验着学生自主建构知识的能力。

1927 年，美国社会学家托马斯在《行为模式与情境》一文中提到"情境"理论。他认为情境是人进行社会活动时所处的整个外部环境。在情境中，人与人的互动赋予人的行动以不同的"意义"。20 世纪 80 年代末 90 年代初,"情境"理论进入到教育学研究视野,学习的情境理论认为"学习的实质是个体参与实践,与他人、环境等相互作用的过程"。在实践教学中,不同的团队面临不同的情境。如拍摄微电影的团队可以提前选好场景、演员,在计划的时间内组织拍摄;而拍摄微纪录片的团队面对的是真实现场,不能让被拍摄对象"表演"生活。无论是微电影摄制还是微纪录片创作,一旦开机,每个学生都是被考核者,也是学习者——学习提升专业能力、应变能力、沟通能力等。即便是同一团队,也会面临不同的情境。如在拍摄人物专题片"红十字蓝天救援队快反组组长贺明刚"时,团队成员深入一线,跟随贺明刚出现在不同的场景中——工作场所、家中、救援现场。场景的转换带来了不同情境的转变。现场气氛、人物关系、事件紧急程度等考验着团队成员的现场把控能力、取景调度能力、镜头选择与抓拍能力等。每一个情境都会遇到各种各样的问题。学会快速解决各种问题,才能真正锻炼学生理论与实践结合的能力。

学习的目的不是获取书本上的知识,而是学会在具体的现实环境中提高解决问题的能力。传统的课堂教学倾向于直接向学生传授大量知识。这种教学法虽然可以在最短的时间内将最多的知识教授给学生,但是由此产生了两大问题:第一,学生能不能充分理解所学知识点?第二,重"知"轻"行",实践经验少导致学生动手能力、操作能力较差。其实,对于"知"与"行",中国古代文化典籍多有论述。《尚书·说命》中提到"非知之艰,行之维艰",可见人们很早就意识到知晓道理比较容易,付诸实施才是困难的。《左传》"非知之实难,将在行之"亦说明懂得道理不难,难在践行。中国传统儒学知行观在演化过程中,始终聚焦于"知"与"行"孰难孰易、孰轻孰重、是分是合。明朝王守仁龙场悟道后提出"知行合一"的观点。在他看来,"知"与"行"是一体两面。此处"知"不是对客观事物的探索,而是内化于心的自我认知,并且"道德意志必须与道德行为统一方为真知"。对学生而言,每堂课结束后,问问自己"是否将这堂课的知识内化于心、自己是否真的懂了"是个重要命题。电视画面编辑课程实践性强,课堂理论知识与实践实操息息相关。检验学生是否"真懂"就看学生在实践过程中有没有解决相应问题,是熟练解决还是磕磕绊绊地解决抑或根本没有解决。为了让学生做到"知行合一",在真实情境中,拿着摄像机、灯具等设备拍摄制作短片成为本专业的常态,学生需要主动运用所学知识处理实践中遇到的问题。如若无法解决,教师要适时地给予指导。如曾经有一个团队给教师看其作品,教师指出有些镜头的构图不好。该团队重拍相关镜头,可是重拍后的效果依旧不理想。于是教师手把手教给他们,他们才恍然大悟,明白了什么样的构图才是好的构图。其实有关构图的相关知识,学生早已学过。如果没有实践,学生自己也不清楚有没有把知识掌握到位。所以"知行合一"理念在电视画面编辑课程中极为重要。不可重"知"轻"行"，也不可重"行"轻"知"。只有通过具体实践才能真正知晓。甚至可以说，只有实践才能将知识真正注入头脑中。

（三）文化内核：课程思政元素融入与地方文化传播

教育兴则国家兴。"党的十八大以来，习近平总书记围绕培养社会主义建设者和接班人作出一系列重要论述，深刻回答了'培养什么人、怎样培养人、为谁培养人'这一根本性问题。""为党育人、为国育才"解决了"为谁培养人"的问题。对于"培养什么样的社会主义建设者和接班人"这个问题，每个高校结合自己的教育理念，给出了不一样的回答。四川文理学院坚持"学生主体、教师主导、环境育人、社会合作"的办学思路，积极探索"四化一体"人才培养模式改革，培养具有"三心四能五复合"的高素质应用型复合型人才。对于"怎样培养人"这个问题，每门课程结合自己的学科特色与课程独特性给出了不一样的培养路径。电视画面编辑课程教师在此方面进行了深入探索，在项目式教学理念下，坚持把专业能力与课程思政相结合，将地方红色文化、优秀传统文化、社会主义核心价值观等价值塑造转入教学设计中，让学生在提升专业能力的同时，也潜移默化地得到了思政教育。

四川文理学院地处四川省达州市，"立足川东北，服务四川，面向全国"是学校长期以来的办学定位。学校积极对接地方社会经济发展需要，推动文化创意、智能制造等八大学科专业群建设。电视画面编辑隶属于文化创意学科专业群，在推动地方文化发展与传播、讲好达州故事乃至讲好四川故事层面做了规划设计。当地丰富的红色历史文化资源、非物质文化遗产资源、巴蜀文化资源为本课程教学提供了海量的选题空间。授课时，教师有意识地推广川东北红色文化、非物质文化遗产文化、巴蜀文化，助力地方文化传播（如表1所示），扩大"巴人故里、红色文化"品牌的对外影响力。

表1 近4年实践教学融入课程思政元素与地方文化示例

年度	主题	主要内容	作品举例
2022 年度	责任、担当	任选各行业体现"责任、担当"的代表人物，以此为蓝本进行影视作品创作	《长路灯塔》主要记录了出租车司机兼蓝天救援队组长贺明刚的故事。他默默坚守岗位，还参与多起现场救援工作
2021 年度	四川非物质文化遗产	以纪实短片的方式描绘某一四川非物质文化遗产，纪录其特色，传递出文化意蕴与精神	《绵水之滨 竹画之韵》通过对绵竹非物质文化遗产——绵竹年画的描绘，展现了地方风貌，映射出巴蜀文化的光辉

表1（续）

年度	主题	主要内容	作品举例
2020 年度	家乡特色文化	此学期完全采用线上教学模式授课。学生分布在祖国各地，故实践环节主要以学生家乡的特色文化为切入点进行影视作品创作	《镂空之美》主要描绘了山西剪纸的风采，展现了手工艺人的匠心精神
2019 年度	达州红色文化优秀民间文化	达州被誉为"巴人故里、红色达州"。实践环节以"达州红色文化与当地民间文化"为主题进行影视作品创作	《寻找红色之石桥行》以石桥列宁街为主题，回顾了当年的红色岁月，揭示了革命先烈为建立新中国不惜流血牺牲的精神

（四）评估展示：跨专业竞争与校企协作式的教学成果评价

项目完成后，每个团队的项目成果有没有达到标准？有没有实现预期效果？这需要公开展示与评价。展示的途径与形式可以多样化，如班级内部展示、演播大厅展示、线上展示等；可以是论文形式、演讲形式、视频短片形式等。

展示环节呈现了每个团队的项目成果，评估环节则是判断项目成果的好坏。"由谁来评价""评价的标准是什么"这两个问题关系到评价是否公正公平。电视画面编辑课程的评价分为过程性评价和终结性评价两部分。过程性评价是在整个学习过程中，对阶段性作业作品形成的评价。终结性评价是在期末考查阶段，根据每个团队提交的短片质量进行一次性评价。过程性评价与终结性评价在评价体系中所占比例分别为30%与70%。

在项目进行过程中，团队内部会开展自我评估，即由相应的负责人对每个环节进行自我审视，反思项目过程中存在的问题和不足，形成个人性的经验与教训总结。

在终结性评价时，为了防止出现任课教师单人评价引发的误判，电视画面编辑课程引入"跨专业竞争"与"校企协作式考核"两种模式。简单地说，即是以相关专业相似课程共同竞赛的方式展开期末考核。如广播电视学专业、网络与新媒体专业也开设了相应课程。这几个专业可就同一主题进行影视节目创作考核。校企协作式教育是我校长期坚持的教育理念，校企协作不仅体现在授课阶段业界人员来校传授经验或引导学生参与企业实践，还体现在考核阶段业界人员亲自点评和考核。在评分标准明确的情况下，任课教师邀请业界人员共同担任评委，为每个作品打分。最后选取平均分作为每个作品的最终得分。培养实用型人才是电视画面编辑的最终目标，业界人员最能检测项目成果是否符合业界标准。跨专业竞赛激发学生的竞争力，校企协作式考核促进考核结果实现公平公正，促使学生成果向业界标准看齐。

四、实验效果及思考

（一）推动了本课程的开发与设计

根据教学实践经验，结合项目式教学理念，笔者探索制定了电视画面编辑课程开发与设计模型（如图2所示）。该模型从需求、目标、内容、实施、评价五个维度进行了课程设计。课程评价结果用于验证该课程设计是否满足了开课需求，是否实现了课程目标，也进一步检验课程内容的有效性。课程评价结果为修正教学策略、适当调整课程实施步骤提供依据。

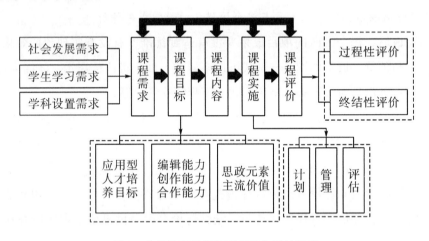

图2 电视画面编辑课程开发与设计模型

（二）提升了教师的专业能力

电视画面编辑是一门理论与实践紧密结合的课程，纯粹的理论知识讲授不能满足学生的实际需求，也不利于教师的专业能力发展。在项目式教学理念指导下，教师与学生共同面对各种各样的真实问题，所以教师需要不断提高自己的专业能力，尤其是实践能力。为此，教师首先需要进行自我实践。2020年春季，疫情席卷全国，很多高校延迟开学时间，推行居家线上教学。是年5月，笔者所在学校复学在即时推出了专题片《同心战疫情 文理再相聚》。该片讲述学校在疫情期间如何备战抗"疫"以及为复学做了何种准备。笔者在课余时间，发挥专业优势，参与该片的剪辑工作。此外，笔者还参与了校园网络电视台专题部指导工作。凡此种种，均为笔者的电视画面编辑课程教学提供了实践经验。其次在推动项目进展时，学生遇到的各种问题都需要教师指导。在"提问—解答"教学活动中师生相互交流，相互补充，相互启发，这种"教学相长"模式也激励了教师的专业成长。最后教师应积极参加学校举办的各种教学培训活动，汲取专家建议，在同事的帮助下和自我的反思中，不断提升本课程教学能力。

（三）促进了应用型人才的挖掘与培养

四川文理学院坚持以习近平新时代中国特色社会主义思想为指导，全面贯彻党和国家教育方针，致力于"三心四能五复合"高素质应用型复合型人才培养。启用项目式教学模式后，电视画面编辑课程打破了只注重专业技术能力培养的怪圈，走上了一条综合素质培养、应用型人才养成的人才培养道路。在理论知识传授与实践实操相结合的教学活动中，学生锻炼了高度的责任心。在探寻问题及选题策划环节中，学生始终保持强烈的好奇心与持续的进取心。在项目管理过程中，学生需要锻炼良好的表达能力、顺畅的沟通能力、扎实的实践能力、突出的创新能力。在课程运行的不同阶段，培养了学生的社会担当、职业操守、专业能力与创新精神。

自从开展项目式教学以来，学生的专业实践能力、创作创新能力、合作能力、沟通能力等均有大幅度提升。近三年来，在任课教师指导下，学生积极参加各类专业竞赛活动，多次在省级比赛中获奖。虽然应用型人才不能只看竞赛成绩，但是某种程度上竞赛成绩可以反映一个人的内在潜质与能力。以此为基础，笔者希望探索、发掘出一条培养更多应用型人才的道路。

五、结语

以问题的解决为核心，以实践育人为中心，项目式教学开启了学生主动建构知识的意识。在新文科建设背景下，人才培养不能依靠陈旧的教学模式，电视画面编辑课程借助项目式教学理念打造出一条新的人才培养道路，并且取得了一些成效。当然，这条道路目前仅在该门课程中应用，是否具有普适性还需要进一步验证。后续可以就该教学模式展开研讨或在同样侧重实践教学的课程中推广，其最终目的都是推动本专业应用型人才培养目标的达成。

参考文献

［1］徐玉梅. 新文科背景下高校影视教育的范式重构［J］. 电影文学，2020（15）：56.

［2］王晓燕. 建构主义教学理论与信息化教学模式的构建［J］. 现代情报，2006（2）：184.

［3］张琼. 大学生职业核心能力培养［M］. 上海：同济大学出版社，2010：140.

［4］J 莱夫，等. 情境学习：合法的边缘性参与［M］. 王文静，译. 上海：华东师范大学出版社，2004：13.

［5］阿卡西娅·M 沃伦，跨学科项目式教学［M］. 孙明玉，刘白玉，译. 北京：

中国青年出版社，2020：38.

　　［6］姚梅林. 从认知到情境：学习范式的变革［J］. 教育研究，2003（2）：60.

　　［7］张岂之. 中国思想文化史［M］. 北京：高等教育出版社，2006：444.

　　［8］中国共产党中国人民大学委员会. 培养什么人，怎样培养人，为谁培养人［EB/OL］.http://www.qstheory.cn/dukan/qs/202009/01/c_1126430105.htm.

新文科建设背景下广播电视学专业课堂教学改革新视野

——以四川文理学院为例[①]

刘清花[②]

作为一种新的学科范式或教育理念，新文科产生于新的技术变革和新的国情发展需要之中，是新时代高等教育人才培养的新目标和新要求。新文科建设不仅重构了传统文科教育的学科边界、培养模式和课程体系，也对高校人才培养的专业技能、审美意识、综合素养提出了更高要求。四川文理学院目前是川东北地区唯一省管普通本科高校，学校坚持"学生主体、教师主导、环境育人、社会合作"的办学思路，积极探索知识结构模块化、理论实践融合化、教学服务信息化、考核评价常态化的"四化一体"人才培养模式改革，致力于培养"三心四能五复合"应用型复合型人才。按照学校的总体规划，广播电视学专业侧重于让学生掌握采、拍、剪、编、播等方面的技能，具备视听新闻作品创作的能力，立足达州辐射四川，服务区域经济与社会发展战略。但在实际的课堂教学过程中，学生的学习意识较为薄弱，对自己的未来发展方向不够明确，传统的教学观念和方法不被接受，课堂教学的有效性难以实现。如何精准定位、培养学生的核心竞争力，接轨新的传媒生态和人才需求？如何充分依托、整合优势教学资源，凸显高等教育人文素养、价值引领的意义？如何创新教学模式、积极调动学生学习兴趣，提升教学质量和办学特色？广播电视专业课堂教学改革亟待解决这些问题。

---

① 2020 年度四川文理学院教育教学研究与改革项目一般项目"'互联网+'视域下高校课堂教学改革的探索与实践——以广播电视学专业为例"（2020JY022）的研究成果。

② 刘清花，1988 年生，女，讲师，硕士，主要从事文化与传播研究。

一、关注学生成长，强化"学生中心"的理念

（一）专业定位精准化

新文科建设不是要建立一个新的专业，而是重新审视过往并进行全面的升级改造，更好地完成新时代新闻传媒人才培养的使命。四川文理学院广播电视学的课堂教学改革，首要是解决专业定位的问题。2012年，教育部将"广播电视新闻学"专业调整为"广播电视学"专业，使得广播电视学专业突破了传统新闻学的框架，逐渐体现广播电视行业的特色。但是，随着媒介技术的飞速发展，广播、电视行业生产的业务链条历经深刻变革，跨界融合已成为普遍共识。当前，广播电视学专业存在研究范畴不清晰、知识体系不完善、发展方向不明确等问题，学生普遍认为该专业比较肤浅，缺乏核心竞争力，毕业生面临着到社会上之后需要重新学习的困境。从这个角度来看，新文科建设具有一定的现实意义。广播电视学专业课堂教学改革，一方面应在夯实学科基础知识之上，深入挖掘地方特色差异化发展路径，培养学生具备技术适应、技术赋能、技术批判的能力；另一方面也要观察今日之新境遇，突破学科边界，与其他专业协同交叉、互嵌互融，促进专业优化，着重培养新型公共传播人才，切实服务地方经济与社会发展需要。

（二）培养目标差异化

《新文科建设宣言》提出要培养"担当民族复兴大任的新时代文科人才"，广播电视学专业人才培养需要有新的教育理念，关注学生的生存与发展，培养学生的责任担当和人文情怀，敢于独立思考、理性批判、求真务实的精神。然而，长期以来，受各种因素的影响，高校专任教师在课堂教学过程中更多地关注学生成长中的共性，而忽略了学生的个性化特点和需要，学生所长与专业特点并没有得到较好的融合，学生学习的自觉性和自主性难以调动。换句话说，每位学生都更需要结合专业特点，专注于自己的优势，注重并凸显差异化特征的培养。因此，四川文理学院广播电视学专业课堂教学应以学生的学习体验和需要为导向，聚焦学生画像，全力构建"以学生为中心"的新课堂，应侧重培养学生的好奇心和兴趣，为开展基于学生行为的个性化教育奠定基础，让学生以开放的心态去发现，不断提高其业务能力及创新能力，精准化定位未来发展方向，促进学生全面而有个性地成长。

（三）师生关系交互化

教师和学生都是课堂教学的主体，新文科教育不只是分享和传授知识，良好的师生关系是课堂教学工作顺利开展的基本保证。然而，学校教师主要的精力集中在上课

和科研，学生上课忙于用手机拍PPT或者做课堂笔记，对待课堂作业像完成任务一样，师生之间缺乏应有的沟通和理解，师生关系面临情感疏离、信任危机和道德滑坡等困境。针对新形势下课堂教学改革的需求，四川文理学院教学管理者或教师应主动与学生建立联系。第一，建立导师制，将"科研论文写作训练""读书报告会""广播电视新闻大赛"等课程与大学生科研项目、大学生创新创业项目、专业学科竞赛相结合，督促学生完成至少1件作品，通过导师和学生的共同参与并指导学生的专业实践活动，加强通识教育，提高学生的专业技能和团队合作精神。第二，教师在课堂学习内容的设计中，要广泛融入学生的体验和需求，增强课程学习的代入感，激发学生的好奇心和主动性，与学生多沟通，加深彼此之间的关系。这不仅为课堂教学增添了更多的情感和社交元素，多方位认识和了解学生，还有益于构建学生的心理归属感、专业认同感，培养和激发学生的学习动机。

二、融合教学资源，凸显"价值引领"的意义

（一）教学资源优质化

在泛媒介、大数据、智能化的时代，新技术正在重构传媒生态格局，并深刻影响着人们的社会认知、思维方式乃至行为方式。然而，社会变革的多元化也带来了自我规划和发展需要的多样性，高校的教学基础设施滞后，无法满足学生专业技能实训的需求，适应技术发展和市场要求的新课程开发也需要大量时间培育和准备，这对相对固化的教学体系和教师队伍来说具有一定的挑战性。移动互联网技术打破了教学资源分配不均的壁垒，一方面，各种学习资源不再受到时空的限制，优质在线课程资源的分享、获取更加便捷，满足了师生们多样化的诉求；另一方面，现代多媒体技术为丰富课堂教学、重构课程结构奠定了坚实基础。四川文理学院广播电视学专业课堂教学改革应该抓住时机，打破固有的学院、学科、专业壁垒，从专业分割转向交叉融合，利用互联网技术将优质课程保存并共享学习，实现知识传授的流程优化与再造，探索建设具有中国特色的教材体系，不断完善自身的信息化、智能化教学条件，这对推动课堂教学改革只有积极的作用。

（二）课程设置特色化

"高等文科教育应坚持以文化人、以文培元，大力培养具有国际视野和国际竞争力的时代新人。"课程设置是人才培养目标的集中体现，也是"如何培养人"的落脚点。广播电视学专业开设的课程不仅要紧跟时代前沿，让学生熟悉并掌握新兴技术的运用，还应建构有中国特色的新闻传播课程体系，引导学生从中国社会实践的历史与过程中

发现问题、提出问题，分析问题、解决问题，培养他们的国情观念、政策眼光和大局意识。四川文理学院广播电视学专业课程设置借势而为，以"基础型—提高型—研究性"为架构。第一阶段：专业基础课程模块，使学生了解新闻事业的发展脉络和基本理论知识，学习人文社科基础知识，培养学生文字写作、语言表达和思维创新能力；第二阶段：专业课程模块，使学生掌握专业技术、软件的基本用法，具有新闻采编、运营、管理、策划、融媒体实务业务能力；第三阶段：全职实习阶段，提升学生的职业意识。通过阶梯式的课程结构和递进式的内容安排，优化课程设置体系，着力打造"厚基础、重实践"的课程特色，培养学生的跨学科思维能力和解决综合复杂问题的能力，使学生具备较为多元的知识结构体系。

（三）教学团队结构化

教师是推动新文科建设、提升教学质量的关键性力量，广播电视学课堂教学改革应以师资队伍的建设与配置为出发点。四川文理学院广播电视学的专任教师大多是硕博毕业后就参加教学工作，缺乏广播电视新闻制作方面的实践经验，同时又存在知识体系老化的危机。因此，构建一支优秀的师资队伍对专业的转型升级至关重要。首先，建立专业科研团队，支持高学历、擅长理论研究的教师集中精力做科研，积极申报相关课题，不断开发新的教学资源，以研促教，提升课堂内容的专业化程度，共建优质课程；其次，组建实践教学团队，鼓励长于技术和实践的教师紧密联系当下的行业发展，到媒体机构交流学习，不断提升业务能力，以赛促教，保障课堂教学的有效性。在新的发展机遇下，教学管理者要发挥各教师团队优势，全面提升教师教学能力与科研水平，让教师从适应服务转向支撑引领，做知识的生产者和价值的引导者，为实现良好的课堂教学提供有力支撑。

三、创新教学模式，拓展"教学生态"的维度

（一）教学空间情境化

当前，大多数学生的学习和生活方式越来越快餐化、碎片化，这同时也削弱了他们持续专注做好一件事情的能力。加拿大与微软合作的一项研究表明，人类如今的注意力持续时间比金鱼还要短：只有 8 秒。学生以往在固定的时间集中教室上课，课堂接受效果较差，尤其是一些比较抽象的理论课程难以开展。移动互联网技术打破了封闭、固定的教学空间，支持校内校外实时在线教学，为高校课堂学习开辟了新的路径，有效弥合了场域限制，凸显一定的交互性、情境化，使得"anytime（任何时间）、anywhere（任何地点）、anyone（任何人）、anycontent（任何内容）、anyformat（任何形式）

的新学习形态"成为可能,充分体现了教育平等、自由与开放。新学习形态不仅满足了学生的不同需求,又提高了课堂教学内容的沉浸感。四川文理学院广播电视学专业课堂教学改革应为学生成长提供便利,让学生与社会空间适时地隔离开来,退回到自己的心灵世界,对学生新思维的塑造和想象力的培养更加有效。

(二)教学平台立体化

在新技术条件下,传统概念中的独立业务技能训练实验室已无法保障课堂教学的顺利运行。当务之急,是为人才的培养与成长搭建良好的教学平台,从而推动课堂教学适应新形势的要求。四川文理学院广播电视学专业的培育需要重构一个全方位、立体化、多层次的教学平台体系,具体表现为:其一,搭建融媒体平台,依托省级实验教学示范中心,集教学、科研、实训、社会服务等多种功能为一体,打造融合媒体新闻采编中心,借助人工智能、大数据等技术手段实现资源的统一调度,快速采编和加工素材,强化内容生产、发布的效率,推动理论学习与业务实践更加紧密地结合,为理论创新奠定基础。其二,共建实践教学基地,为学生搭建实习、就业平台,结合校内广播站、网络电视台、官方微信、微博等校媒体平台,组织学生集中参加校内外重大活动报道,全流程锻炼学生策划、写作、录制、编辑、直播等能力;联合地方报社、广播电视台、融媒体中心等校企合作平台,实现校内校外全方位实践基地的建设,协同育人,全方位激励学生参与实践创新的主动性,增强学生专业学习的认同感。

(三)教学方法人格化

新文科建设的根本任务是立德树人,注重学生的理想信念、价值观念、道德修养的培养。要实现这一目标,仅靠教师"满堂灌"的讲授自然是远远不够的,科学恰当的教学方法显得尤为重要。广播电视学是一个实践应用性较强的专业,课堂教学方法的选择应结合学生特点和课程性质,呈现出多样化的教学形式,更加体现人性化的特点。如运用对话式、合作式、共建式等教学方法,通过将课堂教学任务明确为一个个具体的项目组织开展,积极调动学生主动参与,激发学生的想象力与好奇心,让学生学会从寻找问题开始,不受限制地确认和论证这些问题,提出问题的解决思路和方法;要求学生面对具体任务时从"被动"转变为"主动",在问题的探索中开展课堂教学,不仅有利于训练学生自主探索、协作学习的能力,还有益于培养学生的问题意识,并获取认知判断,建立专业自信,提升学生的使命感和责任感。

四、结语

新文科的核心是知识创新，交叉和融合是新文科建设的出发点和落脚点。从某种意义上而言，新文科建设的潜在价值，在于以坚定自信的态度优化传统文科教育生态系统，构建具有新时代精神的话语体系，使得教师和学生以新的姿态面向未来。基于此，四川文理学院广播电视学课堂教学改革应从三个方面调整：一是改进教育理念，关注学生成长，明晰专业定位，转变教师角色；二是整合教学资源，摆脱学科边界的束缚，重构多元知识体系，注重培养学生的专业能力和人格品行；三是打造教学模式，创新形式，改革教法，构造开放的教学生态环境。

参考文献

［1］石长顺，柴巧霞. 广播电视学：作为学科的内涵与知识体系［J］. 现代传播，2013（7）：136-139.

［2］王仕勇. 新文科背景下新闻传播人才培养的新理念与新进路［J］. 中国编辑，2021（2）：17-21.

［3］教育部. 新文科建设宣言［EB/OL］.https://www.eol.cn/news/yaowen/202011/t20201103_2029763.shtm.

［4］程曼丽. 新文科背景下的新闻传播教育［J］. 中国编辑，2021（2）：9-10.

［5］王磊，周冀. 无边界：互联网+教育［M］. 北京：中信出版社，2015：4.

四川文理学院大学英语
分类分层教学实践及优化研究①

陈　平②

一、引言

2007 年，教育部颁发的《大学英语课程要求（修订版）》中指出，大学英语教学应贯彻分类指导、因材施教原则，以适应学生个性化教学的需要。2017 年，教育部颁发的《大学英语教学指南》指出，大学英语教学目标可根据我国基础教育、高等教育和社会发展现状，分为基础、提高、发展三个等级，为满足学校、院系、学生个性化需求，各高校可根据实际需要自主选择教学目标和确定不同教学层次（刘康、李显文，2019）。2020 年，教育部发布的最新版《大学英语教学指南》中重申，大学英语教学目标分基础、提高、发展三个级别，大学英语教学应坚持分类指导、因材施教原则，体现学校特色。在教育部大学英语分类分层教学原则的指导下，国内各高校积极开展大学英语分类分层教学实践和相关教学研究。2022 年 5 月 31 日，笔者通过知网以"大学英语分类分层"为主题词进行文献检索，检索结果显示共计 28 条文献信息。

大学英语分类分层教学研究主要集中在教学实践、教学模式、教学评价、问题与对策等方面。

胡莹、王先荣（2011）分析了大学英语分层教学中出现的问题并提出三个应对策略，即综合考察、隐性分层、异质编组，弹性目标、分层递进、保底不封顶，多元评价、激励导向、人文关怀。范娇兰（2015 年）探讨了喀什师范学院大学英语分类分层

---

① 四川文理学院 2019 年度校级科研项目"基于输入理论的大学英语课外口语实践实证研究"（2019KR006Z）的研究成果。
② 陈平，1979 年生，女，汉族，四川达州人，四川文理学院外国语学院讲师，硕士研究生，主要从事外国语言学及应用语言学研究。

教学改革，基于教学改革中出现的问题提出对应策略，如加强大学生心理辅导与沟通、加强教师培训和培养、加强适合该校学生的教材开发、制定科学合理的考核机制。戴喆（2015）探讨了大学英语分类分层混合教学模式的构建问题，并提出构建课堂面授教学与网络自主学习相结合的教学模式。何亚敏（2018）从大学英语分层分类实施策略、实证研究、教学利弊、知识传输载体、研究成果价值五个角度对2010年至2018年4月的21篇大学英语分层分类研究文献进行了综述研究。刘康、李显文（2019）提出构建应用为导向的大学英语分层教学多元评价体系，该评价体系由评价主体、评价内容和评价形式构成。主体评价分为教师评价、学生自评、学生互评。评价内容包括知识、能力、学习表现、价值判断。评价形式包括过程评价和终结评价、校内评价和校外评价、理论评价和实践评价。

综上所述，目前大学英语分类分层教学实践相关研究存在数量少、实证研究不足等问题，高校大学英语教学主管领导、一线教师、研究人员需要根据各校实际情况制定大学英语分类分层教学指导政策，推行教学实践，积极开展教学相关实证研究，提出完善对策，从而不断优化各高校大学英语教学效果，实现育人目标。

根据教育部关于大学英语分类分层教学的指导意见，结合我校教学条件、师资力量、学生专业类别、英语起点水平等现实情况，我校自2016级开始实行大学英语分类分层教学，按学生高考英语成绩和学生专业类别，确定了非艺体和艺体两个类别，共四个层次，学生水平层次由高到低分别是非艺体A、非艺体B、艺体A、艺体B。为全面了解教学的教学效果，笔者在2019年开展了一次针对大二至大四大学英语学习者的问卷调查，以掌握全面、真实、有效的反馈数据，从而为深化我校大学英语教学改革，提高我校大学英语教学效果提供决策依据。此外，该研究还可拓展我国大学英语分类分层教学研究，为其他高校开展大学英语分类分层教学和研究提供参考。

二、分类分层教学理论基础

分类分层教学就是本着因材施教，提高教学效果的原则，根据学生的实际水平及其接受知识的潜能，将学生划分为不同类别和层次，确定不同的培养目标，制定不同的教学目标、教学方案和计划、学生管理制度等，采用不同的教学方法进行教学活动，在讲授、辅导、练习、检测和评估等方面体现层次性（范娇兰，2015）。分类分层教学主要基于"最近发展区"理论、多元智能理论和输入假设理论（何亚敏，2018）。

维果茨基提出的"最近发展区"理论认为学生发展存在两种水准，即现有实际发展水准和潜在发展水平，两者的差距就是"最近发展区"。教学应调动学生的能动积极性，把潜能发挥出来。霍华德·加德纳提出的多元智能理论认为，每个人都具有八种相对独立的智能，这八种智能在每个个体身上呈现出不同的特点和不同程度的组合，这就使得个体智能呈现多元性和层次性。而教育能影响和制约个体智能发展方向与程度（何亚敏，2018）。

美国语言学家及二语习得研究奠基人 Stephen D. Krashen（1982）在《二语习得原则与实践》一书中提出了二语习得的五个假设，其中输入假设对二语学习与教学具有较大的启示意义。输入假设指出学习者要从现有语言水平 i 更进一步，实现 i+1，一个必要但不充分条件是学习者要理解包含 i+1 的输入。所谓理解是指学习者关注输入的含义而不是语言的形式。当输入材料实现可理解性，学习者成功理解含义后，在多数情况下 i+1 就会自动实现。为实现 i+1，还要保证给学习者提供体裁丰富的大量输入（陈平、潘丽，2021）。

综上所述，学生在"最近发展区"、个体智能和现有语言水平 i 这三方面都存在差异性，开展分类分层的大学英语教学有助于教师根据学生差异开展差异性教学活动，从而更好地帮助学生达到潜在发展水平、推动个体智能综合发展、实现语言发展的 i+1。

三、研究的问题

本研究主要探究的问题有：①学生认为大学英语分类分层教学的必要性有多大？②学生认为有必要对学生的分层进行动态调整吗？③学生对我校开展的大学英语分类教学实践满意度有多大？④学生认为我校使用的教材难度如何？⑤学生对我校大学英语考核方式的评价是怎样的？⑥学生对大学英语后续课程开设的需求是怎样的？

四、研究方法

该研究主要采用问卷调查法，问卷调查于 2019 年完成。考虑到大一新生刚刚开始体验大学英语分层学习，对分层教学的认识还不够深入全面，所以该问卷调查只针对大二至大四的非英语专业学生。通过问卷星，笔者设计了题为"四川文理学院大学英语分类分层教学反馈调查"的问卷，共 21 个问题，其中封闭式问题 20 个，开放式问题 1 个。封闭式问题主要涉及学生基本信息、分层必要性和动态调整、教学满意度、教材难度、考核方式、后续课程等方面。笔者通过 QQ、微信等社交媒体在网络上发布问卷，共回收有效问卷 1 524 份。

五、研究发现与分析

下文从学生基本情况、分层必要性和动态调整、教学满意度、教材、考核方式、后续课程、开放式问题反馈等方面对研究发现进行分析和讨论。

（一）学生基本情况

回答问卷的 1 524 名学生，涵盖大二至大四三个年级的学生。大二的学生最多，约占总人数的 46%，大四学生最少。分层教学四个层次分别是非艺体 A、非艺体 B、艺体 A、艺体 B。就回答问卷的学生层次而言，大学英语非艺体 A 级和非艺体 B 级的学生占绝大多数，约占总人数的 87%。这与我校大学英语非艺体学生人数占多数的现实情况一致。艺体生参与问卷回答人数较少，一定程度上体现了他们对英语学习的关注度和积极程度不够。

（二）分类分层必要性和动态调整

目前的分层教学实行静态分层，即学生入校之初，学校以学生的高考英语成绩作为学生英语水平的主要衡量标准，结合学生专业，进行分类分层，之后基本保持该分层模式，基本不再进行分层的动态调整。调查结果表明，绝大部分学生认为有必要进行分类分层教学，约占总人数的 63%。但是约占总人数 60% 的学生人数认为以高考成绩作为主要分层依据不太合理，约 55% 的学生认为有必要在入学之初开展全校性的统一的英语测试，以该测试成绩作为分层依据。约 55% 的学生认为有必要进行分层动态调整，调整时间可以是一学年一次或一学期一次，调整依据主要是学生期末成绩、等级考试成绩和学生提交变更层级的申请。问卷调查表明，学生存在明显的分层教学动态调整需求。

（三）教学满意度

约 55% 的学生对目前实行的分类分层教学感到满意，说明我校推行的分类分层教学得到了多数学生的肯定。在分类分层教学促进学生英语综合水平提高程度方面，回答"一般"的占多数，约 57%，"非常大"和"有点大"的约占 26%，其余约 17% 的学生认为促进程度"有点小"或"非常小"。约 20% 的学生回答分类分层教学对提高学生的等级考试应试能力的作用"有点小"或"非常小"，其余学生认为作用"一般""有些大"或"非常大"。这表明分层教学基本上提升了学生的英语综合水平和应试能力，这与分类分层教学因材施教和针对性应试训练相关。约 50% 的学生认为目前分类分层教学的教学方式"有些适合"或"非常适合"他们的英语水平，只有约 18% 学生认为"不太适合"或"非常不适合"。约 56% 的学生认为分类分层教学的课堂活动设计合理，只有约12%的学生认为不合理。这表明学生对教学方式和教学活动设计基本满意，这与分层教学中教师因材施教相关。

（四）教材难度和课外学习资源

在分类分层教学实践中，大学英语艺体类和大学英语非艺体类学生使用不同的教材，教材难度有差异。约53%的学生认为教材难度合适，约36%的学生认为难，约11%的学生认为教材简单。这可能与教材本身难度有关，也可能与部分学生没有分到与自己实际英语水平相符的层级相关。约40%的学生认为课外学习资源充足，约31%学生认为课外学习资源少。除了教材，我校还为学生提供了较丰富的网络学习资源和平台，所以认为课外教学资源充足的学生占比较大；同时，部分学生可能很少在课后进行英语学习，对相关课后资源不太了解，从而认为课外教学资源少；也有可能部分学生学习英语积极性高，充分利用了已有资源，会认为现有资源不够用；还有可能任课教师对课后教学资源和平台的介绍力度不大，利用率不高，所以部分学生会反馈网络学习资源和平台较少。

（五）考核方式

考虑到学生口语学习需求和解决"哑巴英语"这一英语教学中出现的现实问题，我校对大学英语教学考核方式进行了改革，分类分层教学实践开始以来，在传统笔试的基础上增设了口试，以考促学，提高学生的口语水平和表达能力。约67%的学生认为有必要在期末考试中纳入口语考试，很大程度上反映了学生有较强的英语口语学习需求。

（六）后续课程

目前我校大学英语开设在大一和大二两个年级，通过大学英语四级考试的同学可选择免修。然而对那些英语基础较好且已通过四级或六级考试的学生，我校暂时没有开设相关的大学英语后续课程去满足这部分基础较好的学生的后续英语学习需求。该问卷就后续课程设计了三个问题，了解学生学习需求和意向。约44%的学生在通过四级或六级考试的情况下想学习后续课程。学生想学的后续课程类型占比前三位的分别是英语听说交际类课程、考研留学应试类课程和与自己专业相关的课程。学生建议后续课程集中在大二或大三开设。这表明我校学生存在对大学英语后续课程的学习需求。后续课程开设类别结果凸显了学生对听说基本技能较强的学习需求。学生对考研留学应试类课程和与自己相关课程需求度大，反映了我校学生积极上进、追求个人学业发展的愿望，也为后期优化教学材料的选择提供了参考。

（七）开放式问题的反馈意见

根据开放式问题的回答结果，学生对分层教学的建议可以归纳为三点：①适当让外教参与到大学英语分类分层教学中；②加强学生的口语教学和强化等级考试训练；③无论哪个类别层级的教学，教师都应该严格认真教学。

六、结论与优化建议

根据调查发现和分析，可以得出六点结论：①学生基本认为我校应该实行大学英语分类分层教学，对目前分层教学的满意度较高；②学生更偏向于通过入校的统一英语测试成绩来确定初始的分层依据，并应实行动态调整；③学生基本满意分层教学的教学方式和教学活动安排；④教材难度比较合适，但依然有部分学生认为教材难度大或简单，少部分学生认为课后学习平台和资源少；⑤口语考试这一改革得到学生认可；⑥基础较好的学生有后续课程学习需求，后续课程类别主要集中在英语听说交际类课程、考研或留学应试英语和与自己专业相关英语课程上。

鉴于以上结论，笔者从分层调整、线上资源与平台利用、教学活动设计、校本教材开发、后续课程、教师群体构成六方面提出大学英语分类分层教学优化建议：①我校教学主管部门应根据教学管理客观条件，考虑初始分层标准调整和动态分层调整；②任课教师应加大课外网络学习资源和平台宣传力度，提高其利用率，建立有效的课外英语学习过程性评价机制，促进学生课外自主学习，让后疫情时代的大学英语混合教学模式成为新常态；③教师的课堂教学应设计更多的互动口语实践类教学活动，有效提高学生口头表达能力，比如在课堂内开展"用英语讲好中国故事"的口语输出活动，在训练学生口语的同时进行价值引领，实现课程思政显性教学；④结合我校学生英语水平现实、新时期高校课程思政新要求、达州本地巴文化价值观元素，开发适合我校学生学习的分类分层校本教材；⑤考虑适度适量增设英语后续课程，满足英语基础较好学生的持续学习需求；⑥考虑邀请外籍教师参与大学英语口语教学，提高学生的英语输出水平和提高英语学习的跨文化交际意识与能力。

我们要始终牢记分类分层教育的初衷——因材施教，全面提高学生的英语综合水平和应用能力，为学生未来的学习和职业发展赋能。教师在做到因材施教的同时也要一视同仁，尊重学生的个体差异，不断提高自身专业素养，更好地开展教学活动。同时，教学主管部门需要创造条件，为我校的大学英语分类分层教学的深入发展提供有力的教学保障服务。不忘初心，使命必达。

参考文献

[1] KRASHEN STEPHEN. Principles and Practice in Second Language Acquisition

［M］. Oxford：Pergamon Press，1982.

　　［2］陈平，潘丽. 基于输入理论的大学英语课外口语实践实证研究［J］. 桂林师范高等专科学校学报，2021（2）：52-57.

　　［3］大学外语教学指导委员会. 大学英语教学指南（2020版）［M］. 北京：高等教育出版社，2020.

　　［4］戴喆. 分层分类教学下的大学英语混合学习模式建构［J］. 重庆科技学院学报（社会科学版），2015（11）：38-41.

　　［5］范姣兰. 喀什师范学院大学英语分类分层教学改革探讨［J］. 湖北科技学院学报，2015（1）：182-184.

　　［6］胡亚敏. 大学英语分类分层教学研究现状综述［J］. 湖南科技学院学报，2018（12）：126-127.

　　［7］胡莹，王先荣. 大学英语分层教学存在的问题及对策［J］. 安徽电气工程职业技术学院学报，2011（3）：113-115.

　　［8］刘康，李显文. 构建应用为导向的英语分层教学多元体系［J］. 四川文理学院学报，2019（4）：129-133.

以职业为导向的笔译
"工作坊"教学模式探索①

段红梅②

一、引言

笔译"工作坊"的教学研究模式伴随着翻译行业的发展应运而生，其在全球化市场需求驱动和各领域融合发展的影响下，一开始就与"职业性""商业性""实用性"紧紧相连。具体而言，笔译"工作坊"即多个译员在相对固定场所中以翻译项目为中心、以协商合作的方式、以不同的翻译市场角色、通过讨论和互评的具体方法开展翻译活动。通过对该翻译实践活动的总结与反思，能培养出译员更清晰的翻译思维，更有效地将翻译理论知识运用到具体翻译项目实践中，以解决实际过程中的问题。翻译工作坊的运行模式可以被应用于翻译教学中，以加强学生对翻译理论的运用，提高翻译技能及效率，培养学生职业翻译能力素养。

近年来，我国大力提倡中国文化"走出去"，语言翻译需求急剧增长，相应的语言服务公司也在不断兴起和发展。因此，翻译专业学生清晰认识自己专业的未来发展和走向极为必要，笔译"工作坊"的学习模式能让学生在了解翻译行业的所需与所缺的基础上，明确自己作为译者的使命与责任，更好地锻炼和提高职业道德与职业素养以及所需的职业技能与理论知识。从宏观角度来看，译者职业能力的培养不仅能为我国在全球化经济发展中享有公开透明的合作环境提供帮助，更能够推广中国在国际领域的文化形象，增强我国文化软实力。从微观角度而言，高校翻译学生对具体翻译市场对人才能力需求的深入了解能为学生的就业方向提供有效的指导，同时能为川渝地区

---

① 四川文理学院校级项目"以职业能力培养为导向的本科翻译专业翻转课堂教学模式探索"（2020JY100）的研究成果。
② 段红梅，1994年生，女，助教，硕士，主要研究方向：翻译理论与实践、英语教学。

的翻译市场输送高质量的翻译人才。本笔译"工作坊"教学模式结合高校学生的当地（达州）翻译情况和实际需求来开展实地翻译技能操练与翻译知识探讨，在切实有效地夯实学生的翻译专业技能的同时，也旨在提高达州的语言翻译服务水平，完善本城市向外宣传的文化形象。

二、以"学生为中心"的工作坊学习模式

（一）笔译"工作坊"课程的教学目标

翻译职业知识作为一门从职业实践中总结出来的抽象理论知识，在翻译课程的有限教学环境和学习资源中操作起来略显空洞与无趣，从表面上来看似乎翻译理论方法往往与翻译实践操作脱节。这其中的原因有二：一是翻译材料的选择未能贴近真实生活，无论是材料类型还是文本内容本身都不能让学生真实地感受到翻译任务的重要性与价值；二是在翻译技术突飞猛进的洪流中，学生高度依赖翻译工具而钝化了自身的翻译技能，同时，学生所运用的翻译工具泛而不精，未能树立良好的翻译资产意识和翻译价值观。这些最终将导致翻译毕业生与职业要求的可能差距：学生的双语和跨文化能力欠缺，只了解中英文语言的基本语法和表面行文方式；翻译表达上不能真正做到中英语言、语义、文化的对等；与其他英语专业学生相比，未能体现出自身专业的优势和特点，缺乏对翻译理论、翻译行业、翻译工具等专业知识的深入了解。

基于此，笔译"工作坊"旨在让翻译专业学生建立对本专业的"归属意识"，广义的翻译过程还包括"文本的选择、文本的生成和文本生命的历程等"。通过对广泛的翻译就业市场前景的了解，例如不仅有译员、项目管理者、编辑校对、外贸客服人员等传统翻译相关工作，还有与科技紧密相关的语料库制作管理、网站和软件等本地化翻译、人工智能翻译等领域也值得探索，让学生真正体验翻译作为一门职业的具体活动，以及让学生深入感受作为翻译行业的译者应具备的能力与知识等重点问题应该是该课程教师教学的出发点和落脚点。同时，作为一门典型的多学科交叉的专业，翻译专业的学生不仅在其双语核心能力上要运用自如，还应具备极强的网络工具运用能力和广泛的百科知识储备。除此之外，快速掌握新知识的能力、自我管理能力、团队协作能力、职业道德和高度的职业责任感以及极高的政治领悟力都是翻译专业学生在日后翻译市场中如鱼得水所必不可少的条件。基于此，笔译"工作坊"将通过布置具体翻译项目作为锻炼学生各方面能力的核心，调动学生全面参与任务，在任务中认清自己的能力与责任，在讨论中反思自己的不足与定位。

（二）"工作坊"式翻译教学的具体实施方法

笔译"工作坊"以学生为中心，主要内容围绕学生的不同角色展开。学生在充分了

解市场翻译活动中的各个参与者的角色和职责后，讨论承担相关角色任务，如项目发起人、项目分发者、项目管理者、翻译校对者、译者、译后编辑人员、客户等。在项目翻译开始前，各个角色将对翻译项目相关知识进行讨论与信息搜集，如与客户协商翻译目的与翻译用途，译员和项目管理者之间探索相关依据而采用相关翻译策略与翻译方法，明确译作的使用对象，以此让学生充分熟悉翻译市场的总体运作流程；在项目翻译进行中，各个角色将通过各种方式处理所遇难题与交流解决方法，如与客户沟通、翻译理论与策略、信息搜索、跨领域合作、知识拓展与学习、术语表总结、语料库的建立等；在项目翻译完成后，各个角色将基于项目成果来讨论译者的职业道德与素养，如译者主观意识的倾向抉择、译者合作与沟通的团队精神、译者对翻译项目的态度以及对译作的看法与评价，使翻译专业学生深刻意识到译者的主体意识和主体价值；最终通过全项目的总结，教师有意识地点播学生在翻译理论上的感悟，培养和训练学生的翻译思维，并以论文的形式展现出来。

实地考察、小组合作、课堂讨论、总结报告是笔译"工作坊"课程进行的具体形式。通过翻译学生小组调研、个人任务分析翻译、组员间商讨校对、组与组之间分享交流、班级总结报告一系列流程，学生将在保证翻译项目高效和高质量完成的同时，也满载"翻译知识"而归。具体操作流程如下：

（1）学生以达州市内各个分区为出发点，以小组为单位，搜集负责片区内各个领域的详细翻译材料。组员间自行将其归类为各类文体翻译，如经济类翻译、政治类翻译、旅游类翻译、交通类翻译、公示语翻译等，并对相关翻译项目内容（文本、图片、语音）等进行格式处理，然后制定相关翻译要求并分发给另一组学生进行翻译任务处理。本环节在让学生体验翻译项目发起人和客户的角色的同时，也能让其更深入地了解达州当地的文化发展和翻译现状。

（2）小组接受发起组的翻译项目任务，对该项目进行合理分析与报酬（各小组有100分的筹码）评估后，根据其项目类型和项目要求讨论组内项目分工，合理安排项目翻译阶段（时间），就项目最终呈现版面与项目发起组进行沟通（讨论）。学生在本环节能体验到翻译作为一项经济活动在市场中的运转模式，同时也能很好地锻炼学生的沟通能力和合作能力。

（3）小组组员集体对翻译项目相关领域的术语进行搜集与学习、相关领域的平行文本的阅读与相关领域译文的收集、建立相关的翻译语料库，并与各组员探讨交流文本中可能的重点难点以及相关的应对策略和思路。通过此步骤，学生能够以问题和任务为导向主动学习相关的翻译知识和其他行业的背景文化，增强学生的翻译能力和跨学科意识。

（4）组内成员各自形成译文，可在机器翻译基础上自行修改，并在课堂上讨论所遇问题与困难以及所应注意的翻译规范；再基于各自的译文总结整合出以小组为单位的译文版本，课堂呈现小组版本，分析组内翻译的不同意见及其原因，听取其他小组组员的建议与想法，完善小组译文。通过对自己译文思路和他人翻译思路的对比分析，以及其他"外行"组员的意见，各个组员能够更好地摸索自己的翻译思维方式。

（5）小组间互评与修改译文及排版点评。小组以读者的视角探讨各个翻译项目的合理与不合理的地方，结合自己组的译文错误总结翻译中常出现的问题，分析原因，形成一定的翻译规范，并与其他小组分享。学生在翻译经验交流与学习中体验到翻译校对角色的重要性，同时也对翻译工作中的细节规范问题更加谨慎。

（6）翻译项目终稿呈现，翻译小组进行整个过程的翻译经验与心得体会分享，客户小组与项目承接小组交接任务，对其给出小组的筹码分数，并具体说明给出筹码分数的原因。小组通过给分的形式模拟翻译市场交易的体验，这能让学生认可自己的翻译成果，并从中得到翻译的成就感。

（7）小组组员各自的译文修改，自行总结翻译项目的心得感悟，总结译者的专业知识与道德素养，最终基于自己的翻译版本和总体的翻译过程进行翻译报告撰写，重点体现出翻译具体译文的思路和翻译活动中的思考。学生在修改译文和回顾整个翻译过程中的思考过程是难能可贵的学习财富，也是加深学生对翻译市场认识的有效方式。

三、以"教师为引导者"的"工作坊"教学与讨论方式

教师在笔译"工作坊"课堂教学中的角色更像是一个旁观者和主持人，主要是在学生出现难以解决的问题或巨大分歧时进行引导和调和工作。但为了使笔译"工作坊"的教学目标在课堂有限的时间内实现，教师的前期知识准备、对整个操作流程的熟知以及对可能出现的问题进行评估预测都是极其重要的。具体而言，首先，教师应该在学生进行的项目操作上给出有效而具体的建议，因而教师有必要提前去翻译公司实地考察，对翻译公司的组成、服务目的、操作流程、翻译成果的评判与考核、翻译的报酬与待遇等方面进行详细了解。其次，教师应为学生提供有效的翻译思路引导与自主学习方向引导，除了在课堂讨论中启发学生思考，也应为学生提供丰富的自主学习材料。如由南京大学出版社出版、卢颖主编的《翻译工作坊教程（英汉互译）》便是较好的范例，其囊括了广泛的实践性强的翻译文体，以任务驱动型材料做练习，配有小组分工合作指南、翻译思路和评价过程，为学生在自主进行各个文体翻译实践时提供切实有效的参考。该教材难度适中，思路明晰易懂，主要便于学生根据手头任务进行

自主学习，教师再适当进行进一步答疑。最后，教师也应当引导学生进行理论上的探索。笔译"工作坊"虽然以实际任务操作为教学方式，但实践与理论密不可分，理论在指导实践的同时也因实践的操作反馈而得到完善。教师在进行本门课程教学之前，应充分了解学生所学的翻译理论知识，并适时提点相关知识以加强学生在实践中的理论意识，同时应该尽量保证大部分核心任务都在课堂上完成，才能达到师生间有效探讨的目的，让学生的学习效果不断提高。

四、结语

在以职业为导向的笔译"工作坊"教学模式中，师生基本以翻译公司的角色模拟实际翻译项目操作流程，体验翻译职业在课堂上的真实性与可操作性，了解翻译市场的需求与要求。"工作坊"引导学生在实际"操练中学习"，在"合作中反思"，在"讨论中提高"，在"实践中探索理论"，以此培养学生的翻译意识和专业能力。同时，也将翻译知识化抽象为具体，让本科阶段翻译专业学生对翻译职业与翻译市场有更深入与真切的认识，为其未来踏入翻译行业奠定基本的知识基础和翻译技能基础，并且也为有意愿探索翻译理论研究领域的学生提供相对真实的实践经验。

参考文献

[1] 李明，仲伟合. 翻译工作坊教学探微 [J]. 中国翻译，2010（4）：32-36.

[2] 许钧. 翻译论 [M]. 南京：译林出版社，2014：55

[3] 吕亮球. 翻译工作坊教学模式探究 [J]. 上海翻译，2014（4）：48-50.

[4] 卢颖. 翻译工作坊教程（英汉互译）[M]. 南京：南京大学出版社，2016.

[5] 张春柏，吴波. 从翻译课堂到翻译工作坊 [J]. 外语教学理论与实践，2011（2）：71-73.

学科竞赛驱动下的数学与应用数学专业实践教学研究

——以大学生数学竞赛为例[①]

蒋红梅[②]

随着社会的发展，用人单位对人才的要求越来越高，这就要求学校在人才培养中加强实践教学环节。实践教学主要包括实验、实习、社会实践、创新创业、学科竞赛（设计竞赛）等形式，学科竞赛则是其中最重要的形式之一。2007 年，教育部把加强学科竞赛工作纳入"实践教学与人才培养模式改革创新"的重要建设内容，要求"开展大学生竞赛活动，重点资助在全国具有较大影响和广泛参与面的大学生竞赛活动，激发大学生的兴趣和潜能，培养大学生的团队协作意识和创新精神"。自 2009 年至 2022 年，全国大学生数学竞赛已成功举办十三届，为全国大学生搭建了一个展示基础知识、思维能力的舞台。在国内学科竞赛中，全国大学生数学竞赛是较有影响力的学科竞赛，参赛学校不仅有"985""211"高校，也有一般的本科院校。

我院在 2019 年才开始参加全国大学生数学竞赛，教学、师资、管理等方面都存在不足，如何将"数学竞赛"有组织、有规划地引入平时的教学，如何建设数学竞赛教师团队，如何管理教师团队和参赛学生，如何提升竞赛成绩，如何通过竞赛形式全面提升学生综合素质的实践能力，实践活动如何才能做到专业化、系统化等，都是值得深入研究的。在大力开展人才培养模式改革创新的背景下，我院探索开展了以课堂教学为基础，以学科竞赛为导向，学科竞赛驱动下的数学与应用数学专业实践教学。

① 本文为四川文理学院 2019 年校级一般项目"地方应用型本科院校数学与应用数学专业特色建设研究——以学科竞赛为驱动"（2019XKQ003Y），2021—2023 年四川省高等教育人才培养质量和教学改革项目"地方应用型本科院校数学与应用数学专业人才培养模式创新研究"（JG2021-1362）的研究成果。
② 蒋红梅，1978 年生，女，四川大竹人，副教授。研究方向：灰色系统理论及应用。

一、数学竞赛在实践教学中的意义

（一）数学竞赛为学生专业学习提供学习目标，避免了漫无目的的学习

数学学科不同于其他学科，一个人的数学思维、数学技巧和方法需要以一个方式呈现，数学竞赛就是一个很好的展示一个人数学思维的平台，学好数学后学生才能通过这个平台展示自己的数学才能。数学竞赛机制是创新型人才培养体系的一种有效的途径，通过数学竞赛不仅能培养学生的逻辑思维能力，而且能提升学生的计算能力，培养应用实践能力，形成"以学参赛，以赛促学"的良好氛围。

（二）结合数学竞赛开展教学研究和教学实践并形成特色

围绕学科教学大纲和数学竞赛大纲有的放矢地展开教学研究和教学实践，明确研究目标，提出研究方向和内容，才能输出以数学竞赛为驱动的教学和实践的研究成果，最终探索出地方型高校数学与应用数学专业实践教学的特色和优势。

（三）通过数学竞赛推进专业课程建设，增加知识的高阶性

以我校高等代数、数学分析、解析几何三门一流课程的建设为基础，在教学中引入数学竞赛考题，有效地促进学生学习数学基础知识，增加知识的高阶性，提升学生的解题技巧和应用能力，形成"以赛促教，以教促赛"的良好氛围。

（四）通过数学竞赛提升专业办学实力，提升学校的声誉

通过在省级甚至国家级数学竞赛中获奖，既可以提升我院数学与应用数学专业办学特色，也可以提升学校的综合排名，更能提升学生的综合素质，有助于我院形成自己的专业特色。

可见，数学竞赛不仅是传播数学知识的窗口，更是数学与应用数学专业开展实践教学的重要平台。本课题立足于数学与应用数学专业人才培养模式的改革，以数学竞赛为平台，探寻数学与应用数学专业科学合理的实践教学路径。

二、数学竞赛驱动下实践教学改革的目标与内容

我院的数学与应用数学专业仍然处于常规性的学科发展状态，其学科特色不是很明显，使我院数学与应用数学专业缺乏一定的竞争力。本文基于我院数学与应用数学实践教学的实际情况和存在的问题提出改革的整体目标和内容，寻求适应于我院数学竞赛与专业课程的教学研究、实践教学路径。

（一）整体目标

立足于"重基础，强应用，突技能，抓创新"的办学理念，结合实践教学与学科

建设、课程建设等联合考量，"以数学竞赛为平台，提升学生综合素质为核心"，寻求我院数学与应用数学专业的实践教学模式和竞赛机制，寻求我院数学与应用数学专业的教学实践路径，开展教学改革，有效提升教学成效，形成自身的竞争力。

（二）改革内容

1. 探索对接数学竞赛与课程教学实践的路径，增强教学的目的性

结合我院数学分析、高等代数、解析几何三门一流课程的建设，根据学生的专业学习进程、知识结构，结合数学竞赛大纲、考试重点、试题难度、试题题型等要素，探索将数学竞赛引入课程教学实践的操作路径。教学中适当增加竞赛试题，增加知识的高阶性，实现数学竞赛与实践教学二者之间的有效对接，培养数学与应用数学专业学生应用能力和创新能力，有效提升教学效果和实践成效。

2. 探索数学竞赛与实践教学的保障体系

从学校层面、二级学院层面建立保障体系，从竞赛经费、教师、学生、管理方面保障数学竞赛的开展，从而为实践教学提供成果输出。

3. 探索融合数学竞赛与教学实践的发展模式

通过统筹安排数学竞赛的获奖宣传、学生培训、参赛经验分享等，探索融合数学竞赛与教学实践的发展模式。通过参加省级数学竞赛，以竞赛成绩的方式展示教学成果，为实践教学提供成果转化。

4. 构建以数学竞赛为驱动的实践教学研究体系

数学竞赛涉及数学分析、高等代数、解析几何等数学学科中的多门课程，专业基础课程教师以一流课程建设为目标展开实践教学研究和探索，根据课程的特点，梳理有效的实践教学方法和路径，构建合理的实践教学研究机制。

三、数学竞赛驱动下数学与应用数学专业实践教学的情况

（一）多方协同打造数学竞赛与实践教学保障体系

首先，全国大学生数学竞赛的信誉度和参与度很高，各高校高度重视全国大学生数学竞赛，每年的参赛人数逐渐增加。我校领导也非常重视此竞赛，不论省级参赛经费还是举办校级竞赛的经费，各级领导都给予了极大的支持，并且我院有专人负责竞赛的各项组织工作。其次，我院在新生入学教育时着力宣传全国大学生数学竞赛，每年组织校级数学竞赛活动，数学竞赛获奖的学生在考研经验交流会上分享参赛经验，学生们积极参与数学竞赛，借助数学竞赛平台来展示自己的实力，希望在考研或就业中凭借数学竞赛成绩脱颖而出，而且通过竞赛也可以发现优秀的数学人才。例如，

2016 级数学与应用数学专业雷佳同学获得省级一等奖，目前正在四川大学攻读硕士学位。最后，学校承担竞赛的一切费用，学生不用担心费用；培训教师都是优秀的专业博士，学生不用担心培训质量问题，因此学生非常愿意参加数学竞赛。从经费、教师、学生、管理方面保障数学竞赛的开展，从而为实践教学提供了应用平台和成果转化机制。

（二）健全数学竞赛机制

为提升学校的办学声誉，我校鼓励各二级学院参加国家级和省级的学科竞赛，健全学科竞赛机制。首先，我院积极组织开展数学竞赛活动，指定教师专人负责，组建指导教师团队，将指导教师的培训课时计入教学工作量，采用"传帮带"机制保障竞赛可持续发展，开展培训和参赛工作，完善数学竞赛的各项工作，保障持久地开展数学竞赛；其次，参赛获奖的学生不仅有荣誉证书，学校还颁发一定的奖金，学校设立第二课堂学分（通识实践课程），学生参加数学竞赛获得校级及以上奖项可获得相应的学分，在评优评先中可作为评选条件，从而鼓励学生积极参与竞赛；最后，为鼓励教师积极投入竞赛指导，学校根据学生的获奖等级给予指导教师教学工作奖励，在教师评优评先中可作为优先条件。

（三）建立竞赛指导团队

全国大学生数学竞赛预赛考试内容涉及数学分析、高等代数、解析几何三门基础课程，考试比例各占 50%、35%、15%。我院建立以院长牵头的竞赛指导团队，以专业基础课教师、博士、教授为团队成员，实行专人专管，由 1 人统筹规划数学竞赛的组织管理、组织协调、考试安排、选拔学生、培训进度、选拔培训教师、培训教材等环节，有效组织和指导数学竞赛，有针对性地展开教学实践。

（四）建立梯队式学生参赛团队

学生是实践教学改革环节中的重要部分，根据数学竞赛的考试大纲和学生的专业开课情况，我院形成了以一、二年级学生学习为主，三、四年级学生参赛为主的梯队式团队，能够充分而有效地保持团队的持续性和生命力。由于数学竞赛主要考数学分析、高等代数、解析几何的知识，2021 年开始我院从大一开始着手培养参加数学竞赛的后备队员。通过一段时间的学习，专业课任课教师鼓励学习基础较好且爱好数学的同学加入数学爱好者群，通过平时辅导、指导阅读指定书目等夯实学生的基础知识、基本方法、基本能力，通过指导教师加入超星泛雅的数学竞赛课程进行进一步学习，学习更多的解题技巧，培养学生的应用能力。

（五）开展数学竞赛教学大纲的系统研究

我院经常开展数学竞赛的考试大纲和学科教学大纲等的系统研究，在平时的章节教学中，明确每章节的核心内容和考点，有针对性地夯实数学基础，总结全章的解题方法，使之系统化，帮助学生进一步融会贯通高等数学理论，熟练掌握分析思路和计算方法，提升解题技巧。

（六）精心组织数学竞赛工作

我院竞赛团队主要实行专人负责制和分组责任制，整个团队由一人负责管理，统筹竞赛的初选、培训、参赛，竞赛团队的数学专业组指导教师负责竞赛出卷、培训。通过校级大学生数学竞赛选拔参赛学生，初选的学生参加假期培训，并在每年9月份再次考试筛选决定参加省赛的学生名单。

四、结语

近三年来，我院的学科竞赛成绩逐年攀升，在全国大学生数学竞赛中获得省级一等奖3项、二等奖8项、三等奖8项，近三年数学与应用数学专业有56人考上研究生。在数学竞赛驱动下开展实践教学，不仅可以磨炼优良的数学教师团队，营造良好的学习氛围，而且可以培养一批素质较好的拔尖学生。但是在实践的过程中还存在一些不足，我们还需加强学科竞赛与教学实践的探索。只有有机协调学科竞赛与教学研究，才能提升专业特色和完善人才培养模式，才能为社会培养高素质的人才。

参考文献

［1］付晓莉. 工业设计专业实践教学体系的创新性研究［J］. 大学教育，2013（12）：43-44.

［2］中华人民共和国教育部，财政部. 教育部、财政部关于实施高等学校本科教学质量与教学改革工程的意见［EB/OL］. http://www.moe.gov.cn/s78/A08/moe_734/201001/t20100129_20038.html.

［3］马秀芬. 以"学生为中心"的数学竞赛实践研究［J］. 开封教育学院学报（自然科学版），2019，39（3）：130-131.

毕业论文选题视角下
实践教学改革路径探索

——以四川文理学院数学与应用数学专业为例①

刘　双　王佳佳②

一、引言

《四川文理学院关于印发〈全日制本科毕业论文（设计）管理办法〉的通知》（川文理〔2021〕121 号）中指出，"师范类专业毕业论文（设计）中，与基础教育相结合的选题比例原则上不低于 50%"，而数学与应用数学属于师范类专业，可见其本科毕业论文选题属于师范能力培养的范畴。该专业的毕业论文若能将理论知识与实践调查相结合，一方面可以提升师范生教育教学研究能力，为培养其今后踏入工作岗位的教研能力做铺垫；另一方面可以拓宽高校实践教学体系的内容，促进实践教学体系的多样化发展。

当前国内外学者对于教育实习的研究主要从以下几个方面展开：一是师范生教育实习的现状、问题及应对策略；二是国外教育实习体系和经验；三是师范认证背景下的教育实习；四是教育实习对师范生职业认同和专业成长的作用；五是教育实习评价体系的构建。我们发现鲜有在实践教学中培养实习生教育教学研究能力方面的文献资料，故本文以此为切入点，收集并统计分析数学学院 2017 届至 2022 届毕业生的本科毕业论文选题情况，以期在毕业论文选题视角下探索实践教学改革的路径。

①　四川省高校人文社会科学重点研究基地与四川教师专业发展研究中心项目"基于学生作业的实习教师教学反思与教学重建研究"（PDTR2021-08）（一般项目）；四川文理学院校级一流课程建设项目"数学教育学"（2020KCB017）的研究成果。
②　刘双，1990 年生，女，讲师，主要从事数学教育教学研究。
　王佳佳，1993 年生，女，助理研究员，主要从事数学学科教学研究。

二、六届数学与应用数学专业毕业论文选题统计分析

本文在表 1 中统计了六届毕业生在五个维度的信息，包括"学生总人数""与数学教育教学相关选题的人数""与基础教育相关选题的人数""与中小学教学相关选题的人数"和"大学知识与中小学知识联系选题的人数"。其中括号里的数据表示此维度占本届学生总人数的百分比。

表 1 中四个维度的展开说明："与数学教育教学相关"维度的内容包括"大学数学教育教学内容""与基础教育相关""与中小学教学相关"和"大学知识与中小学知识的联系"；"与基础教育相关"维度的内容在"与数学教育教学相关"维度中去掉"大学数学教育教学内容"；"与中小学教学相关"维度则是在"与基础教育相关"维度中统计出与中小学教学、教材分析和课标等方面的选题；"大学知识与中小学知识的联系"主要是大学知识在中小学的应用和体现。

表 1 近六届数学与应用数学专业毕业论文选题情况 单位：人

届别	2017 届	2018 届	2019 届	2020 届	2021 届	2022 届
学生总人数	71	63	63	84	102	124
与数学教育教学相关选题的人数	48（68%）	36（57%）	33（52%）	25（30%）	49（48%）	72（58%）
与基础教育相关选题的人数	48（68%）	36（57%）	32（51%）	23（27%）	48（47%）	65（52%）
与中小学教学相关选题的人数	23（32%）	25（40%）	19（30%）	15（18%）	31（30%）	42（34%）
大学知识与中小学知识联系选题的人数	0（0）	2（3%）	2（3%）	3（4%）	4（4%）	8（6%）

为了更直观地体现这六届毕业生在这四个维度的选题情况，本文将表 1 中的各维度占比制成折线统计图，如图 1 所示。

由图 1 可以看出，在"与数学教育教学相关""与基础教育相关"和"与中小学教学相关"三个维度，总体上先呈下降趋势，直至 2020 届降到最低点，然后开始呈上升趋势。六届学生选题"与基础教育相关"占比最低为 27%，另外五届的占比均在 50% 左右，基本符合川文理〔2021〕121 号文件的要求。"大学知识与中小学知识联系"的选题人数逐年呈缓慢上升趋势。从总体来看，数学与应用数学专业的选题体现出"师范类"的特点，符合专业人才培养目标的要求。

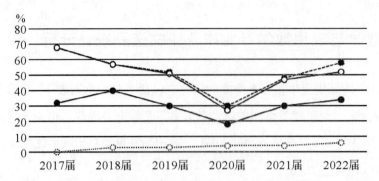

图1　四个维度选题的统计

　　值得注意的是，"与中小学教学相关"的六届论文选题人数占比均不超过40%，整体偏低，而这部分选题要求毕业生有一定的教育教学科研能力，需要研读课程标准、分析并处理数学教材或对中小学的教育教学实施具体的调查。教育实习是毕业生在实践过程中展开学术研究的主要路径，他们可以在实习过程中选择自己感兴趣的研究角度，实施调查，研究教学中的一些现象和问题，然后反思教学，在提高自身教育教学能力的同时提升自身的教育教学研究能力，为将来的中小学教师职业道路做好铺垫。所以，从毕业论文选题视角探寻实践教学改革的路径是可行的，且对师范生的培养具有重要意义。

三、毕业论文选题视角下实践教学改革路径

　　（一）开设关于教育研究方面的选修课

　　数学与应用数学专业师范生在大一、大二期间学习了心理学和教育学知识，大三学习了数学教育学课程。但课时和内容有限，关于教育研究方面的课程还较为匮乏，可以考虑开设关于教育研究方面的选修课，为师范生在形成中小学教育教学研究能力方面打下理论基础。

　　（二）利用专业见习机会引导师范生思考感兴趣的研究角度

　　在大一、大二和大三期间，可以考虑适当引导师范生在专业见习的过程中思考教学方面的问题，布置关于教育研究方面的作业，比如写见习心得、实施教育小调查和专业见习小论文等。为了完成以上作业，师范生往往需要收集大量的文献资料并进行处理，也会深入课堂与中小学生交流，向一线教师请教教学问题。在这个过程中，师范生对中小学课堂教学和班级管理的内容逐渐熟悉，而调查和交流可以促进他们对中

小学教学的认识和反思，为本科毕业论文选题和研究做好准备工作。

（三）借助各种教育教学类活动，培养师范生的教育教学研究意识

目前学校和四川省都有组织师范生教学能力大赛，各学院也会定期组织教学能力大赛，但是赛事内容还较为有限。可以考虑再增加活动或赛事的多样性，比如课标分析大赛、教材比较大赛、专家讲座交流会以及数学文化活动等。

（四）建立中小学教学视频共享网站，交流在线观摩一线教学的心得

疫情促进了在线教学的发展，可充分利用在线平台，方便师范生学习和交流，促进思维的火花在交流中闪现，学生想要深入研究的内容便开始呈现，实践教学的新路径由此产生。

（五）鼓励到凉山州支教或顶岗的师范生开展有关中小学的教学研究

这部分师范生深入课堂实施具体的教学和班主任日常管理工作，与中小学生接触和交流较多。通过一整个学期的实践教学，他们会经历一线教师的所有工作内容，对教学环境以及学生群体很熟悉。由于他们所做的教学工作很多，反思教学获得的第一手信息和资料较多，实施调查相对容易。

（六）增加与基础教育相关的毕业论文选题，培养师范生在教育实习中的教育研究能力

选题时间通常是在大四上学期的每年9月底，而毕业实习从9月初开始。为了保证大四师范生在实习开始前确定研究课题，并做好充足的前期准备和工作计划，了解到国内外的研究现状，以便在实习开始就展开调查研究，可以考虑将毕业论文的选题提前到大三下学期，选好研究课题就有了实施研究的方向。同时，为了体现数学与应用数学专业的师范特性，需要增加数学教育教学类的研究选题，纯教育理论方面的研究可以适量，最好与实践调查相结合展开研究。

四、结语

通过对数学与应用数学专业六届毕业生毕业论文选题展开统计分析，本文认为可以在教育实习中实施毕业论文的教育研究，并从以上六个方面拓展实践教学的路径。师范生在完成毕业实习的同时，收集数据，形成结论，将理论知识与实践经验联系起来，掌握一定的教育研究能力，符合该专业人才培养的宗旨，也是实践教学改革的路径。

参考文献

［1］张美琴. 教育实习对师范生专业成长的影响研究［D］. 安庆：安庆师范大学，2021.

［2］王战平. 数学师范生教育实习能力提高的策略研究［J］. 教育教学论坛，2021（50）：181-184.

少学时背景下应用型本科院校
材料力学课程教学改革探究①

曾 强 吴 颖②

在我国高等教育大众化的进程中，应用型本科院校致力于培养具有一定理论基础、工程实践能力和创新精神的应用型人才。"材料力学"作为高校理工科专业的一门重要的专业基础课程，是连接基础知识与专业知识的关键桥梁，学生若不能掌握其相关知识，将会对后续专业课程的学习、专业技能的掌握等造成很大的困扰。然而，为了扩大学生知识面和增加学生的自主学习时间，普遍存在"材料力学"教学课时少、内容多的矛盾，再加上应用型本科院校普遍存在学生基础薄弱、教学层次多样（专科、专升本、职高生源和普高生源）等现象，这给教学带来了极大的挑战。有鉴于此，本文对"材料力学"课程的教学内容和方法进行了初步的分层次探索，以期在有限的学时内更好地实现教学目标、提高教学质量。

一、课程特点及教学现状

材料力学是一门承上启下的专业基础课，大多数教材内容主要包括拉伸（压缩）、剪切、扭转和弯曲四种基本变形，通过分析变形后的应力应变状态及强度理论最终解决工程实际中的压杆稳定及组合变形等问题。然而不同专业和不同教学层次的侧重点差异较大，根据专业特点及其培养目标而选择合适的教学教材和教学内容显得尤为重要。机械工程类专业常常选择刘鸿文主编的教材，虽然该教材涵盖了后续机械设计、机械制造装备设计等课程学习所必须掌握的全部内容，其中所涉基本概念、简化假设和众多的公式推导都有利于构建学生的理论知识体系，但也要求学生具有一定的数学

---

① 四川省首批地方普通本科高校应用型示范课程"材料力学"（川教函〔2019〕31号）的研究成果。
② 曾强，1975年生，男，副教授，硕士，主要从事智能制造技术研究。
吴颖，1987年生，女，副教授，硕士，主要从事材料成型技术研究。

和物理基础，这对于基础普遍薄弱的职高学生来讲学习难度较大。同时，应用型高校教学改革普遍更注重学生知识面和实践能力的培养，导致材料力学课程理论学时从原来的 120 课时不断压缩至 48 课时。在内容多、课时少的背景下，既要快速地、系统地对必要的理论公式及其假设进行推导演练来解决工程实例问题，又不让学生感觉枯燥乏味，保持较高的学习兴趣和热情，获得理想的教学效果。因此，为了克服"材料力学"教学中的困难，授课教师需要不断改进教学手段和教学方法，优化教学内容、组建教学内容模块等，来激发学生的自主学习兴趣，引导独立思考，开拓创新思维能力，使其掌握并能将所学的理论知识灵活应用于解决工程实际问题、衔接后续课程以及为毕业设计奠定理论基础。

二、课程建设与改革

（一）教学内容的取舍

材料力学主要研究构件在不同荷载作用下的强度、刚度和稳定性问题，内容多、课时少，因此对教学内容不能只做简单的删减，而应根据学生专业要求、后续专业课程衔接、教学层次及将来的工作需求进行有针对性的调整，如表 1 所示。在授课内容上，弱化或删除一些在后续课程中重复的内容和工程实际中应用较少的内容。譬如，对机械工程专业而言，超静定问题的受力分析在前期的理论力学课程中会重点讲解，可以用装配应力和温度应力来增加相关内容的趣味性和后续课程的衔接，弱化公式的推导；位移与应变分量计算及压杆稳定在后续的机械设计课程中涉及较少，这些内容在教学中可以适当删减，以节省课时，减少学生负担。同时，可以适当补充一些拓宽学生知识面、提高学生学习兴趣的内容。譬如，可以穿插桥梁、起重机等受力分析来讲解弯曲变形；机床主轴、汽车方向盘转向轴、金工实习过程中运用板牙和丝锥加工螺纹等工程实例来分析扭转变形等；还可以将一些现代力学及相关学科的研究成果引入材料力学教学中，不仅能激发学生的学习兴趣，还可以培养学生的创新思维能力。

表 1　材料力学课程的教学内容及学时安排

教学内容	理论学时		实验学时
	普高	职高	
绪论	2	2	
拉伸、压缩与剪切	8	8	低碳钢的拉伸实验、铸铁的拉伸和压缩实验（演示，2 学时）
扭转	8	8	

表1(续)

教学内容	理论学时		实验学时
	普高	职高	
弯曲内力	6	8	纯弯曲梁正应力实验（2学时）
弯曲应力	6	8	悬臂梁应力应变实验（2学时）
弯曲变形	4	6	
应力与应变分析强度理论	6	4	
组合变形	8	4	薄壁圆管弯曲-扭转实验（2学时）
合计	48	48	8

（二）教学模块的搭建

材料力学主要研究构件在不同载荷作用下产生变形或破坏的规律（承载能力），为合理设计构件尺寸并校核其强度、刚度及稳定性提供必要的理论基础。该课程要求学生要熟练掌握材料力学的基本概念、基础知识、解决常见的工程应用问题。讲授内容主要包括理论模块和实践模块，并以提高模块、探索模块以及课程衔接模块等来提高学习趣味性，实现差异化教学，如表2所示。

表2 机械工程专业的材料力学课程体系模块

理论模块		实践模块		
基础模块	提高模块	基础模块	探索模块	课程衔接模块
1. 基础变形{拉伸、压缩、剪切、扭转、弯曲 2. 组合变形 3. 压杆稳定性 4. 应力状态分析及强度理论	能量法叠加法积分法	1. 低碳钢和铸铁的拉伸、压缩变形 2. 电测量原理及测量电桥应用试验（正应力分布规律）：等强度梁、纯弯曲梁、悬臂梁	1. $F-\Delta L$ 图、工程 $\sigma-\varepsilon$ 曲线及真 $\sigma-\varepsilon$ 曲线转变 2. 组合桁架试验 3. 弯扭组合试验	1. 机械工程材料 2. 理论力学 3. 机械设计 4. 机械制造装备设计

1. 教学模块的共性建设

在理论教学过程中，为了让学生对课程有总体把握，减少教学内容重复，教师在教学过程中可采取模块化教学法，将理论教学内容划分成基本变形（截面法）和组合变形（叠加法）、压杆稳定、应力应变分析及强度理论4个理论主教学模块（见表2）。对于应力分析和强度理论模块教学采用截面法→内力→应力的分析思路；对求解基本变形或者组合变形的工程案例采用受力分析→列平衡方程求解支撑反力→截面法分析内力→应力应变分析（强度、刚度、稳定性问题）。对于超静定问题的分析方法是建立平衡方程→变形几何关系+物理关系→计算其应力；对于轴力图、扭矩图和弯矩图等的绘制，可采用截面法进行受力分析→求出支持反力→分段求解内力→绘图等。总之，在讲授材料力学这门课程的时候要突出其共性，强化概念，让学生深刻理解模块之间的内在联系。

实践教学设置基础模块、提高模块和课程衔接模块，将组合桁架实验、$F-\Delta L$图、工程$\sigma-\varepsilon$曲线及真$\sigma-\varepsilon$曲线转变、弯扭组合变形等实验作为提高模块，供学生结合专业要求和个人兴趣选做。在实践教学过程中，通过低碳钢和铸铁拉压变形实验深入理解$F-\Delta L$图、工程$\sigma-\varepsilon$曲线，进而分析弹性模量、泊松比等材料参数来衔接机械工程材料相关内容，进而引导学生去探索工程$\sigma-\varepsilon$曲线和真$\sigma-\varepsilon$曲线的物理含义和公式演变；在讲解基本变形和组合变形的过程中，通过工程实例，让同学们联想机械设计和机械制造装备设计过程中各个主要部件的结构尺寸和强度、刚度、稳定性的校核和选型；通过等强度梁、悬臂梁、纯弯曲梁的应力应变分析来进一步理解厂房中的鱼腹梁、卡车弹簧等的设计原理。

2. 教学模块的差异性改革

部分高校同专业同学科的"普高"班级与"职高"班级常采用相同的教学大纲、教学进度表和考核标准，然而这种同质化教学极大地阻碍了学生整体能力的提升。因此在模块化教学过程中要注重差异化，根据授课班级学生的教学背景及其知识结构有针对性地改进教学方法，适当调整教学模块之间的层次和授课逻辑关系。例如，在讲授基本变形和组合变形模块时，"普高"班级同学普遍掌握了高等数学和理论力学等前期课程，可以采用提高模块中积分法和叠加法来集中讨论各种变形条件下（拉伸与压缩、剪切、扭转、弯曲）的共性问题，以便在提高模块中得到应用和扩展；而对于"职高"班级，必须以基本变形模块、强度理论模块为基础，着重讲解基本模块中的概念和方法，采用截面法、叠加法，结合工程实例来进行组合变形的受力分析分解等相关内容讲授，尤其需要在切入点和接合点选择方面下足功夫，以便体现衔接各教学模块的差异性和强化模块教学。

在讲授重点难点知识方面更要有针对性。例如对"普高"班同学而言，理论力学、高等数学和物理基础相对扎实，可在强度理论和组合变形等难点内容上多分配学时，提升学生整体能力；在前期拉伸（压缩）、扭转等章节的学习铺垫下，"普高"班级学生对弯曲变形理解通常更深入，学习难度相对降低，在教学过程中更侧重于扩展性知识及创新能力培养，适当增加知识的深度和公式的推导更能激发学生学习兴趣；而"职高"班级学生在高中阶段就学习了部分专业课程，专业基础知识更扎实，对工程应用兴趣更浓，于是教师在教学过程中应更侧重知识的运用性，结合工程实例来讲解相关知识，弱化公式的推导。

三、考核方式改革

为培养应用型人才，突出学生实践能力和解决问题的综合能力，必须将学生从应试教育和期末卷面考核的模式中解放出来。表3是现阶段机械工程专业本课程所采用的考核评价方式，整个成绩评价注重多样化考核和过程考核。多样化的考核方式可让不同基础层次的学生为不同的目标而努力，多角度激发学生的学习兴趣；同时，增大过程考核比重，促使学生在整个学习过程中保持适当的紧迫感和学习时效性，避免"期末一周突击、60分万岁""考完就忘完"的惰性现象，增强平时学习的强度，避免期末"一考定输赢"的弊端，在一定程度上消除期末考试的紧张和焦虑心理，也可有效避免学生为了达标期末成绩考评而铤而走险作弊。这种考评机制能在一定程度上反映学生的实际水平，能综合评价学生对本课程的掌握程度，这对教学质量的提高和教学目标的实现起到了极大的促进作用。

表3　材料力学课程成绩评价

考核模块	评价环节	成绩分配	评价内容	能力训练
理论知识考核	平时	15%	课堂参与互动、答题情况，课后作业、平台使用情况，随堂考查、测验、相关工程案例分析、问题解决等	1. 对机械构件进行合理结构设计的能力 2. 常见机构受力情况的分析能力 3. 校核构件强度、刚度、稳定性的能力 4. 评估构件经济性的能力
	期末	60%	期末闭卷考试（选择题、计算题、案例分析题、作图题等）	
实验实践	平时	10%	课内实践、操作项目、课堂表现、课程竞赛等	
	期末	15%	实验报告（论述、绘图、计算等）	

四、结论

材料力学课程教学改革需通过长期的教学实践摸索，需要通过师生、学校、企事业用人单位等各方面的不懈努力和不断完善才能取得持续良好的效果。无论是在理论教学还是在实践教学环节中，均需要以学生为本，以专业发展需求为导向，以培养学生机械构件结构设计、校核构件承载能力和评估经济性等几方面的能力为抓手，综合提高学生的工程素质、实践创新设计能力；同时，在整个教学过程中，重点关注和分析学生各阶段的学习行为，丰富教学方法、改革教学内容和考评机制，探索适应不同层次学生思维的课堂教学模式，为后续机械设计、机械制造装备设计等专业课程教学奠定扎实的基础。

参考文献

［1］张立群. 新建本科院校应用型人才培养模式研究［D］. 曲阜：曲阜师范大学，2009.

［2］谢金利，张玉林，牛苗苗. 应用型本科院校机械专业材料力学教学模式改革思考［J］. 科技视界，2019（7）：113-114.

［3］张艳丽，戴君. 应用型本科院校材料力学课程教学改革［J］. 中国现代教育装备，2014（19）：48-49.

［4］张小安，范开敏. 少学时材料力学课程教学内容及方法探究［J］. 四川文理学院学报，2017，27（5）：132-134.

［5］刘鸿文. 材料力学［M］. 6版. 北京：高等教育出版社，2010：1-10.

［6］陶鑫. 材料力学课程建设研究与探索［J］. 黑龙江工业学院学报，2022，22（1）：53-56.

培养应用型创新人才模式下
C 语言程序设计课程教学改革与实践[①]

邓小亚[②]

　　应用型创新人才培养模式主要是培养学生的自主学习能力、动手实践能力、探索新知识和新技术的创新思维和创新能力，培养高素质、高技能、应用型、创新型人才。随着计算机技术的不断发展，程序设计语言在各个领域都有着广泛的应用。C 语言程序设计作为一门专业核心课程，涵盖了计算机、机械、电子、通信等多个专业，更需要向应用型教学方向进行转变。C 语言是一门中间语言，它既属于高级语言，又具有低级语言的特点。通过本课程的学习，不仅要培养学生的编程能力、创新思维能力，还要树立计算思维、解决实际问题的能力。

　　C 语言程序设计是我院计算机大类，包括计算机科学与技术、数字媒体技术、物联网工程、人工智能、数据科学与大数据技术等专业开设的专业核心课程。本课程的理论性很强，涉及很多语法知识和各种算法的分析与设计，这些需要培养学生的计算思维和逻辑思维能力，用计算机的工作方式来分析问题，构建逻辑模型，最终编写出代码解决实际问题；同时课程也具有很强的实践性，学生需要了解和掌握程序设计的流程，根据具体的问题设计算法、编写相应程序代码、进行程序的调试和分析；在综合项目的开发过程中，团队的各个成员需要互相配合，分工合作完成整个项目，从而培养成员之间的协作与沟通能力。通过本课程的学习，使学生理解使用计算机解决实际问题的基本特点、了解面向结构程序设计语言的语法知识和特点，掌握程序设计的基本开发流程、算法设计、代码编写、代码调试，为后续的程序设计相关课程打下坚实的基础。但目前在 C 语言程序设计课程的实际教学过程中还存在着许许多多的问题，比如学生学习积极性不高，个别学生反映听不懂，或者听懂了不会解决实际问题等，

---

　　① 四川文理学院教学改革项目（2020JY014、2020JZ041）；四川文理学院一流课程建设项目（2020KCC026）的研究成果。

　　② 邓小亚，1977 年生，男，副教授，硕士，主要从事图像处理、软件工程、计算机教育研究。

导致最终教学效果不是非常理想。因此，基于应用型创新人才模式进行教学改革显得尤其重要。

我们结合学生实际情况，从教学设计、教学内容、教学模式、项目实训、考核评价体系等方面进行改革探索，并不断改进，激发学生的学习主动性，提升了教学质量和教学效果，培养了学生的计算思维、实践能力、创新能力和团队协作能力。

一、课程教学设计

传统的教学方式是教师在课堂上进行讲授。本课程采用学生先通过网络自主学习，教师根据学生的学习情况，在课堂上进行讲解和答疑，将传统课程的知识传递转换为学生自学能力培养。我们按照学生的认知和学习规律，结合课程的特点，对课程的知识点进行了分解，对课程的网络学习资源进行建设，将整个教学过程分成课前、课中和课后三个阶段。其中，课前主要是引导学生进行线上自主学习，学生利用业余时间自学相应的学习资源，这个环节发挥了传统课堂的主要作用，也为后续环节打下了基础。课中阶段即传统课堂阶段，包括理论授课和实践教学，主要目标是查漏补缺、答疑解惑，通过实践训练让学生深度理解、巩固所学知识。最后是课后阶段，主要是给学生布置一些综合性的训练题目和一些竞赛试题，并进行单元测试。对每份作业和单元测试加以点评，让学生看清自己的不足。课前阶段让学生掌握理论知识，课中阶段查漏补缺和实践训练，课后阶段巩固对知识点的综合运用，三个阶段相互配合，有利于学生深入地理解和掌握所学知识。

二、重新组织教学内容

我们根据课程的特点构建了课程知识图谱，并按照知识图谱分解教学内容和实验内容，录制了相应的教学视频，并将所有教学资源发布到智慧树网络教学平台上。借助智慧树网络教学平台，通过发布教学任务、上传教学资源、参与线上问题讨论、进行在线测试等来实现对教学情况的监控与推进。学生是学习的主体，学生的学习能力和学习主动性差别较大，因此教学资源的组织和发布必须保证教学内容的完整性和连贯性，使具有不同学习能力的学生都可以方便地进行学习，更好地理解和掌握知识要点。

同时我们还将思政元素融入教学实施的各个环节，从而培养学生的爱岗敬业、精益求精和创新创业精神，让学生在学习专业知识的同时，接受潜移默化的思想政治熏陶，达到"润物细无声"的育人目的。

三、教学模式的改革

为贯彻习近平总书记关于教育的重要论述和全国教育大会精神，我们在课程建设方面进行了研究和探索，依托智慧树网络教学平台，采用线上线下混合式教学模式对 C 语言程序设计课程进行了初步的探索和实践。同时挖掘 C 语言程序设计课程的思政教育元素，用案例式教学方法将知识传授与立德树人相结合、专业教育与创新教育相结合，将社会主义核心价值观融入教学中，培养学生诚实守信、勇于创新、精益求精的工匠精神。

我们根据课程的特点与培养目标，利用智慧树网络教学平台构建线上线下混合式教学模式的实施过程。课程采用案例分析，通过经典案例讲解 C 语言的基本语法和程序结构，以强调算法为核心，强化学生对语法知识的理解，引导学生构建完善的知识体系。通过智慧树网络教学平台将课前、课中和课后三个环节融合在一起。

(1) 课前环节主要是利用智慧树网络教学平台发布课前学习任务，录制并上传相关的教学视频、测试试题等资料，让学生利用自己的业余时间登录网络平台自主学习。在学习过程中如果遇到问题，可以发布问题，供同学进行讨论，教师也要参与进去，及时进行解答和反馈。学生学习完后，将参加相应的单元测试，了解自己的学习效果。教师对平台中讨论和提出的问题进行分析和总结，并根据学生的单元测试结果了解学生的学习情况，将其分类整理，统一放到课堂上进行讲解。

(2) 课中环节主要包括两大部分：一是理论授课；二是实践教学。理论授课是根据学生自学的学情分析来制定的。教师不仅仅要将学生在自学和单元测试中出现的共性问题进行统一讲解，从而加深学生对这些知识的理解和掌握，还需要将更多的实际问题案例引入教学过程中来，对案例进行分析并引导学生建立起正确的计算思维，进而解决实际问题。对于实践教学，我们根据教学大纲的内容并充分考虑学生的理解能力，精心设计了相应实验，每个实验都明确了实验目标、实验要求和实验内容，让学生自己设计实验步骤和实验方法。强调学生在实验教学中的主体性地位，让学生自行动手操作。在学生独立自主的实验操作过程中，才会发现这样或那样的问题，并进行独立思考。在实验教学过程中，教师主动与学生交流互动，随时为学生答疑解惑，或是教授给学生一些实验技巧，并科学引导学生独立思考，大胆动手操作。另外，在实验教学环节中采取分组讨论的形式。有些学生不敢或不好意思向教师求助，如果鼓励学生之间互相讨论、学生之间互相请教，回答问题的学生帮助提问的学生解答问题，更有利于学生对知识点的理解。

（3）课后环节主要是引导学生对所学知识进行复习巩固。教师可以根据学习的知识点及学生的共性问题重新设置相应的测试题，建立测试题库，以便对学生的学习成果进行有效检验。

四、以项目和学科竞赛为抓手

学生创新能力的培养是本课程教学的目的之一。通过学科竞赛，可以对学生的学科综合能力进行全方位考验和提升，同时学科竞赛的对抗性也使得这一活动可以激发学生的学习热情，提高学习积极性，提升学生的创新能力，增强团队意识。目前我院学生主要参加"蓝桥杯"全国软件和信息技术专业人才大赛和中国大学生计算机设计大赛两项赛事，均取得了较好的成绩。

五、建立新的考核评价体系

学生学习状况评价与考核是每门课程教学中重要的一环。传统的 C 语言程序设计课程考核方式是：平时成绩占 30%+期末考试成绩占 70%，其中平时成绩包括平时作业、上机实验和上课考勤。这种考核方式不能全面反映学生的学习状况，不利于学生创新能力的培养。我们将课程考核方式调整为：平时成绩占 25%+实验成绩占 15%+期末考试成绩占 60%。平时成绩包括在线学习、单元测试、参与网上讨论、问题回答、课堂考勤五个方面成绩的综合。平时成绩体现了学习态度、实际学习情况、自学能力。实验成绩主要是学生完成实验内容、综合项目和创新实验成绩，体现了学生实际的操作能力、操作熟练程度、协作能力以及创新能力。期末考试侧重于理论知识的掌握及分析与解决实际问题的能力。通过这种考核方式，使学生非常重视学习过程、重视实践环节、注重自主学习，从而培养自学能力、动手能力、协作能力、创新能力。

六、结束语

我们通过对 C 语言程序设计课程的教学改革研究，对 C 语言程序设计课程的教学设计、教学内容、教学模式、项目实训、考核评价体系等方面进行了探索和实践：将传统课程的知识传递转换为学生自学能力培养；将整个教学分成课前、课中和课后三个阶段；利用智慧树网络教学平台构建线上线下混合式教学模式；以项目和学科竞赛为抓手，加强学生综合能力、协作能力等的锻炼；通过多方面的考核，使学生重视学习过程、重视实践环节、注重自主学习，从而培养自学能力、动手能力、创新能力；将思政元素融入教学的各个环节，从而培养学生的爱岗敬业、精益求精和创新创业精神。近三年的教学实践表明，新的教学模式是有效的，该教学模式有利于提高学生的学习主动性，培养学生分析问题、解决问题的能力。

参考文献

[1] 戴伟敏，黄凤华. 培养应用型创新人才模式下 C 语言课程教学改革探析 [J]. 信息与电脑，2017（1）：164-167.

[2] 吴爱华. C 语言线上线下混合课堂教学的实践与思考 [J]. 计算机教育，2022（2）：164-167.

[3] 郭雨. C 语言程序设计课程线上线下混合式教学模式研究 [J]. 软件，2021（12）：28-30.

[4] 艾明晶. 基于慕课的线上自学：线上授课混合式教学模式研究 [J]. 计算机教育，2021（4）：1-6.

[5] 熊育婷. 从线上教学实践到混合式教学模式改革的思考 [J]. 计算机教育，2021（4）：11-14.

[6] 夏浩飞. 基于首要教学原理的翻转课堂教学研究：以数据库应用技术课程为例 [J]. 计算机教育，2021（4）：174-178.

政产学研用协同培养
化工类复合型人才的研究与实践[①]

赖　川　张巧玲　周绿山　朱朝菊　向文军　潘　维[②]

一、引言

新技术、新产业、新业态和新模式的快速发展，极大地推动了经济高速发展，不断提升对新工科人才的培养需求。为适应新一轮科技革命与产业变革，助力服务创新驱动发展等国家战略，加大新工科建设力度已成为高校发展的核心工作之一。复合型人才培养和教育教学改革是新工科建设的主战场，为高等教育的大众化与社会经济的发展推波助澜。

受区域条件、地域环境和经济条件等综合因素的影响，相较于中心城市高校，地方本科高校往往存在人才培养优势不突出、特色不鲜明、竞争力不强等短板。为有效补齐短板，奋起直追，基于化工环保类人才培养特点，充分发挥检验检测在化工环保类人才培养过程中所起的重要作用，本文以四川文理学院化学化工学院培养高素质复合型化工环保类人才为研究对象，以政产学研用协同机制研究为切入点，积极对接并凸显化工环保类用人单位对复合型人才的需求，不断创新政产学研用人才培养模式，加强成果及经验的推广应用，为地方高校复合型化工环保类人才培养提供思路和参考。

---

① 四川省教育厅高等教育人才培养质量和教学改革项目（JG2021-1356）；四川省普通本科高等学校环境科学与工程类教学指导委员会教育教学研究与改革项目（CHJZW202112）；教育部产学研合作协同育人项目（220501282190516）的研究成果。

② 赖川，1986年生，男，副教授，博士，主要从事高等教育、材料腐蚀与防护研究。
张巧玲，1993年生，女，助教，主要从事化工高等教育研究。
周绿山，1987年生，副教授，主要从事化工高等教育研究。
朱朝菊，1964年生，副教授，主要从事化学高等教育研究。
向文军，1975年生，教授，主要从事化学高等教育研究。
潘维，1975年生，男，助理研究员，主要从事高等教育研究。

二、地方高校培养模式中存在的普遍问题

政产学研用协同培养模式将培养复合型人才作为核心，注重协作创新，在充分发挥各主体作用的前提下，畅通各元素之间的沟通关联。其中，将政府纳入人才培养过程，可以为政产学研用协同提供优良的宏观基础条件，同时能够为培养模式的实施提供协调，积极联系沟通其他主体共同协作。经过实践，我们发现，在复合型人才培养模式的实施过程中，主要存在以下问题：

（一）复合型人才培养模式单一，缺少实践创新

随着我国经济的迅猛发展，企业对复合型人才的需求日益迫切，但地方高校只是在规模及专业数量上进行调整，没有实质性改变在校本科生的培养方案。部分院校对复合型人才的培养进行了一定的尝试与探索，然而实际进展情况并不理想。多数高校培养复合型人才的模式比较单一，主要以理论教学为主，这就导致学生的操作动手能力较差，一定程度上阻碍了学生的创新能力，教学质量方面仍有较大提升空间。

（二）各环节缺乏有效沟通，导致脱节现象

政产学研用协同培养模式的关键在于各个主体之间互相配合，及时有效的沟通是培养模式的核心，也恰好是实际实施过程中容易出现问题的地方。诸如信息不对称、部分环节脱节、结构性问题在政产学研用培养中出现较多。高校教师在教学过程中大多仍采用传统的教师主体教育理念，课堂氛围沉闷，难以调动学生的积极性和参与性，整体呈"一言堂"的现状。此外，教师讲授内容大多以理论专业知识为主，缺乏与实践过程的融合，没有足够的机会让学生的动手操作能力得到锻炼，导致学生在掌握基础理论知识后，无法将理论应用于实践。国内高校对于尝试教育创新没有形成完整的体系，尚处于探索阶段，对于其他协同培养主体来讲，也无法实现党和国家的宏伟目标。同时，这种传统培养模式培养的人才无法满足用人单位的需求，从而给用人单位带来进一步培养复合型人才的压力。在实践中，政产学研用各主体之间缺乏有效的沟通，高校教育改革没有实现既定的目标。高校进行教学改革是政产学研用协同培养模式的重点，而高校教学改革需要政府、企业、科研机构和用户各主体的协调沟通和积极配合。

三、政产学研用协同培养模式下复合型人才的培养举措

四川文理学院化学化工学院现设有化学、化学工程与工艺、制药工程、应用化学、水质科学与技术5个本科专业。有教职工62人，其中教授、副教授和高级工程师26人，博士、硕士58人。依托乡村低成本环境治理技术实验室、特色植物开发研究重点实验室、国家城市污水处理及资源化工程技术研究中心川东分中心等科研平台，学校与当地及周边区域政府、行业、化工环保类公司合作开展人才培养和科学研究，共建化工环保类实践实习基地50个，其中涉"检"基地23个。近三年，化学化工学院承担国家级、省部级和企业委托等各类课题共计52项，发表学术论文60余篇，获得省市科技进步奖等奖项10项，成果应用为企业节约生产成本8 000余万元。通过构建政产学研用协同培养模式，充分调动政府、学校、行业企业各方资源，围绕新工科建设和工程认证，共同培养高素质应用型复合型人才，有效解决川东及周边区域化工环保类专业人才培养匮乏的现状。

（一）建立政产学研用协同培养模式下工匠复合型人才培养体系

政产学研用协同培养模式下复合型人才培养体系的构建，需要及时把握产业的最新发展动态，确保产业发展需求与人才培养目标相对应。一方面，学校要通过了解产业的最新发展方向和对相关人才技能的需求，及时将企业需求与学校的学科建设、专业设置进行对接，邀请企业参与教学大纲的制订，把大学生职业生涯规划和就业指导、社交礼仪、现代化工企业管理等课程纳入高校人才培养体系，聘请化工环保类等相关领导专家、政策制定者到校开展绿色化工、环境保护、循环经济等相关领域学术讲座，聘请企业工程师与学校教师组成"理论+案例"教学团队等多种形式进行联合培养。另一方面，学校与达州市质量技术监督检验测试中心、瓮福达州化工有限责任公司、四川川环科技股份有限公司、成都药明康德新药开发有限公司、达州市生态环境监测中心站、达州市惠泉污水处理厂、四川锦嘉环境技术有限公司等企业和科研机构做好对接工作，建立实践教育基地，保障学生实习实训的开展，为学生创新创业、教师科研提供平台。通过与企业共建课题来开展项目合作研究，鼓励学生参加项目课题，培养集学科专业基础知识、实践能力和创新意识于一身的德智体美劳全面发展的复合型人才，实现政府、学校、企业、科研机构和用户各主体间的知识共享，对现有教育资源进行有机整合和高效利用。

（二）构建培养复合型人才的师资平台和实践平台

政产学研用合作的人才培养模式不仅要针对学生展开，也要进一步提高教师的专

业技能和教学能力。高校可以定期选派一线教师到政府、企业进行实践考察，参与企业运营的新模式，了解企业在经营过程中遇到的难题及解决方案，并将其纳入课堂教学中，从而形成"课堂—企业—课堂"的互换交流模式，进而提高教师的专业教学水平和综合素质，整合教育资源。把校外社会资源引入课堂，将专家请进校门。以研究项目和课题为主线，联合高校和企业各自的优势，分别从专业知识和专业技能上对学生进行指导。

高校或科研机构可以在企业中建立科研工作站和技术成果转移中心，充分发挥大学科技园的孵化作用，及时将高校或科研机构的研究成果转化成实际生产力；共建产学研合作实践基地，为学生提供实习场所。同时根据市场需求，充分利用政府、企业、高校的资源优势，强化政产学研用各主体之间的纽带联系，形成全面、多功能创新互动平台，进一步带动复合型人才培养体系的形成和优化。在政产学研用协同培养模式下，实践已逐渐成为复合型人才培养的主要途径。该模式需要企业与高校密切配合，学校为企业培养出管理型人才和技术型人才，同时企业为高校学生提供实训实习基地，通过校企配合进一步提高学生的创新意识和实践操作能力。

（三）构建政产学研用复合人才培养深度合作机制

政产学研用合作模式是一个利益共同体，建立利益共享、权责分明和风险共担的深度合作机制，围绕战略性新兴产业，形成政产学研用各主体之间联动。要充分发挥企业的创新主体作用，根据科技成果转化的相关要求，围绕国家战略性新兴产业的发展方向，针对不同的专业特色，结合地方产业发展定位，政府、高校、企业、研究机构和用人单位进行深层次对接，开展精准沟通。高校和企业、研究机构建立交流通道，整合利用学校与科研机构工作站，构建高校和企业的资源共享平台。同时，建立企业和研究机构协同孵化中心，与高校展开对接合作，利用高校搭建本地优势产业与外地科技成果的对接桥梁，实现"异地孵化、本地转化"，建立复合型人才的跨区域协同培养机制。

（四）创建区域政产学研用综合服务示范平台

整合区域多方优势资源，将政府、行业企业与学校的学科专业发展、科研平台建设有机融合，构成一个动态、开放的智慧协作系统，将政府政策决策者、企业高层领导、行业专家、学校相关学科教授组成化工环保综合决策与咨询委员会，为学校培养区域高素质应用型复合型化工环保类人才培养提供意见，为地方绿色化工、环境保护、循环经济等提供决策咨询、科学研究、成果转化服务，实现人才培养与地方社会经济发展的协同创新效应。

四、创新点与不足

（一）创新性地构建区域政产学研用人才培养模式

以新工科建设为指导，以地方对化工环保类复合型人才的迫切需求为切入点，在学校与地方政府及企业等利益相关方高度融合下的基础上，共同创新性地建立政产学研用人才培养模式，以期实现政产学研用协同育人目标，从而培养出专业知识扎实、实践能力良好、创新精神突出，既会生产管理、又能分析检测的地方应用型本科人才。

（二）创新性地创建区域政产学研用综合服务示范平台

打破传统服务平台由单一主体建立的壁垒，将政府领导和政策制定者、企业科技应用和人才使用者、高校人才培养和科研工作者进行整合并深度融合，以地方对政产学研用高素质应用型人才的需求为基础，共同建立政产学研用综合服务示范平台（包括科研平台）。示范平台将为政府人才需求、企业人才选用、学校人才培养提供决策建议和智力支持，以达到为政府解忧、为企业解难、为学校解困的三方共赢局面，形成集政府政策决策、学校人才培养、企业发展壮大综合服务为一体的有机发展体系，促进化工环保类应用型复合型人才培养。

不足之处主要体现在：政产学研用协同主体参与动力不足、深度不够、层次不高。在政产学研用合作模式中，企业更倾向于经济效益，而科研机构对技术成果转化的重视不够，研究成果不能落地。高校教师对新教育模式改革配合程度不高，造成协同培养的深度不够。政产学研用协同机制涉及政府、企业、科研院所等，以不同机构为主体所组建的协同培养关系，其适用区域和适用范围也不一样。现有的理论和实践关于协同培养模式的探索和试点还比较薄弱，不同主体之间的要素协同度还有待进一步提高。

五、结论

本文通过剖析政产学研用协同培养模式下复合型人才培养的现状，指出当前面临的复合型人才培养模式单一，缺少实践创新，各环节缺乏有效沟通等问题，并在此基础上从建立复合型人才培养体系，搭建人才培养的师资平台和实践平台，构建人才培养深度合作机制和区域综合服务示范平台等方面提出了具体的实施路径，为全省地方复合型本科高校化工环保类人才培养和复合型转型发展提供思路和参考。

参考文献

［1］孙萍，张经纬. 市场导向的政产学研用协同创新模型及保障机制研究［J］. 科技进步与对策，2014，31（16）：17-22.

［2］代显华. 校政企互动构建政产学研用实践教育平台［J］. 实验室研究与探索，2013，32（6）：212-215.

［3］陈波. 政产学研用协同创新的内涵、构成要素及其功能定位［J］. 科技创新与生产力，2014（1）：1-3，14.

［4］原长弘，章芬，姚建军，等. 政产学研用协同创新与企业竞争力提升［J］. 科研管理，2015，36（12）：1-8.

［5］汪明月，李颖明，王辉. 绿色技术创新政产学研用协同的现状、问题与对策［J］. 科学管理研究，2020，38（6）：2-10.

［6］王道勋. 地方政产学研用协同创新研究［J］. 黄河科技学院学报，2021，23（7）：44-47，55.

［7］张玲，何伟，林英撑，等. 新工科建设和政产学研用协同育人模式的探索［J］. 大学教育，2020（3）：27-30.

［8］田玉敏. 政产学研用五位一体协同育人模式研究［J］. 中国国情国力，2016（11）：68-71.

［9］史健勇，陈珂，叶欣梁. 政产学研用协同机制下卓越人才培养研究［J］. 科技创业月刊，2019，32（6）：61-63.

［10］王鑫颖. 政产学研用协同创新人才培养模式研究［J］. 吉林广播电视大学学报，2019（9）：14-15.

［11］陈萌. 政产学研用协同创新下应用型人才培养策略［J］. 合作经济与科技，2017（17）：154-155.

［12］嵇波. 基于政产学研用的协同创新人才培养体系建设研究［J］. 江苏教育研究，2019（15）：57-60.

信息技术在美术学专业课程教学实践中的应用研究①

罗 江②

一、引言

教育部印发《高等学校数字校园建设规范（试行）》（教科信函〔2021〕14 号），旨在推进教育信息化 2.0 行动计划，积极发展"互联网+教育"，促进信息技术与教育教学深度融合，并指出，"推进和鼓励信息资源的共享和创新应用""应融合线上与线下教育方式，开展以学分课程为主、嵌入式教学和培训讲座为辅、形式多样的信息素养教育活动"。美术学专业主要培养基础教育阶段美术课程师资，理应掌握信息化的教学手段和方法。同时，新美术课程标准强调美术课程的实践性和人文性，师资培养的过程要从技能层面转入文化层面，培养综合能力。因此，应该加强美术师范生创新思维、动手能力、合作能力的培养，落实到专业课程上，就是要充分利用信息化技术手段和包括云资源在内的互联网资源，开展特色实践教学。

二、信息技术在美术学专业课程教学中的应用研究现状

笔者通过维普中文期刊服务平台检索"信息化技术 美术教学"，共找到 136 篇文章，其中 2019—2021 年 66 篇，有 48 篇被知名检索机构收录，涉及高校的仅 8 篇；若以"网络资源 高校美术教学"为关键字检索，则有 5 篇文章。这说明国内对高校美术课程的信息技术应用研究特别是网络资源的应用研究比较少。

---

① 四川文理学院科研项目"基于云计算的地方高校网络教学资源整合研究及应用"（项目编号：2017KZ009Y）成果之一。

② 罗江，1978 年生，男，副教授，硕士，主要从事计算机教学与研究、计算机应用研究。

国内宋晶晶、林蝶、王伟林等人，分别从信息技术和美术课程文化建设融合、信息数字化对高等师范美术教育影响、多媒体技术在美术教学中的运用等方面进行了研究，从实际情况出发，强调信息技术在美术课程教学中的作用，具有一定的实践指导意义。由于各学校办学定位不同，美术学专业人才培养目标各异，专业课程教学的方式方法也会不一样。对于以应用性为主要特征的地方本科院校来说，更加突出学生实践应用能力的培养。因此，通过应用信息技术辅助美术学专业课程实践，更能推动这一目的的达成。

三、美术学专业课程信息化教学实践存在的问题

美术类教学质量国家标准明确要求，美术类专业教育是以实践为核心的教育，学生应具有一定的计算机与信息技术应用知识，教学过程与培养目的贯穿艺术创作的全过程。实际上，地方本科院校在美术课程教学中应用信息技术还存在一些问题。

一是美术类生源质量良莠不齐。美术类招生考试是一种特有的专业考试体系，应试学生许多都是通过短期培训就报名考试，带有很强的应试特征，学生文化底蕴、艺术修养、基础绘画能力和探索精神参差不齐。高校美术类专业教学，要把不同基础的学生培养成达到基本标准的专业人才，必然要求教师不仅因材施教培养学生专业技能，还要有针对性地引导学生打下坚实的文化基础，训练学生的思维和想象力，促进其个性发展。如艺术史、艺术欣赏、国画、美术批评等课程，都可以通过优质、丰富的网络课程资源，扩大学生知识面，激发学生潜力和兴趣，以其努力弥补应试学习导致的文化基础缺陷。

二是信息技术应用手段比较单一，美术课堂表现能力不足。部分教师对信息化教学的认知不够充分，存在"美术专业课重在教会学生创作，信息化教学作用不大"的思想，仍以"教"为中心，上课仅用播放 PPT、展示图片等这些简单方法，信息技术没有自然地深度地与教学课堂融合，且课件大多是以知识呈现为主，让学生自行观看，学生不能深入掌握知识和理解内涵；自主开发的教学资源少，启发式、探究式功能不完善，导致教学效果不理想。

三是通过信息技术培养学生创新精神的力度不够。设计公司、动画公司、雕塑公司，都对新就业的大学生或多或少存在一些动手能力不强的意见。可见，随着社会和经济的高速发展，不仅需要大量的艺术设计人才，而且期待学生"一专多能"。事实上，专业课上讲解技法和常识较多，拓展学生社会适应能力较少。

四是课程资源缺乏科学、系统、规范的质量标准。虽然国家和省上对精品课、开

放课、示范课等都有建设标准，但是一般课程不可能都达到这些标准。而一门专业课往往仅几个教师任教，大家课程资源也不尽统一，建设的随意性较大。特别是在疫情防控期间，线上教学资源如教学课件、网络资源等制作的开放意识不足，人性化和便利性欠佳，教学单位不能精准地对线上课程进行督查，教学效果难以把控。这需要建立一个质量标准，着重对符合学生实际、激发学生创作意识等方面进行关注，严禁不加甄别和修改直接下载、拷贝教学课件和视频。

四、信息化教学在美术学专业课程教学中的实践应用价值

（一）有益于教师新教学理念的培养

美国著名的课程理论专家施瓦布提出"行动研究"，重视实践教育情境中教师和学生的主体地位，更贴近实际需要和学生的实际发展水平。教师在开发课件、录制教学视频、制作课程网站等时，必须将理论和实践相结合，以理论作为依据，以实践经验作为补充，以学生反馈作为参考。例如中国山水画的基本笔法一节，传统的理论教学往往过于抽象化、概括化，致使理论多而实践少，容易与课程实践脱节。课上利用电子展台将笔法示范投影到大屏幕，让所有学生都能看清，结合适量的名家作品照片，讲解"平、留、圆、重、变"等基本笔法要求，让学生建立起直观印象，使学生融入多媒体创设的中国山水画鉴赏环境，体会用笔的"意、理、法、趣"，进而组织学生临摹实践，让学生提出感想，教育指导学生使用正确的笔法练习。通过不断地丰富教学资源，解决学生的疑问和教学中出现的各种问题，教师也不断更新和完善自身知识结构，不断提高教学能力，更新了教学理念。

（二）突破教学时间空间的限制

美术学专业很多课程需要专门场地从事教学活动。如，油画需要宽敞明亮的大教室，摄影需要专业的照场，陶艺需要专业窑炉，雕塑需要专用雕塑场，木工需要专业加工坊等。且一般课程绘画作业要持续2周以上时间，学生还要上公共课程，因此时间上教师不能全程指导。使用信息化手段，教师将课程教学关键环节、重点章节、案例分析等内容，输入多媒体课件、视频、动画等教学材料中，课中设置数字化场景与环境，结合传统教学手段，放手让学生在不同的学习空间里探索；课后，学生可利用碎片时间随时随地学习，延伸课程教学时空，这对学生实践训练起到了很好的指导作用。

（三）线上线下融合促进课程教学的智能化

一是信息化教学对课程教学环节有效补充。美术学专业教学基础是素描和色彩的

教学。素描和色彩教学要求学生从结构、形象、位置、空间、明暗、色彩等角度对绘画材料进行审视与分析，是对学生观察能力、绘画能力和审美能力的训练。例如，对人物进行肖像画教学，要处理好人物骨骼、肌肉构成的解剖结构，要注意立体物像塑造。单纯口头描述或者示范作画，不够形象直观，如果利用 3D 设计软件展示人物图像，有条件的甚至可以利用 VR（Virtual Reality，虚拟现实）设备展现人物实景，让学生全方位感受人物在三维空间的轮廓结构、构成比例、色彩明暗、透视效果等，使其在大脑中产生绘画对象各角度的概念像和方位图，有助于着手勾勒线条、着色作画。

二是紧扣目标丰富教学内容。教师根据课程教学内容和目标，制作具有启发性的视频资源，通过网络平台进行推送，帮助学生进行课前学习、课后复习。学生在线上学习中独立思考、汲取知识，使课堂学习不再是被动接受，不再过分依赖教师授课，同时通过网络可以传递更多的专业知识，拓展学生知识面。如介绍中国当代油画人物图式艺术为主的特征，将写实、表现、抽象、重构、个性表达、精神转换等艺术表达，运用微视频、演示文稿、屏幕录制、视频播放等信息技术软件，通过大量的作品、实例展现，并辅以教师的旁白，设计制作网络课件，帮助学生先行了解教学内容，自发思考，为课堂讲授打下基础，提高课中学习效率，从而延展了课堂内容、丰富了教学形式。

三是激发学生学习兴趣。学生除了知晓本专业教学要求外，主动参与教学才能更好地发挥其能动性和激发创作意愿。作画耗时长、费精力，单纯的绘画行为可能会使学生感到倦怠。根据大学生富有朝气、好奇心强的特点，在讲解某一章节内容之前，使用一段多媒体资源对教学内容有关的历史、人物、事件等进行讲解，或者恰当地提出一些实际问题、插入一段音乐，扩展课堂时空，调节学生的视听觉感官，可以调动学生的学习兴趣，启发学生的创造思维。例如，鉴赏罗中立超写实主义作品《父亲》时，辅以我国改革开放前后和现代农村风景、农民劳作的照片，与该作品进行对比，突出中国农民质朴与善良、苦难与憧憬的典型形象，打动学生的心，激励学生珍惜如今的美好幸福时光，努力学习。

四是发挥教师主导、学生主体作用。"亲其师而信其道"，良好的师生关系有助于融洽课堂氛围、提高教学效率。教学应"以学生为主体"，如果教师在教学中设计一个环节，展示自己美好的生活照、工作照或家庭幸福照，给学生简述自己美好的经历，激发学生的积极性，不仅会使学生很愿意与热爱生活、热爱工作、热爱家庭的教师相处，也潜移默化地影响其建立积极的世界观和人生观。

五是应用云课堂、翻转课堂等提高教育质量。应用在线开放课程、慕课（Moocs）、反慕课、私博课（Spocs）、微课等新的在线课程资源，结合云课堂实现翻转课堂，是一种创新的教学模式。秉承"先学后教，以学定教"的教学理念，重新定位师生角色，让学生成为学习的主人。先通过爱课程（中国大学 MOOC）、智慧树或教师自主开发课程网站的线上视频和在线研讨等方式进行个性化学习，完成知识的准备，达成基础目标，再通过课堂上教师示范讲解、创作指导，师生答疑交流、合作探究等，将知识内化并应用于实践，实现最终教学目标。

（四）利用优质教学资源开展美育

很多艺术大师如徐悲鸿、罗中立、米开朗琪罗、达·芬奇等人均有宽广的视野、丰富的知识、雄厚的生活积累和深邃的审美观，他们善于发掘亲身经历和身边的人、物、事的美，在生活体验中发现美。而提高审美修养首先要树立正确的世界观、人生观。美术专业需要培养学生审美意识，将中华传统文化与地方红色文化融入美育中，帮助学生树立正确的价值观、人生观、世界观。利用云网络、多媒体设备等，以展示美术作品为载体，在课堂上营造美育氛围和美的环境，向学生传递美的元素和信息，潜移默化地塑造学生品行、专业和形象之美。比如在色彩教学的时候，教师可以深挖地方红色艺术资源与地方优秀传统文化资源，通过多媒体技术展示与剖析，将审美能力培养、专业技法学习和红色美育结合，在作品中展示美、欣赏美，让学生用心感悟多彩生活，培育学生良好品性和行为。

（五）提升学生探究意识、创新能力

根据美术类专业课程实践性强的特点，可以将项目管理的理念融入教学中。倡导项目化学习，以真实需求为驱动，在现实情境中对问题展开探究，运用信息技术和网络资源促进问题解决，最终完成项目，提升实践能力。项目可以是大学生科研课题、教师的科研子课题，或者与企业合作的横向科研课题甚至是虚拟项目。通过项目实施将专业实践和社会应用有机结合，培养学生的专业素养、科研水平和创新能力。例如创作古典油画，需要掌握画布的制作、底料的涂刷、画素描稿、颜料的调配、上色的顺序、调色油的使用、罩染技法等每个关键环节。为了让学生将这些工序烂熟于心，可以结合社区墙绘、公益宣传等需求，组织学生建立项目组，在教师的指导下开展项目，从中学习、训练油画技法。同时，记录各组进行情况，编制成数据信息，经过一段时间的数据统计分析，反映学生知识点掌握的情况及存在的问题，以便改进不足。

（六）网络资源助力提升师生的专业实践能力

信息化教学要求教师具有较熟练的信息技术应用能力。教师需要制作和使用多媒体教学资料授课，利用网络和专业软件辅助完成教学材料的收集与处理。由于计算机硬、软件更新换代快，迫使教师学习更新的信息技术。并且，可以方便地通过教学资源共享进行经验交流。教师将优质教育资源按自己意愿创作出来并通过计算机网络共享，发挥教育资源更大的价值，进行问题研讨和经验交流，有助于转变教学观念、改革教学设计、改进教学行为。通过网络课程作品展览，师生可以从网络留言、支持票数、人气指数等信息了解网友对作品的态度和评价，知晓作品的社会反响，对自己以后的创作有着重要的指导意义。

（七）采用新的考核方式使成绩评定更科学

美术学专业课程成绩评定不同于文化课程有标准答案参考。成绩评定的标准是否客观公平、准确合理，是否反映学生的全面发展，关乎课程教学质量。高校采取的一般方法是评判学生是否通过课程的学习达到学以致用的效果，是否具备应该有的应用能力。而通过信息技术可以很好地将过程化考核数据进行汇总整理。

一是过程观察与评价。美术类课程实践性强，决定了对学生的成绩评价应建立在过程性考核基础上。教师需在平时指导中观察、记录每位学生的学习状态，发现问题及时纠正。细化平时成绩评价标准。如课前可以从检查草图、询问学生等，了解学生参与准备的情况，并评定等级或分数。课中，观察学生的状态和作画表现，了解他们是否有构思、是否有条理、是否有疑问以评定实践成绩。最后，在批阅课程作业时，综合分析学生整个学习、实践的水平给出成绩。整个过程可以通过拍照、留言等记录下来，通过电子表格登记各环节成绩，最后汇总计算总成绩。

二是开放式的实践教学。根据课程特点采取开放式的实践教学，可以给学生提供创作的场所和积极探索的氛围，教师布置任务，学生利用安排的学习时间或课余时间参与开放式实践。这要求教师制订周密的开放实践计划，教学单位也要从场地设备、人员调度等方面给予支持。参与开放实践的学生可以建立学习网络群，交流学习经验和记录学习状态。教师通过网络收集、考查参与开放式实践学生的信息，按照评价标准给予一定的考核分值，此分值差距不宜过大。

五、结语

信息技术改造了传统课堂，信息化教学不应仅体现在教学手段上，还应该从教学理念、内容组织、施教过程、教育技术、效果评价等全方位思考，充分利用信息技术和优质网络教学资源，鼓励师生共同积极参与，弥补传统教学的不足，拓展学生思维和知识面，切实推进美术学专业课程教学改革，以促进学生专业素质和解决实际问题能力的提升，进而提高教学质量和培养更多更优秀的创新人才。

参考文献

[1] 王征. 新课程标准与高等师范学院美术学专业人才培养体系改革研究 [J].张家口职业技术学院学报，2014，27（2）：25-28.

[2] 林爱芳. 高校美术师范教育与中小学美术课程标准 [J]. 美术教育研究，2019，0（20）：132-133.

[3] 宋晶晶. 融合信息技术的美术课程教学创新实践 [J]. 教育传播与技术，2021（5）：75-80.

[4] 林蝶. 信息数字化对高师美术教育的影响 [J]. 艺术科技，2014，27（2）：420-420.

[5] 王伟林. 多媒体技术在高校美术教学中的合理运用 [J]. 山东农业工程学院学报，2017，34（12）：113-115.

[6] 夏晶阳，梁家年. 关于加强高校美术类专业教学实践环节的探讨 [J]. 理工高教研究，2010（5）：128-131.

[7] 乐齐弘. 关于绘画基本素养的思考 [J]. 阿坝师范学院学报，2016，33（1）：102-104.

[8] 闫翀. 中国当代油画人物图式的艺术语言 [J]. 艺术百家，2012（4）：243-244.

[9] 江珩，徐紫冷. 信息化背景下高校教师教学能力提升策略研究 [J]. 高等农业教育，2016（6）：36-39.

[10] 高继军. 写实油画人物的深入刻画研究 [J]. 美术教育研究，2021（2）：16-17.

巴文化融入地方高校思政课实践教学的思考

谢想云[①]

巴文化作为川东区域地方传统文化的代表，历史发展悠久且资源丰厚，已经生长成为多元一体的中华传统文化大家庭中重要的一员，鲜活地存在于巴山民众的口耳相传中，相融于大巴山子民的日常生产与生命活动之中，且随时代发展而历久弥新。研究巴文化及其在中华文化发展史中的地位与作用，对于全面认识中华传统文化以及进一步认识川东地域文化和巴文化，对于川东和谐社会及文化育人的构建将起到非常重要的作用。因此，充分挖掘和整合利用巴文化资源，通过多种形式融入地方高校思政课程实践教学中，提升思政课实践教学可视化、体验感、实效性的有效路径，也是讲好巴人故事，创设实践教学平台，构建实践教学机制的主要方式。通过构建"开放式、可体验"思政课实践教学的新模式，使得大学生从被动式的"你要我实践"转变为主动式的"我想实践"，从而把大学生培养成能自觉担当民族复兴大任、具有"三心四能五复合"的高素质应用型复合型人才，成长为新时代中国特色社会主义"四有"新人，真正实现立德树人、培根铸魂育人目的。

一、巴文化融入实践教学活动的现实意义

习近平将中华优秀传统文化升华为"中华民族的基因""民族文化血脉"和"中华民族的精神命脉"，使其成为民族精神的源头和"老根"，为世界上所有华人提供了"精神家园"，使之找到了自己的"基因"所在，有力地增强了民族自信心、民族自豪感和民族凝聚力。巴文化作为川东人民的民族基因和"老根"，已经发展成为川东地域特色文化的象征，我们更应通过多样形式和不同路径进行传承和弘扬，尤其是作为川

[①] 谢想云，1980年生，女，助理研究员，硕士，主要从事史学史及思想政治史研究。

东地方高校，将巴文化创新融入思政课实践教学活动中，深入挖掘巴文化资源，进一步阐释巴文化精髓，自觉融入中国特色社会主义核心价值体系，推动巴文化的精神美德创造性转化、创新性发展，真正融入川东大学生的血脉之中，成为川东大学生的精神基因和心灵栖息地，实现跨越时空、超越区域、富有永恒魅力、具有时代价值的巴人精神继续发扬光大，使担当履职、守正创新、勇于拼搏的川东时代新人能够自觉担负起民族复兴大任。

笔者通过研究巴人历史起源、民俗民风、服装服饰、生活习性、节假日习俗等历史发展轨迹，发现古代巴人具有尚武勇锐、忠诚守信、勇敢善战、勤奋简朴等精神，红色巴人具有忠勇爱国、舍生取义、智勇坚定、团结奋战、不胜不休等精神，新时代巴人具有爱国敬业、诚信友善、敢拼敢干、勇于创新等精神。虽然巴人精神在不同时期表现的具体形式各不相同，但是巴人形成的巴文化精神实质是一样的，可以概括为"爱国敬业、忠勇节义、豪放包容、敢于创新"16个字。巴文化不断生成的典型的具有可延续性、可弘扬性、可传承性、可发展性的历史精神，能够涵养生活在当今巴山地域的新时代大学生的社会主义核心价值观，激励一代又一代的新巴山儿女奋勇前进，为实现第二个百年奋斗目标和国家富强、民族复兴、人民幸福的中国梦而奉献自己的智慧和力量。

这些巴人所留下的物质和精神遗产是当时人民智慧的结晶，也是中华文化的瑰宝。从巴文化遗址遗迹和文献资料记载情况来看，古巴人在军事战略、音乐歌舞、文学艺术等，特别是冶炼、漆染、金属加工工艺等方面取得了很高的造诣。因此，通过深入挖掘研究巴文化蕴含的哲学思想、人文精神、价值理念、道德规范等，推动巴文化创造性转化、创新性发展，向世界展示巴文化灿烂成就，揭示其蕴含的中华民族的文化精神、文化胸怀和文化自信，不仅能增强民族自信和民族凝聚力，为新时代坚持和发展中国特色社会主义提供精神支撑，而且能夯实文化软实力根基，为中华民族的伟大复兴提供助力。

二、巴文化融入实践教学活动的可行性

据《华阳国志·巴志》记载：巴国"东至鱼复，西至僰道，北接汉中，南及黔、涪"，说明川东地域属于巴文化发源地和形成的区域。也就是说，巴文化是指生活在川东的巴人在长期的历史实践中培育形成的，承载着巴人从古至今在建设家园和传承延续的奋斗历程中所展现出来的精神面貌、形成的思维品质、创造的文化成果，体现着巴人在生命延续和活动中凝结而成的世界观、人生观、价值观和审美方式，巴人的核

心精神忠勇节义、豪放包容已经深深熔铸于川东人民的血脉之中，成为川东人民最基本的文化基因。因此，巴文化为思政课程实践活动提供了鲜活的精神动力、丰富的教材资源和直观的实践案例。

巴文化是历史上巴国土地上的人民创造出来的反映生产、生活和社会关系的一种文化，有着巴文化留存的丰富内容，具有高度的地域性、开放性、包容性、丰富性和典型性等特征，如方言土语、巴山情歌、劳动号子、故事传说、民俗礼仪、非物质文化遗产等都体现着巴文化特征。这为思政课程不同专业的实践教学活动提供了宝贵的文化资源和有益的艺术借鉴，可借助现代 AR 传媒技术，让巴文化真正鲜活起来。比如美术学专业的思政课实践教学活动和学院写生采风活动相结合，统一组织师生深入大巴山腹地，走访农村，参观企业，考察社区，瞻仰红色巴文化遗址，挖掘巴山的地域风景、民风民俗、生产活动、民间传说等历史元素，创作出大量的以大巴山为题材的美术作品，以此参加校内外的各类展览、比赛，且成绩斐然。由此培养了师生良好的心理素质，增强了他们的自信心，使其在学习生活中呈现出了积极、乐观、向上的良好精神状态。

古巴人的历史遗址遗迹、历史文物、民俗民风、艺术作品等，如独具一格的背二歌、茅山歌、竹琴舞、巴渝舞、余门拳、巴人诗词、巴賨文化、巴人巫文化、巴人景观，给我们传递了异于今人的生存生活方式。红色巴人的革命遗址遗迹、纪念设施、历史文物、艺术作品等，如固军坝起义旧址、宏文校"工"字楼、万源保卫战战史陈列馆、王维舟纪念馆、张爱萍故居、陈伯钧故居、红 33 军纪念碑、石桥列宁街、红 30 军政治部旧址、营渠战役纪念碑等 500 多处当年红军战斗和工作遗址至今仍熠熠生辉；石刻标语、楹联和红军歌谣成为重要的红色文化经典。新时代巴人的爱国敬业、诚信友善、敢拼敢干、勇于创新的故事，抗洪抢险事迹、抗疫救灾事迹等，都可以成为思政课程实践教学活动的丰富资源，也可以通过 AR 制作成为直观的实践教学案例，更可以通过如忆苦思甜、抗战场景还原研发，发展成为大学生实践体验项目。

通过对具有巴文化元素的内容进行再次创作的方式，既提高了师生参与思政课实践教学活动的积极性，也提高了他们的巴文化素养，更以"润物细无声"的方式涵养了师生们的社会主义核心价值观念，最大限度地发挥巴文化育人的价值，扩大巴山题材的辐射影响力。重点推出一批文艺作品，让深埋民间民俗的巴文化焕然一新，这样不仅能够丰富群众文化生活，极大地彰显巴文化独特魅力，而且还能发挥文化潜移默化的作用，将巴文化镌刻在群众内心，提升文化认同感，起到凝心聚力作用。

三、巴文化融入实践教学活动的路径分析

巴文化精神的延续性是可以通过学习教育、观摩赏析、休闲旅游、体验娱乐、数字模拟、创造创新等方式传承弘扬的；而高校思政课的实践教学活动的重要目标，就是培养学生的综合素养，提升国家认同感和民族自豪感，增强文化自信心。可以说，巴文化为高校思政课的实践教学活动提供了无限资源，是实践课程建设的核心精神宝库。但是目前来说，巴文化与高校思政课的实践教学活动的融合度不够，融教于学的教学方式生动化不够，知识单向输入方式明显，学生的巴人自豪感和认同感不强。巴文化是川东地方区域文化，它的优势就在于其生动性、鲜活性、可体验性，有趣味的历史故事更能在实践教学活动中激发学生的代入感，潜移默化地将爱国主义教育、诚实守信等符合社会主义核心价值观的理念灌输到学生心里。但是目前二者的融合方式不够灵活，大多仍停留在参观文化遗迹、墓碑、雕刻、历史博物馆等视觉展示的层面上，学生无法深入其中，不能共情，无法最大限度地激发学生的文化自豪感和价值认同感。

要开展以巴文化特色活动为主题的实践教学活动。地方高校开展思政课实践教学活动要以专业特征和学科特点为基础，立足于帮助大学生树立正确的三观和法律道德意识，着重于大学生的马克思主义内化和社会有用人才的培养，以巴文化特色活动为主题开展形式多样的实践教学活动。如研读"巴文化经典原著"，颂唱"红色巴文化歌曲"，创作"巴文化艺术作品"，写作"巴文化心得体悟"，制作关于巴文化的微视频，举办"我爱巴文化"的竞赛展览等形式多样的实践教学活动，让学生在自主选择、自主探究和亲身体验的活动过程中习得巴文化的知识和经验，最终培育学生的传统美德，培养学生树立正确的三观，提升大学生爱中国、爱中国共产党、爱社会主义的情怀。

学校层面可以大力实施巴文化学术研究工程，开展学术活动，组织开展"秦巴讲坛""巴山论坛""天府人文讲坛"等活动，积极与达州巴文化研究中心对接，承办"中国达州·巴文化研讨会——通川论道""巴文化与南方丝绸之路"高端学术研讨会和"（中国·宣汉）巴文化研讨会"等研讨会，积极组织在校大学生参与到该学术研讨活动之中。二级学院可以将巴文化活动同学院学科特点和专业特色相结合，开展内容多样、形式丰富的巴文化实践教学。如文传学院的广播电视专业、网络新媒体、播音主持、影视专业等可以通过举办巴文化历史人物讲故事、巴文化成语接龙、"我是巴人我自豪"的演讲比赛、巴人故事微电影等活动传承巴文化。美术学院的美术学专业、视觉传达设计、环境设计、产品设计等专业可以通过巴文化美术作品展、巴文化设计

大赛、巴文化服装设计秀、巴人巴物巴景雕塑赛等活动传播巴文化。中华传统文化学院的书法专业可以通过巴文化书法作品展、巴文化诗词大赛、巴文化小说创作比赛、青年杯巴文化歌咏比赛等方式弘扬巴文化，将巴文化的优秀基因传承下去，并进一步发扬光大。

综上所述，将巴文化通过多种形式不断融入地方高校思政课实践教学活动之中，既具有现实意义，也具有可行性的操作案例，又能够丰富实践教学活动的多样性。巴文化作为川东地方传统文化的代表，鲜活地延续于巴山民众的口耳相传中，融通于大巴山子民的日常生产与生命活动之中，历史悠久且资源丰厚，随时代发展而历久弥新。作为川东高校思政教师，探索将巴文化精髓及巴人精神真正融入思政课实践教学过程中的实现路径，既是当前深化实践教学改革创新，提升实践教学的实效性，增强学生的认同感、获得感与幸福感的重要任务，又是提升实践教学的可视化、体验感，构建巴文化育人大格局，实现巴文化传承和思政教育有机融合的必由之路，更是思政教师依据不同的教学空间创新教学教法，全面激发大学生的理想信念和爱国热情，达到立德树人、培根铸魂育人目标的有效途径。

参考文献

［1］曾媛媛. "巴文化"在恩施景观环境传承中的渗透［D］. 天津：天津大学，2014.

［2］张明杰. 互动中的巴文化：巴文化的开放性体系研究［D］. 重庆：西南大学，2013.

［3］渔君. 巴文化研究与民族形成浅议［J］. 民族研究，1990（1）：94-96.

体育类本科毕业论文指导的实践与思考

马思远①

一、教育部门对本科毕业论文高度重视

2021年，教育部印发《本科毕业论文（设计）抽检办法（试行）》的通知，正式对本科毕业论文进行抽检行动，这有利于提高本科人才的培养质量，极为有力地震慑了近年来频频爆出的学术不端等现象。通知明确提出"本科毕业论文抽检每年进行一次，抽检对象为上一学年度授予学士学位的论文，抽检比例原则上应不低于2%"，也让本科毕业论文创作主体心中都绷紧一根弦。

2021年12月，四川省教育厅制定《四川省本科毕业论文（设计）抽检实施细则（试行）》，对四川省本科毕业论文抽检的工作程序、结果反馈与使用、监督与保障做了详细的说明，其中"本科毕业论文抽检结果将作为本科教育评估、一流本科专业建设、本科专业认证、专业建设经费投入、招生计划配额、研究生推免、新专业申请、学位点申报等教育资源配置的重要参考依据，同时与高校评奖评优以及绩效考核等挂钩"更是让各高校对本科毕业论文以及本科人才培养质量更加重视，主动自查自纠，发现并解决自身存在的问题。

从四川省2021年本科毕业论文（设计）抽检结果的反馈情况来看，四川文理学院送检的三篇体育类本科毕业论文，虽然全部被认定为合格，但还是要以更高质量的标准严格要求自己，规范做好本科毕业论文的管理、指导与写作工作。

---

① 马思远，1990年生，男，讲师，主要从事体育人文社会学研究。

二、体育类本科毕业论文写作过程当中面临的困境

(一) 毕业论文管理工作开展难度大

1. 毕业论文导师遴选较被动

根据四川文理学院《全日制本科毕业论文（设计）管理办法》，在论文指导教师的遴选当中，指导教师有相同或相近专业且具有讲师及以上职称或硕士学位以上的专业教师担任指导教师。根据《普通高等学校本科专业类教学质量国家标准》，每位指导教师指导的学生人数原则上不得超过 8 人。但文件并没有规定，是否具有讲师以上职称或硕士学位以上学历的专业教师必须担任指导教师，也没有说明指导学生人数最少不能低于几人，存在责任不明确、"不指导，不担责"的制度空子。

根据本科毕业论文"抽检比例原则上应不低于2%"的规定，指导教师指导的毕业论文数量越多，被抽到的可能性就会越大，承担责任的风险也就越大。再加上本科毕业论文指导费用偏低，与指导教师付出的工作量不成比例。因此，即便是符合指导论文条件又有经验的教师也普遍不愿意指导本科毕业论文。这也说明了制度制定的不尽如人意。

2. 毕业论文师生双选难推进

师生双选是毕业论文工作的一个重要部分。学生和指导教师之间能够顺畅地沟通，毕业论文的创作过程才能事半功倍。多数教师不愿意指导，或者不愿意更多地指导本科毕业论文，导致双选时学生的需求大于教师供给的指导名额。因此，愿意完成基本工作量或者在名额限制范围内的指导教师也会优先选择自己熟悉的各方面表现比较好的同学。留下一批各方面表现稍微差劲一点的学生，参加半分配式的与导师面对面的双选。虽然半分配式的师生双选人数不多，但确实是论文管理过程当中的老大难。

(二) 毕业论文导师指导论文差别大

1. 指导教师的思想认识不深入

本科毕业论文一直是本科实践性教学的重要组成部分，指导教师在长期的教学和指导毕业论文的环节过程当中会形成一种默契的惯性思维，即"本科毕业论文达到最基本的规范即可"，对抽检的标准一时有些不适应。《四川省本科毕业论文（设计）抽检实施细则（试行）》对抽检评议要素做了详细的规定（如表 1 所示）。在评议要素当中，清楚地规定了选题意义、写作安排、逻辑构建、专业能力、学术规范 5 个方面的内容。五要素对本科毕业论文提出了最基本的要求：选题符合专业的培养目标，又具有一定的理论意义或实用价值；写作安排能够体现出饱满的工作量；写作的形式符

合专业的特点和选题的需要；框架结构清晰，前后逻辑关联，能够将所学的专业理论知识运用到研究的过程当中；对于发现的问题能够阐明自己的观点并且提出现实可行的解决方案；文字表达、论文格式、参考引用等方面能做到论文的学术规范。

表1　四川省本科毕业论文（设计）抽检评议要素

一级指标	二级指标	评议要素
选题意义 （10分）	选题目的（5分）	符合专业培养目标，体现综合训练基本要求
	研究意义（5分）	面向所在专业领域学术问题或行业社会实际问题，有一定的理论意义或实用价值
写作安排 （15分）	文献调研（10分）	综合分析国内外文献，追踪本领域研究现状或行业动态，能支撑该论文（设计）的选题
	进度安排（5分）	时间进度安排合理，工作量饱满，写作形式符合专业特点和选题需要
逻辑构建 （20分）	层次体系（10分）	体系完整，层次分明，重点突出
	逻辑结构（10分）	论点鲜明，论据确凿，论证充分，达到所在专业领域要求
专业能力 （35分）	综合应用知识能力（10分）	将相关领域的基础理论、专业知识合理应用到研究过程中，能体现所在专业领域的能力和素养
	分析解决问题能力（15分）	研究方法合理，论证分析严谨，数据记录规范，能体现一定的分析解决本专业领域问题的能力和素养。
	创新能力（10分）	阐明了新观点，或将经典理论创新性应用，或阐释了对实践的指导意义
学术规范 （20分）	行文规范（10分）	文字表达、书写格式、图表（图纸）、公式符号、缩略词等方面符合通行学术规范
	引用规范（10分）	在资料引证、参考文献等方面符合通行学术规范和知识产权相关规定

资料来源：《四川省本科毕业论文（设计）抽检实施细则（试行）》。

2. 指导教师的科研水平差别大

由于指导教师工作的侧重点以及学术经历不同，指导教师的科研能力水平也有较大差别，在指导本科毕业论文的过程当中，对本科毕业论文工作程序和标准的把握也就有较大差别。为此，学院要求通过交叉评阅的方式，促进指导教师在本科毕业论文指导过程当中相互学习沟通和借鉴。体育学院前后进行了三次大规模的交叉评阅，并对没有通过交叉评阅的同学进行了小组复议，耗费了大量的精力。交叉评阅的管理过程有待进一步改进。

3. 指导教师的学生管理难度大

在毕业季，大部分同学存在实习、考研、找工作等各方面的压力，因此在论文创作的管理过程当中，虽然设定了阶段性的目标任务，但也很难调动同学们的创作积极性、主动性和自觉性。尤其是在其他城市实习的学生，指导教师对他们的论文指导就会变得更加困难。

（三）学生毕业论文写作限制因素多

在毕业论文的写作过程当中，有一小部分同学因各种原因，在毕业时不能正常拿到毕业证，于是，对于本科毕业论文也就采取了不在乎的态度。这种错误的想法，最直接的影响就是其当年不能顺利完成毕业论文。即便是在毕业后通过申请补考等方式，消除了其他原因对毕业的影响，但是本科毕业论文创作也不是一朝一夕就能完成的，必须要有一年半载的创作周期才能完成。

在毕业班的学生当中，有很大一部分同学因为实习单位工作比较繁忙，自己又是初次接触到实习工作，还不是十分得心应手，需要花费比较大的精力在实习工作上，在知道自己毕业论文的写作迫在眉睫的情况下，同学们在权衡利弊之后，还是会选择眼前最迫切、最要紧的事情，先把实习工作搞定。如果导师催得不紧，毕业论文就会被一拖再拖。

因个人文字功底差，确实写不出来论文的同学不在少数。一般情况下，还是学生的实地调查和问卷访谈做得不够扎实，导致在写作过程当中，不知道从何写起。

三、提高体育类本科毕业论文质量的举措

（一）改进本科毕业论文管理的规章制度，激发教师指导论文写作的积极性

一方面，由于本科毕业论文的指导费用与指导教师的付出不成比例导致指导教师积极性不高，几经动员才能给毕业班的学生选到论文指导教师；另一方面，指导毕业论文越多，承担的风险越大。由于没有规定达到要求必须指导本科毕业论文、没有规定指导本科毕业论文最少几篇，少指导或不指导本科毕业论文是规避风险的最简方法。而且，对毕业论文的评定只有评优，没有对没通过的毕业论文给出相应的处理措施，缺乏对指导教师和学生的督促作用。管理部门应通过政策调整，鼓励能够指导本科毕业论文的教师在能力范围内多指导本科毕业论文，同时要责任分明，避免坐享其成的行为。

（二）邀请专家开展讲座，交流本科毕业论文的最新要求

面对新的政策文件要求，要紧跟政策的方向，主动邀请本科毕业论文抽检专家库的专家，有针对性地对体育类本科毕业论文开展学术交流讲座。通过交流讲座可以使本科毕业论文指导教师从抽检专家的角度审视本科毕业论文指导过程，帮助指导教师理清工作思路，把握工作要点，紧跟政策文件的要求。做到心中有大局、行动有方向，

保质保量地完成论文指导工作。

（三）加强学生管理，实现"三全"育人

本科毕业论文创作只是本科培养的一个实践教学环节。更高层面的是学校的校风、教师的教风和学生的学风。没有好的校风、教风和学风，想把本科毕业论文工作做好是很困难的。对于学生的管理是本科毕业论文质量得到保证的一个重要的途径。"枪头不快，累折枪杆"，不论是在教学环节还是在实践环节，学生永远是教学的主体。作为主体的学生如果出现了问题，作为主导的教师、学工或管理者，如果能及时发现、及时引导纠正，以良好的校风和教风浸润学生，培养学生良好的生活和学习习惯，学生才会有比较好的心态面对毕业论文写作。

四、结语

体育类本科毕业论文的写作是管理者、指导教师和学生共同努力的结果；是制度执行、指导方法和写作态度碰撞产生的火花；是时间，精力和能力付出得到的成果。本科毕业论文的写作是对本科期间学习的理论知识掌握程度的检验，是对学生自身实践能力强弱的考察，提高毕业论文质量是提高人才培养质量的重要抓手。要用切实可行的制度凝聚人心，紧跟政策的风向标，发挥教师和学生的主观能动性，切实提高体育类本科毕业论文的质量。

参考文献

［1］教育部关于印发《本科毕业论文（设计）抽检办法（试行）》的通知［EB/OL］.http：//www.moe.gov.cn/srcsite/A11/s7057/202101/t20210107_509019.html.

［2］四川省教育厅关于印发《四川省本科毕业论文（设计）抽检实施细则（试行）》的通知［EB/OL］.http：//edu.sc.gov.cn/scedu/jyt2021/2021/11/16/d86664fc019f4bc8869cbed5bb99f888.shtml.

［3］教育部高等学校教学指导委员会.普通高等学校本科专业类教学质量国家标准［S］.北京：高等教育出版社，2018.

达州市普惠性学前教育
发展现状与对策研究①

王燮辞②

　　为解决 2000 年后出现的"入园难""入园贵""入园远"问题，《国家中长期教育改革和发展纲要（2010—2020）》和国务院《关于当前学前教育的若干意见》（简称"国十条"）均提出"发展学前教育，必须坚持公益性和普惠性"，"要积极扶持民办幼儿园特别是面向大众、收费较低的普惠性民办幼儿园发展"；并提出到 2020 年底，全国普惠性幼儿园要占到幼儿园总数的 80%。达州市处于经济欠发达地区，2020 年 12 月，共有普惠性幼儿园 1 429 所，其中城市 97 所，绝大部分幼儿园分布在乡镇地区。《达州市中长期教育改革和发展规划（2011—2020 年）》提出要通过强化政府责任，重点发展农村学前教育，积极发展民办学前教育，加快达州市学前教育发展。新的五年已经开启，国家要求到 2025 年普惠性幼儿园占比要达到 95%。本文将努力发现达州市普惠性学前教育发展中存在的问题，分析原因，促进达州市普惠性学前教育发展，开启新的五年普惠性学前教育发展新篇提出应对策略。

　　公办幼儿园和接受政府支持、执行收费政府指导价的非营利性民办幼儿园为普惠性民办幼儿园。我国对普惠性幼儿园的相关研究研究，主要集中在四个方面：①普惠性幼儿园概念界定与特征的研究。秦旭芳、王默提出普惠性幼儿园应当具备三方面特征：面向大众、价格公道、优质资源。②普惠性幼儿园发展政策研究。左崇良对普惠性幼儿园的政策背景进行了梳理，对普惠性学前教育的基本理念进行了阐述，分析了普惠性学前教育改革面临的困境。③普惠性幼儿园发展路径的研究。左崇良指出，普惠性学前教育发展有四个方向：探索科学的学前教育政策、促进学前教育公平、适度发展混合所有制幼儿园、完善学前教育收费制度。姜勇、庞丽娟等学者认为普惠性幼

　　① 四川文理学院学前教育校级应用型示范专业（2021 年 24 号）；四川省学前教育一流本科专业建设（高教厅函 2022 年 14 号）阶段性成果。

　　② 王燮辞，1968 年生，男，教授，主要从事学前教育、心理健康教育研究。

儿园发展有两种路径，普惠性幼儿园发展应当为"幼学开端""反贫困""一带一路"倡议提供探索与借鉴经验。④民办普惠性幼儿园发展问题与对策研究。魏聪、王海英等提出政府要承担主导责任，鼓励践行公益普惠。

笔者对国外文献梳理发现，发达国家较早就有普惠性学前教育发展相关研究，迄今已 40 余年。罗尔斯（John Bordley Rwals）提出了注重差别的原则，要求社会更关注出身不利的人们并给予某种补偿。美国"早期开端计划"（*Head Start*，1981）提出，美国联邦政府应对处境不利儿童进行教育补偿，以追求教育公平，改善人群代际恶性循环。英国"确保开端计划"（*Sure Start*，1989）面向 4 岁以下婴幼儿，主要针对低收入家庭；计划旨在改善包括出生前在内的儿童及其家庭的健康和福利状况，使他们做好入学准备。国外普惠性学前教育研究热点之一是普惠性学前教育的特征。有学者提出学前教育机构应具备地点可达性、效用可达性、时间可达性、个体属性可达性、机会可达性。有学者认为普惠性学前教育要具备付得起、达得到、配得齐、适得度特征。

本研究试图通过对达州市普惠性学前教育发展现状进行研究，发现存在的政策、管理、实施措施三方面问题，并提出应对策略。

一、研究方法

本研究采用文献研究法、问卷法和访谈法，根据园所的办园性质、办园等级和所在区域，对达州市内城市、乡镇普惠性幼儿园进行抽样，样本包括公办园和普惠性民办园，同时也兼顾不同地区以及不同办园等级的幼儿园。笔者发放自编《达州市普惠性幼儿园发展现状调查问卷（园长问卷）》56 份、《达州市普惠性幼儿园发展现状调查问卷（教师问卷）》386 份，以全面了解达州市普惠性幼儿园的发展现状。在问卷调查的基础上，笔者对部分幼儿园的园长进行了非结构式访谈。

二、达州市普惠性学前教育发展现状

（一）达州市普惠性学前教育发展的成效

（1）根据国家、四川省学前教育法律法规，结合达州市学前教育发展实际，编制实施了促进达州市普惠性学前教育发展的规范性文件。达州市认真贯彻落实《国家中长期教育改革和发展规划纲要（2010—2020 年）》《中共中央 国务院关于学前教育深化改革规范发展的若干意见》《四川省学前教育深化改革规范发展实施方案》《3~6 岁儿童学习与发展指南》，编制了《达州市主城区公办幼儿园建设三年攻坚计划（2019—

2021）》《达州市城镇小区配套幼儿园治理工作方案》《达州市住宅小区配套幼儿园建设管理实施办法》《关于进一步规范幼儿园管理的通知》《达州市幼儿园一日活动常规》《达州市示范性幼儿园评估细则》。达州市认真贯彻落实《国家中长期教育改革和发展规划纲要（2010—2020年）》，按照"扩总量、调结构、建机制、提质量"的总体思路，先后推进实施第一轮、第二轮、第三轮学前教育三年行动计划、"80、50"攻坚计划。

（2）在全面提升办园条件，规范幼儿园管理等方面取得了显著成效，"广覆盖、保基本、有质量"的学前教育公共服务体系初步建立。首先是加大了公办园建设力度。达州市着力扩大公办学前教育资源，实施公办园建设工程。一是以中心城区为突破口，编制了《达州市主城区公办幼儿园建设三年攻坚计划（2019—2021）》（见表1），进一步完善中心城区学前教育公共服务体系。2020年，城市公办幼儿园有97所，比2011年增加了92所。二是完善农村办园体系，坚持大村独立办园，小村联合办园。2020年，农村公办幼儿园有1 319所，比2011年增加1 307所（见表2）。三是积极开展城镇小区配套幼儿园治理，以县为单位，积极开展城镇小区配套幼儿园治理，制定出台了《达州市城镇小区配套幼儿园治理工作方案》《达州市住宅小区配套幼儿园建设管理实施办法》，治理城镇小区配套幼儿园41所，增加普惠性学位数5 120个，达州市普惠性学位数达到11 580个（见表3）。四是大力发展普惠性民办幼儿园。鼓励社会力量举办幼儿园，积极扶持民办幼儿园特别是面向大众、收费较低的普惠性民办幼儿园发展，普惠性幼儿园覆盖率达到87.48%，普惠性民办幼儿园在园幼儿数71 191人。

表1 达州市中心城区公办幼儿园三年攻坚计划（2019—2021）

年份	规划幼儿园所数/所			计划投入资金/万元	新增学位/万个	计划招生目标
	合计	改建扩建	回购回租			
2019	10	10	0	2.72	0.42	已建成招生
2020	31	19	12	3.35	1.13	计划2021年秋季招生7所
2021	11	9	2	1.39	0.38	计划2021年秋季招生3所 计划2022年秋季招生5所
合计	52	38	14	7.46	1.93	

表2 2020年达州市幼儿园基本信息统计

幼儿园总数	普惠性幼儿园总数（占比）	城市公办园数	农村公办园数	民办普惠园数
1 634所	1 429所（87.48%）	97所	1 319所	13所

表 3　达州市小区配套园治理情况统计表

县（市、区）	总数/所	建成普惠性幼儿园数量/所			增加普惠性学位数/个		
		总数	公办园数	普惠性民办园数	总数	公办园学位数	普惠性民办园学位数
达州市	41	32	19	13	5 120	4 790	330
通川区	9	9	9	0	2 810	2 810	0
达川区	9	5	0	5	330	0	330
宣汉县	5	5	0	5	0	0	0
开江县	5	4	4	0	1 440	1 440	0
大竹县	7	5	4	1	90	90	0
渠　县	2	2	2	0	450	450	0
万源市	4	2	0	2	0	0	0

2020 年底，达州市在园幼儿数 171 294 人，学前三年毛入学率达 90.23%，比 2011 年提高了 16.73 个百分点（见表 4）。全市"入园难""入园贵"问题得到极大缓解，基本满足了人民群众日益增长的入普惠园、入优质园的需求。

表 4　2011 年、2020 年达州市在园幼儿数与 3~6 岁幼儿入园率统计

年份	2011	2020
在园幼儿数/人	142 637	171 294
3~6 岁幼儿入园率/%	73.50	90.23

（3）加强师资队伍建设，提升教师专业素质达州市实施了教师增量工程，健全学前教育职工补充机制，通过公开考试招聘和政府购买服务及时补充公办幼儿园教职工，并积极督促民办园按照配备标准配足配齐教职工。2020 年底，达州市幼儿园教职工总数 10 222 人，其中专任教师 4 577 人。同时，严把幼儿园教师入口关，新进幼儿园教师必须取得相应的教师资格证书并具备专科及以上学历，全面落实幼儿园园长任职资格制度、教师定期注册制度。强化幼儿教师师德建设，严格落实新时代幼儿园教师职业行为准则，将师德建设放在幼儿教师队伍建设的首要位置。

定期开展幼儿教师全员培训、骨干教师培训、园长培训、保健员及保育员五个层次的培训活动，共培训幼儿教师一万余名。同时，不断完善学前教育科研制度，积极推进成渝地区学前教育交流合作，与南充、开州搭建人才培养、资源共享合作交流平台。利用"示范园""联盟学校""名师工作室"等平台，依托高校、中等职业学校、教科研单位的人才资源，制定了师资队伍专业发展规划，累计培训提升幼儿教师 3 000 人次。

（4）大力推进示范园建设，积极组建联盟学校。大力推进示范园建设，强化示范园引领作用，完善《达州市示范性幼儿园评估细则》，全市共培育省级示范幼儿园 10 所、市级示范幼儿园 54 所。积极推动集团化办学，组建联盟学校，以省市级幼儿园为龙头聚合优质资源，帮扶薄弱园百余所。加强对农村园的专业引导和实践指导，完善农村办园体系的同时，坚持大村独立办园、小村联合办园，开展示范园与农村园"手拉手"帮扶活动。成功打造爱立方、睿思等"一团一品"特色幼教集团，并优选资源集中建设哈佛幼稚园、睿思江湾城旗舰幼儿园。

（二）达州市普惠性幼儿园发展存在的问题

（1）普惠性幼儿园总数仍不足，普惠性学位数增加数各区县不均衡，民办普惠性幼儿园数量少。达州市普惠性幼儿园数量在 2020 年末已达 1 429 所，占幼儿园总数的 87.48%，已经超过国家规定的 80% 的要求①，但民办普惠性幼儿园数量仅有 13 所（见表 2）。近三年来，达州市普惠性幼儿园数量迅速增加，达州市通过新建公立幼儿园 52 所、治理城镇小区配套幼儿园 41 所，增加普惠性学位数 5 120 个，达州市普惠性学位数达 11 580 个（见表 1）。但为达到"广覆盖"的要求，继续提高普惠性幼儿园的占比仍有极大的社会和政府需求。我们调查统计发现，达州市 3~6 岁幼儿进入普惠性幼儿园适龄孩子比例仅为 71.88%，因此还需要努力增加普惠性幼儿园数量。以达川区为例，普惠性幼儿园城乡分布极不均衡（见表 5），在达州各城区，民办营利性幼儿园仍占绝对多数，农村地区普惠性幼儿园仍以小学附属幼儿园为主。

从表 3 可见，达州各区县普惠性幼儿园建成数量不均衡，通川区、达川区、大竹县分别为 9 所、9 所、7 所，万源市仅有 4 所、渠县仅有 2 所；从各区县增加普惠性学位来看，通川区、开江县、区县增加数最多，分别为 2 810 个、1 440 个、450 个，宣汉县、万源市增加数为 0。全市普惠性民办幼儿园总数仅为 13 所，共有学位 660 个。

表 5　达州市达川区幼儿园数量分布情况统计

总数	办园性质（占比）		城区（占比）	农村（占比）
212 所	公办	86 所（25.50%）	6 所（6.98%）	80 所（93.02%）
	民办	126 所（74.50%）	66 所（52.38%）	60 所（47.62%）

（2）达州市普惠性幼儿园教师数量不足，教师正式编制少；高级职称教师少；民办普惠性幼儿园教师学历低、收入较低、缺乏社会保障；教师培训频率低，形式单一；教师待遇差，教师流动性大。

---

① 中共中央办公厅，国务院办公厅. 中共中央 国务院关于学前教育深化改革规范发展的若干意见［EB/OL］. http://www.rmzxb.com.cn/2018-11-15/2218498.html.

我国全日制幼儿园教职工数量与幼儿数量比例应达到1∶5~1∶7①，但调查统计结果显示，达州市各幼儿园的幼儿数班额偏大（见表6），甚至有的班级幼儿人数高达68人，公办园中班平均人数超额比高达33.3%，在师资配备方面，公办园和城市民办园达到了两教一保的配备标准，乡镇幼儿园则仅有12.7%达到每班配备两教一保的要求，大多数仅每班平均配备教师1.5人。

表6　达州市普惠性幼儿园各年龄段班级平均人数超额比　　　单位:%

园所类型	小班	中班	大班
公办园	32.00	33.30	28.60
普惠性民办园	8.00	16.70	14.30

调查发现，达州市公办幼儿园98.7%的教师有正式编制，民办幼儿园教师均没有正式编制。公办幼儿园教师6.11%有高级职称，29.01%有中级职称，64.88%有初级职称，民办幼儿园教师均没有职称。从教师学历和是否有幼儿园教师资格证情况看（见表7），公办幼儿园教师本科及以上学历占51.91%，专科学历占48.09%，教师全部具有幼儿园教师资格证；民办普惠性幼儿园教师高中及中专学历的教师比例为55.60%、大专学历的教师占比为21.30%、本科学历的教师占比为6.50%，还有16.60%的教师是初中以下学历，幼儿教师资格证持证率仅为46.30%。从教师年龄来看，公立幼儿园教师年龄在40岁以上的占36.64%，30岁以下的占26.72%；民办幼儿园教师年龄在40岁以上的占22.15%，30岁以下的占57.85%。

表7　达州市普惠性幼儿园教师学历及持证情况统计　　　单位:%

园所类别	初中及以下	高中及中专	大专	本科及以上	幼儿教师资格证持证率
公办园	0	0	48.09	51.91	100.00
普惠性民办园	16.60	55.60	21.30	6.50	46.30

调查发现，达州市民办幼儿园因为薪资较低（平均每月2 652元）、工作压力大、缺乏社会保障（达州市公立幼儿园均按国家要求为教师购买了"五险一金"，少数高端民办幼儿园为教师购买了社保和医保，大多数民办幼儿园没有为教职工购买任何社会保障项目）等原因流动性比较大。

调查统计结果显示，在教师培训方面，2.90%的教师每年培训次数为0次、58.50%的教师每年培训次数为1~3次、14.70%的教师每年培训次数为3~5次、每年

---

① 《幼儿园教职工配备标准（暂行）》。

培训次数 5 次以上的教师占比 23.5%。在幼儿园中，教师培训主要有以会代培、园本教研、继续教育、园所交流、集中培训、跟岗学习等形式。培训次数较少，形式比较单一。相比较而言，公办园比普惠性民办园更重视教师培训。

（3）达州市普惠性幼儿园教师素养参差不齐。从达州市普惠性幼儿园教师专业背景、学历、职称、工作年限、是否持有幼儿园教师资格证等情况综合分析，可以发现达州市公办幼儿园教师专业素养较强，民办普惠性幼儿园教师专业素养相对较弱。民办普惠性幼儿园对幼儿教师数量的关注多于对教师专业素质的关注，很少组织教师外出学习和培训，很少开展促进教师专业发展的活动，也没有采取促进教师自觉提高专业素质和水平的活动，缺乏相应的制度支持。部分普惠性民办幼儿园对教师专业发展不够重视，教师缺乏自我成长的意识，不重视理论知识的充实，也不注重专业技能的提高，没有学历水平及专业能力的提升计划。

（4）达州市普惠性幼儿园管理质量差异大，乡镇普惠性幼儿园管理水平亟待提高。达州市公办幼儿园管理规范，质量较高，近年已经建成省级示范园 10 所、市级示范园 54 所。达州市普惠性幼儿园主要集中在乡镇及农村，达 1 322 所。据调查访谈和园长反馈，达州市乡镇普惠性幼儿园缺乏科学管理和民主管理的理念和方法。在科学管理方面，达州市乡镇普惠性幼儿园多附设在小学，管理机制多沿用小学的管理机制，管理人员缺乏幼儿教育管理的专业性，部分管理者不了解幼儿园基本办园理念，不熟悉幼儿园管理的各项规章制度，不具备幼儿园活动组织与实施的基本方法，在管理过程中沿用小学的管理机制，造成幼儿园小学化倾向严重，办园水平不高。在民主管理方面，缺乏各种民主管理制度，设立了教师委员会和家长委员会，但一线教师很少参与园所管理，家长委员会也基本流于形式，除召开例行家长会催缴费用、通报日常事项之外，很少让幼儿家长参与幼儿园管理，很少普及幼儿教养相关知识，家园互动方式少，互动效率不高。

（5）达州市普惠性幼儿园建设政府资金投入较大，但仍显不足。普惠性幼儿园是以公共财政投入为主的幼儿园，政府的资金投入在很大程度上制约着普惠性学前教育的进步和发展。达州市在"十三五"期间共投入普惠性幼儿园建设资金 3 亿元，"十四五"期间将投入 5 亿元，基本保证了普惠性幼儿园建设的资金投入，但仍然存在一些问题。首先是投入总量仍显不足。按照我国 2017 年学前教育投入占 GDP 的 0.39% 计算，2017 年达州市 GDP 总量为 1 583.94 亿元，学前教育总投入应达到 6.18 亿元；2020 年达州市 GDP 总量为 2 117.8 亿元，学前教育总投入应为 8.26 亿元。但实际上两年度学前教育总投入均低于国家标准。其次是投入领域不均。达州市普惠性学前教育投入主要是新建、改建、扩建幼儿园硬件投入和解决公办幼儿园人头经费。对于提高普惠性幼儿园教师待遇、教师成长发展领域投入不多。最后是投入效率不高。这主要体现在新建普惠性幼儿园进度缓慢。2021年底，仍有4所未按期建成招生。调查统计结果显示，达州市普惠性幼儿园学前教育经费政府分担的比例较低，家庭依然分担了大部分费用。达州市教育局颁布的公办教育收费标准中要求，按照一级园、二级园和三级园的标准划分，保教费分为三等：350元/生·月；270元/生·月；240元/生·月，945.00元/生·期；所有普惠性幼儿园生活费收费标准是，每天"一餐一点"收费不超过652.5元/期；"一餐两点"收费不超过697.5元/期；"两餐一点"不超过810.0元/期[①]。达州市政府对于普惠性幼儿园的补贴标准是：凡是达州市户口、年满3岁的幼儿，政府补贴800元每年每生。调查统计的结果显示，达州市普惠性幼儿园学前教育经费政府分担的比例最高不超过50%，政府分担比例小于30%的幼儿园占比2.8%，政府分担比例为30%~40%的幼儿园占比为62.7%，政府分担比例为40%~50%的幼儿园占比为34.5%（见表8）。由此可以发现，达州市大部分普惠性幼儿园的收入结构中，家庭缴费仍占主导地位。调查发现，受疫情等因素影响，政府补贴少，部分民办幼儿园处于亏损状态，仅达川区2020年就有7所幼儿园停办。

表8　达州市普惠性幼儿园经费运行政府分担比例

政府分担比例	政府<30%	30%<政府<40%	40%<政府<50%
普惠性幼儿园占比	2.8%	62.7%	34.5%

（6）乡镇普惠性幼儿园硬件条件较差，设施设备不足。调查表明，达州市各城区普惠性幼儿园办园基本硬件条件基本能达到幼儿园的办学要求，100%的普惠性幼儿园能达到园所独立、园址安全、园内日照充足、园内排水畅通的要求；85.7%的普惠性幼儿园能达到交通便利、建筑功能布局合理的要求；94.1%的普惠性幼儿园能达到园内无噪音影响的要求；生均室内活动面积大于4平方米，生均户外活动面积大于4平方米，活动室面积大于30平方米，至少有3件以上大型玩具，如达州市各普惠性幼儿园还订阅5种以上专业期刊，教师专业类用书人均达15册以上，幼儿图书生均10册（不同种类）以上适宜幼儿阅读的绘本。但部分乡镇幼儿园的办学条件简陋，在设施设备、玩教具材料、功能分区等方面仍然存在问题。调查统计结果显示，在达州市的乡镇幼儿园中，34.5%的幼儿园玩教具材料数量、种类不足，67.8%的幼儿园没有按照规定设置相关的功能室（如科学发现室、音乐舞蹈室等）、40.2%的幼儿园没有设置区域角或分区不合理。

---

① 达州市教育局. 2021年达州市教育收费标准（中小学及幼儿园收费标准）[EB/OL]. http://www.dazhou.gov.cn/news-show-221077.html.

（7）普惠性幼儿园发展督导工作不全面。达州市对于普惠性幼儿园的发展督导工作非常重视，达州市政府教育督导团办公室、市教育局成立专业质量评估队伍，按照《四川省普及学前教育督导评估实施办法》的要求，建立全覆盖学前教育督学责任区，细化学前教育督导考核体系，定期对各幼儿园开展规范办园督导评估，着重加强对师资配备、教育过程和管理水平等方面的专项督导和常规性督导。督导结果向社会公布，有效促进依法办园、规范办园，确保学前教育健康发展。但我们访谈发现，达州市对普惠性幼儿园的督导多是对办园许可、准入的管理，对基本条件如园舍面积、师资条件、教玩具数量、收费、安全工作等方面进行督导，缺乏对课程设置、活动组织与实施、教学研究等方面的督导。缺乏过程性、形成性评价，也缺乏日常随机督导。

三、达州市普惠性幼儿园发展的对策

（一）进一步完善当地促进普惠性学前教育发展法规，强调法律法规的执行和落实

达州市根据国家、四川省学前教育法律法规，结合本市学前教育发展实际，编制实施了一系列促进达州市普惠性学前教育发展的规范性文件，如《达州市主城区公办幼儿园建设三年攻坚计划（2019—2021）》《达州市城镇小区配套幼儿园治理工作方案》《达州市住宅小区配套幼儿园建设管理实施办法》等，为促进达州市普惠性学前教育发展起到了重要作用。但相关法律法规的仍然不足，仍需健全，也应当提高法律法规的执行、落实效果。

在完善普惠性学前教育法律法规方面，达州市没有完善的、系统的促进普惠性学前教育发展的法律法规，对促进普惠性学前教育发展的政府责任、家庭分担机制、社会参与、保教工作、卫生保健工作、财务管理、违法责任等方面并不清晰明确。尤其是公立幼儿园教师待遇较低（2019 年平均每月扣除"五险一金"实领 3 043.41 元），显著低于小学教师（4 384.11 元）和中学教师（5 047.66 元），民办普惠性幼儿园教师月收入更低（平均每月 2 652 元），一直缺乏较好的解决手段。唯有通过行政立法，增加财政拨款数量，解决教师同工不同酬问题，才能有效解决普惠性幼儿园教师待遇低下的顽疾。

在法律法规的执行方面，应当特别强调法律法规的执行效果，对于违反政策法规的机构和个人，坚决按照法规要求承担违法责任，对于不合格普惠性幼儿园要强令退出，对于违背教育规律的行为要坚决制止，对于违反师德规范的教师要根据法规严肃处理。

（二）继续增加普惠性幼儿园数量，尤其是通过多种途径增加普惠性民办幼儿园数量

2020 年底，达州市共有城市公立幼儿园 97 所、乡镇公立幼儿园 1 319 所、普惠性民办幼儿园 13 所，共提供普惠性学位 11 580 个，并不能满足家长对普惠性幼儿园的需求。尤其是在城市，普惠性公立幼儿园往往一个学位难求。按照国家"十四五"学前教育发展规划，公立幼儿园在园学生比例应达到 60%，达州市到 2025 年需增加公立幼儿园学位数 91 197 个。为满足达州市人民对高质量、普惠性幼儿教育的需求，达州市还要根据学前教育事业发展的需要，通过新建、改建、扩建、政府收购私立幼儿园、小区配套园治理等途径增加城市公立幼儿园数量和学位数。达州市普惠性民办幼儿园数量仅有 13 所。访谈发现，政府给予普惠性民办幼儿园补助偏少，在收费减少（生均 2 500 元/学期）、办园成本增加、疫情防控的情况下，幼儿园正常运营难以为继，所以民办幼儿园转为普惠性民办幼儿园的积极性不高。达州市只有增加生均补助金额，出台教师待遇保障、职称晋升等配套优惠政策，才能逐步增加民办普惠性幼儿园数量。

针对达州市各区县普惠性幼儿园建成数量不均衡，万源市（4 所）、渠县（2 所），普惠性学位增加数量不均衡，宣汉县（0 个）、万源市（0 个）的问题，当地政府还应切实承担普惠性幼儿园建设第一责任人职责，采取有力措施，充分重视普惠性幼儿园建设，优先选址，增加建设资金，增加普惠性幼儿园数量和学位。

（三）增加普惠性幼儿园教师数量、增加教师编制；增加幼儿教师高级职称数量；严格民办普惠性幼儿园准入条件，保障民办普惠性幼儿园教师待遇；促进普惠性幼儿园教师专业发展

达州市城市公立幼儿园师幼比为 1∶16，乡镇公立幼儿园平均每班配备 1.5 位教师，基本达到国家标准，但部分公立幼儿园教师没有编制（如达川区二幼仅有 5 名教师有正式编制）。民办幼儿园师幼比严重超标，民办幼儿教师全部没有编制。为促进普惠性学前教育的发展，切实保障教师权益，增加教师编制势在必行。幼儿教师编制与其身份认同、切身利益密切相关，幼儿教师缺少编制一直是学前教育事业发展的痛点，各级政府应充分认识增加幼儿教师编制的必要性和重要性。解决幼儿教师职称问题同样备受学前教育界关注。达州市幼儿园教师高级职称人员仅占总数的 6.11%，民办幼儿园教师极少有职称，公办幼儿园教师评职称也非常难，这既有对幼儿教师职业专业性地位认识不充分的问题，也有管理者对幼儿教育学段重要性认识不到位的问题。解决了普惠性幼儿园教师待遇、职称、编制等问题，才能增加幼儿教师职业吸引力，引导更多优秀人才聚集于幼儿教育行业，也才能有效促进达州普惠性学前教育的发展。

达州市近年来严把幼儿园教师入口关，公立幼儿园教师学历达标、具备幼儿教师

资格证、专业背景匹配，师德合格、专业知识较扎实、专业技能较强。但在普惠性民办幼儿园，具有高中及中专学历的教师比例为 55.60%、大专学历的教师占比为 21.30%、本科学历的教师占比为 6.50%，还有 16.60% 的教师是初中以下学历，幼儿教师资格证持证率仅为 46.30%。这是制约普惠性民办幼儿园办园质量提高的关键因素。按照国家"十四五"学前教育发展目标，到 2025 年，学前教育专任教师大专以上学历要超过 90%。达州市还需采取切实措施逐步满足国家对学前教育专任教师的入职学历条件。2021 年，在成都新津区等地，政府采取引进高水平学前教育集团，采取公办民助方式集约化办园，逐步辞退没有幼儿教师资格证，学历、专业不达标人员，为我们促进普惠性学前教育发展提供了良好的借鉴。

促进普惠性幼儿园教师专业发展是逐步提升达州市普惠性幼儿园办园质量的关键。近年来，达州市定期开展幼儿教师全员、骨干教师、园长、保健员及保育员五个层次的培训活动，通过"请进来""走出去"等形式开展专业培训，共培训幼儿教师 10 000 余人次。同时，不断完善学前教育科研制度，积极推进成渝地区学前教育交流合作，与南充、开州搭建人才培养、资源共享合作交流平台。利用"示范园""联盟学校""名师工作室"等平台，依托高校、中等职业学校、教育科研单位的人才资源，制定了师资队伍专业发展规划等措施，为教师专业成长奠定了基础。在以后还需要从以下三方面着眼，努力提高普惠性幼儿园教师专业水平。第一，幼儿教师要不断反思自己服务行为，如反思自己提供的课程是否符合《3~6岁儿童学习与发展指南》的基本要求？照料和保障儿童身心健康质量如何？自己的理论基础和实践能力是否胜任基本服务工作？等等。第二，通过行动研究促进保教能力的提高。幼儿教师要主动参与幼儿园保教活动中问题解决的研究，使研究成果作为支持其理解幼儿教育理论、掌握幼儿园保教技能、解决幼儿园教育问题、提高幼儿园保教质量的基础。第三，积极参与园本培训。普惠性民办幼儿园园本培训的首要任务是幼儿教师正确教育价值观的形成和良好师德师风的养成，其次是环境创设与利用、一日活动的开展、游戏活动的组织等幼儿园保教基本服务能力的再提高。

（四）继续发挥示范园引领作用，提高乡镇普惠性幼儿园办园质量

达州市至 2020 年共培育了省级示范幼儿园 10 所、市级示范幼儿园 54 所。达州市也积极推动集团化办学，组建联盟学校，以省市级幼儿园为龙头聚合优质资源，帮扶薄弱园百余所。加强对农村园的专业引导和实践指导，在完善农村办园体系的同时，坚持大村独立办园、小村联合办园，开展示范园与农村园"手拉手"帮扶活动。在促进达州市普惠性学前教育发展过程中，还需要积极发挥省级、市级示范性幼儿园的示范效应，在幼儿园科学与民主管理、办园理念与方法、活动组织与实施、环境创设、

幼儿园特色打造、幼儿园园本研究等多个领域以强带弱、示范引领。合作方式也可灵活多样，可以是定期到帮扶园开展专家讲座、上公开课；可以是互派教师，相互取长补短；也可以继续挖掘名师工作坊示范引领作用；还可以共同申报课题，参与行动研究。

（五）提高普惠性幼儿园管理水平

要提高普惠性幼儿园的管理水平，首先园长要提高自身的专业能力及修养、职业道德的水平，在落实园长负责制的基础上，严格按照《幼儿园管理条例》《幼儿园工作规程》《3~6岁儿童学习与发展指南》以及即将出台的《学前教育法》等法律法规的要求进行园所管理。其次应设立各个部门来对幼儿园的工作进行分工管理，如设立行政部门、财务部门、后勤部门等。行政部门主要由园长带领相关行政人员行使相应的职权，进行教师以及其他人员的管理等；财务部门负责园内的各种财政开支等；后勤部又可分为保卫部和医务部，保卫部主要负责园所的安全管理，医务部则负责幼儿及教师的卫生保健活动。在各部门内选举负责人，具体进行分工，明确每个工作人员的职责，各司其职，使幼儿园的日常工作顺利进行。在明确各教职员工职责的基础上，幼儿园可以成立教师委员会，建立一定的民主管理及奖惩制度，例如民主选举部门负责人，提高教师对园所管理的参与度，加强教师对幼儿园的责任心以及主人翁意识；把教师的工资绩效待遇与他们的工作表现相结合，教师委员会互相监督指导各自的工作，对每个教师工作表现及能力以及对班级、同事、幼儿园的贡献程度以及家长满意度进行评价与评分，给予一定的奖励或惩罚，促进教师专业能力的发展，提高教职员工工作的积极性。

（六）全面加强对普惠性幼儿园的发展督导

普惠性幼儿园的发展督导要按照《四川省普及学前教育督导评估实施办法》的要求，首先，从普惠性幼儿园的认定开始，严格按照普惠性幼儿园的认定标准对参与认定的幼儿园进行评估与检查，严格要求。其次，达州市教育局应定期或不定期地带领监督管理局、卫生监督所等相关组织对各普惠性幼儿园的发展计划、教学活动、教职工队伍素质建设、园所设施设备、制度管理、食品及卫生安全等方面的情况进行督导检查。了解幼儿园的发展方向和发展途径，及时发现各幼儿园发展中存在的问题，以便对全市幼儿园的发展情况有一定了解，促进各幼儿园共同发展；检查幼儿园教育教学工作计划是否合理，各年龄阶段教育教学的情况，保证幼儿健康的成长；监督幼儿园教职工配备情况及在职培训的情况，促进其专业发展；检查园所玩教具的种类及数量、现代化教学设施设备、环境创设是否达到标准，定期检查更新设施设备，确保园所的物质条件；检查有关幼儿园运行的各项规章制度是否健全以及各项制度的执行情况，使幼儿园各项工作能够有序、高质量地进行；对幼儿园内班级和校园卫生、幼儿的食谱及食材卫生、厨房安全卫生进行检查，保障师生共同的生活质量等。定期或不定期地对幼儿园各项工作进行检查，对促进普惠性幼儿园的发展有重要意义。

对达州市普惠性幼儿园的发展督导还必须成立专兼职结合的督导专家团队，建立全覆盖普惠性学前教育督学责任区，细化学前教育督导考核体系，定期不定期地对各幼儿园开展规范办园督导评估，着重加强对师资配备、教育过程和管理水平等方面的专项督导和常规性督导。督导结果还需向社会公布，有效促进依法办园、规范办园，确保学前教育健康发展。针对缺乏对课程设置、活动组织与实施、教学研究等方面的督导工作方面，要增加督导项目及权重，强调促进儿童健康成长才是最重要的督导内容。

（七）继续增加普惠性幼儿园政府财政投入

按照国家"十四五"学前教育发展规划，至 2025 年，学前教育经费要占 GDP 的 0.60%，生均经费为 2 450 美元/年，公共经费所占比例不低于 60%[①]。要促进教育公平、减轻家庭压力、提高 3~5 岁幼儿入园率，各级人民政府应当是学前教育成本分担的主体。本调查统计结果显示，达州市普惠性幼儿园学前教育经费政府分担的比例最高不超过 50%，政府分担比例小于 30% 的幼儿园占比 2.8%，政府分担比例为 30%~40% 的幼儿园占比 62.7%，政府分担比例为 40%~50% 的幼儿园占比 34.5%。虽然相较于以前，政府在不断提高学前教育的扶持力度，但家庭仍是承担学前教育经费的主渠道。根据 OECD 公布的 2015 年数据可以发现，欧洲很多发达国家的家庭几乎不需要承担学前教育成本，如瑞典的家庭仅承担 0.19%，芬兰承担 0.59%，捷克承担 0.89%，挪威承担 1.38%，卢森堡承担 2.33%，冰岛承担 4.20%。这就需要政府建立合理的成本分担机制，对经济水平不同的地区在财政上有一定的倾斜，在财政能力范围内进一步加大对普惠性学前教育的经费投入，使普惠性幼儿园的收入结构逐步达到政府和家庭双方均摊教育经费，再到政府主导、家庭辅助的水平，尽量达到"以公共财政投入为主"的要求。专家建议尽可能使家庭承担比重控制在 10% 以内。此外，除每生人均补贴以外，政府应建立明确的补贴机制，以多种方式对幼儿园进行经费补贴。例如用于师资建设等各方面的补贴，落实保障普惠性幼儿园普惠公益的特点，保障普惠性幼儿园的办园条件、硬件设施设备和保教质量。

（八）重视乡镇地区幼儿园、普惠性民办幼儿园的发展

我国各地教育发展不均衡问题一直存在，普惠性幼儿园发展不均衡表现为地域分

---

① 杨卫安，岳丹丹．"十四五"我国学前教育发展目标规划研究［J］．教育研究，2020（5）：85.

布不均，公办园、民办园数量不均，普惠园办园质量不均。在达州市，一些乡镇幼儿园园所面积小、设施设备不足、教玩具、图书资料数量种类少、幼儿班额偏大、专业教师数量少，保教质量较低。针对这些问题，政府可以制定优先发展乡镇幼儿园的相关措施，改善乡镇幼儿园办园条件，保障乡镇幼儿园教师待遇。近年来，达州市对乡镇幼儿教师按月发放经济补助，增加高级教师职称数量，在优秀教师评选中也适当倾斜，有力促进了乡镇幼儿教育事业发展。但还需进一步改善乡镇幼儿园办园条件，适度增加教师收入，特别是乡镇普惠性幼儿园多是小学附设，教师多为转岗教师，相关部门还需特别关注其专业发展，使其能迅速适应新岗位的需要。达州市普惠性民办园数量偏少（仅有13所），在城区占大部分的还是营利性民办幼儿园，这对大力发展普惠性幼儿园极为不利。政府一方面可以加强对民办营利性幼儿园的管控，在保证办园质量的前提下，适当降低收费；还可以投入资金，大量回购学位，以增加城区普惠性学位；在新办园许可方面，可限制民办营利性幼儿园数量，增加民办普惠园数量；在资金允许情况下，还可以大量回购民办园改办公办园。

（九）结合制订第四期学前教育三年行动计划，促进达州市普惠性学前教育发展

国家第四期学前教育三年行动计划制订在即，教育部为制订计划确定了基本目标和内容。达州市相关部门应结合国家第四期学前教育三年行动计划，谋划本地普惠性学前教育发展目标及内容。一是如前文所述，采取有效措施增加普惠性幼儿园数量和学位，扩充普惠性学前教育资源。二是全面开展课后游戏活动和托管服务，逐渐推行课后服务"5+2"模式。即幼儿园每周5天都要开展课后服务，每天至少开展2小时，以推动放学时间与父母下班时间衔接，降低教育成本。对有特殊需要的孩子，鼓励幼儿园提供延时托管服务。三是多种途径加快建设一支师德高尚、热爱儿童、业务精湛、结构合理的幼儿教师队伍。四是多种渠道加大学前教育投入。各级政府要将学前教育经费列入财政预算。新增教育经费要向学前教育倾斜。财政性学前教育经费在同级财政性教育经费中要占合理比例，未来三年要有明显提高。制定优惠政策，鼓励社会力量办园和捐资助园。家庭也要合理分担学前教育成本。建立学前教育资助制度，资助家庭经济困难儿童、孤儿和残疾儿童接受普惠性学前教育。五是坚持科学保教，促进幼儿身心健康发展。加强对幼儿园保教工作的指导，遵循幼儿身心发展规律，面向全体幼儿，关注个体差异，坚持以游戏为基本活动，保教结合，寓教于乐，促进幼儿健康成长。加强对幼儿园玩教具、幼儿图书的配备与指导，为儿童创设丰富多彩的教育环境，防止和纠正幼儿园教育"小学化"倾向。建立幼儿园保教质量评估监管体系。健全学前教育教研指导网络。要把幼儿园教育和家庭教育紧密结合，共同为幼儿的健康成长创造良好环境。

参考文献

［1］达州市教育局. 砥砺十年 奠基未来：达州市 2021 年学前教育宣传月［EB/OL］. dazhou. gov. cn.

［2］达州市教育局. 达州市中长期教育改革和发展规划（2011—2020 年）［EB/OL］. http://www.dzei.net/newsInfo.aspx？pkId=15888.

［3］秦旭芳，王默. 普惠性幼儿园的内涵、衡量标准及其政策建议［J］. 学前教育研究，2012（7）：22-26.

［4］左崇良. 基于教育公平的普惠性学前教育政策研究［J］. 特立研究，2020（2）：15-20.

［5］姜勇，李芳，庞丽娟. 普惠性学前教育的内涵辨析与发展路径创新［J］. 学前教育研究，2019（11）：13-15.

［6］魏聪，王海英，林榕，等. 普惠性民办幼儿园与非营利性民办幼儿园的关系辨析及路径选择［J］. 学前教育研究，2019（3）：54-69.

［7］刘占兰. 学前教育必须保持教育性和公益性［J］. 教育研究，2009（5）：31-36.

［8］EUROFOUND. Third european quality of life survey－quality of society and public service［R］. Luxembourg，2015：19-33.

［9］OECD Starting strong IV：monitoring quality in early childhood education and care［R］. Paris：OECD publishing，2015：19-33.

［10］王燮辞. 民办幼儿园教师队伍治理研究［J］. 四川文理学院学报，2020（4）：137.

［11］杨卫安，岳丹丹. "十四五" 我国学前教育发展目标规划研究［J］. 教育研究，2020（5）：85.

［12］姜勇，庞丽娟. 我国普惠性学前教育公共服务体系建设的突出问题与破解思路［J］. 湖南师范大学教育科学学报，2019（4）：56.

基础手语教学创新报告[①]

赵蕴楠[②]

一、课程介绍与改革创新历史

基础手语是特殊教育专业的专业核心课程，同时它也是一门实践性很强的课程。通过本课程的学习，学习者应该具有与听障人进行日常交流的能力以及能针对听障生进行基础手语教学的能力。基础手语这门课程在我校于 2012 年开设，逐步改革，获得了一定的发展。

二、教学目标与学情分析

（一）教学目标

基础手语是特殊教育专业的专业基础课程，共计 32 学时。按照国家专业教学标准、人才培养方案、课程标准的要求设计以下教学目标：

（1）知识目标：记忆常用手语词汇；了解听障人文化专题，掌握手语语言学知识。

（2）能力目标：能利用手语语言学的知识对听障人的自然手语加以翻译，同时能用自然手语和文法手语流畅地表达；可以利用《国家通用手语词典》进行自学；可以针对听障生设计语文教学与数学教学方案；可以用自然手语和文法手语对课文进行翻译。

（3）价值观目标：认同听障人文化；具备探究意识；提升使命感与对于工作的责任感；增强对于专业和未来职业的认同；树立远大抱负，增强家国情怀，提升文化自信。

---

① 本文系四川文理学院 2020—2022 年校级质量工程项目"应用型课程建设的探索——基于艺术治疗课程改革的实践研究"（2020JZ046）的阶段性成果。
② 赵蕴楠，1983 年生，女，讲师，硕士，主要从事融合教育与特殊儿童早期干预研究。

（二）学情分析

基础手语课程的授课时间是在大学一年级第二学期，对象是全日制本科特殊教育专业学生。

学习动机：对手语充满好奇与期待，具有较强的学习动机与学习兴趣。

学习基础：对听障生的认知特点有一定的了解，对于手语，只具有一定程度的感性认识，未能理解手语语言学知识，对听障人文化了解较少。

学习风格：语词逻辑记忆好于形象记忆。

学习困境：手语是门视觉语言，大部分词汇的记忆是形象记忆，而大学生都是健听人，更擅长听觉记忆，所以，对手语词汇的记忆对其来说较难。另外，在使用手语时还难以摆脱有声语言语序和语法的影响。

三、课程痛点与原因分析

笔者在教学实践中发现，尽管特殊教育专业大学生有一定的手语词汇储备，但是在与听障生交流时仍然难以理解对方，存在交流不畅等问题。而出现这些问题的原因之一，是课程未能通过教学使大学生达到培养目标中的标准，未能实现课程目标。教学团队通过对课程开展反思，认为课程教学中存在如下痛点：

（1）课程教学词汇为主要内容，对于手语语言学知识与听障人文化知识涉及较少。手语，是一门独立的语言，与任何一门外语相同，它也具有自己的要素，即语形、语汇和语法，将词汇作为主要的教学内容是首要痛点。

（2）课程资源仅为纸质书籍与电子期刊文献，缺少听障人手语视频资源和介绍听障人生活的影像资料。手语是通过视觉来传递和获取信息的，若缺少影像视频资源，则无法使学生获取真实的听障人手语情境。

（3）教学方法以讲授为主，难以激发学生兴趣以及主动性。讲授法仅仅适用于知识类型的目标，无法满足学生的技能目标，更无法让学生在教学中享受学习的乐趣，难以激发学生的主体性。

（4）考核评价未能与培养目标、课程目标达成一致。课程目标是使学生掌握与听障人沟通的必备的词汇知识、手语语言学知识以及了解听障人文化专题，考核评价的设置仅仅是考查学生对词汇的记忆量。

四、创新理念思路以及创新举措

（一）创新理念及思路

在"以学生为本，以问题为中心，以任务为驱动"的教学理念指导下，课程团队提出了"五位一体"的教改策略，针对教学痛点，把教改举措落实在关键环节，渗透入课堂各个方面。"五位一体"的举措主要体现在教学目标的设计、教学资源的构建、教学方法的选择、教学内容的确立以及教学评价指标的设立五个方面。具体体现为：在教学目标上，要遵循知、行、乐、思四个目标，"知""行""乐"即知识类目标、行为技能目标、寓教于乐目标，而"思"包括两层意思，一是思想政治方面的目标，二是思维逻辑方面的目标；在教学资源建设上，聚合纸质书籍、期刊文献、MOOC 精品课程和听障人纪录片四个主要来源；在教学方法上，综合运用讲授法、练习法、问答法和游戏法四种方法，来促进学生对于知识的积累、实践能力的提升、反思能力的增强以及寓教于乐过程中兴趣的激发；在教学内容上，关注词汇、句子、听障人文化和手语语言学四个方面；在教学评价指标设计上，主要考核字词、句子与对话、义务教育阶段数学和语文某一节课的手语教学、一段儿童耳熟能详的小故事四个方面。

表 1 展示了教学创新前后教学目标、教学内容、教学方法、教学资源和教学评价上的不同。

表 1　教学创新前后比较

教学改革创新前		教学改革创新后
教学目标	1. 掌握手语词汇 2. 打出文法手语	1. 知——知识类目标： 掌握手语词汇 手语语言学知识 听障人文化知识 2. 行——行为技能目标： 打出文法手语 打出自然手语 3. 乐——寓教于乐： 会激发听障学生兴趣的游戏 4. 思——思想政治与思维 思想政治目标：爱党爱国、敬业乐群 思维目标：具有分析问题、归纳总结的逻辑思维能力

表1(续)

教学改革创新前		教学改革创新后
教学内容	1. 手语词汇 2. 文法手语	1. 手语词汇 2. 文法手语和自然手语 3. 手语语言学知识 4. 听障人文化知识
教学方法	讲授法、练习法	1. 知——讲授法 2. 行——练习法 3. 思——问答法、讨论法 4. 乐——游戏法
教学资源	纸质书籍资源： [1] 中国残疾人联合会教育就业部.中国手语（修订版）[M].北京：华夏出版社，2012. [2] 中国残疾人联合会教育就业部.中国手语日常会话[M].北京：华夏出版社，2012.	纸质书籍资源： [1] 中国残疾人联合会教育就业部.中国手语（修订版）[M].北京：华夏出版社，2012. [2] 吴立平.手语概要语翻译实践[M].天津：天津教育出版社，2011. [3] 中国残疾人联合会教育就业部.中国手语日常会话[M].北京：华夏出版社，2012. [4] 王瑞兴，郭奕敏.职业技术职业资格培训教材：手语翻译人员（初级）[M].北京：中国劳动社会保障出版社，2014. 文献资源： [1] 任登峰，张淑婷.新建本科院校特殊教育专业手语教学调查研究：以贵州工程应用技术学院为例[J].贵州工程应用技术学院学报，2015，33（5）：65-71. [2] 胡延琴.特殊教育手语学习平台软件的研究与开发[D].郑州：河南教育学院，2009. [2] 顾丽霞.特殊教育聋生语言教学法的现状与对策研究[D].天津：天津大学，2005. 电子课程资源： [1] MOOC 国家精品课程.跟着聋人学手语[EB/OL].https://www.icourse163.org/course/ZHZHU-1002921007？from=searchPage#/info. 影像视频资源： [1] 鲁豫有约：邰丽华[EB/OL].https://www.bilibili.com/video/av52526735. [2] 听说[EB/OL].https://pan.baidu.com/s/1Q7VBlTLjmxnYf4Tt8bfzDQ（1iby）.
教学评价	根据学生的手语词汇准确性、流畅度予以主观评价	因为教学评价涉及内容较多，所以单独列出，如表2所示

表2　教学改革后的教学评价

知 （知识类 目标）	手语语言学 知识	线上智慧树 平台提交	测试题来自题库抽取，评分标准如下： 填空题 20 分 选择题 30 分 判断题 10 分 简答题 40 分
行 （实践 操作类 目标）	对话（7 个） 围绕下面主题， 编纂对话，并 用手语打出： 人际交往 家庭 日常生活 自然界 事物属性 校园时光 交通出行	以 小 组 为 单位 线上提交 线下展示 优秀作品	1. 对话编纂评分标准 对话涵盖当次所学词汇的 80% 及以上——40 分 对话涵盖词汇高于 60%、低于当次所学 80%——30 分 对话涵盖词汇高于当次所学词汇的 40%、低于 60%——25 分 对话涵盖词汇低于当次所学词汇的 40%——10 分 2. 面部表情和体态 恰当反映出句子的语气（陈述或疑问）——10 分 面部表情和体态与句子不一致——不得分 3. 手语语言学知识评分标准（句法+语法） 手语语言学知识全部正确——40 分 手语语言学知识 80% 及以上正确——30 分 手语语言学知识正确率低于 80%、高于 60%——20 分 手语语言学知识正确率高于 40%、低于 60%——15 分 手语语言学知识正确率低于 40%——不得分 4. 手语动作 干净利落，规范正确，流畅——10 分 动作随意，速度较慢，基本正确——7 分 手语词汇的动作存在 5 个以上、10 个以下的错误——5 分 手语词汇的动作错误在 10 个以上——不得分
	教学（2 个） 1. 生活语文课 程手语教学片段 2. 生活数学 手语教学片段	以 小 组 为 单位 线上提交 线下展示 优秀作品	
	场景模拟（2 个） 1. 校园生活 2. 交通出行	以 小 组 为 单位 线上提交 线下展示 优秀作品	
	手语小故事 1 个	线上提交 线下展示 优秀作品	
思 （逻辑 思维 目标）	简易文献综述 和归纳	线上提交	1. 时间与数量 通过知网检索近 10 年的文献，引用文献数量应在 8 篇以上—— 15 分 引用文献数量 5~7 篇——10 分 引用文献数量少于 5 篇——不得分 2. 引用文献质量 4 篇及以上来自《中国特殊教育》或《现代特殊教育》—— 10 分 2~3 篇来自《中国特殊教育》或《现代特殊教育》——5 分 1 篇来自《中国特殊教育》或《现代特殊教育》——3 分 否则，不得分 3. 内容结构 （应包含研究目的/意义、研究对象、检索方法、研究结论 四者） 四者都涉及——40 分 每缺少一部分扣 10 分 4. 语言 清晰、简洁、流畅、使用学术语言——15 分 语言表达清晰、流畅，但存在口语表达——10 分 语言表述不清——5 分 5. 论述的逻辑性 论点明确，论据充分——20 分 论点明确，论据不足——10 分 论点模糊——5 分

表2(续)

乐 (寓教于乐)	以小组为单位，设计1~4年级听障生可以玩的游戏	线下展示	不计分 操作性：设计的游戏符合听障生认知特点，听障生可以进行 趣味性：能激发听障儿童融入学校生活的乐趣
试卷	包含 手语语言学知识 句法 听障人文化	线下考试	测试题来自题库抽取，评分标准如下： 填空题20分 选择题30分 判断题10分 简答题40分
实践	人教版语文教材，任选一篇课文，进行手语教学	线下/线上均可	1. 对话编纂评分标准 对话涵盖当次所学词汇的80%及以上——40分 对话涵盖词汇高于60%、低于当次所学80%——30分 对话涵盖词汇高于当次所学词汇的40%、低于60%——25分 对话涵盖词汇低于当次所学词汇的40%——10分 2. 面部表情和体态 恰当反映句子的语气（陈述或疑问）——10分 面部表情和体态与句子不一致——不得分 3. 手语语言学知识评分标准（句法+语法） 手语语言学知识全部正确——40分 手语语言学知识80%及以上正确——30分 手语语言学知识正确率低于80%、高于60%——20分 手语语言学知识正确率高于40%、低于60%——15分 手语语言学知识正确率低于40%——不得分 4. 手语动作 干净利落，规范正确，流畅——10分 动作随意，速度较慢，基本正确——7分 手语词汇的动作存在5个以上、10个以下的错误——5分 手语词汇的动作错误在10个以上——不得分

（二）创新举措

针对痛点的分析以及教学改革策略的提出，我们对于课程创新采取了如下举措：

（1）丰富教学内容，增加教学资源。基础手语课程开展初期，教学开展主要依托于《中国手语》和《手语日常对话》两本纸质书籍，教学内容以词汇的学习和句子的学习为主。可是伴随着教学改革的推进，现在的教学内容范围更加丰富多元，包括词汇、手语语言学知识、听障人文化专题等。而对教学资源也进行了补充，增加了MOOC上的精品课程和与听障人有关的纪录片。

（2）采用多样化的教学方法。过去基础手语主要采取讲授法与练习法，在进行教学创新后，加入了作业法、问答法、实习法、游戏法。具体操作如下：

①讲授法：利用线上或线下教学，采取传统的教学方法进行新知的讲授。该方法主要对应学生的"知"，即知识的掌握。

②练习法：让学生通过对词汇、句子的反复练习，达到熟练记忆和应用的水平，对应的是学生的"行"，即行为实践，实践能力、运用手语能力的培养。

③问答法：通过教师设问，启发学生的思考，发展学生的逻辑思维，促进学生对于知识的归纳总结，对应的是学生的"思"，即思考、反思研究的能力。

④游戏法：在教学过程中创设了一些"小游戏"，以此来激发学生的兴趣，寓教于乐，帮助学生体验学习的乐趣，激发学生的兴趣，促进学生更好地理解手语的特点。

（3）教学模式灵活化。随着现代教育技术的发展，在线教育得到推广，翻转课程教学模式得到提倡，基础手在教学模式上也采取了线上+线下相结合的方式。线上的教学资源以慕课为主，MOOC 中的手语课程是国家级精品课程，也有丰富的听障人教师教学的视频；线下教学，主要是在教室中进行传统教学。

（4）"以目标为导向的"教学评价方式。首先对人才培养方案和专业培养目标进行分析。特殊教育专业人才培养的目标，是可以在康复机构、特殊教育学校和融合中小学以及残疾康复福利部门就业的人才。为了达到此目标，我们进行目标反推，即需要学生可以运用手语在特殊教育学校对听障学生进行教学，在康复机构、残疾人服务部门和融合教育学校可以与听障学生运用手语进行基本沟通。根据知识的特点我们设计了如下的教学评价任务：①日常交际对话练习；②学校生活常用手语；③手语短剧表演（小组）；④听障生低年级微课教学（10 分钟）；⑤手语小故事的独自表达；⑥生活语文和生活数学高年级的微课（20 分钟）等。作业的布置难度由浅入深。

（5）课程加入思政元素。手语是听障人与健听人沟通的桥梁，本身就体现了对于听障人的关爱。通过听障人文化专题的讲解，使学生更为深入地了解国家对于听障人的关爱，以及社会团结友爱互助的核心价值观，增强学生的专业认同感以及对于未来的使命感。具体做法是带学生去特殊学校见习实习、观看听障人纪录片以及反映听障人生活的电影这三种形式来了解听障人文化，增强课程思政的教学效果。

五、效果特色和推广价值

通过对课程改革与创新，学生在手语学习中的积极性得到极大的激发，真正做到了"以学生为中心，以目标为导向"。主要体现在：

第一，学生每周学习手语时长增加。通过调研，在进行手语教学创新之前，学生线下学习手语时间为 90 分钟/周。进行教学创新后，学生线下学习时间未变，但是线上学习时间约为 50 分钟/周，可见，学习时间增加约 50%。

第二，学生的实践应用能力得到增强。通过由浅入深、循序渐进的作业布置，每位学生必须熟练用手语进行 20 分钟的教学，虽然内容为自选，但是让其在学习过程中熟练了教师课堂用语的手语表达；又通过实习法，学生的手语教学能力在实践应用中得到提高。

第三，每年参加师范生师范技能大赛的同学数量在增加，并且 95% 以上的特殊教育专业学生都在使用手语授课，反映出学生学习手语的积极性和主动性在提高。

第四，在一年一度的毕业生试讲过程中，用手语教学的同学，其手语的翻译表达能力受到特殊学校教师的极大肯定，认为其手语表达非常形象，贴和听障人语用习惯。

第五，增加团队教师对于课程改革经验的积累，以点带面，对相关课程进行逐步改革创新。

基于 ERP 课程的教学研究改革

——以四川文理学院为例

赵　娜[①]

一、引言

大学是学生与社会连接的最后一条纽带，大学的职责就是为中国特色社会主义事业培养建设者和接班人，而实践课程的开设是对理论课程的有益补充，目的在于让学生学以致用，是对未来所从事工作的模拟训练，事关学生走入社会快速进入工作状态，熟悉工作内容，在工作中有所创新，为企业为国家做出应有的贡献。

ERP 即企业资源计划。随着社会的发展、信息技术的进步，企业对于资源的全面、及时、精确管理提出了更高的要求，市场上出现了 ERP。当今社会已进入数智化时代，高校担当教授知识、培育社会主义事业接班人的重任，其所开设的课程势必要与时代接轨，满足社会对人才的知识储备及专业技能的需求。在过去的时间里，各大高校通常把 ERP 课程作为一门实践课程，学生对该课程的学习主要通过 ERP 沙盘模拟的形式完成，普遍存在授课周期短、教师知识讲授不充分，主要依靠学生自主完成，整个过程缺少反馈评价机制，故难以取得理想的预期效果。在当前"大数据、云计算"时代浪潮的冲击下，各大高校纷纷探索满足社会发展需要的新型教学模式以适应时代发展，与时俱进，学以致用。

二、ERP 沙盘模拟课程实践教学中存在的问题

ERP 沙盘模拟课程是一门实践课程，也是设有财务类专业的高校普遍开设的一门

---

① 赵娜，1985 年生，女，河北保定人，讲师，研究方向：智能化财务管理与会计、高等教育教学研究。

课程。该课程以生产制造企业为原型，坚持以市场为导向的原则，协调企业完整的供应链系统以及各管理部门之间的信息流通，综合开展日常各项业务活动，在活动中以"管理会计"为核心，是集物质资源、信息资源和资金资源为一体的企业管理信息系统，具备一定的仿真性和实践操作性，旨在培养学生在综合运用所学财务知识的基础之上，在实际操作过程中掌握一定的决策、经营能力。该课程的教学目标是通过模拟企业的生产流程，要求学生全程参与各部门、各流程的决策、经营，通过最终的财务报表等数据展示经营成效，以培养学生的实际操作能力。该课程的教学难点在于采用何种方式，让学生具备角色观念并利用所学知识做出科学合理的经营生产决策。该课程的教学重点在于制定完善的反馈评价机制。

当前 ERP 沙盘模拟课程在各高校的实践教学中普遍存在以下几个方面的问题，四川文理学院也不例外，具体表现如下：

（1）对该课程的教学普遍流于形式，该课程所蕴含的深度和广度未被充分发掘。ERP 沙盘模拟课虽然是一门操作性课程，但对教师和学生的专业知识和专业素养要求极高。要求教师有技巧性地开拓学生的专业思维，做到教之有道；要求学生对所学知识储备丰富而扎实，能做到活学活用。但在实际授课过程中，教师仅限于简单讲解操作流程，引领作用未充分发挥，学生局限于按部就班地操作，缺少创造性，从而未充分发挥沙盘模拟的真正效用，未体现课程开设的真正意义。

（2）对该课程的教学定位较低。学校对该课程缺少统一的教学目标等相关文件资料，学习周期设置时间较短。学习总时长通常是五到七天，难以保障教师和学生有足够的时间对该课程进行深入探讨研究，从而在一定方面使得该课程的开设流于形式。

（3）对硬件设施缺少更新。学校的 ERP 沙盘模拟设施缺乏专人管理，从购买之初一直使用至今，在此期间未对其进行更新维护。但市场需求在变化，相关财务规章制度在改革，相关财务理论在更新，故对硬件设施一直沿用而不予定期更新，往往会导致所学知识与市场需求脱节。长此以往，不仅会影响使用体验也难以达到预期实践效果，违背该课程开设的初衷。

（4）师资力量匮乏。教师的职责在于教书育人，教师的职业素养、专业素养无疑会对学生三观的树立特别是知识体系的构建有着深远的影响。学校尚未有专业的 ERP 教师，现有的授课教师仅限于授课之初接受过简单的实践培训，未有后续跟进培训学习。与专业教师相比，其自身对该课程的知识储备和把握程度，可能暂时无法达到一定的高度，从而难以保障能够在教学中给予学生深层次的启迪，从而在一定程度上影响学生对该课程知识学习的广度和深度。

（5）缺乏统一有效的反馈评价机制。俗话说"无规矩不成方圆"，该课程的反馈评价不应是单方面的，应是针对师生双方的，具有双面性，至少应包含实践前、实践中、实践后三个部分。例如，教师实践前评价应包括硬件设备操作的熟练程度、教学目标、重难点是否确定、学生考勤标准是否合理等相关内容，以此规范其在过程中的行为、参与度，以期取得较好的教学效果。ERP 作为一门实践课，本身授课形式相对灵活，主要依靠学生参与动手操作。在反馈评价方面主要存在两个方面的问题，①对教师的反馈评价尚处于空白；②对学生的反馈评价仅限于考勤等外在的表现形式，对于内在的诸如是否为解决某个问题主动查阅相关资料、课中是否积极深度思考，课后有无积极反思总结等内在主观能动性的发挥尚处于空白。

三、ERP 沙盘模拟课程实践教学改革

四川文理学院本着与时俱进的原则，旨在培养学生对财务知识的全局视野、对知识的融会贯通以及实际操作与运用能力，故在财务管理本科专业开设了 ERP 沙盘模拟课程，至今已十年有余，在授课模式、授课内容、师资队伍、课时、软硬件设施等方面都逐渐趋于成熟并有了一定的经验积累，特别是近几年参加针对性的 ERP 沙盘模拟竞赛，多次获得省级奖项，取得了不错的成绩。但与省内外其他高校相比，ERP 沙盘模拟课程在实际的教学实践中仍存在一定的提升空间。具体表现在以下几个方面：

（1）加强师资力量。教师承担着教书育人的重任。一名优秀的教师、一名好教师，不应该仅仅是按照教学大纲机械地、死板地传授课本知识。教学应是一项灵活的、因地制宜的活动，教师应该在教授的过程中根据学生资质、教学环境、教学内容、教学工具等众多相关维度综合研判，确定合适的授课方式及内容，以期达到最优教学效果。但在此项教学活动中，教师占据主导地位，故对教师专业素养、职业道德的要求必然会处于一个较高的水平。四川文理学院在地域上地处川东北；按经济发展程度划分，处于西南经济欠发达地区；按高校层次划分，属省属普通本科院校。按专业教师来源划分，该校财务管理专业教师几乎 100% 来自当地或省内。按专业教师受教育程度划分，90% 以上是硕士研究生；按专业教师授课方式划分，90% 以上采用传统的教师讲授、学生被动听讲的方式。按学生生源地划分，90% 以上来自省内各县市。因此，加强师资力量可从两方面着手：①引进外省市重点大学 ERP 专任教师，引进高学历特别是博士教师；与企业特别是大中型企业开展合作，聘请其在 ERP 岗位中工作多年且具有丰富经验的人员担任 ERP 实操教师；②对现有教师采取送培、外出培训、考察、参观学习等诸多方式，更新现有教师的知识体系，完善教学中的不足，开阔教学视野，拓展教学思路，激发其教学潜力，提高教学内驱力。

（2）课程教学目标要明确。教学目标既可作为教学的方向又可作为教学的计划，在教学过程中的地位举足轻重。清晰、明确、具体的教学目标有助于教师对该课程的整体性把握。学校的教学目标不够统一，缺乏更新、流于形式，教师更多的是采取理论讲解模拟之后学生自主操作，在这个过程中缺少监督评价机制，故难以取得预期的效果。ERP 沙盘模拟实践课程的教学目标就是把学生培养成为在大数据时代、云背景下的懂管理、懂财务、懂计算机三位一体化的应用型复合型人才。该人才具体体现为不仅走出校园能满足社会需求还能利用所学知识创造社会需求，进而为行业的发展与进步贡献绵薄之力。

（3）深度优化实践教学内容与评价。ERP 沙盘模拟课程是一门理论与实践相结合的课程。该课程的理论主要依托于学生前期所学的财务、管理、计算机等方面的知识，该课程的实践主要考查学生对知识的综合运用能力、动手能力以及独立思考判断能力，可以说是对学生整体素质的综合考查。由于种种主客观原因，导致该课程的教学内容与评价仅停留在表层，具体体现在授课形式上，表现为教师局限于简单的流程操作和知识讲解，之后学生自由组合操作。由于评价机制缺失，导致在整个过程中对教师引导性、学生参与程度、操作技能掌握度、操作技能熟练度以及操作创新度等一系列问题的忽视，难以实现开设该课程的初衷。

（4）建立更新维护机制。身处信息技术飞速发展、人工智能化的时代浪潮中，高校各学科、各专业的建设原则上理应顺应时代潮流，适时更新，定期维护。学校的 ERP 课程软硬件长期处于一种"年久失修"的状态，未对其进行更新和维护，进而导致学生所接触到的模拟状态缺乏必要的时效性和高度仿真性，势必会影响到教学效果，影响学生今后步入社会的综合竞争实力。

（5）化被动为主动，转变固定教学思维模式。传统的高校授课模式是教师→学生，在这个过程中教师主动传授知识，学生被动接受，两者之间互动交流较少，学生的专业素养、知识深广度主要依赖于教师的专业素养。作为高等学府，高校的教育目标是为社会培养各行各业的人才。大学生不仅具备独立自主能力也具备独立的思考判断能力，为防止理论与实践脱节，高校开设了多种实践课程，以此锻炼学生的实际动手操作能力，以便其将来更好地融入社会进入工作角色。学校是否可以反向思考，利用现有的师资资源、图书资源、在校生资源、毕业生资源、区域优势、政策文件等相关条件，采取与企业合作、组建团队（师生团队、学生团队）等方式，自主研发或更新改造 ERP 模拟实训平台，以更好地满足自身教学需求；还可以建立 ERP 模拟实训基地，迎合市场需求，对外开展 ERP 模拟实训培训，从而真正发挥大学服务于社会、服务于地方的功效。

（6）实行翻转课堂教学模式。众多周知，学知识是一件双向奔赴的事情，要求教与学双方都必须充分发挥主观能动性，才能实现知识的迁移、流动。翻转课堂教学模式是对传统教学课堂教学流程、教学结构的颠覆，是教师角色的转换，将学习的主动权、决定权交给学生，考验学生的自主学习、沉浸式学习能力。在这种模式下，从表象来看，教师更多的是扮演辅导角色，但本质上对教师的教学素养、人文素养、专业素养等提出了更高层次的要求。四川文理学院 ERP 课程一直以来采用传统的授课模式，且无专业的授课教材，课前学生对该课程缺乏基本的了解和认识，课堂上教师依据操作规则进行讲授，其余时间由学生自主操作练习。在整个过程中，学生处于被动学习状态，调动学生学习积极性是比较困难的一件事情，此外，学生对知识的消化吸收需要一定的时间，故难以达到预期的实践效果。ERP 课程本身就是一门实践类课程，更多的是对学生思维能力和动手能力的考验。此类课程更适合实行翻转课堂教学，通过让学生的角色由被动转变为主动，专注于基于项目的学习，从而对所学知识获得更深层次的理解，做到学以致用，实现该课程开设的意义。

四、总结

ERP 沙盘模拟实训课是一门实践课程，其开设的意义在于满足市场需求，培养学生的实际动手操作能力，为社会输送既懂理论又懂操作的高质量人才。当前的数智化时代对原有的授课模式、授课内容、管理方式提出了一定的挑战。在此种情况下，高校理应顺应时代潮流，转变教学思路，积极探索新的教学模式，构建新的教学体系。笔者分析了四川文理学院现有 ERP 课程教学中所存在问题，提出了有针对性的具体改革措施，但还不够完整和全面，仍需继续探讨，进一步完善，充分发挥该课程锻炼学生实践能力的价值。

参考文献

［1］王丽，陈实. 实践教学中针对 ERP 人才的培养［J］. 财务与会计（综合版），2021（3）：77-80.

［2］陈军. ERP 虚拟与现实的交互式实验教学［J］. 时代经贸，2021（9）：66-69.

［3］李彬. 经济管理类专业 ERP 建设探讨［J］. 企业管理会计，2020（5）：34-35.

［4］李培哲. 基于创新创业能力培养的实践教学研究：以 ERP 沙盘模拟实训为例［J］. 河南大学学报，2019（1）：14-16.

［5］李天，王丰. 会计信息化和 ERP 教学应该注意的几个问题［J］. 科技创新报，

2019（6）：25-27.

　　[6] 樊梅，石飞. ERP沙盘模拟综合实训教学研究与改革 [J]. 会计师，2017，39（2）：29-31.

　　[7] 武燕. ERP课程教学与实验体系的构建 [J]. 教育现代化，2016（5）：40-42.

　　[8] 魏云霞. 基于翻转课堂的ERP沙盘实训教学模式研究 [J]. 商业会计，2016（25）：15-16.

　　[9] 刘艳. 财经管理类专业ERP课程建设的教学研究 [J]. 中国管理信息化，2016（11）：11-13.

　　[10] 韩海轩. 基于翻转课堂的ERP教学模式改革 [J]. 商业会计，2015（15）：21-24.

　　[11] 汤斌. 基于ERP教学环境下的一体化教学改革研究 [J]. 中国管理信息化（综合版），2015（17）：34-36.

　　[12] 胡畅，李志刚，黄晓晓. 高等院校ERP实践课程教学改革创新研究 [J]. 沈阳师范学院学报，2014（7）：42-44.

学科竞赛促能力 实践教学育人才

——基于四川文理学院财会专业的教学改革研究

王 君[①]

一、引言

2015 年，教育部、财政部和国家发展改革委员会三部门联合印发《关于引导部分地方普通高校向应用型转变的指导意见》，明确指出了地方普通本科高校应用型转型的发展定位和职责使命，地方应用型本科高校应注重学生实践能力的培养，服务于地方、行业发展需求。2018 年，习近平总书记在全国教育大会上强调，要深化教育体制改革，着力培养"三型"人才。2022 年，全国教育工作会议指出，要深化教育教学改革创新，提高教育教学质量。在此背景下，我校正处于应用型转型发展之际，财会专业人才培养应主动对接区域经济发展需求，为地方经济发展提供具有专业技能扎实、开放创新型思维的综合应用型人才。财会专业具有操作性、应用性和实务性的特点，以学科竞赛促进教学改革，提高学生核心素养，能在学生实践应用能力培养方面发挥积极作用。因此，本文在分析我校财会专业实践教学基础上，从学科竞赛的角度出发，探索财会专业实践教学新模式，为提高人才培养质量寻找新的突破口。

二、财会专业学科竞赛现状与问题

财会专业的学科竞赛是学生第二课堂的重要组成部分，是提升学生财务会计技能的重要途径。财会专业竞赛一般由国家、省举办，依托操作平台企业进行组织。目前，我校财会专业通过建设"实训教学平台+实习平台+创新创业平台+实验室+协会+活动

---

① 王君，1988 年生，男，讲师，硕士研究生，主要从事财会专业教学科研工作。

竞赛+实践基地"多维一体化模式（见表1），为学生提供了充足的实践实训平台，做好竞赛的前期准备和训练。财会专业在学科竞赛方面也取得了一定的成绩，如获得四川省经营管理决策大赛一等奖二等奖、四川省大学生证券投资模拟大赛一等奖、四川省大学生企业管理挑战赛三等奖、四川省大学生会计技能大赛二等奖、四川省大学生ERP数智化企业沙盘模拟经营大赛二等奖等。财会专业学生根据自己的兴趣、学习进度、专业能力和特长参与相关学科竞赛，初步构建了"以赛促练、以赛促学、以赛提高"的实践教学新模式。但学科竞赛模式也存在着不足，亟须解决。

表1 财会专业实践教学建设情况

平台	项目
财会实训教学平台	网中网财务决策平台，虚拟实习，成本会计实训教学平台，出纳实务实训教学平台，财务管理实训教学平台，基础会计实训教学平台，审计实训教学平台，审计综合实习平台，税务会计实训教学平台，电子报税实训教学平台，中级会计实训教学平台，增值税发票模拟开票系统，网中网财务决策平台，电子沙盘实训平台
财务实习平台	i实习平台
创新创业平台	VBSE创新创业决策训练平台
实验室	会计信息化实验室，财会决策模拟实验室，ERP模拟实验室，会计手工模拟实验室，模拟银行
协会	金融投资协会，ERP协会，财经协会
活动竞赛	"福思特"资产评估大赛，四川省企业管理挑战赛，"约创杯"ERP大赛，"金蝶杯"智能财务云大赛，"网中网杯"财务决策赛，"科云杯"财会职业能力大赛，"互联网+"智能税审职业联赛
实践基地	诚信文化教育基地，政府部门、银行等企事业单位

注：笔者自行统计整理。

（一）课堂教学内容偏重于理论，难以适应学科竞赛要求

学科竞赛需要学生在掌握专业理论基础上，拥有较强的创新思维、实践能力，独立分析问题、解决问题，才能在学科竞赛中脱颖而出。我校财会专业课程量往往较大，专业知识内容较为庞杂。但教学周期一般为11周或16周，每周一般为2个课时或4个课时，总学习时长较短。为了完成授课进度，教师往往注重教材内容学习，案例教学、模拟实训课时较短，也未深入实践。学生机械式地被动学习，难以与企业财务实际问题挂钩。而财会专业学科竞赛是全真模拟企业经营实践，沉浸式体验复杂财会实务的核心内容。以四川省大学生数字营销策划大赛为例，它属于四川省省级大学生学科竞赛。市场营销沙盘模拟一家公司推出一系列新产品，面向市场招聘营销团队，在营销团队组建后共同进行目标行业和区域市场分析、营销定位、营销策划、直销分销渠道设计、团队招聘与培训、市场品牌与市场活动设计等营销准备工作，并按市场规律进行交易和集中竞单，根据所投入区域、行业和资质，获得相应的订单，完成订货、交货及客户服务的营销完整过程，并进行收入、成本、费用、利润的测算和分析，对各个岗位和关键任务进行绩效评价。该沙盘培养学生全局思考能力、收入费用预算能力、财务核算能力、行业分析能力以及团队协作沟通能力。而课堂教学偏重于理论，实务热点涉及较少，难以满足学科竞赛的要求，也就难以取得较好的学科竞赛成绩。

（二）竞赛团队精力投入不足，力量分散

（1）教师层面。首先，专业教师指导竞赛需要持续跟进数月时间，往往要付出大量的时间和心血。以2022年四川省大学生证券投资模拟大赛为例，比赛分为初赛、复赛、决赛，时间为2022年5—9月。专业教师教学科研任务重，难以投入更多的精力到竞赛中。其次，专任教师优势在于具备丰富的理论知识，但实务经验和工作实践较少，导致教师参与度不高，难以为学生提供有效的竞赛指导意见。再次，主办方发布竞赛通知后，由指导教师通知学生自行组队参加竞赛，指导教师没有形成固定的竞赛指导科目，指导教师之间有时沟通协调不足，导致竞赛指导合力不足。最后，学科竞赛专业教师需要对学生进行专业指导，这就必须要求指导教师对竞赛流程和规则烂熟于心，教师首先得是竞赛的能手。但在某些竞赛方面，教师不一定能提供专业指导，限制了学生竞赛技能的提升。以上情况导致专业教师积极性和参与度不高，很多专业教师不愿意进行指导。

（2）学生层面。第一，财会专业学生课程量大，难以投入足够的时间和精力参加学科竞赛。学科竞赛需要全面、综合性的专业知识，大一、大二阶段学生专业知识还不够牢固，大四学生面临毕业压力，竞赛举办的周期一般在3—6个月时间，最适宜参加竞赛的群体为大三学生，限制了选拔范围。大三学生专业知识基础较为扎实，具备一定的分析操作能力和创新能力。但根据对财会专业大三年级学生的调查，每周课时量平均达20节以上，课后要参与考研考公、创新创业、实践实训等第二课堂，只能利用晚上或周末的闲暇时间去参加竞赛训练。第二，参赛团队成员也为临时组建，组员不稳定，团队沟通力、协作力和向心力较为缺乏，难以打造优势互补、特色鲜明、综合素质过硬的参赛队伍。第三，竞赛团队帮、传、带较少，以往优秀的参赛经验没有得到很好的共享和继承，竞赛文化和传统尚未建立。第四，少部分学生参赛动机过于功利化，为获奖而参赛容易让学生产生应付心理，并未从比赛中体会到竞赛乐趣。

（三）经费投入不足，缺乏系统实训平台

实践教学能力的提升依赖大量的教学实训环境的支持，需要学校提供充足的专项资金支持实训室、实训平台的建设。学科竞赛作为大学生"第二课堂"的重要组成部分，对课堂专业知识学习起着很好的补充作用。学科竞赛平台一般采用专业公司提供的竞赛软件，如四川省大学生经营管理模拟大赛采用上海派金信息科技有限公司提供的商道远程教育软件，四川省大学生会计技能大赛采用金蝶金一信息科技服务有限公司提供的 K/3 Clound-E 云竞赛平台（见表 2）。而我校缺乏相应的实训平台，课程教学采用其他软件，竞赛通知发布后临时在主办方发布的竞赛平台上进行训练。同时，我校的实训平台较为陈旧，没有及时更新版本，部分内容已不符合现行会计税务准则要求。实训场地设备不足，计算机设施数量及质量不过关、场地使用受到限制，影响学生积极报名参与竞赛训练，也影响我校申请承办相应的学科竞赛。

表 2　2020—2022 年四川省省级大学生学科竞赛

项目	软件平台	技术支持方	赛程	时间
会计技能大赛	K/3Clound-E 云教学管理平台、金蝶轻分析平台	金蝶金一信息科技服务有限公司	初赛、复赛、决赛	2021 年 8 月—2021 年 10 月
经营管理决策模拟大赛	派金商道远程教育软件	上海派金信息科技有限公司	初赛、决赛	2020 年 9 月—2020 年 10 月
ERP 数智化企业沙盘模拟经营大赛	S+Cloud 认知实践教学平台	新道科技股份有限公司	校内选拔赛、决赛	2022 年 4 月—2022 年 5 月
营销策划大赛	数字营销沙盘	新道科技股份有限公司	初赛、复赛、决赛	2022 年 5 月—2022 年 9 月
证券投资模拟大赛	同花顺金融理财分析实验室	浙江同花顺网络科技有限公司	初赛、复赛、决赛	2022 年 5 月—2022 年 9 月
财税实务技能大赛	现场比赛	—	初赛、复赛、决赛	2020 年 9 月—2020 年 10 月

三、学科竞赛融合实践教学模式构建

学科竞赛应融合实践教学，教师和学生分别充当指导和主体角色，实现指导教师、参赛学生共享互促、开拓创新的协调关系，践行寓教于学、寓赛于学，构建学科竞赛促进实践教学发展的新模式（见图 1）。

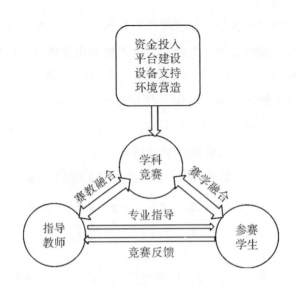

图1　学科竞赛融合实践教学模式

（一）赛教赛学融合，丰富学科竞赛实践教学内容

根据财会专业人才培养方案，鼓励学生独立思考、自主创新，让学生在实践实务中去学习、成长，提高解决实际问题的能力。第一，财会专业学生充分发挥自己的专业优势，积极参与"互联网+"大学生创新创业大赛、创新创业训练计划等创新创业活动，提升学生综合素质。第二，课程教学要突出实践应用导向。在企业初创期阶段，重点学习记账报税、企业融资、资金运营、法律法规、战略制定等内容，在企业高速发展阶段，重点学习项目投资决策、财务预测分析、预算管理等内容。结合企业实际不同岗位要求，紧跟时代发展，课程教学内容要适应最新的财务会计准则，培养具有不同方向、不同层次的财务会计人员。第三，课堂教学要融入更多的实践环节。以提升学生数字营销能力为例，课程以企业真实营销流程为主线，通过对企业营销流程展开贴切、真实、深入的嵌入式案例教学，模拟真实营销环境。对学生进行团队组建、角色分工模拟真实营销业务，融入市场分析、定位、价格、广告宣传、销售、交易、服务、人员管理等典型职业任务，使学生在真实业务中学习，在对比学习中找到学习盲区，让学生做到"学中干、干中学"。

（二）广泛宣传，激发师生学科竞赛热情

对每项学科竞赛，安排专员抓好赛前、赛中、赛后三个环节。赛前，根据相应学科竞赛内容，选拔优秀学生，组建协作团队，适当配备指导教师，进行有效的赛前培训和训练。竞赛团队的选拔培养方法要进行适时更新，参赛人员可以新旧搭配，以老带新，形成竞赛梯队。根据学科竞赛特点可以跨院系、跨专业进行组队。如金融科技建模竞赛，可以选拔财会专业、数学专业学生联合建队，充分发挥各专业优势和特长。

赛中，学生应充分沟通，团结协作，智力互补，一起攻坚克难。对含金量较高的学科竞赛，赛事后期保障组要做好服务工作，为参赛队伍提供良好的竞赛环境。赛后，应对竞赛进行反思和总结，并形成文字记录。建立微信、QQ 群组，鼓励有兴趣的教师和同学入群，让群内具有丰富竞赛经验的教师和学生分享成果，为下届比赛积累经验。下届竞赛学生借鉴以往的经验与教训，以创新性思维灵活应对比赛。

加强学科竞赛成绩宣传。专业教师可在课堂上进行宣传，协会发放宣传单，在海报栏张贴醒目的竞赛广告，还可以通过自媒体、微信公众号、朋友圈、抖音、快手等新媒体进行线上宣传，扩大竞赛的知晓范围。宣传内容应细化、深入，配合图片及文字感悟，对团队组建、培训、演练、比赛结果进行广泛宣传，提高学科竞赛知名度，激发学生竞赛热情。

（三）加大资金投入，整合实践实训平台

学校应加强对学科竞赛和教学改革的关注度，保证充足的资金投入，组织学校相关部门进行配合，争取举办学科竞赛，利用竞赛主场优势获得更好成绩。学校在安排预算资金时，可加大学科竞赛专项资金预算，预算资金包括学科竞赛费用和设备投入费用。财会专业学科竞赛一般在线上进行训练，需要安装负荷量大、运行速度快的计算机，确保网络网速稳定流畅。学校可为竞赛训练和比赛提供场地，建立实验实训室开放制度，提高设备利用效率。实验实训室配备工作人员，加强后勤保障、设备网络维护，及时解决实验设备出现的运转问题。

充分利用现有实训教学平台，提升学生竞赛能力。我校财会专业实训教学平台主要有财务决策实训、成本会计实训、财务管理实训、基础会计实训、税务会计实训、中级会计实训、电子沙盘实训等。专业教师在课堂教学时，利用实训平台加强对学生的训练指导。根据学生专业技能和综合素质情况进行分组，加强团队协作训练，锻炼学生的创新思维和解决实务问题的能力。平常实训结果可作为学科竞赛团队成员选择的重要标准，建立学生人才储备库。实训平台还可用于创新创业课程及"互联网+"项目，加强实践教学，提升学生创新思维和实践能力。

参考文献

［1］吴慧芬. 财务管理专业学科竞赛现状及其对策：以三峡大学科技学院为例［J］. 教书育人，2021（1）：110-112.

［2］陈慧君. 财经类大学生技能竞赛平台的跨学科创新型人才培养［J］. 科技创新导报，2016（10）：187-189.

［3］杨志斌，赵昕. 学科竞赛促进教学改革与创新能力培养［J］. 实验室科学，

2018（5）：238.

　　［4］李玉平，刘娜. 独立学院财会专业学科竞赛发展路径探析：以广东外语外贸大学南国商学院为例［J］. 价值工程，2017（8）：204-206.

　　［5］陈娜菲. 应用型地方本科院校财务管理专业实践教学模式探索：基于赛教融合视角［J］. 内蒙古农业大学学报（社会科学版），2019（6）：39-45.

基于学科竞赛的工程造价专业实践教学改革研究

——以四川文理学院工程造价专业为例

张　杉①

工程造价是一门理论与实践相结合的应用型学科专业，该专业要求学生不仅要具备工程造价专业管理科学的理论知识，还要掌握工程项目建设全过程中的造价实践能力。实践教学作为培养学生实际操作能力的一种教学方式，是通过实习、实训、见习、实验等一系列教学环节让学生接触到实际工程案例，了解实际工程中可能发生的各种情况，通过应用已学的专业理论知识，解决工程中所面临的实际问题，从而使学生具备应用理论知识的基础能力，能够更好地达到市场行业中对工程造价专业岗位的要求。学科竞赛是一项将理论与实际结合的竞技比赛，通过学科竞赛锻炼学生发现问题、思考问题、解决问题的科学思维方法，有助于培养学生养成严谨的科学态度和勇于探索的科学精神。同时学科竞赛也为参赛高校的学生及教师搭建了相互沟通、学习的桥梁，提供了学生专业技能展示的平台，能够更好地实现以赛促教、以赛促学、以赛促创的目标。为了使实践教学能够与行业新技术、新需求更好地融合，本文以学科竞赛为依托，对工程造价专业实践教学的改革进行思考，以提升学生的综合能力。

一、我校工程造价专业实践教学与学科竞赛参赛现状

为了培养具有实践能力和创新能力的工程造价专业应用型复合型人才，四川文理学院建筑工程学院在工程造价专业新版人才培养方案中提高了应用实践教学的课程量占比。以应用实践课程为例，新版人才培养方案在理论授课结束后，安排了与理论课程对应的课程设计环节，在理论知识学习结束后立即进入该课程的实践教学训练阶段，

---

① 张杉，1994 年生，女，助教，硕士，主要从事工程造价相关研究。

锻炼学生的实操能力，夯实学生的理论知识，并检验理论知识的教学成果。在课程设计环节中学到的实践经验，能够帮助学生更深刻地理解理论知识。但目前我校工程造价专业实践教学环节课程内容较为简单，学生对实践教学环节不够重视，使学生的实践能力与理论学习能力之间产生了差距，导致学生对专业知识的理解存在一定的局限性，对专业知识的应用能力较为薄弱。

近年来，我校工程造价专业通过参加学科竞赛检验学生对专业知识的掌握及专业技能的应用情况。本文将历年参赛获奖情况进行统计，如表 1 所示。

表 1　历年参赛获奖统计

参赛级别	获奖级别	获奖数
国家级	一等奖	6
	二等奖	6
	三等奖	17
省级	一等奖	1
	二等奖	3
	三等奖	13

通过对竞赛获奖结果统计数据进行分析，对学科竞赛参赛过程进行了解，笔者发现存在以下问题：

（一）学生竞赛获奖等级较低

通过统计分析我校 2015—2021 年工程造价专业学生参加省级或以上学科竞赛的获奖等级，了解到获得一等奖 7 次、二等奖 9 次、三等奖 30 次。通过该数据可知，我校工程造价专业学生在获奖等级上，三等奖最多，二等奖其次，一等奖最少。该数据反映出我校学生可能存在专业知识面不够广、对专业理解不够深等问题，在实践应用层面反映出学生对于实际操作的熟练程度不够，说明我校学生在日常实践教学环节中，实际操作训练相对较少，因此在参加比赛的过程中不能更好更快地完成比赛任务，无法取得更加优异的成绩。

（二）学生投入学科竞赛的精力不够

通过了解历年我校工程造价专业学生实际参赛的状态，笔者发现，学生对于学科竞赛投入的时间、精力与兴趣程度不够。首先从前期报名情况来说，大二学生参与比赛的积极性较高，大三学生普遍缺乏主动报名的积极性，但大三学生的专业知识面比大二学生的专业知识面更加广泛。其次学生在参与学科竞赛的过程中，缺乏自主学习的能动性，过于依赖指导教师的安排，存在部分畏难情绪，遇到问题不主动思考解决问题。学科竞赛作为一种竞技项目，需要学生具有创新的科学思维、扎实的专业知识、熟练的操作技能和在比赛过程中的坚持才能创造出优异的成绩。

（三）我校工程造价专业学科竞赛管理制度不够完善

我校建筑工程学院创建于 2016 年，学院所属工程造价专业随学院发展至今已拥有较为完善的实验中心，例如建筑信息模型（BIM）协同创新中心、建筑工程虚拟仿真设计实训室、工程制图实训室、工程造价实训室等专业实验实训中心。但目前各实验室的管理制度不够完善，学生对实验室的利用程度不够充分，对学生实践操作能力的学习和掌握造成了一定阻碍，从而影响了我校学生在参加学科竞赛中的能力发挥。

（四）实践教学内容与学科竞赛内容存在一定的差异性

每个阶段举办的学科竞赛，代表了这一时间区段内该行业领域内所集成的新技术成果和新科研成果。在常规的理论教学中，存在一定的滞后性。理论知识的教学是将成熟、可靠的理论知识教授给学生，大部分学生只对书本上的理论知识进行掌握。在目前的实践教学过程中，对学生实际操作进行简单的实践训练，学生接触到的实际工程也是相对简单的工程项目。但学科竞赛，不仅考查学生对于基础知识的掌握，而且更加注重学生对于当下本专业领域中最热门的知识和最前沿的技能的理解与掌握程度，较大地提升了学生参与学科竞赛的难度。因此目前的实践教学和学科竞赛之间的"信息不对称"效应，在一定程度上影响了学生在学科竞赛中的表现。

二、学科竞赛对工程造价专业人才培养的重要性

（一）学科竞赛是工程造价专业实践教学的一种增强手段

工程造价专业是一门注重理论与实践结合的学科，该专业学生在校内学习基本理论知识，对于实践应用方面缺乏较强的动手能力与新颖的创新意识。高校学科竞赛，一方面代表着目前工程造价行业最新的发展动态和科技成果，另一方面是实践教学的一个辅助工具，能让学生通过竞技比赛的方式，了解到当前行业的市场现状、人才需求、发展前景以及最新动态，帮助学生更好地调整专业学习情况和未来的择业方向。

（二）学科竞赛是工程造价专业实践教学改革的风向标

学科竞赛为工程造价专业实践教学提供了一种新的教学方向、新的教学思维以及新的教学理念。竞赛可以使教师以一种更宽广的视野来看待工程造价专业的未来发展趋势。例如，随着国家对于装配式建筑和对绿色环保建筑理念的推广，各高校和行业协会举办的装配式建筑竞赛也在逐年增多。高校教师通过对学生学科竞赛的指导，可以更深入地了解装配式建筑现状和未来趋势，掌握装配式建筑行业相关的最新技术规

范和技术成果。教师在实践教学过程中参照学科竞赛标准，拓展实践教学的教学范围。因此，学科竞赛为工程造价专业实践教学改革提供了新的思路。

（三）学科竞赛是工程造价专业人才培养的必需品

学科竞赛能够锻炼学生动手能力，更重要的是培养学生科学思维能力和科学研究能力。学生在参与学科竞赛时，需要对考察的问题做大量前期工作，例如文献查阅、方案设计、方案对比、结果分析等一系列准备工作。在进行准备工作时，学生能够得到多方面、多层次的锻炼，从而提高学生的专业竞争力，为进入社会后的工作和学习打下坚实的基础。

三、基于学科竞赛的实践教学改革思考

（一）优化实践教学体系

在当前"双一流"高校建设的时代背景下，我校致力于建设成为一所现代化高水平的应用型高校。因此，推动实践教学体系改革是当务之急。实践教学是学生夯实理论知识，学习专业技能的重要途径，能够让学生在学习理论知识的同时锻炼实践能力。为此，应建立一支高水平的应用学术型教师队伍，将企业行业等高新技术人才引入高校进行实践教学，改革教师队伍，强化教师的实践教学科研能力。

（二）进一步完善学科竞赛制度

学科竞赛作为一种检验当前教学成果是否满足当前市场行业发展水平的工具，对于推动高校的实践教学改革尤为重要。因此，完善学科竞赛制度，建立学科竞赛保障机制，支持和保障重点竞赛，引导有条件的学院成立学科竞赛平台，加强重点学科赛事的挖掘和分析，成立学科竞赛委员会，建设一支责任心强、业务水平高、结构合理的指导教师队伍，有助于高校走出一条"教赛融合、重点突出、面广度深"的实践发展道路。

（三）加强工程造价专业相关实验室的更新建设

生产工具对于生产力的发展有着至关重要的作用。在科学技术的快速发展下，高校实践教学工具不能满足新技术的实践，导致高校实践教学的发展受到阻碍。对于注重理论和实践相结合的应用型专业来说，具备新颖的实践应用能力就决定了学生在面临市场就业时具有更强的核心竞争力。以工程造价专业为例，工程造价由过去的片段化、分离化管理模式逐渐迈向大数据、全过程化管理模式，为适应行业发展的需求，要求工程造价专业的师生掌握先进、全面的知识和实践水平。这同时也对工程造价专业实验的硬件及软件提出了更高的要求，如辅助工具计算机需要有更快的处理能力、

更强的网络带宽、更大的存储容量、更新的应用软件、更好的系统维护。

（四）深化校企合作

应用型高校教育作为从素质教育转向职业教育的一个关键节点，力求为国家和社会提供优秀的专业技能人才。学校与企业应建立更多的交流与联系，企业将对专业人才的需求情况反馈给学校，学校适当调整实践教学内容以满足企业的需要，通过双方的有效沟通为学生提供更好的学习环境和就业环境。同时企业可以与专业教师进行合作，进一步构建企业行业产业协同育人的长效机制，从横纵多面推进校企合作、产教融合建设，为全面建设高素质高水平应用型大学提供坚实基础和有力保障。

参考文献

［1］陈晓明，王君，刘丽，等. 新工科建设背景下地方高校实践教学改革探索研究［J］. 工业和信息化教育，2022（1）：6-9.

［2］陆世岩. 职业技能大赛引领下高职院校工程造价专业教学对策分析［J］. 居业，2021（2）：129-130.

［3］张莉娟，吕会芳. 依托学科竞赛带动整合实践教学环节机制研究：以山西工商学院工程管理专业为例［J］. 住宅与房地产，2021（4）：245-246.

［4］徐静伟. 技能大赛驱动下"教·训·赛"三位一体教学模式改革与实践：以施工图识读课程为例［J］. 林区教学，2020（7）：44-46.

［5］廖宇. 基于"赛教融合"的工程造价技能竞赛训练模式研究［J］. 中外企业家，2019（11）：186.

［6］宋光海. 学科竞赛对大学生综合素质培养的积极作用［J］. 文教资料，2012（9）：132-133.

国土空间规划背景下
城乡规划专业实践教学探索

——以四川文理学院为例

乔　娜[①]

一、引言

当前我国正处于新时代国土空间规划体系基础建设时期，对规划专业人才提出了更高的要求。城乡规划专业是专门培养具备城乡规划设计与管理能力人才的专业。其培养的学生，不仅要具备城乡规划、建设和管理的专业知识，还涉及地理信息、国土资源、生态环境保护等方面知识。同时还要全面培养学生的德智体美劳能力，使之成为优秀的应用型复合型技术人才。

根据《本科专业类教学质量国家标准》，城乡规划专业的实践教学包括实习、社会实践以及科研训练等多种形式，应纳入整个教学内容和课程体系，发挥整体教育的功能。

2019 年 5 月 23 日，《中共中央 国务院关于建立国土空间规划体系并监督实施的若干意见》正式印发，明确要建立空间规划的"四梁八柱"及"五级三类"体系，标志着新时代国土空间规划基础制度建立，各层次的国土空间规划也随之展开。从当前国土空间涉及的学科来看，国土空间规划纵向贯穿从宏观到微观的多个层级，横向覆盖国土空间的全要素，涉及诸多学科领域的理论和方法，需要由多个规划相关学科及文理学科来支撑。城乡规划作为一级学科，课程体系较为完善，在国土空间规划中仍占据比较高的地位，在整个规划中被委以重任，但在摸清资源"家底"，开展"双评价"，划定"三区三线"等涉及地理学学科方面还存在短板。如何在城乡规划的教学中

---

①　乔娜，1987 年生，女，讲师，主要从事城乡规划专业教学研究。

补充短板，构架完整的规划知识体系，是接下来所有院校相关专业都将面临的问题。为此，我校在 2020 版人才培养方案中，在相关课程中对涉及国土空间规划方面的内容进行了探索。我们在城乡规划原理、地理信息系统应用、国土空间规划、无人机航测与数据处理、城乡规划管理与法规等课程的建设中，针对上述相关内容进行了相应的教学实践安排。

二、人才培养方案简介

2020 年，我校启动 2020 版人才培养方案的修订工作，对城乡规划专业的人才培养方案也进行了修订。在新版的人才培养方案中，城乡规划专业要求学生掌握城市发展与规划历史和理论、城乡规划原理和方法、建筑学、风景园林学基本理论与方法，掌握城乡规划设计、风景园林设计、建筑设计等基本技能，通过理论与实践环节（包括各类课程设计、设计院工程实践、校企合作实践、认知实习、复合培养课题组训练等）相结合的方式提高学生分析和解决问题的能力。

在国家政策文件和省、校的要求下，我们制定了新的课程体系。其中专业学分学时分布见表 1。在本版专业培养方案中，集中性实践环节为 31 周，课程设计实践教学环节 36.375 学分，两者加起来占总学分的 40.83%，充分体现了城乡规划专业应用型专业的特点，为培养应用型复合型人才奠定了坚实的基础。同时紧追行业动态，增补了国土空间规划、特色小镇、乡村基础设施规划、美丽乡村建设、无人机航测与数据处理等与国土空间规划、乡村振兴紧密结合的课程。

表 1　城乡规划专业学时学分

学时总数	理论教学学时数	实验教学学时数	集中性实践环节周数/周	总学分数	专业必修课学分数	专业选修课学分数	集中性实践教学环节学分数	理论教学学分数	实验教学学分数
2 612	1 534	1 078	31	165	79	26	31	95.625	36.375

三、国土空间规划的实践探索

为适应国土空间规划体系，更好地立足西部、服务四川，助力川东北渝东北城乡发展、城乡规划、城乡建设、乡村振兴等方面，为设计单位、政府部门培养应用型、复合型、创新型国土空间规划专门人才，本校城乡规划专业在理论教学、课程设计、集中实训等环节开始了实践探索。

（一）理论教学

理论教学主要通过城乡规划原理、地理信息系统运用、城乡规划管理与法规等实现。在城乡规划原理课程教学中，除讲解传统的城乡规划学内容以外，将国土空间规划相关内容贯穿整个教学内容中，其中在城乡规划体制章节中加上国土空间规划的"四梁"，在城市规划价值观章节融入底线思维的价值观；在城市规划编制类型与编制内容章节，重点讲解国土空间规划的五级三类及各在用地级国土空间规划编制的重点内容；在城乡用地分类及其适用性评价章节，通过对《国土空间调查、规划、用途管制用地用海分类指南》的讲解及其与三调数据的转化，为进一步国土空间规划课程设计奠定用地分类基础，同时通过对"双评价""双评估"内容的讲解，让学生对"双评价"的原理、内容、流程和方法有初步的认识。

无人机航测与数据处理、地理信息系统应用则主要让学生通过对理论及软件的学习为国土空间规划课程设计奠定基础。无人机航测与数据处理，主要讲述如何将无人机航测数据进行转换，为下一步进行 GIS 数据处理奠定基础。

地理信息系统应用则主要通过对 GIS 基本信息介绍及相关功能的运用进行讲解。本课程主要在机房进行，通过教师讲述，学生操作，让学生能对 GIS 的基本知识及基本操作有一定的认识。同时本课程地形及空间分析的教学与国土空间规划的教学进行协调，在了解传统坡度坡向高层分析的基础上，在用地适宜性评定方面主要讲述如何开展"双评价"，以及根据"双评价"划定"三区三线"。

（二）国土空间规划课程设计教学

国土空间相关课程实训主要通过国土空间规划课程实现。整个课程 3 个学分，共计 48 个学时，其中理论教学 16 个学时，实践教学 32 个学时，主要依据《四川省乡镇级国土空间编制指南》《四川省村规划编制技术导则（试行）》进行。不同层级国土空间规划编制的内容主要分为两个大的层面，即镇域/村域及镇区/居民点等人口集中的地方。此课程开设在大三下学期，学生已基本完成所有理论课程学习，并做了居住区、道路交通、风景园林等专项规划及控制性、修建性详细规划课程设计。本课程学生主要实践内容为三调数据转换/土地利用现状梳理（无三调数据就用无人机航测数据做）、"双评价"（通过单项评价和集成评价做生态保护重要性评价、城镇建设适宜性评价、农业生产适宜性评价、承载规模评价等）、"三区三线"和建设用地管制区划定工作，主要锻炼学生运用 GIS 技术进行国土空间规划编制和"双评价"能力。

（三）专题调研

城乡规划综合调查课程要求学生了解乡社会调研的基本方法和技术，培养学生发现问题、分析问题、解决问题的能力。通过对乡村、公园、广场、居住区的现场踏勘调查，一方面让学生更加了解自己生活和学习的地方，另一方面可加强学生的实际运用能力。在调查过程中，学生一方面以规划者的身份对所调研地区的规划和设计进行查漏补缺；另一方面以城市居民的身份体验城乡规划和建设，提高设计中的公众参与度，通过"一人两角"的方式来发现问题。现场踏勘调查完毕后，学生需结合调查情况查阅资料，分析问题并结合所学提出解决思路。最后需通过调研汇报的形式完成本课程。这种教学方法为学生在今后的城乡规划中进行科技创新实训做了铺垫，同时也锻炼了学生现场调查能力和综合水平，为学生今后在实际项目中的调查和分析奠定了基础。

（四）集中实践

大三暑假的校企合作实习、设计院实习（原来的城乡规划生产实习）一方面让学生在实践中检验所学，更好地运用和巩固所学；另一方面也让学生在毕业前夕试下水，了解自己的能力（水平），还可利用大四一年进行抢救性学习；也可以让学生多一次择业的机会，通过实习，学生大都能判断自己毕业实习找工作的方向。

四、结语

虽然新形势下国土空间规划体系的确定对从业人员的知识水平提出了新的要求，给城乡规划学的教学和实践带来了新的挑战，但在 2020 版人才培养方案的修订中，本专业结合人才培养目标，针对涉及国土空间规划相关内容在相关的理论、软件、课程设计、专项调研和集中实践等教学环节中都进行了相应的补充和展开。在相关课程中，学生通过学习和实训基本掌握了相关内容的原理与方法，锻炼了逻辑思维能力，提升了 GIS 等软件的操作能力，检验了专业水平，培养了团队精神，也为今后的学习和工作奠定了一定的技术基础。

参考文献

［1］符娟林，喻明红. 国土空间规划体系下城乡规划专业教学实践探讨［J］. 教育教学论坛，2020（37）：107.

［2］刘君，邢小宁，李杰. 城乡规划专业实践教学方法探索［J］. 工程建设标准化，2016（7）：347.

［3］张燕妮. 城乡规划专业实践教学改革的探索与思考［J］. 山西建筑，2011（17）：252-254.

［4］刘英，孙庆珍，申金山. 城乡规划专业实践教学中存在的问题及对策［J］. 管理工程师，2010（5）：51-54.

［5］杨大伟，安蕾. 城乡规划专业教学模式探索［J］. 高等建筑教育，2012（4）：41-44.

［6］韩秀茹，燕华. 城乡规划专业实践教学模式探索：以青海大学城乡规划专业为例［J］. 中国建设教育，2011（Z2）：46-48.

综合实践篇

卓越教师培养与优秀传统文化教育①

漆　娟②

2018 年，中共中央、国务院下发《关于全面深化新时代教师队伍建设改革的意见》，教育部等五部门联合下发《教师教育振兴行动计划》《关于实施卓越教师培养计划 2.0 的意见》，为新时代高校教师人才培养指明了方向。其中，《关于实施卓越教师培养计划 2.0 的意见》明确指出，要"建设一流师范院校和一流师范专业"，"培养造就一批教育情怀深厚、专业基础扎实、勇于创新教学、善于综合育人和具有终身学习发展能力的高素质专业化创新型中小学教师"。随着这些有关教育领域大政方针的出台，高校师范类汉语言文学专业的发展也逐渐明确了顺应新时代发展的基本方向。

一、"卓越教师培养"中优秀传统文化教育的重要性

汉语言文学专业"卓越教师培养"的内涵包括专业知识的培养、教育情怀和综合素质的培养等。作为一个中国人，中国优秀传统文化是我们的血脉和根基所在，中华民族的伟大复兴也包括了文化的复兴。2017 年，党和国家发布了《关于实施中华优秀传统文化传承发展工程的意见》，认为"中华文化独一无二的理念、智慧、气度、神韵，增添了中国人民和中华民族内心深处的自信和自豪。……围绕实现中华民族伟大复兴的中国梦，……坚守中华文化立场、传承中华文化基因，……大力弘扬讲仁爱、重民本、守诚信、崇正义、尚和合、求大同等核心思想理念"，强调要"把中华优秀传统文化全方位融入思想道德教育、文化知识教育、艺术体育教育、社会实践教育各环节，贯穿于启蒙教育、基础教育、职业教育、高等教育、继续教育各领域"。

在高校师范类汉语言文学专业"卓越教师培养"计划中，优秀传统文化教育越来

---

① 2017 年四川文理学院教改项目"'卓越教师'视角下的汉语言文学专业创新人才培养模式研究"（2017JZ03）的研究成果。

② 漆娟，1969 年生，女，副教授，硕士，主要从事古代文学及巴蜀文化研究。

越彰显出它的重要性。优秀传统文化教育不仅可以提高"卓越教师"的整体人文素养，树立社会主义核心价值观，促进个人的思想文化提升，而且随着一大批"卓越教师"走向工作岗位，他们在教书育人的同时，也将这些理念传承下去，从幼儿园开始，到小学、中学，逐步构建起一套完善的国民传统文化教育体系，从而提升整个民族的人文素质和民族自信心。因此，在"卓越教师培养"模式中，优秀传统文化的教育和传承迫在眉睫。

二、构建"卓越教师培养"优秀传统文化教育内容体系

中国优秀传统文化博大精深，源远流长，丰富多彩，在数千年的发展过程中形成了自身独特的文化气质和精神底蕴。它们贯穿于中国人的思想观念、行为方式、价值取向等各个方面，为当代社会主义核心价值体系提供了深厚的精神文化资源。

中国优秀传统文化的范围非常广泛，包括传统文物（物质文化遗产），如古玩、建筑等；传统技艺（非物质文化遗产），如太极拳、剪纸等；传统文艺；传统民俗、节日等；传统习惯、思维方式、行为方式等；传统价值观念、是非观念、世界观、人生观等；传统思想学术等。

根据"卓越教师培养"计划，结合汉语言文学中的主干课程，可侧重选择既体现优秀传统文化精髓，又让学生简单易学的知识进行培养教育。国学是中国优秀传统文化的精髓，作为国学核心的儒学在中国历史上发挥着无可置疑的主导作用，是整个中华文明的底色。因此，"卓越教师培养"优秀传统文化教育可以国学教育作为主要内容，尤其是那些代表中华民族先进思想伦理道德的内容。

中华传统国学经典包括经史子集，教学内容可分为三大部分：

（1）儒家经典类，主要以《论语》《孟子》《礼记》以及宋明理学家朱熹、张载等人的一些理学著作等作为学习重点。

（2）史学类，主要以《春秋》《左传》《史记》《汉书》《资治通鉴》为学习重点。

（3）经典文学作品类，包括先秦至清代的诗词歌赋文、小说、戏曲等。这一部分内容主要体现在古代文学课程、现当代文学课程之中。

儒家经典的学习主要在于让学生领会儒家的伦理道德以及人文素养，树立"修齐治平"的远大人生理想。史学教育可以让学生了解中华文明优秀的历史渊源，增强民族自豪感，陶冶爱国情操。"道德、艺术、科学，是人类文化中的三大支柱。"经典文学作品不仅包含了中国古代的优秀传统思想，并且在艺术上给人以美的享受，更能体现中华民族文学的特色，从而产生恒久的艺术感染力和影响力。

三、拓展"卓越教师培养"优秀传统文化教育教学方式

在推进"卓越教师培养"优秀传统文化教育进课堂的过程中，要将优秀传统文化教育资源与教学质量齐头并进，努力打造高水平的优秀传统文化教育特色课程。

（一）融课堂教学与实践于一体的教学体系

课堂教学是优秀传统文化教育最主要的方式之一，授课教师可以充分利用教学资源，以各类儒家典籍、史学类和文学类作品为文本，力求让学生把握优秀传统文化的核心理念和人文精神。要达到良好的教学效果，首先要求授课教师具有充实深厚的传统文化知识。在教学过程中，授课教师还必须运用灵活生动的教学方式，将传统文化的精髓融入课堂教学。

（1）在内容上注重经典作品的讲解。经典是中国古代文化经过长期的积累而形成的，具有权威性和典范性，教师应该注重对经典作品的讲解。中国古代的儒家经典《论语》《孟子》《礼记》等内容繁多，可从中选择一些有教育意义的篇章进行解读，如《礼记》中的《大学》篇："大学之道在明明德，在亲民，在止于至善。……古之欲明明德于天下者，先治其国；欲治其国者，先齐其家；欲齐其家者，先修其身；欲修其身者，先正其心；欲正其心者，先诚其意；欲诚其意者，先致其知；致知在格物。物格而后知至，知至而后意诚，意诚而后心正，心正而后身修，身修而后家齐，家齐而后国治，国治而后天下平。"《大学》篇文字简约而内涵深刻，阐述了关于个人道德修养的基本原则和方法，宋以后成为科举考试的必读书目。直到今天，它仍然有着极大的现实意义，可以启发学生树立正确的人生观和远大理想，并且懂得在喧闹的人群中坚守心灵宁静的重要性；懂得去为实现自己的目标而努力拼搏。再如文学作品的经典篇目选择，屈原的《离骚》是中国爱国主义文学的源头之一，"陟陛皇之赫戏兮，忽临睨夫旧乡。仆夫悲余马怀兮，蜷局顾而不行"。这是屈原在经过痛苦的思考和探索后做出的坚定选择，树立了中国文学史上第一个忧国忧民的爱国者形象。著名理学大师朱熹晚年写作《〈楚辞〉集注》，高度评价屈原的价值和意义："屈原托为此行，而终无所诣，周流上下，而卒返于楚焉。亦仁治至，而义之尽也。"在屈原的影响下，古代爱国主义文学可谓代代相传，尤其是在民族存亡的危急时刻，如杜甫《春望》、陆游《示儿》、文天祥《过零丁洋》、夏完淳《狱中上母书》、梁启超《少年中国说》等皆是脍炙人口的爱国名篇。在有限的课堂教学时间内，授课教师可以将这些作品作为重点讲解的篇目，并结合当时的历史背景，让具有高尚品德的古代先贤成为学生景仰的对象，培养他们爱党爱国爱社会主义的坚定信念。

（2）在方法上注重寓教于乐。现代教学已经发生了很大变化，传统的授课方式需要与时俱进。在教学过程中，教师应当注重化繁为简，将抽象的道理用生动形象的语言表达出来。如讲到古代文化中的"礼"时，可以选一些历史上发生的著名故事来启发学生，让他们明白对父母长辈的基本礼仪。"程门立雪"便是一个经典的例子。杨时是北宋著名理学家，官至工部侍郎、龙图阁直学士等职，自幼聪慧好学，精心钻研理学。据《宋史》记载："（杨时）又见程颐于洛，时盖年四十矣。一日见颐，颐偶瞑坐，时与游酢侍立不去。颐既觉，则门外雪深一尺矣。"从此，"程门立雪"便成为尊师重道的典故。而杨时最终也学有所成，被尊为"闽学鼻祖"，其学术思想上承二程，下启朱熹，对中国古代哲学的发展产生了深刻影响。中国历史上曾经产生过无数的杰出人物，其生平事迹通过各种文献流传下来，授课教师可以根据具体的讲授内容进行重点选取，将他们树立为激励人生的典范榜样，并通过潜移默化的影响成为学生一种自觉的道德规范。

（3）注重课堂教学与实践教学相结合。在校大学生都有一定的学时限制，课堂教学还有思政课和各门专业课、选修课等。因此，优秀传统文化教育还必须向外拓展教学空间，发挥实践教学的作用。例如，可以根据所在高校的地方区域特色进行优秀传统文化教育。如四川文理学院所在的四川省达州市，在古代属于巴文化区域。中唐大文豪元稹当年曾被贬谪于此，留下众多的文化遗迹。目前达州市建有元稹博物馆，展示元稹在达州的活动和文学创作。元稹的现实主义名篇《田家行》《连昌宫词》均作于此。学生通过实地参观考察，更能够体会当年元稹那种虽身处逆境但仍然心怀苍生的忧国忧民意识。古老的巴文化是中华文明的源头之一，达州境内目前已发现多处巴文化遗迹，亦设有博物馆展示出土文物，如渠县汉阙博物馆。当学生近距离触摸这些凝聚着沧桑历史记忆的展品时，敬畏之心便会油然而生，从而感叹中华民族古老的文化渊源，以及先人生生不息的创造精神。

（二）注重优秀传统文化教育的影视教育

随着影像技术的不断发展，音像消费成为人们日常生活中不可或缺的一种消费。将中华优秀文化深刻丰富的内涵，通过精致唯美的视听画面呈现出来，越来越受到观众的喜爱。中共中央办公厅、国务院办公厅《关于进一步加强非物质文化遗产保护工作的意见》指出了三条实施路径，其中之一是"支持加强相关题材纪录片创作"。而非物质文化遗产本身就属于中国优秀传统文化的重要组成部分。

近年来，传播优秀传统文化的纪录片迎来了它的黄金时代，产生了大量优秀作品。中华优秀传统文化的历史意义和文化价值，正在通过以纪录片为代表的创作载体和传播手段而绽放出全新的时代活力，如《中国乐器》《中国服饰文化》《中国酒文化》《茶界中国》《中国玉文化》等。2021年的几部纪录片更是一度火遍屏幕，极大地提高了收视率。如《大儒朱熹》真实地展现了宋代理学家朱熹的一生和成就，以及朱子理学的世界影响。大型历史人文纪录片《岳麓书院》分为源流、正脉、传道、经世、新变、求是六个篇章，梳理了岳麓书院的千年文脉，从五代二僧办学开始，经历了朱张理学、阳明心学、王船山之学，一直到近代的梁启超、杨昌济、毛泽东，再到新时代的蜕变，不仅展现了中国书院文化的优秀教育传统，亦讲述了一段波澜壮阔的中国之变迁历史。《典籍里的中国》主要从古代中国的典籍出发，梳理中华文明的发展简史，包括《尚书》《老子》《论语》《离骚》《史记》等，既介绍这些典籍的成书过程，亦概括了它们的核心思想，通过"历史空间"与"现实空间"的不断转换，将这些古老的典籍，以艺术化、可视化的形态鲜活地呈现在观众面前，从而更加生动地展现出其中凝结着的历史文化价值。

在"卓越教师培养"优秀传统文化教育中，可将影视网络教育作为一种补充性教学手段，方式可以灵活多样。可以安排学生自行观看，或者由教师带领学生一起观看。在欣赏影视网络节目之后，让学生撰写观看心得或影视评论小论文，交给指导教师评阅，作为学生的平时成绩。同时，鼓励学生将有关评论、心得或小论文进行扩充提升，或者作为毕业论文撰写的素材，或者申报学校的大学生科研项目等。

（三）举办优秀传统文化教育专题讲座

高校的学术讲座历来是传授知识的一种重要方式，受到莘莘学子的广泛欢迎。根据"卓越教师培养"的具体计划和时间安排，学校可以定期举办一些有关的专题讲座。或者从外面邀请传统文化教育领域的名师，或者由本校教师主持。讲座要紧紧围绕中华优秀传统文化展开，内容方面可以具体结合当前倡导的社会主义核心价值观，如"国学与人生""古典诗歌中的爱国主义""古典戏曲中的家国情怀"等。总之，讲座应力求理论联系实际，让优秀传统文化走入现代社会，进入学子们的日常生活。

综上所述，优秀传统文化教育旨在弘扬优秀传统文化，陶冶情操，增强文化底蕴、文化自信。这是汉语言文学专业"卓越教师培养"必不可少的一个环节，而对于国民教育体系来说，也必将成为未来一门重要的文化素养课程。

参考文献

[1] 徐复观. 中国艺术精神 [M]. 沈阳：辽宁人民出版社，2019：2.

[2] 王文锦.《礼记》译解 [M]. 北京：中华书局，2016：805-806.

[3] 吕叔湘.《楚辞》名篇鉴赏辞典 [M]. 上海：上海辞书出版社，2009：21.

[4] 朱熹撰. 《楚辞》集注 [M]. 黄灵庚，点校. 上海：上海古籍出版社，2015：39.

[5] 脱脱，等. 宋史·道学二·杨时传 [M]. 北京：中华书局，1985：12738.

从"思政课程"到"课程思政"的探索与实践研究

——基于学校"322"大思政工作体系建设视角①

王　敏②

"课程思政"与"思政课程"是紧密联系又相互区别的。习近平总书记曾在全国高校思想政治工作会议上说："要用好课堂教学这个主渠道，思想政治理论课要坚持在改进中加强，提升思想政治教育亲和力和针对性，满足学生成长发展需求和期待，其他各门课都要守好一段渠、种好责任田，使各类课程与思想政治理论课同向同行，形成协同效应。"由此可见，我们的"课程思政"教学改革是在"立德树人"根本目标下与"思政课程"的相互结合。紧紧围绕学校"322"大思政工作体系③，推动"课程思政"建设，梳理课程教学中所蕴含的思想政治教育元素和所承载的思想政治教育功能，在充分发挥思想政治理论课在思想政治教育中的主渠道和主阵地作用的同时，使每门课程都能够承担起思政教育的功能，让我们的每一位教师都担负起立德树人的职责和使命，有利于实现全员全程全方位育人目标。

一、学校实施"课程思政"的必要性

课程思政建设是学校"322"大思政工作体系中重要的建设内容，是学校对学生进行系统知识传授、各种能力培养和核心价值观引领的有机融合，把学校的专业课程教学体

---

① 2020—2022年四川文理学院教育教学研究与改革重点项目"基于学校'322'大思政工作体系推进'课程思政'建设策略研究"（2020JZ047）的研究成果。

② 王敏，1980年生，女，讲师，硕士，主要从事思想政治教育与法学研究。

③ "322"大思政工作体系，指学校构建的以夯实党员干部、教师、青年学生"三条主线"为重点，以筑牢校内全面育人、校外实践育人"两翼阵地"为抓手，以实施协同创新机制建设、运行考评机制建设"两轮驱动"为保障的"322"大思政工作体系。

系与思想政治教育教学体系有机结合起来，对加强课程思政教师队伍建设，打造课程思政"金课"，推进高校课程思政建设以满足学生成长发展的需求和期待具有重大作用。

（一）课程思政是新时代发展我国高等教育的必然要求

从"思政课程"到"课程思政"的探索与实践，是对思政规律、教育规律和学生成长规律这"三大规律"的综合把握和运用，是推动我国高等教育实现高质量发展的必然要求。课程思政建设是当前高等学校教育改革的创新之举，是将我国的高校人才培养过程融入思想政治教育内容的重要科学实践，是将我国高校的教书育人规律加以科学运用的重要体现，有利于将中国特色社会主义的制度优势转化为推动高等教育内涵式发展的重要力量源泉。把注重思想政治素质作为人才培养的第一要求，是对思想政治工作规律的深刻认识和把握，有利于全面着力，系统地把我国青年学生一代一代接续培养成为能够担负起建设中国特色社会主义伟大事业和实现中华民族伟大复兴重任的合格人才，不断提高学校在人才培养方面的能力水平和质量。

（二）课程思政是应对学校人才培养问题的有效举措

培养什么人、怎样培养人，一直是我国教育的首要问题。中国的大学，应该坚持把立德树人工作的成效作为检验高校所有工作的重要标准，将"立德树人"作为学校工作的中心环节，明确"课程思政"建设过程中的主体是谁，要承担什么样的责任，切实解决好新时代我国人才培养的问题。当前高校的思想政治教育工作形势复杂多变，不能像过去那样仅仅依靠学校开设的思想政治理论课学习来实现高校立德树人的新目标和满足新时代思想政治教育工作的社会现实需求，而是需要不断进一步探索、挖掘学校各专业领域及课程相关的各类思政教育素材，系统地构建学校包括思想政治工作体系在内的新的更高水平的、更加完备的专业人才培养方案体系，实现"三心四能五复合"人才培养目标。落实教师育人责任，全过程参与课程思政建设，做到各门课守好一段渠、种好责任田。

（三）课程思政是解决学校高质量发展问题的有效路径

在学校的各项工作中，思想政治教育工作居于首要地位。陈宝生指出，全面推进高校课程思政建设，是落实习近平总书记关于教育的重要论述的重要举措。不断推动高校的思想政治教育工作，不仅有利于全面提高学校人才培养的能力，而且有利于学校各项工作的顺利开展，促使学校不断提升自身的办学水平，走出一条高质量发展之路。如何在高校的教育教学体系和人才培养体系中坚持把思想政治教育工作贯穿始终，是我们面临的一大难题也是急需解决的一个重大问题。我们要通过课程教学这个主渠道，以课堂为育人的主阵地，从而将思想政治教育与知识教育有机结合起来，使思想政治教育工作在人才培养体系中的政治方向、价值取向、育人导向作用充分发挥出来。学校要抓住全面提高质量优化发展应用型高层次人才培养目标和工作能力建设的着力点，加强课程思政建设的工作力度，着力全面加快推动学校高等教育各类专业高质量发展。

二、从"思政课程"到"课程思政"转变的思考

（一）课程思政建设的主渠道是课程

高校对学生进行培养教育的基础环节和主渠道在于课程。如果课程建设的目标设计不够明确，就没有办法使课程思政的功能发挥出来，更何谈课程思政建设。因此，我们要在专业课程的教学中，结合每门专业课程的特点，依据课程建设的规律性，改变传统的教学方法，科学制订课程教学设计计划，明确教学目标，更新教学观念，运用现代化信息技术手段展现教学内容，及时更新知识体系，进行教学反思，充分发挥学生的主观能动性，调动学生学习的积极性和创新性，使课程中的思政元素能够依托课程建设落地生根。因此，课程思政建设能够使专业课程的建设更加完善，我们要通过加强专业课程的思政建设，不断推动专业课程自身的高质量发展。

（二）课程思政建设的核心内容是思政

课程思政，顾名思义，就是要在课程教学中充分挖掘思政教育的元素，针对学校专业课程中思政教育的特殊重要性来说，其核心内容在于思政。课程思政要将专业课程的知识传授与思政课程的价值引领相结合，共同发挥育人行为的教育价值性与政治方向性。没有正确的思想政治引领的专业课程，单一的知识传授和教学过程会变得没有灵魂和方向，也就意味着不能把教育的功能发挥出来。所以我们要在不同类别的专业课程的基础教学活动中，根据各类专业课程的特点，把学生专业知识的系统传授、综合素质提升与自我价值引领的培养结合起来，总结并提炼专业课程中蕴含的思政教学实践元素，不断引导推动我校各类专业课程的课程思政教学改革，积极探索开发我校课程思政建设的各种教学资源。

（三）课程思政建设的主阵地是课堂

课程思政建设离不开课堂，我们要通过课堂教学把专业课程的知识内容与思政教育元素有机结合起来，以润物细无声的方式，在专业课教学中把思政元素渗透到专业知识的传授过程之中，起到潜移默化的滋养作用。加强课程思政课堂建设，要不断创新课程思政的教学模式，注重价值观引领和知识学习的融合，强化专业理论知识学习与社会热点问题分析的结合，使其更贴近学生，提升思政教育的实效性，培养学生的独立学习思考能力、观察事务的能力、动手实践能力，使学生在深入学习、观察和实践中进行思考，在思辨中不断提高自身的认知能力，树立正确的人生观、价值观、世

界观，确立正确的政治方向，明辨是非。

（四）课程思政建设的主导力量是教师

教师是课堂教学的主导者，是课程思政建设的关键所在，教师的个人能力和综合素质将会直接影响课程思政立德树人的质量和效果。教师在教学过程中要自觉树立德育与智育同等重要的理念，引导学生做德智体美劳全面发展的时代新人，紧紧围绕落实立德树人根本任务，扎扎实实进行课程思政教育。课程思政建设要求教师能够自觉修炼基本功的，坚持教书育人的导向作用和示范作用，不断提高自身的教育教学能力和思想引领能力，做政治素质过硬、充满教育情怀、富有创新思维、视野开阔、严于律己、人品正直的良师，用自己的理想信念、道德情操、扎实学识、仁爱之心育人，言传身教感染学生，成为培养学生锤炼良好品格、掌握系统知识、练就过硬本领的人生导师。

（五）课程思政建设的成效看学生

培养德智体美劳全面发展的人才是学校教育的根本任务，而检验课程思政建设效果的根本标准是立德树人的成效，那就必须要看我们学生的综合能力和表现。要看学生通过专业课的学习在思政教育上是否有收获，是否促进了学生的成长成才；要看学生能否运用辩证的思维去看待问题，明辨是非，树立正确的政治立场和人生价值观念，把个人的发展与祖国的前途和命运紧密地联系在一起；要看学生是否拥有远大的理想、崇高的信念，能否肩负起时代新人的历史使命，担当起为实现中华民族的伟大复兴而努力学习、刻苦钻研、艰苦奋斗的责任。

三、加强课程思政建设的实践探索

（一）正确处理"思政课程"与"课程思政"的辩证关系

思政课程与课程思政之间是辩证统一的关系。在课程思政建设过程中，既要凸显思政课程的主渠道地位，又要体现专业课程教学的育人导向作用，使专业课程蕴含思政元素。学校思政教师要以问题为导向，在教学过程中用现实生活中的典型事例来解决学生遇到的各种困惑，培养学生分析问题和解决问题的能力，让思政课活起来，使学生入脑入心。学校应立足实际情况，通过专业课程所蕴含的思想道德追求、爱国情怀、人格修养和法治意识等内容，弘扬社会主义核心价值观，让学生在学习时受到熏陶，从而潜移默化地影响学生的思想、行为和价值选择，形成专业课教学与思想政治理论课教学紧密结合、同向同行的育人格局。

（二）不断加强思想政治教育和专业教育的有机结合

大学的专业课教学和思政教育是紧密相连的，课程思政建设不能将专业课教学和思政教育割裂开来。《高等学校课程思政建设指导纲要》指出，"建设高水平人才培养体系，必须将思想政治工作体系贯穿其中，必须抓好课程思政建设，解决好专业教育和思政教育'两张皮'问题"。当前社会受多元价值观影响，学校需要通过发挥学校的区域优势，加快专业学科建设，根据学校的学科专业布局，有针对性地开展课程思政建设，将达州的红色资源特色融入专业课程的教育中，将专业教育与思政教育有机结合起来，形成同向同行的协同育人机制。学校要立足于服务地方经济与社会发展的办学定位和自身的学科专业特点，围绕专业人才培养目标、课堂教学目标、教师选聘、教学方法、评价方法等方面进行改革，探究融入思想政治教育元素。结合学校的专业课程特点，将思政教育元素有机融入专业课堂教学中、融入实验实训课程中、融入毕业实习和专业见习等各教学环节，实现将学生知识学习和人格培养相融合的教学目标。

（三）充分发挥教师开展课程思政的主观能动性

习近平总书记强调："办好思想政治理论课关键在教师，关键在发挥教师的积极性、主动性、创造性。"进行课程思政建设必须紧抓教师这个关键环节，解决好"教育者先受教育"的问题。教师是开展课程思政的主导者，教师在开展课程思政时，其挖掘课程所蕴含的思想政治教育元素的广度和深度以及把所挖掘的思想政治教育元素全面有机融入课堂教学的深度和效果，都与教师自身的育人意识密切相关。要对教师开展课程思政进行全面的思想动员，然后在激励教师加强自身能力培养的同时，多措并举地进行教师的思想引领，使教师能够积极主动地开展课程思政教育，创新性地发挥思想政治教育的功能。

（四）构建分工合作的课程思政建设协调机制

无论是专业课程还是思政课程，它们在人才培养的总目标上是高度一致的，有利于构建分工协作的育人联动机制，有利于推动课程思政与思政课程同频共振，形成合力。注重专业课程的思政教育，将思政教育贯穿于专业课程教育教学全过程，不是说思政课就不重要了，而是恰恰说明思政课非常重要。这样做的目的是为了从更高层面上巩固和深化思政课程的主导地位和重大作用，从而在相关的理论阐释、政策解读、价值观引领等重大问题上充分发挥思政课的思想引领和示范作用。学校要建立一套有效的分工合作协调机制，使专业课程建设和思政课程建设同向同行，形成思想政治教育的合力。

（五）建立科学有效的课程思政质量评价体系

课程思政评价的重要指标是人才培养的效果。《高等学校课程思政建设指导纲要》指出，"要建立健全多维度的课程思政建设成效考核评价体系和监督检查机制，在各类考核评估评价工作和深化高校教育教学改革中落细落实"。学校要科学合理地制定课程思政质量评价体系，将思政教育的评价指标纳入其中，并适当提高其所占的比例。这样有利于激发专业课教师进行思政教育的积极性和主动性，避免任课教师只注重专业知识的讲授而忽视思想政治的教育，把过去偏重于专业评价转变调整为专业评价与思想政治评价并重，将立德树人根本要求纳入教育评价体系，要着重探索问题，改进工作，共同前进，促使教师把教书与育人的内在要求积极转化为自觉行动，营造浓郁的立德树人氛围。

参考文献

［1］杨涵. 从"思政课程"到"课程思政"：论上海高校思想政治理论课改革的切入点［J］. 扬州大学学报（高教研究版），2018，22（2）：98-104.

［2］习近平总书记教育重要论述讲义编写组. 习近平总书记教育重要论述讲义［M］. 北京：高等教育出版社，2020：48-51.

［3］张大良. 课程思政：新时期立德树人的根本遵循［J］. 中国高教研究，2021（1）：5-8.

［4］缑辉，王茜，周娟英. 基于混合教学的"汽车美容与装饰"课程思政研究与实施［J］. 陕西教育（高教版），2022（1）：42-43.

浅析红色文化融入新时代
高校思想政治教育

鲁　成[①]

落实立德树人的根本任务，担当为党育人、为国育才使命，引导青年大学生传承红色基因、树立红色理想，促进思想品德的健康发展，提升思想道德的文化素质，营造和谐的社会公德氛围，以实际行动把红色江山守护好、建设好。习近平总书记在十九大报告中说："人民有信仰，国家有力量，民族有希望。广泛开展理想信念教育，深化中国特色社会主义和中国梦宣传教育。"让大学生在实践中充分地理解红色文化，学习英雄和烈士的精神，吸取革命先烈和英雄模范的优秀品质，培养高尚品德，树立正确的价值取向，把红色基因传承好，确保红色江山永不变色。

一、红色文化的特征

红色文化不仅继承了中华民族优良的文化传统，而且还将中华民族的伟大精神世世代代延续下去，展现了中国共产党人在长久的革命战争过程中形成的高尚的思想品格和道德情操。"红色文化是中国共产党领导全国各族人民在革命、建设和改革开放时期实现民族独立和国家富强过程中凝聚的、以中国化马克思主义为核心的红色遗存和红色精神。"红色文化是中华文化不可分割的一部分，是新时代中国特色社会主义的时代脊梁，彰显着中国共产党把马克思主义基本原理与中国实践相结合、把共产主义远大理想与中国基本国情相融合而生成与发展的精神丰碑。

（一）红色文化具有革命性

红色文化是在革命战争年代创造的先进文化，是一种非常重要的历史文化遗物，是党在艰苦的革命斗争中领导人民创造出来的宝贵精神和物质财富。在百年来的革命、

---

① 鲁成，1995年生，男，助教，硕士，主要从事基层社会治理研究。

建设、改革的伟大实践中，中国共产党领导中国人民创造了独特的红色文化。在新民主主义革命时期，由于西方列强的入侵，中国逐渐成为半殖民地半封建社会。中国要想建设富强民主的国家、确立人民当家做主的政治制度，除了经济政治上的发展，就必须发展文化，即民族的科学的大众的文化，在革命年代形成红色文化精神是最迫切的出路。在土地革命时期，我军战斗文化初步创立和定型，创立第一个革命根据地，形成农村包围城市、武装夺取政权的革命道路，"打土豪，分田地"，积极地探索文化建设的理论，并努力实践，创造了新的革命文化。在社会主义建设时期，面对一个底子薄、基础差的农业大国，一穷二白、四分五裂的中国在共产党领导人的带领下，涌现出一大批先进的人民群众和先进共产党员，培育了焦裕禄精神、"两弹一星"精神、大庆精神、红旗渠精神、雷锋精神，成为激励一代又一代中国共产党人和广大民众砥砺奋进的信仰之基、精神之钙、思想之舵。

（二）红色文化具有时代性

将红色文化有针对性地融入思想政治教育中，丰富思想政治教育内容和素材，增强理论说服力。中国特色社会主义进入新时代，红色文化融入新时代高校思想政治教育，是大势所趋，符合新时代中国特色社会主义的价值要求，是坚定道路自信、理论自信、制度自信和文化自信的题中应有之义。红色文化并不是静止、孤立的，而是随着时代的发展而不断发展，与时俱进，与时代精神相结合，源源不断地影响后世，潜移默化地影响着我们生活、工作、学习的方方面面。尽管现在不同于红色文化所处的战争年代，但红色文化仍是结满伟大建党精神硕果的常青树，是党和国家的根基和底色，更是社会主义发展的立国之本。红色文化是建设社会主义现代化国家的时代脊梁，是新时代中国特色社会主义的时代脊梁。中国特色社会主义的发展离不开文化的发展，因此，新时代要切实增强红色文化自信与认同，创新性拓展红色文载体，完善红色文化传播平台，更应将红色文化与新时代中国特色社会主义的发展相结合，发挥文化的积极作用，使红色文化的时代价值得到最大化实现。

（三）红色文化具有科学性

红色文化是以马克思主义为指导的先进文化，是对中华优秀传统文化和世界优秀文化的继承、发展与创新，体现着马克思主义的精神和要义，是具有民族性、科学性、大众性的文化。马克思经典作家们反复强调，"马克思主义不是教条而是行动的指南，是研究方法而不是证明的工具"。红色文化形成于革命年代，在艰苦的革命、建设和发展时期，中国共产党人敢为人先让中国人民在艰难困苦中看到了希望，并发挥着它独特的作用。红色文化的科学性体现为两方面：一方面，充分吸收人类文明优秀成果，以科学的态度对待各国优秀文明成果，即在坚持"扬弃"的基础上，立足于本国国情，进行创新。实践出真知，红色文化发展产生于实践，所以它具有鲜明的科学性。另一方面，红色文化是马克思主义基本原理同中国具体实际相结合的精神结晶，在中国共产党的领导下，建设和改革百年历程中创造出先进的、科学的红色文化，同时也是对中华优秀传统文化和世界优秀文化的继承、发展与创新。

二、红色文化融入新时代思想政治教育的价值意蕴

（一）时代价值

时代是思想之母，思想是时代的先声。红色文化具有一定的时代性，它随着时代的变化发展而不断丰富与推进，具有与时俱进的理论品质。将红色文化融入新时代高校思想政治教育中来完善全员全过程全方位育人格局，引导青年大学生感受红色文化、认同红色文化、弘扬红色文化，为高校思想政治教育提供了直接的教育资源和正确的价值导向，更好地发挥高校思想政治教育在巩固马克思主义意识形态领域的指导地位。红色文化是一种重要资源，能够为高校思想政治教育的发展提供精神资源，将红色文化与时代相结合，充分发挥其时代价值，为实现第二个百年奋斗目标做出新的伟大贡献，让我们在全新的发展事业中不断开拓进取，让我们在中华民族的伟大复兴征程中更加奋发有为。

（二）理论价值

红色文化是对中华优秀传统文化和世界文化的继承、发展和创新。红色文化包含着一系列精神资源和物质资源，红色文化的主体是精神资源，蕴含着丰富的理论价值。红色文化倡导崇高思想境界和伟大革命精神，传播其理论精神与理论价值，有利于红色文化深入人心，凝聚人心和积聚力量，有助于消除误解，让世界人民更理性、客观地看待中国文化。青年是国家的未来、民族的希望，是国家的栋梁之材，高校又是青年主体所在的主要环境，因此，发挥红色文化的理论价值融入高校思想政治教育，有助于增强当代大学生更加坚定理想信念，形成应对风险挑战的斗争精神，树立社会主义核心价值观，确立正确的政治方向和思想观念。

（三）实践价值

时代是思想之母，实践是理论之源。红色文化有其独特的实践价值。高校大学生通过观看革命题材电影、书籍，走访博物馆、纪念馆、烈士陵园，在全社会形成一种热爱祖国、敬仰先烈、敬重英雄的社会风气，从而深切体会革命年代的艰辛，感悟革命志士的坚定信仰。红色文化的实践价值体现在为高校大学生提供了感悟红色精神的物质载体、开展高校德育的有效载体。社会实践成为高校不可缺少的课程环节，利用

暑期"三下乡"社会实践的平台和暑期社会实践志愿者服务等活动让大学生亲身体验，获得更多感悟，在潜移默化中坚定青年学生的理想信念，积极传播红色文化，实践红色精神，使大学生对红色文化所蕴含的精神理解更加透彻，使大学生在实践中接受红色文化，进而汲取红色文化及思想政治教育养分，不断提高个人品质、素质及各项能力，促进大学生全面发展。

三、红色文化融入新时代思想政治教育面临的挑战

（一）教育理念缺乏时代感

随着时代的不断发展变化，高校思想政治教育的教育理念也应与新时代中国特色社会主义思想相融合，教育者的教育理念更应该与时俱进，跟上时代潮流。但是，在实践过程中，有不少教师的教育理念仍然被传统的理念所局限，缺乏时代感，难以随着时代的变化完善教育理念。中国特色社会主义进入新时代，经济的发展应顺应社会发展的需要变迁，如果不能很好地将红色文化结合新时代来融入高校思想政治教育，就不能更好地促进高校思想政治教育长效运作，就难以提高学生的思想道德素质。大学生需求多样化，如只是单一注重拔苗助长和填鸭式的施教方式，不注重多样化教学理念是很危险的，容易造成学生对所学课程丧失兴趣。

（二）教育方式缺乏创新性

高校思想政治教育的目的是把"立德树人"作为培养学生的中心环节，实现全员育人、全过程育人、全方位育人。如果高校思想政治教育的教育方式仍用以往单一式、机械式的方法，缺乏创新性，教学内容自然不够新颖丰富。笔者目前所了解的高校对大学生的红色文化教育大多仍停留在课堂讲授及灌输式教学上，这种浅显而简单的红色文化传播方式和教育方式对红色文化融入高校思想政治教育收效甚微，表面上看起来学生似乎接触到了许多红色文化，殊不知，学生对红色文化的了解不够深入，无法深刻领会红色文化的科学内涵和精神实质，更谈不上在理性层面上的提升，只能停留在表面形式上，使得红色文化教育内化于心与外化于行不能很好结合，造成两者脱节。

（三）教育过程缺乏科学规划

尽管红色文化教育早已进入大学课程中，但当前的大学生红色文化教育方式缺乏具体计划及科学的统筹规划，没有形成一个科学完整的体系，导致教育效果不是很显著。虽然红色文化是高校思想政治教育不可缺少的一部分，但在教育过程中不可避免地出现教育目标、理念、手段、方法等没有细化以及缺少科学规划的现象，并未能及时地对学生是否掌握了红色文化的内涵、价值及对自身的影响有所了解。缺乏科学规

划，很难促进学生陶冶情操、启迪心智、升华思想，不利于思想政治教育长远发展，不利于全方位、多角度地感染和教育学生，增强思想政治教育效果。

四、红色文化融入新时代思想政治教育的实施路径

（一）转变教育理念

加强红色文化教育进校园、讲堂、头脑，关键在于教师的教学理念。高校思想政治理论课是对大学生进行思想政治教育的主渠道，因此，为保证红色文化教育进校园、进课堂、进头脑的工作得到有效落实，有必要促使教师主动积极地在课堂教学中运用红色文化资源，让教育理念具有时代感，用红色文化赓续精神谱系，用信仰之光谱写时代华章。青年大学生对于红色文化的理解不能够仅仅停留在感性认识阶段，而要深刻去理解红色文化的内涵、价值和作用，进一步上升到理性阶段。红色文化是一种积极文化力量，将其融入高校思想政治教育中，才能发挥好红色文化在高校思想政治教育中的积极作用。转变教育理念，贯彻落实以学生为本的教育理念，强调以人为本，使红色文化渗进血液、浸入心扉，促进学生自身的发展与完善。作为一名教师，学会与学生站在同一水平线上，了解学生的需求、个性、道德品质，这样才能教育出优秀的学生，同时也才能净化心灵、提高认识、升华精神，增强文化认同感。同时应尊重学生、爱护学生，积极将红色文化表达的精神传送到学生的心中，帮助大学生培养坚定的理想信念，获得文化自信并主动传承红色文化。

（二）优化教育方式

不断优化教育方式，主要是让教育方式"活"起来、"动"起来，将红色文化润物细无声地渗透到教学内容中去，引导广大青少年弄清楚中国共产党为什么"能"、马克思主义为什么"行"、中国特色社会主义为什么"好"等基本道理，让红色基因代代相传。所谓教书育人，"教"的目的是为了更好地"育"。红色文化历久弥新的法宝也在于它的"化人"性，所以要坚持以人为本，尊重和关注学生心理特征和思想状况，破除传统的灌输式教学法，要增加与学生的互动，增强学生的话语权。不少高校大学生对于红色文化的理解是孤立、静止、片面的甚至是不理解的，认为过去的东西在新的时代没有必要去了解。实践活动是红色文化建设的有效载体，是红色文化传播的有效平台。高校应优化教育方式，加强红色文化实践活动，让学生了解红色文化的重要意义。学校应积极推进社会实践活动，努力向外拓展红色文化外延。比如，通过唱国歌、唱红歌，看革命题材电影、书籍，参观博物馆、纪念馆等，在开展红色教育活动中使各类红色文化内容相互补充，相得益彰，推动全社会形成敬仰先烈、敬重英雄、

尊重军人的社会风气，增强红色文化的吸引力，发挥红色文化的整体教育效应。通过学习教育，使每个当代大学生都能树立起正确的人生观和价值观，坚定正确的理想信念，提高明辨是非的能力，筑牢抵御拜金主义、享乐主义、极端个人主义等思想侵蚀的思想道德防线，丰富红色文化的时代内涵。

（三）规划教育过程

高校思想政治理论课教学的任务性质、教学内容以及教学目标决定了红色文化教育发展的方向和前景，是进行红色文化教育的主阵地、主课堂和主渠道。规划教育过程，使教育过程更加具体化和科学化，有针对性地建立教育过程制度保障体系，使学生在实践中感受理论的内涵，有利于培育社会主义核心价值观，能够让红色文化"进教材、进课堂、进头脑"，坚定高校思想政治教育发展方向，产生心灵上的共鸣。相关领导和教师应对学生的个性发展有所了解，有计划地系统掌握教学目标、教学任务，并在实践活动过程中开展红色文化教育。红色文化植根于中国大地，烙印于人民心中，作为国家的未来和民族的希望的青少年应加强对红色文化的深入了解和学习。将红色文化融入思想政治教育中，弘扬社会正能量，传承红色基因，同时促进思想政治课更有趣，让更多学生有意识、有目的地去接触红色文化，理解红色文化。

参考文献

［1］习近平. 决胜全面建成小康社会 夺取新时代中国特色社会主义伟大胜利——在中国共产党第十九次全国代表大会上的报告［M］. 北京：人民出版社，2017.

［2］沈成飞，连文妹. 论红色文化的内涵、特征及其当代价值［J］. 教学与研究，2018（1）：97-104.

［3］习近平. 习近平谈治国理政：第2卷［M］. 北京：外文出版社，2017：61-70.

［4］马克思，恩格斯. 马克思恩格斯文集：第39卷［M］. 北京：人民出版社，1974：406.

［5］李伟. 红色文化资源与高校思政教育的有效整合［J］. 公关世界，2022（20）：142-143.

［6］钟平艳，彭晓凤. 红色文化景点教育资源在高校思想政治理论课中的运用研究［J］. 黑龙江教育（理论与实践），2022（3）：5-7.

知识产权专业实习模式探究

——以四川文理学院为例①

杨 宏②

中华人民共和国知识产权高等教育起源于 20 世纪 80 年代，至今已有 40 多个年头。如今的中国高等教育已经从精英高等教育进入了大众高等教育阶段，经济与社会发展也进入了一个新时代。

回眸知识产权高等教育 40 余年的发展，毋庸置疑的是，我国知识产权高等教育取得了丰富的成果，培养了一大批高等教育知识产权人才，知识产权高等教育结构逐渐分布合理，有效支撑了我国知识产权事业的发展。2003 年，华东政法大学设置知识产权专业，成为我国设立知识产权本科专业的第一所高校，可见我国的知识产权高等教育仍十分年轻。据统计，2022 年底，共有 105 所高校设置了知识产权专业；2020 年底，共有 45 所高校设立了知识产权学院。如今我国知识产权高等教育专业化程度日益加深，将为我国知识产权强国建设目标的实现提供源源不断的人才输出。

一、四川文理学院知识产权专业概况

四川文理学院于 2017 年向教育部申请设置知识产权本科专业并获批，于 2018 年开始正式招生，2021 年设立知识产权学院。知识产权专业的前身是法律事务专业及政法教育方向，与法学相关的办学历史将近 20 年。

四川文理学院曾经是以师范类为主的学校，现在的发展战略是建成高水平的应用型大学，学科门类较全。知识产权专业属于应用性十分强的专业，契合学校的发展方向，受到校领导的关注和大力支持，自诞生起就被寄予厚望，发展前景光明。但是由

---

① 本文为四川文理学院 2020 年教改课题"知识产权专业实习模式研究"（2020JY092）成果。
② 杨宏，1973 年生，女，副教授，硕士，主要从事知识产权法、诉讼法学研究。

于学校曾经以师范类专业为主，理工科专业较弱，客观上不利于知识产权专业的发展，这从四川文理学院知识产权专业学生的学业基础也能窥见一斑。具体见表1。

表1　学生高考时文理分科情况一览　　　　　单位：人

班级	文科	理科	新高考	辅修理工科专业人数
2018 级	33	20	0	3
2019 级	27	18	0	5
2020 级	24	14	4（1 人生物、2 人化学、1 人生物化学）	6
2021 级	24	5	15（2 人化学、3 人物理、4 人生物，其余选文科科目）	1

由表1可知，四川文理学院知识产权专业招生时文理兼收，从近四届学生入学前的知识背景看，知识产权专业的学生以文科学生为主，且在大学期间，辅修理工科专业的学生占比低，仅在14%以下。此外，我校知识产权专业师资来源于传统法学专业，专任教师缺乏理工科背景知识。这是我校确定知识产权专业人才培养方案、教育教学计划、实习模式等必须关注的学情和师资情况。自2022年起，四川文理学院知识产权专业将扩大招生人数，招收两个知识产权本科班，但可以预见的是，未来招收的学生仍会以文科学生为主。所以，必须选择一条与理工科院校知识产权专业不同的发展模式和路径。

值得庆幸的是，2021年5月，四川省知识产权服务促进中心批准设立了四川省知识产权培训（四川文理学院）基地，基地的成立及工作的开展必将为我校知识产权专业的发展带来新的资源、平台和机遇。

二、政产学介联合的知识产权实习模式的建构

未来，随着毕业学生的增加，我校知识产权专业学生的实习将成为知识产权人才培养中的一件大事。上文分析了我校学生以文科为主的学情，在确立我校知识产权专业实习模式时还需考虑知识产权行业人才需求状况，以使学校的人才培养与社会需求相结合，使学生毕业后能走出去，能稳定就业。

据不完全统计，2018年，全国人才招聘市场累计21 834家企事业单位发布283 788条知识产权人才招聘信息；广东省、北京市、上海市、江苏省、浙江省为全国知识产权人才需求的高发地；四川省、重庆市、陕西省等西部地区知识产权发展迅速，成为

IP（知识产权）人才需求强省的主要代表。从全国知识产权人才需求地域分布来看，四川本省的人才需求量及发展态势是鼓舞人心的，这为我校知识产权专业的发展提供了良好的地域优势。

根据智诚人才发布的《2018年全国知识产权人才市场需求分析报告》，中介服务机构以57.48%的占比占据全国知识产权人才行业需求总榜首，其中专业技能型人才岗位中专利代理人岗成为中介机构知识产权主要强需求岗位；知识产权顾问岗以累计占中介机构IP人才市场需求40.25%的占比成为中介机构知识产权主要强需求岗位之一。四川成都已有2 000余家知识产权中介机构，是西南三省知识产权发展高地，具有发展较充分的知识产权市场，这为四川文理学院知识产权专业学生实习实践及就业提供了得天独厚的条件。

随着《知识产权强国建设纲要（2021—2035）》的发布，习近平总书记的经典话语"保护知识产权就是保护创新"将植根于人们的头脑；"大众创业、万众创新"的理念也将更加深入人心。"大众创业、万众创新"必将催生更多的社会创新主体，知识产权人才需求主体类型必将呈多样化分布。据统计，民营企业成为知识产权人才需求的最大主体；规模500人以下的经营主体占据IP人才需求主体市场81%的份额。"中国智造"呼唤创新，创新企业急需知识产权人才保驾护航。所以，知识产权人才的就业无疑将会流向众多的市场创新主体。

此外，四川文理学院知识产权专业的前身是法律事务专业，往届毕业生在市县级政法机关、司法行政机关、律师事务所工作人数较多，对本校法律学子就业的惯性影响不容小觑，加之四川省内除成都外，其他地（市、州）知识产权事业发展尚处于起步阶段，就业岗位有限，而且国家机关有着工作稳定的优势，故学子们对国家公务员的青睐度不会降低。

四川文理学院是一所普通地方本科院校，已经确立了向应用型大学转型的发展方向。所以，知识产权专业的实习模式必须立足于校情、学情。"企业需要的人才，企业可以自己单独培养；司法需要的人才，司法单位可以单独特色培养……知识产权高等教育的目的应当定位为我国知识产权事业的发展提供有独立思考能力的大众高等教育人才+具有知识产权专业研究能力的研究型精英人才"这种思路显然不适合于四川文理学院。我校虽不直接为企业培训对口员工，但必须将向企业输送具备知识产权基本素养、知识产权管理知识和服务能力的人才视为己任。为此，知识产权专业在设计人才培养方案、课程设置及实习实践课程等时，不可忽视市场对人才的需求及需要人才具备的知识和实践技能。

知识产权是兼具理论与实践的学科，与传统的法学专业相比，知识产权专业具有更加强烈和紧迫的实践需求，与之对应，设计知识产权专业实习实践模式时，校内校外的实践都不能偏废，校外实践基地更是十分重要。基于上述分析，四川文理学院应当构建政产学介联合的知识产权实习模式。所谓政产学介联合，是指将政府、企业、高校、知识产权中介服务机构联合起来，使其发挥各自的优势，力求有效促进资源利用，为实现培养应用型、复合型知识产权人才这一共同目标而做出的制度安排。

2022年，知识产权专业第一届学生毕业，但学生们的毕业实习仍然沿用了传统法学以法院、检察院、律师事务所为主要实习单位的方式，未能充分体现知识产权专业的特色。此法不可延续，应当拓宽实习渠道，体现专业特点，将政产学介联合模式落地生根。

2022年1月7日，达州市人民政府与四川文理学院举行校地合作签约仪式，双方将在更宽领域开展深度合作，瞄准四川文理学院建成高水平应用型大学、创建硕士学位授权单位和为达州创新驱动高质量发展提供人才、智力支撑等目标。市政府与学校合作框架协议的签订和落实，为政府力量对知识产权专业的支持提供了坚强助力。如今，知识产权学院与达州市知识产权工作政府主管部门——达州市市场监督管理局接触、交流日益频繁，如部分教师成为达州市知识产权纠纷调解委员会委员、协助达州市市场监督管理局开展"4·26"世界知识产权日宣传活动，四川文理学院教师参与《达州市"十四五"知识产权保护和运用发展规划（2021—2025年）》的拟定；达州市市场监督管理局支持四川省知识产权培训（四川文理学院）基地即将开展的"川东北能源化工人员知识产权培训"项目的实施及"知识产权纠纷多元化解机制及能力提升"项目的申报等。总之，地方政府与学校的政学合作已经有了良好的开端，未来必将步入更加紧密的合作阶段。

专利工程师岗、知识产权管理岗和法务岗是企业知识产权主要强需求岗位，受学科背景知识的束缚，我校知识产权专业学生在专利工程师岗位几乎无竞争力，但在知识产权管理岗和法务岗两个岗位上是具备一定竞争能力的。然而，由于四川文理学院坐落地达州位于川东北，离成都较远，地处川、渝、鄂、陕四省交界之处，交通便利但工业不是很发达，无大型国有企业，本地企业以中小型、微型企业为主，故多数企业科技含量不高，尚无"瞪羚企业"。小企业、非科技型企业往往知识产权意识不强，"等、靠、要"思想严重。对于我校知识产权专业学生而言，这些本地企业对学生实习实践的需求也不大，所以是急需培育、挖掘的实习实践场地。当然，我们的视线不能只盯在本地企业上，还需拓展地域范围，尤其是开拓周边如重庆、西安等地的企业资源，更要瞄准广东、北京、上海等知识产权发达地区，提升专业实习的质量和层次。

与市场创新主体不多、知识产权意识不强相匹配的是，达州知识产权中介服务机构数量尚未实现零的突破。与成都市 2 000 余家知识产权中介服务机构相比，成、达两地经济与社会发展的差距尤其是知识产权事业发展的差距令人触目惊心。根据智联人才统计数据，在知识产权人才需求总量中，中介服务机构以占比 57.48% 高居榜首，未来我校知识产权专业学生的实习甚至就业都必将向知识产权中介服务机构进行部分转移，这是社会发展和需求的大势所趋。所以，开拓知识产权服务机构类实习基地是专业发展的必然选择。

三、推进我校政产学介合作实习模式的举措

概括言之，我校尚未建立政产学介合作的知识产权专业实习模式，产学介合作更是未迈出实质性步伐。但无论是产还是介，均属于外部力量，在地方政府和省知识产权服务促进中心等的大力支持下，平台和资源的寻找与对接并非难事。在政产学介合作模式中，"学"（学校）是核心主体，是最关键的内生力量。合作从来都是以双赢为目标的，单方的付出总是不能持久的。作为学校，必须夯实基础，练好内功，要能真正为市场创新主体带来价值。

四川文理学院要将政产学介合作实习模式落地落实，更好地发挥知识产权助力地方经济与社会发展的作用，应当从以下四个方面入手：

（一）建立校内实践教学基地

要使政产学介合作实习模式顺利实施，学校在将学生送到政府机关、企业单位、知识产权服务机构之前，应当在校内为学生提供实践的机会和资源。重庆理工大学创建了知识产权创新能力实验基地，包括知识产权应用模拟实验室、文献数据中心、知识产权咨询与评估鉴定中心、数字模拟法庭（专利口审判庭），这种在校内建设相对完善的实践基地的做法值得我校学习。目前，我校只有模拟法庭实训室供知识产权本科专业实践教学，并无体现知识产权特色和专业建设需求的实践场所，如知识产权应用模拟实验室，甚至连专利检索与导航所需的数据库与检索平台都未购置，使专利检索这门课程的教学处于空对空的状态，学生无法上手实践操作，更不能将所学知识用于实践。简而言之，专业要打响，首先得打好理论基础、培养应用能力。知识产权专业要发挥服务地方知识产权事业的作用，必须首先在培养学生上花费精力和成本，因此校内实践基地的建设刻不容缓，这是学生将知识产权理论知识与知识产权实务结合的练兵之地。对于我校而言，首先应当是在软件上着力。专利导航人才是全国都紧缺的人才，应当抓住机遇抢占先机，迅速购进专利数据库或者检索平台，提升专利导航教学和实践能力。

根据智诚人才统计数据，2018 年全国 IP 行业人才需求中，初级专利工程师和法务专员等初中级职位为企业市场需求中的最主要强需求职位。可见，知识产权法务专员的市场需求巨大，对于我们这种以文科学生为主的知识产权专业学生来说，这无疑是一个积极的信号。所以，我校应当在夯实学生知识产权法务上着力，体现到实践教学中，则可以通过设立知识产权法律诊所、开展知识产权典型案例模拟审判等方式锻炼学生运用所学法律知识解决实际案例的能力。

（二）重视校外实习基地的拓展与建设

目前，知识产权学院实习基地以思想政治类、行政管理类、教学类为主，法学类实习基地缺乏。自四川省知识产权培训（四川文理学院）基地设立后，基地与四川川环科技股份有限公司签署了战略合作框架协议，该协议的签署和履行有助于培养既有理论素养又具有知识产权实务能力的复合型知识产权人才。但总体而言，与知识产权专业有关的校外实习基地数量太少，且分布区域十分有限，知识产权发达地区更未建立实习基地。按照政产学介合作实习模式的要求，四川文理学院尚需大力拓展校外实习基地，尤其是科技型企业以及知识产权服务机构类实习基地。对此，学校校地合作处理应率先行动。学校领导十分重视校外实习基地的建设，校长、书记亲自联系了 100余家企业。此种举措既有利于提高四川文理学院的知名度，也能为学校的发展、学生的就业以及四川文理学院服务地方经济与社会发展提供更多机会。借此东风，知识产权学院也应主动走出校园，走进企业，了解企业的需求，主动服务地方，实现双赢。

实习基地还应该拓展范围，既要在本市建设基地，也要走出去，尤其是以成都、重庆为代表的知识产权服务发展之地。同时，还应当有更宽的视野，以广东、江苏、浙江为代表的知识产权服务发达地区也应积极联系，力争在这些区域设立实习基地。如此，必将对学校知识产权专业的发展带来极大助力。

（三）多举措改善实践教学师资薄弱状况

全国第一所招收知识产权专业学生的高校是华东政法大学，虽然如今已有 100 余所大学招生，但知识产权专业本身仍然十分年轻。从全国来看，知识产权师资都存在薄弱问题，知识产权实践教学师资则更加薄弱，四川文理学院也不例外。实践教学指导教师既要具备较高理论水平，还需要具备较强实践能力，是典型的"双师型"教师，仅靠高校的内培是远远不够的。解决的路径主要是两个：其一，提升任课教师实践教学能力。可以分批送任课教师到知识产权行政主管部门挂职锻炼，或者到知识产权律师事务所短期实训，或者到知识产权服务机构、知识产权实践教学基地短期学习和工作，也可以利用假期或周内无课时间到附近关系企业实践和调研。总之，任课教师要提高实践教学能力，必须参与知识产权实践，别无他途。其二，可以外引。可以将政府职能部门、企业和知识产权中介服务机构的知识产权人才引入课堂，引入知识产权专业实践教学。这既契合"共享"理念，也能使教学与社会接轨，有利于提高实习实践质量，也有利于培养出应用型人才。

（四）政产学介合作契约化

"诚信"是社会主义核心价值观的重要组成部分，"诚实信用"也是民法的基本原则之一，又称"帝王规则"。政产学介合作实习模式的顺利推进需要契约精神，需要各方严守契约。为此，政产学介合作各方应当签订合作协议，用契约来明确各方的权利与义务。契约化的方式有助于各方长期、稳定的合作，并使各方均能通过契约实现各自的利益，保证实现双赢或多赢。

四、结语

四川文理学院知识产权专业是新设本科专业，应用性很强，也是极具发展潜力的专业，能为学校建设高水平应用型大学贡献较大力量。但是，知识产权专业的发展也面临着一系列难题。知识产权专业的实习应当采取政产学介合作的模式，这符合我校的实际情况。但该模式的推进尚需要学校、政府、企业等的共同努力，学校更应当首先练好内功。唯有校内校外形成合力，方能提高知识产权专业服务地方经济与社会发展的能力。

高校思想政治理论课教学中的管理育人机制探究[①]

王莉花[②]

管理是指在特定的时空环境下，管理者以人为中心对组织的资源进行决策、计划、组织、指挥、协调、控制与创新，从而高效地达到既定组织目标的过程。自古以来，教学总是离不开管理，没有良好的管理，教学难以实施，更不可能达到预期效果。当前，党和政府对高校思想政治理论课（以下简称"思政课"）寄予厚望，师资配备、经费投入与工作条件等都有了明显改善，各种教学改革如火如荼，各种教学竞赛此起彼伏，但教学管理的改革仍停滞不前，甚至很少有人问津。虽然铸魂育人是思政课的根本遵循，但由于管理缺失，教学效果总是事与愿违，甚至有人批评高校思政课教师"只教书不育人"。2017 年的《高校思想政治工作质量提升工程实施纲要》（教党〔2017〕62 号）提出了课程、管理等"十大育人"理念。2018 年，教育部办公厅在《关于开展"三全育人"综合改革试点工作的通知》（教思政厅函〔2018〕15 号）中又提出了全员育人、全过程育人和全方位育人的"三全育人"概念。由此可见，管理育人不但是"十大育人"体系的重要组成部分，亦是推进"三全育人"工作不可或缺的重要力量，切不可被忽视或淡忘。所谓管理育人，就是在管理中做好育人工作。而高校管理育人，则是指高校管理部门及其管理人员立足新时代，围绕立德树人这一根本任务，通过有目的、有计划、有组织地对管理对象施加教育影响，促使其思想水平、政治觉悟、道德品质、文化素养趋向学校育人目标的实践活动。思政课作为高校"三全育人"体系的核心课程，必须遵循和探究管理育人的运行机制，并将其作为教师的行为准则，才能推进思政课教学改革创新，实现立德树人的根本目标。

---

① 四川文理学院 2020—2022 年校级教育教学研究与改革项目"高校思想政治理论课教学中的管理育人机制探究"（2020JY020）的研究成果。

② 王莉花，1981 年生，女，讲师，硕士，主要从事行政理论和大学生思想政治教育研究。

一、思政课教师自我管理育人机制

2014 年 9 月，习近平总书记在视察北京师范大学期间发表了关于"四有"好老师的重要讲话。他指出，打造一支有理想信念、有道德情操、有扎实学识、有仁爱之心的"四有"好老师队伍，是学校办学的重要任务。在 2019 年的"3·18"讲话中，他又指出："办好思政课关键在教师，关键在发挥教师的积极性、主动性、创造性。"同时，他强调思政课教师必须做到"六个要求"，即"政治要强、情怀要深、思维要新、视野要广、自律要严、人格要正"。"经师易求，人师难得。"高校思政课教师必须秉承"学高为师，身正为范"的职业操守，处处以身作则，以孜孜不倦的教诲，循循善诱，铸魂育人。

（一）师德师风机制

师德的内容十分广泛，不仅包括教师在教育教学中表现出来的良好的道德品质和行为规范，还包括教师的"三观"以及政治立场和政治态度，等等。因此，师德不仅反映在教育教学活动当中，也浸透在教师日常的学习和生活当中。师风和师德紧密相连。所谓师风，就是指教师在教育教学活动以及日常的学习和生活中表现出来的风尚风气。它不仅包括教师的文化程度和品格修养，而且还是教师道德、才学、素养的集中体现。思政课是高校思想政治工作的主渠道，而教师则是主力军。思政课的教学效果与教师的专业素养和师德师风密切相关。《高等学校思想政治理论课建设标准（2021年版）》（教社科〔2021〕2 号）明确要求："思政课教师具有良好的思想品德、职业道德、责任意识和敬业精神，无学术不端、教学违纪现象。"古人云："师者，人之模范也。"要想提高思政课的教学质量，教师必须言传身教，率先垂范，重视师德师风建设，使自己具备良好的道德素质和专业技能，并在平时的生活、学习和工作中起到先锋模范作用。其一，坚定理想信念。坚定的理想信念可以使教师保持头脑清醒，无论遇到任何困难都能圆满完成教学目标和任务，发挥教师主力军的作用。为此，高校思政课教师必须加强理论学习和研究，坚定理想信念，用自己的言行教导和感染学生，增强学生对马克思主义和共产主义的信仰、对中国特色社会主义的信念、对实现中华民族伟大复兴的信心。其二，严守职业道德。高校思政课教师应当充分认清岗位职责，养成终身学习的习惯，严守教师职业道德，爱岗敬业，不断丰富自己的教学经验，努力提高课堂教学艺术和质量，使学生养成正确的世界观、人生观和价值观，并对思政课有获得感和成就感。同时，要有明辨是非的能力和政治鉴别力，切忌陷入"历史虚无主义"的漩涡，误人子弟，害人害己。

（二）课程管理机制

《中华人民共和国高等教育法》第三十四条明确规定："高等学校根据教学需要，自主制订教学计划、选编教材、组织实施教学活动。"《高等学校思想政治理论课建设标准（2021年版）》（教社科〔2021〕2号）明确要求："教学管理制度健全，建立备课、听课制度以及教学内容和教学质量监控制度，认真执行各项管理规章制度，检查、评价制度等。教学档案齐全"，"用最新版马克思主义理论研究和建设工程重点教材为思政课统编教材"。因此，高校思政课教师课程管理至少应当包括教学设计、备课、教学反思以及试卷分析，等等。首先，教师在进行教学设计时，应坚持问题导向，根据教学内容，选择真实案例，设置序列化的问题，锻炼多元思维，培养核心素养，切不可照本宣科，搞"满堂灌""一言谈"。其次，教师在备课时应努力做到"三深耕"。其一，深耕教材，增强教学内容的思想性；其二，深耕学情，增强教学内容的针对性；其三，深耕教法，增强教学内容的实效性。只有这样，才能达到"八个相统一"①的要求，增强高校思政课的思想性、理论性和亲和力、针对性。切不可搞"拿来主义"，照搬照抄，"一刀切"。再次，教师课后要进行教学反思。教学反思能力是较为不易发展的能力之一，在教师的能力结构图中具有不可或缺的地位。教师可以着重从问题意识、课堂主题以及现代教育技术手段等方面对教学的各个方面各个环节进行细致深入的推敲和思考，并最终达到教学相长的目的。最后，教师在考试结束后要进行试卷分析。教师可以根据学生的答题情况，分别从试卷的信度、效度、难度、区分度和客观性等方面来全面评估试题质量，并为以后改进教学方式做准备，切忌敷衍了事。

（三）协同育人机制

"三全育人"强调发挥整体功能，推进各个部门和岗位协同育人，部门之间摒弃形式主义，是提升人才培养质量的"黏合剂"和"催化剂"。习近平总书记指出，"要把立德树人的成效作为检验学校一切工作的根本标准"。因此，高校思政课教师要转变观念，改变以往只"教"不"管"、只"教"不"导"的状况，不断增强责任意识，"守好一段渠、种好责任田"。要不断提升思想政治教育工作的主动性和积极性，坚持课内与课外、线下与线上、隐性与显性等教育方式深度融合，有针对性地对学生进行专题走访、团体辅导、主题教育等，与学生进行深入沟通交流，力争将思想政治教育工作贯穿人才培养全方位全过程。同时，思政课教师应当主动与学生干部、带班辅导员、就业指导与学业规划导师、心理辅导员、相关行政管理人员以及学生家长等联系，形

---

① "八个相统一"，即习近平总书记在2019年3月18日主持召开的学校思想政治理论课教师座谈会上提出的"政治性和学理性相统一、价值性和知识性相统一、建设性和批判性相统一、理论性和实践性相统一、统一性和多样性相统一、主导性和主体性相统一、灌输性和启发性相统一、显性教育和隐性教育相统一"。

成育人合力，教导学生坚定理想信念，厚植爱国情怀，在全面建设社会主义现代化国家新征程中勇当开路先锋、争当事业闯将。

二、思政课课堂教学管理育人机制

课堂是点亮思想火炬、启迪人生智慧的殿堂。2015 年的《普通高校思想政治理论课建设体系创新计划》（教社科〔2015〕2 号）指出，要办好高校思政课，必须用好课堂教学这个主阵地、主渠道，它"事关意识形态工作大局，事关中国特色社会主义事业后继有人，事关实现中华民族伟大复兴的中国梦"。实践证明，课堂教学是开展思想政治教育最为行之有效的好办法，但不能回避的是，当前高校思政课的课堂教学正在受到互联网"快捷便利"性的挑战。"00 后"的大学生几乎都是网络原住民，他们当中有不少对思政课缺乏专业认同感，认为其是"假大空"的说教而不感兴趣，因为手机中的内容更有趣、更精彩、更刺激，也更有吸引力。其实，早在 2016 年 12 月的全国高校思想政治工作会议上，习近平总书记就强调："思想政治工作从根本上说是做人的工作，必须围绕学生、关照学生、服务学生"，"要用好课堂教学这个主渠道，思政课要坚持在改进中加强，提升思想政治教育亲和力和针对性，满足学生成长发展需求和期待"。因此，当前想要提升思政课的实效性，必须重视课堂管理，提升课堂教学的针对性和亲和力。

（一）推动"供给侧"改革

思政课要关注学生感受，关心学生情感体验，了解学生所思所想，注重调查研究的作用，从"需求侧"入手，推动"供给侧"改革。首先，思政课要以中国为观照、以时代为观照，立足中国实际，通俗易懂地把马克思主义理论讲好，理直气壮地把习近平新时代中国特色社会主义思想讲好；又要立足中华民族伟大复兴战略全局和世界百年未有之大变局，"讲好中国故事"，讲好新中国与世界发展大势。思政课教师要利用好互联网"快捷便利"的"福利"，将"理论资源""红色资源""网络资源"不断整合，以满足青年大学生"正能量、主旋律"的精神需求。其次，思政课的课程设计要"接地气"，要有"人情味"，紧密联系青年大学生的职业生涯规划、人生道路选择、情感初始体验等学习与生活实际，关心和了解他们的感受，引导他们讲身边的故事，讲自身的故事，不断拉近与他们的距离，将青年大学生的注意力尽可能地吸引到课堂上来，增强他们对马克思主义理论的认同感和中华民族伟大复兴的使命感。此外，习近平总书记在 2019 年的"3·18"讲话中亦指出："青少年阶段是人生的'拔节孕穗期'，最需要精心引导和栽培。"青年大学生多为网络时代的原住民，正处在"红色"

"黑色""灰色""三个地带"兼有的思想舆论环境当中。同在多元、多样、多变的价值话语场域，需要思政课教师为广大青年大学生的成长发展答疑解惑，提供世界观辅导、价值观引领、人生观匡正，引导青年大学生"扣好人生第一粒扣子"。

（二）创新课堂教学模式

高校思政课要以学生为中心，充分尊重学生的主体地位，要向改革创新要活力，吸引青年大学生参与到思政课中来。众所周知，不同的教授方法具有不同的感染力，深刻影响着学生们的理解力和接受程度。新时代的青年大学生追求"新潮"的群体性特征迫使思政课教授方法必须改革创新。我们既要用通俗易懂的语言来阐释深奥的基础理论，用幽默诙谐的语言来营造愉快的课堂氛围，坚持守正创新，用好讲授等传统教学方法，又要不断探究新的教学模式，创新教学方法，积极采用案例式教学、探究式教学、体验式教学、互动式教学、专题式教学、分众式教学等方法，并借助现代信息技术等手段建设智慧课堂，强调启发式教学和参与式学习。此外，思政课要敢于辩论，允许思想碰撞。常言道，"以己之昏昏，何以使人昭昭？"马克思曾经指出："理论只要（能）说服人，就能掌握群众；而理论只要彻底，就能说服人。所谓彻底，就是抓住事物的根本。"思政课教师必须具有"给人一碗水，自己要有一池水"的本领，务必做到"站位要高、视野要远、思考要深、角度要新"。具体来说，一是要说公道话，循循善诱；二是旗帜鲜明，讲正面理；三是辩证通俗，讲实在理。唯有这样，才能引导青年大学生"真学"理论、"真懂"理论、"真信"理论。

三、思政课实践教学管理育人机制

马克思主义理论绝不是空洞的说教，而是具有鲜明的实践性特征。习近平总书记曾指出："'大思政课'我们要善用之，一定要跟现实结合起来。上思政课不能拿着文件宣读，没有生命、干巴巴的。""要把课堂教学和实践教学有机结合起来，充分运用丰富的历史文化资源，紧密联系中国共产党和中国人民的奋斗历程，深刻领悟马克思主义中国化的内在道理，深刻领悟为什么历史和人民选择了中国共产党和社会主义，进一步坚定'四个自信'。"因此，必须引导青年大学生从课内走向课外，从理论走向实践，"用脚步丈量祖国大地，用眼睛发现中国精神，用耳朵倾听人民呼声，用内心感应时代脉搏"，磨炼"实践出真知"的意志和品质，深刻理解"中国共产党为什么能，中国特色社会主义为什么好，马克思主义为什么行"等重大理论问题。

（一）准确定位实践教学

目前，我国高校对思政课实践教学的定位没有准确的认识，对其性质的认识存在偏差，不少高校将其视为一种教学方法，教学过程多以主题发言、辩论讨论、情境表演等作为主要形式。此外，不少高校将思政课实践教学与思政教育中的实践教育相混淆，但其实二者分属于不同的范畴，后者的范畴更广，包含了前者，但不可替代。《高等学校思想政治理论课建设标准》（2021 年版）明确要求："实践教学纳入教学计划，统筹思政课各门课的实践教学，落实学分（本科 2 学分，专科 1 学分）、教学内容、指导教师和专项经费。实践教学覆盖全体学生，建立相对稳定的校外实践教学基地。"因此，高校应当转变教学理念，着眼于人才培养，将思政课实践教学纳入人才培养计划当中，并保证独立课时和学分，以保障立德树人体系的完整性，促进思政课实践教学的真实性、全面性和系统性。

（二）创新实践教学模式

目前，高校思政课实践教学的模式主要有三种，分别是体验型、考察型和践行型。首先，体验型是指学生亲自参加某项活动，如演讲比赛、见习调研、吟诗创作等，并在活动结束后撰写心得或报告，其目的是让青年大学生在切身体验的过程中加强对马克思主义理论的感知并接受良好的思政教育。其次，考察型是指通过对某一事件或某个人物纪念馆、革命遗址等的参观，使青年大学生在脑海中再现该事件或人物"大公无私、勇敢奋进"的场面，具有较强的代入感，可以洗涤学生心灵，在启发下完成思政教育。最后，践行型是指青年大学生通过亲自参与某项思政教育实践活动项目来提升自己的思想道德素质和政治觉悟。一般情况下，践行型实践教学需要与政府、社会合作，比如志愿者服务等。践行型实践教学可以让青年大学生将所学到的理论知识通过实际行动展现出来，在一定程度上提高其社会责任意识与自我认同感，是现阶段提升高校思政课实践教学效果最有力的手段之一。此外，还需要注意两个方面：一是高校思政课实践教学模式创新应有效联结课堂、学校和社会，根据各门思政课的特点，关照学生的专业类别，制定出不同的思政课实践教学模式和考评机制，将学生实践课日常表现也纳入考核范围，改变传统的"一张试卷"或"一篇论文"的考核方式，从而使思政课实践教学更具有严肃性、规范性和实效性。二是高校应积极利用互联网，建立思政课师生交流互动平台，拓宽思政教育途径，把实践教学融入青年大学生的日常生活。

四、思政课成绩考核管理育人机制

2020 年 10 月，中共中央、国务院印发的《深化新时代教育评价改革总体方案》指出，要深化教育体制改革，健全立德树人机制，扭转不科学的教育评价导向，从根本上解决教育评价指挥棒问题。所谓"分，分，分，学生的命根"，高校思政课的考核成绩是青年大学生学习思政课所取得的成就与收获，是对其学习思政课的一种量化考核，也是对其个人学业进展和成就的评估。思政课成绩考核不仅应当关注学生的知识水平，更应当关注学生的现实表现，准确评价其思想道德素养、政治素质和理论水平。但目前，高校思政课"一张试卷定成绩"的考核方式还比较普遍，这种考核方式重"知"轻"行"，忽视对学生的过程评价，忽视对学生的能力培养和价值观塑造。为了激发教师"教"与学生"学"思政课的积极性、主动性和投入度，必须创新思政课成绩考核机制，增强青年大学生对思政课的重视度和获得感，提高思政课教学的实效性，实现立德树人的根本目标。

（一）重视形成性评价

当前，各高校思政课考核形式高度雷同，大多采用平时成绩和期末考试成绩按比例折合的评分模式。而平时成绩多选用"考勤+课堂发言+课程作业（或课堂小测试）+实践教学（如小论文、调研报告或者主题发言等）"的模式。实践教学多采取小组（或团队）形式完成，目的是培养学生的团队意识和合作精神，但事实上助长了一些学生的偷懒或敷衍心理，"搭便车""蹭快车"现象明显，"拖后腿""坑队友"现象突出。因此，应该换一种思维，注重形成性评价。所谓形成性评价，是指对学生日常学习过程中的具体表现、取得的成绩以及所反映出的态度、情感、策略、价值观等的发展做出的评价。其目的在于激发学生学习热情，帮助学生有效调控学习过程，增强学生自信心和成就感，培养学生的团队意识和合作精神。形成性评价不仅强调在教学过程中教师通过观察、座谈、活动记录、问卷调查等方式对学生的学习行为、学习能力、学习态度、合作精神以及情感、价值观等进行持续性的评估，而且重视学生自评、学生互评以及家长对学生、学生对教师的评价，避免了评价主体单一、评价形式陈旧造成的无趣、片面甚至错误现象。形成性评价强调"知行合一"的品格素养，彰显"立德树人"的价值本色，本身就是一种事半功倍的思政课教学方法，值得重视和推广。

（二）创新终结性评价

终结性评价是指在某一相对完整的教育阶段结束以后，对整个教育目标实现的程度做出的评价。它以预设的教育目标为基准，考查学生达成目标的程度。终结性评价在教育评价体系中具有"一锤定音"的决定性作用，是衡量教育目标是否达成的重要标尺。当前，不少高校思政课的终结性评价机制与人才培养目标不符，考核内容多侧重于对基础知识的记忆和掌握，题型多以选择、简答、论述等形式呈现，"背多分""高分低能""高分低德"的现象偶有发生，这与思政课的价值理念和根本任务大相径庭。因此，亟须创新终结性评价机制。首先，优化试卷内容，从注重知识的记忆与理解转变为强调思想政治素质的提高和理论知识的实际应用，题型的设置要具有有效性和可行性，适当缩小选择、简答、论述等题型的分值比例，增加辨析、材料分析或者案例分析等能够考查学生分析问题、解决问题能力的题目的分值比重。其次，应当提高教师的评价能力。作为"裁判员"的教师的评价能力决定了评价的真实性、有效性和可靠性。因此，教师应接受相应的"评价培训"，理解评价目的、掌握评价标准和技能、有比较完善的评价方案、了解思政课在人才培养目标中的定位，在综合考虑专业特性和思政目标的基础上做出研判，尽量减少误差。

五、结语

2022 年 4 月 25 日，习近平总书记在中国人民大学考察时指出，"思政课能否在立德树人中发挥应有作用，关键看重视不重视、适应不适应、做得好不好。思政课的本质是讲道理，要注重方式方法，把道理讲深、讲透、讲活，老师要用心教，学生要用心悟，达到沟通心灵、启智润心、激扬斗志。""道虽迩，不行不至；事虽小，不为不成。"高校思政课教师应以高度的责任感和使命感，深化思想认识，提高政治站位，认真研究和落实教学中的管理育人机制，绵绵用力，久久为功，止于至善，努力培养全面建设社会主义现代化国家新征程上的开路先锋和事业闯将。

参考文献

[1] 宋婷. 铸魂育人是思政课的根本遵循[EB/OL]. https://theory.gmw.cn/2019-05/10/content_32823194.htm.

[2] 李惠娥. 新时代高校管理育人的现实困境及实践路径 [J]. 扬州大学学报（高教研究版），2021（4）：73-77.

[3] 习近平号召全国广大教师做党和人民满意的好老师[EB/OL]. http://cpc.people.com.cn/n/2014/0909/c64094-25628525.html.

[4] 习近平主持召开学校思想政治理论课教师座谈会[EB/OL]. http://www.xinhua-net.com/photo/2019-03/18/c_1124250454.htm.

[5] 张文风. 对高校"三全育人"的若干思考 [J]. 学校党建与思想教育，2018（4）：60-61，68.

[6] 习近平. 在北京大学师生座谈会上的讲话 [N]. 人民日报，2018-05-03（1）.

[7] 习近平. 把思想政治工作贯穿教育教学全过程 开创我国高等教育事业发展新局面 [N]. 人民日报，2016-12-09（1）.

［8］李恺，万芳坤. 增强针对性 提升思政课亲和力［J］. 中国高等教育，2020（6）：15-16.

［9］马克思.《黑格尔法哲学批判》导言［M］//马克思恩格斯选集：第1卷. 北京：人民出版社，1995：6.

［10］办好思政课，习近平这样强调［EB/OL］. https://m.gmw.cn/baijia/2022-03/24/35608554.html.

［11］争做堪当民族复兴重任的时代新人——习近平总书记在中国人民大学考察时的重要讲话引起热烈反响［EB/OL］. http://www.news.cn/politics/leaders/2022-04-27/c_1128599249.htm.

［12］乔伟丽，孙红，蔡红星. 强化终结性评价内涵，全面检验医学培养目标达成度［J］. 生理学报，2020（6）：751-756.

［13］习近平在中国人民大学考察时强调 坚持党的领导 传承红色基因 扎根中国大地 走出一条建设中国特色世界一流大学新路［EB/OL］. http://www.news.cn/2022-04/25/c_1128595417.htm.

大学外语教师测评素养现状及发展路径研究

——以四川文理学院为例[①]

杨　馨[②]

经历了百年发展历程的语言测试已经迎来了世纪之交的范式变革，对学习成果的测试转向了对促进学习的测试，从终结性评价和形成性评价的对立、标准化评价和课堂评价的冲突，转向了教学测试的融合和一体化发展，测试在教与学中的桥梁作用不断增强。但是，各国语言测试研究者们发现，在实际教学中，测试的桥梁作用未能得到充分发挥和体现，主要原因还是教师测评素养不高。因此，越来越多的国家在教师专业标准中，将教师测评素养列为教师专业素养的主要构成要素（周文叶、周淑琪，2013）。2011年，我国教育部发布的《教师教育课程标准（试行）》中指出，教师应"具备课堂评价的理论与技术，学会通过评价改进教学与促进学生学习"，这是对教师测评素养发展提出的新要求。面临新世纪教育和测试变革的发展契机，大学外语教师更应该抓住契机，努力提升自身测评素养，从而真正实现教学测试的有机结合。因此，我们有必要了解当前大学外语教师的测评素养现状，通过质性调查的方式，为当前大学外语教师的测评素养问诊把脉，分析问题存在的根源，从而提出具有针对性的建议。

一、外语教师测评素养与提升研究

（一）外语教师测评素养

教师测评素养，最初是由美国教育学家 Stiggins（1991）提出的，是指教育评价过

---

①　2021年四川外国语言文学研究中心和高等教育出版社外语教学改革及数字课程资源建设项目（SCWYGJ21-05）；2019年四川文理学院校级科研项目教师教育研究项目（2019JJ002Y）的研究成果。

②　杨馨，1981年生，女，副教授，硕士，主要从事外国语言学及应用语言学研究。

程中教师所具备的知识和能力，是教师准确而高效地计划、实施、理解和应用测试及其结果的能力。他提出的理论和观点为后续的测评素养研究奠定了基础。教师外语测评素养是教师测评素养在语言学科领域的体现，既包括一般测评素养的基本要求，如对评价工具的选择、设计和开发以及评价的实施和评价结果的阐释与运用，也包括外语语言文化知识和教育教学相关的理论知识。

Davies（2008）从原则、知识和技能三个维度对教师语言测评素养进行了描述：技能是指考试设计、评分、数据分析和成绩报告等实践能力，知识包括支持考试实践的专业能力和教育测量等知识体系，原则指的是与考试的开发和使用相关的基础理论及伦理道德等原则。原则维度的提出标志着语言测评素养研究的转折，意味着研究者们开始认同原则在测评素养中的重要地位，改变了当时仅从知识和能力方面来界定测评素养的局限。Inhar-Lourie（2008）从理论的角度提出了"为什么评、评什么和如何评"三个方面的相互关联的动态体系。Fulcher（2012）在实证研究的基础上，通过因子分析方法，提出了从环境、原则和实践三个方面对测评素养进行界定，该研究在原则、知识和技能的基础上提出了测评环境的影响，体现了社会文化因素对测评素养的要求。

（二）外语教师测评素养提升研究

对于外语教师来说，其测评素养的提升主要来自外在环境和内在因素的影响。金艳（2018）在构建外语教师测评素养框架的基础上，结合案例分析，提出了外语教师测评素养的提升思路。江进林（2019）提出测评课程、培训和会议对测评素养有一定的提升作用。王红艳、李若曦（2020）通过研究建议教育行政部门和学校为教师提供多方面的专业支持，通过新的培训模式，引导教师加强教学反思从而提升测评素养。除了培训机构和行政部门组织提供外部环境之外，不少学者倡导教师在教学过程中加强学习来提高个人测评素养。林敦来（2018）提出教师测评素养可以通过个人研修、小组学习和工作坊来提高。武尊民（2021）提出在培训和课程教学之外，课题研究也是提高教师测评素养的一种有价值的新模式。

从总体上看，关于教师测评素养和测评素养提升方式的研究方法相对比较单一，以综述类文章为主，且多是在对国内外文献综述的基础上提出理论构想，有脱离国内教学环境和实际教学情况的嫌疑。因此，本研究从实证研究角度出发，以一所地方性大学教师测评素养为例，通过质性访谈的方式，调查分析大学外语教师的测评素养现状，从而为地方性大学外语教师测评素养的发展提出建议。

二、大学英语教师测评素养现状调查与分析

（一）研究对象

本研究征集到了本校 15 名大学外语教师为访谈对象，这 15 名教师均担任大学英语课程的教学工作，年龄跨度在 30~45 岁，平均高校教龄为 11 年，均表示对英语教学和测评相关研究比较感兴趣。在访谈前，研究人员先就访谈目的同 15 名教师进行交流，征得教师同意之后再开展随后的调查研究。

（二）调查工具

在参考 Davies（2008）、Fulcher（2012）、金艳（2018）等诸位学者提出的测评素养框架的基础上，结合本校教师的实际情况，本研究以"测评理念+知识+技能"为测评素养框架设计访谈问题（见图 1）。测评理念是指教师对测评的观念、态度、伦理等内容的认知，是测评的总体指导原则。测评知识掌握情况包括语言知识、教育知识和测评知识三方面内容，体现了测评素养的多维度特征。测评技能是指设计、实施测评，使用测评结果指导教学并能给予学生有效反馈的能力。

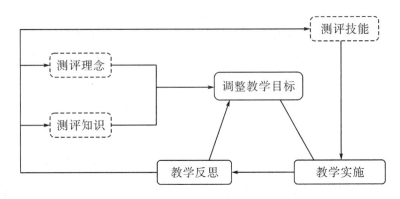

图 1　测评素养框架

整个访谈采用以 12 个问题为主的半结构化方式进行，内容主要包括个人在测试方面接受的教育和培训经历、对测试的态度、测试的基本知识掌握情况和技能等。问题一和问题二涉及访谈对象的测试教育和培训经历；问题三到问题五主要关注访谈对象的测试态度，比如是否考虑过在日常教学设计中考虑测试要素，具体会考虑哪些要素等；问题六到问题八主要了解访谈对象的测试基本知识掌握情况，如形成性测试、诊断测试和期末考试的区别是什么，多元评价方式包括哪些内容；问题九到问题十二主要考察访谈对象的测试技能，如课堂教学会给予学生什么样的反馈信息以及如何反馈等。

（三）结果分析

对每位教师的访谈大概持续 40 分钟，并在征得教师同意后对访谈内容进行录音和编号。访谈结束之后，笔者会同课题组成员分析访谈录音，发现以下四个方面的问题：

第一，在测试理念方面，参与访谈的教师还未能充分认识到测试对教学的促进作用，对"以评促学"理念的理解还有待加强。这点可能和教师的测评知识体系构建不完整有关。上岗前和在岗期间没有充分学习和实践，会造成教师对测评知识一知半解或完全茫然。虽然参与访谈的大部分教师在本科期间学过测试学课程，但在其毕业后的数年里，测试理论已发生了翻天覆地的变化。如果教师个人忽视学习，自身的教学理念和测试理念就难跟上时代步伐。

第二，在如何运用测试知识指导教学方面的能力欠缺，还有待进一步学习和提高。参与访谈的教师都认为测试是整个教学流程的最后一步，是对整个教学活动的总结，所以期末考试结束之后，不会再去考虑新一轮的教学活动和设计。其中一位教师说："期末考试成绩算出来之后，会根据要求完成试卷分析表，但并未觉得有必要对数据做进一步分析。"对期末考试结果的解读主要体现在考试试卷分析的工作流程中，虽然通过表格中的平均分、优良率、及格率以及难度等内容的填写，教师对每次考试后班级学生的总体水平会形成基本认识，却很少认真地结合成绩反思本期的教学设计及后期教学计划。由此可见，教师对测试结果的解读和应用，存在表面化和片面化等问题，同时利用测试反馈结果指导教学的能力不足。

第三，教学过分依赖教材，测试和课堂教学没能有效结合，缺乏给予学生有效反馈的能力。参与访谈的教师们提到教学的关注点更多的在教材语篇字、词、句的分析和理解上，帮助学生完成理解和查找关键信息、长句难句分析等任务，课堂反馈结果主要用于确认教学目标实现与否，对个别表现比较突出的学生，可能是成绩特别差的那种，会单独指出其弱点和改进方向。但是这些反馈都比较笼统，不能起到较好的靶向作用。在接下来的教学中，一方面教师需要加强自身学习，了解测试理论，特别是加强形成性评价的学习以指导教学；另一方面教师要尽量挖掘和利用相关网络在线诊断平台，通过实践不断提高测评理论修养。

第四，教学评价方式过于单一，缺乏多元评价方式的结合运用，且针对教学结果的评价没有明确的标准。参与访谈的教师都认为期末成绩是评定学生课程学习表现的主要形式，在课程教学中，很少考虑设计形成性评价元素。此外，受传统教学模式的影响，教师们的课堂评价往往以教师为主，忽略了学生在测评中扮演的重要角色。

三、大学英语教师测评素养发展路径

（一）以树立教学测试一体化理念为起点

教学测试一体化是现代教育学和测试学发展的必然趋势，因为测试是对教学效果的检验，而教学设计往往需要以测试反馈结果为指导，以促进有效学习的发生。在当前倡导学科素养培养的大环境下，学界普遍认为英语学科素养的形成是一个能力逐渐发展养成的过程，需要教师从单纯地关注测试结果，转变为对学习过程的关注，而要实现这一转变，根本的还需要教师转变对测试目标和功能的认识。王蔷（2019）提出教学测试一体化有利于引导教师"从教学设计与实施入手，并通过对学生学习成效的持续观察和评价，确保目标的达成"。只有树立试教学测试一体化理念，教师才能在关注教学过程本身的同时，更多地思考测评在教学中扮演的角色，强化教师对测评重要性的认识，从而真正实现"以评促学"。

（二）以鼓励开展教师行动研究为动力

教师行动研究过程本身就是一个不断尝试和学习提升的过程。通过教师行动研究，可以帮助教师将教学和研究结合起来，教学相长。在教师行动研究中，教师可以通过记学习日记、课堂小结、特定评价行动计划等方式来提升教师测评素养知识和能力（唐雄英，2017）。王学锋（2019）和黄菊等（2018）通过教师行动研究，发现诊断性测评能帮助英语教师理解写作测试的相关维度和要求。此外，在行动研究中，教师可以通过尝试多元评价方式的运用，直观地感受不同测评方式在教学中扮演的不同角色，从而将课堂教学和测评方式更好地结合起来，明确不同的反馈方式给学习效果带来的不同影响。

（三）以建立教师协同学习共同体为推手

从前面的访谈可以看出，教师们普遍提到在教学中感到自身测评知识不足，给教学带来了很大的障碍，但是又没有足够的时间和精力来学习测评理论和知识。面对这种困境，教师协同学习共同体正好能给有专业发展意愿的教师提供一个良好的发展平台，因为共同体强调教师专业学习社群的作用，通过创设有效的学习情境，社群中参研教师可以通过协调互助来不断提高自身的专业水平（王淑莲、金建生，2017）。此外，参与学习共同体的互动能让教师专业发展成为一个持续的过程，让教师的测评知识不再局限于对期末考试的认识，让教师的测评技能不再局限于考试试卷分析表的填写，从而引发教师测评知识和技能体系的根本变化，从根本上提高课堂的有效性。

从总体来看，参与访谈的教师在测评理念、知识和技能等方面仍存在不完善的地方。但由于在整个教学过程中承担着教学和测评的桥梁作用，教师需要树立教学测试一体化的理念，通过参与教学行动研究和建立协同学习共同体来不断完善提高自身的测评素养，从而真正实现以评促学、以评促教。

参考文献

［1］DAVIES A. Textbook trends in teaching language testing ［J］. Language Testing，2008（25）：327-347.

［2］FULCHER G. Assessment literacy for the language classroom ［J］. Language Assessment Quarterly，2012（9）：113-132.

［3］INHAR-LOURIE O. Constructing a language assessment knowledge base：A focus on language assessment courses ［J］. Language Testing，2008（25）：385-402.

［4］STIGGINS RICHARD J. Relevant Classroom Assessment Training for Teachers ［J］. Educational Measurement：Issues and Practice，1991（10）：7-12.

［5］黄菊，袁霜霜，范可星. 诊断性测评应用于高中英语写作教学，促进教师测评素养发展 ［J］. 英语学习（教师版），2018（10）：32-34.

［6］江进林. 高校英语教师测评素养现状及其影响因素研究 ［J］. 外语界，2019（6）：18-26.

［7］金艳. 外语教师评价素养发展：理论框架和路径探索 ［J］. 外语教育研究前沿，2018（2）：65-72.

［8］林敦来. 英语教师课堂测评素养及提升方法 ［J］. 英语学习，2018（2）：5-9.

［9］王红艳，李若曦. 中小学英语教师测评素养水平及其发展 ［J］. 教育测量与评价，2020（7）：23-28.

［10］王淑莲，金建生. 教师协同学习共同体：教师专业发展新范式 ［J］. 中国高教研究，2017（1）：95-99.

［11］王蔷，李亮. 推动核心素养背景下英语课堂教—学—评一体化：意义、理论与方法 ［J］. 课程·教材·教法，2019（5）：114-120.

［12］王学锋."诊—学—研—教"一体化模式下的教师测评素养提升：以高中英语写作课为例 ［J］. 英语学习（下半月），2019（11）：31-35.

［13］周文叶，周淑琪. 教师评价素养：教师专业标准比较的视角 ［J］. 比较教育研究，2013（9）：62-66.

地方高校英语教师信息化教学能力培养探究

——以四川文理学院为例①

王　静②

一、引言

教育部在 2018 年颁布了《教育信息化 2.0 行动计划》，其主要任务之一就是"持续推动信息技术与教育深度融合"。在教育信息化背景下，教学环境逐渐走向智能化，如何利用先进的信息技术推动教育模式的变革，引起了教育工作者的极大关注。为了顺应新时代高等教育的发展要求，《大学英语教学指南（2020 版）》明确指出："大学英语教师要与时俱进，跟上新技术发展，不断提高使用信息技术的意识、知识和能力，在具体的课堂教学设计与实施过程中，融入并合理使用信息技术元素。"传统的英语教学模式发生了重大的变化，这对高校教师信息技术方面的知识和运用能力提出了更高的要求。

为了适应形势发展需要，合格的英语教师不但要求具备系统的语言知识，而且还应掌握相关的教学法、心理学及教育学等知识。TPACK（整合技术的学科教学知识）理论框架以整合技术为理念，突出技术知识、学科知识以及教学法知识的相互作用。TPACK 已经成为教师知识体系中的重要因素和评价教师教学水平的重要标准。该理论符合国家教育部门的要求，高校英语教师的专业化发展离不开 TPACK 理论的指导。

① 四川文理学院教育教学研究与改革重点项目、校级教改重点项目"TPACK 框架下高校英语教师的专业发展探究"（2020JZ036）的阶段性成果。
② 王静，1981 年生，女，讲师，硕士研究生，主要从事外语教学与研究。

二、TPACK（整合技术的学科教学知识）和高校教师专业发展

（一）TPACK 的概念及要素

美国学者 Mishra 和 Koehler 基于 Shulman 于 1986 年提出的教学内容知识（PCK）理论，提出了教学内容知识（TPCK）的概念，引入了包括技术知识（TK）、教学知识（PK）和内容知识（CK）在内的综合性知识作为其框架。然而，由于 TPCK 很难发音，Mishra 等人引入了一个新名称 TPACK，注重三者之间的交互性和融合性，强调教师教学的整合能力。

TPACK 理论框架主要由三个核心要素、四个复合要素和一个境脉因素构成。其中核心要素包含学科内容知识（CK）、教学法知识（PK）和技术知识（TK）；复合要素指学科教学知识（PCK）、整合技术的学科内容知识（TCK）、整合技术的教学法知识（TPK）、整合技术的学科教学知识（TPACK）；境脉因素通常指情境或者语境，即教学、学习过程各要素之间的动态变化及其相互作用和联系。

TPACK 框架丰富了外语教师的专业发展内涵，从一定程度上讲，TPACK 也是教师专业发展的一部分。大学英语教师一方面需要了解教学表征的知识，也要了解学生的需求，结合学生的能力和兴趣将知识进行表征、改编，制定适合教学主题的活动；另一方面还要把握如何通过合理的教学设计来增加学生的认知，怎样恰当地运用技术开展科学教学。所以，教师在构建课程时，要不断探索由学科内容知识（CK）、教学法知识（PK）、技术知识（TK）相互作用而形成的新知识要素。

（二）高校教师专业发展

教育 4.0 时代的到来要求学习者培养创新意识，并且能根据社会的变化而发展。那么教师要怎么做，才能与时俱进？大学教育是社会创新进步的前提，高校教师专业能力的高低与教学质量好坏有着紧密关系，学习型社会对高校师资队伍的建设提出了更高的标准。

大学英语教师专业发展的核心是自主发展，这一点与传统的教师培训有较大差别。教师培训往往是由政府或者高校组织的，其主要内容是帮助教师提高学历水平，了解教育科研的最新成果，充实专业文化知识，从而提高教学技能，通常是阶段性开展的行为。由于语言学科的知识内容是随着时代的发展而不断变化的，高校英语教师的发展也应是终身的、多维度的过程，其重心不能够仅关注学科专业知识或者学术科研，而是要根据自身发展的需求进行终身学习。随着智慧校园的推广，对大学英语教师提出了改变教学方式、提高信息素养、更新教学理念和提高教学成效的新要求。数字化时

代为教育领域带来了广阔的发展空间，高校教师要学会对信息技术和学科教学知识进行理论上、思想上及方法上的整合。通过不断的学习、实践、反思这样一个循环嬗变的过程，提高大学英语教师的 TPACK 能力，探索出适合自身、学科和学生的新教学模式，从而有效地推动自身的专业发展，促进大学英语教育水平的提高。

三、地方高校英语教师信息化教学能力的现状与分析

为了解 TPACK 视域下地方高校英语教师的信息化教学能力的现状，本研究采用了问卷的方式对本校的 23 名大学英语教师进行了调查，问卷量表采用李克特五级量表计分法。问卷内容主要围绕着教师的个人信息和 TPACK 知识结构，并通过"问卷星"发放，有效回收率为 100%。由于本次问卷调查中的青年教师占比过高，此次讨论不涉及年龄、教龄和职称。为了获取更多可靠数据，探索教师对 TAPCK 的看法及自身水平，笔者又选取了 8 名英语教师进行了访谈。

（一）地方高校英语教师信息化教学能力现状

根据问卷反馈，大学英语教师 TPACK 水平的各要素得分有较大差异，其平均得分介于 3 分至 4 分之间。七个维度中得分较高的是 CK（学科知识）和 PK（教学法知识），分别达到了 3.71 分和 3.54 分，这说明教师对英语学科知识和教学法知识的掌握较为扎实，这一点与大学英语教师的受教育背景有关。总的来看，英语学科知识的熟练度较高，对于如何有效利用教学法来更好地进行实践教学，教师们还是很有自信的。不过 TPACK（整合技术的学科教学知识）和 TK（技术知识）这两个维度的得分较低，均低于 3.25 分，这从一定程度上反映出目前教师对于技术知识的了解还不够，还没有达到能熟练地将信息技术融入英语教学的水平。

访谈数据表明，受访的教师中有五人表示不了解 TPACK，其余三人表示听说过，但不清楚其具体内涵。受疫情的影响，8 名教师都采用过线上线下混合式教学模式。75% 的教师选择普及率较高的教学工具如超星、智慧树、腾讯会议等数字平台，且主要是通过 PPT 结合板书辅助教学。另外，由于时间、精力等各方面因素的限制，大部分教师较为依赖教材出版社提供的信息化教学资源，或者从网络平台里挑选出优秀的慕课作为学生的拓展性资源。对于学校为教师提供的信息化能力培训，受访教师认为这些培训缺乏针对性，往往是面向所有学科的培训，未能结合英语学科特点开展。

尽管教师们都表示意识到了利用信息技术来开展教学方法变革的重要性，且承认信息化教学对大学英语教学效果具有正向影响，但是他们无法系统地对学科知识、信息技术以及教学法知识进行整合，教师应用信息技术开发学习活动的能力较弱。

（二）原因分析

对于基础设施处于相对劣势的地方高校来讲，提升教师的教育信息化能力，有助于促进学校高质量内涵式发展。结合问卷和访谈，影响大学英语教师信息化教学能力的主要原因有以下三个方面：

第一，教师信息化教学意愿不强。尽管大多数教师都具备一定的信息化教学意识，但是当面对将现代信息技术融入教学实践中时，由于自身技术知识（TK）不足，导致信息化教学受到影响。部分教师不愿投入时间与精力探索如何将信息技术融合到英语课堂中来改进教学，并错误地将多媒体技术在教学活动中的简单应用理解为信息化课堂教学改革。比如，在课堂上，英语教师往往会借助多媒体幻灯片进行辅助教学，且课件多以静态方式为主，动态的多模态因素较少呈现，无法有效地将学科知识（CK）、教学法知识（PK）和技术（TK）进行整合。所以，从一定程度上讲，课堂的效能水平相对较低。

第二，教师的知识结构有待完善。受传统的以语言传递为主的教学法的影响，英语教师的学科专业知识大多比较扎实，因此对于现有的知识结构及教学经验，他们较为满足。同时，缺乏对现代教育理念的认识以及教师的职业倦怠，导致教师自主发展意识淡薄。新时代的教师还需要拥有多元知识要素，单一的英语学科知识不足以支撑信息化大学英语教学的发展。虽然具备信息化环境下的教学条件，但是如何有效利用多样化信息资源与媒介，对教学资源进行加工、处理、调整和开发，使其以新的知识形态呈现在教学中，大多数教师并不了解。TPACK 作为一种新兴的知识框架，有助于加强英语学科教学法与信息化资源的融合，为教师的专业发展提供了知识模型。

第三，教师信息化教学能力的培训效果不佳。结合访谈来看，地方高校大多认识到了提高教师信息化教学能力的重要性，多次组织教师开展线上和线下两种模式的培训，以达到丰富教师信息化知识的目的。但是，这些短期的培训不具有连贯性，大多不成体系，没有分门别类地去了解英语教师的需求，多以面向所有专业的教师进行网络教学和教学软件学习为主，着重理论知识讲解，后期教师使用软件过程中遇到困难，可寻求技术人员帮助。这些培训缺乏针对性，易流于形式，教师难以系统地深入了解，而且进行现场亲自实践操作的机会较少。在 TPACK 框架里，为了保持三个核心元素的动态平衡，教师要利用信息技术服务教学来呈现较为复杂的概念，所以形式单一的培训客观上导致了教师 TPACK 能力难以提升。

四、地方高校英语教师信息化教学能力的培养策略

在信息化教育掀起的这场教学改革浪潮中，技术本身并不能改变教育，真正推动教育发展的突破口是教师。教师 TPACK 能力如何关系到大学英语课堂是否能做到技术与教学的深度融合。结合地方高校英语教师信息化教学能力的现状，在 TPACK 视域下提高英语教师信息化能力可以从以下方面探索策略：

（一）更新教师教学理念，强化信息化教学意识

大学英语教师要充分认识到信息技术对于教育领域的极大帮助，以及教育信息化对自身教学理念、教学方法的影响，从而积极推动现代信息技术全面深度融入教学与学习过程。由于"教师的学习必须是主动、自我发起和自我导向的，不应该是外部强加的"，学校要加大对 TPACK 理论的宣传与推广，激发大学英语教师的内在动力和教学改革意识，激励教师重构自己对 CK、PCK 和 TCK 的理解。此外，在科技发展日新月异的背景下，教师应该主动利用各种途径如参加研讨会、观摩课和课题等形式从多方汲取营养，不断升级信息技术能力，从而提高自身教学水平。

（二）优化师资培训，构建信息技术学习共同体

由于当地经济和教育发展相对较滞后，地方高校依靠自身探索教师的整合技术的学科教学知识时会有些难度，那么不妨邀请校外的专家学者为教师提高切实的和有针对性的指导，做到理论培训和实践培训相结合。比如，针对本校英语教师的 TK（技术知识）值偏低，即教师在教学中运用信息技术的意识和能力不强，学校可定期组织常态化、多层次的培训，从帮助教师解决实际教学问题入手，提供适用于英语教学的信息技术。教育切不可闭门造车，学院应以政策激励的方式引领英语教师积极参加教育科研活动。TPACK 学习共同体的构建能更好地探索其在实践教学中的融合。地方高校应加大与其他高校的合作力度，派出教师到信息化教学开展得较成熟的高校观摩学习，通过技术交流、经验分享等活动来带动大多数教师。此外，学院开展集体教研、以赛促教，通过互相讨论、资源共享来促进 TPACK 框架下信息技术学习共同体环境的良性发展。

（三）加大信息化设施投入力度，营造良好的技术资源环境

为了确保教育信息化的大力推进，高校应该完善信息化资源建设，保证教师 TPACK 发展的外部条件。作为 TPACK 框架三大核心要素之一的技术知识（TK）需要依托教学设备或者平台才能更好地辅助教学。结合大学英语的学科特点，教师借助技术营造虚拟学习情境，将学科内容知识表征化，以符合学生认知的方式进行学习资源的呈现，从而将信息技术和英语学科的个性化内容有机结合。地方高校需要改善信息

化设施，聚焦英语教学资源、软件、语料库等平台，以便为英语教师信息化能力的发展提供保障。同时，管理人员要加大在设备或者平台的后期维护与日常管理方面的投入力度，优化配置信息化教学的软硬件资源，为教师信息化教学手段的实践运用提供大环境的支持。

五、结语

在教育信息化背景下，教育领域发生了关键性的变化，教师面临着更广泛的要求。大学英语教师不仅要熟悉学科内的知识，掌握相关教学法知识，还应该具备有关辅助教学的新媒体技术知识。这些变化需要教师更新教学理念，不断提升综合能力。毋庸置疑，教师在寻求技术整合进教学时，还需要学校与相关部门给予支持。TPACK 知识形式的出现为教育者在技术与教学实践整合的过程中提供了支架的需求，英语教师需要多审视和反思自身教学活动，重新建构对英语学科知识、教学法以及技术知识的理解，加强技术与学科的融合。地方高校在推进信息化教学改革工作的过程中，应做好统筹规划，增强师资培训的实效性，积极营造良好的教育资源环境。

参考文献

［1］教育部高等学校大学外语教学指导委员会. 大学英语教学指南（2020 版）［M］. 北京：高等教育出版社，2020：25-31.

［2］王雪梅.“互联网+”背景下大学英语教师 TPACK 水平及影响因素研究［J］. 山东外语教学，2018（6）：41-49.

［3］KOEHLER M J，P MISHRA. What happens when teachers design educational technology？The development of technological pedagogical content knowledge［J］. Journal of Educational Computing Research，2005，32（2）：131-152.

［4］MISHRA P，M J KOEHLER. Technological pedagogical content knowledge：A framework for teacher knowledge［J］. Teachers College Record，2006，108（6）：1017-1054.

［5］任友群，詹艺. 整合技术的学科教学知识：教育者手册［M］. 北京：教育科学出版社，2011：19-22.

［6］顾佩娅. 中国高校英语教师专业发展环境研究［M］. 北京：外语教学与研究出版社，2017：5.

［7］北京教育学院，北京市教师发展中心. 第二届“教师学习与专业发展”研讨会［EB/OL］. http://www.xinhuanet.com/expo/2021-10/18/c_1211409030.htm.

外籍语言教师的教师角色研究

——基于《国际汉语教师标准》《国际英语教师标准》的分析[①]

李佳霏[②]

一、引言

随着全球经济一体化浪潮的快速推进，跨文化教育交流日趋频繁，越来越多的外籍教师参与到语言相关的教学工作中。中华人民共和国教育部统计数据显示，截至2021年8月底，在我国从事高等教育的外籍教师数量已达17 693人，而这仅为当年登记在册的高等教育外籍教师数据，并不包括在我国从事中等教育、初等教育及学前教育的外籍教师。与此同时，从2004年11月全球第一所孔子学院在韩国首尔成立以来，国人以外籍语言教师的身份奔赴世界各地，足迹遍布六大洲。以2020年为例，国家中外语言交流合作中心组织招募总计6 808名公派出国教师及国际中文教育志愿者，而这仅为当次招募的岗位需求，并不包括当年的后续补录及往年已经外派出国的教师和志愿者。

随着越来越多的外籍教师来中国任教，外籍教师在中国高校外语教学中的角色日益活跃且不可或缺。基于外籍教师角色功能分析的外语专业课堂建设研究，有助于充分发挥外籍教师在外语语言与文化教学中的优势，同时从跨文化角度消除外籍教师教学工作中的限制和隔阂，从而达到有效利用外教资源的目的，丰富和完善高校外语专业课堂建设，深入了解外籍教师在教学中的适应度和身份认同，以及学生在与外籍教师互动中的配合度和认知度，消除外籍教师与学生在交流中的隔阂，有效打造升华学生语言、思想和文化素养的阵地。本研究从外籍教师的角色功能入手，充分利用和发

---

① 四川文理学院2022年校级教改项目"外语专业第二课堂建设——基于外籍教师的角色功能分析"，（2020JZ044）的研究成果。

② 李佳霏，1984年生，女，实习研究员，主要从事高等教育学研究。

挥外籍教师在外语语言和文化上的优势，旨在将外籍教师培养成外语类专业课堂教学中组织者和指导者角色的中坚力量，从而赋予外语类专业课堂建设更多活力与特色。

二、《国际汉语教师标准》《国际英语教师标准》

面对日渐融合的跨文化教育交流趋势和日益增长的外语学习需求，考虑到外籍教师在语言教学中扮演的重要角色，清晰明确的角色界定及完整科学的评估衡量体系显得尤为重要。有鉴于此，中国国家汉语国际推广领导小组办公室及世界英语教师协会分别制定了相应的《国际汉语教师标准》及《国际英语教师标准》，为国际语言教师的能力资格认证及教师角色界定提供了依据。

《国际汉语教师标准》由中国国家汉语国际推广领导小组办公室组织海内外数百名专家学者及一线教师研制。本标准在 2007 年首次出版，随后历经 3 年的修订完善，于 2012 年再次发行。如图 1 左图所示，《国际汉语教师标准》不仅包括汉语教学基础、汉语教学方法、教学组织与课堂管理、中华文化与跨文化交际、职业道德与专业发展五个方面的内容，而且提出了 21 条具体规范要求，突出汉语教学、中华文化传播和跨文化交际三项基本技能。

《国际英语教师标准》由世界英语教师协会于 2010 年研制发行。本标准发布后，虽有学者提出看似不同的范畴，但该协会认为实际标准的内容并没有太大的差异。如图 1 右图所示，《国际英语教师标准》包括从属于基础范畴的语言和文化、从属于应用范畴的指导和评估以及从属于交集范畴的专业素质五个方面的内容，而且提出了 11 条具体规范要求。

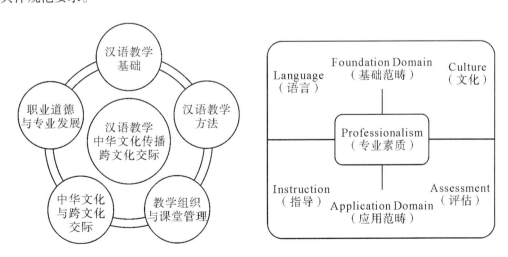

图 1 《国际汉语教师标准》（图左）与《国际英语教师标准》（图右）

三、外籍语言教师的教师角色

"角色"一词较早被应用于戏剧表演，指演员在戏剧舞台上所扮演的人物，后被广泛应用于社会学、教育学、心理学、医学等研究领域。在《教育大辞典》中，"教师角色"被定义为"教师与其社会地位、身份相联系的被期望行为。主要包括两个方面：一是教师的实际角色行为；二是教师角色期望。"基于《国际汉语教师标准》及《国际英语教师标准》的对比分析可以发现，外籍语言教师至少需要具备三种角色，即做一名了解二语习得的母语精通者、熟悉指导评估的教学组织者和具备专业素养的文化沟通者。

（一）了解二语习得的母语精通者

较之于本土语言教师而言，外籍语言教师的突出特点在其外籍属性，即意味着该教师应熟练掌握并精通使用其母语；考虑到其语言教师的角色期望，该教师也应熟悉了解并灵活应用二语习得的相关原理及方法，以便更好地履行其外籍语言教师的角色。简而言之，外籍语言教师的首要角色是一名了解二语习得的母语精通者。

在《国际汉语教师标准》中，国际汉语教师应首先具备汉语教学基础及汉语教学方法。在精通母语方面，国际汉语教师必须具备基本的汉语语言学知识及汉语言分析能力，能够灵活应用汉语进行日常交际；在二语习得方面，国际汉语教师必须熟悉了解二语习得的基本原理及二语教学的基本原则与方法，能够认识到汉语与其他语言的主要异同，能够掌握汉语听、说、读、写教学的特点及语音、词汇、语法和汉字教学的基本原则，灵活应用现代教育技术进行高效且有针对性的教学。

在《国际英语教师标准》中，语言是国际英语教师应该具备的首要条件，具体包括语言系统及语言习得发展两个方面。在精通母语方面，国际英语教师应该对语言有系统性的认识，能够系统地掌握英语音韵学、形态学、句法学、语用学及语义学等方面的相关知识，能够灵活应用英语支持教学；在二语习得方面，国际英语教师需要理解并应用二语习得发展的理论及研究，帮助学习者提升英语语言能力及读写能力，以便更好地掌握其所学内容。

（二）熟悉指导评估的教学组织者

相对于学生学习者的角色，广义的教师角色具有"传道授业解惑"的职业属性，即意味着除了具备应有的学科专业基础这一首要条件外，该职业的从业者还应具备设计教学内容、组织教学活动、指导学生学习及评估教学成效等与课堂教学直接相关的角色。简而言之，外籍语言教师，包括所有的教师职业从业者，都应该是熟悉指导评估的教学组织者。

在《国际汉语教师标准》中，国际汉语教师需要具备教学组织与课堂管理的能力。在教学组织方面，国际汉语教师需要熟悉汉语教学的标准和大纲，加工利用教学资源、设计安排教学内容、组织管理课堂活动；在指导评估方面，国际汉语教师应该了解汉语语言测试以及课堂教学评估的基本知识，能够对学习者进行行之有效的测试与评估，并进行相应的学习指导，帮助学习者进步。

在《国际英语教师标准》中，指导与评估从属于国际英语教师标准的应用范畴。指导的角色要求国际英语教师应该基于二语习得及教学内容的标准规划、实施、管理课堂教学，充分利用学术资源及现代科技实施有效的语言教学及内容教学。评估的角色需要国际英语教师以课堂为基础评估学生的语言能力，同时还应意识到可能影响评估的偏见等问题，采用正式科学的语言测试机制。

（三）具备专业素养的文化沟通者

人是文化的创造者，也是文化的载体，外籍语言教师也不例外。无论国际汉语教师抑或是国际英语教师，他们都深受各自文化的影响，是各自文化的承载者，也是各自文化的传播者。当从事国际语言教师职业时，外籍语言教师不可避免地会展现本国文化，并与承载他国文化的个体沟通交流，以便更好更有效地实施教学，履行其外籍语言教师的角色期待。因此，外籍语言教师具备非常重要的文化属性，即具备专业素养的文化沟通者。

在《国际汉语教师标准》中，国际汉语教师需要具备中华文化与跨文化交际的能力、职业道德与专业发展的意识。在中华文化与跨文化交际方面，国际汉语教师应该了解基本的中国国情及中华文化，能够客观准确地介绍中国及阐述传播其文化，具备跨文化意识及交际能力；在职业道德与专业发展方面，国际汉语教师应具备良好的心理素质、教师职业道德、教学研究能力及专业发展意识。

在《国际英语教师标准》中，文化是国际英语教师标准的基础范畴，专业素养是国际英语教师标准的交集范畴。在文化方面，国际英语教师在指导学生时需要理解、掌握并使用与文化特性及文化角色相关的主要理论与研究，应该意识到文化群体与个体文化对语言学习及教学成就的影响。在专业素养方面，国际英语教师需要掌握国际教学领域的历史、研究、教育公共政策和当前的实践知识，并将这些知识应用于课堂教育与学生学习中；与此同时，国际英语教师还需要关注自身的专业发展、发展伙伴关系及扩大宣传，充分利用专业成长的机会、展示自己与同事及学生家庭建立伙伴关系的能力、服务社区并倡导国际英语教育。

四、结语

作为国际性外籍语言教师培养培训及组织选拔的依据，《国际汉语教师标准》及《国际英语教师标准》分别在各自不同的范畴制订了相应的具体规范要求。通过对比两种国际语言教师的标准，发现并厘清外籍语言教师的角色，不仅有助于科学系统地评估外籍语言教师的专业表现，也有利于合理妥善地安排教学工作，促进学生的二语习得进程及培养学生的跨文化交际能力。

参考文献

［1］中华人民共和国教育部. 高等教育专任教师、聘请校外教师学历情况［EB/OL］. http：//www. moe. gov. cn/jyb＿sjzl/moe＿560/2020/quanguo/202108/t20210831＿556663. html.

［2］中外语言交流合作中心. 关于组织 2020 年上半年赴任汉语教师志愿者报名的函［EB/OL］.https：//gjc.gznu.edu.cn/info/1997/3404. htm.

［3］国家汉语国际推广领导小组办公室. 国际汉语教师标准［M］. 北京：外语教学与研究出版社，2012.

［4］TESOL International Association. Standards for ESL/EFL teachers of adults［M］. Alexandria，VA：Author，2008.

［5］郭为藩. 角色理论在教育学上之意义［J］. 师友月刊，1971（51）：16-19.

［6］顾明远. 教育大辞典［M］. 上海：上海教育出版社，1990.

［8］林惠祥. 文化人类学［M］. 北京：商务印书馆，2011.

专业课教师挖掘和融入"课程思政"元素的探索

——以数学专业课程"解析几何"为例[①]

古传运[②]

2012 年,"把立德树人作为教育的根本任务"就已经出现在了党的十八大报告中。2015 年,习近平总书记又对"把立德树人作为中心环节,把思想政治工作贯穿教育教学全过程"在全国高校思想政治工作会议上再次做了强调。2000 年,教育部在印发的《高等学校课程思政建设指导纲要》文件中要求,"把思想政治教育贯穿人才培养体系,全面推进高校课程思政建设,发挥好每门课程的育人作用"。"课程思政"是回归教育本源,也有利于纠正当前教育教学重"智育"轻"德育"的现状。习近平总书记特别指出和强调"办好思想政治理论课关键在于教师",同样,专业课教师就是开展好"课程思政"的关键。习近平总书记提出"课程思政"这一全新理念,是在所有课程建设中,融入对大学生价值观的形成和理想信念的培养,融入"思政元素"的课程,将"立德树人"工作做实做细,凸显价值引领。为实现知识、能力与育人三维目标的统一,普通高等院校在高校所有课程中全面施行"课程思政"教学改革。对数学专业课程来说,就是要把专业课本身高度抽象的理论知识和蕴含于专业课程中的思政元素有机地结合在一起,在专业课教学中充分体现思政教育的亲和力与针对性,实现思政理论与数学专业课程的协同,使得大学生健康成长,快乐发展。高等院校数学专业通常包含的专业课程有:数学分析、高等代数、解析几何、常微分方程、概率论与数理统

① 本文为四川文理学院校级一流课程"解析几何"(2021KCB011);2021—2023 年四川省高等教育人才培养质量和教学改革项目"地方应用型本科院校数学与应用数学专业人才培养模式创新研究"(JG2021-1362);四川文理学院 2019 年校级一般项目"地方应用型本科院校数学与应用数学专业特色建设研究——以学科竞赛为驱动"(2019XKQ003Y);四川文理学院 2020 年教育教学研究与改革一般项目"地方高校数学与应用数学专业应用型人才培养模式改革研究:以四川文理学院为例"(2020JY033)的研究成果。
② 古传运,1982 年生,男,副教授,研究方向:应用泛函分析和微分方程。

计等。其中，解析几何作为一门数学专业比较重要的基础课，不仅和数学分析与高等代数这两门基础课有着十分紧密的联系，并且还是很多后续专业课程的基础，如微分几何与高等几何等。解析几何是利用代数的方法来研究和解决几何问题的一门学科，它运用数形结合思想，借助向量与坐标等工具，搭建了代数与几何等基本对象之间的桥梁，同时具有代数的逻辑推理特性与几何的直观特性。

解析几何开展"课程思政"的优越性可以通过以下三个方面体现：①解析几何课程本身是数学专业三大最重要的基础课之一，具有重要性质，与此同时，学生自身对解析几何课程也非常重视，更易于在课堂教学中开展"课程思政"教育；②解析几何课程在学生入学后的第一学期开设，由于课程对象刚入大学，年龄较小，"课程思政"教育越早开展效果越好，更有利于实现"全员育人、全程育人、全方位育人"的要求；③解析几何课程中蕴含着大量的哲学思想。将课程中所蕴含的"课程思政"元素充分挖掘出来，不仅有助于培养学生的辩证思维，而且还能将哲学思想渗透到课堂教学过程之中去，意义深远。这也为解析几何课程开展"课程思政"教学改革提供了知识和素材等保证。本文旨在挖掘出解析几何课程中的"课程思政"元素，并将"课程思政"元素融入解析几何课程的日常教学之中，从而培养学生树立正确的价值观，形成良好的思想品德，实现协同育人目标。

一、专业课教师开展"课程思政"的必要性和优势

德国教育学家赫尔巴特曾经指出，"教学如果没有进行道德教育，只是一种没有目的的手段"，也就是说，如果专业课程教育没有与思政教育相关联，那么专业课教师就不能与德育教育保持一致，就无法保证在教育教学全过程贯穿思政教育，无法承担好立德树人的育人使命。专业课教师不仅肩负着为学生"传道、授业、解惑"的使命，还承担着全面育人的使命。

数据调查显示，高校中教师数量总数的80%是专业课教师，专业课程时数占据总课程时数的80%，同时，在上学期间，大学生学习专业知识的时长也占到了总学习时长的80%，80%的学生认为专业课和专业课教师对自己的成长影响最大。思政课程相对专业课程少了许多，往往存在着教材理论性比较强，教学方法比较单一，同时教学班级人数多，难以因材施教等问题。与此同时，专业课程类别多、教学课时多、专业课教师数量多，并且有很多教材版本供选择，根据专业课程类别的不同可使用多种多样的教学方法，以吸引学生的学习兴趣和提升学习效果。同时，更有利于专业课教师开展"课程思政"教育。在专业课上，教师讲授的专业知识与学生未来所选择的职业

生涯是密切联系的。此时，专业课教师对学生的教育引导就显得尤为重要，如能结合专业知识很自然地融入职业理想和职业道德教育，就可以一定的深度和广度引导学生做好职业规划。例如，师范类专业"课程思政"教育需引导学生把教书育人放在首位。专业课教师可以结合自己的教学经验或者知识储备，在专业知识教学的过程中有机地融入师德师风等"课程思政"元素，在让专业知识更有温度的同时，又树立学生正确的价值观，两者互相促进，相辅相成。

二、挖掘解析几何中的"课程思政"元素，加强价值引领

挖掘解析几何课程中的"课程思政"元素，贯穿于整个课程教学的全过程，将知识教授与价值引领紧密结合，以期帮助学生树立正确的科学观，引导学生使用辩证唯物主义思想去思考和解决实际问题。与此同时，解析几何课程与代数类和分析类等课程联系紧密，通过不同类别课程知识间的互相融合和渗透，充分展现知识间互为所用的现象，可以提高学生的学习兴趣和激发其潜在的学习动力。

（一）挖掘解析几何课程中蕴藏的数学文化，提升学生的文化素养，调动学习的积极性

众多的哲学思想都蕴藏着丰富的数学文化，同时数学文化也指引着数学的发展。数学文化具有丰富的思想、精神、方法和观点等内涵，是滋养人的重要源泉，还囊括了数学史、数学美、数学教育，以及数学与社会、各种文化的关联等内容。而教师在专业课程中有机地融入相关的文化知识和美学教育，就能够一步步地构建"知识教授"与"价值引导"的新型人才培养模式。通过由浅入深的介绍、分析和研讨数学发展史与美学知识的巧妙结合，能体现知识之间的和谐美。教师在解析几何课堂教学过程中融入该课程中包含的数学历史、文化素养、审美情趣等元素，在不断调整和完善教学课程知识体系的同时，能够让学生慢慢地体会到解析几何的魅力，感受到数学的魅力，并且乐于主动探求数学知识。

教师应借助数学文化这个中间媒介，讲清专业知识的来龙去脉，理解并掌握专业知识的内涵与本质，增强学生对知识的获得感，并提高大学生看待实际问题的高度。例如，在向大学生讲解二次曲线的切线的概念时，借助极限思想这个基础，需要讲清切线的概念并要求学生能够掌握本知识点的内涵。与此同时，在向大学生讲解炮弹弹道轨迹计算等这类实际问题的时候，恰当地引入和传授如何求解有关二次曲线切线问题的研究。再比如，授课教师在解析几何的绪论课讲解过程中，可以适当融入和介绍一下解析几何的发展简史，追溯解析几何思想、内容和方法的发展、演变及应用过程，

尤其是一些能够激发大学生学习数学兴趣、积极性和主动性的著名几何学家的科学精神及其发现数学规律的灵感等。这样的教学过程的环节设计可以潜移默化地激发学生学习的自主性和积极性，进一步调动学生学习数学的兴趣。

（二）挖掘解析几何课程中蕴藏的思维创新，进而培养学生的创新能力，激发学生的求知探索精神

提高学生学习效率的方法主要体现在大学生创新思维能力的提升上，同时也体现在大学生解题能力的提升上。思维创新主要表现在对于习题的"一题多解"，因此需要将"一题多解"的思维创新和练习方法始终贯穿于课堂教学全过程，能够丰富学生的知识体系，提升大学生在解决问题时思维的灵活性，激发学生对专业知识的求知探索精神。譬如，在讲解"平面与空间直线"这一部分内容时，"一题多解"的思维方式可以应用于很多例题和习题中，但是教材或者一些相关的参考书一般只会给出其中的一种解法。这就要求授课教师能够从不同的角度多方面地去分析和审视问题，引导学生采取不同的方法去处理和解决同一个问题，从而得到多种解法。同时，借助相关典型例题的分析研究容易发现，"一题多解"的创新思维方法不仅可以巩固已经学过的旧知，而且还可以使创新思维的广度和深度得到淋漓尽致的发挥。因此，教师在授课过程中应经常借助"一题多解"的思维创新方式，从不同角度、不同维度主动指引学生解题的方向，提升学生思考和解决实际问题的能力，促使学生灵活地掌握知识之间紧密的联系，进而揭示问题背后所蕴含的思想和本质。

授课教师在解析几何课程知识讲授的过程中，应该根据授课内容的不同及时改变所采用的教学方式和教学方法。譬如，当所讲授的课程内容有应用背景时，授课教师不仅要能够讲清里面的理论知识，而且还需要能够举出实际的例子，以提升大学生解析几何知识的应用意识。例如，把方程为 $\begin{cases} y^2 = -2z \\ x = 0 \end{cases}$ 的抛物线的顶点沿着方程为 $\begin{cases} x^2 = 2z \\ y = 0 \end{cases}$ 的抛物线平行移动时，就可以得到马鞍面的方程 $x^2 - y^2 = 2z$。这个过程就可以让学生体会到实际的物体与数学是紧密联系在一起的。与此同时，在教学全过程中，授课教师不仅要注意培养大学生理论联系实际的能力，而且还需逐步提升大学生原始创新能力。譬如，在物理学、工程技术、航空航天等学科领域得到广泛应用的向量知识，根据螺旋面知识而设计的生活中经常见到的旋转形建筑等，利用"平行切割法"思想得到的测绘学中的等高线地形图，以及利用抛物线原理而制成的太阳灶、探照灯、射电望远镜和雷达天线等。教师要通过大量的生活实例，联系生活中的实际来开展课堂教学。这样的引入与深化，可以使课堂的气氛变得活跃，激发大学生对于新知识的

探索与挖掘兴趣。更深层次，这样的授课方式，有利于开阔大学生的视野，使得解析几何课程的实际价值得到最大限度的体现。同时，高等学校的学子们，在这样的教学方式下，对于不断深入探索解析几何这门课程的更深的知识，有着更大的意愿与兴趣。学生们的研究热度被不断激发，探索科学的精神被最大限度地挖掘。总体而言，授课教师在课堂上引入生活实例，恰恰诠释了提高学生用数学的理论知识去解决实际问题的能力这样的学习目标。

三、借助恰当的载体与途径，找准解析几何"课程思政"元素的融入点

为将"课程思政"元素与价值自然化地融入理论性强且具有高度抽象性的数学课堂教学中，作为一名高等学校的教师，我们所要完成的首要工作，是将课程所涉及的数学文化、数学家与相关故事渊源，以及定义、定理、性质、公式、符号，都熟悉地记忆并且恰当地融入课堂当中。其次，为了更好地将"课程思政"融入解析几何课程当中，我们要查询和收集的不仅仅有历史传承、名人事迹与知识延伸等相关资料，还要对所搜集到的资料和素材进行归纳、整理与分析，以找到这些资料与解析几何课程知识之间的结合点，便于自然地有机融入。这样不仅保证了专业课程知识与思政教育的相得益彰，更加可以在专业知识课程当中，通过讲授知识点的环节，强化思想价值的引导作用，践行立德树人的教育观念。

（一）结合绪论部分的教学，追溯几何发展历史，激发大学生爱国热情

我国明代科学家徐光启首先翻译并使用"几何"一词。我国古代的劳动人民在经历了长期的生产实践和社会活动之后，已经在几何方面获得了备受世界瞩目的成绩。譬如，在《墨经》中，"圆"的定义就是通过"圆，一中同长也"得到的。很容易理解，这种说法与欧几里得的说法基本是一样的，但是比欧几里得早提出100多年。公元前100年左右的《周髀算经》就已经记载了勾股定理，它在天文观测和计算方面有着非常重要的作用。在中国古代，最早对于几何学知识有了较为系统和概括性的总结与阐述，可以追溯到公元前50年到公元前100年左右的《九章算术》。这本书不仅仅是对几何学的总括，更是在各种图形的面积、体积的计算方面有着不小的成就，最突出的则是这本书对于勾股形的形容与应用。在圆周率方面，中国所取得的成就比欧洲国家足足早了1 000多年。祖冲之乃当之无愧的举世闻名的数学家。祖冲之在数学上的杰出成就，是关于圆周率的计算。秦汉以前，人们以"径一周三"作为圆周率，也就是"古率"。后来人们发现古率的误差太大，圆周率应是"圆径一而周三有余"，不过

究竟余多少，人们并不知道。三国时期，刘徽提出了计算圆周率的科学方法"割圆术"，用圆内接正多边形的周长来逼近圆周长。刘徽计算到圆内接96边形，求得 π = 3.14，并指出内接正多边形的边数越多，所求得的 π 值越精确。而关于圆周率的集大成者则是祖冲之。祖冲之在前人成就的基础上，经过刻苦钻研，反复演算，求出 π 在 3.141 592 6 与 3.141 592 7 之间，并得出了 π 分数形式的近似值，取为约率，其中取 7 位小数是 3.141 592 6，它是分子与分母在 1 000 以内最接近 π 值的分数。在讲解解析几何课程时，教师可以在了解这些数学史故事的基础下，将其融入教学过程当中，让大学生体会这些伟大的数学成就所带来的震撼感。这样，不仅可以大大激发大学生对于几何学的学习兴趣，同时也可以充分调动大学生的爱国情怀。

（二）结合向量与代数部分的教学，逐步深化大学生对于辩证唯物主义思想的消化与吸收

在高等数学教学课程当中，蕴含着丰富的辩证唯物主义思想的内容就是解析几何。在学习"向量与坐标"这一部分的时候，通过学习，大学生可以掌握将几何问题转化为代数问题的两个基本方法——向量法、坐标法，以此深化对辩证唯物主义的理解。例如，在讨论平面几何当中的共线与共面问题时，就可以借助高等代数当中的向量组的线性相关与否来进行讨论与解答；而在学习平行四边形的面积与平行四面体、平行六面体的体积时，则可以借高等代数中的向量间的向量积、混合积来进行研究；在进行其他的数学研究的时候，特别是高中的图形板块，解析几何的知识起着极其重要的作用。此外，在对空间向量的概念与性质进行讲解时，可以与平面向量的相关知识相联系，用回顾平面向量知识点的方式来进行空间向量的研究与学习。可以发现，空间向量与平面向量，其实只是所适用的范围与性质的表达形式有所不同而已，其本质上还是一样的。这也能更好地说明几何学的关联性、密不可分性。

（三）结合轨迹与方程部分的教学，培养学生科学地认识世界

在平面或空间内确定坐标系之后，平面或空间内的点就与有序实数对 (x, y) 或 (x, y, z) 建立了一一对应的关系。然后，在这个基础上，逐步建立平面曲线、曲面、空间曲线的普通方程、向量式参数方程和坐标式参数方程以及三种方程之间的联系和相互转化。这样就将研究曲线与曲面的几何问题，借助坐标系这个工具，改变为研究它们所对应方程的代数问题，从而为几何问题代数化研究创造了条件。譬如，可利用一个三元代数方程来表示解析几何课程中的一张曲面。同样地，可利用由两个三元代数方程组成的方程组来表示两个曲面的交线，即空间曲线。

（四）结合平面与直线部分的教学，帮助大学生提升对事物两面性和事物相互统一性的理解

空间直线和平面是空间中最简单同时也是最基本的两类图形。利用代数的方法，我们求出了它们很多种不同形式的方程。譬如：在坐标系中，平面的方程有"点位式"方程的三种形式、"三点式"方程、"截距式"方程、"一般式"方程、"点法式"方程、"法式"方程等不同的形式。空间直线的方程有"点向式"方程的向量式参数方程、坐标式参数方程和"对称式"方程、"一般"方程、"射影式"方程这些不同的形式。通过向学生展示和演绎这些不同形式的方程相互转化，授课教师可以帮助大学生理解同一事物可以有不同的表现形式，但实质上它们是相互统一的。

来自不同层次高中的大学新生们来到同一所大学，虽然中学时期的知识积累对未来的发展有一定的作用，但是肯定不是起决定性或者主要的作用，此时班级里面的每个同学可以说都处在同一起跑线和拥有相同的平台资源：上课时间相同、授课教师相同、课程设置相同、学校资源相同。所有同学从相同的起"点"出发，一步一个脚印，认认真真，踏出的每一步，都将是一个个新的"点"。只要你肯迈出坚定的步伐，就能走出一条新路，也就会有新的希望和前途。同学们千万要牢记初心，不忘使命，决不能止步不前，一直在"过去"这个点上原地踏步。只有一个点是成不了直线的，在一个点上止步不前，是没有出路的，也是行不通的。如果我们在原有的旧"点"附近去努力选择新的"点"，那么我们就有了新的方向，也就形成了道路，创造了新的前程。

（五）结合二次曲面部分的教学，帮助大学生发挥认识世界的主观能动性

现实生活中常见的花瓶、轮胎、救生圈、卫星天线等物体，虽然外表看上去互不相同，但是它们都具有相同的几何特性，即都可以看作是空间中一条曲线（母线）绕定直线（旋转轴）旋转一周所生成的旋转曲面。授课教师由此得到启发，通过讲授数学知识，揭示本质，从而使学生理解和领会到看待事物要学会把握事物的本质内在特征，帮助大学生发挥认识世界的主观能动性。譬如，授课教师在教授旋转曲面时，要注重分析和讲解母线和旋转轴的作用和地位，进行大学生价值观和认识观的重塑。

旋转曲面的母线绕着旋转轴旋转一周而形成旋转曲面。每个人的自身特质可以看成母线，每个人选择的行动方向可以看成旋转轴，这样旋转曲面就可以看成每一个独立的个体在行动方向的指导下形成的独立人生。同一条空间曲线，围绕着不同的定直线（旋转轴）旋转，所得到的曲面是不一样的。借此道理，授课教师可以引导学生明白，同一个人（同一条曲线），所选择的行动方向（旋转轴）不同时，未来的人生状态将是不同的。同时，也要明白，不一样的空间曲线围绕着同一条定直线旋转一周，所形成的曲面也是不同的。借此道理，授课教师可以引导学生明白，作为同一个人，

当我们具有不同的特质（也就是说，母线发生了变化）时，虽然行动方向不变（旋转轴不变），但我们走过的人生（形成的二次曲面）也是完全不一样的。这就要求我们每个人要不断提高自身的内涵，不断学习，以提高我们的爱国、敬业、诚信、友善等修养，自觉融入大我之中。

（六）结合二次曲线的一般理论部分的教学，帮助大学生感受数学的内在价值

在平面内，二次曲线方程的表现形式与所选取的坐标系有着密不可分的关系。坐标系的选取不同，即使是相同的一条二次曲线，对应方程的表现形式也会随着坐标系的改变而改变。由此，授课教师要能让学生理解：对于同一条二次曲线，其方程可有多种不同的表现形式，分别利用移轴公式或者转轴公式的工具，能够将二次曲线的方程形式转化为最简单的形式，从而能够对二次曲线进行分类。因此，授课教师要通过这部分知识的讲解，让学生理解到数学的内在价值：一方面在于数学的简洁美，另一方面在于能够用最简单的形式来描述客观世界。

（七）深化数学思想和方法教学，增加数学应用和前沿学术的介绍，强化数学竞赛意识的培养

授课教师在讲授课程的过程中，在保证基础知识讲授效果的同时，更应该把专业课程理论知识中所蕴藏的数学思想和方法毫不保留地传达给学生，引人以大道，启人以大智，增加数学应用和前沿学术的介绍，强化数学竞赛意识的培养。同时，授课教师也要注意知识之间的交叉融合，把高等代数和解析几何有机地结合起来，进行知识的重加工和融合，形成知识体系。更进一步地，在授课过程中，结合数学应用案例的分析和前沿学术问题的介绍，激发大学生学习科研的兴趣和参加大学生数学竞赛的热情。最终，在授课过程中，达到提升学生的观察能力、分析解决问题能力、初步的科研能力和数学竞赛的创新能力的培养目标。

四、结语

如今是一个信息高度膨胀发展的时代，高等教学也已经进入智慧教育模式。新型的混合教学模式，是当下大学生们最常接受的教学方式，慕课、腾讯会议、超星泛雅、钉钉、学习通等学习平台，使得线上教学与线下教学、课上课下有机地结合在一起。同时，这样的智慧教育模式，要求教师能够充分理解与掌握这些学习资源，并且可以很好地利用到教学当中。在"立德树人"根本任务目标之下，将思政教育与专业课程紧密地结合在一起，将构建"大思政"教育格局的任务贯穿始终，充分挖掘专业课程当中的"课程思政"元素，强化以德育人的标准，逐渐提高人才的培养质量，提升学生的价值与能力，贯彻立德树人的根本理念。

参考文献

［1］习近平. 习近平谈治国理政：第三卷［M］. 北京：外文出版社，2020：330.

［2］吕根林，许子道. 解析几何［M］. 5 版. 北京：高等教育出版社，2019.

［3］刘玉斌. 物理学类专业课程思政的思考与实践：以理论力学课程为例［J］. 中国大学教学，2020（8）：55-58.

［4］王炳林. 教师是上好思想政治理论课的关键所在［J］. 思想理论教育导刊，2017（1）：14-18.

［5］张守江. 也谈高考中的数学文化试题［J］. 兰州教育学院学报，2018（6）：155-157，160.

实习教师与在职教师教学技能比较研究[①]

刘　双　郭春丽[②]

一、问题的提出

成为中小学数学教师是数学与应用数学专业（师范类）毕业生的主要就业渠道。为了提升他们的就业核心竞争力，需要在实践教学中提升他们的专业知识和教学技能。而毕业实习是师范生将大学理论课程知识应用于实践的主要途径之一，职前实习是教师发展的开始环节，也是教师发展的重要节点，对他们在实习过程中出现的问题展开研究将是一项意义重大的工作。

现阶段高校师范专业的学生在职前实习时存在师生互动不足、教学处理不当、教学效果差、实习教师与在职教师交流不够等现象，这些现象背后的原因究竟是什么？要拉近与在职教师之间的差距，对于实习教师来说就像鸿沟一样难以跨越，这是需要长时间的知识积累和大量的教学经验来支撑的。笔者通过观察发现，两类教师的初中数学课堂教学表现出一些相同点，但因知识储备结构、教学经验和教研能力不同等诸多影响，也表现出各自的特点。

2021 年 7 月，中共中央办公厅、国务院办公厅出台《关于进一步减轻义务教育阶段学生作业负担和校外培训负担的意见》（"双减"政策），这就对教师在教学过程中的作业设计提出了新要求。而对于处在职前阶段的实习教师而言，他们的作业设计也成了重点关注的内容。

---

① 四川省高校人文社会科学重点研究基地与四川教师专业发展研究中心"基于学生作业的实习教师教学反思与教学重建研究"（PDTR2021-08）（一般项目）；四川文理学院校级一流课程建设项目"数学教育学"（2020KCB017）的研究成果。

② 刘双，1990 年生，女，讲师，主要从事数学教育教学研究。
郭春丽，1987 年生，女，讲师，主要从事分布参数控制系统研究。

综上所述，想要为职前阶段实习教师的教学指明方向，提升其综合能力，有必要针对两类教师在备课和课堂教学环节这两个方面的异同进行比较研究。

二、研究思路

首先，我们采用网络问卷的形式，向四川文理学院 2018 级数学与应用数学专业大四毕业生和达州市市区三所重点中学一线初中数学教师发放问卷，收集到实习教师问卷 124 份、一线教师问卷 148 份共计 272 份有效问卷。问卷主要从备课方面对实习教师与在职教师展开调查，目的是初步了解两类教师在备课方面存在的差异。

接着，我们从中随机抽样选取 25 名实习教师和 25 名在职教师，对他们做"有关一次函数概念的课堂教学"访谈，分别录制 8 堂实习教师和在职教师关于"一次函数的概念"教学视频。访谈提纲主要针对新课导入、概念解析、课堂例题、课堂小结和作业设计五个方面进行提问，收集、整理并分析获得的信息，从而形成了第三部分的研究内容。

最后，针对结论从三个方面提出了促进师范生教学技能形成的策略。研究的具体实施思路如图 1 所示。

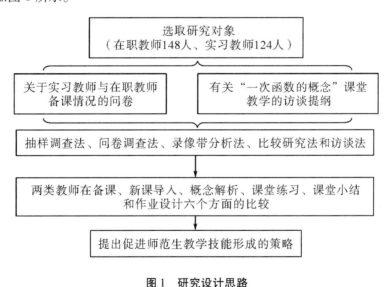

图 1　研究设计思路

三、实习教师与在职教师教学技能比较

（一）在备课技能方面的比较分析

在备课技能方面，问卷除了统计教师教龄和职称的两个基本信息题目以外，主要

设计了对《义务教育数学课程标准（2011 版）》（以下简称"课标"）的研读程度、研读教科书的数量和备课的辅助资料共 3 个问题。统计结果见表 1，其中表格里的整数表示人数，括号里的数据表示选择这个选项的人数占对应类别教师总人数的百分比。

表 1　实习教师和在职教师在备课技能方面的比较

比较的维度	内容	实习教师	在职教师
人数	两类教师的问卷人数统计	124	148
课标的研读程度（单选题）	没有听说过	10（8%）	0（0）
	听说过但没看过	42（34%）	7（5%）
	只了解过课标的相关政策和内容信息	58（47%）	28（19%）
	认真研读过理念和对教学内容的要求	14（11%）	113（76%）
研读教科书的数量（单选题）	没看过教科书	5（4%）	0（0）
	一个版本	105（85%）	37（25%）
	二个版本及以上	14（11%）	111（75%）
备课的辅助资料（多选题）	网络资源	24（19%）	5（3%）
	教科书	120（97%）	148（100%）
	自己购买的教辅资料	6（5%）	140（95%）
	学校集体备课资料	13（10%）	57（39%）
	查阅学术文献资料	1（1%）	37（25%）

由表 1 可知，实习教师对课标的研读程度主要是"听说过但没看过"和"只了解过课标的相关政策和内容信息"两个方面，而在职教师认真研读过理念和对教学内容的要求占比高达 76%。而对于选择第二、三选项的在职教师，从基本信息统计题目可以看出其大部分是教龄低于 3 年的新入职教师。

对于研读教科书的数量问题，实习教师大部分只看过一个版本的教科书，少部分没有看过教科书或者研读过两个及以上版本的教科书。结合备课的辅助资料题目的答题情况和后期访谈结果可知，其中没有看过教科书的实习教师大多参考百度文库、豆丁网和 12999 数学网等网络资源进行备课。但网络资源参差不齐，数据和知识内容往往不够准确，缺乏数学的严谨性。实习教师没有足够的教学经验去甄别内容的可靠性，所以不建议实习教师过度依赖网络资源来进行备课。相比较而言，在职教师研读教科书两个及以上版本的人数占比高达 75%，没有看过教科书的人数为零。

对于备课的辅助资料问题，97% 的实习教师局限于参考教科书进行备课。而在职教师使用辅助资料的途径呈多元化，都是在以教科书为备课基础的前提下，挑选自己信赖的教辅资料展开备课，部分学校会组织集体备课。只有3%的在职教师结合少部分网络资源备课，理由是网络资源会耗费大量精力去甄别它的准确性，他们以往收集到的资料已经足够了。25%的在职教师会通过查阅学术文献资料进行备课，在后期的访谈中可知这部分教师主要是职称级别较高的专家型教师。他们认为近几年新文献资料可以了解到当前的前沿信息，课堂教学需要与时俱进。

综上分析，实习教师在备课方面，对课标的关注度或研读是远远不够的，过度依赖一个版本的教科书会造成照本宣科的错误教学理念。想要上好一堂课，备课环节对课标的分析、教科书的处理能力和多种教辅资料的综合分析能力是基础，新课标理念提倡"用教材教，而不是教教材"。如何把教材上学术形态的数学知识转化为易于让学生接受的知识形态，这是一个值得实习教师深思的问题。

（二）在五个教学环节上的比较

1. 在新课导入环节上的比较分析

新课导入是课堂教学的重要环节，也是必不可少的，同时也是激发同学们学习兴趣，明确新旧知识的内在联系，进而让学生进入良好学习情境的教学行为方式。以"一次函数的概念"课为例，我们对两类教师在新课导入环节的访谈内容进行统计，得到表2。

表2　对两类教师新课导入环节的访谈关键词统计　　　　单位：次

访谈内容	访谈内容关键词	提及次数	
		实习教师	在职教师
新课导入	"复习导入法"	15	23
	"问题引导法"	9	16
	"类比导入法"	8	10
	"情境导入法"	4	19
	"直接导入法"	4	23

由表2可以看出，在职教师提及新课导入方法的次数均超过实习教师，且在谈到"一次函数的概念"这个具体的教学内容时，能够举出具体的例子进行阐述。实习教师对于具体内容教学采用的导课方式大多只能阐述某种方法，但对于具体如何实施这些内容的课堂教学导入却无法做出详细且具体的阐述。从8堂实习生的课堂教学实录视频中可以看出，采用"复习引入"和"直接导入"方式的较多。造成上述现象的原因主要还是他们理论多于实践，缺乏真正的教学实践经验。

2. 在概念解析环节上的比较分析

教师对概念的解析很大程度上决定了学生对概念的理解程度。概念是一切学习和解题的基础，"基础不牢地动山摇"。以"一次函数的概念"课为例，我们对两类教师在概念解析环节的访谈内容进行统计，得到表3。

表3　对两类教师概念解析环节的访谈关键词统计　　　　　单位：次

访谈内容	访谈实例关键词	提及次数	
		实习教师	在职教师
概念解析	"直接应用概念"	3	0
	"对概念进行分析"	22	25

由表3可知，两类教师在访谈中提及概念分析的次数差不多，少部分实习教师提及一次函数的概念太简单，没考虑过还要进行详细的分析。通过对16个课堂教学实录视频的概念解析环节分析可以看出，实习教师一般在直接得出概念以后，简单地分析一下或带着学生读一遍概念，然后进入课堂练习。这个过程只是简单地呈现了概念。在职教师多数会带领学生一起解读教材，分析概念的每一句话和其中的关键词，解析其原理，举出具体实例进行解释，力求让学生能够知其所以然。

3. 在课堂例题环节上的比较分析

课堂例题是由教师主导、示范且具有典型性的数学问题，以对学生刚刚学习到的知识进行巩固和加深理解。结合访谈和教学视频分析可知，"根据经验设计题目""引用经典例题"和"创新型例题"是在职教师设计例题的三大特点，题目来源渠道多样化，可以是教科书例题习题、练习册上的题目、教师以往收集的经典题目或各种考试的真题等，例题讲解步骤一般为"学生思考→学生典型解答的板书演示→师生交流→教师示范解答→思想方法的提炼"。而实习教师多数直接采用教科书上的例题，例题选择视野有限，讲解过程仅停留在知识和技能层面的较多。

4. 在课堂总结环节上的比较分析

课堂小结是教师对所讲知识的总结、归纳和梳理，是帮助学生构建完整知识系统的重要环节。结合访谈和教学视频分析可知，大部分实习教师在短时间之内重述了新课讲解环节的所有内容，总结的条理性和简洁性较为缺乏，概括性体现得不是很明显，总结环节有很强的程序性和模式化特点。在职教师采取了板书、多媒体和板书结合多媒体等多种总结方式，把本节课重要知识点全部简洁地罗列出来，总结概括性强，重点难点突出，总结内容直接指向教学目标。

5. 在作业设计环节上的比较分析

我们结合访谈和教学视频分析，从作业的数量、难度、内容和来源四个方面进行比较。

在作业的数量方面，在职教师依据教材和教辅资料，精心筛选不同类型的作业，而设计作业的原则是"不在于量，而在于精"。实习教师没有参与实际教学的足够经验，对教学内容体系不熟悉，往往会采用"题海战术"，导致学生在课堂上或者课后都会有大量的作业，学生的学业负担大。

在作业难度方面，在职教师在设计作业时，往往会根据该课时的教学目标以及学生群体的差异，准确把握作业的难度，设计分层作业或设计三个档次的题目，不同的学生群体完成不同难度的题目，注重培养学生在数学作业上的自信心，进而调动学生学习的积极性。而实习教师常常无法准确把控数学作业的难度。

在作业内容方面，由于实习教师接受过师范技能课的培训和较多的前沿理论知识，设计上更加具有灵活性、多元性和创新意识，除了布置书面作业外，会经常给学生设计一些口头性作业、拓展性作业以及实际操作性作业，侧重于锻炼学生的实际操作能力，以此来锻炼学生的思维能力，理论联系实际能力，理解每个理论知识的由来。而在职教师的关注点主要在理论知识上，围绕教材和教辅资料去设计传统型的书面作业。

在作业来源方面，在职教师获取数学作业的途径广泛，除了从教材和教辅资料中挑选题目外，还会自己设计或改编数学作业或者学校的教研组共同探讨出题。而实习教师获取数学作业的途径受到限制，大多只能依靠教材、教辅资料以及网络资源。

四、促进师范生教学技能形成的策略

经过一学期的实践教学，实习教师在以上五个教学环节上有了很明显的进步，但仍然与在职教师之间存在较大差距。为了提高实践教学环节促进实习教师专业发展的效率，我们提出以下策略。

（一）在高校对师范生的培养方面

一是在校期间的师范类课程。特别是数学与应用数学专业的数学教育学课程将增加课例分析和实践教学的课时，在重视理论的同时要着重联系实践。但是考虑其周课时只有 3 节，无法充分地在具体课堂上增加实践内容，所以考虑从其他途径增加实践机会。比如，组织全年级学生进行课例分析、课标解读和教科书阅读分享活动等，通过第二课堂的形式开展各种教育教学实践方面的活动。

二是建立学校层面的网络资源共享平台。线上提供可供全校师范生学习的中小学课程标准、各个版本教科书、各个中小学或组织团体开展的教学比赛视频、与中小学教育教学相关的学术会议资料视频等，开设师范生交流讨论区。这样可解决大部分师范生在备课阶段资源不足的问题，在促进师范生学习教育教学知识渠道多样化的同时，增进师范生团体的交流，因为各学科教学虽然存在差异，但教法和教理的普遍规律却在一定程度上存在相似性。除此之外，普通话是所有师范生都需要考取的证书，在这个学校层面的网络平台上交流可能会形成普通话学习活动团体，促进师范生的共同成长。再则，有关教师资格证考试、与教育教学相关的法律法规以及最新的教育政策等信息，师范生均可通过此平台获取。综上所述，这个学习共享平台的建立是很有必要的，或许会带来很多师范生在学习知识、方法和途径上的改变。

（二）在师范生进入中小学实习实践方面

从笔者带队五届毕业生毕业实习的经验来看，加强实习生和在职教师之间的交流是接下来的工作重心。大部分实习生只与安排给自己的一线指导教师交流经验，经验获取渠道单一，而部分实习生的指导教师提供的信息和教研方面的经验很多。为了让所有实习生获取的资源和经验保持均衡发展，现已建立学院层面的网络共享平台，但仅限于QQ群和微信群的方式，其他途径还有待开发。

（三）在师范生自我成长反思方面

已组织师范生在实习过程中录下自己和指导老师的课堂教学视频，然后开展实习生教研活动，针对视频里的各个教学环节展开对比分析和讨论。但对于师范生的教学反思来说，还需要他们主动向他人学习经验和方法，然后反思自己的教学优点和不足。反思属于内在因素，外部环境只能对其进行积极引导。从前文中的比较分析来看，师范生在保持自身教学优点的情况下，应该积极向经验丰富的一线教师获取经验，取长补短，见贤思齐，为自己将来的职业发展做好铺垫。

参考文献

［1］中华人民共和国教育部.普通高中数学课程标准（2017年版）［M］.北京：北京师范大学出版社，2018.

［2］李静.初中数学作业设计的现状调查及策略研究［D］.长沙：湖南科技大学，2019.

［3］王月.中学实习教师与在职教师教学关注的比较研究［D］.锦州：渤海大学，2018.

数学专业实习生课堂导入案例研究①

陈芳芳　　彭书健②

一、引言

教育强则国强，师资强则教育强。日前，教育部等八部门联合印发《新时代基础教育强师计划》（简称"强师计划"），更着力推动教师教育振兴发展，努力造就新时代高素质专业化创新型中小学教师队伍，为加快实现基础教育现代化提供强有力的师资保障。普通高校师范生是基础教育的主要力量，并且数学是重要的基础学科，因此，数学专业师范生的教学技能水平的高低直接影响着我国基础教育教学的质量。而实习又是提升师范生教育教学能力的重要途径，所以数学专业实习生的课堂教学值得研究。

目前，针对数学实习教师教学能力方面的研究很多。例如，2015 年，唐海军等人从教学实践、课改认知、教学交流、自主练习这四个方面对数学专业师范生的教学技能的影响做了调查研究。牟天伟调查、研究、分析了数学专业教育实习生在实践过程中得到的教师指导情况，并提出了相应的提升意见。从师范生实习存在的问题方面，余海燕对实习时间、实习环境和实习教学技能等问题进行了研究，并提出了相关的改进建议。基于以上对文献的梳理可以发现，在数学课堂导入案例研究方面的研究还很少。

课堂导入是指课堂教学开始时，教师有意识、有目的地引导学生进入新的学习状态的教学组织行为，是教师和学生在此过程中所有教与学活动的通称。课堂导入作为

① 2021 年度四川省高校人文社会科学重点研究基地四川教师专业发展研究中心"基于学生作业的实习教师教学反思与教学重建研究"（PDTR2021－08）；2020 年四川文理学院一流课程建设项目"数学教育学"（2020KCB017）；四川文理学院师范专业示范性实践教育基地项目（达州市第一中学）的研究成果。

② 陈芳芳，1989 年生，女，汉族，四川大竹人，四川文理学院数学学院，助教，硕士，主要从事数学教育与计算数学研究。

彭书健，1977 年生，男，汉族，四川大竹人，本科，达州市第一中学校、教务处副主任、主要从事数学教学和教师管理。

课堂教学的首要环节，奠定了一堂课是否成功的基调。从"先行组织者"的理论视角看，数学课堂导入的目的就是期望能够利用之前已经掌握的知识作为工具来了解当前学习的知识。让学生将新旧知识联系起来，形成知识结构体系，从而更容易地理解新学的知识，使之更容易地、更简单地进行理解学习。

二、课堂导入现状

本文中的研究对象是四川文理学院数学与应用数学专业的 40 名实习生，主要以录像观察法和访谈法相结合的方法进行研究。研究者作为数学专业教育实习指导教师，在指导实习过程中发现，实习生在课堂导入环节存在着诸多问题，比如对导入的认识、导入情境的选取、导入时间的长短、导入方法的不同等，因此选择以课堂导入为切入点，分别从以上四个维度来进行分析和研究，帮助指导教师在今后的专业教育实习课程中更有效地发挥实践引导作用。

（一）对课堂导入的认识

通过访谈发现，所有的实习生都知道数学课堂教学的几大步骤，如课堂引入、新课讲解、例题解析、课堂练习等，并且也了解一些课堂导入的作用和意义。具体统计数据见表 1 和表 2。

表 1　实习生对课堂导入的概念和意义的了解情况　　　　　　　单位:%

问题	A. 知道得很详细	B. 知道一点	C. 一点都不知道
你知道课堂导入的概念吗？	7.5	80	12.5
你知道课堂导入的作用和意义吗？	7.5	77.5	15.0

表 2　实习生对课堂导入的方法和导入时长的了解情况

问题	A	B	C	D
你知道几种课堂导入的方法？	2 种（12.5%）	3 种（35%）	4 种（45%）	5 种及 5 种以上（7.5%）
你知道课堂导入的时间一般多长吗？	1 分钟左右（7.5%）	1~3 分钟（77.5%）	3~5 分钟（15%）	6 分钟以上（0%）

综合以上两个表格可知，实习生对课堂导入的整体认知较好，但认识的深度不够。只有 7.5%左右的实习生对课堂导入的定义、作用和意义以及导入方法等了解稍微透彻一点，在访谈中发现，这部分实习生对未来的职业规划很明确，毕业后准备从事教师行业，所以对教育理论知识掌握得比较扎实；而 77%~80%实习生对课堂导入的相关内

容都只是略知一二，了解一点，而这一部分实习生对未来的职业规划很迷茫，没有明确的职业倾向；其他的实习生根本不想从事教育行业，想着能顺利毕业就行，所以对教育理论方面的知识知之甚少。因此，对未来职业是否有明确的职业规划对师范生教育理论知识的掌握程度有一定的影响。

（二）导入情境的选取

1. 导入情境杂乱无逻辑

课堂导入方法很多，但无论用哪种导入方法都要选取相应的情境，而情境选取得是否合适直接关系到整堂课的效果。40 位实习生在实习授课实践过程中也有相应的引入，但引入情境繁多、杂乱，情境之间没有严密的逻辑关系，只是单纯地将情境罗列出来而已。例如实习生 A 在讲授"从三个方向看物体的形状"时，先用苏轼的词《题西林壁》引出，然后给出生活场景中的几幅图片，让同学们判断分别是从哪些方向看到的，接着出示一个立体几何图形，并给出了从五个方向看到的图形，最后直接给出数学中的三视图的概念。下面是具体的教学流程。

师：同学们，我们来看一下苏轼在《题西林壁》这首诗（出示诗句和图片）……说到从不同方向看庐山的美景是不是有所不同？

生：是。

师：所以说观察一个物体的时候是不是应该从多个方向去认识这个物体？

生：是。

师：我们再来看一下这个问题。小华和小颖看到的图像一样吗？（ppt 显示出问题）下面四幅图中你认为哪幅是小华看到的？哪幅是小颖看到的？

生：不一样。（此时教师带领同学们一起解决问题）

师：那我们再来看第二个问题。如果你想看到所有的物体，你应该站在什么样的位置？

……

师：那在数学中，我们通常是从三个不同的方向：正面、左面和上面看同一物体，然后得到三视图。那三视图是哪三视图呢？我们一起来看一看。

……

以上课堂导入的时间为 3 分钟左右，时间把握得很好。但结合该引入情境的数量来看，数量稍微偏多。并且上述情境与情境之间不关联，没有逻辑性。或者说实习生没有用相应的逻辑词语将情境整合起来，形成连贯的导入情境，帮助学生进入课堂情境中。学生还没来得及思考，实习教师就已经进入到下一场景，思维跳跃性太大，不仅没有达到课堂导入，即激发学习兴趣的目的，反而增大了学习的难度。

2. 导入情境重形式、轻问题

创设情境导入法是课堂引入的常用方法之一，它是指教师通过语言描述或演示创设问题情境，以诱发学生的探究心理，引起其解决问题的欲望和兴趣，促进其思维的积极活动，或借此陶冶学生的性情。数学本就是一门很抽象的学科，就更需要教师结合具体的生活情境教授数学知识，激发学生学习数学的兴趣。大多数实习生都知道情境导入法，但太过于重视情境，导入的情境一般都在三个以上，可基本上都是点到即止，没有提出启发学生思考的问题，不能将情境的价值体现出来。比如实习生 B 讲解《有理数的乘方运算》的教学片段如下：

师：今天我们将学习一个新的知识。大家先看一下这个问题：某种细胞每 30 分钟便由一个分裂成两个。经过 3 小时，这种细胞由 1 个能分裂成多少个？

生：（埋头计算）

师：大家算出来没有？

生：64 个。

师：对。你是怎么计算的呢？

生：$2 \times 2 \times 2 \times 2 \times 2 \times 2$。

师：对，这就是我们今天要学习的有理数的乘方运算。

以上课题采用"细胞分裂"导入新课，"细胞分裂"是一个非常好的情境材料，契合课堂的主要内容。有理数乘方的意义在于将多个相同因数的乘积表示成更简单的形式，化繁为简，简便运算。而此教师只是单纯地让学生计算。为什么要计算？经过 5 小时、10 小时甚至 n 小时后一个细胞分裂成多少个细胞又该怎样计算？有没有更加简洁的表示形式呢？这些问题都没有提出来。该实习教师没能充分挖掘该情境与所讲课题之间的实质性联系，没有体现所引情境的作用和意义。

（三）导入时间分配不合理

一般课堂引入的时间以 3~5 分钟最为适宜，但实习教师课堂导入的时间分配不够合理。这主要表现为两种极端：一种极端是时间过长，有的引入时间长达七八分钟，甚至 10 分钟以上；另一种极端就是时间过短，1 分钟左右，或者就一句话带过。通过对 40 位同学的课堂导入时间的统计，我们发现，导入时间在 3 分钟以内的有 13 人，在 3~5 分钟的只有 8 人，而 5 分钟以上的高达 19 人。导入时间过短的比例少于导入时间过长者。

通过访谈其原因，我们发现，导入时间过长的实习教师备课充分，认真钻研教材，查找资料，仔细研究怎样选取合适的情境导入新课中，但情境材料了解得越多就越迷茫，不知道选取哪个更加合适，所以就干脆把能够应用的情境全部都选上了。比如某实习生 C 在讲授《反比例函数的概念》时，首先复习旧知，回顾函数的定义、三种表示方法，接着又回忆了一次函数的概念、图像和性质，此时已经用了 7 分钟的时间。最后他又用物理问题（欧姆定律和行程问题）来创设情境引入新课"反比例函数的概念"，总时长为 13 分钟。再比如实习教师 D 讲解《认识一元一次方程》时，耗时也长达 12 分钟。他首先用年龄问题引出方程，接着讲解方程的概念，列出 8 个式子让学生判断哪些是方程，然后再列举了 4 个列方程解实际问题的应用题，通过归纳总结得到列方程的几大步骤。

而导入时间过短者主要还是对教材不熟悉，没有认真钻研，对课堂导入的认识还不够深入，认为只需要有导入部分的形式就行了。比如实习生 E 在讲解《二次函数的图像》时导入时间就很短，只有一句话"昨天我们学习了二次函数，今天我们来学习一下二次函数的图像"，接下来就画了三个二次函数的图像，开始讲解新课了。再比如实习生 F 在讲解《集合的概念》时的导入案例："同学们，大家好，今天我们要学习新的知识——集合。其实大家在初中时就已经学习过集合了，比如有理数的集合。那为什么我们现在又要来学习集合呢？什么是集合呢？请大家翻到课本第 2 页，自主学习集合的概念。"……综合以上分析，导入的时间长短应该根据教学目标和教学内容确定，并且需要实习生有针对性地进行训练。

（四）导入方法混用

数学课堂常见的导入方法有：直接导入法、复习导入法、情境导入法、问题导入法、诗歌导入法、故事导入法、游戏导入法等。通过课堂实录和访谈以及数学的学科特点，我们发现，前四种导入方法是最常用的。表 3 是对 40 位实习同学的课堂导入方法的统计数据。

表 3　40 位实习生选用的课堂导入方法的种类

导入方法	1 种	2 种	3 种及 3 种以上
人数	5 人	25 人	10 人
所占百分比	12.5%	62.5%	25%

根据表 3 可知，12.5% 的实习生会选择一种合适的导入方法，但一半以上的实习生选择了两种导入方法。比如实习生 A 就用了诗歌导入法和创设情境导入法，实习生 C 和 D 也用了两种导入法，C 用了复习导入法和创设情境导入法，D 用了问题导入法和创设情境导入法。结合上述案例可见，创设情境导入法是最受实习生青睐的一种导入方法。

通过对导入方法的调查，也能再次揭示实习生在导入时间方面把握不合理的原因。

比如用时少于 1 分钟者主要是采用开门见山的直接导入法，而时间在 5 分钟以上的基本上都采用了两种导入方法。

实习生课堂导入环节除了上述问题外，还存在其他问题，比如导入有知识点错误，语言不精炼，数学专业术语表述不严谨，口误以及导入内容没有深度，缺少数学文化和数学史的融入，等等。这些方面的问题都需要实习指导教师指导实习生上课前后加以关注。

三、结论与策略

（一）结论

本文探讨了地方普通高校数学专业教育实习生在课堂导入方面存在的问题，分别从对课堂导入的认识、导入情境的选取、导入时间和导入方法四个维度分析存在的问题。我们通过访谈和课堂实录得出以下结论：①对课堂导入的认知方面，80%左右的实习生了解不够深入，略知一二；②在情境选取方面，情境的数量较多，情境之间的罗列没有层次和逻辑关系，并且导入的情境没能发挥其价值，大多数实习生就是为了导入而导入，重情境，轻问题；③在导入时间方面，50%左右的实习生不能合理分配时间，要么 5 分钟以上，时间过长，要么就 1 分钟左右，时间过短；④在导入方法方面，50%左右的实习生能选取一种合适的导入方法，但剩余的 50%选取了两种导入方法，导致在时间分配上不合理。

（二）策略

通过上述结论我们发现，地方普通高校师范生普遍存在以下几个方面的问题：一是普通师范院校对师范生的实践教学指导不足，没用真正将教育理论知识转化为教学技能这一培养目标落到实处；二是实习生对课堂导入相关的教育理论知识掌握不牢；三是实习生的实践教学经验不够，缺少课堂教学经历。针对以上不足，我们提出相应的措施，希望地方普通高校能培养出越来越优秀的让人民满意的人民教师。

（1）学校层面应对师范生技能培养做系统性规划。应该重视对师范生的培养，严格课程、学分等相应的管理制度；严格落实课程思政，开设专门的职业规划课程，进一步提高学生的从教意愿，增进对教师职业的思想认同和情感认同，培养有理想信念、有道德情操、有扎实学识和仁爱之心的好老师；加强示范性实践基地建设，与地方教育行政主管部门、中小学校建立协同培养机制，力争实现"实习示范基地""协同教研""双向互聘""岗位互换"等机制；加大教师职业技能训练平台建设投入力度，满足"三字一话"、微格教学、实验教学等实践教学的需要；进一步加强师范院校与基础教育学校的联系，了解和学习基础教育教学改革的经验，检查师范院校的教育、教学质量，比如增加见习和实习的机会，邀请一线的中小学教师给师范生模拟授课、现场指导等。

（2）指导教师对师范实习生技能做细致化培训。重视教育实习，严格实习制度，重视师范生课堂教学技能的培养。比如组织学生观看优秀教师教学视频，加强微格教学的训练。由于数学具有高度的抽象性、严密的逻辑性和广泛的应用性，训练时教师应特别注重两方面的指导，一方面就是对教学设计的指导，比如怎样简洁明了或新颖奇特地引入新课，重难点怎样突破，例题和习题如何设置才具有代表性，等等；另一方面就是重视对教学提问的指导，数学课堂的提问必须要有启发性，问题不能太简单也不能太难，能引导学生积极思考和探究，尽量避免"是不是""对不对"之类的无效问题。此外，还应加强与一线指导教师的交流沟通，提升实习的效率，携手培养出合格的师范生。

（3）师范生自身要自主参与教学技能的提升发展过程。明确自己未来的职业方向，热爱教育事业；加强教育理论知识的学习和教学技能的培养，比如利用课余时间熟悉中小学各类教材、同学之间互讲互评、参加教学技能大赛等，以提升自身教学技能。并且应加强数学史的学习和应用以增强导课的趣味性。在人工智能与智慧教育逐步走向课堂的新时代背景下，师范生要与时俱进，提升自己的学科知识和教学技能素养，更好地适应未来的数学课堂。

参考文献

［1］唐海军，何聪，高晶. 数学专业师范生教学技能的调查研究：以四川文理学院为例［J］. 达县师范高等专科学校学报，2015（2）：69-74.

［2］牟天伟，郑勇军. 数学教育实习中指导教师工作现状分析［J］. 四川教育学院学报，2009，25（11）：101-103.

［3］余海燕，钟伟. 数学师范生教育实习现状的分析及建议［J］. 读与写：教育教学刊，2010，7（4）：66-66，99.

［4］何姗姗. 高中数学课堂导入现状调查研究［D］. 大连：辽宁师范大学，2020：18-20.

［5］杨成成，闫妍，尹雯雯，等. 数学师范生教育实习状况的调查研究［J］. 科技信息，2011（7）：I0011-I0012.

［6］唐海军，李玲. 数学教育课程建设与教师职业需求适应性的调查研究［J］. 乐山师范学院学报，2012，27（12）：134-137.

［7］李臣之，林丹华. 综合性大学"师范生教育技能"培养专业化探讨［J］. 深圳大学学报（人文社会科学版），2007（6）：157-160.

［8］唐海军，高晶. 初中数学教科书中历史名题分布特征及启示［J］. 数学教育学报，2020，29（5）：8-13，102.

［9］邵婷婷，邵光华. 高师数学教育专业学生教学能力发展的初步研究［J］. 曲阜师范大学学报（自然科学版），2005（1）：125-128.

应用统计学实践教学行与思

——基于学生参与 A 市 "廉洁细胞" 调研活动的视角[①]

王玲玲[②]

一、引言

随着应用统计学学生统计学专业知识储备的增加和解决问题能力的不断提高，学生对如何应用统计方法解决问题有了一定的敏锐性和洞察力，相关项目研究能力也有了显著的提高，这也正是应用统计学专业学生学有所用、学以致用的良性发展形势的充分体现。在总结学科发展进步的同时，也需要对学生课程理论学习之外的实践情况进行探讨和思考。下面从应用统计学专业学生课程学习现状、参与实践情况、学有所用和学以致用仍存在的问题、对实践教学的建议和思考四个方面进行详细分析。

二、学生课程学习现状

（一）理论课程学习现状

1. 专业课程设置情况

参与本次调研的学生为统计专业三年级、四年级学生。就学生目前学习的统计学专业课程来看，基础理论类的课程主要有概率论、数理统计、统计学、随机过程以及贝叶斯统计等，偏向实践操作性的课程主要有程序设计、R 语言及其应用、SPSS 软件及其操作、数学实验（基于 MATLAB）等，而对统计方法和统计模型类学习的课程主要有多元回归分析、多元统计分析、时间序列分析、抽样技术及大数据分析等课程。

---

① 四川文理学院一流课程建设资助项目（2020KCB016）的研究成果。
② 王玲玲，1993 年生，女，助教，硕士。主要研究方向：统计学基本理论及应用研究，数据挖掘、智能优化。

从课程结构来看，理论、方法和实践结合良好，学生通过系统的学习，能够大体掌握统计学领域的基本思想、基本方法及数据分析方法等，基本达到统计学专业本科人才的标准。

2. 专业课程学习现状

下面结合学生学习效果及平时表现，将学生的专业课程学习现状做如下总结：

由于学生将自己的专业定位为统计学专业，进而在学习数学专业相关专业课程如数学分析和高等代数上对自己要求不够高，学习内容偏简单，学习过程中也不注意重点知识和核心知识的探究，学生的数学理论应用和证明方面稍显薄弱，从而在统计学纯理论课程学习上就容易出现易于理解基本统计思想，而在计算和结论求解部分出现难以理解和消化的现象。学生自知统计软件学习的重要性，同时也对软件的学习表现出了浓厚的兴趣，因此相对来说软件学习这块整体水平偏高，学习效果较好，但是需要学生自己严以律己，尽快入门，否则软件学习过程将"道阻且长"。至于学生对专业统计方法和统计模型的学习，学生能够照搬方法和模型，基本理论掌握到位，相关推导和重要结论基本掌握，但是在将方法、模型与实际问题相结合方面还存在一些问题，这也是广大统计学专业学生学习的难点，短时间内不易攻克。只有让学生在不断地将理论与实际实践相结合，并在问题中进行分析，学会选用合适的统计方法，通过不断实践，才能最终学会将理论与实际问题融会贯通，从而将统计学方法应用到实际问题中。当然这一过程是对学生更高阶段和更高层次的要求，并不能以此作为学生本科学习成效的检验标准。

（二）学生外在学习氛围现状

学生自身思想道德的修养和学习动力如何也是学生专业课学习效果好坏的关键因素。一部分学生自入学以来就树立目标，学好专业课，进而提高了自己学习的主观能动性，也能充分利用课堂上下的时间，不断探究，消化吸收课程，进而不断提高对本专业的兴趣，在学习上能够稳步上升；另一部分同学，对学习兴趣不大，进而不愿探索学习，课上课下学习态度懒散、状态消极，所能学到的知识也就少之又少，从而对专业课程的学习兴趣进一步降低。两类学生的相互较量最终影响班级学习氛围。大环境对学生的熏陶和影响也很显著，良性的合作和竞争本身就能促进学生向更高层次发展，反之就在一定程度上阻碍了学生发展。因此，就目前学生学习现状来看，学风班风好的班级，课程学习效果也就更好一些。

三、学生参与实践情况

自应用统计学专业成立以来，学院就通过各种途径为学生搭建实习和实训的平台，使学生能够学以致用，将理论和实践有机结合。随着专业知识的不断积累，学生也逐渐具备了一定的处理数据、分析数据和解读结果的能力，也参与到了众多的实践中，无论是申报创新创业项目还是数学建模竞赛，或是统计局等单位的实习等都取得了不错的成绩。下面主要从学生参与 A 市"廉洁细胞"调研活动展开，就本次实践过程进行详细的阐述。

本文将本次调研活动分为六个阶段：问卷设计和测试阶段→调查前人员、地区、时间分配阶段→正式调查和问卷回收阶段→问卷数据整理和归档阶段→数据处理及分析阶段→书面调研报告撰写阶段。下面就各个阶段的情况分别做详细的阐述。

在问卷设计和测试这一阶段，由于本次调研活动筹备时间比较仓促，所以指导教师和学生拿到的是已经制作完成的问卷，并没能够参与问卷设计和调研的阶段，再加上对问卷设计的背景不是特别清楚，导致在问卷解读和翻译时会出现意见不一致的情况，在一定程度上增加了后面阶段顺利进行的难度。

接下来进行的是调查前人员、地区和时间分配阶段。由于本次采取的是现场调查的方式，而且调查对象涉及六类共 58 个调查点，涵盖了市本级部分单位及 A 市各区县部分单位、学校、村镇等，因此，在调查人员和时间安排上采取了分批次的方式进行。最先是在市本级安排带队教师和学生展开调查，调研前一至两天集中开会，一方面将本批次参与学生分组，再将每组学生分派到具体调查点；另一方面就如何有序开始调研，如何对可能遇到的问题进行解答，包括对问卷内容的解释说明和注意事项等，以保证工作公平、公正地开展以及更好地开展下一批次的调查工作。最后还要与当地的纪委负责人联系，由于路途遥远，需事先规划好调查路线，并保证每个点都可以采集到足够的样本。除此之外，事先还需要确定好如何提取问卷数据，建立什么模型，使得最终可以圆满完成本次调研任务。

在正式展开现场调查和问卷回收阶段，带队教师首先会给学生讲好问卷调查流程以及可能出现的问题及解决办法，保证学生和教师之间联系畅通，然后将学生分配到各个调查点，并有序开展调查工作，在保证各位被调查人独立作答以及有效回收问卷的前提下，完成足量的样本采集。本次调研因为事先的问卷设计和试验阶段准备不够充分，所以最常见的问题是关于问卷问题含义、口径的解读以及答案的选择对比度和区分度不够，不过相关问题都有及时记录，在后期建模和数据分析阶段都进行了一定程度的补救，使得结果更趋近于真实水平。

在问卷数据整理和归档阶段，本部分参与者主要由指导带队教师对每类原始问卷进行正确的装订和预览，然后根据事先确定的计算综合得分模型向学生提供数据录入的 EXCEL 模板，并讲明数据录入的注意事项，然后由学生分组协作完成数据的初步录入工作。对于学生提供的数据，指导教师及时对数据的准确性进行检查，确定无误后将数据归档，为分析做准备。

数据处理及分析阶段工作是最终形成规范和准确书面报告的关键阶段，且对统计专业知识要求较高，因此选择了统计专业较强的学生与教师一起完成数据预处理、建模及结果解读工作，并围绕问卷调查方法、问卷调查内容构成情况、问卷结构占比情况、问卷失分统计及失分结果分析、各个类别下相关调查点成绩排名以及各调查点的结果分析和建议六个板块展开了数据处理及分析。

最终，同学们将所有调查结果及排名进行综合汇总，并形成了 100 多页的书面调研报告，圆满完成了本次调研工作。

在本次调研工作中，纪委相关负责同志、指导教师和学生积极配合，保持紧密联系，及时就相关问题进行沟通，为本次调研活动顺利展开提供了基本保障。学生们纷纷表示此次活动虽然辛苦，但也是一次很好的锻炼，深入调研及分析相关阶段的工作，能够将理论与工作实际建立联系，也更加明确了接下来理论学习的方向以及需要培养的专业素养。

四、学有所用和学以致用仍存在的问题

虽然本次调研活动圆满完成了，学生们也从中收获很多，但在整个调研过程中依然存在许多问题。下面就对主要问题做一些剖析。

首先，在前期问卷设计方面，学生们基本上只具备阅读已有问卷的能力，对于如何设计简单的问卷，甚至对考虑到不同研究群体和研究背景而需要用到的心理学等相关知识知之甚少，所以在本次问卷初期基本是学生听从教师指令，然后完成相关工作，而缺少独立完成工作的能力。

其次，在模型设计阶段，学生虽然已经学习了很多统计相关的专业知识，也已基本具备针对问题找对应模型的能力，但是仅仅停留在照搬照套阶段，无法针对实际问题选择恰当的模型，从而开展下一步的工作。

再次，在问卷实施阶段，由于此次问卷实施过程更倾向于机械性的重复分发问卷、解读问卷、回收问卷的模式，学生的主动性没有体现出来，所以学生主动发现问题，

及时调整方案并解决问题的能力不足，从而为最后问卷分析及撰写报告增加了难度。

最后，在问卷分析和撰写报告阶段，我们将六个类别分到六组，每组分别由指导教师及学生共同完成数据分析及报告初稿的撰写。在这个环节中，笔者明显发现了学生在实际动手操作和团队协作方面存在巨大差异。本阶段主要用到了 Word、Excel、SPSS 及 MATLAB 等基本软件及工具。由于事先已经确定了分析所需模型，所以学生更多的是根据模型及模板对每个调查点实际数据按需求进行图表绘制及必要的模型分析，最后对分析结果进行解读。部分同学在软件应用方面展现出了自己的强项，而在结果分析时更多的是直接一句话写出结果，而无对结果成因的更多挖掘及说明。还有一部分同学不熟悉相关软件。在最终形成书面报告时，学生的语言表达能力整体匮乏，最后更是不知如何借助结果给出恰当的建议。由此可以看出，学生们虽然已经掌握并能操作分析工具，但是还不能娴熟地将工具内容转化为自己的知识。这也是缺少实战经验的必然结果。

五、对实践教学的建议和思考

通过对此次学生参与 A 市"廉洁细胞"调研活动的分析，本文主要从教师教学和学生学习两方面提出教学建议及对策。

（一）教师教学层面

目前应用统计学专业人才培养方案基本符合需要，所开展的课程也能基本满足学生开展和完成统计相关工作，不过建议再开设"市场调查方法与技术""运筹学"课程，为学生开展调研、选择更优模型提供足够的理论支撑，使学生成为理论知识扎实的统计方向专业人才。另外，还需要为学生搭建更专业的实践基地，为学生提供更专业的实践平台。

就教师教学层面来说，虽然大学生基本具备自学的能力，但是在讲授专业知识时，教师还是应该结合知识背景，尽量将知识的使用背景、基本思想和使用规则等讲解清楚并提出思考点，让学生课后充分探索，以免学生似懂非懂，并在实际使用时出现原则性错误。另外，在课程作业布置方面，要充分考虑到应用统计学是理论与实践相结合的学科，除了教材课后习题外，还可以就学习的部分课程开展实践活动，让学生分组合作并完成实验报告，从日常作业中练习软件操作和报告撰写，提高学生的书面表达能力。最后，学生可以充分参与到有相关课题的教师的科研工作中，让学生多参与科研工作，并鼓励学生发现课题，特别是充分鼓励学生在"创新创业"相关项目中一展所学。

（二）学生学习层面

绝大多数学生对统计专业课程学习都有着数学知识需求不高的误区，从而使得学生在学习数学专业知识时不够用功，而到了后期学习统计学稍微难一点、理论性强一点的课程时，存在很大的困难，所以建议学生们在学习数学专业课时要更用功。

当代大学生都不太会在课堂上与教师有较多互动，课后更鲜有学生愿意与任课教师有进一步的交流，哪怕是教师课上提出了探究性问题，大多数学生也不会在课后进行消化学习，因此学生大都缺乏学习主动性，很多值得探讨的问题也就一再被搁置。基于这样的现象，建议同学们可以就教师课堂上提出的某些感兴趣的问题主动探究，为学好统计学这门应用型学科打好基础。

最后，建议同学们可以主动寻求机会应用统计学理论知识开展相关实践活动，将学习和实践充分结合。高年级段的学生可以利用寒暑假进行一些更专业的数据分析工作，增加自己的实践经验。愿意从事学术研究的同学也可以就自己感兴趣的课题进行研究并撰写论文，对统计知识进行主动探索。

参考文献

［1］赵艳霞，李宇鹏，王晓巍. 改革统计学教学模式，培养学生实践创新能力［J］. 中国成人教育，2010（4）：157-158.

［2］王炯琦，吴翊，周海银. 统计学专业教学现状与改革的思考［J］. 高等教育研究学报，2011（3）：89-91.

［3］简明，金勇进，等. 市场调查方法与技术［M］. 4版. 北京：中国人民大学出版社，2018.

［4］刁在筠，刘桂真，等. 运筹学［M］. 4版. 北京：高等教育出版社，2016.

［5］韦盛学，吴荣火. 关于应用型本科院校统计学专业实践基地建设的探讨［J］. 玉林师范学院学报，2018，39（5）：32-36.

校企同享共赢的产学研合作模式探索①

周绿山　赖　川　朱朝菊　向文军　颜　爽②

2015 年，教育部、国家发展改革委、财政部联合印发了《关于引导部分地方普通本科高校向应用型转变的指导意见》，指出要推动转型发展高校把办学思路真正转到服务地方经济与社会发展上来，转到产教融合校企合作上来，转到培养应用型技术技能型人才上来，转到增强学生就业创业能力上来，全面提高学校服务区域经济与社会发展和创新驱动发展的能力。2017 年底，国务院办公厅印发《关于深化产教融合的若干意见》，对产教融合做了系统的制度设计。2020 年，教育部发布《教育部产学研合作协同育人项目管理办法》，深入推进产学研协同育人项目开展。2021 年，教育部出台《产学研合作协议知识产权相关条款规定指引（试行）》，为校企合作中的知识产权归置与处理提供指引，促进了产学研使用与知识产权转移转化。我国紧密出台产学研合作相关的方针政策，旨在围绕"科学技术是第一生产力"这一核心，将企业作为技术需求方与科研院所或高等学校作为技术供给方紧密结合在一起，促进技术创新所需各种生产要素的有效组合，从而改革人才培养模式，推动科学与经济发展，促进社会生产进步。产学研合作机制探索始于欧美发达国家。美国利用该方式让许多企业科技力量突飞猛进，形成了一套成熟实用的产学研合作创新机制与模式。在众多成功案例中，斯坦福大学创造的"硅谷"奇迹，把产学研合作推向了高潮，在全世界揭开了科技创新的新篇章，成为推动经济和社会发展的强劲动力。我国的产学研合作模式最早可追溯到 20 世纪 50~60 年代，以"两弹一星"研制为代表。改革开放后，我国的产学研合

① 教育部产学研合作协同育人项目（220501282190516）、四川省教育厅高等教育人才培养质量和教学改革项目（JG2021-1356）、四川省普通本科高等学校环境科学与工程类教学指导委员会 2021 年度教育教学研究与改革项目（CHJZW202112）、四川文理学院一流课程项目（2020KCD001；2020KCC007；2021KCC002；2021KCB004；2021KCB005）的研究成果。

② 周绿山，1987 年生，副教授，主要从事化工高等教育研究。
赖川，1986 年生，副教授，主要从事应用化学高等教育研究。
朱朝菊，1964 年生，副教授，主要从事化学高等教育研究。
向文军，1975 年生，教授，主要从事化学高等教育研究。
颜爽，1993 年生，讲师，主要从事制药工程教育研究。

作经历了由"产学研联合"到"产学研结合"，再到"产学研用结合"等发展阶段，形成了具有中国特色的发展道路。多年来，产学研合作一直是形成我国科技与经济"两张皮"现象的核心问题，也是多次科技体制改革的核心内容，也一直没有得到有效解决。与发达国家相比，我国的产学研合作存在不小差距，主要表现在合作方式单一，合作深度、广度和效度不够，成果转化率低，合作保障措施缺乏等。纵观产学研发展路径，其良好合作的关键是要解决好企业与高校或科研院所的利益需求平衡，强化和突出技术创新主体地位，巩固研究过程中的经济基础，加快建立以市场为导向、产学研紧密结合的校企同享共赢的技术创新体系。

一、我国产学研合作现状

（一）政策落实力度不够，合作对话机制不完善

产学研合作是国家创新发展战略的重要举措，也是地方高校应用型转型发展的重要途径。目前，关于产学研合作的政策主要集中在国家层面，而地方和高校与之相关的细化政策仍处于发展探索中。在产学研合作过程中，以项目合作占据主体地位，但由于对现有政策解读不到位，缺少具体实施指导意见，造成合作双方或因沟通不畅，出现合作资金难到位；或因阶段性任务不达标，迫使合作中断。高校和企业签订的合作协议对成果涉及的知识产权、效益等权益分配缺乏法律约束力，未形成协调合理的利益分配机制，造成成果归属与转移转化纠纷增多。

（二）合作主体责任不明，运行合作模式不落地

目前，我国的产学研合作还处于借鉴国外运行模式和成功经验进行消化吸收，从而转化为具有中国特色的产学研合作模式探索发展过程中。虽然我国产学研合作项目不少，但现有的合作仍以单个横向科研项目合作为主，缺少校企长期合作，不利于科技创新的长足发展。究其不能长期合作的原因，一是责权利规定不明确，不少合作协议缺乏法律约束，经常出现项目合作争议，保障持续性合作关系的组织机制不健全；二是合作模式以借鉴为主，没有形成具有区域经济、行业、产业、高校等自身特色的发展道路，无法扎根到实际需求的最深层；三是高校目标考核评价体系与产学研合作目标衔接不紧密，缺乏有效评价激励机制，对成果转移转化的评价存在"一刀切"现象，多以纵向科研项目、专利和论文数量为评价要素。

（三）优势资源利用不足，校企双方融合不紧密

高校具有丰富的智力与人才资源，在理论创新方面拥有得天独厚的优势。企业扎根生产实际，拥有坚实的实践应用平台，是科技成果转移转化的理想基地。现有的产学研合作项目多以高校实验室为主体，很少实现中试以及工业化生产，企业在项目中的参与仅为监督和验收，不能实现高校与企业的优势资源相互利用，实现效益的最大化。同时在合作过程中，往往协议签订前期往来密切，一旦协议签订，双方的沟通交流就日趋减少，在项目结束后更是鲜有联系。最终造成资源利用不充分，解决实际问题能力不够，合作产出成果较少，高校教师没有获得充足的实践经验，企业人员没有达到提升科研创新理论水平的目的。

二、新时代产学研合作发展策略

（一）做好服务保障，打开合作共建新格局

高校作为产学研合作的技术支持方，是项目开展的主要施工者，对合作内容的制定与目标的达成有着至关重要的作用。以市场需求为导向，深入企业进行调查走访，是产学研合作的基础，更是制定相关政策的有效支撑。项目推动的核心在于人才，解放高校技术人才双手，大胆鼓励研究工作者迈出校门、走进企业，形成以项目为载体，工作在异单位、保障在高校的工作新模式，可有效解决项目研究人员在企业工作时间不够，不能有效解决实际问题的困难，同时也为教师深入企业提供了经济保障，解决了其后顾之忧。

企业是产学研合作需求的供给方，是项目实施的主载体，为合作内容与达成目标提供决策与建议。以国家与地方政府的方针政策为指导，理清企业发展瓶颈与所需，构建以企业为核心的订单式项目合作体系，努力配置良好的经济保障与政策支持。在寻求技术支持的过程中，应坚持以推动区域发展为主方向，优先考虑邻近资源的利用，发挥好邻里相助的作用。建立项目研发为主要方式，长期合作为导向的合作机制，为技术研发人员配备良好的工作与生活环境，出台相应照顾政策，让其工作安心、生活舒心。

（二）共享科研资源，增添技术创新新动力

高校是人才与智力的集聚地，企业是科技成果转移与转化的重要场所，在产学研合作中各自扮演着不同的角色，但都有着同一个目标。在实施产学研合作过程中，供需双方都有着不同的科研基础优势，利用恰当则是校企共同进步的良好平台。然而在传统的合作模式中，常以项目签订后在高校完成实验室研究为主，最后通过一纸结题证书宣告合作结束。在整个合作过程中，企业参与度很低，高校的优势资源仍然在高校，不能为企业提供优质服务；企业的应用平台优势被弱化，技术成果的转移转化进程被推迟，合作目标达成度低于预期。为有效提高科研基础资源的利用效率，推动合

作双方共同发展，在产学研项目合作期间，可无偿为彼此贡献自有的科研基础，让企业拥有良好的研发设备，减小其在科研仪器设备方面的投入压力，同时也为高校教师科技成果应用增添优质平台，降低科技成果转化费用，从而实现科技创新促进经济发展目标。

（三）共建教育基地，推动人才培养新模式

高校的主要功能是人才培养、科学研究、服务社会，同时担负着文化传承与国际交流等职责。在大批地方高校向着应用型高校转型发展的过程中，人才培养模式的探索是保障高质量转型发展的核心内容。作为地方高校，要积极对接区域经济发展需求，结合国家发展战略规划科学谋划，团结地方优势企业参与人才培养全过程，把握住实践能力提升的主动脉，构建以"面向社会，项目驱动，能力培养，全面发展"为实践教育理念，社会应用与区域经济发展需求为导向，具有产学研一体、校企共育特色的应用型人才培养模式。在实践教育基地建设方面，要以《中国教育现代化2035》要求为目标，借助企业优势实践资源，建立以扎实的理论教学为基础、以实践教学基地为平台、以科学项目研究为依托、以完善的软硬件条件和严格周密的管理体系为保证的产学研实践教育基地。结合新工科建设和社会发展需求，努力形成"教与学紧密结合、理论与实践紧密结合、政府与校企紧密结合、产业界与学术界科技界紧密结合"的创新基地教育模式，实现专业化程度高、实用性强、应用范围广的大学生实践教学基地建设。同时依托高校智力资源，结合企业发展实际与员工发展规划，建立在职员工理论知识再学习、科研创新能力再提升教育平台，为企业提供优质的员工培训机会，助推企业向更好发展。

（四）共育科研项目，筑建科技成果新高地

2020年，习近平总书记在科学家座谈会上讲到，"当今世界正经历百年未有之大变局，我国发展面临的国内外环境发生深刻复杂变化，我国'十四五'时期以及更长时期的发展对加快科技创新提出了更为迫切的要求"。科学研究是提升高校教师综合能力的重要途径，是高校良性发展、传播科学文化的重要方法，是企业突破发展瓶颈，获得更好发展的重要保障。科学研究不仅仅要实现理论知识的应用，更要解决好生产实际所遇到的问题。科研项目的选择既要紧跟研究前沿，也要贴合当前生产所需。通过校企高度融合，以高校智力资源为基础，结合生产企业实际困难，以项目合作为载体，实现理论研究在高校、科研应用在企业、成果转化共推共享，在科学创新领域做出实用且高端的科研成果。项目的成果产出与合作方式有着紧密关系，通常可共建科技园、组建研发中心、技术开发、共同承担重大课题、技术咨询与服务，同时也可共商研究机制、创建战略联盟等。

（五）共享合作成果，绘就校企合作新篇章

近年来，我国通过产学研合作，成功实现了创新能力迅速提升，技术合同交易额逐年上升。科技部数据显示，我国技术合同成交额从 2014 年的 8 577 亿元上升至 2021 年的 3.73 万亿元。在如此巨额的技术合作费用的支持下，我国取得的技术成果也相当引人瞩目。在合作研发道路上，成果归属成了科技成果转移转化的难题。产学研的合作基础是解决企业技术所需，而在攻坚克难过程中离不开科研人员的大力支持，同时在成果转移转化过程中不能忽视企业所做贡献。因此，高校与企业可以通过制定技术创新奖励及激励管理办法、技术创新项目收益管理办法等，完善产学研合作过程中的知识产权保护及利益分配机制，实现技术共有、权责共担、利益共享的新模式。从政策与经济上激发科研人员的积极性，加快科技研发和成果转化步伐，同时保障企业在合作中的权利与利益，支撑企业不断向更好方向发展。

三、结语

产学研合作是顺应当代高校与现代企业发展需求出现的时代产物，其目的在于促进科学技术成果的研发、转化、应用和推广。有效的产学研合作，必然会催生新的科技成果，推动科技进步，创造社会效益与经济效益。但现有产学研合作模式仍有较大的提升空间与创新领域，寻求一条合作双方互惠共赢的道路是目前产学研高效实施的关键所在。建立并发展共享科研资源、共建教育基地、共育科研项目、共享合作成果的同享共赢产学研模式，在推动高校与企业发展过程中具有重要的现实意义。

参考文献

［1］李正，徐向民. 广东省高等工程教育产学研结合体系设计［J］. 高等工程教育研究，2010（3）：7-13.

［2］武学超. 美国产学研协同创新联盟建设与经验：以 I/UCR 模式为例［J］. 中国高教研究，2013（11）：209-212.

［3］刘力. 产学研合作的历史考察及本质探讨［J］. 浙江大学学报（人文社会科学版），2002，32（3）：109-116.

［4］李菁菁，古琳钰. 倡议联盟框架下的中国产学研合作政策变迁分析（1992—2020）［J］. 重庆广播电视大学学报，2020，32（3）：37-46.

［5］罗军明，徐吉林. 创新产学研合作模式，提升专业办学质量：以南昌航空大学金属材料工程专业为例［J］. 南昌航空大学学报（自然科学版），2021，35（4）：97-102.

［6］嵇留洋，刘良灿，张渊. 互惠性偏好下产学研协同创新演化博弈分析［J］. 科技管理研究，2018（18）：74-78.

［7］胡黄卿，唐文评，何倩. 高校"产学研"结合的思索［J］. 实验室研究与探索，2011，30（3）：158-162.

［8］刘欢. 产学研合作耦合关系对科技成果转化绩效的影响研究［D］. 西安：西安理工大学，2018.

［9］谷辉辉，黄进勇. 生物技术专业"产学研用"合作人才培养模式探索［J］. 产业与科技论坛，2015，14（24）：161-162.

学科协同视域下德育和教学的融合探索

——以四川文理学院化工学院教改为例[①]

崔宝玉[②]

形式多样的学科教育搭建起了高等教育的主体结构。通过学科协同可以把高校核心的学科体系、教育资源、育人要素加以整合。目前德育与教学的融合尝试多集中于中小学，多为单一学科的德育融合。四川文理学院高度重视学科育人工作，坚持立德树人、聚力"三全育人"、实施"322"大思政教育改革，从学科协同角度探索创新德育与教学的融合工作，在化工学院教改中取得了良好的成效。

一、明确教育目的

要有效地开展育人研究，必须首先明确育人的目标，也就是教育目的，做到有的放矢。能够实现教育目的的育人才是有效育人。高等教育的育人布局必须紧紧围绕教育目的展开，抛离了教育目的，育人就无从谈起。在我国的多个教育立法、政策或决定中都有对我国教育目的的详细解释和说明。

（一）教育法律

《中华人民共和国教育法》（2021 年修正）第五条规定："教育必须为社会主义现代化建设服务、为人民服务，必须与生产劳动和社会实践相结合，培养德、智、体、美、劳等方面全面发展的社会主义建设者和接班人。"它明确界定了我国教育的社会主义性质以及育人的全面性。

《中华人民共和国高等教育法》（2018 年修正）第四条规定："高等教育必须贯彻国家的教育方针，为社会主义现代化建设服务、为人民服务，与生产劳动和社会实践

---

① 四川文理学院校级教改项目"德育融入高等教育教学过程的一般方法研究"（2020JY031）研究成果。

② 崔宝玉，1989 年生，男，河南新乡人，硕士，助理研究员；研究方向：高校学科建设、高校思想政治教育。

相结合，使受教育者成为德、智、体、美、劳等方面全面发展的社会主义建设者和接班人。"第五条规定："高等教育的任务是培养具有社会责任感、创新精神和实践能力的高级专门人才，发展科学技术文化，促进社会主义现代化建设。"它进一步明确了高等教育为谁培养人才、培养什么样的人才。

（二）政策或决定

《中国教育改革和发展纲要》（中发〔1993〕3号）提出"高等学校培养的专门人才要适应经济、科技和社会发展的需求"，对高校人才培养方向和高等教育发展提出指导意见。

《中共中央 国务院关于深化教育改革 全面推进素质教育的决定》（中发〔1999〕9号）将"素质教育"纳入我国教育目标体系，彰显出国家的人本主义教育方针，同时提到的"四个统一"也表现了我国一贯的人才服务于社会的教育理念。

2010年7月29日发布的《国家中长期教育改革和发展规划纲要》再次明确高等教育目的："高等教育承担着培养高级专门人才、发展科学技术文化、促进社会主义现代化建设的重大任务。"

2012年，党的十八大报告提出，"把立德树人作为教育的根本任务，培养德智体美劳全面发展的社会主义建设者和接班人"。党的十九大报告进一步强调"要全面贯彻党的教育方针，落实立德树人根本任务"。要实现"两个一百年"奋斗目标、实现中华民族伟大复兴的中国梦，必须通过教育立德树人，培养大量社会主义建设者和接班人。在2018年召开的全国教育大会上，习近平总书记指出，培养什么人，是教育的首要问题。我国是中国共产党领导的社会主义国家，这就决定了我们的教育必须把培养社会主义建设者和接班人作为根本任务，培养一代又一代拥护中国共产党领导和我国社会主义制度、立志为中国特色社会主义奋斗终生的有用人才。这是教育工作的根本任务，也是教育现代化的目标。

总的来说，我国高等教育目的，对高校育人的要求是复合型的。一是强调人的全面发展，二是着眼于专门人才，三是落脚在服务社会。全面发展，指的是人作为个体，本身的发展，也即人性、人格、身体等方面的发展。专门人才，指的是在学科领域要有突出技能，有一技之长，侧重于人的工作能力。服务社会，是由我国社会主义性质决定的，培养出的人才要能够服务社会、愿意投身于社会主义现代化建设，这里体现出德育的重要性，也是习近平总书记指出的"把立德树人作为教育的根本任务"。

在高校演进史上，分别经历过三种价值观的影响：其一，关注文化传承、知识创新、学术探求和科学研究的"知识本位"；其二，从工具论出发的"社会本位"；其三，从本体论出发促进人的全面发展的"人本位"。而我国现行的高等教育目的恰恰是这三种价值观的有机组合和升华。在我国，高等教育的目的就是培养具有社会主义理想信念的全面发展的高级专门人才。

二、学科协同育人与德育融合模式的构建

（一）什么是学科协同育人

广义的学科协同育人是指以学科教育为核心，发掘学科育人潜力，推动学科建设，整合不同层次的教育资源、树立一致的教育理念，形成多层次多角度、全员全方位育人体系，以达到育人目的的一种育人模式。狭义的学科协同育人是指某些学科之间的协同育人，如思想政治教育同其他学科的融合，在自然学科中开展科学史教育等。

（二）学科协同育人的价值

1. 高等教育以学科教育为载体

高等教育是以学科教育为核心的教育模式，在学科教育基础之上划分专业、细分课程，而所传授的知识、技能、思想认识均包含在学科框架之中，学科是高等教育内容的提供者。如果抛离学科教育，我们无法想象高等教育应该如何展开。我们现行的绝大多数教育都是围绕学科而展开的（从小学教育到高等教育），因此，如果在高校开展育人研究，学科就是最合适的着力点。

2. 高校的多样性，源自学科的复杂性与层次性

高校具有多种类型和层次，如按办学体制分为公立大学、民办大学、独立学院；按科研水平分为研究型大学、研究教学型、教学型；按学科类型分为综合性大学、文科类大学、理工类大学、农学类大学等；按隶属关系分为部属、省属、市属大学等。

我们可以看出，高校在类型上是多样的、复杂的。这种多样与复杂同学科的层次性和复杂性是一致的。学科分为不同门类，高校按学科类型也可以进行划分。学科具有层次性，有基础学科，也有综合学科、前沿学科，因而根据高校的研究方向，可以进行相应划分。学科课程教学与学科研究是高校的两大工作，根据高校侧重点不同也可以将高校进行划分。学科相当于高校的脉络，搭建起高校育人的主体框架，决定着高校育人的基本方式。

3. 学科自身具有育人潜力

学科不仅具有自身的育人优势，并且具有"整体育人价值"。这是一种全面而有侧重的育人潜力，每一个学科都可以在德智体美劳多个方面产生育人价值。这种育人潜力的发挥受到外界因素的影响。这就好比基因奠定了生物的发展基础，但环境的影响亦不可小觑。如何充分挖掘学科的育人潜力，是值得学科育人研究思考的地方。

4. 学科协同具有多种类型

学科协同的类型、角度多样，可以提供给我们多样化的育人方案设计空间。如课程体系上不同学科的构成，教师教学中的学科协同，学科在教学、学术和生产上的结合等。学科协同要通过学科教育有效整合高校的各方面育人因素、资源，既包括课程上的协同，也包括课程之外各类与学科相关育人因素的协同。比如课程设置、教学改革、产学研联合、综合研究、教职员工的综合素质等。

学科协同对教育资源的有效利用是非常有价值的。不同类型的高校，根据本校实际情况，可以在不同层次、不同方面开展学科协同育人。

5. 教育是人与人之间的互动活动，学科协同可以充分发挥人的作用

教职工是高校育人的主导因素，教育是人与人之间互动活动的体现。通过对教职工群体进行专门培训、再教育，可以统一教育思想，形成一致的教育理念，建立起全方位育人体系。在重视科学教育的同时，注重教职工的人文科学素养、思想政治教育与德育培养，以潜移默化的方式来教育学生。

（三）构建学科协同德育融合模式

优化学科课程结构是学科协同育人的基础工作，构建学科协同育人模式首先应该对课程结构进行优化，搭建合理、完善的课程体系。加强学科建设是学科协同育人的重点工作，学科建设关系到学科教育质量的好坏，打造教学、科研、实践互为依托的一体式学科育人体系，是打通学科育人要脉的关键。注重德育的整合是学科协同育人的要义，"立德树人"是教育的根本任务，要将德育融入高等教育的各个方面。充分发挥人的作用是学科协同育人的重心。教育的最终实施者是人，要加强教职工的再教育，提高教职工的整体素质。为此，化工学院多措并举，探索构建学科协同德育教学的融合模式。

1. 优化学科课程结构

学科课程的设置是高校人才培养方案的核心内容。如何在课程设置中平衡通才与专才培养、平衡人文与科学素养的养成、平衡知识和能力获取，培养出符合教育目的的合格人才，是高校的重要课题。

（1）课程内容和类型

从课程的教授内容和侧重培养的方向来看，大学课程大致可以分为基本技能课程（培养学生基本的学习、生活、研究能力，如文献搜索、写作、语言、信息技术课）、问题处理课程（培养学生创新意识、综合思考能力）、专业课程（培养学生学科专业能力）、通识课程（培养学生人文、科学素养，开阔学生视野）、交叉学科课程（培养学生综合分析能力、知识整合能力）。

（2）学科分类

美国学者杰罗姆·凯根在其著作《三种文化》中，将人类知识划分为自然、人文、社会三大体系。我国学者李醒民在《知识的三大部类》中认为，学科知识可以分为自然、人文、社会三种类型。这三种知识类型是随着人类文明发展而逐渐形成的自然分类体系，涵盖了人类文明的各个领域。要使学生全面发展，从知识角度应该协调好三大学科门类在课程体系中的比例关系，不可厚此薄彼。

我国教育中存在一种学科分离的倾向。由于过度重视人才的专业性，我国在高中阶段就开始实行文理分科。在几十年的施行过程中，社会用各种方式向学生灌输文理思维的不同，使得教师、学生、家长都认为只存在两种"学生"，一种是"理性思维"的理科生，一种是"感性思维"的文科生。这种偏见使得本科教学也深受影响，理工大学轻视学生的人文培养，而文科院校则忽视学生的科学素养。在这样的思维下，培养的学生只能是"偏才"并且相互缺乏理解和沟通，并不利于其个人全面发展和社会和谐稳定。

三大学科门类，在德、智、体、美、劳不同方面的育人特点各异，高校在学科设置上应注意学科的互补，理工科学校应增设人文、社会类的通识课程；而人文、社会类学校应增设理工类的通识课程，开阔学生文化视野，有助于学生的全面发展。

（3）教授方式

从课程的教授方式来看，课程可以分为以课堂授课为主的理论课，以实验室实操为主的实验课，以社会服务、生产实践为主的实践课程三类。理论课教师主要采用讲授的方式传递知识，实验课教师往往通过实际演练来指导学生做实验，而实践课程教师主要起到组织、引导、答疑的作用，在实践过程中学生是主体。

这三类课程在教学效果上各有利弊。学生可以通过理论课短时获得大量陈述性知识，在实验课中逐渐获得程序性知识，在实践课中形成能力、产生情感价值体验。但理论课知识传输效果一般，实验课需要大量时间进行实操，实践课的课程质量把控困难。化工学院在学科体系设置上，涵盖了这三种形式的课程，并优化它们的比例关系，构建了以理论课、实验课程为主体，实践课为有力补充的"三角形"课程体系。

（4）学科的时空结构

适当延长通识教育的时间，注意不同类型课程的平行组织和时间安排。如通识课程中技能类课程适宜安排在大一、大二，人文、社会、自然学科课程可以分散安排在大一至大三，而综合分析课程宜安排在大四。在具体课程实施上，可以采用"少量多次"的上课模式，缩短每次课程的课时，增加上课次数，可以让上完课的学生有足够的时间思考和查阅资料，以便更好地消化课程内容。

2. 加强学科建设

（1）教学质量是根本

不论是实现既定的学科教育目标还是发挥学科本身的育人潜力，教学质量都是基本保障。由于没有升学压力，高校教师的教学能力与其科研能力往往不相匹配。普通教师科研压力较大，为了晋升职称，他们将更多精力投入科研工作，自身对教学工作重视不够，部分教师缺乏教学经验和教学能力，但又没有足够的动力去改变，高校学科组教研室因为专业差异，也没办法有效地对教师予以指导。而有经验的教授在为本科生授课时，也倾向于承担主修的专业高级课程，结果新生最需要好的教学反而可能得到最差的教学。应该重新审视高校的教学质量问题并制定出行之有效的改进方案。化工学院非常重视教学质量问题，通过组织教师技能比赛、鼓励青年教师参加优质课比赛、开展教研室交流学习等方式，不断提高教学质量。

（2）科研促进教学提升

在高等教育中，学生不仅应该习得知识，也要形成自我学习、开展科学研究的能力，同时要学以致用，能够将学习到的知识应用于实践。科研工作是联系教学与应用的中间环节，高校的科研工作包含了教师和学生两大部分。教师开展科研活动可以提升自身科学素养，是高校教学质量的重要保障，教师辅导学生进行科研活动可以加深学生对所学知识的理解，有助于学生提高学习兴趣，也是学生正常毕业的必需环节。

高校科研力量是学校实力的重要象征。整合科研资源可以搭建出多种类型的育人平台。如科研中心、实验室不仅是教师开展科研工作的场所，也可以为学校教学服务，可以重点培养科研人才，可以为诸如"挑战杯"等学生竞赛提供在校生的实践平台，可以成为学校联系社会的科普展示窗口，也可以建设为高校创新创业基地等。应充分挖掘现有科研资源的育人潜力，促进学校育人体系的整合发展。

化工学院鼓励学生进入实验室实践，以教师科研项目为载体，积极主动开展科技创新活动。指导教师严谨的科学态度、亲切的爱生之心，潜移默化地感染着学生，不断提升学生的科研能力、专业素养。

（3）实践促进教学改革

教学科研成果的应用实践可以提高教育资源利用率，使科研走向良性循环，为学校增加经费来源，为在校生提供锻炼平台，同时为毕业生提供就业岗位，可以说是高校重要的外延性工作。学科建设的最终环节是通过应用联系社会、回馈社会，将教学、科研成果转化为产业成果和社会影响，投入生产实践与社会服务之中。学生通过实践与社会相联系，将在学校习得的知识形成能力、培养的品格形成情感体验，在实践过程中升华育人成效。

教学—科研—实践是学科建设的基本框架。教学是高校育人的主要途径，科研是育人的有力抓手，实践是育人的关键步骤。化工学院通过积极与企业合作，搭建产学研平台，注重实践教学，取得了良好的效果。

3. 注重德育的整合

习近平总书记指出，我国是中国共产党领导的社会主义国家，这就决定了我们的教育必须把培养社会主义建设者和接班人作为根本任务。我国高等教育的目的是培养具有社会主义理想信念的全面发展的高级专门人才。我们应吸取国外高等教育过度自由化的教训，在高校育人的各个环节都应把立德树人放在首要位置，防止自由主义、享乐主义、极端宗教主义、极端民族主义、唯心主义等不良世界观、人生观、价值观的侵袭。这就要求我们在学科协同育人体系中将德育全面整合融入。将我们的教育目的和意义通过多种方式、途径，让学生理解、接受、支持、拥护直至成为学生的信念。在教学中不仅要通过思政教育主课堂让学生系统地接受社会主义核心价值观教育，也要充分利用专业课与通识课、课堂上和课堂外潜移默化地感染学生。

在科研环节，化工学院教师会引导学生挖掘科学研究的意义，让学生明白科学技术是中性的，但是人是有价值观和立场的，我们进行科学研究的目的是实现人类的整体幸福，是实现共产主义。在实践应用中，让学生体会到社会主义理论、思想、道德实践的收获感，注重过程育人，通过社会实践、实训生产、社区服务等多种方式，使学生在参与社会劳动中接受社会主义核心价值观教育。建立"全员育人、全程育人、全方位育人"的育人体系，将德育整合在学科建设的各个环节，成为高等教育的教育信念，真正落实"立德树人"的根本任务。

4. 充分发挥人的作用

（1）促进教学方法改革

高校教学改革是为了解决大学教师教学能力不足的问题，提升高校教学质量。教师主要通过教学过程开展育人活动，因此教师的教学方法和教学能力就显得尤为重要。学生能不能从教师身上获得所需的知识和技能，教师能否言传身教地引导学生树立正确的价值观，关系到高等教育根本任务的完成质量。

化工学院积极培养教师的教学能力，改进教学方法，施展有效的教学评价和教学质量保障体系，建立教学改革方案并不断推进实施。

（2）培养教职工的协同育人意识

高校学科协同育人体系是一盘棋，不仅要有好的布局，各子力之间也要联系贯通，形成合力。全校教职工应该树立一致的育人理念，专业课教师、通识课教师、实验课教师、论文写作导师、行政教辅人员、后勤保障人员等，都要清楚学校的人才培养方案、学校的教育目标。四川文理学院通过集中培训（如岗前培训、校长讲座）、校风建设（如宣传栏、文化打造等）、学习活动（如各种研讨会、办公会、民主生活会）、工作考核（将育人成效纳入业绩考核）等方式统一教职工的协同育人意识。

（3）提升教职工的综合素质

教职工的综合素质可以分为学科能力、人文素养、科学素养、道德情操、政治思想五大部分。学科具有潜在的育人价值，而发掘这种育人潜力，教师不仅要对本学科知识有深厚功底，还要博古通今、学贯中西，这就要求教师也要不断地学习，丰富自己的认识。最基本的，理工类专业的教师要加强文史修养，而人文类专业的教师应该学习一些自然科学知识，学科间破除门户之见，相互学习。同时教师也要提高自身的道德修养和政治纪律意识，成为开明民主、学识渊博、道德高尚、为人师表的教职人员。

化工学院通过组织跨学科课题、网络课程学习、校际交流、教师培训、读书会等方式促进教职工的自我学习与成长，提升教职工的综合素质。

三、结语

四川文理学院理工科教育教学改革，对现阶段我国高等教育目的进行解析，确定改革目标。从学科协同视角出发，构建德育与教学融合模式，探究学科育人价值与模式构建体系，从优化学科课程结构、加强学科建设、注重德育整合、充分发挥人的作用等多方面开展德育与教学融合探索，取得了良好的成效，具有一定的借鉴价值。

参考文献

［1］钟斌，赵雨婷. 反思人本主义视野下的我国高校课程设置［J］. 高教研究与实践，2014（3）：11-15.

［2］卫婷婷. 中职学校英语学科中德育渗透的现状及策略研究［D］. 成都：四川师范大学，2013.

［3］崔宝玉. 学科育人的内在向度研究［J］. 现代教育科学，2018（9）：11-15.

［4］杰罗姆·凯根. 三种文化［M］. 王加丰，宋严萍，译. 上海：格致出版社，2014：3-4.

［5］李醒民. 知识的三大部类：自然科学、社会科学和人文学科［J］. 学术界，2012（8）：9-37，292.

［6］陈小红，潘懋元. 大学通识教育课程研究［J］. 高等教育研究，2007（6）：49.

［7］姜凤春. 中美研究型大学本科课程结构比较研究 ［J］. 中国高教研究，2008 （6）：45-46.

［8］胡建华，陈玉祥，邵波，等. 我国高等学校教学改革30年 ［J］. 教育研究，2008 （10）：11-20.

地方高校交响乐团的组建与培养

——以四川文理学院交响乐团为例

李　辉①

在大学教育蓬勃发展的今天，大学生越来越重视自身素质的提高。大学交响乐团的建立可以引导学生更系统地练习演奏和学习音乐，可以使学生的实践更加科学、更有计划性，更好地锻炼学生的合作意识，提高学生的综合素质。

一、交响乐团的组建规则与评价

（一）交响乐团的组建规则

交响乐团在自愿的基础上招募学生队员；交响乐团队员需要遵守交响乐团的纪律；交响乐团的排练和乐器技能训练应严格执行出勤制度；乐队队员在排练时需要携带一支笔，并记录指挥提出的意见；参加交响乐团演出或活动的交响乐团队员将被登记为表彰依据；每次集体排练或演出时，交响乐团队员需要提前到达排练场地；对于合格的队员，交响乐团将统一分发乐器和乐谱。交响乐团队员需要爱护和妥善保管他们的乐器和乐谱，乐器、乐谱不得由他人保管；当乐队队员毕业时，他们需要归还完好的乐器和乐谱；每学期定期组织交响乐团成员汇报演出；多次不执行乐团规章制度的队员将受到相应处罚。

（二）交响乐团的评估

乐团本着培养和提高队员音乐兴趣的原则，对队员进行训练。需要对交响乐团中每种乐器、每个组的分布进行严格评估。交响乐团队员在正式接触乐器之前需要进行统一的音乐理论评估，评估合格后再进行乐器技能训练；然后进行严格的分配；各声部小组队员根据自己的能力被分配至相应声部，并从中选择声部首席和副首席；交响乐团的学生管理者由交响乐团的艺术总监任命或由交响乐团队员民主选举产生。

---

①　李辉，1986 年生，男，讲师，硕士研究生，主要从事交响乐团、交响管乐团的教育管理研究。

二、交响乐团的准备与组建过程

（一）挑选加入交响乐团的队员

交响乐团的队员需要有勤奋好学的优秀精神；有决心提高自身综合素质；对音乐感兴趣，有勇气展现自己；身体健康，无不良习惯，气质好；有各种乐器和音乐基础的学生优先加入。根据新队员的兴趣爱好和体质状况，大致分配成为木管组、铜管组和打击乐器组。在分配过程中，如果部分队员对所分配的声部不满意，则需艺术总监对其进行引导，并根据自愿原则合理分配每个声部。铜管乐器是交响乐团的组成部分，铜管乐器队员特别需要有强壮的身体和刻苦学习的品质。学习打击乐器的队员需要有良好的节奏感。

（二）为交响乐团准备和提供设备设施

在乐器的选择上，学院组织管理者要求学校尽可能统一采购每个声部所需的乐器，这样可以更好地保证交响乐团演奏时音色统一。挑选时注意每件乐器的质量品质，乐器的维修保养可以统一进行。交响乐团还需要准备足够的音乐谱架、专业座椅和指挥架等相关物品。队员需要提前自行在手机商城购买专业调音仪和节奏器。

在乐团场地方面，为了保证联合排练的效果，需要一个合格的排练厅或音乐厅。为了保证队员上课和队员自身练习的效果，需要配备充分的琴房。交响乐团购买的设备（如乐器、音乐架等）应有合适的存放场所，以确保设备的完整性。

三、交响乐团成员乐器训练的初步准备

（一）乐器维修及保养

交响乐团的大多数队员是新手，从未专业地学习过这些乐器，所以如何维护和调试、修理乐器是非常重要的。

每次演奏完毕后，都需要用柔软、无刺激性的专业乐器布擦拭乐器；有些队员易出汗，所以他们每次演奏之前都要擦干双手，演奏过后还要擦干净乐器，因为汗水对乐器表面有很大的损害；每次演奏完毕后，交响乐团队员应及时将乐器收好并放入乐器盒内，避免不必要的损坏；由于铜管乐器特别容易发生碰撞，所以乐队队员需要特别注意；各种乐器的管子和活塞需要定期上油以防生锈；铜管乐器有时使用不当会导致吹嘴无法被拔出，在这种情况下，需要用特殊工具来处理，严禁队员自行用力拔出，否则会损坏乐器。

当乐团队员的乐器损坏时，乐团将统一修理。对于存在严重质量问题的乐器，学院分管领导应与乐器供应商及时联系和交流，协商更换配件或是维修乐器。

（二）音乐理论教学

在进行系统的排练和乐器技能训练之前，交响乐团队员需要学习音乐理论和视唱课程，掌握一些基本的音乐术语和符号，提高队员们的音乐素养，增加队员们的理论知识，增强队员们学习音乐的兴趣，从而为后续的乐器技能训练和合奏训练奠定理论基础。

通过音乐理论基础的学习，队员可以轻松地理解音乐的基本概念，理解各种音乐符号，区分各类和弦名称。

四、乐队队员的表演和合奏练习

（一）乐器技能训练

乐器技能训练的开始意味着乐队队员已经进入正式表演阶段。乐器技能训练在交响乐团中的作用是非常重要的。只有当每个队员都能掌握自己的乐器并拥有合奏的能力时，乐团的合奏才能更有效率。如果队员不能跟上乐团的训练进度，就会严重影响乐团队员学习音乐的积极性。

在乐器技能训练中，队员们要注意口型、呼吸、发音、基本技能训练、基本演奏技能训练、基本打击技能训练和合奏训练。

（二）合奏训练

在交响乐团的训练中，最困难的当属合奏训练。每个交响乐团队员都有不同的演奏部分，每个队员对自己乐器的熟悉程度不同、对自己乐器演奏的技术掌握也不同。然而，乐团需要每个队员融成一个整体，它必须通过长期的训练来实现，大量的基础练习是队员们必须要完成的。

交响乐团所需的基本练习：各声部节奏的统一，各声部音高的统一，全体成员看指挥训练，统一观察和听指挥的要求，统一起止训练。

基本的合奏训练并不简单，但如果队员们能坚持下去，就可以培养每个交响乐团队员拥有良好的音乐品质和纠正音调的能力，还可以更好地锻炼乐团队员的演奏耐力，为乐团今后合奏的完整表现打下良好的基础。

在基本的合奏练习完成后，各段音乐需要被组合在一起，这是乐队排练的核心，也是测试乐队队员最重要的环节。因此，在进行组合排练之前，我们需要制订一个系统、科学的排练计划。在组合排练之前，我们需要仔细选择适合现阶段乐队演奏水平的曲目进行排练。在这方面，我们要注意的不是目标过高，而是脚踏实地地逐步提高。如果乐团直接开始排练一首特别困难的曲目，结果可能会导致队员对排练失去信心和丧失对音乐的兴趣。选择曲目后，包括艺术总监在内的所有乐队队员都需要一起仔细分析曲谱。熟悉乐谱后，你会对音乐的速度和力度有一定的了解。然后需要队员练习每个声部的副声部。配音部分需要先在每种乐器中排练。例如，先排练小号和单簧管，然后分别排练木管组、铜管组和打击乐组。在分别排练完成后，每个成员都能适应自己的声音部分，然后需要做的是集体训练。在一起排练时，艺术总监需要一句一句地处理乐谱，并仔细处理力度、音色和音乐的感觉。

五、结语

综上所述，对于热爱音乐的大学生来说，加入交响乐团的经历将是令人难忘的，并将使他们终身受益。随着新时代音乐的发展，地方高校交响乐团的发展是时代的大趋势。同时，交响乐团也应该有科学的训练方法，否则会起不到好的作用。因此，科学、系统的训练方法非常重要。以上是笔者的个人经历。希望它能为地方高校中喜爱乐器演奏的大学生和交响乐团的组建者提供一些帮助。

参考文献

［1］赵新雨. 关于高等院校管乐团发展路径的思考：以湖南怀化学院乐团排练教学实践为例［J］. 文教资料，2014（12）：67-69.

［2］贾晓瑾. "我的校园我的团"系列报道：音满校园 乐蕴人生——记上海市学生艺术团天山中学管弦乐团［J］. 小演奏家，2012（7）：60-61.

［3］何哲弦. 高职院校管乐教育对大学生素质拓展的作用［J］. 广东交通职业技术学院学报，2012（1）：34.

［4］冯曦. 传媒类院校学生管弦乐团的组建和教学模式研探［J］. 音乐时空（理论版），2012（3）：55.

［5］苏燕. 对普通工科高校学生管乐团（队）建设的思考［J］. 艺术教育，2007（12）：42.

［6］顾天亮. 中小学课堂器乐教学的现状分析与对策研究［D］. 沈阳：沈阳师范大学，2014.

［7］李文汇. 音乐院校管乐团日常排练存在问题的对策讨论［J］. 大众文艺，2017（2）：33-34.

［8］杨毅. 高职院校管乐立体式教育初探［J］. 通俗歌曲，2016（4）：13-14.

［9］韩伟. 高校管乐团在素质教育中的作用［J］. 音乐时空，2015（15）：46.

［10］于鑫平. 关于高校管弦乐团的建设分析［J］. 北方音乐，2015（14）：32.

普通高校"零基础"弦乐室内乐团的建设发展研究

——以四川文理学院"凤凰天籁"室内乐团为例

张瀚元[①]

随着教育部、文化和旅游部每年联合举办的"高雅艺术进校园"活动的推进，高雅艺术成为各个高校音乐文化的重要组成部分、学校音乐文化建设的重要一环。为了建设发展校园音乐文化，国内地方性普通高校纷纷有了组建学生乐团的意愿。但很多地方性普通高校没有设立器乐专业，学生的音乐基础普遍偏低，而且乐器数量不足，乐器质量不高，建立零基础乐团困难重重。在条件如此艰难的背景下，西方室内乐乐团编制小型化和简易化的乐团发展模式具有巨大优势，对于探索零基础弦乐室内乐团的建设发展路径具有很大的借鉴意义。本文以四川文理学院"凤凰天籁"室内乐团为载体，对其组建、发展和教学管理模式进行深入研究和探讨，通过实证分析总结出一套适合地方高校零基础室内乐团建设的指导理论，以促进高校美育建设，提升办学品位，丰富校园艺术文化。

一、四川文理学院"凤凰天籁"室内乐团现状介绍

四川文理学院"凤凰天籁"室内乐团是以西洋弦乐为主的室内乐团，是达州地区首个以学生为骨干成员组成的弦乐室内乐团。基于弘扬优秀的音乐传统文化，培养高尚的艺术情操，提高我校及城市文化品位的理念，为了推动高雅音乐走入文理学院，提高各专业学生的艺术文化素养情怀，学校和学院各级领导、各位教师给予了乐团大力支持和帮助。该乐团由四川文理学院音乐与演艺学院青年教师带队，34 位音乐与演艺学院大二大三音乐学专业、器乐选修提琴教学班的学生于 2019 年中旬开始筹建，在

---

① 张瀚元，1989 年生，男，讲师，硕士，主要从事提琴教学研究。

2019年底筹建完成并进行了首场音乐会演出。

虽然乐团的这34位成员中有90%接触西洋提琴类乐器仅仅一两个学期，但在教师的指导下，团员们凭着热爱与执著，通过更加勤奋努力的练习，利用课余时间不断合作排练和实战演出，现已发展成为一支演奏技巧相对完善、默契程度相对较高、声部编制基本健全，具有一定影响力的弦乐室内乐团。近年来，"凤凰天籁"室内乐团基于保持每年举办一场大型音乐会的传统，如2019年中外作品音乐会、2021年6月庆祝中国共产党成立100周年电影专场音乐会等。在此期间，乐团以小组形式参加各类商业与公益演出几十场，受到社会各界的一致好评。与此同时，在乐团带队教师与团员的共同努力下，陆续创作推出了优秀的原创以及改编作品，在各类比赛中屡次获得荣誉。其中，在四川省第九届大学生艺术节中，室内乐团与管乐团合并报送的节目交响乐《枫叶红》荣获器乐组二等奖；在达州市通川区委、区政府和达州市文化体育和旅游局、四川文理学院联合举办的"达城之春"歌舞比赛中，报送的器乐合奏《ViVa La Vida》获得器乐类铜奖。

二、普通高校零基础室内乐团的发展建设探究

（一）普通高校零基础室内乐团建设的必要性

随着普通本科院校进一步的转型发展，校园精神文明建设得到了大部分人的重视，在不断地加以完善的同时，建设多种多样的音乐类团体既是学生学科知识教学的一个良好补充，也是精神文明建设的一个深度完善。近几年，我国地方性普通高校的室内乐团组建与教育工作发展迅速，但由于很多普通高校存在着很多不确定的情况，其教育体制、学校意识及师生素质等因素制约着弦乐室内乐团的发展。而且学生的音乐基础普遍偏低，乐器数量不足、质量不好也是很大的问题。所以探索普通高校如何建设零基础学生室内乐团以及如何发展势在必行，其原因在于零基础室内乐团的编制小型化和简易化的乐团模式对零基础学生和音乐基础相对薄弱的普通高校而言都具有一定优势。通过这些特有的优势来探索独具特色的建设模式、教学模式，从而为我国地方性普通高校筹建零基础室内乐团总结出一套指导性理论，使弦乐室内乐团在高校校园里大放异彩，在提升学校里学生音乐素养的同时，营造更加健康和谐的校园艺术氛围。

（二）做好乐团的基础建设

1. 乐团基础建设

组织有序，领导有方，制度保障，有章可循，零基础乐团的建设离不开党的关怀和学校领导的支持。在学校领导的高度重视下，我们成立了以专业教师、优秀学生为

成员的建设管理小组，下设乐团排练厅、办公室，具体负责乐团建设的日常工作。通过研讨，在不影响学院正常运行，不影响学生正常上课的前提下，我们制定了科学合理的排练方案、请假制度、排练曲目抽查制度、排练厅管理制度，做到事事有规可依，确保乐团建设规范有序进行。

2. 室内乐团队伍建设

四川文理学院"凤凰天籁"室内乐团现有教师团队共12人，其中艺术指导2人，艺术顾问1人，理论指导2人，团长兼指挥1人，灯光音响2人，策划团队4人。乐团的负责人和专业教师相互协作，针对团员不同的接受能力及掌握情况，制订适宜的教学计划。

学生团队现有9人，乐团各声部各设立一位声部首席、一位声部长，声部首席与声部长由团长面试挑选。其余各声部新招收团员由团长和声部首席共同负责面试，并制定严格的招收标准，以此增强乐团内部管理，引导学生自我管理，建立完善的乐团考勤制度、乐器管理制度、音乐厅管理制度等作为乐团组织制度支撑，保障乐团的良性运转。具体工作安排如下：

第一，乐团首席一名，协助团长处理各项乐团运行期间的事务。在团长的指导下，与乐团各部门各声部之间互相配合工作，一起负责团内排练演出及考勤工作。

第二，乐务、谱务各一名，负责乐团内部综合性事务工作的处理。包括撰写相关文稿、整理管理乐谱、收集传达信息和及时了解团员内部情况并汇报等。乐务须与各个声部配合，保障乐团内部各项排练活动正常高效进行。

第三，声部首席和声部长各四名，负责指导声部内团员的自主练习，检查练习情况，督促团员提高演奏技术，带领团员完成本声部的训练、排练和考核等工作，主抓乐团本声部的演奏技术问题。还要及时关注团员的心理状况，积极做好老团员带新团员的工作。乐团会不定期开展例会，利用例会通报团内近期动向，讨论分析团内出现的各种问题，制定解决策略，并对乐团近期的练习情况进行汇总报告。

（三）强化团员基础素质

在普通高校组建零基础弦乐室内乐团，其学生群体大多数从未接触过弦乐器。因此，想要在短时间内达到良好的教学效果，让其具有乐团级演奏水准，参与日常排练并参加演出，从而实现弦乐的美育育人功能，离不开技术过硬的优秀专业教师以及具有自身特色的教学方法。

1. 吸纳多元艺术文化，教学由浅入深

要让乐团团员进行良好的衔接配合，首先需要提升学生合奏能力和专业技巧。因此，改变传统的教学模式，选择训练作品多元化，让学生根据曲目风格及种类的不同自由选择，让学生在轻松开放的排练环境中和其他团员相互学习欣赏。

四川文理学院"凤凰天籁"室内乐团在教学环节中由浅入深，按照难易程度选择训练曲目作品，如简单的多声部拨弦演奏莫扎特所创作的《妈妈请你听我说》（《小星星变奏曲》），该曲目比较简单，容易上手。在每个团员的演奏水平有一定提升后，开始选择更进一步的多声部拉奏曲目作品如《同一首歌》《天空之城》等。随着所有团员的演奏水平的提高来选择不同难度的作品，通过这些简单或者有一定难度并且传播广泛的作品的训练来培养团员的演奏技术、合作默契度、演出经验。

2. 营造自由的学习环境，鼓励创作改编

乐团每周有两次固定的集体排练，另外，各声部内部还会抽时间单独训练。由于大家来自不同的年级（班级），专业课程安排有差异，因此在训练时间上很难做到全团统一。这时，没课的团员会自觉按照排练时间参加排练，无法参与排练的团员也会在空余时间请教各声部声部首席或声部长，及时补上落下的排练内容，不耽误整体的排练进度。乐团中各个声部长需在专业教师的指导下，学会如何带领声部分组排练、指导演奏技术不过关的团员加强训练等一系列工作，从而有效地提高了每次排练的效率与质量。

在完成日常排练计划的同时，也会鼓励团员进行创作和改编，不将课堂局限于所谓"经典"二字，而要广泛接纳、与时俱进，让学生们在演奏学习的过程中将各种类型不同、风格迥异的音乐大胆融合创新，营造多元化的艺术交流氛围，让同学们在交流和碰撞中扩大音乐的接纳度，提升艺术素养。目前，乐团团员已改编室内乐重奏流行曲目有《恭喜发财》《Mojito》《当年情》等。

（四）进行大量的实战锻炼，促进乐团健康发展

乐团的健康发展需要大量的演出实战来支撑，也是乐团价值的体现。就四川文理学院音乐与演艺学院来说，学院为乐团的健康发展打造了丰富多彩的实践平台，如迎新演出、元旦演出、新年音乐会、艺术实践周以及与当地中小学联合举办的艺术普及活动等，再加上各类社会公益性演出，大量的实战演出使乐团学生得到了充分的舞台锻炼机会，促进了乐团的健康发展。

就高校组建的乐团来说，对学生最大的磨炼就是参加各种比赛活动，要有"有比赛必参加"的心理，要有"有奖必拿"的态度。比赛最重要的意义就是交流学习。只有通过大量的交流学习，在交流中找差距，在比赛中找位置，做到知己知彼，从根本上解决乐团发展中存在的问题，制定有效的改进措施，才能使乐团更好、更健康地发展。

三、结语

总之，普通高校零基础弦乐室内乐团的建设与发展是一个相对复杂的系统问题。想要讨论如何有效地组织和管理室内乐团，探索独具特色的经营模式，就要从学生基础、整体素质、实践平台、团队凝聚力等多个方面着手努力。只有总结出一套适合地方高校零基础学生室内乐团建设发展的指导理论，才有可能使高校零基础学生室内乐团的发展健康平稳可持续。

参考文献

［1］刘天野. 新媒体时代高校管乐团的组建与管理研究：评《新媒体音乐编辑与传播》［J］. 中国广播电视学刊，2021（4）：133.

［2］赵丹，李蕊. 综合类高校管乐团训练与提高探究［J］. 戏剧之家，2021（8）：94-95.

［3］闫炜玮，马丹. 师范类高校交响管乐团的培养和训练方法研究［J］. 大观（论坛），2020（12）：44-45.

［4］郭文涵. 民办高校管乐团日常训练存在的问题及解决策略刍议［J］. 农家参谋，2020（20）：281.

［5］刘艳，刘海婴. 论高校管弦乐团教学法应用于中小学管乐团的实践研究［J］. 长江丛刊，2020（28）：27-29.

［6］王叶. 新时代背景下高校管乐团创新发展对策研究：以郑州升达经贸管理学院学生管乐团为例［J］. 北方音乐，2020（7）：107-108.

［7］黄春阳. 论高校校园文化建设：高校管乐团的组建［J］. 艺术评鉴，2019（21）：119-120.

［8］姜巍. 大学生高校管乐团的建设实践研究［J］. 北方文学，2019（26）：145.

［9］王新煜. 高校学生民族乐团的建设与发展探究［J］. 艺术评鉴，2019（8）：130-131.

专业认证背景下美术师范生核心素养培育实践策略①

赵奎林②

为保障新时代教师队伍的培育质量，教育部于 2017 年 10 月印发了《普通高等学校师范类专业认证实施办法（暂行）》，其中《中学教育专业认证标准（第二级）》（简称《认证标准》）分别从"践行师德、学会教学、学会育人、学会发展"（简称"一践行三学会"）四个维度对师范生素养进行了阐述。该文件是从国家层面确立的师范生核心素养培育要求。笔者通过对已有文献的梳理发现，学者们对美术师范生的培育主要进行了三方面的探讨：一是美术师范生素养培养与基础美术教育衔接的探究；二是美术师范生核心素养培养路径；三是从课程体系层面讨论美术师范生核心素养的培养。综上所述，这些研究具有一定的理论与实践意义，但随着《认证标准》的实施，在师范专业认证背景下的美术师范生核心素养培育策略方面则研究较少。基于此，本文拟结合《认证标准》对美术师范生的师德、美术学科、教育教学和自主发展等核心素养的培育策略进行阐述。

一、师范专业认证标准及要求

（一）师德素养

《认证标准》将师德素养分为两个指标点，分别为师德规范和教育情怀。师德规范包括师范生应当在学习、生活和工作中对社会主义核心价值观、中国特色社会主义和党的教育方针进行认知和体验；对中小学教师职业道德规范制度和法律法规进行认知和体验；能够在专业学习、教育实践和社会实践中践行上述要求，依法治教和立志成

---

① 2020 年四川文理学院教改课题"专业认证背景下美术师范生核心素养培育研究与实践"（2020JZ026）；2021 年四川文理学院一流课程建设资助项目"美术教学论"（2021KCC009）的阶段性成果。
② 赵奎林，1981 年生，男，讲师，主要从事美术教育理论与实践研究。

为有理想信念、有道德情操、有扎实学识和有仁爱之心的"四有好老师"。教育情怀则要求美术师范生了解中小学美术教师的工作情境；认同教育教学工作的重要性、专业性和挑战性；能够关爱学生，对学生严慈相济，要有爱心、责任心和同情心，能够意识到师爱是教育持续发展的动力，不做违背教育规律的事情；要具有从事教育教学工作的强烈意愿。

（二）美术学科素养

《认证标准》中的学科素养要求师范生应当在大学毕业时，能够掌握美术学科的理论知识、技能和能力，比如美术的发生与发展史、美术的门类、艺术风格、代表性人物及作品等。在此基础上，美术师范生还应该理解学科知识体系基本思维方式和方法。此外，还应从跨学科、跨领域的背景来理解美术与社会、美术与生活、美术与其他学科的融合，这要求美术师范生的知识面要广博。

（三）教育教学素养

美术学科素养是美术教育教学素养的前提，但仅具备学科素养是远远不够的，师范生要进行有效的美术教学，还需要具备教育教学方面的素养。因此，在《认证标准》中也强调了"教学能力"这一指标点。具体而言，师范生要在美术教育实践中，能够依据《普通高中美术课程标准（2017 年版）》、中学生身心发展和认知思维特点，运用美术教学知识和信息媒体技术，进行美术教学设计、课堂教学实施和多元化评价，获得教学认识，形成一定的美术从教能力和初步的教育教学研究能力。

（四）自主发展素养

教师是一个专门化的职业，具体体现为学科和教育教学专业化。因此，需要美术师范生不自我提高和发展。在《认证标准》中，毕业要求分解为两个指标点，即学会反思和沟通合作。学会反思要求美术师范生首先具有终身学习与专业发展意识。具体而言，要对国内外美术教育改革发展动态进行关注，与时俱进，适应视觉文化时代和美术教育发展需求，主动学习和自我规划职业生涯，能够成为合格的师范生。同时，美术师范生还应该初步掌握反思方法和技能，具有创新意识，运用批判性思维分析和解决美术教育教学中的问题。沟通合作要求师范生明白 21 世纪是一个合作的世纪，能够在真实情境中组建学习共同体，具有团队协作精神，掌握沟通合作技能，具有小组互助和合作学习体验。

《认证标准》正是紧扣新时代师范生的核心素养。对于美术师范生而言，只有具备师德素养、美术学科素养、教育教学素养、自主发展素养等，才能在职前成为一个合格的师范毕业生；在职中发展中，才能成为一个优秀的美术教师。当然，这些都是理想预设，要将其变成现实，就需要通过相应的课程、教学和评价策略来达成这些素养目标。

二、美术师范生核心素养培育课程设置策略

美术师范生核心素养及各个指标点是相对宏观的目标，需要进一步分解成为课程目标，也即需要一定的课程体系来进行支撑和达成这些目标。依据《认证标准》《教师教育课程标准（试行）》的要求，可以概括为四大素养课程体系。

在《美术学院美术学专业本科人才培养方案（修订版）》中，支撑师德素养的课程有"思想道德修养与法律基础""教师职业道德与专业发展""中国近现代史纲要""马克思主义基本原理概论""毛泽东思想和中国特色社会主义理论体系概论"等；支撑教育教学素养的课程有"教育学""教育心理学""现代教育技术""美术教学论""书写技能训练"等；支撑美术学科素养的课程有"素描基础""中国画基础""油画基础""中国美术史""外国美术史""美术概论"等；支撑自主发展素养的课程有"教师职业道德与专业发展""大学生职业生涯规划与就业指导"等课程。这些课程具有一定的目的性，明确其对相应目标的支撑程度。一般而言，支撑程度可以以高、中、低三个层次来对应；这也意味着层次不同，其课程的重要性也有区别。具体见表1。

表1　美术师范生毕业要求、课程目标及支撑关系（部分）

毕业要求		课程	支撑程度
认证标准	分解指标		
师德规范	1-1 师德认识	教师职业道德与专业发展	高
		思想道德修养与法律基础	中
		中国近现代史纲要	中
		……	……

三、美术师范生核心素养培育教学策略

课程体系设置是为了达成培养目标及毕业要求指标点，也是培育美术师范生核心素养实践的重要依据。在培育实践方面，课堂教学和实践环节是主阵地。以美术学专业"美术教学论"课程为例，其课程定位、课程设计思路、设置依据、教学内容设计、教学方法及评价方法等都需要以实现毕业要求和课程目标为准绳。师范认证要求的目标还需要分解为多个维度（一般是三个维度），分别指向课程目标一（知识维度）、课程目标二（能力维度）和课程目标三（情感态度价值观维度）等。同时，还要紧扣对

师德规范、教育情怀和教学能力的支撑要求及其程度（高、中、低支撑度）。教学内容是达成课程目标的载体，每一个章节在支撑三个维度的目标上也形成了高、中、低支撑度。例如以"美术教学论"课程为例，这些要素具有内在的对应关系，具体见表2。

表2　"美术教学论"课程目标、教学内容及支撑程度对应关系（部分）

课程总目标	课程分目标	教学内容	支撑度
通过本课程的学习，学生知道当代美术课程与教学发展的基本趋势；了解学校美术教育的功能、目的和要素；掌握基本的课程理论、学习理论、教学理论和评价理论；能够应用上述理论较好地进行美术教学设计、教学评价和教学实施；初步掌握美术说课的撰写方法；能够运用所学知识和技能解决美术课程与教学中的实际问题；初步体验美术教师教学情境	学生了解当代美术教育教学的出现、发展和演变；知道美术课程与教学发展现状和趋势；知晓中小学校美术教育的功能、目的和要素；知道基础教育阶段学生的视知觉、学习美术能力的发展，形成科学的学生观；理解美术课程、教学、学习理论和教学评价理论	第一章　美术教学概述 第二章　美术课程与教材 第六章　美术教学设计	高
	学生能够针对中学生身心发展情况和基础教育阶段美术课题，运用美术学科知识、教育教学理论、学习理论和现代媒体技术资源进行教学设计、教学评价和教学实施；初步掌握撰写美术说课稿和课时计划的方法；能够运用所学知识和技能解决美术课程与教学中的实际问题	第三章　美术课程与教材 第四章　美术教学资源与技术 第十章　主要美术领域或模块教学设计实践	高
	学生能认识到美术教学的系统性、复杂性和重要性；认真对待教育教学工作内容和性质；能够严谨对待美术教育教学情境中的现象和问题；领会美术学科育人的价值和意义；树立不断发展专业的意识	第五章　美术教学中的学生 第八章　美术教学中的教师	高
		……	……

在梳理好上述关系后，课程团队或者负责人撰写课程大纲、教学计划并根据课时量进行课堂教学活动等培育实施，并不断持续改进，以取得更好的教学效果。

四、美术师范生核心素养评价策略

这里的评价主要是指测评学生的学习结果是否达成了教学目标。新时代的评价主要突出教学改革的功能，是衡量师范生形成核心素养的关键。根据《认证标准》的要求，评价不能仅看期末考试的分数等结果性评价，更应该看的是过程性考核任务完成情况及评价。因此，无论是考试还是考查课程，都应该设定多元化的评价方式。比如"美术教学论"课程就设置了平时课堂作业、课外作业等过程性评价；也设置了期末考试等结果性评价（见表3），并据此分配了各个评价项目的权重。

表3　"美术教学论"课程目标、教学内容与考核方式的对应关系（部分）

课程目标	权重	教学内容	考核方式	
			过程性评价×0.4	结果性评价×0.6
课程目标1	0.36	第一章 美术教学概述 第二章 美术课程与教材 第n章……	平时成绩1：小测验 平时成绩2：研习笔记 平时成绩3：撰写教案 平时成绩4：撰写说课稿	期末考试成绩
课程目标2	0.44			
课程目标3	0.20			

评价的目的是既要测评美术师范生是否形成了核心素养，也是为了更好地促进教学。课程负责人在教学评价后应及时组织团队教师根据评价结果对教学实施情况进行全面的分析，及时总结教学经验，找出存在的问题和提出改进措施，以改进下次的培育实践。

四、结语

基础教育师资的培育关系到国家和民族的未来。美术师范生能够形成较好的师德素养、学科素养、教育教学素养和自主发展素养，既是教师专业化的要求，也是教育事业发展的必要支撑和回应。必须构建科学的培养目标、毕业要求、课程和教学体系，依据认证要求采用"产出导向"教育理念，设定评价任务及方式，选择课程内容，并提供学生实践机会，通过严密逻辑的闭环运行，最终达成美术师范生核心素养的培育目的。

参考文献

[1] 教育部关于印发《普通高等学校师范类专业认证实施办法（暂行）》的通知[EB/OL]. http://www.moe.gov.cn/srcsite/A10/s7011/201711/t20171106_318535.html.

[2] 王世莹. 高校美术师范生培养与小学美术教育有效衔接的探究：以连云港师专为例[J]. 大众文艺，2021（23）：155-157.

[3] 刘利敏. 高师美术师范生核心素养培养路径探究[J]. 参花（下），2021（7）：101-102.

[4] 夏伊乔. 核心素养视域下高师美术师范专业课程改革与实践：以泰州学院为例[J]. 美术教育研究，2020（24）：154-155.

[5] 格兰特·威金斯，杰伊·麦克泰格. 追求理解的教学设计（原书第二版）[M]. 闫寒冰，宋雪莲，赖平，译. 上海：华东师范大学出版社，2017：18-19.

技能与学历深度融合，提升健康服务
与管理专业人才培养质量①

张俊浦②

2019 年，教育部启动"学历证书+若干职业技能等级证书"制度试点，深化应用型人才培养模式。"1+X"证书制度通过将学历证书与职业技能等级证书相结合，既能够面向复合型人才需求推进院校现有人才培养模式变革，也有助于进一步提高学生的职业技能水平与创新创业能力。四川文理学院一直坚持"学生主体、教师主导、环境育人、社会合作"的办学思路，致力于培养具有"三心四能五复合"的高素质应用型复合型人才。"1+X"证书制度试点工作是我校加快培养应用型本科人才的重要举措，受到社会各界的高度关注。

一、健康财富规划师概述

健康财富规划师是泰康人寿保险公司推出的新职业，已获得教育部职业技术教育中心第三批职业技能等级证书国家职业资质。健康财富规划师横跨医养、健康和财富管理三大领域，实现寿险、金融和实体服务相结合，从传统保险产品的销售者向中高净值客户健康和财富管理规划者转变。健康财富规划师这一项由泰康人寿保险公司打造的全新职业——承接泰康人寿保险公司"保险+医养康宁"战略，专业化服务于人群全生命周期，提供"一站式"养老、健康、财富管理解决方案。按照泰康人寿保险公司的设想，健康财富规划师从职业发展来说将可比肩律师、医师、会计师等"金领"群体，定位为金融行业的顶级标杆。

"1+X"证书试点工作启动实施以来，四川文理学院高度重视"1+X"证书制度试

---

① 本文系四川文理学院校级教改项目"创新性健康服务与管理专业人才培养模式探索"（2020JZ033）的研究成果。
② 张俊浦，1982 年生，男，山东菏泽人．副教授，硕士，主要从事社会政策与健康政策研究

点，健全工作推进机制，强化师资队伍培训，积极开展教学研究，有序推进各项工作，为深化人才培养模式改革进行了积极探索。康养产业学院根据专业建设需要，主动对接职业技能鉴定，面对健康服务与管理专业业态不明确、相关职业资格证书缺乏的现实，积极申报健康财富规划师考点，为健康服务与管理专业学生技能提升奠定基础。为了更好地促进学历教育与技能培养的深度结合，我院不断进行探索，取得了一定的成绩。

二、将"1+X"健康财富规划师证书融入健康服务与管理专业人才培养方案

作为泰康人寿保险公司打造的全新职业，健康财富规划师定位服务于中国高净值人群全生命周期、全财富周期的专家，不是单纯的保险销售，而是依托泰康大健康生态系统，为中高端客户提供一站式健康、养老和财富规划解决方案。根据泰康人寿保险公司的顶层设计，健康财富规划师＝全科医师+理财规划师+保险绩优代理人，已经成为综合性康养人才的一种。2020年1月22日，教育部职业技术教育中心研究所发布公告，《健康财富规划职业技能等级标准》获批第三批"1+X"证书制度试点职业技能等级标准，《健康财富规划职业技能等级证书》获批第三批职业技能等级证书。泰康人寿保险公司打造的健康财富规划职业正式获批国家职业资质，填补了健康财富管理专业化培训与认证的空白，也代表着健康财富规划师这一新兴职业正在走向体系化、专业化、职业化。

健康服务与管理专业作为我院2017年新办专业，办学定位和培养去向还没有经过市场检验，难以确定就业岗位，在人才培养方案设计与实习就业等岗位方面没有形成成熟的模式。根据学校2020版人才培养方案制定原则，经过专业教师的多次研讨，我校健康服务与管理专业人才培养方案的"复合培养课程"设置了5个板块，将"健康财富规划师"设置到人才培养方案中。在人才培养方案设计过程中，必须要做好专业教学设计与职业技能等级标准的有效对接，系统整合健康服务与管理专业的职业导向、人才培养目标、毕业要求等要素，实现"1"与"X"的深度结合。将"健康财富规划师"设置到健康服务与管理专业人才培养方案中，从制度设计方面保障了健康服务与管理专业技能培养与学历教育的结合，有利于人才培养质量的提升。

三、将健康服务与管理专业课程设置
与"健康财富规划师"培训内容相结合

在泰康人寿保险公司打造的大健康平台上，健康财富规划师不是单纯的优秀保险营销顾问，它横跨医养、健康和财富管理三大领域，实现寿险、金融和实体服务相结合，从传统保险产品的销售者转变为高净值客户健康和财富管理规划者，从单纯代理人转变为全能型职业经理人，成为保险业让人向往的新职业。

课程体系是人才培养工作中的重要环节，会影响到人才培养的质量。根据健康财富规划师职业设计，健康财富规划师课程设置涉及保险、财富管理、医疗健康、养老、终极关怀、综合六大板块课程，经过我院专业教师的研讨，根据"健康财富规划师"职业技能等级标准设计，我校健康服务与管理专业复合培养模块的课程设计，将培训内容转化成了"养老规划""财富规划""保险配置"三门课程，通过课程教学进行"健康财富规划师"职业技能培训工作，既系统进行了"健康财富规划师"职业技能培训，也避免了师生负担与资源浪费。

四、将"健康财富规划师"技能
培养与教学团队建设相结合

教学团队是否健全影响着专业人才培养质量。根据我院健康服务与管理专业实际，当前急需培养大批专业视野广、职业能力强的健康服务与管理专业师资，只有这样才能真正提升我院健康服务与管理专业人才培养质量。

同样，师资力量建设对于"1+X"证书制度试点工作的实施成效具有直接影响，开展养老、健康、财富、保险等多领域的跨界培训必须加强教学创新团队的建设。为了更好地把健康财富规划与学历教育融合，必须要打造一支既懂健康、理财、养老等理论知识，又了解市场发展一线，具有实际操作技能的教师团队。

根据我院发展实际，为了更好地打造健康服务与管理专业教师团队，在师资建设方面，一方面培养健康服务与管理专业带头人，选拔在健康管理方面具有丰富教学经验的教师作为专业带头人，引导其深入学习解读"1+X"证书制度的顶层设计。目前我院以"双师双能型"的高水平教师作为专业带头人已经形成。另一方面培养健康服务与管理专业骨干教师，积极选派骨干教师参加泰康主办的各种专业师资培训，依靠泰康对专业教师进行培训教育，提高其教学组织、职业培训与考核评价能力。另外还积极与相关医院和健康管理公司深度合作，聘请校外兼职教师，聘请具备丰富经验、突出业绩的人员担任兼职教师，优化师资团队。

五、对技能与学历融合模式的反思

对"学历+技能"模式的探索，符合时代发展的需要，在人才培养模式的定位、范式、方向等方面具有一定的革新价值。作为应用型本科院校，我院需要在技能与学历融合方面进行更多的创新与探索，才能进一步培养复合型应用型人才。

通过近几年的探索，我们取得了一定的成效，但是在具体的实践过程中也有很多问题需要解决。首先，针对"1+X"证书制度的具体实施就是要面对经费问题。教育管理部门对职业技术院校开展"1+X"证书教育有一定的专项经费支持，对普通本科院校却没有经费支持而且也不能收取学生费用，学校也不能提供专项经费开展此项工作，报名费、培训费等都是一大笔开支，没有经费支撑，"1+X"技能培养很难持续开展；其次，"1+X"证书制度的基本原则是坚持政府引导、社会参与，这意味着教育主管部门不再是主导者而是引导者，发挥主要作用的是社会组织，这体现了教育治理体系的改革，是教育领域"放管服"改革的集中体现。由于第三方机构主导，如何避免相关组织培训过程中过分注重经济利益而忽略了人才培养效果问题应该是我们不得不面对的问题。最后，当前职业技能证书的颁发都是由第三方机构开展的，可是学生通过培训、考试等过程获得职业技能证书后到了就业市场，相关的企事业单位只承认由政府相关部门颁发的相关证书，对第三方机构颁发的证书认可度非常低。如何确保证书的权威性和适用性问题是提升学生积极报考技能证书的重要因素，没有权威性的证书会很快被社会抛弃。

参考文献

［1］泰康保险集团建设大健康产业体系，推进金融保险与实体经济融合发展［EB/OL］.www.xinhuanet.com/money/2020-07/23/c_1126277085.htm.

［2］李金良. 继续教育"学历+技能"模式的反思［J］.中国职业技术教育，2018（26）：45.

［3］时小侬. 1+X证书试点的意义及保障和问题［J］.科技创新导报，2020（10）：187.

高校学生心理健康教育实践路径探讨

刘常燕[①]

心理健康教育是各阶段教学都必须重视的内容，而大学生心理健康状态将直接影响其未来的发展。进入大学之后，学生将面临与中学阶段存在较大差异的生活和学习，有的学生与人沟通方面存在障碍；有的学生在大学生活中遭遇了挫折……这些都会对学生的心理健康造成影响。而传统的心理教育或者心理干预已经不能够满足现阶段大学生对于心理健康教育的需求，为此，高校应加强与学生的交流与沟通，了解学生实际面对的心理障碍与问题，将心理健康教育与思政教育结合在一起，发挥各教育主体在心理健康教育中的积极作用，不断创新心理健康教育的形式，拓宽心理健康教育与干预的渠道，为学生搭建同伴活动的平台，消除学生的戒备心理，改善大学生的心理状态，协助大学生完成大学学业并实现自己的理想。

一、高校大学生心理健康教育的意义

（一）符合素质教育要求

素质教育已经成为各阶段教育的重要方针和指导。大学生综合素养的提升对其自身发展以及社会建设都具有重要的意义。而良好的心理素质就是综合素养的重要内容，同时也是大学生学习与发展的思想基础。一旦学生心理素质出现问题，那么其在面对日常专业学习以及正常社会交往的时候就很难保持积极、平稳的心态，将会影响学生各方面能力的发展，增加学生的心理负担，最终导致严重的后果。只有良好的情绪和心态才能够支持学生开展新阶段的学习与生活，为其大学生活中的学习、交往与发展提供保障。因此从这个方面来看，大学生心理健康教育符合素质教育的基本要求，同时也是素质教育的重要内容。有效的大学生心理健康教育能够指导学生形成良好的心理素质，促进其人格的健全发展，在学生有需要的时候给予沟通，帮助其解决生活与

---

① 刘常燕，1983年生，女，副教授，主要从事妇女儿童健康、常见病预防、治疗与康复的研究。

学习中的问题，引导学生突破暂时的思维局限，扩大其视野，纾解一时的不良情绪，同时激发学生的潜能，提升学生的社会适应能力以及综合素养。

（二）促进学生全面发展

大学阶段是学生成人成才的重要阶段，各学校更是关注学生德、智、体、美、劳等多方面的协调发展，而学生自身的心态则会影响学生各方面的学习与发展情况。在积极乐观的心理影响下，大学生能够积极参与大学活动，开展自主学习，主动与他人进行交往与沟通，进而感受大学生活的氛围并将自己融入其中，学会以积极的心态处理问题，能够在生活交往中关爱他人，遵守学校与社会的相关规范，提升自己的社会责任感，形成远大的理想并在有限的大学时间中为之努力和奋斗。健康的心理是实现智力互动的基础，同时也是提升学生身体素质的关键。只有具有积极的心理，大学生才能够从消极的情绪中解放出来，将自己的目光放在更多有趣、有价值的事物上，进而形成正确的价值观与审美观，促进自身人格的健全与完善，实现全面发展。

（三）帮助学生完成学业

学生进入大学阶段之后将面临多种竞争，首先是学习方面的竞争，之后则是就业方面的竞争，无论哪种竞争都会给学生带来较大的心理压力。大学生活与初高中阶段生活存在较大的差异，学生进入大学之后需要一段适应的时间，但部分学生在这段时间内遭遇挫折之后很难进行良好的自我心理调节，从而影响其之后的学习与生活。此时，高校辅导员、同伴以及专业教师等教育主体开展的心理健康教育就能够帮助学生纾解自己的不良情绪，指导学生正确面对新的生活、解决自己的困境，引导学生开展学习生涯规划，转移自己的注意力，帮助其早日适应大学生活。就业也是大学生发展中一件重要的事情，但受到大学环境的限制，很多学生对于社会真实就业情况认知不够准确，因此在就业准备期间并未预测到就业的困境与问题，心态上甚至出现了好高骛远、不切实际等现象，这不仅会影响学生的就业心态，同时还会影响学校的就业质量。对此，高校教师应将就业教育与心理健康教育结合在一起，帮助学生正确认识自己的优势与缺陷，明确自己的职业倾向，帮助学生克服就业焦虑，保持积极健康的心态，面对全新的就业生活。

二、高校大学生常见心理障碍与问题

（一）心理障碍

经过调查可知，进入高校的大学生年龄大多为 17~19 岁，处于刚要成年或者刚成年的阶段，再加之上大学之前学生的社会生活经历较少，绝大多数时间都待在学校或者家中，因此其在进入开放性环境的大学校园之后难免会出现一些不适应的问题，此时如果没有及时的引导就极易发展成为心理障碍。在更加自由的学习环境中，部分学生脱离初高中教师以及家长的监督之后，并未形成严格自律的学习习惯，对待日常课程的态度不够认真，久而久之就会出现记忆力降低、思维能力下降等情况，严重影响学生在课业中的表现，最终出现厌学情绪，找不准自己在大学生活中的定位，产生严重的自我怀疑。另外，当前大学生已经成为信息技术与网络技术使用的最大群体，其能够通过开放性的网络平台获取各种信息，其中不乏负面的、虚假的信息。很多学生并未形成成熟的思想价值观念，比较容易受到各种言论的影响，出现偏激的心理，最终导致严重的事故。

（二）人际交往障碍

与初高中阶段相比，学生进入大学之后将会在短暂的时间内接触到更多的人，此时就考验学生的人际交往能力。但部分学生在面对如此大的社交改变时并不能够一下子适应过来，此时就会出现一定程度的人际交往障碍，在面对教师、同学的时候出现社交压力，影响学生的心态。人际交往方面的障碍会影响学生与他人之间关系的维系，进而影响学生与他人的沟通，导致学生难以融入大学生活，最后还会影响学生的职业发展。

三、高校大学生心理健康教育实践中存在的问题

（一）对心理健康教育重视不够

尽管大学生心理健康教育近年来已经得到社会的广泛关注，但很多高校在课程设置与教育教学方面依旧存在重视程度不足的问题。经过调查可知，虽然部分高校在大学教育阶段开设了有关心理健康的课程，但这样的课程大多以选修模式出现，且开设时间仅有一个学期左右，而且安排的课时非常有限，并不能够发挥出心理健康教育课程的重要效用。心理健康教师只能够进行相关概念的介绍，并不能够针对学生的实际问题进行引导和帮助，这样就削弱了教师的教育引导作用，导致学生的心理问题不断堆积，找不到释放的出口或者解决的方法。另外，当前很多高校对待心理健康课程的态度过于随意，缺乏有效的监督管理以及考核制度，在心理咨询活动方面更是缺乏运行管理人员，导致高校心理健康教育课程与活动流于形式，并不能够发挥其实际效用。

（二）教育管理机制不完善

从整体管理情况来看，当前很多高校在心理健康教育管理中都存在系统性、独立

性不足的问题。任何一种单独的管理方法都无法发挥出全面的管理效果，尤其是当前使用的几种常规性管理模式，其很难在管理工作开展的过程中体现出心理健康教育学科的特征与功能，在实际践行中与普通团队活动无异。将大学生心理健康教育管理工作融入德育教育以及班主任管理工作也存在一些弊端，不符合心理健康教育的学科要求与规律。此外，由于我国大学生心理健康教育起步较晚，因此很多学校完全照搬国外的经验与管理模式，未考虑自身的实际情况，严重影响教学工作的开展。最后，心理健康教育管理分为不同的层面，学校只是其中一个层面，因此学校应利用其他教育资源拓展心理健康教育的范围，引导学生形成正确的人生观与价值观。然而目前很多高校在心理健康教育管理工作上都处于闭锁状态，未与其他教育管理资源进行合作。

（三）校内教育资源不足

首先，当前很多学校与家庭并不重视心理健康教育内容，即使大多数学校都响应了心理健康教育体系的建设要求，但实际上在心理健康教育中的投入非常有限，并不能够满足学生成长的需求。从本地区高校来看，大多数学校并未投资建设与心理健康教育相关的大型咨询室与训练室，无法满足多元化心理健康教学的需求。其次，由于不受重视，很多学校与机构的心理健康师资力量都比较弱，其中很多负责心理健康教育的教师自身并不具有相关专业学历，兼职教师占比超过50%，其中持证上岗的心理健康教育专业教师人数不足10%。同时，由于专业教师的人数较少，因此难以在开设心理健康教育课程的同时兼顾心理健康咨询业务，这样就难以解决学生的心理问题，降低了学校心理健康服务的质量，影响了学生的健康成长。最后，当前很多学校心理健康教师对于自身的工作内容与教学目标不够明确，其中一些学校在心理健康课上主要为学生讲解心理健康相关理论知识，而有的学校则直接用德育思政课程替代心理健康课程。这样的教学方式比较单一，难以取得较好的教学成果。

（四）心理健康与思政教育融合不足

除了专门的心理健康教育之外，大学思政教育课程也与心理健康教育有着紧密的联系，两者的协同教育能够达到更好的教育效果。但目前很多教师对于两者教育内容的认知不够清晰，存在教育混淆的情况，影响两者的教育结果，既难以提升学生的政治思想认知，也无法改善学生的消极心理。部分教师依旧采取单向灌输式教育模式，并未构建平等交流的教学关系，这样就会影响学生学习的兴趣，难以在课程中引发学生的情感共鸣，无法发挥心理健康教育与思政教育的效用。另外，有效的思政教育以及心理健康教育应当与社会实践形成紧密的联系，但目前很多教师基本上只注重课堂上知识的讲解，缺乏实践探究的机会，严重影响教学引导的效果。

四、高校大学生心理健康教育实践路径

(一) 提高心理健康教育重视程度

大学生心理健康教育不仅仅体现在心理健康课程建设中，更加应该落实到大学生学习发展的各个阶段中去。高校应提升大学生心理健康教育的重视程度，从大学生入校时就开展心理健康测试，并为每个学生构建心理健康档案，掌握学生的动态化心理变化情况，以便及时发现学生的心理障碍或者问题并及时介入进行引导，改善学生的心理状态。针对入学时存在特殊心理问题的学生，高校应指派心理健康咨询中心的相关教师对其开展具有针对性的心理健康指导工作，关注学生的心理问题，重视心理健康教育。此外，高校应完善心理健康教育的组织体系，纳入更多心理健康教育主体，发挥各主体的教育优势，将心理健康教育融入大学生学习与生活的方方面面。除了心理健康课程教师之外，辅导员也应关注学生的心理变化情况，定期组织开展趣味活动，为学生创造一个良好的学习与生活环境，给予学生具有针对性的心理辅导，帮助学生解决学习与生活中存在的问题。另外，高校应将学生的心理素质纳入综合能力考查工作以及科研工，提升心理健康教育重视程度，避免出现大学生轻生或者自残等不良事件，为社会与国家培养出具备良好心理素质与综合能力的人才。

(二) 优化心理健康教育管理体制

高校心理健康教育管理组织机制将负责重要的决策、分工管理工作，因此人们应当以心理健康教育为核心完善其管理组织机制，提高心理健康教育管理工作的有效性。学校应根据自身的实际情况构建心理健康教育领导小组，指派分管学生德育的教师作为负责人，负责引导、统筹、保障全校的心理健康教育工作。此外，在领导机构之下还应设立办公室工作机构，内含教学组、研究组、咨询组、培训组、社区服务组等，分别负责自身领域的心理健康教育工作。这样不仅能够提升心理健康教育工作的全面性，同时还能够优化人力资源的配置，达到较好的教学效果。只有符合实际的、良好的业务机制才能够保障心理健康教育工作的效率，这也是管理工作的重要内容。因此，学校应详细记录心理健康教育体系构建过程中涉及的问题，比如师资配置、办公设备、教育内容、工资津贴、教学预算等，为其构建相互独立而又协调的系统业务机制，有效管理和协调以上问题。教学系统应将心理健康教育课程纳入教务处课程管理范畴，完善心理健康教育课程体系。心理咨询系统则应成立咨询室，为学生提供心理咨询服务。活动系统则应组织开展心理健康教育活动，并将其与学生的社团活动融合起来，创新活动的形式，吸引学生的注意。高校还应建立援助、咨询机制。建立机制的目的就在于拓展心理健康教育的边界，开发社区以及政府的心理健康教育资源，进而弥补学校相关业务运行机制中的缺陷。援助机制将提供转介服务，针对学校心理健康教育难以发挥作用的学生，就可以借助政府的力量将其转介给专门的心理治疗机构，为其提供更加专业的治疗引导服务。社会同时还应提供咨询服务，通过青少年咨询中心、电台热线等多种渠道为学生开展心理诊断与咨询服务。

（三）创新心理健康教育形式

同伴教育在大学生群体中的开展具有明显的应用优势，不仅能够强化学生的自我认知，同时还能够协助开展正确的心理教育与引导工作，实现共同进步。当前很多高校在心理健康教育管理以及教师队伍建设方面都存在问题，受到外界环境以及资金等方面的限制。而同伴教育的形式则能够解决以上困境，缓解高校的心理健康教育师资压力，完善心理健康教育体系。比如最近很多高校采取的班级心理委员制度就是同伴教育的一种尝试。以班团组织心理委员为主体，直接与学生进行对话与交流，深入了解同学的心理感受以及心理问题，同时还能够了解大学生周围环境的变化情况，及时察觉同学的心理危机，这样就能够提高高校心理健康教育工作的有效性。与常规的心理教师讲解形式不同，同伴教育方法能够转变当前心理教育课堂中单向知识传输以及单主体主导的现象。在同伴教育模式中，参与的教与学双方其实在某种程度上属于同一个主体，也可以认为该教育形式实现了教育主体的融合，因此课堂中能够采用的教育方式就比较灵活，整个课堂的教学氛围也更加轻松。常见的同伴教育形式包括角色扮演、人生 AB 剧、小组讨论、头脑风暴等，以上活动形式都以学生小组为单位，体现出了学生的主体地位，激发了学生参与的兴趣，通过实践体验的方式深化学生的思想，发挥心理健康教育的有效引导作用。

（四）融合心理健康与思政教育

心理健康教育与大学思政教育之间存在紧密的联系，两者具有较多相同点，但其本质上存在较大的差异性，体现出不同的教学重点。对此，高校教师应积极促进两者的教育融合，但同时也应当明确辨别两者的差异，突出教育教学的重点，提升学生的思想认知，培养学生良好的心态。教师应将大学生的真实生活问题融入课程教学中，重新优化课程教学的目标与内容，从思政引导和心理指导两个方面入手融合两者的教育，保持两者教育步调和方向的一致性。从教育目标方面来看，两者的教育目的就在于提升大学生的综合素养，帮助大学生更好地适应社会生活并完成大学学业。在这样的总教育目标之下，教师需分别把握思政教育与心理教育的重点，设置正确的教育层次与教学内容，发挥心理教育与思政教育的重要作用。比如，对于即将毕业的大学生来说，思政教育方面应结合就业创业实际情况提升学生的思想认知，向其分享成功的就业创业案例，增强学生的社会责任感，促其形成面对困境的勇气与信念。在心理健康教育方面，教师则需要侧重于对学生就业压力的缓解，提升学生自主应对问题的心理素质以及解决实际问题的能力，提升学生的社会适应能力，帮助其更好地达成自己的理。

五、结语

综上所述，心理健康对于大学生发展来说是非常重要的，学校应落实心理健康教育管理工作，不断创新心理健康教育形式与方式，融合与落实同伴教育，加强思政教育与心理健康教育的融合发展，加强心理健康教育师资队伍建设，调动大学生的心理健康教育参与积极性，培养学生积极健康的心理，帮助学生解决学习与生活困境及心理问题，为学生提供心理纾解与情绪宣泄的场所，发挥学校的心理健康教育功能，促进学生身心健康发展。

参考文献

[1] 张浩，赵航，张澜，等. 健康中国背景下高校大学生心理健康教育方法与路径研究 [J]. 湖北开放职业学院学报，2022，35（8）：58-59，62.

[2] 金丹. 新时代高校大学生心理健康教育路径的优化探索 [J]. 科教文汇，2022（3）：45-47.

[3] 赵高娃. 大学生心理健康教育模式的实践路径 [J]. 公关世界，2021（24）：113-114.

[4] 杨雪. 家校合作视角下高校大学生心理健康教育质量提升策略和实现路径探索 [J]. 中国多媒体与网络教学学报（中旬刊），2021（12）：190-192.

[5] 李萌，张一斐，贾华. 新时代高校对大学生进行心理健康教育的路径选择 [J]. 卫生职业教育，2021，39（23）：151-152.

[6] 阚璐亭. 高校大学生心理健康教育实施路径探究 [J]. 延边教育学院学报，2021，35（5）：63-65，68.

[7] 王宁宁."互联网+"视域下的高校大学生心理健康教育创新路径探析 [J]. 山西青年，2021（17）：185-186.

[8] 孔令雪. 新时期高校大学生心理健康教育工作路径探赜 [J]. 成才之路，2021（22）：8-9.

[9] 程俊辉. 积极心理学视角下的高校大学生心理健康教育实践研究 [J]. 才智，2021（20）：64-66.

"金课"背景下 PBL 在"中医学基础"课程教学中的运用[①]

刘孝英[②]

在数据化时代，海量信息充斥于生活的各个角落，当代大学生可以多渠道轻易地获取信息和知识。传统的以教师为主导的授课方法，虽然能准确传达更多的教学内容，但已然难以提起他们的学习兴趣，无法达到令人满意的教学效果。因此，教育部召开了新时代中国高等学校本科教育工作会议，陈宝生提出打造"金课"的要求，强调课程要有挑战度，需要教师认真备课，同时还要求学生在课堂内外加强学习和思考。

PBL 教学方法最早由美国神经病学教授 Howard Barrow S 应用于基础医学课程教学中，通过设定问题、提出设想、收集资料、论证设想和最后总结等形式，将传统上以教师为主导的"灌输"式授课转变为以"学生为主导""问题为向导"的教学新模式。这不仅符合"金课"的要求，还将临床问题融合到基础课程教学中，打破了理论与实践的壁垒，培养了学生的临床思维。目前该教学方法已被广泛应用于医学基础课程教学中。

"中医学基础"是健康服务与管理等专业的必修课程，但中医学本身具有浓厚的传统文化色彩，概念抽象，内容丰富，存在既难教又难学的现象，难以用单一的传统讲授法达到令人满意的教学效果。也有调查指出，78%的学生更喜欢多种教学模式结合，而非单纯的课堂讲授。综上所述，将 PBL 适当应用于"中医学基础"课程教学中，既顺应时代的需求，又符合课程的特点，也能调动学生的兴趣。

---

① 四川文理学院教改项目（2020JY052）、四川文理学院科研项目（2019KR007Y）的研究成果。
② 刘孝英，1989 年生，女，讲师，主治中医师，硕士，主要从事中医教育及老年健康研究。

一、研究方法

（一）准备阶段

由于人才培养方案调整，2019 级与 2020 级健康服务与管理专业在同一学期进行"中医学基础"教学，其中 2019 级（68 名学生）为大二，2020 级（62 名学生）为大一。2019 级在此之前仅有一门医"学基础"是医学相关课程，2020 级无任何医学相关课程。将 2019 级学生作为对照组，采用传统教师讲授为主的教学方式；2020 级作为实验组，先对其介绍 PBL 教学方法，让学生们明白在接下来的课堂学习中需要怎么做，并进行随机分组，共分 6 个小组，各设小组长 1 名。两个年级的教学工作由同一名教师完成。

（二）教学设计

首先，设计问题。任课教师按照人才培养方案及教学大纲的要求，设计符合教学目标要求的问题。本次实验前对学生进行了调查，将"中医学基础"中学生们普遍比较感兴趣的藏象、气血津液、体质、病因等章节内容进行问题设计。如在讲解《藏象·脾》这一章节时，课前 1 周左右向学生们提出问题：

患者，女，20 岁，学生。主诉：困倦乏力 1 月余。病史：患者平素身形偏胖，近一年来都在进行节食减肥，效果不佳，自诉喝水都会长胖。约 1 月前，患者出现困倦乏力，睡眠时间充足，仍感疲倦，饭后困倦状况更明显，进行血常规、肌电图等相关检查，未发现明显异常，自行补充复合维生素及各种微量元素，未见好转。现症：困倦嗜睡，四肢无力，气短懒言，食欲不振，伴头昏沉，面色暗黄偏油腻，口中黏腻，进食肥甘厚腻之品后，自觉喉中有痰，偶可咳出白色黏痰，大便溏，月经量多，经色淡红、质稀薄，舌淡红，苔白厚腻，脉濡。初步辨症：脾虚湿困。

请用脾脏的生理功能去解释为什么脾虚会导致困倦嗜睡、四肢无力、气短懒言的症状？病人为何在未感冒的情况下进食肥甘厚腻之品后出现喉中有痰的现象？为什么在节食的情况下，病人还会出现月经量多？为什么病人会有头昏沉的表现？平时我们要怎样固护脾胃？

其次，解决问题。先在课余时间由小组长召集小组成员分工查阅资料，再根据教材中脾的相关内容结合所查资料，整理出分析报告及有争议的部分。1 周后，在课堂上先进行小组内讨论，每人就自己负责的部分提出自己的观点或疑问，其他小组成员可以提出质疑或者帮其解答疑惑，有无法解决的问题也可以随时咨询教师，最后经过充分自学及讨论，组内形成共识，得出结论。在讨论过程中，教师可巡回观察，适时加以引导，协助学生们把控讨论时间等，确保在有限的时间内达到最好的效果。

最后，汇报总结。各小组派代表就自己小组的结论进行汇报。在汇报过程中，其他小组成员可提出质疑。这些质疑可以由学生进行解答，也可以由教师进行解答。汇报结束，教师就该案例中涉及的《藏象·脾》中的理论加以梳理总结，并对整个讨论过程中的问题或疑问进行解答。

（三）教学评价

考试成绩评估：当教学内容完成后，期末采用同一试卷进行统一闭卷考试并统一阅卷，满分为 100 分，分别对平时成绩、及格率以及不同分数段（60 分以下、60~69 分、70~79 分、80~89 分、90 分以上）进行分析比较。

教学效果评价：结束教学内容后，通过自制问卷了解学生们的课堂感受，主要包括对教学方式的满意度、适应性以及学习兴趣等方面。仅对实验组学生发放问卷 62 份，回收 62 份，回收率 100%；有效问卷 62 份，有效率 100%。

（四）数据分析

笔者运用 SPSS 23.0 软件统计数据，对相应数据资料采用卡方（X^2）检验和 t 检验进行处理分析，发现 $p<0.05$ 为差异显著，具有统计学意义。

二、研究结果

（一）两组学生期末考试成绩比较

实验组及格 59 人（及格率 95.16%），对照组及格 57 人（及格率 83.82%），两组比较 $p<0.05$，具有显著差异；实验组平均成绩也明显高于对照组，$p<0.05$，具有统计学意义。具体见表 1。

表 1　两组学生考试成绩对比

组别	90 分以上	80~89 分	70~79 分	60~69 分	60 分以下	及格率	平均成绩
对照组（n=68 人）	3 人（4.41%）	16 人（23.53%）	19 人（27.94%）	19 人（27.94%）	11 人（16.18%）	57 人（83.82%）	71.25±11.09
实验组（n=62 人）	3 人（4.84%）	19 人（30.65%）	22 人（35.48%）	15 人（24.19%）	3 人（4.84%）	59 人（95.16%）	75.10±9.98
t/X^2			5.253			4.338	2.07
P			0.262			0.037	0.04

（二）教学效果评价

实验组学生通过无记名问卷的方式对该教学方法进行教学效果反馈。对该教学方法感到满意的占 90.32%，觉得能够适应的占 85.48%，认为能提高学习兴趣的占 87.10%，认为能提升学习效果的占 93.55%，认为能提升综合素质的占 95.16%。具体见图 1。

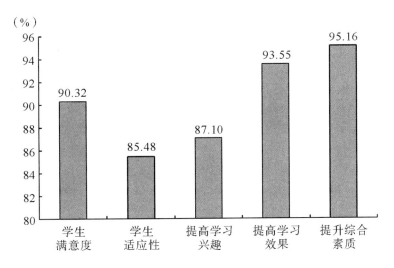

图 1　教学效果评价（可多选）

三、讨论

（一）研究结果分析

根据研究数据可知，接受 PBL 教学方法的学生成绩明显高于接受传统教学方法的学生，主要体现在平均成绩和及格率方面。在 60 分以上的学生中，针对各分数段进行比较，p>0.05，无统计学意义。该教学方法能够显著提升学习习惯较差或者学习基础较差学生的成绩，能够让他们通过查找资料、反复讨论，去巩固对基本理论知识的记忆，同时还通过简单地利用理论知识解决实际问题去加深对枯燥、深奥知识的理解，强化临床意识。尤其是针对学习习惯较差的学生，该教学方法通过任务驱动，不仅让平时上课习惯埋头玩手机或有其他不良习惯的学生不得不参与到课堂学习当中来，还让他们在团队的带动下，积极参与课后资料搜集和课后讨论，一定程度上改变了其懒散的学习状态。

从问卷调查结果来看，90.32% 的学生对该教学方式是满意的，而不满意的原因主要集中在：认为课外准备时间过长；由于对知识的理解有限，思维不够活跃，讨论时容易从众，影响讨论效率；自己查找资料所收获的知识没有教师讲的成体系等。85.48% 的学生觉得能够适应该教学方法，而觉得不能适应的学生还是认为该教学方法会占用更多的时间，不及传统授课方法直接有用；也有学生认为小组成员中有一个组织能力强的人会让学习事半功倍；还有学生觉得不适应的原因在于资料查找难度大，网络上的资源太过繁杂，查找起来比较费时费力，而图书馆的相关资源又比较缺乏。87.10%的学生对该教学方法感兴趣，而学生觉得不能提高学习兴趣的原因主要在于该门课程所占用的课余时间太多，本身对这个专业就不感兴趣，又或者是对部分问题不太喜欢，认为可以设计一些他们感兴趣的跟减肥、美容等相关的病例。而学生认为不能提升学习效果和综合素质的原因主要集中在讨论时容易从众、没有得到理想的收获以及获得的知识不成体系两个方面。

总的来说，该教学方法通过教师根据学生实际，结合教材知识点，提出问题，引导同学们查找资料、充分讨论，掌握知识要点，达到了提高"中医学基础"教学效果的目的。更重要的是，在小组协作查找资料、讨论、汇报等过程中，转变了学生被动接受知识的固定思维，让他们学会思考、敢于质疑、勇于表达，使其综合素质得到较大提升。但是该教学方法在具体实施过程中仍呈现出较多不足之处，如课余时间占用太多、讨论易从众等。

（二）对 PBL 教学方法的思考

结合教学过程中呈现的问题及学生的反馈情况，笔者主要有以下几点思考：

第一，合理规划课程，尽量减轻学生负担。"中医学基础"基本在大一开展，而大一的通识课程、专业基础课程等较多，学习任务重，故可多种教学方法相结合。首先，根据教材内容特点，选定藏象、病因病机等重点章节使用 PBL 教学方法；其次，在布置作业之前先对重点知识进行梳理，让学生对所学知识有初步的认识，这样对查找资料与后续讨论都会有一定的引导作用；最后，可以根据学校藏书情况等给予查阅资料的相关建议，尤其是针对网络上查找资料的学生，可提供一些有用的网络资源给学生参考。在实施该教学方法之初，尽量多与学生沟通，了解学生在学习过程中遇到的问题，及时予以帮助，是让学生能够尽快掌握该教学方法的保障，也是提升教学效果的有力法宝。

第二，精心设计问题，满足教学要求。PBL 教学方法的关键是问题的设计，既要符合教学大纲的要求，又要能激发学生的兴趣。因此，在设计问题时，可发挥教研室教学组的集体力量，以丰富的理论知识作为框架，紧紧围绕教学目标，让知识点能够成体系地呈现；同时，还应在学生群体中进行调研，了解他们的喜好，尽量在设计问题时更贴近他们的生活，这样才能让其产生探究欲望，提高学习兴趣。

第三，适度引导学生，提高讨论效率。首先，在分组时，可以让学生们自行选择分组方式，民主推举小组长，尽量组建让学生满意的讨论小组，这样更能让他们全身心投入到学习中。其次，在讨论课上，尤其是教学方法最初实施时，教师应先营造出活跃、轻松的课堂气氛，能够让学生们讨论更热烈、充分。最后，尽量让教学经验丰富的教师去引导学生讨论，在学生遇到认知水平有限、准备不充分等情况，难以继续深入讨论时，教师应适当给予提示或其他帮助，甚至可临时中断该小组讨论或让其小组成员加入其他小组观摩学习，尽量不让学生陷入被动状态。

四、结论

虽然此研究由于条件限制，实验组和对照组不是同一个年级，样本量也不大，导致部分数据无法进行统计分析，但是仍能在一定程度上证明 PBL 教学方法能够提高学生成绩、提升学生学习兴趣及综合素质。在打造"金课"、拒绝"水课"的大背景下，该教学方法无疑是"中医学基础"课程教学中有效提升教学质量的一剂良药，值得广泛推广运用。

参考文献

[1] 余欣然，陈云志."金课"背景下对分课堂在中医学基础教学过程中的运用与分析 [J]. 贵州中医药大学学报，2021，43（6）：49-51.

[2] 张冰冰，孙鑫. PBL 教学模式对中医学基础课程的适应性影响 [J]. 中国中医药现代远程教育，2018，16（14）：37-38.

[3] 颜彦. 中医基础理论教材近现代演变的比较分析 [J]. 中医药导报，2018（22）：127-133.

[4] 史洁."任务驱动法"在《中医学基础》教学中的应用 [J]. 科技创新导报，2015（32）：239-240.

[5] 贾建锋，张丽腾，张兰霞. PBL 教学模式中问题情境的设计与实施 [J]. 山西高等学校社会科学学报，2021，33（7）：63-66.

我国武术竞赛表演产业发展创新研究

黎　明①

在全球经济快速发展的过程中，在人民群众日益个性化的物质和精神需求背景下，武术竞赛表演产业的呈现形式也变得更加多元化，无论是武术竞赛表演产业还是我国武术产业都将面临一次全新的转型。到目前为止，从我国最新印发的《武术产业发展规划（2019—2025）》中便可以直观地发现武术竞赛表演产业在整体武术产业发展结构中占据了最主要的位置。但是我国武术竞赛表演产业整体依旧存在一些弊端，例如产业缺乏自主性，规模扩展存在难度；武术职业联赛市场供给不足；受到项目化思维局限，难以带动大众积极消费等。这些问题始终在困扰着我国武术竞赛表演的发展方向和速度。本文希望通过对于目前存在的问题进行发现和剖析，采用创新的思维和方法给予我国武术竞赛表演产业一些建议来助推其更加顺利地发展，最终积极实现国家经济转型号召下我国武术产业从下游到上游的升级转型。

一、我国武术竞赛表演产业的发展机遇

（一）最新政策对武术竞赛表演产业带来重大利好

2018 年 12 月 11 日，国务院办公厅印发了《关于加快体育竞赛表演产业的指导意见》（简称《意见》），指出：体育竞赛表演产业是我国体育产业构成的重要组成部分，并且对于打造全新的体育经济增长点、挖掘和释放消费潜力、保障改善民生、促进全民健身活动的积极参与都具有明显的效果。《意见》要求到 2025 年体育竞赛表演产业的整体目标要达到 2 万亿元的规模，并且要建设打造"精品双百工程"：打造 100 项具有国际知名影响力的体育赛事；打造 100 个具有国家自主知识产权和民族特色的体育赛事品牌。这是在新时代我国进行体育竞赛表演产业布局建设的重要着力点。同时为契合《意见》指导纲领，配合《意见》准确有效落地，国家体育总局联合国家发

---

① 黎明，1986 年生，男，讲师，博士在读，主要从事体育教学研究。

改委、外交部、财政部与工信部等众多部门联合发布了《武术产业发展规划（2019—2025）》文件。文件中指出，我国武术竞赛表演产业举办的赛事例如"中国武术散打王争霸赛""中国武术散打职业联赛"以及后续的"中国武术散打俱乐部超级联赛"等都出现了日渐繁荣的局面，也证明了武术项目的普及化程度。当前我国武术竞赛表演产业的整体任务为：完善重点的且具有民族特色的群众武术项目；打造职业武术品牌赛事并培育表演市场；丰富市场供给培育市场主体。同时，随着我国新时代社会矛盾的转变和供给侧结构性改革的不断深化，人民群众的消费品位日渐提高并且社会经济基础日渐成熟，我国武术竞赛表演产业将会迎来重大的发展机遇。

（二）建设传统武术品牌赛事的要求将改良产业发展趋势

国家体育总局要求打造一批具有高度商业化价值的、娱乐性竞技性较强的、表现形式多样的且能够带动大众积极参与的武术竞赛表演节目，以推动我国武术竞赛表演产业向着专业化和多元化的方向发展。在整体的武术竞赛表演市场中，除了散打项目得到重点开发外，包括武术套路和武术功力的比赛市场还没有得到深度挖掘。而武术套路动作优美舒展，武术功力展示出了中华武术的量化标准，以及中国式摔跤方面更凸显出我国角力、较技的独特方式。在我国武术产业发展的大背景下，这些项目资源将会得到极大的丰富，以独特和全新的方式融入市场经济。在此次《武术产业发展规划（2019—2025）》政策指导和要求的背景下，建设凸显我国民族特色以及弘扬中华优秀传统文化的品牌赛事，一方面能够将原有的较为小众的传统武术利用此次建设要求呈现在世人面前，另一方面这一举措有利于落实"特色武术表演精品工程"，将传统武术品牌赛事建设纳入良好的发展轨道。

（三）产业供给方式丰富，满足群众消费需求

国家大力推进社会武术组织发展，并支持合法合规地建立各种类武术社会组织，促使社会武术组织在符合市场规律的情况下运用合理的市场化方式向群众提供指导型服务，同时加大相关政府购买力度，鼓励各类武术社会组织参与和承接公共武术运动服务事业。丰富赛事活动，完善赛事体系，建立形式多样的竞技武术职业联赛并培育稳定的观众群体和赛事文化。我国武术竞赛表演产业发展所具备的最显著特征是具有多元的文化性，将武术竞赛与文化表演相融合，可以使产业的供给方式变得更加丰富多样，也为广大群众提供了充足的选择以满足其需求，以观赏性较强的武术竞赛活动为突破口，树立了广大人民群众对于"中国优秀传统武术文化""中国特色传统武术赛事"的精品意识。

二、我国武术竞赛表演产业的被动态势和发展困境

（一）赛事自主性缺乏，过多依赖模仿，规模扩展存在难度

我国武术竞赛表演产业的多元形势体现为武术散打、武术套路等具体项目内容，这两项是中华民族传统武术文化的代表，是具有中国特色的武术表演精品。而赛事自主性缺乏体现在以上两者的商业价值和娱乐功能还没有完全被开发出来，并且依赖于相互模仿从而很难打开武术竞赛表演产业的发展局面，形成较大的发展规模。自从1994年开始进行全国联赛到2002年"中国武术散打王争霸赛"的兴起，再到后来散打商业赛事由于资金链的相关问题沉没于市场之中，我国散打项目的商业赛事在建立开始就面临着"发展滞后"的问题。关于我国所进行的武术散打职业联赛监管体系、政策法规、信用体系相关建设还没有完全达到要求，对于自身赛事的知识产权和无形资产保护措施也没有完善，要想达到完善的阶段还需要一定的时间。同时，目前世界的格斗赛事已经出现垄断化趋势（如自由搏击赛事glory和综合格斗赛事UFC等），而我国本土特色的武术格斗赛事在世界赛事影响力排名中水平一般，还没有能跻身世界一流水平，为了维持现有的规模和观众流量，大多采用模仿策略，而这最终使得赛事整体规模扩展遇到较明显的"瓶颈"。在武术套路竞赛表演方面，虽然已经逐步培育出了武术演出团队，但是离创建武术职业赛事市场的道路还有一段距离。武术套路竞赛表演的形式无法形成创新局面，极易相互模仿，导致在产业中不存在较高的竞争壁垒，并且武术演出团队自身很难进行商业化运作，在很大程度上需要依赖于政府之间的对外交流活动来提供平台，自身吸引关注和流量的能力还处于较低水平。

（二）政府对运动员的把控将影响职业赛事的市场供给

我国行政体制培养、把控并限制了众多运动员参与市场职业化比赛的出路，这对于发展武术竞赛表演产业存在较大的阻碍。例如在2002年举办的"中国武术散打王争霸赛"上，很多著名的优秀运动员如郑玉蒿、白近斌、苑玉宝、格日勒图等，都肩负着代表省体工队参加全运会和全国散打锦标赛的任务。他们只被允许在非比赛季去参加武术职业赛事，而当面临体工队赛前集训时就不能留在职业赛事中。所以每当"中国武术散打王争霸赛"和全运会、全国散打锦标赛赛程发生冲突时，这些运动员就被迫从职业赛事中离开，而这对于当时的"中国武术散打王争霸赛"来说无疑是"釜底抽薪"。事实也证明，全运会、全国散打锦标赛赛季开始时，"中国武术散打王争霸赛"的收视率、门票率、赞助收入以及电视转播收入都出现了明显的下降。

而武术散打商业比赛的举办却离不开这些运动员的加入，因为在我国三级竞技体

育体制下，以专业为主导培养了众多高水平的运动员，这些高水平的运动员是进行高水平职业赛事的基本保证。在竞赛表演的产业中，观众们对于赛事进行付费的原因在于通过观赏高质量水平的赛事来满足自身社会闲暇及生活品质的需要，只有高水平赛事才能够吸引观众们进行可持续的消费。所以行政体制与市场主体在事业与工作方面的安排会形成冲突的局面，而这也阻碍了我国"全国武术职业联盟"项目的推进：如果赛事联盟中符合标准规则的参赛俱乐部过少，整体赛事的比赛场次就会下降，也就间接地缩短了整个赛季。最鲜明的例子就是"中国武术散打百强争霸赛"还远远没有达到散打项目"百强"的量级，这深刻地反映出我国举办武术职业赛事后备人才的积累不足。

（三）项目化思维受限，难以促使大众积极消费

项目化的问题是指将整体的赛事资源都布局在单一项目的运作上，而对于外部环境（赛事融合、赛事命名、赛事形象）认知和考虑不足的现象。这会限制其他热门项目的接入与融合，例如我国散打项目比赛的名字绝大部分还是"中国武术散打争霸赛""中国武术散打精英赛""中国武术散打百强俱乐部争霸赛"等，而这些赛事的本质都没有离开"散打"二字。我们就需要考虑，既然都是同场站立、格斗技能的比赛，那么其他类似项目如空手道、跆拳道、自由搏击等能不能参与到我国"散打"品牌的赛事之中。以"散打"来命名赛事就会导致项目的局限，如果其他项目不来积极参与我国的职业赛事，仅仅依靠散打项目的"一枝独秀"是没有办法获得极大流量的。

结构模式单一、自主"造血"能力不足，是武术套路项目发展滞后的主要原因，而武术套路项目的创新衍生形式还没有完全出现。武术套路项目在表演过程中拉大了与群众之间的距离，许多年来，这种面向异国民众和海外侨胞"流水赶场"式的传播模式依然没有改变。但是这既不能令大众人群进行简单切实的体验，深刻了解到"身体文化""哲学拳"和"人体能量学"等文化意义，也没有充分了解到当前观众和武术爱好者想要看哪些种类的比赛及表演，而过多"押宝"于传统武术套路展演则会在市场上面临巨大的风险。

三、我国武术竞赛表演产业模式的发展创新路径

（一）协调政府与市场之间的关系是进行产业创新发展的前提

在改善行政管理体制的要求下，一方面，需要政府"简政放权"，将赛事的自主经营权完全交给市场，将管理武术产业或者是武术竞赛表演产业的权力逐步下放到各分解部门，打破部门所有制的限制来解决运动员质量低、签约难的问题。因为在以效益

为目标、实现产品利润最大化的驱使下，在赛事机构受到市场竞争机制的激励之后，尽力对赛事各环节进行精密设计，提高运营机构的工作流畅度，将会达到武术散打赛事管理整体目标和要求。另一方面，赛事、联盟和俱乐部也应该充分认识到政府管理部门在活动组织、运动员资源管理的重要作用和政策指导性，利用自身媒介优势努力促成双方的深度合作，消除双方对抗的状态，提升武术竞赛表演市场的知名度和综合办赛的能力。

同时，加强政府与市场在"全国武术职业联盟"发展过程中的配合。"全国武术职业联盟"是进一步贯彻我国武术竞赛表演产业目标的具体方式和有力手段，是为武术竞赛表演产业输送优质人才的必由之路。其具体的合作方式为：首先进行武术的海外游学培养；及时发现新星，组建自身的二线团队；考虑在高等体育院校中布局网点培训学校，与教育机构开展多元化的合作和各种业务培训，以达成长期合作的目的。其次对于资金储备和现金流的管理也是十分必要的。最后，自主运动员的问题必须得到解决：在自主运动员人才储备管理方面，需要认识到高水平武术竞赛表演运动员的水平和质量是俱乐部以及联赛赢得市场的先决条件，必须让现代武术项目甚至竞技体育项目走出计划经济指导下的管理体制而走进市场模式当中来，带动武术行政管理部门中的竞赛表演人才走出内部竞争体制，向武术市场中进行过渡发展。只有长期有效的市场和稳定的联赛才能够带来稳定的观众基础，才能让更多的人了解武术、喜爱武术，才能让武术项目真正走向市场。

（二）市场供给创新：优化办赛方式和运动员的参赛机制

在调和与政府部门关系前提下，把握国家宏观文件政策之外，还需要武术竞赛表演产业以及武术职业联赛等加强自身赛事质量的建设，同时提高自身赛事的整体把控能力。质量的建设与能力的提升需要从提升赛事管理效能和赛程的可持续性着手，在提升赛事管理效能方面首先需要拓展思路，在举办常规性比赛之外还需要积极对接社会资源，提升办赛的频次和效率效益，扩大自身在社会上的影响力。例如在举办联赛和固定俱乐部数量的基础上，进行单循环比赛也可以加入"主客场"制，在全部进行完常规赛之后安排类似于季后赛和冠军赛的模式，将过去的"会战制"改为现在的"主客场制"，可以将比赛的形式进行多样化，产生"友谊赛""邀请赛""表演赛"等形式，各联盟和俱乐部商务合作、运动员交易方面也可以在非赛季时期自由进行，给运动员、俱乐部和赞助商等带来更多的曝光机会，是一种"三方共赢"的合作方式，增加赞助商的经济收益，带动更多的武术竞赛表演爱好者加入武术运动，也能够吸引更多的投资人考虑相关的武术产业。

在赛事方面，应当适当降低选手的出赛频率以保证冠军赛的质量，上届冠军只需要出战每期的冠军卫冕战，而不是像我国体制内的比赛："确定为种子选手，随机分配在 1/2/3/4 区中，从头开始，与各选手进行对战"，因为这样的规则使冠军选手的积极性不高，如果冠军选手被"爆冷"淘汰出局，自然也会引起一部分观众不满，引发观的"分流"。所以，为了保证冠军赛的质量和冠军选手的出赛状态，适当降低上届冠军出战频率，增加其备赛时间并对其对手进行合理的挑选，有助于提升比赛的"含金量"。具体的做法可以根据"一会两赛"（全运会、全国散打冠军赛和全国散打锦标赛）上运动员的成绩将运动员进行排名，首先通过一两场的比赛设立"临时冠军"，其余的运动员进行排位赛，根据胜绩和场上的表现进行排名的调整，最终对"临时冠军"发起挑战。"临时冠军"只需要打卫冕战。冠军的奖金、赞助和出场费都是优厚的，并且全年比赛的频率并不高，不会影响其"一会两赛"的准备工作。将冠军的待遇要求设立为标杆，激励其他排名较低的运动员积极比赛，努力挑战，各个级别的精英运动员进行排名交错的选拔赛，最终通过在表现前 5 位的选手中竞争来进行冠军争夺战。打出精彩比赛的运动员（终结率较高）排名提升较快，挑战冠军失败的运动员排名会滑落，综合分析运动员全部战绩后合理设置排名。

（三）自主性与规模创新：打造武术功力与中国式摔跤品牌赛事

为推广和弘扬中国武术，还需要积极建设具有我国民族特色的武术赛事品牌，继续打造并完善我国的武术功力比赛，推出全新形式的、细化规则的、流行时尚的功力竞赛。早在 2004 年，国家体育总局武术运动管理中心和相关的武术协会就创办了我国首届"全国武术功力比赛"，首次比赛的主要内容包括单手劈砖、石锁套路、石关上举和技巧打靶等创新项目。目前我国武术套路项目正迫切地需要这种全新呈现形式，因为武术套路项目始终被人们诟病为"花拳绣腿""没有展现出中国功夫特色"，而武术的功力比赛既能够得到量化的标准又能够真实展现中国功夫的"威力"。通过武术功法练习所获得的能力以及专业技能所达到的水平在比赛中按照"比柔韧""比力量""比灵敏""比稳定""比准确"和"比速度"等标准来进行比赛，能够让观众和参与者们快速理解、方便参与。2017 年，少林寺所举办的"无遮大会"提供了一个很好的范例，这就是采用了功力比赛的方式来向世人证明少林功夫并不是假功夫。并且这也能够将功法与技击划分出一个适当的、清晰的、合理的界限。武术竞赛表演产业包含着竞赛和表演，套路与功法都更加倾向于表演，所以这在某种程度上也消除了我国武术内部的"自我争端"与"内耗"。

同时可以适当发展我国"摔投类"国粹中国式摔跤，这种摔跤类格斗项目的规则在于只能破坏对手下肢平衡，这既能起到很好的实用类技击效果，又不会像自由式摔跤、古典式摔跤等只穿着单薄的跤衣肆意搂抱、推搡对手，并且在地面还在不断地翻滚角力。因为这样既不雅观也对自身的身体健康、身体外观伤害较大，例如"菜花耳""饺子耳"的出现。而中国式摔跤穿着类似于柔道服的跤衣，有着固定的抓手靶位，在对手倒地之后主动让对手抓住自身的跤衣以减轻其伤害。这些都体现了我国民族文化中"点到为止""尊重对手""以武会友"的宗旨，是在新时代建设和谐社会背景下武术强身、武术健身的良好范例。为把中国式摔跤打造成为我国知名的武术品牌赛事，首先需要突破相关体制的限制，逐步地向商业市场过渡。要学习美国WWE（美国职业摔角联盟），将娱乐化、夸张化和喜剧化的元素融入比赛当中，打造一种"联赛+真人秀+娱乐"的全新模式，将中国式摔跤所固有的"古老""呆板"的印象打破，积极将其转变为"新潮""酷炫""时尚"的运动、健身、防身手段。中国式摔跤在我国各地区发展不均衡，所以更应该将中国式摔跤当成文化事业来看待，多与互联网自媒体相结合，借助其扁平化的传播方式，使更多的人了解这项运动，引进世界高水平运动员，同时加强与其他优秀"摔投类"项目（柔道、巴西柔术、俄罗斯桑搏等）的交流学习。

（四）流量思维创新：利用媒体促成跨界比赛，带动大众积极消费

在运营、宣传我国武术职业联赛的过程中，需要产业工作人员和赛事主办方、运营方、投资方共同促成明星选手（我方赛事意欲培养的选手）与明星选手（国际赛事著名选手）之间的"超级战"，通过这类"超级战"在新媒体传播形式下积极接入衍生流量，扩大宣传效果。例如康纳与梅威瑟、一龙与播求以及前K1赛事进行的格斗明星"相扑""掰手腕"大赛。积极制造热点，在新媒体红利和我国人口红利共同的大背景下，将武术竞赛表演活动、赛事以及信息等暴露在公众面前，因为在我国当前现实社会出现了"名气与效益相挂钩""曝光与流量相承接"的趋势。在国际搏击排行榜P4P和Combat Press上，中国以外的搏击选手排名和影响力远大于中国选手，如果在优先布局海（境）外的过程中，能够促成这些选手来我国参加武术散打商业赛事，或者与我国散打选手进行比赛，都会提升我国商业赛事的综合影响力。例如我国散打运动员方便在"武林风"2014年"全球功夫盛典"中TKO（技术性击倒）了国际自由搏击名将西蒙·马库斯，结果在全球Combat Press的榜单排名上，方便迅速进入了前10名，同时也带动了"武林风"在全球的知名度，此后"武林风"的金腰带正式改名为"WLF环球拳王金腰带"。

如果想要促成散打运动员和自由搏击运动员乃至综合格斗运动员的"超级战"，不对双方支付高额的拳酬是不可能的。吸引明星的基本条件就是丰厚报酬，还需要考虑所能造成的影响力等"无形资产"。2017年8月27日，UFC、世界拳击理事会与不败拳王梅威瑟公司所达成的"麦克格雷格VS梅威瑟拳击赛"在前期的运作中消耗了大量的人力和物力，但是最终的收益令双方满意，达成了"共赢"，UFC组织主动将麦克格

雷格送到世界拳击理事会的视线中，然后促成了"超级战"的商业合作，最后获利估计超过1.5亿美元。最后还需要认识到，世界已经进入了互联网的时代，赛事的营销渠道和转播方式都已经发生了巨大的变化。在互联网新媒体时代，特别是流媒体技术的出现，极大地冲击了传统电视转播行业，它改变了整个体育赛事的播放形式，其中PPV（次观看服务）是最突出的改变。重视和鼓励新型转播技术、人工智能技术和安全监控技术在赛事运营之中应用，以互联网、大数据和云计算为载体，在赛事运营的媒体报道、赛事转播、选手报名、交流互动等服务平台发挥作用。

四、结束语

在《武术产业发展规划（2019—2025）》文件的指导下，我国武术竞赛表演产业将会迎来极好的发展机遇。但目前为止，武术竞赛表演产业受到了国家体制约束，限制了武术职业赛事的发展规模和盈利方式；同时整体的产业结构单一，所举办的比赛或者是商业表演并没有体现出"民族特色"的问题。在这种背景下，需要捋顺与行政部门的关系，多渠道培养运动员，提升比赛质量，稳定赛制；采用新型的赛制管理模式，使运动员水平得到最好发挥，提升比赛流畅度和精彩度；扩展武术竞赛表演产业结构，打造具有"民族特色"的知名武术品牌赛事；同时利用新媒体红利积极进行曝光，对接流量比赛。

参考文献

［1］李佳瑾. 武术文化产业发展回顾及对策研究［J］. 武术研究，2012（3）：21-24.

［2］《中国武术发展五年规划（2016—2020年）》发布［J］. 中华武术（研究版），2016：18-25.

［3］国务院办公厅关于加快发展体育竞赛表演产业的指导意见［EB/OL］. http://www.gov.cn/zhengce/content/2018-12/21/content_5350734.htm.

［4］国家体育总局关于印发《武术产业发展规划（2019—2025）》的通知［EB/OL］. http://www.sport.gov.cn/n316/n340/c919105/content.html.

［5］栗胜夫. 我国武术发展战略研究［M］. 北京：人民体育出版社，2003：45-46.

［6］黎桂华. 我国武术文化产业标准化发展战略研究［J］. 武汉体育学院学报，2014，48（1）：74-77.

［7］张纳新. 中国武术文化产业发展策略研究［J］. 西安体育学院学报，2011，（2）：58-62.

［8］郭玉成，郭玉亭，邱丕相. 武术传播的对策研究［C］//中国体育科学学会. 第七届全国体育科学大会论文摘要汇编（二）. 北京：中国体育科学学会，2004：2.

［9］余沁芸，林小美，马揽. 武术产业到武术创意产业的实现路径［J］. 体育文化导刊，2018（3）：97-102.

［10］秦延河，傅振磊. 试论武术产业［J］. 西安体育学院学报，2001（3）：19-21.

［11］刘东. 思想的浮冰［M］. 上海：上海人民出版社，2014：297-300.

［12］孙鸿志，王岗. 中国武术国际化传播的核心问题：理念的缺失［J］. 中国体育科技，2011（3）：80-83.

［13］赵燕，于联志. 武术产业发展的条件与方向［J］. 成都体育学院学报，2003（5）：10-11.

［14］倪依克. 民族传统体育的振兴与文化创新［J］. 体育文化导刊，2004，（1）：27-30.

［15］吴旭东，杨刚，殷鹏. 我国武术散打赛事商业化发展历程回顾及建议［J］. 山东体育学院学报，2018，34（2）：44-47.

［16］赵国锋. 纪念改革开放30年"潮动中原"系列报道之十一：少林武术产业越做越大［N］. 郑州日报，2008-05-25.

［17］钟秉枢. 职业体育：理论与实践［M］. 北京：北京体育大学出版社，2006：275.

［18］刘友华，朱蕾. 体育赛事节目流媒体传播的著作权挑战与应对［J］. 中国体育科技，2016，52（4）：44-50.

着力于"全过程融入、全课程育人、全方位提升"的"三全协同"实施策略探索

——"马克思主义政治经济学概论"实施"课程思政"的实践与思考①

傅忠贤　郑姣姣②

　　"课程思政"是当下高校教育教学改革和课程专业建设的重点和热点，事关"立德树人"的根本任务。"政治经济学"课程具有突出的思想性和理论性，"课程思政"是本课程的"灵魂"。在教学实践中，本课程团队采用"全过程融入、全课程育人、全方位提升"的"三全协同"实施策略，取得了较好的实施成效。

一、充分认识"三全协同"的实施策略对"政治经济学"课程教学中坚持"课程思政"的重要性

　　"政治经济学"是各专业开设的专业基础课，使用"马工程"教材《马克思主义政治经济学概论》，目标在于引导大学生全面、系统、准确地掌握并运用马克思主义政治经济学的基本理论、观点与方法，正确看待当代资本主义发展过程中出现的新现象和新问题，正确分析资本主义的发展规律和必将被更高级的社会历史形态取代的基本趋势，深入把握中国特色社会主义政治经济学，正确认识中国特色社会主义不断发展的实践。"政治经济学"作为财经类专业的专业基础课程，承担的不仅仅是传播马克思主义政治经济学理论知识的使命，更需要让学生掌握马克思主义政治经济学的基本原理与方法，理解马克思主义政治经济学理论的时代性、开放性和与时俱进的特质，推

---

①　四川文理学院一流课程建设"政治经济学"（2020KCB001）阶段性研究成果。
②　傅忠贤，1965年生，男，四川平昌人，教授，本科，研究方向：政治经济学、区域经济学。
郑姣姣，1992年生，女，陕西紫阳人，助教，硕士，研究方向：区域经济学、政治经济学。

动中国特色社会主义政治经济学的发展与完善。"政治经济学"的课程内容对财经类大学生培养科学的世界观、人生观、价值观具有极为直接的影响。

"政治经济学"既有严格的科学性和突出的理论性，也有鲜明的阶级性和浓厚的思想性，还有明显的实践性和显著的开放性。这些特点既是"政治经济学"课程教学的特色，也是课程教学的难点。受多方面复杂因素的综合影响，当前"政治经济学"教学改革和课程建设面临若干严峻挑战：一是课程地位被弱化、淡化、边缘化倾向，导致教师队伍自信心受到冲击。受市场经济的冲击和意识形态多元化的影响，为数不少的高校财经类专业已经不开设"政治经济学"这门课程，即便开设，其课时也在不断缩减，这些情况表明"政治经济学"的课程地位正在下降。著名经济学家刘国光教授早在2005年就发出了明确的警示："我国高校马克思主义政治经济学教育的指导、主流地位被边缘化了"，可令人忧虑的是这种状况一直在持续。2011年，兰启发统计，我国有重大影响力的10所高校（北京大学、上海财经大学、西南财经大学、中国人民大学、武汉大学、南开大学、辽宁大学、吉林大学、复旦大学、南京大学）经济学人才培养基地中"政治经济学"学分占比普遍远低于"西方经济学"课程。2015年12月3日，由清华大学马克思主义学院和中国社会科学院主办"习近平总书记《关于发展当代中国马克思主义政治经济学》的讲话精神学习座谈会"，来自清华大学、北京大学、中国人民大学、北京师范大学、南开大学、中央党校、中国社科院等知名院校20余位专家学者，普遍认同当代政治经济学被淡化、弱化、边缘化了。至今政治经济学被淡化、弱化、边缘化现象仍然存在。这种状况会极大地影响课程团队的积极性、主动性、创造性的发挥，影响课程团队的自尊心和自信心，从而为实施课程思政带来消极影响。二是课程内容偏理论性、教材建设滞后性、教学方法单一性，导致课程教学长期面临可接受性考验。"政治经济学"属于理论经济学，理论会显得晦涩、抽象，教材使用的"马工程"教材，教材修订完善要遵守严格的程序。当前使用的是第二版（2021年版），与第一版（2011年版）相比相差10年之久，教学中偏重传统灌输式讲授方法，课堂教学的吸引力、感召力不足。三是大学生思维认知的新变化和时代、环境的新特征，为"政治经济学"教育教学改革带来新困惑和新难题。在全球化、互联网时代，在社会主义市场经济环境中成长起来的当代大学生，其思维模式、行为方式、情感价值都有新特点和新变化。他们思想开放、勇于创新、求知欲强烈、渴望变化，但是分析鉴别能力较弱，容易受各种社会思潮的影响和冲击，他们的思维特征呈现出明显的两面性：有理想追求但不够坚韧持久，追求自我推崇独立判断但又缺乏自我认知和自我约束，反叛传统藐视权威但又缺乏理性易走极端，不满现状寻求改变但又受世俗化、功利化左右。这些情况对"政治经济学"贯彻"课程思政"带来新的考验。

"政治经济学"既要传授理论知识又要培养学生科学的世界观、人生观、价值观，如果不着力改变"教"与"学"分离、"教书"与"育人"脱节的现状，教学内容不贴近现实、不贴近生活、不贴近学生，照本宣科、生搬硬套，课堂教学必定死气沉沉、枯燥乏味，理论教学必定缺乏感召力、吸引力、影响力。"课程思政"不只是一种教育方法，更是一种教育理念和教育思想。我们在"政治经济学""一流课程"建设中长期坚持"全过程融入、全课程育人、全方位提升"的"三全协同"实施策略，找到了实施"课程思政"的有效切入点和突破口，较好地推动了"课程思政"的实施。

二、"政治经济学"课程思政中坚持"全过程融入、全课程育人、全方位提升"的"三全协同"实施策略的实践逻辑

"全过程融入"就是把"课程思政"理念贯穿于"政治经济学"理论教学、实践教学的各个教学环节。理论教学和实践教学都是"政治经济学"课程建设的重要环节和有机组成部分，二者同等重要，不能割裂也不能偏废。由于理论教学主要是在课堂上完成的，实践教学则是课堂教学的延伸，既可以在课堂上完成也可以在课后实施。因此，理论教学和实践教学是紧密衔接、交融配合的有机整体，二者协同运行才能有效实现课程教育目标。但实践中普遍存在重视理论教学环节，忽视、轻视、弱化、淡化实践教学环节的倾向，导致理论教学和实践教学分离脱节，一定程度上造成了难以让学生把马克思主义基本原理、基本观点、基本方法"内化于心、外显于行"的"知行合一"状态的窘境。为了矫正这样的偏差，我们在"政治经济学"课程建设中，坚持以学校"三心四能五复合"人才培养目标为统领，按照"课程思政"的总体要求，把财经类专业"信（诚信）济（济世）敏（敏学）能（尚能）"具体人才培养目标细化到"政治经济学"课程教学目标之中，重新建构课程教学大纲，既有具体的理论教学课程大纲，也有详实的实践教学课程大纲，理论教学和实践教学按照75%和25%的比例进行课程教学内容安排，确立了保障"政治经济学课程"建设中让学生实现"知""情""信""意""行"有机配合衔接的制度框架。

"全课程育人"是指在"政治经济学"课程建设中把"课程思政"理念落实落地到每一章节、每一知识点的课堂教学中。"政治经济学"实施"课程思政"是贯彻落实"立德树人"根本任务的需要，不能只做做样子、搞搞形式、图图虚功，而是要从价值情感上和内在信念上确立起"课程思政"的准绳。目前在教学实践中普遍存在几种错误倾向：一是形式主义倾向，在教学内容中随机确定几个地方、几个知识点，对学生进行一定思想启发或思想教育，能应付相关检查验收即可，没有总体谋划，没有

战略考量，没有系统设计。二是功利主义倾向，实施"课程思政"不是基于课程担负的人才培养目标，不是出于教师队伍的主观自觉，而是基于完成下达的政治任务，屈从于某种外在压力，或者争取课程考核评价，赢得某种奖励激励，而采取短期突击措施和集中打造行为。三是实用主义（机会主义）倾向，实施"课程思政"不是基于知识传授和价值引领的有机融合，没有把家国情怀、社会责任、社会主义核心价值观内化于知识传授全过程，脱离了润物细无声的情感交融和学生成长的内在规律，而是机械地、外部强加式地将其演变成精致的各类"考核指标体系"，牵强附会地添加思政素材，想当然地设置思政环节。为了矫正这些不良倾向，我们在实践中立足"政治经济学"本身的课程目标，发挥课程团队的集体智慧，系统性研究课程章节和知识要点，对"课程思政"资源的挖掘配置、"课程思政"方式方法遴选使用、"课程思政"整体框架的设计建构等做出细致、可操作的整体谋划，实现知识传授和价值引领的有机融合，有效达成课程目标。

"全方位提升"是指在"政治经济学"实施"课程思政"中，对学生而言要实现"知识、素质、能力"全面提升，对课程团队成员而言要实现"教学、科研"全面提升，对教育场景而言要实现"第一课堂、第二课堂、第三课堂"全面提升。"课程思政"是一个系统工程，必须把各子系统充分整合起来，形成最大合力，才能有效达成课程目标。实践中容易陷入的误区表现在：一是课程目标被扭曲。重视知识传授，轻视素质和能力培养，"课程思政"和知识教学沦为"两张皮"。二是"双中心"任务分离。重科研、轻教学的现象较为普遍，重课堂教学、轻教学改革和教学研究的现象较为普遍。三是一、二、三课堂发展畸形。重视第一课堂、忽视弱化第二课堂和第三课堂。为了矫正实践中的不良倾向，"政治经济学"在实施"课程思政"的过程中，坚持"全方位"提升策略，统筹"知识、素质、能力"课程目标，"教学、科研"两手抓、两手硬，第一课堂、第二课堂、第三课堂有机衔接，相互促进，较好地提升了"课程思政"的整体效果。

三、"政治经济学"课程思政中坚持
"三全协同"实施策略的几个着力点探索

（一）全课程挖掘"课程思政"资源，搞好"课程思政"资源配置顶层设计。

"课程思政"是一种理念、一种指导思想、一种育人方法，而不是一种工具。挖掘"课程思政"资源、优化配置"课程思政"资源是"政治经济学"实施"课程思政"的基本前提。我们立足教材的自身特点，遵循"课程思政"的基本要求，把"课程思政"的素材、资源充分挖掘出来，合理配置到各章节、各知识点、各教学环节中去。例如在绪论中植入"马克思的治学品质"、在第一篇讲劳动价值论的时候植入"解放思想专题"，在第二部分植入"当代资产阶级自由、民主的虚伪性、双标性"，在第三篇重点植入"中国特色社会主义道路自信、理论自信、制度自信、文化自信"的相关内容，在讲"生产三要素"知识点时植入"科教兴国战略""创新驱动发展战略"，在讲中国特色社会主义基本经济制度知识点时植入"中国梦""三次分配制度框架""共同富裕"等相关专题。我们通过这样的举措，把"课程思政"建设所要求的理想信念教育、"五爱"教育、法制教育、中华传统文化教育等教育内容，把政治认同、家国情怀、文化素养、宪法法治意识、道德修养等"课程思政"元素渗透进课程教学的全过程，形成有效的教育教学资源供给。当然，在各章节、各知识点、各教育教学环节上的处理是有区别的。

（二）着力加强课程团队建设，提升团队成员实施"课程思政"的能力和水平

实施"课程思政"是一门艺术，实施"课程思政"关键在教师。"政治经济学"课程团队由5人组成，分属人力资源管理和物流管理两个专业。从职称看，本团队有教授2人，副教授1人，讲师1人，助教1人；从学历看，本团队有博士（含在读）2人，硕士2人，学士1人；从年龄结构看，本团队有50岁以上1人，40～50岁1人，30～40岁2人，30岁以下1人。我们在团队建设中着力从三个环节提升团队整体能力和水平：一是充分发挥课程负责人的示范带头作用，课程负责人是实施"课程思政"的"领头雁"，课程负责人的示范、引领、带头作用在课程团队建设中起着关键性的推动作用；二是常态化开展"集体备课"和"团队研讨"，统一思想认识，掌握"课程思政"实施策略和实施方法；三是促进青年教师专业化成长，确保课程团队建设和发展具有可持续性。2021年，团队选派青年教师郑姣姣参加学校第九届青年教师优质课竞赛并获得优秀奖，2022年，团队选派郑姣姣老师继续参加学校第十届青年教师优质课竞赛并获得一等奖。

（三）推进课程、学术、学科之间的深度融合，为实施"课程思政"寻找"源头活水"

没有学术研究、学科建设的支撑，课程建设就会成为没有根基的大树，"课程思政"理念的贯彻也将变成无源之水、无本之木，难以支撑马克思主义信仰的真正树立和巩固。在课程教学中，学生期待教师"学富五车""才高八斗"，我们只有紧跟学术前沿，尽量拓展课堂教学的信息量，让学生徜徉在知识的海洋中，才能最大限度地激发学生的求知欲和兴趣度。对于教师来说，只有不断开拓学术视野和学科发展路径，才能为课程教学打下坚实的基础。如果我们自己专业基础不扎实、学术视野较狭窄，

则在进行知识传授时既难纵向深化也难横向拓展，只能照本宣科，念 PPT，无论如何也是难以达到"课程思政"目标的。实现课程、学术、学科之间的深度融合，是实施"课程思政"的重要基础。我们在"政治经济学"的课程教学中就是围绕课程教学寻找科研选题，运用研究成果充实育人资源，在学科建设中进一步强化课程育人方向和课程育人目标。傅忠贤作为课程负责人，近年来所进行的学术研究和课程教学就是在这样的路径中探索着前行的，如《改革开放三十年：我国三次思想大解放的比较研究》刊发于《四川文理学院学报》（2009 年 1 期），《欠发达地区新农村建设区域推进模式研究》刊发于《广西社会科学》（2010 年 3 期），《论"一村一品"与社会主义新农村建设的关系》刊发在《经济研究导刊》（2010 年 7 期），《达州市绿色产业发展现状、问题与对策研究》刊发在《四川文理学院学报》（2019 年 3 期），《达州市建设高品质生活宜居地研究——"双城圈"和"示范区"建设背景下对达州的思考》刊发在《四川文理学院学报》（2022 年 2 期）。

（四）践行知识传授、能力培养和育人导向"三位一体"的教学目标，为实施"课程思政"确立"准绳"和"标杆"

知识传授是基础，能力培养是关键，育人导向是核心，根本目标是实现三者的有机统一。教学中力求古今贯通、中外贯通、理论与实践贯通、思政与学理贯通，实现"知识传授"和"价值引领"有机统一。教学中"课程思政"的实现程度可以通过两个维度得到体现：一是教师在授课过程中体现的人格、品格、情感及个性；二是在知识讲授过程中，是否能够将知识的产生、发展及运用进行系统阐释，是否能够有效传递知识背后的价值理念。比如"政治经济学"是一门理论性比较强的课程，但在教学过程中不应拘泥于理论，理论发展的最终目的是要服务于实践的发展。理论分析固然必要，但更应注重辩证地思考理论在实践中的应用。中国的发展模式既有别于马克思、恩格斯所设想的原型社会主义（科学社会主义），也不同于苏联、东欧的社会主义实践模式或"苏联模式"，更不同于传统马克思主义理论视域下的资本主义，而是中国特色社会主义。教学中自然要把中国特色社会主义道路的"特色"在哪里、马克思主义经典理论为什么不能照搬照抄、中国特色社会主义道路的探索历程中又面临着哪些困难、在社会主义从理论到实践的百年探索历程中我们应该汲取哪些经验教训、与传统计划经济模式相比现有的经济体制有哪些创新等问题讲清楚，这就是最基本的社会主义信念教育、坚定"四个自信"教育。

参考文献

［1］刘国光. 经济学教学和研究中的一些问题［J］. 经济研究，2005（10）：4-11.

[2] 兰启发. 政治经济学课程建设面临的困境及其出路 [J]. 哈尔滨学院学报, 2011 (3): 127–131.

[3] 蔡万焕, 张祎嵩. 当代马克思主义政治经济学发展的新机遇、新挑战和方向 [J]. 高校马克思主义理论研究, 2016 (1): 121–125.

[4] 中央党校"中国特色社会主义政治经济学研究"课题组. 中国特色社会主义政治经济学对西方经济学理论的借鉴与超越 [J]. 管理世界, 2017 (7): 1–16.

[5] 刘伟. 当代中国马克思主义政治经济学新境界 [J]. 政治经济学评论, 2021 (1): 4–17.

融入"双创"理念的财务管理专业实践教学研究

——以四川文理学院为例①

王 娟②

党的十八大提出"创新驱动发展战略"，党的十九大提出"创新是引领发展的第一动力"，党的十九届五中全会提出"加快建设科技强国"，党的二十大提出"加快实施创新驱动发展战略"。科技创新，关键在人。高校肩负着培养创新创业人才的重要使命，必须深化教学改革，专业教学需融入创新创业教育。成功创业既要有创新的魄力，又要具有财务管理能力。满足新时代企业发展需求，将创新创业理念纳入财务管理专业系列课程，是大势所趋。

一、财务管理专业"双创"培养的现实意义

（一）财务管理是创新创业财务分析的工具

在企业的经营活动中，筹资需求预测、投资决策分析、运营资金管理、股利分配，都与财务管理有关。在大学生创业过程中，每一项资金运动都涉及财务管理专业知识。在企业管理中，决策是否恰当、经营是否合理、产销是否顺畅，都可通过企业财务指标反映。财务管理以股东财富最大化为目标，对企业财务活动进行计划、控制、决策和考核，是企业管理的核心。按照企业生命周期理论，企业创业要经历初创期、扩张期、稳定期和衰退期。不同的发展阶段企业业务活动侧重点不同，因而财务管理的重点也不同。在初创期，企业资金短缺，需要大规模举债经营，市场需要开发，需要进

---

① 四川文理学院 2020 年度一流课程"财务管理"（2020KCC003）；四川文理学院 2018 年度优质在线（开放）课程"财务会计"；四川省教育厅 2021 年社会实践一流课程"ERP 企业经营沙盘模拟"（1099）；四川文理学院课程思政示范课程"政府审计"（2020KCSZ012）阶段性研究成果。
② 王娟，1973 年生，女，副教授，硕士，主要从事财务与会计研究。

行筹资决策。在筹资过程中，需要预测企业资金需要量，保证筹集的资金能满足企业经营与投资的需要，此阶段重点熟悉税收法规，一般采用股权资本筹资。在扩张期，产品成功推向市场，销售规模快速扩大，利润大幅增长，吸引了更多的竞争者。此阶段以促进销售增长、快速提高市场份额为战略重点，尽量利用资本市场大量增加股权资本，适度引入债务资本。在稳定期，资金需求量减少，销售稳定增长，利润多而稳定。此阶段宜采用稳健型财务战略，以更低的债务资本替代高成本的股权资本。在衰退期，企业资金需求量持续减少，产品市场需求逐渐下滑，利润减少甚至出现亏损。此阶段的重心是收回投资，出售多余的厂房、设备。可见，创新在企业不同发展阶段有不同战略与之适应，都需要运用财务管理的原理和工具进行科学决策。

（二）创新创业成为推动新经济的主要力量

党的十九大报告指出，创新是引领发展的第一动力，是建设现代化经济体系的战略支撑。新技术的发展，如人工智能、大数据技术、量子计算，包括生命科学等方面产生的新技术，都让人看到创新带来的可能性。扫码支付、网上购货、直播带货、社区团购改变了人们的消费方式，新的商业模式对于创业公司而言，既是机遇，也是极大的挑战。校园贷、P2P爆雷、电信诈骗等新问题的出现，引起更多人对理财知识的重视。目前，新经济企业也受到资本的高度关注，一方面资本的扶持给予新经济创业企业更多的助力和信心；另一方面新经济创业企业要做出具有发展前景、能够解决实际问题的产品也非常不容易。创新创业过程中存在大量的筹资管理、投资管理、运营管理、利润及其分配管理等问题，因而财务管理能提高新经济发展成功可能性。

（三）财务管理能力是大学生创新创业的必备能力

将创新创业教育融入财务管理实践教学中，着力培育学生就业与实践能力，是对习近平人才培养观的贯彻，是服务地方经济发展的需要，具有很强的现实意义和价值。但我们并不是鼓励每个学生都创业，而是要求学生具有"双创"思维，以提高学生的综合素质能力。财务管理中资金需求资金的预测、投资项目的决策、企业运营资金管理、利润分配都是大学生应具备的基本能力，对于将来有创业梦想的学生而言，拥有财务管理能力更有助于创业成功。在"ERP企业经营模拟"课程实践教学中，融入创新创业内容，在知识获取、能力提升、价值塑造方面实现人才培养目标落实，让学生理论联系实践，提高财务管理能力。在知识学习目标方面，了解创新创业与企业真实生产经营过程，理解创新创业与企业成功运营的关键因素，掌握创业思维、初创企业成立等创新创业知识和战略决策、营销管理、财务管理等企业经营知识；在能力培养目标方面，培养创新意识和创业精神，提高创新创业能力，提升企业经营意识与规划能力，加强信息收集、分析和处理、灵活决策的能力；在价值塑造目标方面，要求学生具有家国情怀、高度的社会责任感，培养共赢理念、诚信观念、大局意识，培养学生具有良好的心理素质。

二、财务管理专业"双创"教育融入实践教学的现状分析

（一）财务管理专业实践教学缺乏"双创"思维

"双创"教育虽然受到了全社会的高度关注，但是目标导向缺乏明确性和执行力，"双创"教育与财务管理专业融合不足。财务管理专业中开设与创新创业有关的"ERP企业经营沙盘模拟"课程，虽然有"双创"理念，但很多财务管理专业教师并没有接受过"双创"培训，实践教学模式并未有实质意义的改变。在每年大学生"互联网+"创新创业项目申报中，学生没兴趣申报，只有强制与学院绩效挂钩，动员学生才能完成任务。在财务管理专业实践教学中，缺乏"双创"思维成为影响高校"双创"财务管理人才培养的重要障碍。

（二）缺乏有经验的"双创"型师资队伍

在多年建设下，教师的学历、教学能力、科研能力等方面都有所提高，但对"双创"教育缺乏一定的领悟力和实践能力。在财务管理专业中，教师年轻化现象比较突出，大多数是从大学毕业后又回到高校从事财务教学，虽然有较高的理论知识和研究能力，但从未深入企业学习相关专业技能，缺乏"双创"实践动手能力，更无法了解新形势下企业对财务管理人才的质量需求。我校目前财务管理专业"双师双能型"教师仅有3人，占比为15%。由于大多数教师自身没有投资经历或者创业经历，指导学生创新创业项目更偏向专业教育，财务管理专业知识与创新创业内容衔接不紧密，在财务管理专业实践教学中融入创新创业元素比较困难。

（三）实践课程的创新创业教育缺乏科学有效的考评机制

创新创业教育缺乏强有力的目标导向、各学科之间存在差距、专业之间不同等特殊性制约，以及考评指标较难设置及量化，从而使得创新创业教育并没有在实践课程环节得到真正的落实，创新创业教育尚未纳入教师教学工作业绩考核范围，在教师岗位聘任、职称晋升等待遇上还未与创新创业教育进行挂钩。

（四）校企合作促进创新创业动力不足

学校虽与企业建立了实践教学基地，但只停留在形式上。财务管理专业学生人数较多，每一届我校财务管理专业毕业学生都达到了200人左右。企业出于保守自身商业机密及对成本效益的考虑，认为学生实习只有投入无产出而不愿意接纳，学生也没办法体验企业一个完整、真实的运营过程。财务管理专业"双创"实践教育中无案可

鉴，无例可考，从而导致实践教学重理论轻实践，"冰火两重天""学用脱节"的效果可想而知，不利于学生未来的就业。

三、财务管理专业"四位一体"实践教学体系的重构

学院基于学校培养"三心四能五复合"的高素质应用型复合型人才背景，从财务管理专业实践教育的现实情况出发，全面实施"双创"教育发展战略，从"平台模块、基地实践、师资培养、考核评价"四个方面进行教学实践改革，系统性构建"四位一体"实践教学体系，达成"知识—能力—素质——实践"一体化培养目标。

（一）聚焦专创融合，打造"双创"实践教育平台

在财务管理专业人才培养方案中，应将创新创业教育纳入实践教学，构建以专业方向确定创业方向，以知识技能提升创业能力，构建"课程实验+专业实训+综合实践+创新创业实践"四类实践活动互促机制。在大一开设基础会计实验课程，训练财务数据的写、读、练，将会计基本理论和基本方法在实践中进行运用，为后续专业课程学习、创新创业打下坚实基础；在大二开设财务管理、财务会计专业应用实践课程，并利用寒暑假进行社会实践，提高学生对专业知识的理解及在企业财务工作中的实践操作能力，锻炼学生分析问题、解决问题的能力。传统封闭的实践教学体系难以有效支撑"双创"型人才培养，应通过"双创"教育与专业教育融合、专业实践与企业运营融合、导师团队与学生团队融合、顶岗实习与就业融合、制度创新与文化引领融合的"五融合"创新教学模式，提升学生核心竞争力。

（二）拓展实践教学基地，营造学以致用氛围

在大众创业、万众创新的新时代，产学研结合引领大学教育教学改革已是大势所趋，引进企业的科研、生产基地，共建校企一体、产学研一体的大型实验实训实习中心。为顺应时代大潮，应加强创新人才的培养方法研究，深度探寻产学研结合与"双创"教育、专业教育的内在关联和机理，树立"人才共建、过程共管、责任共担、成果共享"的理念，和企业联合办学、联合育人、合作就业、合作共赢，共同带动专业建设，实现学生实习、就业、创业一体化培养模式。该模式破解了专业教育、创新教育、创业教育各自为政的难题，产生了卓有成效的融合效应，提升了"双创"型人才培养质量。通过创新创业项目实践、创业大赛的历练和基地的孵化，实现了"以赛促教、以赛促创、创教融合"的"双创"教育实践新模式。

（三）通过"内培外引"方式，建立"专创"结合的"双师双能型"教师队伍

高校专业教育与"双创"教育相融合，通过"走出去、请进来"方式，一方面，

有计划选送一线教师到企业、会计师事务所接受培训、挂职工作和实践锻炼，鼓励和支持教师参与一线科研实践和技术研发，增强教师实践创新能力，建设结构合理、业务精湛、专创结合的"双师双能型"教师队伍；另一方面，设立流动岗位，引进行业企业高端人才、财务总监、财务经理等担任专业课兼职教师和青年教师的实践实习导师，采用授课、讲座、专题讨论等方式，传授专创融合教育知识、实践经验、案例分享、就业指导，丰富教师的"双创"经验，提升专业教育能力与"双创"教育能力。

（四）制定科学的考评机制，为实践教学保驾护航

充分利用互联网的优势，打破考核空间及考核时间的限制，学生在学校任何角落都能进行过程考核，比如会计信息系统、Excel 在会计与财务中的应用、财务会计实训、财务管理实训、证券投资等实践课程。建立科学合理的成绩评定方案，打破传统评价制度，完善重过程、轻形式，以平时到岗、实习日志记录、阶段性任务、问题的发现、讨论与解决方案、团队合作、实践报告等形式为主的过程性考核制度。完善学生实训实习制度，建立实训实习质量保障机制，实训实习课时应占专业教学总课时的30%以上。建立健全严格的财务管理专业实践教学管理及第三方参与的教学质量监控评价制度，充分发挥对专业群及学校整体发展的引领辐射作用。

财务管理专业坚持以服务企业和区域经济建设为宗旨，以市场人才需求为导向，以新文科人才培养为引领，以能力培养为主线，不断深化实践教育教学改革，建立平台模块、基地实践、师资培养、考核评价"四位一体"实践教学体系，推动专业教育与"双创"教育融合，培养既有专业知识能力又有创新创业能力的高素质、应用型、复合型、创新型财务管理专业人才。

参考文献

［1］黄敏. 融入双创理念的财务管理教学改革与实践［J］. 现代商贸工业，2021（42）：143-145.

［2］班蕾. 大学生数据素养教学体系构建研究：以经管专业为例［J］. 现代商贸工业，2021（7）：141-143.

［3］王彤彤. 应用型本科高校财务管理课程改革的探索［J］. 商业会计，2014（10）：117-119.

［4］王菡，周慧玲，郭莉. 面向双创型人才培养的"五位一体"实践教育体系的构建分析［J］. 北京教育（高教版），2017（2）：143-145.

［5］金燕. 面向双创型人才培养的"五位一体"实践教育体系的构建：以财务管理专业为例［J］. 价值工程，2018（4）：143-145.

［6］曹程. 双创教育背景下高职人才培养研究：以物流管理专业为例［J］. 中国储运，2021（12）：165-166.

［7］匡增杰. 四重融合理念下双创型商科人才培养新模式的探索与实践：以上海海关学院为例［J］. 对外经贸，2021（3）：107-110.

［8］蔡亚南，王玉娟，刘耶玲. 融入"双创"教育理念的高职院校企业财务管理课程教学改革研究［J］. 时代经贸，2020（23）：52-53.

［9］孙晓丽，赵丽娜，李晶. 应用型本科院校建筑学专业创新实践教学体系改革研究［J］现代交际，2018（11）：88-89.

［10］陈卫东. 新时代背景下高职专业教育与双创教育协同融合研究［J］. 产业与科技论坛，2021（2）：183-184.

［11］曹璟. 高职专业教育与创新创业教育融合的途径［J］. 晋城职业技术学院学报，2018（11）：27-29.

［12］张珍祯. 高职院校"双创"人才培养模式研究［J］. 科技资讯，2017（15）：207.

［13］虎香玲，高莉. 高职院校工商企业管理专业"双创型"人才培养模式探究［J］. 经贸实践，2017（3）：281.

［14］续冰. 高职院校专业教育与"双创"教育融合的现状与对策［J］. 新课程研究，2022（8）：96-98.

［15］李敏，闫俊伢. "双创"视域下物联网工程专业实践教学改革［J］. 办公自动化，2020（18）：15-16.

［16］梁喜，郭瑾. 产学研结合视角下实践教学基地拓展及创新人才培养研究［J］. 知识经济，2016（3）：142-143.

［17］代文纹. 新建本科院校向应用型大学转型的路径研究［D］. 西安：陕西师范大学，2017：37-38.

应用型高校云财务的实践教学[①]

李爱民　冉燕丽[②]

一、云财务的内涵

云财务是指在计算机技术和互联网技术下，通过与财务管理信息系统联合实现财务信息共享，达到实时操作和管理的目的。即依据财务共享服务平台，使财务会计和管理会计有效融合，在节约财务成本的同时又做到了业财相通，凸显工作环节中的作业价值。

尤其是在"大智移云物区"技术背景下，云财务的重要性得到了社会的认可，在应用型高校的人才培养方案中，非常需要加强云财务的实践教学内容，所以基于云财务的应用型高校人才培养模式改革势在必行。

二、应用型高校实践教学的弊端

笔者依据四个层面——国家、社会、高校、学生，结合相关文献，归纳得到实践教学主要有"九少"：①国家：组织管理保障少，监控体系有效性较弱；②社会：实践基地少；③高校：内容创新少，师资力量少，优秀教学案例更新少，"课程思政"与教学契合的思维角度少，课堂上"双中心"的联动少，考核方法少；④学生：理论内容融汇专业竞赛少。

---

① 四川文理学院教改项目"应用型高校云财务的实践教学"（2020JY030）；四川文理学院课程思政示范课程"政府审计"（2020KCSZ012）；四川文理学院线下一流课程项目"成本与管理会计"（2021KCB001）阶段性研究成果。

② 李爱民，1978年生，男，讲师，硕士，主要从事数理金融研究。
冉燕丽，1986年生，女，讲师，硕士，主要从事财务审计研究。

三、应用型高校云财务实践教学的可行性分析

（一）国家的宏观支持

2020 年 5 月，教育部印发了《高等学校课程思政建设指导纲要》，明确要求把思想政治教育贯穿人才培养体系。尤其是财会类等管理学门类专业课程，需要在课程教学中坚持以马克思主义为指导；坚守中国特色哲学社会科学学科体系、学术体系、话语体系；帮助学生了解财会行业领域的国家战略、法律法规和相关政策；引导学生深入社会实践、关注民生问题；培育学生经世济民、诚信服务、德法兼修的职业素养。在课堂上需要充分地把"课程思政"和云财务有机结合，培养高素质的德才兼备的大学生。

为了更好地加强实践教学，体现网络信息产业未来的发展方向，教育部在 2022 年举办第八届中国国际"互联网+"大学生创新创业大赛，让新商科充分融合"大智移云物区"，使云财务理论更好地服务社会。

目前，国家有八大大数据综合试验区，重点发展大数据、建设大平台、推进大整合、实施大共享，这既促进了云财务的快速发展，也对云财务人才的培养提出了更高的要求，更应该在课程中体现云财务的实践教学。

（二）社会对财会人才的需要

在由上海国家会计学院主办的"信息技术驱动行业财务变革"高峰论坛上，2021 年影响中国会计从业人员的十大信息技术评选结果依次是：财务云、电子发票、会计大数据分析与处理技术、电子会计档案、机器人流程自动化（RPA）、新一代 ERP、移动支付、数据挖掘、数据中台、数据能流程自动化（IPA）。因此，掌握云财务技术是财会人员必备的能力。

（三）高校人才培养改革的需要

西南大学和南京财经大学的学者根据"大智移云物区"技术的发展，重新界定智能财务时代管理型会计人才的概念，建立管理型会计人才职业胜任能力模型，高校需要增设新课程，如大数据分析、商务智能分析、财务编程、智能会计核算、智能会计报表等，进而提升数据挖掘整合的智能财务能力；探讨智能财务时代下管理型会计人才培养的路径，涉及课程体系调整、教学方法改进、师资队伍建设、创新实践平台搭建以及综合评价系统完善五个方面。

西安财经大学、哈尔滨工业大学深圳校区、广东财经大学与广东外语外贸大学南国商学院的学者认为，随着"大智移云物区"等新兴技术的广泛深入应用以及数字经

济时代的到来，高校需要进行信息化课程改革，开设智能会计等专业，增设云技术与财务共享等方向，开设智能共享服务、商业智能分析等课程，进而培养满足新时代要求的高端会计人才；以"新时代高教40条"为改革总体原则，从培养目标、能力要求、课程体系、师资队伍、教学条件和质量保障体系等方面提出了相应的改革对策及建议。

南京大学商学院会计学系与中兴新云·财务云联合共建"智能财务云实验室"，增强会计课程实践性和创新性，使共享服务理念深入课堂。财务云学院对自身丰富的财务管理和实践经验进行梳理总结，打造财务共享服务知识体系，通过培训、讲座以及行业峰会与业界分享交流，为社会培养前瞻性、高水平的复合型财务人才，为中国共享服务发展贡献力量。

四川文理学院财经管理学院联合新道科技深化企业合作共建，共研数智人才培养，指出数据驱动、融合创新的重要性，认为未来社会与企业需要的是具备数智化技能的云财务人才，探讨6门相关数智化课程的设置情况，强调实践教学的重要性，明确了从课程建设、教师培训、项目建设等方面促进应用型人才培养的可行性。

（四）学生自我提升的需要

以四川文理学院为例，财经管理学院的学子通过努力学习通识核心知识、通识实践能力、学科基础知识、专业基础知识、专业核心知识、综合应用能力、复合素质培养七大知识体系，践行"三心四能五复合"高素质应用型复合型能力培养理念。2020年，财经管理学院学生在2020"金蝶杯"智能财务云大赛总决赛中获得一等奖。

四、应用型高校云财务的实践教学革新的对策研究

（一）重视"课程思政"，强化"大智移云物区"的课堂教学与应用

培养什么人、怎样培养人、为谁培养人是教育的根本问题，立德树人成效是检验高校一切工作的根本标准。高校必须将课程思政的精髓时刻与教学结合，培育具有云财务能力的能够为新时代中国特色社会主义建设服务的合格人才。在习近平新时代中国特色社会主义思想指引下，贯彻创新、协调、绿色、开放、共享的新发展理念。在"大智移云物区"背景下，信息技术的普及对高校教育理念和教学手段产生了革命性的影响，为高校提供了更为便捷的教学平台（比如慕课）。为了突出以学生为主体、以教师为主导的理念，应用型高校可以充分利用网络技术。以慕课平台为例，上课前，教师可以通过平台布置预习作业，了解学生对知识点的熟悉程度，进而可以深入开展后续知识的教学。课堂上，老师可通过弹幕与学生互动，及时了解学生对本次教学知识

点的理解、掌握及应用情况。下课后，教师可以在线答疑，保证学生复习回顾和做习题时遇到的问题得到及时解决。此时云财务共享的理念能够将师生高效融合，提高教学效能。

（二）依据社会发展的需求，强化符合新时代要求的教学内容

随着"大智移云物区"时代的兴起，社会对应届财务毕业生是否具备智能化操作能力的关注度越来越高了。在提到金融数据分析及财务会计等招聘要求时，基本上都包括具有能够熟练应用 python 数据分析工具的能力。因此，高校应紧跟时代步伐，对教学内容进行优化，增加 python 编程以及与数据搜索、数据处理等相关的教学内容。例如，我校为财务管理、审计学等专业学生开设 EXCEL 在财务中的应用、python 数据分析、EXCEL 金融建模与数据分析等数据分析课程；同时，授课时结合案例教学，使学生理论与实践相结合，培养他们的财务数据搜索及分析能力，以期在未来工作中能够有精湛的表现。

（三）结合促进学生"中国梦"的实现，增加课外实践与实习

青春是用来奋斗的，"中国梦"是国家富强的梦、民族复兴的梦、人民幸福的梦。当代大学生要珍惜时代的幸福，要珍惜人生的青春岁月。目前，高校为了让财会类学生更快地实现自己的"中国梦"，在增加课程理论内容的同时，更需要云财务的课外实践与实习，通过实践与实习使学生熟练其实操技能。我校在实践与实习方面进行了积极的探索，既增加实训课程，使之占到20%的课时，又丰富了创新创业训练计划项目、大学生科研项目、第二课堂、暑期及寒假实习、专业实习等内容，让学生能有充足的机会在真实业务环境下得到训练，让他们真正适应"大智移云物区"时代的到来。

（四）解放思想，突破自我，努力提高教师队伍素质

为了能够培育合格的云财务学生，必须要有最好的云财务教师。"大智移云物区"时代赋予了教师更多的使命，教师需要解放思想，突破自我，努力提高自身素质。首先，应用型高校教师需要重新审视现行的财会人才培养方案和课程体系，需要专业知识过硬，即结合国家战略和地方经济发展对人才的需求，必须掌握相关的数据编程以及数据分析软件；在课前、课中、课后，充分利用线上的网络平台和线下的实训实验室，加强学生的实践和操作能力。其次，将"站稳课堂""走出校园"与"走进企业"相融合，常思考，多总结；明确社会和企业所需人才的规格，在授课时加强培养学生的岗位核心能力，在自我实践中改进财会专业的人才培养模式，同时也成为一名合格的"双师型"人才。再次，高校应鼓励教师与政府及企业联系，让学生也积极加入团队，开展横向课题研究，实现政校企产学研用贯通，逐步探索"教师指导在校学生理论基础或者实验—学生明白基础理论及其应用—学生参与专业竞赛或者科研项目—学

生走入社会和企业进行校外实习—学生提升自我能力实现就业或自主创业"一条链式产学研用有效融合的人才培养机制。最后，还应鼓励教师们参与学术研讨及会议论坛，学习其他高校先进的教学经验。他山之玉，比肩翡翠。让教师切实感受新一代信息技术的重要影响，主动适应产业升级需求，搭建商科教育体系，紧扣"新时代、新技术、新财经"的发展主题，迅速增强教师素质以培养质量优良的专业人才。

五、结语

综上所述，随着"大智移云物区"时代的到来，在"十四五"规划的重要发展时期，国家应该制定具有长远发展的政策；社会应该提供合适的实践实习岗位；应用型高校需要肩负起培育合格的云财务人才的担当使命，积极采取措施革新人才培养模式；学生也要规划自己的"中国梦"，勤奋学习，艰苦奋斗，全面提高云财务专业素养，为新时代中国特色社会主义的发展做出应有的贡献。

参考文献

［1］钱苏维. 大数据环境下企业用户云财务使用意愿影响因素研究［D］. 武汉：武汉科技大学，2017：14-15.

［2］李静. 以创新能力培养为导向的应用型高校会计学实践教学体系的构建［J］. 西安文理学院学报（社会科学版），2019，22（4）：78-80，104.

［3］李鹏. "党建引领 道术并举"：地方应用型高校课程思政实践路径研究［J］. 辽东学院学报（社会科学版），2020，22（5）：116-120.

［4］徐宏杰，刘启蒙，张平松，等. 地方应用型高校实践教学质量监控体系构建［J］. 吉林农业科技学院学报，2020，29（6）：57-60.

［5］程杰. 创新视阈下地方应用型高校实践教学管理优化策略［J］. 大连教育学院学报，2020，36（3）：74-77.

［6］新民晚报. 2021年影响中国会计从业人员的十大信息技术：财务云、电子发票［N/OL］. https://baijiahao.baidu.com/s? id = 1701966731386878970&wfr = spider&for =pc.

［7］宫义飞，李佳玲，李沛樾，等. 智能财务时代下管理型会计人才培养路径选择［J］. 会计之友，2020（16）：44-50.

［8］舒伟，曹健，王华，等. 我国会计本科人才培养的现状、挑战及对策［J］. 会计研究，2021（8）：177-189.

［9］南京大学智能财务 VR 虚拟仿真实验项目. "大智移云物"的时代变革［EB/OL］.http：//www.ztccloud.com.cn/njuvrlabbackground.html.

［10］四川文理学院财经管理学院. 我院举办"深化企业合作共建 共研数智人才培养"交流研讨会［EB/OL］.https：//cjglxy.sasu.edu.cn/info/1043/2903. htm.

［11］四川文理学院新闻中心. 我校学生参加 2020"金蝶杯"智能财务云大赛荣获全国一等奖［EB/OL］.https：//www.sasu.edu.cn/info/1026/12197. htm.

高校专业群与产业链跨界融合共育研究[①]

王情香[②]

党的十九大提出要实现高等教育内涵式发展。普通本科院校坚持以经济与社会发展需要为导向，紧密对接经济带、城市群、产业链布局，全面深化综合改革，加快培养各类卓越拔尖人才。

我国人才供需的矛盾较为突出，社会对高素质技能型人才的需求日益增多，高校需改进办学思路，提升内涵建设，创新发展模式。本研究通过对高校专业群对接产业链跨界融合共育研究，寻找以产业的特点和学校的现实条件为基础，多方以最合理的方式优势互补，以建设优势特色专业，引领产业转型升级，服务地方经济发展。

一、高校专业群与产业链跨界融合共育的必要性

专业是实现高校职能的载体，应该以一流专业群建设作为"抓手"和"灵魂"。

（一）专业群对接产业链，有利于保证高校办出特色

高校的办学特色不仅体现在专业的设置和建设上，更体现在专业群的构建上。一般来说，具有行业背景的院校，专业的设置大多都对接全产业链或产品的生命周期。本科院校专业群的设置与优化需要对接当地的区域经济与社会发展需求。

（二）专业群服务于行业，有利于高校可持续发展

一方面，专业群建设应为行业提供新时代背景下所需要的个性化"定制"人才。随着电子信息的发展，行业和企业对人才需求的数量、质量、结构与规格均不时发生变化。目前很多院校在培养学生时，将数字化技术等新增至核心课程中，并将智能化、数据分析、业务实操、多语言等内容纳入专业教学，促成对学生"厚基础、重复合、

---

① 四川文理学院校级企业课程、线上线下一流课程"物流学"（2020KCC004）、教改项目（2020JY102）研究成果。

② 王情香，1984 年生，女，湖南常德人，硕士研究生，副教授，主要研究方向为区域经济。

强素养"培养目标的实现。另一方面，专业群建设有利于为企业开展职前、职中、职后培训，满足企业人力资源开发的需要。

（三）专业群助推产业技术发展，有利于提高专业与产业融合实力

企业的发展均需要核心技术作为支撑，通过专业与企业共建技术研发中心、产业学院、生产型实训基地或产学联盟等，实现双方的人力资源互派、资源共享，实现专业与产业的融合发展。

（四）专业群引领产业发展，有利于行业高质量发展

专业群将行业的人才需求、技术需求与学校的人才培养、技术研发有机结合，实现技术引领、服务企业，共建行业标准。专业群与产业链的深度融合，促使专业群不断良性发展，进而达到"行业离不开、业内都认可"的目的。

二、本科院校专业群与产业链跨界融合共育子系统要素

对于专业群建设评价，目前学界主要从定性分析、定量分析以及过程分析和结果分析等维度入手，大多数学者比较注重评价过程本身，目的在于方便改进。本研究将选择美国学者斯塔佛尔比姆提出的 CIPP 评估模型，依据应用型专业评价指标体系，从目标、投入、过程、成果四个环节来构建专业群与产业链跨界融合共育子系统要素。

首先，职业与岗位是专业群与产业链结合的纽带。在构建专业群的过程中，既要选取面向为之培养人才的产业链环链，又要找准对应面向的职业和岗位，如此才能实现专业群与产业链跨界共融的目标。其次，准确的专业定位和合理的人才培养规格确保所构建的专业群能真正与产业链融合。专业群内各专业可以面向产业链同一环链中不同的职业岗位办学，也可以面向产业链中不同环链的不同职业或职业岗位办学。再次，专业群之间各专业的办学定位、课程体系、师资队伍、教学资源、经费支持等，是专业群与产业链实现紧密结合的过程保证。最后，人才培养质量、创新成果是专业群与产业链对接的产出成果表现。

专业群与产业链跨界融合共育的内容大致包括三个部分，一是明晰组群逻辑，包括专业群对接的产业链和生产环节、学生的岗位职业能力分析。二是明确建设内容，包括课程体系、课程建设、教材开发、培养模式。三是确保支撑保障，包括校企合作、教学组织、教师队伍、实训基地、质量评价。

三、高校专业群与产业链跨界融合共育中存在的问题

（一）专业群组群逻辑比较陈旧，难以有效与产业链融合共育

大多数专业群建设会遇到一个瓶颈：要科学回答为什么要组建专业群，为何如此组建专业群？有的只是在现有的专业之间做文章、绕圈子，专业群的建设成了无本之木、无源之水，课程体系的设计与重构缺少了逻辑的起点。有的专业群内部依旧按照各自专业的体系组织教学，专业之间依旧是各自为战，形成不了人才培养的合力。有人认为专业集群是相同学科内各本科专业的简单汇总，是专业目录中代码前四位相同的专业大类，是学校以二级院系为单位的专业堆积。专业群需要与产业链、岗位链对接，打造特色专业群。

（二）专业群课程结构体系不合理

首先，课程覆盖面较窄。这主要体现为部分高校能较好地完成订单培养和短期专项培训，但专业和课程的覆盖面较窄，较少采用菜单化、模块化、开放型的课程设计；部分即使有模块化的课程体系，但是模块选择在一定时期内也是固定的，较少实现"有求必设"，为人人提供有效的多元化的成才路径。

其次，课程内容简单模块化和碎片化。这主要体现为部分高校教学按学科体系课程的内容编排，采取了各门分科课程平行展开的方式，课程体系简单模块化，职业行为碎片化。课程结构体系体现更多的是学科知识本位，而不是能力本位。

最后，专业、课程和教学改革强度不够，专业群对社会的服务力度不足。这主要体现为核心专业引领力不强、课程组合松散缺乏联动、新兴技术在教学中的覆盖不足、师资团队组建困难、专业群对社会的服务力度不足，特别是科技服务能力明显不足。

（三）缺乏健全的专业群对接产业链的保障机制

首先，专业群对接产业链需要专业课程体系和培养人才的需求匹配。部分院校专业群在专业设置过程中存在对专业目录的简单套用，缺乏对所设专业对应岗位的深入调研。其次，专业群评价体系要健全。缺少一个全面检测、动态调整、集多元标准于一体的人才培养评价与保障体系。最后，人才培养与人才管理体制匹配度不高。我国有不少高校都已进入了世界名校之列，这些高校不断培养高端技术人才，但人才流失也比较严重，主要体现在高校师生就地就业率较低。一般的技术技能人才企业培养周期大约1年，但还没有在本校服务时间满3年，就纷纷跳槽或继续深造，没有实现产能充分转化，使得专业群与产业链发展的可持续性不高。

四、本科院校专业群与产业链跨界融合共育发展建议

为破解高校专业群对接产业链跨界融合的建设困境，可从破除固有观念，以"三业"融通教育理念，优化地方高校本科专业结构，改善地方高校人才培养结构，实施产学合作协同育人项目，线上线下齐发力，推动专业群与产业链跨界融合共育可持续发展。

（一）破除固有观念，促进专业群与产业链跨界融合

首先树立应用人才培养新理念，破除固有观念。专业群是紧密围绕某一产业链形成的最优化组合，良好的专业生态应该是专业对接产业，专业群对接产业链条。

（二）以"三业"融通教育理念，深化教学改革

所谓"三业"融通，即以专业为桥梁，对接产业链、职业岗位群，建成具有三链融通特点的特色专业群。首先，高校在培养适量基础型、学术型人才的同时，着力培养多规格、多样化的应用型人才。其次，高校主动对接区域经济及产业布局，打造一批地方产业急需、优势突出的特色专业。以工商管理专业群为例，建立以物流管理专业为基础，瞄准智慧物流与全球供应链整合等行业发展需求，联合物流工程、计算机信息工程和供应链管理专业等，形成覆盖物流全产业链的优势专业群。再次，实施工学结合人才培养模式，积极打造多元化实践教学平台，构建"校企共育、德技并修"实践教学体系，通过"专业基础能力→专业核心能力→应用实践能力"的逐级培养，不断为各产业链输送高素质应用型人才。最后，深化教学改革，实行专业群课程共建、资源共享，着力打造应用型专业群，推动专业精准对接产业链，为学生搭建创业、就业平台。

（三）优化地方高校本科专业结构

优化专业结构，让专业的"鞋"更合产业的"脚"，以区域产业人才需求为导向设置和调整专业，加快培育和发展与地方新型产业发展相关的专业，并严格控制需求饱和、就业率低的专业，对缺乏办学特色、办学效益低的专业采取"改、停、并、转"等方式进行调控。鼓励高校更加注重地方产业需求导向，更加注重跨界交叉融合，更加注重支撑引领，改造升级传统工科专业，发展新兴工科专业，主动布局未来战略必争领域人才培养。

（四）实施产学合作协同育人项目，推动社会优质资源向育人资源转化

坚持政、企、校互惠共赢理念，集聚创新资源。如地方政府向社会公开征集项目指南，企业提交项目指南，地方政府进行遴选、统一发布指南，高校自主申请，企业

评审立项，地方政府公布立项结果，校企联合组织项目实施，企业组织验收。政府搭台、企业出题、高校唱戏、共建共享，有效激发了各方面的积极性，提高参与企业和高校数量。

（五）线上线下齐发力，提高专业群与产业链融合效率

受疫情和经济等方面因素影响，毕业生就业压力越来越大。高校要为学生就业提供辅助服务，如助力"就业服务不打烊、网上招聘不停歇"网络双选会的开展，鼓励网上签约。另外，帮助学生认清就业形势，同时为毕业生提供涵盖了所有学科专业的不同行业就业岗位信息，鼓励毕业生根据自身实际情况选择升学、就业或应征入伍等，提高专业群与产业链融合的效率。

参考文献

［1］李忠华. 基于产业链的视角：区域高职学校一流专业群构建与实施路径研究［J］. 现代职业教育，2019，21（14）：72-75.

［2］许朝山. 地方产业转型升级背景下高职院校专业设置及优化机制研究［D］. 合肥：中国科学技术大学，2020.

［3］余键，黄翔. "双高"背景下高职中外合作专业建设路径分析［J］. 教育理论与实践，2020，40（33）：16-18.

应用型高校土木卓越工程师人才培养研究

耍强强[①]

在 21 世纪初期，随着社会经济的发展和经济结构的转型，我国积极建设创新型国家，现有的高校人才培养机制与企业对技术人才岗位的实际需求的矛盾逐渐明显。2010 年 6 月，教育部启动"卓越工程师教育培养计划"，着力培养一批实践能力强、创造力强的应用型技术人才，这些技术人才都将为实现中华民族伟大复兴的"中国梦"而奋力前行。该计划的实施是我国教育改革和人才培养的重要方式。

随着近些年我国建筑行业的迅猛发展，超高层、铁路、公路及水利工程等大型基础设施在祖国各地如雨后春笋般涌现。虽然很多高校都开设了土木工程专业，但土木工程专业是一个与工程实际紧密结合的应用型专业，尤其是一些新开设土木工程专业的地方性院校，受师资、课程安排、实验设备、实践基地等多方面因素的影响，学生的实践能力与企业的需求相差甚远。本文以土木工程专业培养中存在的实际问题为依据，对如何培养应用型高级技术人才进行探讨。

一、目前土木工程应用型人才培养中存在的问题

改革开放以来，我国经济高速发展，对土木工程专业人才的需求也十分巨大，现有的土木工程专业人才培养方式，解决了我国前些年土建施工中人才紧缺的问题，也培养了一大批优秀的专业技术人才，对我国社会与经济发展起到了非常重要的作用。但随着我国社会经济的进一步发展和经济结构的转型，现有的人才培养方式已远远满足不了新时代工程建设的需要，主要存在以下方面的问题：

（一）高校扩招带来的实践教学矛盾

20 世纪 90 年代，我国为普及高等教育，对高等教育进行了大面积扩招，高校招生规模不断扩大，学生人数也急剧增加，而大部分学校的实验设备、仪器等基础设施并

[①] 耍强强，1985 年生，男，高级工程师，硕士，主要从事边坡治理等研究。

没有得到很大的增加，已不能满足实践教学的需求。校内实践课程也变得形式化、过程化，学生在有限的实验资源和时间内，无法得到更深入的实践学习，学生的实际动手能力无法得到提高。

（二）校企合作深度不够

我国的校企合作至今已有 30 余年，从最初的模仿借鉴到逐步发展为一定程度上的自主创新，也培养了一批应用型工程师。但是学校的教育仍处于信息较封闭的环境中，未能与企业建立有效的信息沟通机制和人才培养机制，同时企业对于高校的人才培养参与度不深，积极性不高，主要有以下几个方面的原因：

第一，校企合作中的产学研融合度不高，部分产学研合作流于表面，形式化，且在校企合作模式下的卓越工程师培养没有相关政策的支持。第二，校企合作需要政府、高校和企业三方共同参与，共同合作，但政府缺乏相应的管理机构和管理制度，也没有相应的专项资金支持；高校对校企合作的战略指导较为宏观，在实践和具体的操作层面缺乏相应的具体指导细则。第三，企业对人才培养和科技创新的意识不够，积极性不高。大部分企业以利益为导向，忽略了科技创新和人才培养才是企业、国家赖以发展和生存的根本。

（三）教师的工程实践能力缺乏

我国高校的教师大部分要求具有博士学位，高校的教师配置也以满足科研要求为第一标准，以科研来评定学科和教师能力的高低。很多教师没有参与过实际工程项目，毕业后直接进入高校，属于理论型教师，很少有实际工程经历，更不可能有分析和解决实际问题的能力，从而无法培养学生的实践能力和认识创新能力。

（四）理论教学与工程实践脱节

由于各方面的原因，一般学校都以理论教学为主，实践教学形式化，教师都只擅长进行书本知识的传授；同时，学校教学大纲对实践教学的课程安排也少，主要以理论知识讲授为主。教学方法也较单一，基本都是采用单向信息传递和"填鸭式"教学方式，把教材内容和知识点进行简单重复，做不到理论知识与实践的有机结合，更缺乏对学生独立思考能力和创新能力的培养，学生被动接收专业知识，学习积极性不高，社会适应能力较差，社会认可度不高。

二、新时代应用型人才培养方式研究

（一）制定适应新时代需求的人才培养方案

培养人才是通过人才培养方案来实现的，人才培养方案中所授课程是否合理直接关系到我国的"卓越计划"能否顺利实施。因此，高校要积极走访各个企事业单位，了解用人单位对土木工程类专业毕业生的具体要求。从目前的大趋势来看，用人单位对学生的综合素质要求较高。这就要求学校根据本学校的实际情况，反复修改人才培养方案，把学生培养成有过硬的专业知识、团队沟通协作能力强的优秀人才，尤其是土木工程专业的工作环境较为艰苦，更要培养学生吃苦耐劳的精神。在修改本专业人才培养方案时要从以下五个方面进行：

（1）专业核心课程、专业基本课程、通识课程三者是否有效补充、相互融合。

（2）要注重工程实践能力的培养，精简课程教学内容，以企业实际需求为导向，加强学生实际应用能力培养。

（3）人才培养方案的课程设置既要保证学生全面地了解与掌握土木相关的专业知识，同时又要结合本学校的师资、实验设备、实践基地等实际情况，制定出适合本学校学生的人才培养方案，更要尽可能地突出本学校本专业的特色。

（4）要加强实践教学环节，提高实践教学的课程占比。

（5）教师要与时俱进，积极了解本专业的前沿最新动态。

（二）实行校企协同培养

校企协同培养人才是利用学校的理论教学与企业的工程实践这两种不同的教育资源，共同培养出综合素质优、创新能力强、能适应各种岗位的高素质综合人才。校内理论学习和企业工程实践是校企协同人才培养的两个部分。在校内以理论学习为主，在企业主要以工程实践教学为主，可以让学生对理论知识有更加深入的理解和认识，达到理论与实践的有机统一。

企业要积极参与到应用型人才的培养过程中去，不能只是做学生实践的基地。第一，企业最清楚自己对人才的实际需求方向，也最了解土木工程专业的最新技术和发展趋势；第二，企业是工程项目的实施者，学生可以在实际的工程建设环境下，深入理解本专业的相关专业知识，并应用本专业的知识解决相关问题。

学校还可以聘请本行业的专家入校授课，尤其是一些应用性很强的相关课程，比如土木工程施工、基坑工程、钢筋混凝土工程、隧道工程等。

（三）加强教师队伍能力建设

培养和造就创新能力强的高级工程技术人才是我国"卓越计划"的最终目标，因此，高校要积极加强教师实践能力的建设，培养出一支优秀的"双师双能型"教师队伍。可以采用以下两种方式：第一，高校可研究制定相关的配套政策，鼓励相关专业教师进入勘察、设计、施工等大型企事业单位进行锻炼，积累实际工程经验，逐步提高"双师双能型"教师占比；鼓励教师积极申报应用性科研课题，提升教师的科研能力和实践教学能力。第二，聘请大型企业的本专业高级技术人员同本校教师进行座谈或开设讲座，也可以指导学生的实践课程。

三、结语

"卓越计划"是高校理论教学向实践教学转变的重大改革举措，也是培养学生应用所学基础知识能力的重要环节。为保证卓越计划在土木工程专业的有效实施，学校要积极制定一套符合本学校实际情况的人才培养方案，同时，也要加强校企合作，为我国新时代的土木工程建设培养一批专业知识过硬、创新能力强、能吃苦耐劳的综合能力强的高级技术人才。

参考文献

[1] 吴琼珠. 校企合作构建卓越工程师教育培养新模式 [J]. 教育教学论坛，2020（20）：74-76.

[2] 郭振威. 高校卓越工程师工程实践能力的培养研究 [J]. 科技与创新，2021（8）：151-152.

[3] 顾文虎. 应用型本科土木工程专业"卓越工程师培养计划"人才培养模式探讨 [J]. 赤峰学院学报（自然科学版），2013（29）：185-186.

[4] 范小平. 土木工程卓越工程师培养的探索与研究 [J]. 广西城镇建设，2021（10）：86-87.

[5] 李隽，刘宏伟. 基于卓越工程师培养计划的土木工程专业实践教学模式探讨 [J]. 林区教学，2016（8）：1-2.

卓越教师培养中的档案袋评价方式探索[①]

熊明川　　程碧英[②]

自古以来学必有师，中华文化历来也尊师重教。2014 年 8 月，教育部根据教师培养中存在的若干突出问题，出台了《关于实施卓越教师培养计划的意见》（教师〔2014〕5 号），将"大力提高教师培养质量"确定为我国教师教育改革发展最核心最紧迫的任务。2018 年 2 月，教育部等五部门联合下发《教师教育振兴行动计划（2018—2022 年）》，提出"创新教师教育模式，培养未来卓越教师"。在此基础上，2018 年 9 月，教育部制定了《关于实施卓越教师培养计划 2.0 的意见》（教师〔2018〕13 号）。短短几年时间，国家出台了多个提升教师培养质量的文件，"卓越教师培养"作为其中的重要举措之一，在多个文件中均被提及，而专门针对卓越教师培养的意见也已经出到 2.0 版，这在我国高等教育史上是不多见的。但是关于卓越教师培养的具体实施，国家层面没有统一的模式和标准，对于"卓越教师培养班"（以下简称"卓培班"）的组建、管理与评价，课程的设置与调整，不同学校各有不同方案。从多数地方的建管模式来看，卓培班是在普通本科师范生受教育到一定年段后，通过自愿报名和集中选拔"双向选择"后组建的一个非固定的走班制组织，学业任务则采取"标准+"的方式，在原有本科人才培养方案基础上适当调增部分课程和素质拓展活动而形成。这样一个非固定的走班制组织，在管理评价上必然面临和固定建制班级不同的特点。我校汉语言文学专业在制定卓越中学语文教师培养方案并成功申请成为省级卓越教师教育培养计划改革试点项目后，即以"五双"模式作为项目特色，其中"一双"便是"双档案"的管理评价方式。这里的"双档案"，一是指学校原有的学籍档案，另一个就是指专门针对卓培班管理评价的"成长记录袋"。

---

① 四川省第二批卓越教师教育培养计划改革试点项目"实施'五双模式'培养卓越语文教师"的研究成果。
② 熊明川，1973 年生，男，汉族，四川达州人，教授，硕士，主要从事高等师范教育及语文课程与教学研究；程碧英，1972 年生，女，汉族，四川广安人，教授，博士，主要从事高等教育及传统文化教育研究。

一、档案袋评价运用于卓越教师培养的适切性

作为管理评价方式的"成长记录袋"，也称为"档案袋"，是质性评价的代表性方式。质性评价是相对于量化评价而言的，它反对将复杂的教育现象和结果简化为可量化的客观数据，主张采取观察、记录、实物收集与分析、与评价对象交流讨论等多种方式，综合评定对象的能力水平与人文素养。因此，质性评价相对于量化评价基本上是"针对后者的偏失而表现的一种反动"。档案袋作为质性评价的一种具体方式，是指"在教育过程中为达成教育目的而收集的相关资料的有组织呈现，通过这些资料，可以评价事件的进展过程或个人的成长经历"。卓培班的管理评价采取档案袋评价方式，具有较高的适切性。其理由主要有以下几点：

第一是培养目标的卓越性。怎样的学生才算"卓越"，这是一个见仁见智的问题。教育部关于卓越教师培养计划的 1.0 版、2.0 版都没有界定什么是"卓越教师"，于是，不同研究者从多种角度提出了"卓越教师"的评价标准。但不论怎么界定，有一点可以肯定，"卓越教师"并没有一个"放之四海而皆准"的量化标准，而是对培养对象整体素养的综合评价。因此，对卓培班学生的管理评价，只能以质性评价为主，不能采取以传统的学业考试成绩为主的方式。

第二是评价指标的综合性。对本科普通班学生的评价，虽然也要考虑其综合素质，但最主要的还是对其学业进行量化评价。卓培班学生的培养，从学业教育和综合素养养成来看，一般采取"标准+"方式，这个加上去的部分，主要是对教师职业素养和学科专业素质的强化培养，不宜也不太可能采取传统的以分数量化为主的方式。因此对于卓培班的管理评价，需要更多地搜集一些反映培养对象各方面素质素养的材料予以综合评判，档案袋评价成为最合适的方式。

第三是班级组织的流动性。据了解，大多数卓培班实行走班制管理模式，即班级日常管理（比如班会、班级活动等）和本科人才培养方案上的课程教学跟随原班，增加部分课业和素质拓展任务由卓培班班主任或导师管理。很明显，卓培班的实体性和聚合性比普通班弱，这给管理评价带来了难题。卓培班一般是大二或大三才开始组建，组建后，会有相当时长的实践性教学（见习实习等），有些学校更是采取驻校（中小学）顶岗实习的方式强化实践教学，这也给管理评价带来了挑战。综合以上情况，对卓培班学员采取"一人一档"方式管理，能更好地了解和评价学员的全方面素质。

第四是培养对象的个性化。什么是"卓越"？教育部卓越教师培养计划项目办公室负责人魏振水认为，从教师专业发展的规律看，所谓卓越主要不是指在校本科生现阶

段的"卓越",而是培养他们"追求卓越"的意识;卓越也不是一个标准的全面卓越,而是"多能一专"的个性化卓越。因此卓培工程要"根据师范生的基础、兴趣、爱好等,坚持以学生为中心,设定不同的培养目标,分类设课,分别施教,有针对性地进行培养"。这一理解给我们的启示是,卓培教育是一个做加法的过程,这个加上去的未定项"X",就是个性化培养。正如钟启泉教授所说,档案袋评价的优点在于能更好地"着眼于学生的整体发展"和"适应学生的个别差异",所以档案袋评价是实现"个性保真"的最好手段。

二、档案袋评价运用于卓越教师培养的实践

2017年初,四川省教育厅发布《关于公布四川省第二批卓越教师教育培养计划改革试点项目立项名单的通知》(川教函〔2016〕681号),我校"实施'五双模式'培养卓越语文教师"项目入选立项。从2017年启动项目以来的三年时间里,我校语文卓培工程边实践边调整优化,也召开过多次校内外专家讨论会,就卓培班课程建设及管理进行研讨。经过研讨,卓培班以档案袋管理评价为主的工作思路逐渐清晰并付诸实施,取得了较好效果。综合起来看,我校语文教师卓培班档案袋评价有以下几个突出特点:

(一)以优化方案、细化清单为基础

档案袋评价必须要有具体的要求和标准,诸多卓培项目实验都在明确具体培养目标上下功夫。比如四川师范大学提出了"两重""四教""三复合"的培养目标,也有论者从人的全面发展的角度,提出了"培育卓越之人""培养卓越之师""实施卓越教育""探寻卓越之路"的价值目标,还有些学校通过比较分析欧美卓越教师素质来获得借鉴。综合其他高校的成功经验,结合"四有好老师"的总体要求,我们制订出了卓越语文教师培养评价方案,列出了目标清单。从总体来说,一个追求卓越的未来教师应该具备四个方面的素质特征,包括坚定的理想信念、高尚的师德情操、不懈追求更优专业知识与技能的精神、多方面兴趣爱好和一定专长。坚定的理想信念主要是指对教育事业的认同、热爱和奉献;高尚的师德情操主要是指较高的道德素质和师者的仁爱之心;不懈追求更优专业知识与技能的精神,是指不管现在是否优秀,都有愿意为成为未来卓越教师勤奋努力的决心和意志;未来卓越教师还需要有多方面兴趣爱好,最好是有一定专长,这样才能更好地和青少年心灵沟通,打成一片。基于以上认识,我校卓培班管理评价方案,主要针对高尚的师德情操(广义,包括了教师理想信念和日常纪律自律等)、增设的特色课程、增强的专业素质(比如"三字一话"、读写实

践、表达实践、教育科研、班级管理等）、强化的见习实习实践和发展兴趣爱好的素质拓展活动五大类细化构成，使其具有较好的可操作性。

（二）以量质结合、侧重过程为原则

质性评价有很多优点，但单纯的质性评价也存在主观性强、不利于横向比较等缺点。涂艳国就指出，对学生的评价"是一个不可分割的整体评价，需要质性评价方法和量化评价方法紧密配合、相互协调、互相作用、互相渗透"。因此，我们的档案袋评价采取了定量与定性相结合但侧重定性评价、过程与结果相结合但侧重过程评价的方式。以我校卓培班评价方案中师范素质增强培养部分为例，其中包括了"教学类评价""班主任管理类评价""师范技能类评价""竞赛类评价""科学研究类评价"等内容，基本上涵盖了专业基本素质、见习实习和兴趣爱好等方面。其中对量的规定体现在：①每一类都有评价清单，比如师范技能类包括书写训练、名篇背诵、即兴表达、读书笔记、讲座笔记等；②每一小项都规定了数量，比如书写训练规定了每周的数量，名篇背诵规定了学期的数量等；③每一个项目的大项和小项都赋予了分值，便于期末统筹比较。除了量的规定，档案袋评价如何体现质性评价的特质呢？首先，"一人一档"的主要目的还是在于收集学生按照评价方案所产生的资料、荣誉、考评结果等，档案袋中更多的材料属于质性评价材料。其次，对学生的评价，关注起点，但重在进步；关注结果，但重在过程。虽然进入卓培班的学生经过了严格选拔，但其基本素质并不整齐，其个性特长也不一样。因此在档案袋评价中，将最初的选拔考评资料作为第一资料入档，此后重点关注学生的发展与进步，着力发展学生的个性与特长。

（三）以小组互助、自主管理为手段

档案袋评价有很多材料需要收集，"一旦付诸实施，就需要考虑教师是否有足够的时间和精力投入其中"。好在大学生的自主管理能力比中小学生强得多，正好发挥学生的自主管理优势。卓培班是一个非固定建制的班级组织，并没有设立众多班团干部，仅设有班长负责联络统筹，设有学习小组便于分组学习。因此档案袋评价自主管理的抓手就是班长统筹、小组互助。班长是班级和教师之间的联络纽带，小组长则是基层管理者，档案收集与归档的工作主要由小组长、班长在教师的指导下完成。以书写训练为例。钢笔字、毛笔字的书写是一项常规工作，所以采取了"日常书写晒网、期末考核归档"的方式。日常书写由书写者在规定时间拍照发到班群里，供大家交流学习、供教师点评指导。日常晒网的工作由小组长监督，小组长填写书写情况统计表，作为每个学员档案评价的依据。学期末要对书写情况进行集中考核，考核工作由教研室和班主任组织教师及小组长共同进行，小组之间交叉考核，并协助教师将考核结果归档。其他评价工作差不多，大都以小组为单位，由小组长和班长协助教师管理，小组内成员互相督促，相互学习。

（四）以奖优扶弱、重在激励为目标

有教育理论家认为："评价的实质在于促使人类活动日趋完善，是人类行为自觉性与反思性的体现。"档案袋评价也是如此，其根本价值在于促使学生正确认识自我、反思自我，在"追求卓越"的道路上更加完善；其次位价值在于帮助教师发现教学和教育对象存在的问题，改进教学，引导个体不断走向完善。基于此，我们将档案袋评价目标定位于奖优扶弱、重在激励、促进发展。奖优，就是通过学期档案袋中的量化结果，并结合质性评价材料所反映的学习者学习态度及进步情况，对优秀学员予以奖励。扶弱，就是综合质性评价和量化结果的信息，结合平时教师、同学的观察，对后进者予以关注，分析其弱项，找出原因，制定扶助措施。不论奖优还是扶弱，其根本目的都在于激励鼓舞，推动每个学员持续用功，追求卓越。

三、档案袋评价运用于卓越教师培养的反思与建议

我校采取档案袋方式管理和评价卓培班工作还处在探索优化阶段。根据我校档案袋管理和评价的现状并结合其他院校管理和评价的得失，我们认为，档案袋管理评价还有一些薄弱环节（有些是各校的共性问题），需要改进优化。现总结如下并提出建议。

（一）对专业知识与技能的评价比较到位，而对师德情操的评价比较薄弱

《教师教育振兴行动计划（2018—2022 年）》等国家文件提出将"乐教适教善教"作为选拔师范专业人才的基本要求，教育部《关于实施卓越教师培养计划 2.0 的意见》将"全面开展师德养成教育"作为改革任务的第一举措。可以看出，卓越教师培养，"乐教尚德"的理想信念和师德培养是第一要务。然而在档案袋评价实践中我们发现，从客观上说，对学生专业知识与技能的评价容易操作，对理想信念和师德情操的评价却难以操作；从主观上说，部分卓培工程管理者本身存在着"重'技'轻'道'、重'能'忽'德'"的功利主义价值取向。诚然，理想信念和师德情操作为卓培生内在职业心理和德行修养，很难通过一些资料、指标去评判。但理想信念和师德情操是教师执守师道之"魂"、立德树人之"根"，必须要把它作为管理评价的重中之重。

为此，笔者提出三点建议：一是教师"观察法"。"观"是大教育家孔子识人心志的重要方法。孔子在《论语》里说："视其所以，观其所由，察其所安，人焉廋哉！人焉廋哉！""始吾于人也，听其言而信其行；今吾于人也，听其言而观其行。"所以教师可以通过各种活动和学生上交的心得感悟"听言""观行""察志"，全过程考察学生

乐教的信念和仁爱的师德，然后形成文字评价入档。二是学生"互评法"。在思想表现方面，知根知底之人莫如学友。适时采取"同伴互评法"评定理想信念和师德情操，是比较可行的方法。三是"摘要法"，也可称为"正负清单法"。理想信念和师德情操虽隐而不显，但在关键事项上往往会有所表现。比如某学生在听了师德报告会后主动找主讲专家交流并留了联系方式。反之，某学生明知当天有师德报告会却因一件并不重要的事情而执意请假。发生在这两位同学身上的"典型事件"就是最好的观察点，将之记录下来归档，可以由此"观其志"。案例积累多了，对一些学生的职业态度和师德现状就可以"精准画像"了。可以看出，"摘要法"依然属于"观察法"，只不过它侧重于典型事例并形成清单，这和日常观察的定期文字评价有些不同。

（二）基于管理者视角的他主评价过于突出，而基于被管理者视角的自主评价比较薄弱

质性评价是以"共同建构"为主体的第四代评价，第四代评价有别于前三代评价的典型特征是，"评价在本质上是一种通过'协商'而形成的'心理建构'，因此，评价应坚持'价值多元性'的信念，反对'管理主义倾向'"。反思现有的档案袋评价，教师以管理者姿态介入评价太多，而作为被管理者的学生成了评价方案的被动执行者。学生未能成为评价的主人，由此所产生的直接后果就是学生仅仅充当材料的提供者，不是自我成长的参与者与反思者。而在一些学者看来，反思恰恰是"档案袋设计的关键"。要改变这一现状，有必要让学生全过程参与到档案袋评价中来，成为评价的主人，至少成为平等参与者。

以此标准来看我校的学生自主管理，还是有些差距的。那么怎么改进呢？笔者认为，档案袋评价的全过程，大略说来不过三个方面：为何要进行评价？怎样进行评价（评价的内容、方式及过程）？评价结果怎么运用？据此，学生自主参与的档案袋评价，也要从这三个方面考虑。首先要让学生充分理解评价的目的和意义，主动听取学生意见；其次要让学生参与方案制定，如果已有方案，至少应该征求学生意见；再次评价过程应尽量以学生为主，这不单是减轻教师工作量的问题，更是尊重学生主体地位的问题；再其次是档案袋资料应及时或定期对学生本人开放，并以合适方式让学生了解某个阶段或某个事项的全貌，以便学生知己知彼，反思改进；最后，一个学段结束，应督促学生结合档案材料进行全面总结，进一步发挥档案袋促进自我反思的功能。

（三）作为资料保存的作用比较突出，而作为评价激励的价值未充分发挥

档案袋评价的优势在于，"为学生提供了一个学习的机会，使学生能够认识自己，判断自己的进步"。因此，档案袋评价的根本价值在于促进反思、激励成长。可惜，在档案袋管理评价实践中，档案袋所搜集的材料，更多的成了静态的资料"存根"，成了

一些管理者以备项目验收的"资料库"。国外学者舍拉（Sheila）在总结档案袋"是什么"和"不是什么"时，举出了人们对档案袋的一些错误认识，如"一个所有事物或任何事物的存放处""一个储存间接的、过时的读写任务的地方""一个一年一次的、课堂之外的、为其他人需要的评估结果""一个累计的记录分数、等级和儿童不能接近的私密信息的文件夹"等，可谓指出了问题的关键。

要使档案袋发挥应有的作用，就必须正本清源。从激励学生的角度讲，教师利用档案袋中的量化信息对学生予以奖励，这当然是发挥其激励价值的一种形式，但远不是全部（以此观之，我校档案袋激励学生的方法，主要停留于这一层面）。档案袋要真正发挥激励作用，就必须将档案袋向学生本人开放，让他能随时关注到档案袋中那个"变化的自己"；学生要成为档案袋的主人，参与到评价的全部环节；教师应该引导学生结合档案袋反思自己的进步与差距、所得与所失，从而激发其胜不骄败不馁、持续追求卓越的热情。

（四）传统实体档案仍占主流，电子档案的开发利用不够

当前我们置身于一个互联网和电子办公普及的时代，电子档案借助计算机网络和多媒体技术，具有传统纸质档案难以企及的便捷、开放、多形式和超大容量等优点。就卓培班的档案袋管理评价来说，传统实体档案袋还无法全部取消，比如书写训练和考评、名篇默写检测、现场写作考评等，一般仍需要保存纸质资料。但就整体而言，电子档案已经有了更广泛的适应领域，比如电脑写作、电子教案、技能训练的音频视频、参加见习实习及各种素质拓展活动的照片资料等。因此，基于与时俱进的需要，强化电子档案评价管理是大势所趋。但就目前所了解的情况来看，不少卓培工程管理者更喜欢看得见、摸得着的档案，电子档案还主要是一种辅助手段。我想这种取舍的背后，仍旧是"主体迷失"和档案的"功利价值观"在作怪。

因此，面对互联网和电子办公已经普及的新时代，我们的档案袋管理评价也应该转变到以电子档案为主体、纸质档案为辅助的新思路上来。采用电子档案袋评价，确实有很多优点，但也面临一些新的挑战。其中最大的挑战就是，电子档案的制作、改写相对便捷，所以很容易产生大量冗余件、重复件和残次件，比如海量的活动照片、一遍又一遍发送的修改文档、格式规范不符合要求的资料等，给审核材料的人带来了工作上的麻烦。电子档案更具有开放性和信息实时交互性的特点，也会产生更多学生和管理者之间的信息交换，增加沟通工作量。同时，开放的电子档案如何管理、使用和保护当事人隐私，也有一些技术要求，需要管理者去探索。

不论怎样，档案袋评价作为质性评价的代表性方式，已经走入了教育管理者的日常生活，对卓培班的管理评价来说尤其具有适切性。天下没有绝对完美的单一评价方

式，只有更善于利用各种评价方式的人。只要我们牢牢把握住"评价促进人的发展"和"卓培教育重在让学生追求卓越"这两个"牛鼻子"，我们的档案袋评价就一定能发挥它应有的作用，产生良好的社会效益。

参考文献

［1］单文经. 教学引论［M］. 台北：学富文化事业有限公司，2001.

［2］涂艳国. 教育评价［M］. 北京：高等教育出版社，2007.

［3］凌瑶. 国内关于"卓越教师"培养研究综述［J］. 教育现代化，2019（37）：19-21.

［4］魏振水. 关于实施卓越教师培养计划的几个问题［J］. 中国教师，2018（9）：84-88.

［5］钟启泉. 建构主义"学习观"与"档案袋评价"［J］. 课程·教材·教法，2004（10）：20-24.

［6］杜伟，任立刚. 卓越教师培养：方案设计与改革实践［M］. 北京：科学出版社，2015：1-2.

［7］徐群. 创新发展理念下高校卓越教师培养的价值追求［J］. 江苏高教，2018（9）：33-37.

［8］赵清梅. 开展档案袋评估要注意的问题［J］. 教学与管理，2004（23）：26-27.

［9］张华. 课程与教学论［M］. 上海：上海教育出版社，2000.

［10］冯铁山. 卓越教师培养的"本"与"道"［J］. 教育科学研究，2018（7）：74-86.

［11］黄光扬. 正确认识和科学使用档案袋评价方法［J］. 课程·教材·教法，2003（2）：50-55.

［12］李雁冰. 课程评价论［M］. 上海：上海教育出版社，2002.

［13］胡中锋，李群. 学生档案袋评价之反思［J］. 课程·教材·教法，2006（10）：34-40.

高校教师人力资源管理刍议[①]

周 波[②]

"优先发展教育，建设人力资源强国"的战略部署，是党中央、国务院带领全国各族人民实现中华民族伟大复兴中国梦的重大战略方针。国家明确了 21 世纪前 50 年我国教育与人力资源开发的总体目标：建设总量充足、配置均衡、优先建设现代国民教育体系和世界最大的学习型社会，实现从教育大国到教育强国、从人口大国迈向人力资源强国的战略转变，到 21 世纪中叶，建成教育和人力资源强国。建成教育强国和人力资源强国共同的动力要素就是需要一支素质高、能力强、结构合理、乐于奉献的教师队伍。高校教师队伍作为教师队伍的重要组成部分，不仅培养人力资源和提升人力资源质量，其自身也是一种重要的人力资源，被视为培育和提升人力资源的"母机"，是人力资源中的人力资源，在建设教育强国和人力资源强国中占有举足轻重的地位，发挥着至关重要的作用。在全球化进程不断加快、国际竞争日益激烈和全面建成小康社会的大背景下，理应把高校教师视为一种稀缺的、高质量的人力资源，通过对高校教师人力资源进行科学、合理的使用、配置、开发、激励等，不断提升高校教师的整体素养和增强高校教师"母机"在培养、培育与提升人力资源方面的"造血"与"再生"功能，为建成教育强国和人力资源强国提供源源不断的动能，为顺利实现我国教育与人力资源开发的总体目标提供人才资源保障。

一、高校教师人力资源管理的内涵

（一）人力资源的内涵

人力资源、物力资源、财力资源和信息资源是人们从事实践活动的四大主要资源，

---

① 本文系新建院校改革与发展研究中心项目"新型本科院校教学质量文化建设的价值意蕴、困境与路径研究"（XJYX2021B17）阶段性研究成果。

② 周波，1983 年生，男，汉族，湖南永州人，四川文理学院教务处副处长、副研究员、教育学博士，主要从事课程与教学论、教师教育研究。

是人们认识世界和改造世界的四大财富，其中最重要、最核心、最关键的是人力资源。人力资源作为社会存在与发展的第一资源，统摄着其他三大资源，决定着其他三大资源整体的使用效果。人力资源又称"人力资本"，是指一个国家或地区范围的人口总体所具有的劳动能力的总和，或者说指该国家或地区创造物质财富和精神财富、具有从事智力劳动和体力劳动能力的人的总称。它是一种人体内可通过劳动过程释放出来的生产能力。它包含三层含义，一是个人不能等同于人力资源，而是某一区域或单位内的所有劳动者；二是人口资源不等于人力资源，人力资源是所有劳动者能创造财富的所有能力的总和，包括体能、智力、知识、技能与智慧等；三是人力资源能为社会创造物质财富和精神财富。人力资源既可以从宏观意义上对国家、地区或行业进行划分与统计，也可以从微观意义上对单位或部门进行划分与统计。人力资源同人口资源、人才资源既有着密切的联系，又有着根本的区别。人口资源是一个国家或地区人口的总和，包括了不具备劳动能力的所有人，是一个数量化的概念。我国是世界人口大国，因而我国步入了人口资源大国的行列。但我国与人力资源强国还有一定的差距，要把我国的人口资源大国优势转化为人力资源强国优势，这就需要全面提高人口资源的质量。因而，人口资源包括了人力资源，人力资源是人口资源中具有创造财富能力的那一部分人劳动能力的总体。人才资源是人力资源中较优秀、较优质、较突出的精英部分，它体现的是人力资源质量的方面，是指一个国家或地区具有丰富知识，较高专门技术技能，较强管理、研究和创造能力的人的总和。人才资源往往能创造更多更大的物质财富和精神财富，能为社会的发展和人类的进步做出更大的贡献。把人力资源提升和优化为人才资源，是我国教育尤其是高等教育义不容辞的责任与使命。

（二）高校教师人力资源管理的内涵

人力资源管理的概念有数十种，有的从宏观上定义，有的从微观上定义。如认为人力资源管理就是指运用现代化的科学方法，对与一定物力相结合的人力进行合理的培训、组织和调配，同时对人的思想、心理和行为进行恰当的引导、控制和调节，充分发挥人的主观能动性，使人尽其才、事得其人，人事相宜，以实现组织目标。高校教师人力资源管理就是指高校用现代人力资源管理的理念、方法和原则对高校教师进行合理的配置、调控、整合以及开发，同时对高校教师的思想、行为以及理念加以引导，实现教师与高校目标一致性等过程的统称。其内涵十分丰富，一是高校教师人力资源管理既要遵循人力资源管理的一般规律、规则，又要充分考虑到高校教师人力资源管理的特殊性；二是管理的目的就是充分调动教师的工作积极性、主观能动性，挖掘教师的潜能和发挥教师创新精神与创造能力，全面提高教师的素质和提高人才培养质量，营造良好的选人、用人机制，从而有利于学校战略发展目标的达成；三是管理的内容丰富多样，涉及教师发展的方方面面，主要包括高校教师队伍建设的战略规划管理，高校教师的招聘、选拔与使用管理等方面的内容。

二、高校教师人力资源管理的意义

建立高效的现代化高校教师人力资源管理机制是提高教育教学质量、实现教育管理现代化和提高高校竞争力的基础与保障。高校教师人力资源作为学校组织的第一资源，是最具有活力和生产力的宝贵资源，在实现学校发展战略中具有决定性的作用。

（一）加强高校教师人力资源管理是实现高等教育现代化的必然选择

高校教师人力资源管理作为高校管理最重要的内容之一，从根本上影响着高校的管理效果和教育教学质量。一所高校只有一流的高校教师人力资源管理，才会拥有一流的教师队伍；只有拥有一流的教师队伍，才会有一流的教育教学质量。这就要求高等教育教师管理不能停留在传统的经验管理上，而应实现从以往的教师人事管理向教师人力资源管理的转变，建立健全一套包括招聘、录用、绩效、培训、考评、激励、晋升等内容的科学的、现代化的高校教师人力资源管理制度与体系，使高校教师人力资源管理的各项工作有章可循，实现规范化、制度化，并行之有效。

（二）加强高校教师人力资源管理是高校自身竞争与发展的内在需求

学校发展战略既是高校教师人力资源管理的依据，也是高校教师人力资源管理的落脚点。加强高校教师人力资源管理，就是要通过科学化管理最大限度地提高高校教师队伍的整体素质与水平，调动教师工作的积极性与能动性，全面提高工作效率和教育教学质量。实施"人才强校"战略，建设一支高素质、高水平、能力强、结构合理的教师队伍，已经成为所有高校谋求自身快速持续发展的办学理念和发展战略。随着经济全球化、后工业化时代的加速，高等教育要不断应对和回应经济发展、社会变革的需求。高等教育正在不断突破自身的"围墙"，自觉或不自觉地走向竞争日益激烈的"浪潮"之中，接受市场的考验和多元主体需求的选择。这种竞争从竞争主体上看，有高等教育国家之间的竞争、校与校之间的竞争、学校内部的竞争；从竞争内容上看，有生源的竞争、教育教学条件的竞争、教师队伍的竞争、学生就业的竞争等。各种竞争归根到底都是人才的竞争，也就是高校教师队伍的竞争，高校教师队伍优势就是竞争中最大的优势。正如清华大学前校长梅贻琦所言："所谓大学者，非谓有大楼之谓也，有大师之谓也。"这句话充分说明了高水平的教师队伍是高校最重要的因素，也是高校竞争最大的优势和竞争力所在。如果教师管理还停留在传统的人事管理上，就难以全面开发教师的潜能和激发教师的能动性、创造性，就不能适应社会发展和变革的要求，必将导致学校在日益激烈的竞争中处于劣势和不利地位。因而，应加强高校教师人力资源管理，调动教师工作的积极性，激发教师的潜能与创造力，建设一支素质高、业务精湛、效能高的高校教师队伍，从而有利于学校发展战略的实现和教师自身的不断发展与提升。

（三）加强高校教师人力资源管理是教师专业发展的内在诉求

教师专业发展是指教师学会教学、不断习得教师角色的社会期待和规范，从不成熟到成熟的过程，即从新手型教师成长为专家型或学者型教师的过程。教师专业发展具有目标指引性和明显的过程性，其发展途径主要有职前教育、入职教育、职后教育和自我教育。教师专业发展既需要教师个人自觉与努力，也需要外在因素的推动与保障。高校教师人力资源管理把教师专业发展和学校发展有机结合起来，通过建立共同愿景，使教师发展目标同学校组织发展目标保持一致，为教师专业发展指明了发展方向，提供了推动力与条件保障。学校通过积极关注高校教师的需求、为教师提供一个良好的工作学习生活环境、形式多样的职后培训、各种有效的激励方式与手段，从而为教师的专业发展提供源源不断的推动力、广阔的平台和良好的成长环境，切合了高校教师专业发展的需要。与此同时，高校教师发展目标的实现也必将反哺高校发展的需求，促进高校发展愿景的实现。

三、高校教师人事管理中存在的问题

对高校教师进行人事管理是一种传统管理方式，也是一种经验式的管理方式，这是和当时政治、经济、社会发展水平相适应的，取得了不少成绩，也积累了一些宝贵的管理经验。但是随着社会与时代的发展，传统的高校教师人事管理已难以适应社会和高等教育发展的需要，不断暴露出自身难以克服的问题与弊端。

（1）在管理理念上，以事为中心。高校教师人事管理未把教师视为学校最积极、最活跃、最重要、最具有能动性和创造性的宝贵资源，而是把高校教师视为可以为学校创造价值的、被动的劳动对象。这种人事管理模式以事为中心，忽视了教师的主体地位和能动性、创造性，难以激发高校教师的潜能和工作积极性。高校教师在人事管理模式中只处于附属性的从属地位，不仅难以有效提高高校教师的素质、水平与效能，还人为地割裂了教师之间的感情交流和多维互动，造成了冰冷的高校教师人际关系与文化氛围，削弱了高校的凝聚力和教师在教学科研工作中的生产能力。

（2）在管理思想上，视高校教师为成本与负担。高校教师人事管理未把教师视为一种最重要的资源，不可避免地导致在管理思想上把高校教师视为一种成本和负担，简单地认为教师是学校的消费者，如职后教师培训会增加学校的负担。殊不知，高校教师作为一种人力资源，不仅是消费者，同时还是生产者，具有显著的双重属性。高校教师作为一种人力资源，是长期教育投资的结果，包括各种教育培训、学历提升等，这种投资是一种消费行为。同时，也正是这种教育投资和消费行为，提高了教师队伍的素质、水平和能力，增强了高校教师教学科研的能力，使得高校教师人力资源具有极高的增值性。高校教师增值所产生的收益要远远高于教育投资所消耗的成本。

（3）在管理过程上，进行静态管理，重使用轻开发。由于高校教师人事管理理念和思想上的局限性，必然导致在管理过程中比较注重现有教师的使用，轻视教师素质、水平的进一步提高。高校最大限度地挖掘教师的使用价值本无可厚非，但高校教师的素质和潜能长期得不到有效的开发，教师的使用价值终有一天会被使用殆尽，成为无源之水。虽然高校也有教师培养培训活动，但这些培训活动缺乏前瞻性、系统性、计划性和制度化，难以保证高校教师素质提升同社会与高校发展需求的适应性。

（4）在管理方式上，注重命令、管制与监控。高校教师人事管理以行政命令的方式向教师下达各种指令与任务，并对教师的教育行为、任务与结果进行管制与全面监控。人事管理把管理者同高校教师置于一种对立的关系之中，高校教师独立自主的意识和创造性被束缚在应对各种命令式任务的藩篱之中。高校教师人事管理在现实运用中被演变为形式多样的管理形态，如惩罚式管理、威胁式管理、高压式管理、禁令式管理等。

（5）在管理内容上，重事务性管理。高校教师人事管理在内容上主要侧重事务性管理，管理内容主要包括教师招聘与录用、教师档案、职称评审、业务考核、工资福利、奖惩等方面的事务性工作。其实，高校教师管理不仅包括常规事务性管理工作，还应包括战略层面的管理内容，如学校教师发展规划的制定、学校教师供求关系的科学分析与预测、系统的制度化的教师培训、教师职业生涯规划的指导与帮助、绩效考核与激励、积极向上的教师文化的培育与建设等。只有丰富多样的管理内容才能从根本上满足教师多样化的生存与发展需求，才能从不同方面引导和促进教师成长，促进学校组织目标的实现。

（6）在管理体制上，相对封闭，缺乏活力。近些年来，许多高校根据学校和社会发展要求对高校人事管理制度进行了力度较大的改革，一定程度上改变了管理僵死的束缚，取得了很大的改革成效。但是，高校教师队伍管理制度在实际上仍存在着教师身份和专业技术职务终身制问题，教师身份和待遇挂钩，岗位工作职责制、聘用制难以真正落到实处，考核工作流于形式，教师资源难以实现优化配置。这本质上是由缺乏竞争与活力、相对封闭的高校教师人事管理体制导致的。

（7）在管理效果上，缺乏规范化和实效性。高校教师人事管理主要局限于事务性工作，缺乏对教师队伍建设的整体规划和科学指导，管理主体责任不明确，专业性不强，人为因素和偶发因素影响较大，使得教师队伍建设缺乏系统性、计划性和规范性。高校教师作为一种最具活力的人力资源，其形成与贡献必将受到教师个体生命周期的限制与影响，具有明显的时效性特点。高校教师队伍管理与建设只有充分遵循教师人力资源时效性的特点，掌握高校教师人力资源管理的基本知识与技能、熟悉高校教师人力资源管理运行机制，根据教师成长的规律、特点与发展需求，做到及时开发、合理使用、讲究时效，才能确保高校教师人力资源管理取得实效。

四、加强高校教师人力资源管理的策略

传统的人事管理难以适应高校和教师发展的需求，只有改变传统的人事管理模式、建立健全高校教师人力资源管理机制，才能最大限度地激发教师的潜能和创造力，实现高校和教师发展的共同愿景。

（一）革新理念，提高认识

（1）树立高校教师人力资源是第一资源的理念。高校教师人力资源是高校最具活力、最重要资源，是高校的第一资源。这是由高校教师人力资源自身的特点决定的。高校教师人力资源特点之一就是具有很强的自主性和能动性。高校教师往往受过系统的高等教育，大多数教师具有硕士或博士学位，掌握了系统的高深知识，精通专业，学习动力强烈，视野开阔，重视人格独立与自由、重视自我价值的实现。高校教师工作主要是以个体形式独立完成的，在很大程度上可以自主选择教学内容、教学方法和学术研究倾向与研究领域，他们拥有相当大的职业自主权。高校教师作为一种人力资源，同高校系统中其他资源相比，他们有自己的思想、情感和能力，可以充分发挥自身的主观能动性，可以根据需要，有目的、有计划地对其他资源进行利用、整合和再创造。高校教师人力资源特点之二就是具有增值性。高校教师是高知识密度型或高技能型劳动者，他们不像物力资源、财力资源那样在使用过程中会逐渐贬值或消失，而是在不断的使用中增强了能力、增加了知识与经验、拓展了视野等，从而在使用过程中增加了价值。高校教师人力资源作为高校的第一资源，就是要求我们把高校教师发展放在学校发展的突出位置，采取有效措施保护好、开发好、使用好高校教师资源。

（2）树立"以人为本"的管理理念。以人为本是高校教师管理从传统的人事管理向人力资源管理的历史性跨越，克服了传统经验管理以事为中心的局限性，使高校教师队伍焕发出强大活力与创造性。以人为本的管理理念要求我们在高校教师人力资源

管理与开发活动中要做到：一是要尊重教师的主体地位，尊师重教。尊重教师主体地位是以人为本管理理念的基础与前提。要求高校领导和人力资源管理工作者充分尊重高校教师的主体地位和全面认识教师的价值，以教师为管理活动的中心，以教师为本，依靠教师、为了教师、服务好教师，各项政策向教师倾斜、向教学倾斜，营造尊师重教的良好氛围，发挥教师的主人翁意识和主体性，实现教师与学校的共同协调可持续发展。二是要尊重高校教师生命、关爱教师。尊重教师生命、关爱教师是以人为本管理理念的核心。教师是有思想、有情感、有多样化需求的活生生的生命体存在。高校教师的教育教学活动不仅是一种工作方式，更是教师生命存在、体验与提升的过程。尊重生命、关爱教师就是要关心和改善高校教师的实际生活与工作状态，引导教师确立生命意识，培养教师的人文素养，尊重教师的生命价值，培育与满足教师的精神需求，丰富教师的生命与精神世界，提升教师的生命品质。三是积极引导和帮助高校教师专业发展。高校教师专业发展是以人为本管理理念的内在要求。高校教师专业发展是一个持续的动态过程，它既是教师个人成长的需要，也是学校持续发展的内在动力。以人为本的管理理念注重教师的专业发展就是要彻底克服人事管理模式中重教师使用轻教师开发的弊端，通过挖掘教师的潜能、激发教师学习动机、指导教师制定符合学校和个人实际的职业生涯规划，调动教师积极性与能动性，从而促进和帮助教师实现专业持续发展。四是注重高校教师幸福感的获得与体验。注重高校教师幸福感的获得与体验是以人为本管理理念的根本与终极追求。幸福，简单地说，就是人们某种需要得到满足而获得的一种长久的快乐的体验。追求幸福是人天生的价值取向，也是人生的终极价值。教育与幸福之间有着深刻的关联，教育是人幸福的源泉与保障，而人的幸福则是教育的目的和动力。教育让人们最大限度地真切感受幸福，又在幸福中切实获得教育。教育不仅使学生在教育中真切感受幸福，也应使教师在教育中真实获得和体验幸福感。高校教师人力资源管理以人为本的管理理念摒弃了管理的功利主义价值取向，同时也摆脱了科学主义和工具理性的束缚，使高校教师的工作成为亚里士多德所言的"合乎德性的现实活动"，即在教育中获得和体验幸福感。

（二）加强高校教师人力资源管理组织机构建设

社会对高校教师素质与要求正在发生深刻的变化，作为高校教师管理的组织机构需要做出相应的变革才能持续满足社会对教师提出的新要求。因而，加强高校教师人力资源管理的组织机构建设成为高校教师人力资源管理工作取得实效的关键所在。

（1）创新和完善高校教师人力资源管理组织机构。创新和完善高校教师人力资源管理组织机构，一是要推进校、院、系教师人力资源管理体制改革，学校要将教师管理的重心下移到院、系，使二级教学单位成为教师人力资源管理的责任主体。这实际上就解决了教学管理责任主体与教师人力资源管理责任主体分离的矛盾，便于教师同管理者之间进行及时、充分的交流与对话，便于二级教学单位根据教师的需求和反馈的信息做出合理的、动态的管理与开发。同时，还有利于二级教学单位根据学校与自身实际与特点，制定切实可行的高校教师人力资源管理目标、规划，整合资源，加强自身的管理职能，形成学科专业的教师群体优势，实现高校教师人力资源管理的效益最大化和时效化。二是推进学校教师人事管理部门改革，将人事处变革为人力资源管理处。把人事处变革为人力资源管理处并不是组织机构改革中的一种文字游戏，也不是换汤不换药，而是意味着职能、职责的变革。目前，我国少数高校已把人事处变革为人力资源管理处，按照人力资源管理的各项职能开展了各项工作，并取得了突出的成效，适应了新形势下学校和教师发展的需要。人力资源管理处将代表学校对全校的教师人力资源进行宏观的指导、全面的统筹和资源整合等。它在管理内容上更加注重事务性管理与战略性管理的有机结合，在管理方式上更加注重民主基础上的多元主体共同参与，在管理过程上更加注重规划与动态的协调，在管理活动上更加注重教师使用与开发并重，在管理性质上更加体现战略性、整体性和长远性。

（2）加强教师人力资源管理人员的培养培训。传统的高校人事管理主要是事务性管理工作，不少教师管理人员即使没有接受过专门的、系统的人力资源管理方面的学习与培训，也能较好地完成教师人事管理的各项工作，从而形成了从事教师管理的工作人员虽没有经过专门的人力资源管理方面的学习和培训也能进行教师人事管理的思维定式。但随着人事处向人力资源管理处的转变，高校教师人力资源管理将成为一项专业性较强的管理工作。它要求管理者掌握教育学、管理学、社会学、心理学、文化学和人力资源管理等方面的知识，熟悉高校教师人力资源运行的机制和程序，具备较高的人力资源管理能力和良好的职业管理品质。因而，加强教师人力资源管理人员的培养培训势在必行。因为只有一支专业化的、一流的教师人力资源管理工作者队伍，才能建成一流的高校教师人力资源。

（三）健全高校教师人力资源管理的各项机制

高校教师人力资源管理是一项专业化的、复杂的系统工程，它涉及教师管理的方方面面。只有健全高校教师人力资源管理的各项机制，才能保障高校教师人力资源管理工作有序开展和取得实效，实现学校和教师发展的双赢。健全高校教师人力资源管理的各项机制主要包括：一是健全高校教师人力资源的规划机制。根据学校发展战略，科学分析教师供求关系，制定合理的长期、中期和短期教师发展规划，并根据学校发展情况和教师供给情况做出适当的调整；同时，通过与高校教师对话，在确定共同发展愿景的基础上，引导和帮助教师制定个人职业生涯发展规划。二是健全教师招聘引进机制。根据学校发展和岗位需求及时招聘符合岗位要求的教师，并加大对优秀人才、高层次人才的引进力度。三是健全高校教师培养培训机制。通过形式多样的培养培训方式，不断提高高校教师队伍的素质、水平与能效。如北京交通大学完善培养机制，激励优秀青年教师尽显其才。高校应加大对教师开发的经费支持，对教师在增加学术积累、搭建发展平台、组建科研与教学团队等方面给予优先支持。四是健全高校教师职称评审、职务晋升机制。制定科学的教师职称评审、职务晋升评价指标体系、评价程序与方法，对高校教师进行正确的价值引导。五是健全高校教师绩效管理机制。通过建立科学的高校教师绩效评价体系、评价方法与程序，对教师的业绩、效能等进行科学的考核与评价，激发教师工作的积极性。六是健全高校教师激励机制。科学的激励有利于高校教师提高工作效率、发挥潜能和营造良好的竞争环境。激励应坚持物质激励与精神激励相结合，坚持激励的公正性、价值导向性和实效性，把握好激励策略。七是健全收入分配机制。应兼顾公平与贡献的原则，使收入分配机制既有利于保持高校教师队伍的稳定性，也有利于激发他们的潜能和适当竞争。八是健全高校教师流动机制。人只有在合适的岗位上，才能最大限度地发挥自己的价值。高校教师流动机制有利于实现教师合理流动，保障教师到最适合自己的岗位上工作，最大限度地发挥各类教师的潜能和优势，实现高校教师人尽其才、才尽其用。

参考文献

[1] 陈昌文. 公共部门人力资源开发与管理 [M]. 成都：四川大学出版社，2001：2.

[2] 张德. 人力资源开发与管理 [M]. 北京：清华大学出版社，1995：3.

[3] 刘诚芳. 现代高校教师人力资源管理 [M]. 北京：民族出版社，2007：19.

[4] 李森，陈晓端. 现代教育学基础 [M]. 上海：华东师范大学出版社，2009：141-144.

[5] 孟建伟. 教育与幸福 [J]. 教育研究，2010（2）：30.

[6] 亚里士多德. 尼各马可伦理学 [M]. 苗力田，译. 北京：中国社会科学出版社，1999：15.

地方本科院校教师创新创业教育能力提升的困境与突破[①]

高云鹏[②]

国务院《关于深化高等学校创新创业教育改革的实施意见》把"加强教师创新创业教育教学能力建设"列为深化高等学校"双创"教育改革九大任务之一。2021 年 10 月，国务院办公厅《关于进一步支持大学生创新创业的指导意见》中指出，要强化高校教师创新创业教育教学能力培训，推动教师把最新研究成果和实践经验融入课堂教学，完善高校"双创"指导教师到行业企业挂职锻炼的保障激励政策。在"大众创业、万众创新"、国家创新驱动发展的重大战略背景下和地方本科院校转型的重要时期，创新创业教育改革对教师的"双创"教育能力提出了新要求。地方本科院校教师创新创业教育能力的提升，既是加强校地合作，建立学校、政府、行业、企业发展平台，加速地方普通本科院校向应用型本科院校转型的重要体现，也是新时代背景下人才培养质量契合社会发展的基本诉求。

一、地方本科院校教师创新创业教育能力价值内涵

教师创新创业教育能力是影响创新创业教学活动，提升教学质量和效果的重要因素，受到研究者广泛关注并围绕这一主题做了大量研究，然而教师创新创业能力的概念仍无定论。黄兆信认为"双创"教育能力结构包含"双创"精神、"双创"知识、"双创"教学三个层次；向敏把创新创业教育能力界定为教师通过教育途径，在对学生开展"双创"教育活动的过程中，丰富学生创业知识，提高学生创业能力，培养学生创新精神，提升学生创业意愿的能力；周琨武提出教师创新创业教育能力是教师从事

---

① 四川文理学院校级教改项目："应用型本科院校教师创新创业教育教学能力结构体系构建"（2020JY027）的研究成果。

② 高云鹏，1981 年生，男，副教授，主要从事教育与心理学研究。

教育教学活动过程中，将创新创业意识和教育理念有效融入专业教育、课堂教学和课外实践活动，从而培育学生创新意识、创业精神及提升综合素质的能力。综合这些观点，笔者认为，教师首先要有创新创业教育意识和精神，从根本上重视创新创业教育；其次要有丰富的专业知识和创业知识，将创新创业教育融入专业教育，通过多样化的教育实践活动激发学生创新创业意识、增强学生创新创业能力、培养学生创新创业精神。因此，教师"双创"教育能力实际上包含了"双创"教育认知能力、"双创"教育融合能力和"双创"教育实践能力三个核心内容。

二、地方本科院校教师创新创业教育能力的现实困境

（一）创新创业教育认知能力不强

创新创业教师自身对"双创"活动的认同，对高校"双创"教育质量的提升起到关键作用，然而部分教师对"双创"教育认识不足，专业教师没有担任创新创业教育课程，缺乏对创新创业教育的了解，对学校开展的创新创业培训、创新创业指导、创新创业大赛不理解；部分教师对"双创"教育认识片面，尤其是从事学生管理的教师把创新创业教育简单地与就业挂钩，认为"双创"教育仅仅是大学生就业指导的一项内容，未真正体会"创新引领创业，创业带动就业"的本质内涵；还有一部分教师只强调创业项目的包装打造和学生创业实践能力的提升，弱化了对学生创新精神和创新思维的培养，忽略了"双创"教育的持续性、复杂性及其对于提高人才培养质量的重要性。另外，有的学校对"双创"教育的重视不够，缺乏有效的"双创"教育环境和机制，教师教学动力不足。学校对"双创"教师的绩效考核评价边缘化，缺乏激励政策支持，"双创"成就和奖项在评定职称时不能增加职称评审分量等，必然导致从事创新创业工作的教师认同感较低，无法激发教师的积极性，教师不愿花时间和精力提升自身"双创"教育能力。

（二）创新创业教育专创融合能力缺乏

一方面，高校"双创"教育基本上没有统一的学科背景和完善的课程体系。许多高校把创新创业类课程划归到通识教育范畴，开设一两门创新创业类基础课，这显然无法提升学生创新创业素养，反而会导致"双创"教育陷入学科归属模糊、缺乏学科理论基础的困境。这必然要求创新创业教育教师加强教育研究能力，加强"双创"教育与专业教育相融合，根据学校优势专业和市场需求，探索具有专业技术支持的创新创业项目，建立具有地方院校特色的创新创业校本课程体系，将创新创业理念渗透于专业教育全过程。另一方面，"双创"教师专业知识与创业知识分离。学科专业教师专

业能力强，但大多从学校到学校，没有相关的创业经历，更没有创业经验。学工管理类教师事务杂头绪多，对创新创业工作大多只起到"上传下达"的组织作用。而学校聘请的校外各行业专家尽管有较丰富的创业经历和经验，但他们一般属于临时性兼职教师，在校时间短，与学生联系不够密切，无法对学生的创新创业项目进行长期指导和深入交流，在学生创新创业教育中无法贡献足够的力量。由此可见，高校"双创"教师专业知识、创新创业知识与创新创业经验无法有效融合是导致"双创"教育教师教育能力无法提升的另一重要原因。

（三）创新创业教育实践能力欠缺

高校"双创"教育具有实践性和实战性的特点，是在教师指导下从创新创业的过程出发，注重体验，以培养学生识别、评估创新创业机会的能力和应对未知环境风险把控能力，使学生创新创业能力得以提高的教育活动。在教育过程中既要强调"实战性"，也要注重"教育性"，要求教师不但有丰富的创新创业实践指导经验，还应有较高的实践教育教学能力。具体来说，教师要有丰富的创新创业实践经验，较强的实战能力，能够有效指导学生创新创业活动。教师教育实践技能水平的高低对大学生创新创业实践活动的开展具有重要的影响，有丰富创新创业经验和项目实践指导能力的教师，能够在实践教学中对学生的创新创业活动在工商、税务、申请政府优惠扶持、资金渠道、企业发展咨询、诊断、制订商业计划等方面给予学生指导，能及时指出学生创新创业活动中的不足，迅速抓住关键点，帮助学生厘清思路，提出有价值的建议和完善策略，使学生创新创业活动卓有成效。目前地方本科院校实践型教师数量偏少，实战经验不足，实践教学能力不强，无法对学生创新创业项目给予有效指导，难以保障良好的实践教学效果。

三、地方本科院校教师创新创业教育能力提升的突破路径

（一）以制度为支撑，构建创新创业教学保障，激发教师内在动机，提高认知能力

创新创业教育是多部门协同、跨专业交融的系统性工程，制度建设对有效开展"双创"教育具有指导、规范和激励作用。首先，完善创新创业教育管理制度，加大"双创"教育宣传力度。根据地方产业布局和学校转型发展的特点建立和完善学校创收管理办法、科技成果转化办法、"双创"教师培训办法、教师进企业挂职办法等管理制度来促进高校科技成果处置和收益分配机制，提升教师创业素养，并由创新创业学院牵头，分别到各二级学院进行制度、政策和案例宣讲，让更多的教师了解"双创"教育，强化"双创"理念，激发教师创新创业教学和创新创业指导热情。其次，优化教

师评价体系，完善职称评聘制度。现有评价体系比较重视考核教学工作量和科研成果，而创新创业指导和成果的评价权重相对较低，很大程度上影响了教师指导学生的积极性。因此针对创新创业教育的独特性，可以通过设立"双创"教学成果专项奖励，评定"双创"优秀青年导师，增设"双创"型教学名师，将"双创"教育成果与职称、晋升相挂钩，并予以适当倾斜，甚至在职称晋升中可以单列，设立地方特色命名的"产业教授"等举措，不断提升创新创业教师的职业荣誉、学术地位，提高教师创新创业活力，激发创新创业教育动机。

（二）以课程为载体，完善创新创业教育体系，优化教师知识结构，提高专创融合能力

李卫朝提出专业教育是创业教育的基础，创业教育必须依赖专业教育，将"双创"教育与专业教育有机融合，是适合地方本科院校创新创业教育发展的有力保障，也是有效推动学校创新创业人才培养长足发展的动力。要提高专创融合度，改革课程体系势在必行，完整的课程体系是学科不断发展的基础，地方本科院校必须加强创新创业教育理论研究，加强校企合作，形成"校企联合课堂"，开发兼具学科特色与地方需求、专业教育与创新创业教育深度融合的课程模块，建立在专业视野引领下具有激发创新创业意识、培养创新创业思维、增强创新创业知识、强化创新创业实践、提升创新创业能力的地方本科院校特色复合型创新创业教育课程体系。比如创新创业意识类课程以创新创业基础、创新创业扶持优惠政策等内容为主，结合创新创业案例，使大学生了解当前创新创业的基本形势与特点，培育学生创新创业意识和创新创业精神。创新创业知识类和能力提升课程以创新创业机会与风险、商业模式等基础知识和创新创业管理、创新创业模拟等能力提升为主，使学生的创业意向更加符合企业实际。创新创业实践类课程以开办企业和企业生存管理如法律咨询、财税代理、补贴申报、市场拓展、融资对接等实训为主，辅以项目包装打造、创新创业大赛项目案例分析等内容，通过众创空间、科技园、创业园将学生的创业意向转化为创业现实，争取使项目成长发展、落地见效。教师在授课过程中向学生传递学科专业领域的创新创业前景，引导学生站在创新创业者的角度去思考如何利用专业知识和技术进行创新创业，将专业知识与创新创业思维融会贯通，及时查漏补缺，既能激发学生的创新创业意识和创新创业激情，又能使创新创业具体化和操作化，在教学和项目指导中实现教学相长，不断提高教师专创融合能力。

（三）以项目为抓手，加强创新创业实战演练，丰富教师实战经验，提高实践能力

创新创业教育的生命活力体现在创新创业实践之中，面对产业转型升级、经济发展方式转变的新要求，高校要对接地方区域发展战略，瞄准关键领域，深化与政府、

行业、企业的合作，整合学校与地方资源，打造以优势学科专业引领的创新创业各类项目，强化创业技能实训，促成产学研深度融合。首先，搭建多层次创新创业实践平台，加强创新创业实战演练。教师通过"实践+实训中心""实践+创客中心""实践+孵化中心"等模式开展"组织研讨""指导启发""传帮带扶"等活动，促进跨界融合，提高创新创业指导教师业务水平，利用校企合作、众创空间、专业孵化器等基地将创业意向转化为创新创业实践，强化教师项目实践指导能力、实现创新创业项目孵化与实践运营。其次，参与各级各类创新创业大赛，丰富教师实战经验。创新创业大赛是检验"双创"教学成效的重要依据，也是提升师生"双创"能力的重要途径。为了更好地激发大众创新创业热情、融合创新创业教育实践、提升创新创业水平，"中国国际'互联网+'大学生创新创业大赛""挑战杯""创青春""中国创翼"等创新创业大赛应运而生，大赛为不同层次、不同学科、不同类型的创新创业项目提供了崭露头角、一展身手的机会。在大赛的驱动下，创新创业教育改革不断深化，师生的"双创"实践能力显著增强，诸多项目通过大赛脱颖而出，并且其成果转化为科技动力，为社会与经济发展做出了贡献。为了使创新创业项目在大赛中保持竞争力，项目必须由具有一定企业挂职锻炼或工作经历、创新创业经历、实战经验丰富的教师对学生的项目进行指导。只有将专业知识与企业经营、企业发展结合起来，才能提升教师的项目指导实践能力。需要指出的是，参加大赛不是"双创"教育的最终目的，而是深化创新创业教育改革的有力手段。因此，地方本科院校应当鼓励教师指导或直接参与各级各类创新创业大赛，通过比赛达到以赛促教、以赛促学、以赛促改、赛教融合的"双创"教育新局面。

总之，地方高校教师的"双创"教育能力发展并不是一个短期的简单过程，而是一个长期的、不断发展的成长过程，这个过程也是"双创"教师的专业化发展过程。只有不断加深对"双创"教育的理解和认识，增加知识储备，丰富知识结构，增强实践能力，积极进行"双创"教育研究，建立健全科学的考核评价制度，才能从根本上提高教师创新创业教育能力。

参考文献

［1］中华人民共和国教育部. 关于进一步支持大学生创新创业的指导意见［EB/OL］. http://www.moe.gov.cn/jyb_xwfb/s6052/moe_838/202110/t20211013_571912.html，2021-10-12.

［2］黄兆信. 中国高校创新创业教育质量评价研究［M］. 北京：人民出版社，2020.

［3］向敏，许钊铷，谢琅，等. 高校教师创新创业教育能力模型建构：基于全国

596 所高校双创教师数据的实证分析 [J]. 中国电化教育，2020（8）：55-62.

　　[4] 周琨武. 地方幼师院校教师创新创业教育能力发展策略 [J]. 西部素质教育，2018，4（7）：68-69.

　　[5] 张英杰. 高校创业教育教师的学术创业能力评价及提升路径 [J]. 高校教育管理，2018，12（2）：80-87.

　　[6] 李卫朝. 创业教育要有机融入专业教育 [N]. 光明日报，2015-06-23（13）.